MATEMÁTICA FINANCEIRA
Simplificada

Sérgio Carvalho
Weber Campos

MATEMÁTICA FINANCEIRA
Simplificada

3ª edição • Revista, atualizada e ampliada

2021

EDITORA JusPODIVM
www.editorajuspodivm.com.br

EDITORA
*Jus*PODIVM
www.editorajuspodivm.com.br

Rua Território Rio Branco, 87 – Pituba – CEP: 41830-530 – Salvador – Bahia
Tel: (71) 3045.9051
• Contato: https://www.editorajuspodivm.com.br/sac

Diagramação: SBNigri Artes e Textos Ltda. *(sbnigri@centroin.com.br)*

Capa: Marcelo S. Brandão *(santibrando@gmail.com)*

• A Editora *JusPODIVM* passou a publicar esta obra a partir da 2.ª edição.

C331m Carvalho, Sérgio.
Matemática Financeira Simplificada / Sérgio Carvalho, Weber Campos. – 3. ed. rev. ampl. e atual. – Salvador: JusPODIVM, 2021.
512 p.

Bibliografia.
ISBN 978-65-5680-244-2.

1. Matemática. 2. Matemática Financeira. I. Campos, Weber. II. Título.

CDD 510

“Oxalá a bondade e a fidelidade não se afastem de ti!
Ata-as ao teu pescoço, grava-as em teu coração!”
Provérbios 3,3

Dedicatórias

A Sílvia, minha amada esposa, e a Maria Clara e Ana Carolina, nossas princesinhas, que me fazem acreditar, dia após dia, que há felicidade neste mundo!

A Marilúcia, minha mãe querida, minha eterna professora das lições mais belas que há nesta vida!

A Sérgio, meu pai, meu modelo de otimismo, de fé e de doação!

Sérgio Carvalho

A Regina, minha amada esposa e companheira de todos os momentos, que me faz sentir mais completo.

A Beatriz, o fruto do nosso amor, que torna a minha vida muito mais feliz.

Aos meus queridos pais, que me educaram e me ensinaram muitas virtudes.

Weber Campos

Agradecimentos

A Deus, Nosso Senhor, por seu amor, por sua fidelidade, pelo dom da vida e pelas oportunidades todas que nos concede!

À Editora JusPodivm, que abriu as portas para o nosso trabalho!

Aos nossos alunos presenciais e virtuais, razão especialíssima da nossa dedicação e do nosso empenho em fazer sempre o melhor!

A todos os nossos familiares, pela inestimável compreensão, em face de tantas horas de ausência, dedicadas à confecção desta obra!

Os Autores

Sobre os Autores

SÉRGIO CARVALHO é Auditor-Fiscal da Receita Federal do Brasil. Leciona Matemática (Básica e Financeira), Estatística (Descritiva e Inferencial) e Raciocínio Lógico em cursos preparatórios para concursos em diversas capitais do País. É também fundador do site Olá Amigos (www.olaamigos.com.br) e autor das obras ***Raciocínio Lógico Simplificado (Volumes I e II)*** e ***Estatística Básica Simplificada***, pela Editora JusPodivm.

WEBER CAMPOS é Engenheiro de Telecomunicações, com graduação e mestrado concluídos no IME – Instituto Militar de Engenharia. É professor de Raciocínio Lógico, Matemática Financeira, Estatística Descritiva e Inferencial, ministrando aulas em várias capitais do Brasil, e também no site Olá Amigos (www.olaamigos.com.br). É autor, em parceria com o Prof. Sérgio Carvalho, das obras ***Raciocínio Lógico Simplificado (Volumes I e II)*** e ***Estatística Básica Simplificada***, pela Editora JusPodivm.

Prefácio

A Editora JusPodivm, em sua incessante busca pelo melhor material para preparação para concursos públicos, com grande satisfação, trouxe Sérgio Carvalho e Weber Campos para o seu time de professores especialistas em concursos públicos.

Os professores, além de formação e carreiras profissionais sólidas, possuem larga experiência na docência; são professores de cursos especializados na preparação de candidatos às carreiras públicas, nos quais mantêm contato estreito com a realidade diária do aluno que se prepara para os certames mais concorridos do país.

Sérgio Carvalho é Auditor-Fiscal da Receita Federal do Brasil. Weber Campos é Engenheiro de Telecomunicações, com graduação e mestrado concluídos no Instituto Militar de Engenharia. Sérgio e Weber formaram uma parceria editorial de grande sucesso. Juntos, produziram as grandes obras de referência para concursos em Raciocínio Lógico, Estatística e Matemática Financeira.

A aceitação maciça dos leitores se deve em grande parte à capacidade e à maestria dos autores, balizadas pelos anos de magistério, em transformar temas complexos e difíceis em simples e até fáceis. Como o próprio título da obra revela, os autores conseguem simplificar a matéria.

Em uma primeira etapa dessa parceria, lançamos as novas edições das obras ***Raciocínio Lógico Simplificado***, volumes 1 e 2. Agora, trazemos aos leitores a novíssima obra ***Matemática Financeira Simplificada para Concursos***, que trata dos seguintes temas:

- Conceitos Iniciais
- Juros Simples
- Desconto Simples
- Equivalência Simples de Capitais
- Juros Compostos
- Desconto Composto
- Equivalência Composta de Capitais
- Rendas Certas
- Amortização
- Taxa Interna de Retorno, ***Payback*** e Valor Presente Líquido

Didática, a obra traz: gráficos, tabelas e outros elementos, como os destaques coloridos, para facilitar a compreensão e melhor aprendizado. Apresenta, também, baterias de exercícios resolvidos passo a passo e questões de concursos públicos.

Sem qualquer dúvida, acreditamos que os autores chegaram ao melhor material para o estudo e aprendizado de Matemática Financeira para fins de concursos públicos. Esta obra, definitivamente, vai simplificar os estudos da matéria.

Prepare-se!

Lembre-se: A sorte não resiste a uma boa preparação!

Bons estudos!

Vauledir Ribeiro Santos

Sumário

Capítulo 1

Conceitos Iniciais

1.1. Prolegômenos da Matemática Financeira

A Matemática Financeira é um ramo da matemática, em que trabalharemos com *finanças*, com valores monetários. Quando dizemos "valor financeiro", estamos querendo falar **dinheiro**. Esse valor monetário, pode estar representado de diferentes formas: o *dinheiro vivo*, ou uma duplicata, uma nota promissória, um cheque etc.

Essas últimas formas de representar os valores monetários – cheque, nota promissória, duplicata – são o que chamamos de *Títulos*. Daí, *título*, para a matemática financeira, é um papel que representa um valor monetário, ou seja, que representa uma quantia em dinheiro.

De qualquer modo, as quantias monetárias serão a essência do estudo da nossa disciplina.

1.1.1. Lei Fundamental da Matemática Financeira

A Matemática Financeira, como tudo o que se preza, segue uma lei!

Trata-se apenas de uma regra, que subjuga todos os valores monetários, todas as quantias em dinheiro que estejam envolvidas em uma questão de matemática financeira. E é a seguinte:

Na Matemática Financeira, o dinheiro nunca fica parado.

Significa dizer que para a matemática financeira, na linha do tempo, o dinheiro corre como um rio. De forma que se nos *adiantamos* no tempo, o valor monetário aumenta. Por outro lado, se *retrocedemos* no tempo, o valor diminui.

1.1.2. A Linha do Tempo

Veremos ao longo deste curso que o elemento **tempo** estará envolvido em todas as nossas questões. Será de nosso interesse sabermos como o dinheiro se comporta com o transcorrer do tempo.

São exemplos disso situações como as seguintes: "se eu tenho hoje uma quantia de R$ 1.000,00 (mil reais) e a depositar numa conta de poupança de um banco qualquer, quanto eu irei resgatar (retirar, sacar) daqui a três meses?"

Vejamos que o fator *tempo* está no cerne da questão. Aqui, estamos pegando um valor *hoje* e o *transportando* para uma data futura (três meses após hoje). Ora, se é verdade que *o dinheiro nunca fica parado na matemática financeira*, então certamente resgataremos na data futura um valor maior do que aquele que aplicamos (um valor maior que R$ 1.000,00).

Outro exemplo: "eu tenho uma dívida, no valor de R$ 5.000,00, que terá que ser paga daqui a três meses, mas pretendo antecipar o pagamento dessa dívida e pagá-la hoje. Quanto terei que pagar hoje por essa obrigação?"

Aqui, temos a situação inversa: vamos pegar uma quantia em dinheiro que é devida numa data futura (daqui a três meses) e vamos *transportar* esse dinheiro para uma data anterior (o dia de hoje: a *data zero*). E, se estamos *voltando no tempo* com o dinheiro, necessariamente teríamos hoje que pagar um valor menor que o que era devido na data futura. Ou seja, pagaremos menos de R$ 5.000,00.

Estes dois exemplos são elucidativos: servem para nos mostrar a importância do elemento *tempo* em uma questão de matemática financeira e para entendermos como funciona a nossa *lei fundamental*.

Na resolução das questões, trabalharemos sempre com o *desenho* do enunciado.

Neste *desenho*, o tempo será representado por uma linha. É a *linha do tempo*. Normalmente, essa linha terá início com a data de hoje, também chamada de *data atual* ou *data zero*. Assim, doravante, quando falarmos em *data atual* ou em *data zero*, estaremos nos referindo ao dia de hoje.

A linha do tempo é a seguinte:

0

(data zero)

O que se segue à data zero são as datas futuras.

Para que serve a linha do tempo? Serve para desenharmos nela, com pequenos traços verticais, os nossos valores monetários, as quantias em dinheiro, que serão fornecidas pelo enunciado da questão, colocando esses tracinhos nas datas também especificadas pelo enunciado.

Tomemos, por exemplo, os enunciados daqueles dois casos que criamos acima.

Exemplo 1: "se eu tenho hoje uma quantia de R$ 1.000,00 (mil reais) e a depositar numa conta de poupança de um banco qualquer, quanto eu irei resgatar (retirar, sacar) daqui a três meses?"

Neste caso, o desenho desta questão seria o seguinte:

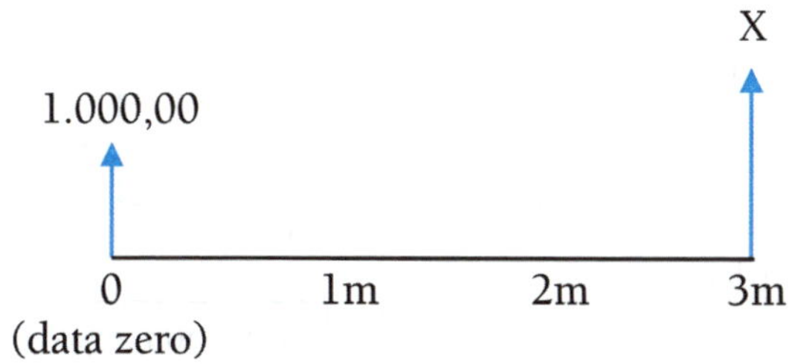

Ora, vamos analisar esse desenho: o enunciado fala que na data de hoje eu disponho de uma quantia de R$ 1.000,00. Daí, já sabemos: data de hoje é a *data zero*, ou seja, é onde começa a *linha do tempo*.

Vejamos que o valor monetário que temos hoje é esse: R$ 1.000,00, o qual será representado por uma seta vertical, exatamente sobre a data zero. Daí, o enunciado quer saber o quanto valerá essa quantia de R$ 1.000,00 em uma data futura, qual seja, três meses após hoje. Portanto, desenharemos o tempo (os meses) sob a nossa linha. E teremos:

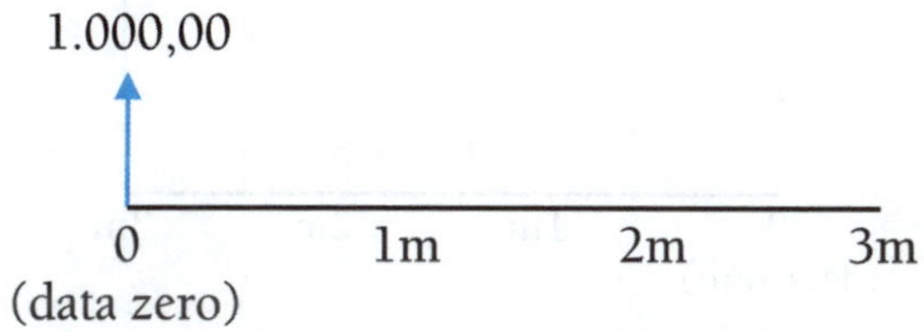

Por fim, o valor que desejamos saber na questão será traçado sobre a data 3 meses, que foi determinada pelo enunciado.

Como não conhecemos ainda esse valor, o chamaremos apenas de "X". E, conforme aprendemos na lei fundamental da matemática financeira, se *transportarmos* um valor inicial para uma data futura, sabemos que este aumentará com o passar do tempo, de modo que o valor de "X" será, necessariamente, maior que os R$ 1.000,00 iniciais. Desta forma, quando formos desenhar o X, teremos que colocar um traço maior que aquele que representava os R$ 1.000,00.

Teremos:

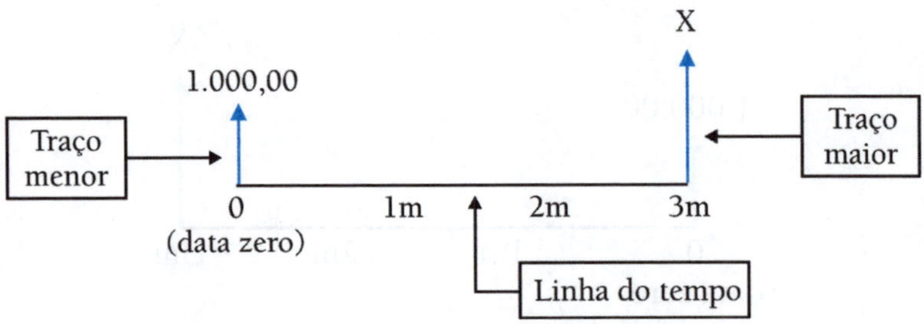

Exemplo 2: "tenho uma dívida, no valor de R$ 5.000,00, que tem que ser paga daqui a três meses, mas eu pretendo antecipar o pagamento dessa dívida e pagá-la hoje. Quanto terei que pagar hoje por essa obrigação?"

Aqui, o valor monetário que nos foi fornecido pelo enunciado (R$ 5.000,00) está localizado (na linha do tempo) exatamente na data três meses. Assim, para começar, teremos:

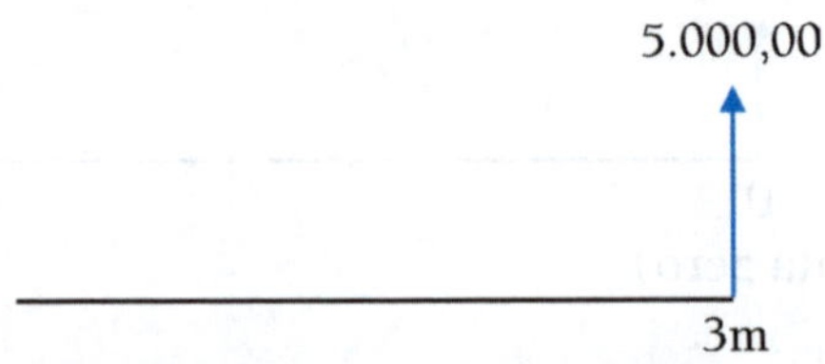

Só que a questão quer saber o quanto representaria o valor desta dívida de R$ 5.000,00 se eu resolvesse pagá-la hoje. Ora, conforme aprendemos, *hoje* é sinônimo de *data zero*. Então a questão quer saber, na verdade, o quanto vale este R$ 5.000,00 na *data zero*.

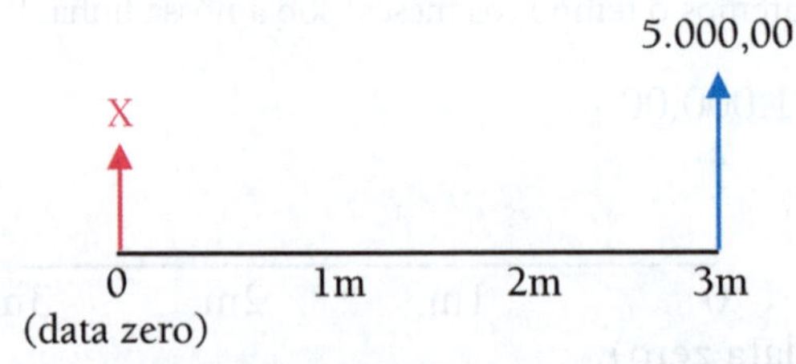

Observemos que, como estamos *retrocedendo* no tempo, ou seja, como estamos recuando na linha do tempo, o valor de "X" será, necessariamente, um valor menor do que R$ 5.000,00. Isso é o que nos diz a lei fundamental da matemática financeira. Por isso, o traço que representa o valor "X" deve ser menor que o que representa os R$ 5.000,00. Vejamos de novo:

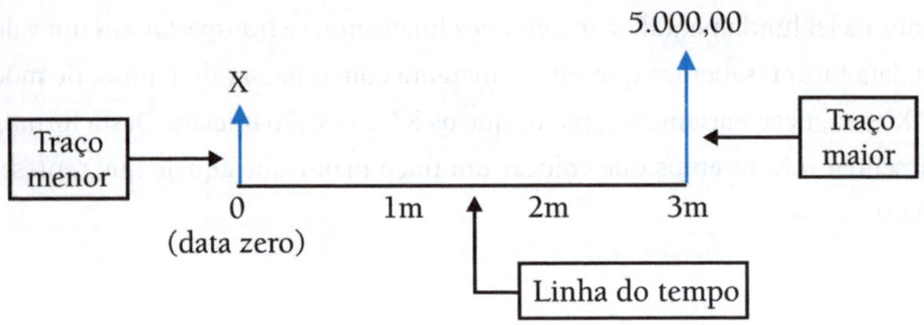

Vamos propor uma terceira situação: "suponha que João contraiu uma dívida. Ele se comprometeu com o seu credor que lhe pagaria daqui a 30 dias, uma quantia de R$ 3.000,00. Ocorre que, quando chegou no dia combinado, João estava sem dinheiro. Então, pegou o telefone e ligou para o seu credor, dizendo: 'devo, não nego! E quero pagar, só que de uma forma diferente! Agora, quero pagar essa dívida em duas parcelas iguais, nas datas sessenta e noventa dias!' Ora, qual seria o valor dessas duas novas parcelas que João vai ter que pagar, para substituir a dívida original (de R$ 3.000,00) que era devida (que vencia) na data 30 dias?"

Façamos o desenho desse enunciado. A questão nos dá o valor monetário R$ 3.000,00, que é uma dívida que vencerá (ou seja, que deverá ser paga) na data 30 dias. Desenhemos, portanto os R$ 3.000,00 sobre a data fornecida. Teremos:

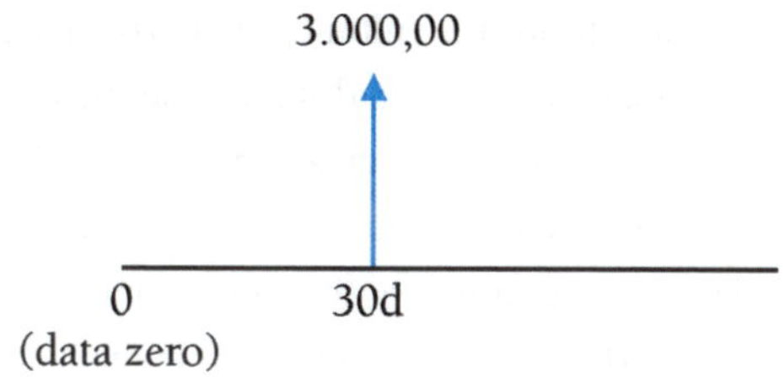

Estes R$ 3.000,00 representam a *obrigação original* de João. Ou seja, o valor da dívida a ser paga conforme havia sido tratado originalmente. Acontece que, por não dispor de numerário suficiente (essa é a linguagem da prova), João deseja *alterar, substituir, modificar* (são todos verbos presentes neste tipo de questão) aquela forma original de pagamento, por uma outra forma de pagar a sua dívida. E qual é essa outra maneira de pagar sua dívida? Com duas parcelas iguais, as quais chamaremos apenas de "X" (já que são desconhecidas e iguais), nas datas 60 e 90 dias. Nosso desenho agora será:

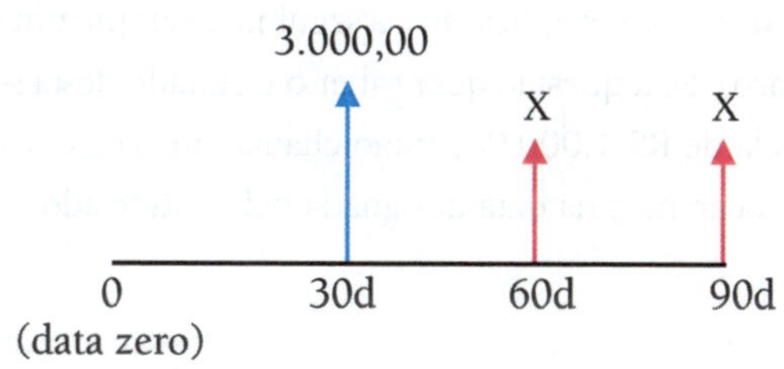

Alguém pode perguntar: "os traços dos 'X' não teriam que ser maiores que o traço do R$ 3.000,00?" Sabemos que o valor R$ 3.000,00, em uma data futura, representaria uma quantia maior. Isso é certo! Porém, como esse valor será *quebrado* em duas parcelas (são dois valores "X"). Então, não podemos afirmar, de antemão, que o valor de "X" será maior que R$ 3.000,00. Neste caso, basta desenhar os "X" nos locais corretos, designados pelo enunciado, e está tudo certo! No final da resolução, quando calcularmos o valor exato de X, saberemos se é maior ou não que os R$ 3.000,00.

Mais uma situação: "suponhamos que João passou no concurso que tanto sonhava. Está vivendo, por assim dizer, nas nuvens! Foi nomeado e já está trabalhando. Chegou o fim do primeiro mês, quando, finalmente, recebeu seu primeiro salário. A recompensa dos justos! Não foi moleza abdicar de tantas coisas só para estudar para o concurso! Mas era chegada a hora de usufruir do seu esforço. João estava terminantemente decidido a não fazer qualquer economia com aquele primeiro salário. Iria gastar tudo em compras, presentes (para ele mesmo, sobretudo!) e divertimentos. E assim o fez!

Mas, para surpresa geral, o inesperado: apesar de todos os esforços empreendidos, ao fim daquele mês, João ainda tinha R$ 1.000,00 do salário em sua mão! "Um absurdo!", pensou ele. Será que não sou capaz sequer de gastar o meu salário? Resolveu, então, que nesse novo mês, seria mais *competente* e gastaria tudo, até o último centavo do que ganhasse! Para ajudá-lo nesta empreitada, João arranjou logo duas namoradas e fez mais meia dúzia de *extravagâncias*. De nada adiantou: ao fim do segundo mês, restaram ainda R$ 1.000,00 do salário em sua mão! Foi aí que João se conformou com aquela situação *degradante* e resolveu que iria, doravante, em todo primeiro dia de cada mês, fazer um depósito numa conta de poupança de um banco qualquer, sempre no valor de R$ 1.000,00. A questão é a seguinte: quanto João terá acumulado após o décimo segundo depósito de R$ 1.000,00?

Desenhando este enunciado, teríamos o seguinte:

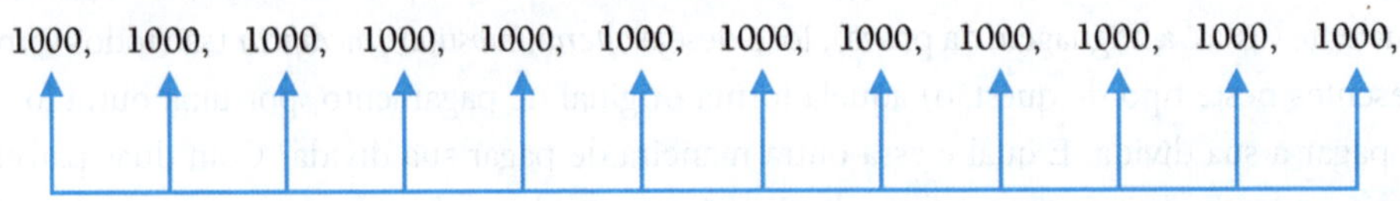

Como foram doze aplicações de R$ 1.000,00, todas feitas no início de cada mês, significa que a distância de tempo entre uma aplicação e a seguinte é sempre um espaço de tempo constante (um mês, neste caso). Se a questão quer saber o resultado desta seqüência de aplicações na data da última parcela de R$ 1.000,00, então chamaremos esse resultado de "X" (porque é desconhecido) e o colocaremos na data designada pelo enunciado.

Teremos:

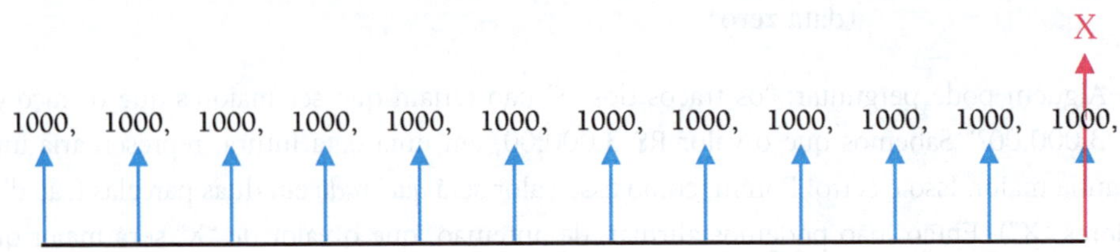

Se quisermos, *apenas para efeitos didáticos*, poderemos desenhar essa questão de uma outra forma, colocando as setas das aplicações para baixo, e deixando a seta do resultado para cima.

Teremos, portanto:

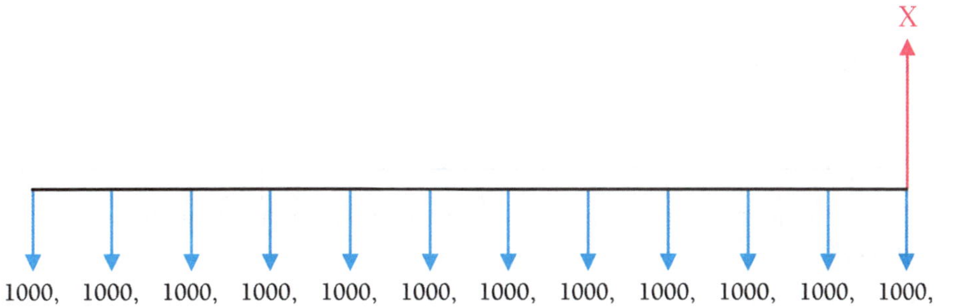

Por fim, imaginemos mais uma situação: "João (aquele nosso amigo) resolveu comprar um apartamento de luxo, na avenida Beira Mar, em Fortaleza (esse rapaz sabe mesmo o que é bom!). Ora, o valor do imóvel é de *módicos* R$ 800.000,00 (oitocentos mil reais)! Mas João só dispõe, hoje, de uma quantia *ínfima* de R$ 200.000,00 (duzentos mil reais). Propôs, então, ao vendedor, o seguinte: vai pagar os duzentos mil, como uma entrada, e o saldo restante será quitado em vinte e quatro parcelas mensais e de mesmo valor, sendo a primeira delas paga ao final do primeiro mês após a compra. A questão perguntará qual o valor dessa prestação mensal que João irá pagar.

Vamos ao desenho. Quanto custa o apartamento? Custa R$ 800.000,00, se for pago hoje, certo? E hoje é *data zero*. Então, temos na *data zero*, um imóvel cujo valor monetário é de R$ 800.000,00.

O desenho inicial será, portanto:

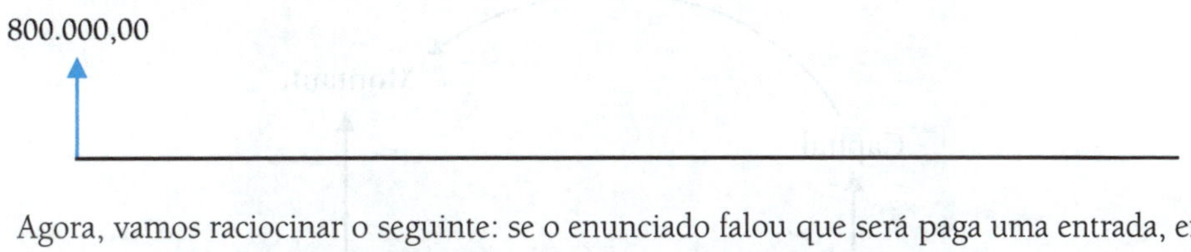

Agora, vamos raciocinar o seguinte: se o enunciado falou que será paga uma entrada, em que data se paga uma entrada numa compra qualquer? Ora, obviamente que se paga a entrada no dia da compra, certo? Daí, *também para efeitos didáticos*, desenharemos o valor da entrada (assim também como os valores das parcelas mensais) com uma seta para baixo. Teremos:

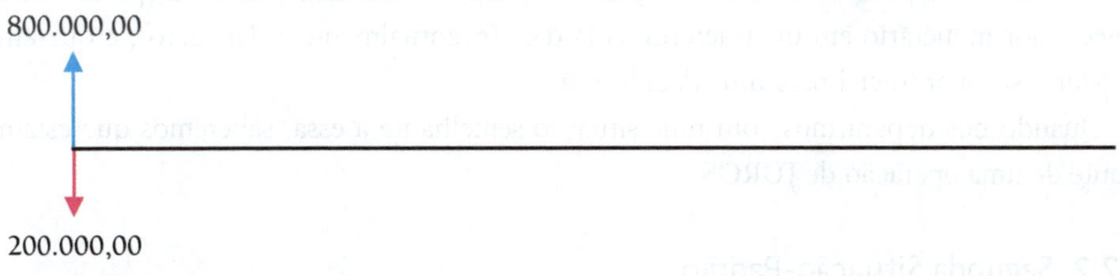

E o que está faltando agora ao nosso desenho? É claro que apenas o valor da entrada não paga todo o apartamento, de modo que João *financiou* o saldo que ainda falta pagar em 24 prestações iguais.

Desenhando agora as prestações, chamando-as todas de "P", por exemplo, teremos o seguinte:

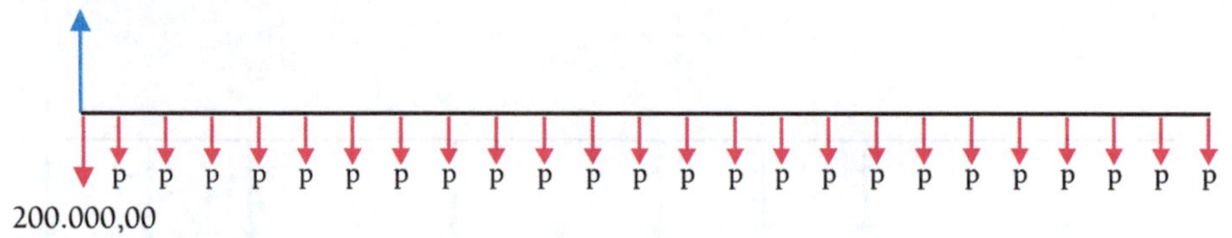

1.2. As Cinco Faces da Matemática Financeira de Concursos

Veremos, enfim, que a Matemática Financeira, tal como é cobrada em provas de concursos públicos, é como uma estrela de cinco pontas. Haverá, basicamente, cinco situações modelo, entre as quais poderemos enquadrar, por assim dizer, qualquer questão de prova desta matéria. Passemos a conhecer essas *situações-padrão*.

1.2.1. Primeira Situação-Padrão

Reportaremos ao primeiro exemplo aqui ilustrado, em que tínhamos uma quantia de R$ 1.000,00 hoje e desejávamos saber o quanto valeria esse dinheiro numa data futura (no caso, três meses após hoje). E chegamos ao primeiro desenho-modelo:

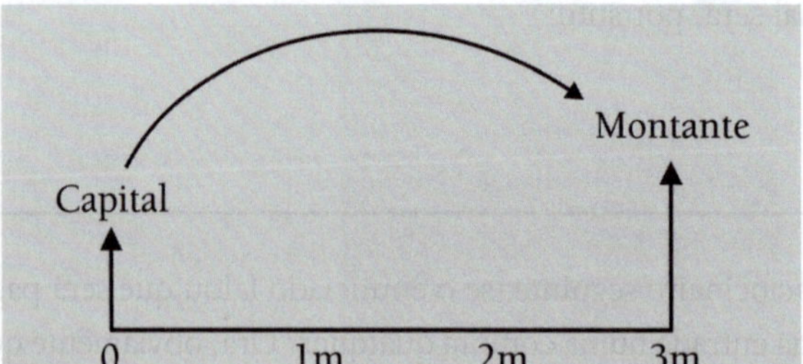

Este modelo específico de questão apresenta a seguinte *situação-padrão*: dispomos de um único valor monetário em uma determinada data (eventualmente a data zero), e queremos *projetar* esse valor inicial para uma data futura.

Quando nos depararmos com uma situação semelhante a essa, saberemos que estamos diante de uma operação de **JUROS**.

1.2.2. Segunda Situação-Padrão

Voltando ao segundo exemplo apresentado (vide página 4), tínhamos uma dívida de R$ 5.000,00 a ser paga daqui a três meses. Decidimos antecipar esse pagamento e quitar a dívida hoje. Eis nosso segundo desenho-modelo:

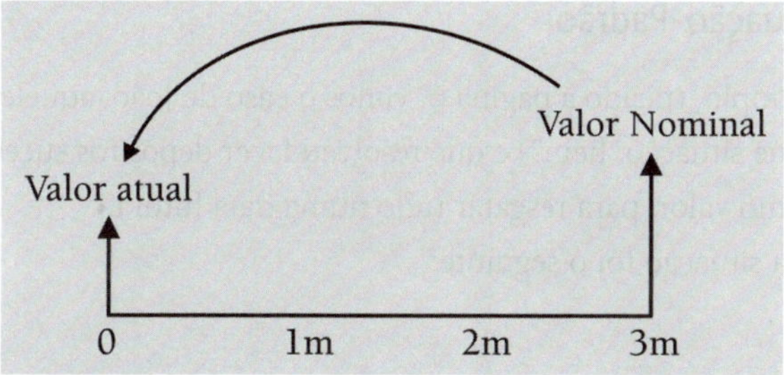

A *situação-padrão* acima ilustrada é a seguinte: dispomos de um único valor monetário em uma data futura e desejamos *projetar* esse valor futuro para uma data anterior.

Estamos aqui diante de uma operação de **Desconto**.

1.2.3. Terceira Situação-Padrão

Passemos ao terceiro exemplo: havia uma dívida de R$ 3.000,00, que teria de ser paga em trinta dias. Deseja-se, contudo, alterar (substituir, modificar) a data originalmente combinada para este pagamento, de forma que a tal dívida venha a ser quitada nas datas sessenta e noventa dias, com parcelas de mesmo valor. O desenho a que chegamos foi o seguinte:

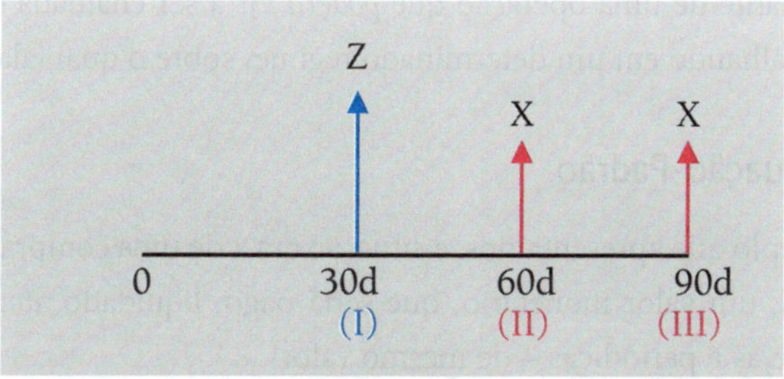

O que é essencial neste tipo de questão é o seguinte: haverá uma troca, uma alteração, uma substituição, uma modificação na forma de cumprir determinada obrigação.

Neste caso, chamamos aqui de valor "Z" o valor monetário que deveria quitar a obrigação, na forma originalmente proposta, a qual chamaremos de *primeira obrigação*, ou *obrigação original* (e designaremos por "I").

Esta *forma original de pagamento* foi substituída por outra, que no exemplo consiste em duas parcelas de mesmo valor, as quais chamamos aqui de "X", e que constituirão a nossa *segunda forma de pagamento*, ou *segunda obrigação*, pelo que as designaremos por "II".

É bastante intuitivo afirmar que, se havia uma dívida e foi alterada a forma originalmente contratada para pagá-la, para que nem eu e nem o meu credor saiamos perdendo, é preciso que a segunda forma de pagamento seja *equivalente* à primeira.

Estamos, portanto, diante de uma operação de **Equivalência de Capitais**.

1.2.4. Quarta Situação-Padrão

No próximo exemplo, trazido à página 6, vimos o caso de João, aquele que não conseguia "torrar" o salário (que situação, hein?) e que resolveu fazer depósitos sucessivos e periódicos, de quantias de mesmo valor, para resgatar tudo numa data futura.

O desenho desta situação foi o seguinte:

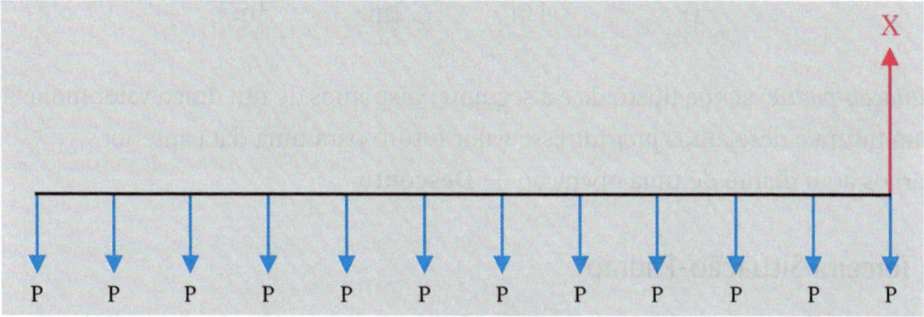

A *situação-padrão* aqui é esta: haverá uma seqüência de depósitos de parcelas de mesmo valor, aplicadas sempre em intervalos de tempo iguais. E se deseja conhecer o resultado de todas essas aplicações em uma data futura.

Estamos aqui diante de uma operação que *poderá* vir a ser chamada de **Rendas Certas**, caso estejamos trabalhando em um determinado regime, sobre o qual falaremos em breve.

1.2.5. Quinta Situação-Padrão

No último exemplo que apresentamos, a situação era a de uma compra a prazo. Tínhamos uma quantia inicial, um valor monetário, que seria pago, liquidado, *amortizado*, em várias prestações – sucessivas e periódicas – de mesmo valor!

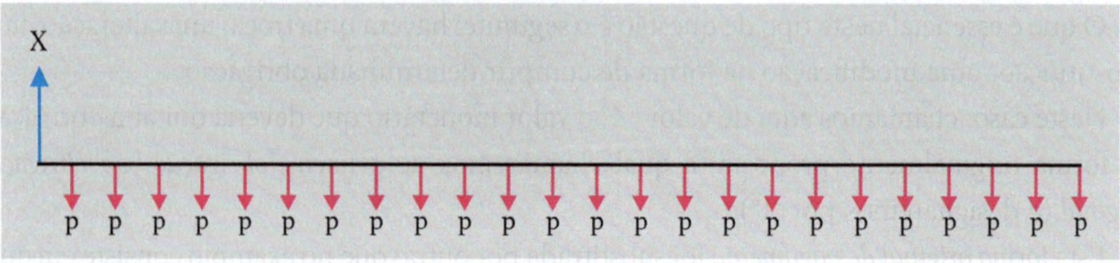

Esta *situação-padrão* ilustra uma operação que chamaremos de **Amortização**.

1.2.6. A Estrela

De uma forma simplória, destarte, podemos ilustrar a Matemática Financeira *concursiva* como sendo a seguinte estrela:

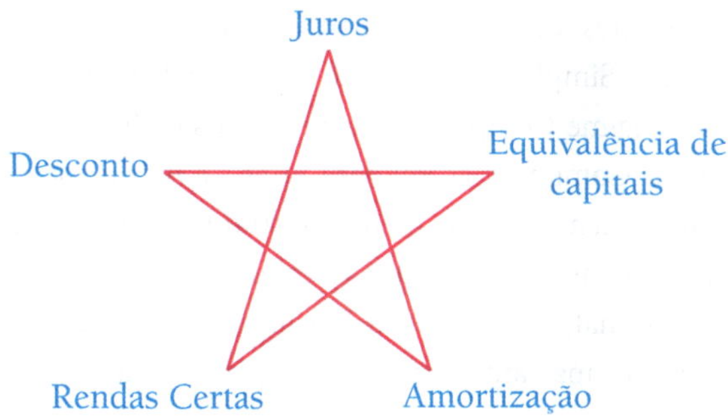

1.3. Os Regimes da Matemática Financeira

Feitas essas considerações iniciais, passemos para uma informação importantíssima e que nos acompanhará ao longo de todo o nosso curso:

A Matemática Financeira se divide em dois grandes *blocos*, aos quais chamaremos de *regimes*.

Haverá, então, o **Regime Simples** e o **Regime Composto.**

Qualquer operação de Matemática Financeira, seja ela qual for, estará necessariamente enquadrada dentro de um desses regimes.

Sabendo disso, daqui em diante, sempre que formos iniciar a resolução de uma questão de matemática financeira, nossa primeira preocupação será a seguinte: identificar em qual dos regimes estamos trabalhando, se no regime simples ou no composto.

Isso por uma razão muito clara: quando estivermos analisando um enunciado de Juros, por exemplo, se esta operação estiver no regime simples, encontraremos uma resposta para o problema; se estiver no regime composto, a resposta geralmente será diferente.

É evidente que só temos uma resposta correta na questão! Logo, se não soubermos em qual dos regimes estamos trabalhando, corremos sério risco de chegar a uma resposta errada.

Se a questão é de Juros, haverá duas possibilidades: estarmos trabalhando com Juros Simples ou com Juros Compostos.

Se a questão é de Desconto, haverá igualmente duas possibilidades: Desconto Simples ou Desconto Composto.

Se a questão é de Equivalência de Capitais, novamente as duas possibilidades: Equivalência Simples ou Equivalência Composta.

Aprenderemos, ao estudar cada assunto, quais os *sinais* presentes no enunciado, que nos farão ter certeza de estar trabalhando em um regime ou outro.

Jamais esquecer: temos obrigação, antes de iniciar a resolução de qualquer questão, de identificar o Regime.

Neste livro, trabalharemos a seguinte seqüência: primeiramente estudaremos o Regime Simples, operações de Juros Simples, de Desconto Simples e de Equivalência Simples. Somente então passaremos ao Regime Composto, e estudaremos os Juros Compostos, o Desconto Composto, a Equivalência Composta, as Rendas Certas e a Amortização.

Além disso, dedicaremos a maior parte do nosso estudo à resolução de questões de diversas provas anteriores, entre as quais as de Auditor-Fiscal da Receita Federal.

Nossa meta é que, ao final, a Matemática Financeira deixe, definitivamente, de ser um problema, e que passe a ser uma vantagem para nós que ela seja exigida nos concursos!

Capítulo 2

Juros Simples

2.1. Introdução

Encerramos o capítulo anterior falando sobre os dois grandes blocos da Matemática Financeira – os chamados *regimes*. Vimos que existem dois regimes, o Simples e o Composto e aprendemos que qualquer questão de matemática financeira, necessariamente, estará enquadrada em um ou em outro regime, o qual terá que ser previamente identificado, antes de se iniciar sua resolução.

Daremos agora início ao estudo do Regime Simples, começando por aprender tudo o que precisamos saber sobre os Juros Simples.

2.2. Operação de Juros: o que é?

No Capítulo 1, foram apresentadas algumas situações envolvendo valores monetários que poderiam estar presentes em questões de prova.

Uma daquelas situações – a qual chamamos de *primeira situação-padrão* – envolvia as seguintes circunstâncias: alguém dispõe hoje de um determinado valor em dinheiro. Vamos supor que esse dinheiro estará disponível por um determinado período de tempo. Ou seja, durante alguns meses, esta quantia não seria necessária para nada, estaria livre, por assim dizer. Daí, o dono do dinheiro tem duas possibilidades: poderia ele esconder o dinheiro embaixo do travesseiro (o local mais seguro de sua casa!) e deixar o tempo *correr* até que o uso do dinheiro seja necessário; ou, numa segunda hipótese, poderia ir a uma agência bancária, abrir uma conta de poupança e deixar aquele dinheiro aplicado pelos meses em que não fosse precisar dele.

No primeiro caso, é imediato concluirmos que, no dia em que o dono for retirar a sua quantia, encontrará somente o mesmo valor que fora escondido. Ora, neste caso, vemos claramente que o dinheiro ficou *parado* com o passar do tempo. Mas já sabemos que (e até chamamos de *Lei Fundamental*), na Matemática Financeira, o dinheiro nunca fica parado com o transcorrer do tempo. Logo, concluímos: essa primeira opção, de guardar o dinheiro escondido no travesseiro, não é, definitivamente, uma operação da Matemática Financeira.

A segunda possibilidade vista acima produz outro resultado. Quando o dono do dinheiro, meses após ter feito a sua aplicação, se dirige ao banco para fazer a retirada (o saque), obviamente que receberá um valor maior do que aquele que havia aplicado. Estamos aqui diante de uma operação da Matemática Financeira, pois percebemos facilmente que, neste segundo caso, o dinheiro não ficou parado com o passar do tempo, mas cresceu de valor. Se quisermos desenhar esta situação, o faremos da seguinte forma:

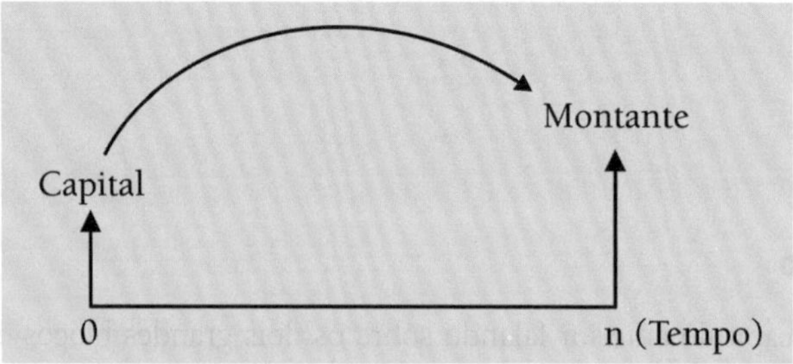

Como vimos no capítulo anterior, essa *situação-padrão*, em que se dispõe de um valor inicial e se deseja conhecer o quanto esse valor representará em uma data futura, é exatamente o que chamamos de uma **Operação de Juros**.

2.3. Elementos de uma Operação de Juros

Pelo desenho acima, já começamos a conhecer alguns dos elementos de uma operação de Juros.

- **Capital (C):**

É o nosso primeiro elemento. Significa apenas aquele valor inicial, conhecido no começo da operação. Enfim, é o valor que será aplicado, que será investido e que, com o passar do tempo, crescerá. Será designado por um "C" (maiúsculo).

- **Tempo (n):**

Já foi comentado sobre a importância do fator *tempo* e sobre a *linha do tempo*. Vimos que ele estará envolvido em todas as nossas questões, porque estaremos sempre interessados em saber como se comportarão os valores monetários fornecidos por um enunciado, com o transcorrer dos dias, meses, anos etc. Será designado por "n" (minúsculo).

- **Montante (M):**

O Montante é o resultado da operação de Juros. Representa apenas o valor do resgate, ou seja, o valor que será retirado ao final da operação de juros. Obviamente que, se na Matemática Financeira o dinheiro nunca fica parado, o valor do Montante (retirada) será, necessariamente, maior que o valor do Capital (aplicação). Caso contrário, o dinheiro estaria parado, e não estaríamos no âmbito de uma operação financeira. Este elemento será designado por "M" (maiúsculo).

- **Taxa (i):**

Agora, passaremos a conhecer o elemento crucial da Matemática Financeira. Este elemento estará presente não apenas nas operações de Juros, mas em todos os tipos de operações desta nossa matéria.

Quando aprendemos que *na matemática financeira o dinheiro nunca fica parado*, podemos nos questionar o seguinte: "qual é o elemento responsável por realizar esta *mágica* de estar constantemente movimentando os valores monetários numa operação financeira?"

E a resposta é esta: *a Taxa é o elemento da "mágica"*. É a taxa que faz com que o dinheiro cresça de valor com o *avançar* do tempo; é ela que faz com o dinheiro reduza de valor com o *retroceder* do tempo. Enfim, podemos guardar essa frase: "**a Taxa é o elemento da mágica**".

E o que é a taxa?

Trata-se de um **valor percentual**, seguido de um **período de tempo** ao qual se refere. Por exemplo: "2% ao dia", ou "5% ao mês", ou "8% ao bimestre", ou "11% ao trimestre", ou "15% ao quadrimestre", ou "18% ao semestre", ou "30% ao ano" etc.

Concluindo, toda taxa de juros é formada por duas partes: 1ª parte, o valor percentual; e 2ª parte, a unidade de tempo.

Sabendo esse conceito, poderemos identificar melhor uma taxa de juros nas diversas formas que ela pode vir escrita em um enunciado de uma questão. Vejam outros exemplos de taxas de juros:

→ juros de 10% em dois meses (= 10% ao bimestre).

→ juros de 20% em 2 bimestres (= 20% ao quadrimestre).

→ juros de 15% em 3 meses e 10 dias.

Vimos que existem dois tipos de regime na Matemática Financeira. Da mesma forma, o elemento *taxa* poderá ser de duas *naturezas*. Conforme seja a *natureza da taxa* com a qual estivermos trabalhando, saberemos se estamos no *regime simples* ou no *regime composto*.

Destarte, haverá a *taxa de natureza simples*, ou *taxa simples*, ou ainda *taxa no regime simples*; e haverá a *taxa de natureza composta*, ou *taxa composta*, ou *taxa no regime composto*.

Faremos, neste capítulo, uma análise melhor acerca da natureza de uma taxa de juros. A taxa será sempre designada por " i" (minúsculo).

- **Juros (J):**

O quinto e último elemento de uma operação de Juros é o *dono do assunto*. Mas, exatamente onde aparecerá esse elemento *juros* nesta nossa operação financeira?

Já sabemos que aplicamos um valor chamado Capital (C); já sabemos que, ao final da operação, resgatamos (retiramos) um valor maior que o Capital, ao qual chamamos de Montante (M). Pois bem, Juros serão ninguém menos que a diferença entre o valor do Montante (resgatado) e o valor do Capital (aplicado).

Os Juros representarão o quanto "cresceu" o nosso Capital. Em outras palavras, Juros serão o quanto *rendeu* o nosso Capital. Por isso, um sinônimo de Juros é a palavra *rendimento*. Se alguém pergunta: "qual foi seu rendimento nesta operação?", estará, na verdade, questionando sobre o valor dos Juros.

Ilustrativamente, teremos:

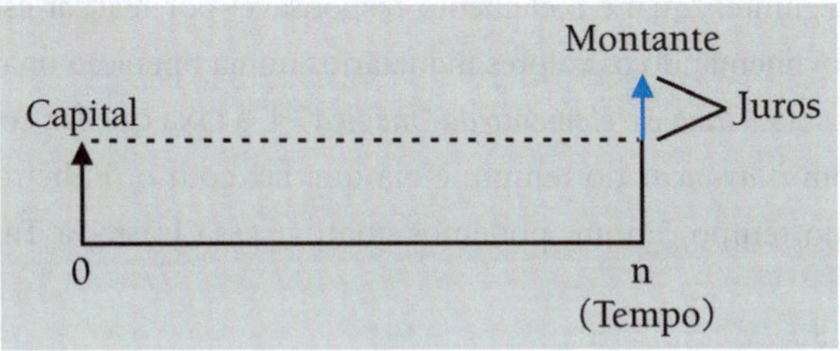

Da figura acima, já estamos aptos a conhecer a primeira equação do livro, a qual valerá para toda e qualquer operação de Juros, seja ela no regime simples ou no regime composto. É a seguinte:

$$J = M - C$$

Obviamente que essa mesma equação pode assumir duas outras formas, quais sejam:

$$M = C + J \quad e \quad C = M - J$$

Essas são equações *visuais*. Basta desenharmos os elementos de uma operação de Juros, como fizemos acima, e já *visualizaremos* essas fórmulas.

São esses, portanto, os cinco elementos de uma operação de Juros:

- → Capital (C);
- → Montante (M);
- → Juros (J);
- → Taxa (i);
- → Tempo (n).

Caberá a nós tentarmos identificar no enunciado tais elementos.

2.4. A Natureza da Taxa

Vimos há pouco que a taxa é um elemento *universal*, uma vez que estará presente em todos os assuntos da matemática financeira. Vimos que ela é a responsável pela *mágica* de movimentar os valores monetários na *linha do tempo*. Para um valor maior, se estamos *avançando* no tempo; para um valor menor, se estamos *recuando*. E vimos, finalmente, que a taxa pode ser de duas *naturezas*. Dizemos isso quando estamos fazendo uma primeira e mais ampla classificação de uma taxa.

Ou seja, a classificação mais geral de uma taxa qualquer é a seguinte: ela poderá ser *simples* ou *composta*. Se for uma taxa de natureza simples, estaremos trabalhando no *regime simples*; se for uma taxa de natureza composta, estaremos trabalhando no *regime composto*. Daí, já concluímos: **é a natureza da taxa quem define o regime da operação**, se simples ou se composto.

Vamos tomar um exemplo muito simples, e apenas ilustrativo, para tentar *enxergar* a diferença da natureza da taxa simples e composta numa operação de juros.

Suponhamos que eu tenha, hoje, uma quantia de R$ 1.000,00 (mil reais), e não vou precisar desse dinheiro nos próximos três meses. Decidi, então, fazer uma operação financeira e aplicar esse Capital (de R$ 1.000,00) durante o tempo de três meses. Desejo saber qual será o valor que irei resgatar (Montante), se nesta minha operação incidirá uma taxa de 10% ao mês.

Aqui, iremos trabalhar com os dois casos:

1º) com uma *taxa simples* de 10% ao mês; e

2º) com uma *taxa composta* de 10% ao mês.

Solução I – Taxa Simples de 10% ao mês.

No início do primeiro mês, tínhamos R$ 1.000,00. E nossa taxa é de 10% ao mês. Logo, ao longo do primeiro mês, nossa taxa (10%) incidirá sobre o valor do Capital. De forma que teremos:

$$\mathbf{\frac{10}{100} \times 1.000,00 =} \ 100,00$$

Este resultado, R$ 100,00, é o quanto obtivemos de rendimentos, ou seja, de Juros, naquele primeiro mês. Logo, se começamos o primeiro mês com R$ 1.000,00 e ganhamos (também neste primeiro mês) juros de R$ 100,00 (cem reais), então terminaremos o primeiro mês com R$ 1.100,00. Vejamos:

Começo do 1º mês: R$ 1.000,00

Daí:

$\frac{10}{100} \times \mathbf{1.000,00} = 100,00 \rightarrow$ Juros=100,00 → Fim do 1º mês: R$ 1.100,00

No segundo mês, começaremos com R$ 1.100,00. A nossa **taxa simples** de 10%, agora, incidirá sobre quem? Sobre o capital (R$ 1.000,00) ou sobre o resultado da operação no mês anterior (R$ 1.100,00)?

Aqui é que entra a *natureza da taxa*.

A natureza da taxa simples é de tal forma que, a cada período da aplicação, incidirá sempre sobre o valor do Capital Inicial.

Daí, no segundo mês, ocorrerá o seguinte:

Começo do 2º mês: R$ 1.100,00

Daí:

$\frac{10}{100} \times \mathbf{1.000,00} = 100,00 \rightarrow$ Juros = 100,00 → Fim do 2º mês: R$.200,00

Ou seja, tínhamos R$ 1.100,00, ganhamos mais R$ 100,00 de juros, e terminamos o segundo mês com a quantia de R$ 1.200,00.

E no terceiro mês? Sobre quem incidirá a nossa taxa simples de 10% ao mês? Sobre o Capital, obviamente. E por quê? Porque esta é a natureza da taxa simples: a cada período que passa, na operação de juros, ela incide sempre sobre o valor do Capital. Teremos, portanto:

Começo do 3º mês: R$ 1.200,00

Daí:

$\frac{10}{100} \times \mathbf{1.000,00} = 100,00 \rightarrow$ Juros = 100,00 → Fim do 3º mês: R$ 1.300,00

Terminaremos nossa aplicação com um montante de R$ 1.300,00. Construiremos abaixo uma tabela, para visualizarmos melhor os passos dessa nossa aplicação de Juros Simples:

Meses	Início do Mês	Juros (i = 10% a.m.)	Fim do mês
1º	1000 Capital	$\frac{10}{100} \times 1000 = \mathbf{100}$	1000 + 100 = **1100**
2º	**1100**	$\frac{10}{100} \times 1000 = \mathbf{100}$	1100 + 100 = **1200**
3º	**1200**	$\frac{10}{100} \times 1000 = \mathbf{100}$	1200 + 100 = 1300 Montante

O que se observa de muito relevante nesta operação acima? Verificamos que os juros produzidos em cada período é sempre um valor constante. Ou seja, neste nosso exemplo, em cada mês, tivemos juros de R$ 100,00. Por que um valor constante? Porque a *taxa simples* incide sempre sobre um mesmo valor, que é o do Capital.

Passemos à segunda resolução, trabalhando agora com uma **taxa composta**.

Solução II – Taxa Composta de 10% ao mês.

Começamos o primeiro mês com R$ 1.000,00. Incidindo sobre este a nossa taxa de 10%, teremos o seguinte:

$$\frac{\mathbf{10}}{100} \times \mathbf{1.000,00 = 100,00}$$

Este valor encontrado (R$ 100,00) será os juros produzidos no primeiro mês, de forma que o terminaremos com R$ 1.100,00. Percebamos que até aqui nossa operação está exatamente **igual** à primeira solução (com taxa simples).

Ou seja:

Começo do 1º mês: R$ 1.000,00

Daí:

$\frac{10}{100} \times \mathbf{1.000,00} = 100,00 \rightarrow$ Juros = 100,00 → Fim do 1º mês: R$ 1.100,00

No segundo mês, tomaremos a nossa taxa de 10% e a faremos incidir sobre quem? Aí é que entra a natureza da *taxa composta*.

A natureza da taxa composta é de tal forma que, a cada período da aplicação, incidirá sempre sobre o resultado da operação no período anterior.

E quem foi o resultado do período anterior? Foi R$ 1.100,00. Daí, teremos:

Começo do 2º mês: R$ 1.100,00

Daí:

$\frac{10}{100} \times \mathbf{1.100,00} = 110,00 \rightarrow$ Juros = 110,00 → Fim do 2º mês: R$ 1.210,00

E no terceiro mês, faremos nossa taxa de 10% incidir sobre quem? Ora, a taxa é composta. Logo, incidirá sobre o resultado da operação no período anterior! Teremos:

Começo do 3º mês: R$ 1.210,00

Daí:

$\frac{10}{100} \times \mathbf{1.210,00} = 121,00 \rightarrow$ Juros = 121,00 → Fim do 3º mês: R$ 1.331,00

Se quisermos ilustrar numa tabela a operação que fizemos acima, teremos:

Meses	Início do Mês	Juros (i = 10% a.m.)	Fim do mês
1º	**1000 Capital**	$\frac{10}{100} \times$ **1000 = 100**	1000 + 100 = 1100
2º	**1100**	$\frac{10}{100} \times$ 1100 **= 110**	1100 + 110 = 1210
3º	**1210**	$\frac{10}{100} \times$ 1210 **= 121**	1210 + 121 = **1331 Montante**

Fazendo uma análise entre as duas resoluções acima, veremos que em ambos os casos, tínhamos os seguinte dados: o Capital era o mesmo (R$ 1.000,00); o tempo da operação era o mesmo (3 meses); e a taxa era a mesma (10% ao mês). Por que, então, os resultados finais (Montantes) foram distintos?

Devido à natureza da taxa. Na *simples*, ela incidia sempre sobre o Capital; na *composta*, sobre o resultado da operação no período anterior.

O que podemos observar de *semelhante*, em termos de resultado, nas duas operações? A semelhança está no resultado do primeiro mês. Ambos foram iguais a R$ 1.100,00. Daí, extraímos uma informação que poderá nos ser muito útil no futuro: se estivermos fazendo uma operação de juros que envolve um único período, tanto faz usarmos os juros simples quanto os juros compostos, que o resultado será o mesmo.

Estes exemplos acima são apenas ilustrativos. Na verdade, não é assim que resolveremos nossas questões de juros simples nem de juros compostos. A intenção era apenas a de nos fazer começar a visualizar a distinção entre a natureza de uma taxa no regime simples e no regime composto.

A forma que usaremos para resolver as questões de Juros Simples é a que aprenderemos agora.

2.5. Resolvendo uma Questão de Juros Simples

Não utilizaremos fórmulas pré-construídas para as questões de Juros Simples, a não ser aquela que já aprendemos, que é, podemos dizer, uma fórmula fundamental dos juros, *servindo* para qualquer dos regimes – simples ou composto: **J = M – C.**

De resto, faremos uso, única e exclusivamente, do desenho abaixo:

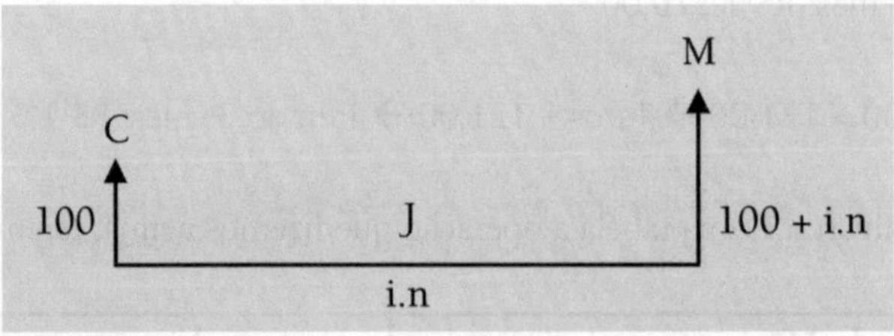

A partir deste desenho, formaremos equações envolvendo dois elementos entre Capital, Juros e Montante. Ou seja, trabalharemos ou com Capital e Juros; ou com Capital e Montante; ou, finalmente, com Juros e Montante. Para cada um destes elementos, teremos uma fração. E para saber qual será a fração, basta olharmos para o desenho. Teremos:

→ Fração do Capital: $\frac{C}{100}$

→ Fração do Juros: $\frac{J}{i.n}$

→ Fração do Montante: $\frac{M}{(100+in)}$

Daí, aplicando o método acima, poderemos utilizar as seguintes equações:

→ Caso estejamos trabalhando com Capital e Juros, teremos:

$$\frac{C}{100} = \frac{J}{i.n}$$

→ Caso estejamos trabalhando com Capital e Montante, teremos:

$$\frac{C}{100} = \frac{M}{100 + i.n}$$

→ Caso, finalmente, estejamos trabalhando com Juros e Montante, teremos:

$$\frac{J}{i.n} = \frac{M}{100 + i.n}$$

Agora, vem a informação mais importante do assunto: para podermos aplicar o método acima, e usar os dados fornecidos pelo enunciado nas nossas equações, teremos antes que cumprir uma exigência.

- **Exigência do Método dos Juros Simples:**

É a seguinte:

Taxa e tempo devem estar na mesma unidade.

Ou seja, se estivermos trabalhando, por exemplo, com uma taxa *ao mês* (taxa mensal), temos que usar o tempo em *meses*; se estivermos trabalhando com uma taxa *ao ano* (taxa anual), temos que usar o tempo em *anos*; e assim por diante.

Em outras palavras, temos que trabalhar, *sempre*, com taxa e tempo na mesma unidade. Se as unidades de taxa e tempo estiverem incompatíveis (diferentes), não poderemos dar início à resolução da questão de forma imediata. Teríamos antes que colocá-las ambas na mesma unidade. Vamos já aprender a fazer isso.

IMPORTANTÍSSIMO:

A exigência vista acima, de utilizarmos TAXA e TEMPO na mesma unidade, é universal. Não vale apenas para o assunto de Juros Simples. Ou seja, **em todos os assuntos da Matemática Financeira**, teremos que cumprir essa exigência.

Desse modo, quando formos estudar Desconto Simples, Equivalência Simples de Capitais, Juros Compostos, Desconto Composto, Equivalência Composta de Capitais, Rendas Certas e Amortização, em todos esses assuntos estarão presentes os dois elementos – Taxa e Tempo. E teremos que trabalhar com ambos, necessariamente, na mesma unidade.

- **Primeiras Questões de Juros Simples:**

Exemplo 1 – Um capital de R$ 1.000,00 é aplicado a juros simples, durante um período de 3 meses, a uma taxa de 10% ao mês. Qual o valor a ser resgatado?

Solução: Por primeiro, teremos a preocupação de identificar o assunto da questão. Ora, o enunciado falou em elementos como capital, taxa e tempo de aplicação. São todos elementos de uma operação de juros. E ainda disse, expressamente, que o capital foi aplicado a *juros simples*. Então, não resta mais dúvida alguma: estamos diante de uma questão de juros.

A segunda grande preocupação, após identificar o assunto da questão, será identificar o **regime**. Aqui, essa informação já foi revelada de maneira expressa, como vimos. O regime que estamos trabalhando é o simples. Logo, questão de *juros simples*.

Se a questão é de juros simples, iremos resolvê-la por meio do *esquema ilustrativo* dos juros simples:

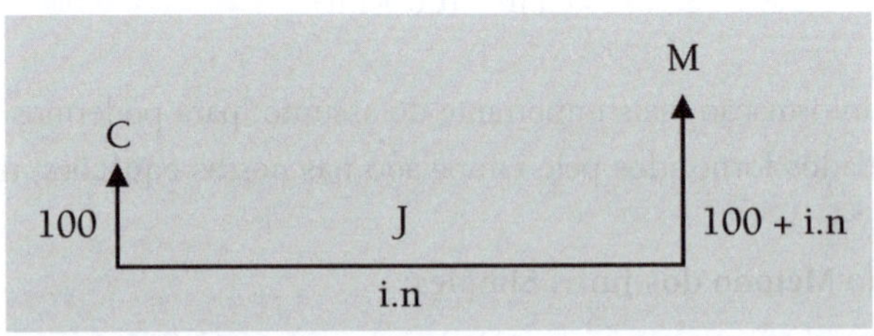

O enunciado nos forneceu o capital (R$ 1.000,00) e está pedindo o valor a ser resgatado, ou seja, está pedindo o montante. Já sabemos que é preciso cumprir uma exigência: que taxa e tempo estejam na mesma unidade. Aqui, foi dado que a taxa é mensal (10% a.m.) e o tempo de aplicação do capital está também em meses (3m). Substituiremos os dados que temos na representação acima. Podemos, primeiramente, calcular o valor de (i.n). Temos que: i.n = 10 × 3 = 30. Daí:

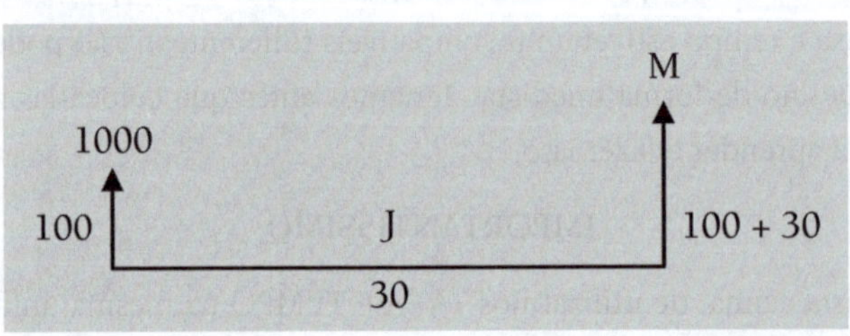

Usando as *colunas* da direita (do montante) e da esquerda (do capital), podemos montar a seguinte igualdade:

$$\frac{M}{130} = \frac{1000}{100}$$

Resolvendo a equação, teremos:

$\frac{M}{130} = \frac{1000}{100}$ → M = 130 × 10 → **M = 1.300,00** → Resposta!

Outra forma de resolver essa questão seria trabalhando com os elementos Capital (*coluna* da esquerda) e Juros (*coluna* do meio). Daí, conhecendo previamente o valor do capital, determinaríamos o valor dos Juros. E, finalmente, conhecendo capital e juros, somaríamos os dois e chegaríamos ao valor do montante. Vejamos:

$$\frac{J}{30} = \frac{1000}{100} \rightarrow J = 30 \times 10 \rightarrow \mathbf{J = 300{,}00}$$

Mas, a questão não quer saber o valor dos juros e, sim, o valor do Montante. Daí, nos lembraremos que:

M = C + J → Daí: M = 1000 + 300 → E: M = 1.300,00 → Resposta!

Uma observação muito importante: vimos que nas duas resoluções acima, quando fomos lançar os dados na equação, na hora de colocar a taxa, usamos a **notação percentual**. Ou seja, o valor da taxa dada pelo enunciado foi 10%. E então, usamos o valor 10 na equação. Se fosse 15%, usaríamos 15. Se fosse 5%, usaríamos 5. E assim por diante. Ou seja, estamos trabalhando nos juros simples com **taxas percentuais**.

O outro tipo de notação que difere da taxa percentual é a da **taxa unitária**. Neste tipo de notação, se a taxa é 10%, usamos 0,10 na equação; se a taxa é 15%, usamos 0,15; se a taxa é 5%, usamos 0,05. E assim por diante. Ou seja, taxa unitária é aquela em que 100% = 1. Utilizaremos esse tipo de notação – a taxa unitária – quando estivermos trabalhando no Regime Composto.

Exemplo 2 – Um capital de R$ 1.000,00 foi aplicado a uma taxa de 5% a.m. (ao mês), durante um período de um ano. Qual o valor a ser resgatado ao final da operação?

Solução: Primeiramente, identifiquemos o assunto da questão. Temos um valor conhecido na data inicial e queremos saber o quanto ele representará numa data futura. Estamos numa operação de Juros. Segunda preocupação: saber o regime, se simples ou composto. Releiamos o enunciado. Alguma vez foi mencionada a palavra *simples* ou a palavra *composto*? Nenhuma. Quando isso acontecer, ou seja, quando o enunciado de uma questão de juros nada dispuser acerca do regime, se é simples ou composto, por convenção, adotaremos o *regime simples*.

Importante:

Há dois outros casos em que o enunciado nada dirá **expressamente** sobre o regime de uma questão de juros, mas nos dará **sinais** para sabermos que estaremos no **regime composto**. Estes casos serão vistos a seu tempo, quando tratarmos dos juros compostos. Por enquanto, fica valendo a regra acima: se a questão de juros silenciar sobre o regime, adotaremos o simples.

Conclusão: estamos diante de uma questão de Juros Simples.

O enunciado nos forneceu o Capital (R$ 1.000,00) e quer saber o Montante (o valor do resgate). Será que podemos calcular o valor de i.n? *Ainda não*! É preciso antes que cumpramos a única exigência deste método. É preciso ter taxa e tempo na mesma unidade.

A questão nos forneceu taxa mensal (i = 5% a.m.) e tempo em ano (n = 1 ano).

Daí, teremos duas alternativas: a primeira, será modificar o tempo, alterando-o para a mesma unidade da taxa; e a segunda, é o inverso: deixar o tempo como está, e modificar a taxa, passando-a para a mesma unidade do tempo.

Faremos das duas maneiras. Primeiro, se quisermos colocar o tempo na mesma unidade da taxa, basta apenas dizer que um ano são doze meses. Daí, teríamos taxa ao mês (i = 5% a.m.) e tempo em meses (n = 12m). E já passamos ao cálculo de (i.n). Temos que: i.n = 5 × 12 = 60.

Daqui, já podemos lançar os dados na nosso *desenho*:

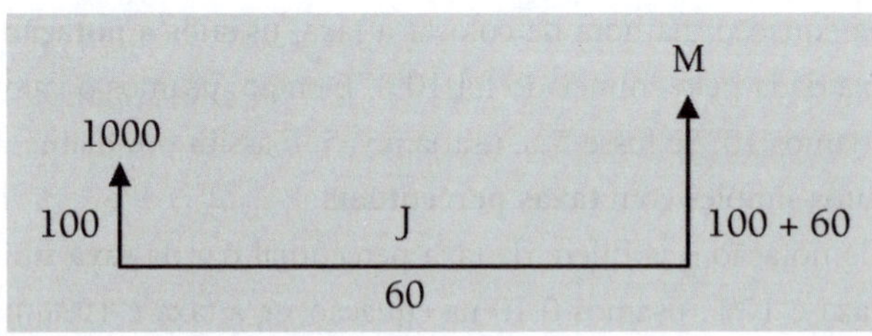

Através da coluna da direita (do montante) e da coluna da esquerda (do capital), podemos montar a seguinte igualdade:

$$\frac{M}{160} = \frac{1000}{100}$$

Resolvendo a equação, teremos:

→ $\frac{M}{130} = \frac{1000}{100}$ → M = 160 × 10 → **M = 1.600,00** → Resposta!

A segunda maneira de resolver esta questão, tornando compatíveis taxa e tempo, seria alterando a unidade da taxa, transformando-a, neste nosso caso, numa taxa anual. Aqui, vai surgir para nós um conceito importantíssimo.

2.6. Taxas Proporcionais

Abriremos um parêntese na resolução acima, para apresentar um conceito de taxa que se aplicará não apenas a questões de Juros Simples, mas a todo o Regime Simples.

Por *regime simples*, entenderemos questões de juros simples, de desconto simples, e de equivalência simples de capitais.

Sempre, e aqui não existe nenhuma exceção, **que quisermos alterar a unidade de uma taxa, no regime simples, utilizaremos o conceito de "Taxas Proporcionais".**

Trata-se de um conceito facílimo de ser compreendido e aplicado. Podemos dizer até que é um conceito intuitivo. Senão, vejamos:

→ Se estamos no **regime simples**, e temos uma taxa ao mês, e queremos transformá-la numa taxa ao ano, pensaremos assim: taxa ao mês para taxa ao ano; mês para ano; mês é menor do que ano; logo, taxa menor para taxa maior. Do menor para o maior, nós multiplicaremos. E um ano tem quantos meses? Doze. Então, multiplicaremos por doze. Teremos:

Taxa ao mês —— × 12 ——> Taxa ao ano
(unidade menor) (unidade maior)

→ Se estamos no **regime simples**, com uma taxa ao bimestre, e desejamos transformá-la para uma taxa ao ano, pensaremos: taxa ao bimestre para taxa ao ano; bimestre para ano; menor para maior; do menor para o maior, multiplicamos; um ano tem quantos bimestres? Seis. Logo, multiplicamos por seis. Teremos:

Taxa ao bimestre —— × 6 ——> Taxa ao ano
(unidade menor) (unidade maior)

→ Se estamos no **regime simples**, e temos uma taxa ao trimestre, e queremos alterá-la para uma taxa anual, pensaremos: taxa ao trimestre para taxa ao ano; trimestre para ano; menor para maior; do menor para o maior, multiplicamos; um ano tem quantos trimestres? Quatro. Logo, multiplicaremos por quatro. Teremos:

Taxa ao trimestre —— × 4 ——> Taxa ao ano
(unidade menor) (unidade maior)

→ Para passar, agora, uma **taxa simples** quadrimestral para uma taxa anual, raciocinaremos assim: taxa ao quadrimestre para taxa ao ano; quadrimestre para ano; menor para maior; do menor para o maior, multiplicamos; um ano tem quantos quadrimestres? Três. Logo, multiplicaremos por três. Teremos:

Taxa ao quadrimestre —— × 3 ——> Taxa ao ano
(unidade menor) (unidade maior)

→ Para passar, no **regime simples**, uma taxa ao semestre para uma taxa ao ano, pensaremos: taxa ao semestre para taxa ao ano; semestre para ano; menor para maior; do menor para o maior, multiplicamos; um ano tem quantos semestres? Dois. Logo, multiplicamos por dois. Teremos:

Taxa ao semestre —— × 2 ——> Taxa ao ano
(unidade menor) (unidade maior)

E se por ventura desejássemos fazer o caminho inverso? Por exemplo, se quiséssemos transformar uma taxa simples anual para uma taxa mensal? Aí pensaríamos assim: taxa ao ano para taxa ao mês; ano para mês; maior para menor; do maior para o menor, nós **dividimos**; um ano tem quantos meses? Doze. Logo, dividiremos por doze. Teremos:

Taxa ao ano —— ÷ 12 ——> Taxa ao mês
(unidade maior) (unidade menor)

→ Se quiséssemos, por exemplo, no regime simples, transformar uma taxa semestral numa taxa bimestral, o que faríamos? Pensaríamos assim: taxa semestral para taxa bimestral; semestre para bimestre; maior para menor; do maior para o menor, nós dividimos; um semestre tem quantos bimestres? Três. Logo, dividiremos por três. Teremos:

Taxa ao semestre —— ÷ 3 —— > Taxa ao bimestre
(unidade maior) (unidade menor)

Em suma, trabalharemos com o conceito de Taxas Proporcionais, dessa forma: taxa menor para taxa maior, multiplica-se; taxa maior para taxa menor, divide-se. Multiplica-se por quanto? Divide-se por quanto? Pelo número de vezes que o período menor *cabe* no maior.

Outro exemplo: taxa ao ano para taxa ao quadrimestre. Ano para quadrimestre; maior para menor, logo, dividiremos; um ano tem quantos quadrimestres? Ou seja, quantos quadrimestres cabem num ano? Três. Logo, dividiremos por três. Teremos:

Taxa ao ano —— ÷ 3 —— > Taxa ao quadrimestre
(unidade maior) (unidade menor)

Retornemos ao nosso exemplo 2.

- **Voltando ao Exemplo 2:**

Recapitulando: temos aqui uma taxa ao mês (i = 5% a.m.) e um tempo em anos (n = 1 ano). Para tornar taxa e tempo compatíveis, queremos alterar a unidade da taxa, de forma a transformá-la numa taxa ao ano. Estamos no regime simples. Logo, utilizaremos o conceito de Taxas Proporcionais. Teremos:

Taxa ao mês —— × 12 —— > Taxa ao ano
(unidade menor) (unidade maior)

Daí: 5% ao mês —— × 12 —— > 60% ao ano

Agora, sim: tempo em anos (n = 1a) e taxa ao ano (i = 60% a.a.). Já podemos calcular o valor de **i.n** que será utilizado na nossa fórmula de Juros Simples. Temos que: i.n = 60 × 1 = 60

Observemos que o valor encontrado foi o mesmo que utilizando-se o tempo em meses, isto é, porque o valor do produto **i.n** independe da unidade de tempo utilizada. Se usássemos, por exemplo, o tempo em bimestres o valor de **i.n** também seria 60.

Como o valor de **i.n** é o mesmo, então teremos as mesmas equações e, é claro, a mesma resposta: M = 1.600,00.

2.7. Taxas Proporcionais × Taxas Equivalentes

Quando estivermos resolvendo uma questão de Juros Simples, trabalhando, portanto, no **Regime Simples**, e a questão vier falando em "Taxas Equivalentes", entenderemos esse conceito como **sinônimo** de Taxas Proporcionais.

Ou seja, no Regime Simples (questões de juros simples, de desconto simples e de equivalência simples de capitais), se o enunciado falar em Taxas Equivalentes, entenderemos como se estivesse falando em Taxas Proporcionais.

Vejamos um exemplo, extraído de uma prova da ESAF:

Exemplo 3 – (ESAF) Indique, nas opções abaixo, qual a taxa unitária anual equivalente à taxa de juros simples de 5% ao mês:

a) 60,0
b) 1,0
c) 12,0
d) 0,6
e) 5,0

Solução: O enunciado nos forneceu apenas uma taxa mensal (i = 5% ao mês) e disse, expressamente, que se trata de uma taxa de juros simples. Estamos, portanto, no regime simples.

Daí, a questão pede, como resposta, que encontremos uma taxa anual **equivalente**. Ora, como dito acima, se estamos no Regime Simples, taxa equivalente é sinônimo de taxa proporcional. Então, transformaremos nossa taxa mensal (5%) numa taxa anual, por meio do conceito de taxas proporcionais, exatamente da forma como já aprendemos. Teremos:

5% ao mês —— × 12 ——> 60% ao ano
(unidade menor) (unidade maior)

Ocorre que o enunciado pediu que essa taxa anual seja uma taxa unitária, ou seja, que esteja expressa sob a **notação unitária**. Já sabemos que há duas notações com as quais podemos expressar uma taxa: a *notação percentual* e a *notação unitária*. Já demos exemplos de ambas.

Relembrando:

→ Taxa de 10%: – notação percentual: 10%
– notação unitária: 0,10

→ Taxa de 15%: – notação percentual: 15%
– notação unitária: 0,15

→ Taxa de 7%: – notação percentual: 7%
– notação unitária: 0,07

E assim por diante. Voltando à questão: encontramos uma taxa anual de 60%. Em termos unitários, como estaria expressa essa taxa? Da seguinte forma:

Taxa percentual = 60% → Taxa unitária = 0,60 = 0,6 → Resposta!

IMPORTANTE: Quando chegarmos ao estudo do Regime Composto, veremos que esse termo – taxa equivalente – ganhará um novo significado, diferente do que vimos para o Regime Simples.

Exemplo 4 – (ESAF) Um capital de R$ 14.400,00, aplicado a 22% ao ano, rendeu R$ 880,00 de juros. Durante quanto tempo esteve empregado?

a) 3 meses e 3 dias.
b) 3 meses e 8 dias.
c) 2 meses e 23 dias.
d) 3 meses e 10 dias.
e) 27 dias.

Solução: Primeiro passo: identificar o assunto. O enunciado falou em capital, falou em taxa e falou em rendimento (que é sinônimo de juros, conforme já sabemos). São todos elementos de uma operação de juros, de modo que não resta qualquer dúvida sobre isso. Agora, teremos que identificar o regime da operação. Novamente o enunciado silenciou acerca do regime, nada declarando a esse respeito. Logo, por convenção, adotaremos o regime simples.

Já sabemos que taxa e tempo devem estar na mesma unidade. Ora, sabemos que a taxa é anual, pois assim foi fornecida pelo enunciado (i = 22% a.a.). E o tempo da aplicação é o que está sendo questionado.

Sendo assim, se resolvermos deixar a taxa em termos anuais, como já está, encontraremos como resposta um tempo de aplicação também em anos, já que taxa e tempo têm que estar sempre na mesma unidade.

Surge a pergunta: será que nos convém trabalhar com a taxa anual e encontrar o tempo em anos? Como poderemos responder a esta pergunta? Simples: olhando para as opções de resposta da questão. Se todas as cinco opções (a, b, c, d, e) trouxessem respostas com o tempo em anos, obviamente que trabalharíamos com esta unidade; se as opções, de outro modo, trouxessem os tempos todos em meses, buscaríamos trabalhar com taxa e tempo em meses; e assim por diante.

Porém, observando as opções de resposta da nossa questão, vemos que trazem o tempo em duas unidades: meses e dias. Então, quando isso ocorrer, como sugestão, trabalharemos com a menor unidade. Entre mês e dia, a menor é dia. Assim, procuraremos usar taxa ao dia e, com isso, encontraremos um resultado de tempo também em dias. Daí, ficará muito fácil transformar o tempo em dias para *meses e dias* como está na resposta.

Para transformar, no regime simples, uma taxa anual em uma taxa ao dia, teremos que usar o conceito de Taxas Proporcionais. E o raciocínio será o seguinte: taxa ao ano para taxa ao dia; ano para dia; maior para menor; do maior para o menor, dividimos; quantos dias têm um ano?

Importante: para responder a pergunta acima, temos que conhecer mais um conceito: o de Juros Comerciais.

Juro Comercial é aquele que considera que todos os meses do ano têm trinta dias (1m = 30d). Portanto, segundo essa mesma consideração, o ano inteiro terá trezentos e sessenta dias (1a = 360d).

Este conceito, na Matemática Financeira, é tido como regra. Ou seja, caso o enunciado de uma questão não disponha de modo contrário, ou se a questão nada disser sobre isso, já fica subentendido que estamos trabalhando com os Juros Comerciais.

Em outras palavras: considerar o mês (qualquer que seja) com 30 dias e o ano inteiro com 360 dias é a regra na matemática financeira. A exceção será um outro conceito – Juros Exatos – sobre o qual falaremos ainda neste capítulo.

Voltando à pergunta: quantos dias tem um ano? Tem 360 dias. Logo, dividiremos a taxa anual por 360 e chegaremos a uma taxa ao dia. Teremos:

Taxa ao ano —— ÷ 360 —— > Taxa ao dia
(unidade maior) (unidade menor)

Daí: 22% ao ano —— ÷ 360 —— > (22/360)% ao dia

Assim, o valor de (i.n) é dado por: $i.n = \dfrac{22}{360} \times n = \dfrac{11}{180} \times n = \dfrac{11n}{180}$

Finalmente, vamos lançar os dados no *desenho* e na equação:

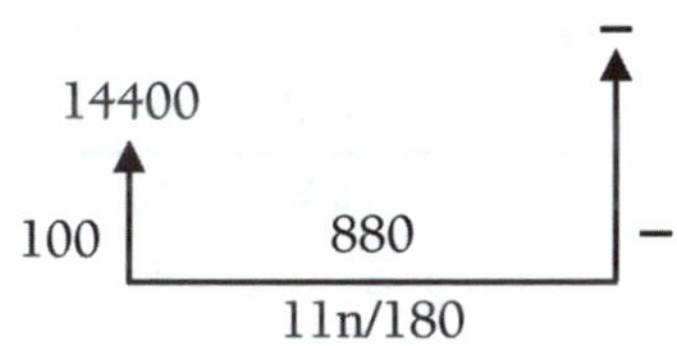

$$\rightarrow \quad \text{Daí: } \frac{14400}{100} = \frac{880}{\frac{11n}{180}} \rightarrow n = \frac{880 \times 180}{144 \times 11} \rightarrow \mathbf{n = 100\ dias}$$

Para transformar 100 dias em meses e dias, só teremos que nos lembrar que um mês tem 30 dias na matemática financeira (juros comerciais). Daí, dois meses são 60 dias e três meses são 90 dias. De 90 para chegar a 100 faltam 10.

Logo: n = 100 dias = 3 meses e 10 dias → Resposta!

Exemplo 5 – Se um capital de R$ 7.200,00 rendeu R$ 162,00 de juros em 90 dias, qual é a taxa de juros simples anual desta aplicação?

Solução: Identificando o assunto: o enunciado falou em um certo Capital que ficou aplicado durante um determinado período de tempo e rendeu uma certa quantia. Já sabemos que este *rendimento* é sinônimo de juros. Não resta qualquer dúvida: estamos diante de uma questão de juros. E o regime? Basta ver a pergunta feita pelo enunciado: "qual a taxa de juros **simples** anual?" Daí: juros simples é o nosso assunto.

A taxa e tempo estão na mesma unidade? O tempo foi fornecido em dias (n = 90 dias). E a taxa foi solicitada em termos anuais. Se precisamos encontrar uma taxa ao ano, é lógico que teremos que trabalhar com o tempo também em anos. Vamos fazer essa conversão.

Primeiramente, sabemos que todos os meses têm 30 dias. Logo, é muito fácil concluir que 90 dias são iguais a 3 meses. E 3 meses são uma fração do ano. Que fração é essa? Se não conseguirmos enxergar de imediato que 3 meses é o mesmo que 1/4 (um quarto) de ano, então faremos uma pequena regra de três:

"1 ano tem 12 meses; que fração do ano corresponderá a 3 meses?"

Ou seja $\begin{cases} 1 \text{ a ---- } 12 \text{ m} \\ X \text{ ---- } 3 \text{ m} \end{cases}$ → E: X = (3/12) = (1/4) a

Agora, que já dispomos do tempo em anos, passaremos ao cálculo de **i.n**:

$$i.n = i \times \frac{1}{4} = \frac{i}{4}$$

Como resultado, não podemos esquecer disso, encontraremos uma taxa anual. Vamos lançar os dados no desenho:

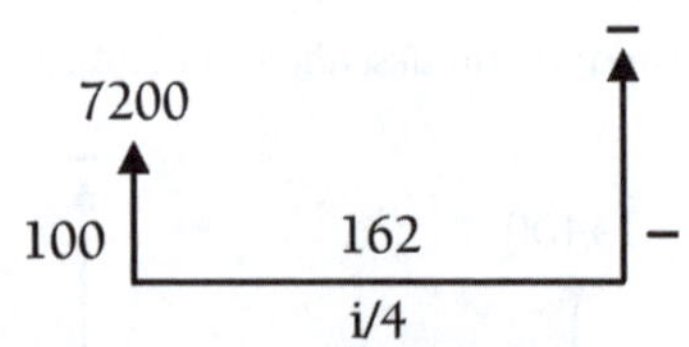

→ Daí: $\frac{7200}{100} = \frac{162}{\frac{i}{4}}$ → $72 \times \frac{i}{4} = 162$ → $18i = 162$

→ $i = \frac{162}{18}$ → i = 9% ao ano → Resposta!

Exemplo 6 – (ESAF) O preço à vista de uma mercadoria é de R$ 100.000,00. O comprador pode, entretanto, pagar 20% de entrada no ato e o restante em uma única parcela de R$ 100.160,00 vencível em 90 dias. Admitindo-se o regime de juros simples comerciais, a taxa de juros anuais cobrada na venda a prazo é de:

a) 98,4%;
b) 99,6%;
c) 100,8%;
d) 102,00%;
e) 103,2%.

Solução: Eis aqui uma questão mais rebuscada. Ela foi cobrada numa prova de Fiscal da Receita. O que há de novidade neste enunciado é que ele não é tão convencional quanto os dos exemplos anteriores. Ou seja, esta questão não vem falando de um capital de *tanto*, que foi aplicado por *tanto* tempo, a uma taxa de *tanto*... Não! Ele vem com uma situação, que fala de uma compra de uma mercadoria. Nossa missão aqui será a de *transformar* esse enunciado numa questão convencional. E isso é muito fácil de ser feito. Vejamos.

Vamos tentar *enxergar* onde está a operação de juros dentro do nosso enunciado. Foi dito sobre o valor da mercadoria à vista, e o valor do pagamento de uma entrada. Teremos:

→ **Valor à vista: R$ 100.000,00**

→ **Valor da entrada: R$ 20.000,00 (= 20% do valor à vista)**

Ora, é claro que o valor da entrada será pago no mesmo dia da compra (por isso se chama *entrada*). Assim, se eu quiser saber o quanto restaria pagar *hoje* por essa mercadoria, logo após o pagamento da entrada, bastaria fazer a subtração:

→ A mercadoria custa: R$ 100.000,00

→ Eu estou entrando com: R$ 20.000,00

→ Resta pagar ainda: R$ 80.000,00

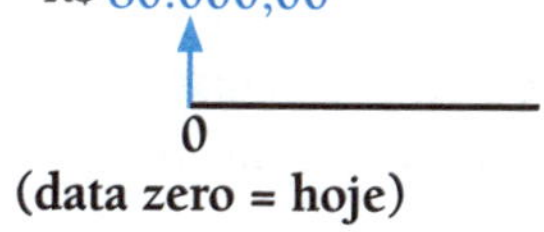

Ocorre que eu não vou pagar pelo restante dessa mercadoria hoje. Vou pagar o restante apenas numa data futura. Quando? 90 dias após a compra, conforme nos diz o enunciado.

Ora, se eu devia pagar hoje R$ 80.000,00, e só vou efetuar o pagamento 90 dias após hoje, naturalmente que o valor que terei que pagar no futuro será um valor *maior* do que era devido hoje. Quanto vou pagar daqui a três meses? R$ 100.160,00, também conforme dito pela questão.

Então, teremos o seguinte:

Agora, sim, chegamos a um enunciado convencional, *traduzido* da seguinte forma:

"Um capital de R$ 80.000,00 foi aplicado durante um tempo de 3 meses. Chegou-se a um montante de R$ 100.160,00. Qual a taxa de juros anuais presente nesta operação?"

Observemos que nada foi dito acerca do regime, se simples ou composto. Logo, adotaremos o simples.

Uma observação: sempre que o enunciado de uma questão de juros nos fornecer ao mesmo tempo os valores do Capital e do Montante, já teremos, nas entrelinhas, mais um dado. Qual? Os Juros. Sabemos que **J = M – C**. Logo, já podemos calcular os Juros e trabalhar com ele. Teremos:

→ **J = M – C** → **J = 100.160 – 80.000** → **J = 20.160,00**

A exigência *manda* taxa e tempo na mesma unidade. A questão pede uma taxa anual. E nos forneceu o tempo em dias (n=90 dias). Já transformamos 90 dias para 3 meses. E já fizemos, no exemplo anterior, a transformação de 3 meses para anos. Encontramos que 3 meses = 1/4 de ano.

Vamos ao cálculo de **i.n**. Temos que: i.n = i × 1/4 = i/4

Substituindo os dados na fórmula:

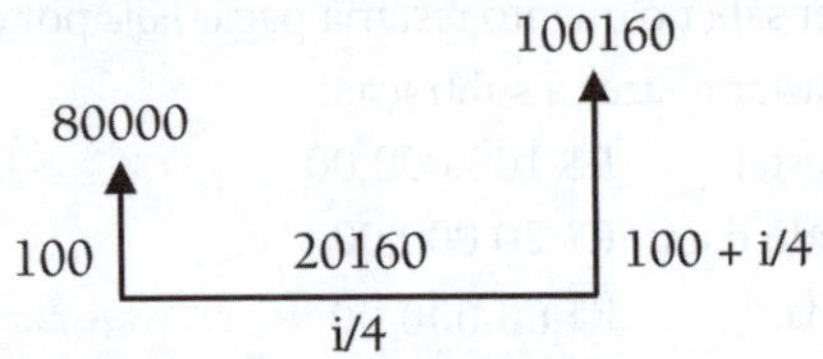

Escolheremos duas *colunas* acima para montar a igualdade que permitirá obter o valor da taxa **i**. É fácil perceber que se usarmos a *coluna* da esquerda e a *coluna* do meio obteremos mais rápido o valor do i.

→ Daí: $\frac{80000}{100} = \frac{20160}{\frac{i}{4}} \rightarrow 800 \times \frac{i}{4} = 20160 \rightarrow i = \frac{20160}{200} = 100{,}8$

Portanto: → **i = 100,8% ao ano → (Resposta!)**

2.8. Juros Simples Exatos

Já falamos acima a respeito dos Juros Comerciais. Dissemos que eles consistem na consideração, que é regra, de que todos os meses do ano têm 30 dias, e o ano inteiro, portanto, 360 dias.

Frisamos que se o enunciado nada dispuser a respeito disso, entenderemos que estamos trabalhando com essa consideração. Os *juros comerciais*, portanto, consistem na nossa regra. E qual seria a exceção?

Juros Exatos – exceção à regra – é aquele em que se consideram os meses do ano com o número de dias do nosso calendário comum. Apenas isso. Ou seja: janeiro com 31 dias; fevereiro com 28 (ou 29, se for ano bissexto); março com 31; abril com 30; maio com 31; junho com 30; julho com 31; agosto com 31; setembro com 30; outubro com 31; novembro com 30; e dezembro com 31 dias.

Precisaremos saber, nos juros exatos, quantos dias tem cada mês, pois iremos trabalhar nestas questões, via de regra, com o tempo em dias. Então, o que a questão vai querer saber, na verdade, é se nós sabemos contar os dias. Vamos perceber que, na maioria das questões de juros exatos, serão fornecidos pelo enunciado o dia do início e o dia do final da aplicação. O trabalho de contar os dias será nosso. No mais, tudo é igual na questão de *juros simples exatos*.

Vejamos alguns exemplos.

Exemplo 7 – (ESAF) A quantia de R$ 10.000,00 foi aplicada a juros simples exatos do dia 12 de abril ao dia 5 de setembro do corrente ano. Calcule os juros obtidos, à taxa de 18% ao ano, desprezando os centavos.

Solução: Essa questão é extraída da prova do Fiscal da Receita de 1998. O enunciado foi explícito, afirmando que o capital de R$ 10.000,00 foi aplicado a **juros simples exatos**. Sabemos que, sendo os juros exatos a exceção, só iremos considerá-lo quando o enunciado **expressamente** exigir que trabalhemos com ele.

De outra forma, se a questão de juros simples não falar em juros exatos, trabalharemos com a forma convencional – os Juros Comerciais – considerando todos os meses com 30 dias.

Mas aqui temos os Juros Exatos. Vejamos que foram dados os dias do início e do final da aplicação. Temos, portanto, que contar quantos dias durou essa operação. Podemos fazer assim: colocaremos os meses da aplicação, um abaixo do outro, seguido de quantos dias tem, efetivamente (juros exatos), cada um deles. Neste caso, começamos a aplicação em abril e terminamos em setembro. Daí, teremos:

Meses da aplicação	**Dias do mês completo**
Abril	30 dias
Maio	31 dias
Junho	30 dias
Julho	31 dias
Agosto	31 dias
Setembro	30 dias

Agora, ao lado do número de dias de cada mês completo, colocaremos quantos dias destes meses foram efetivamente utilizados na operação. Vejamos que é fácil concluir que os meses do *miolo*, que não são nem o primeiro mês e nem o último, foram integralmente usados. Vejamos:

	Meses da aplicação	**Dias do mês completo**	**Dias utilizados na aplicação**
	Abril	30 dias	
"Miolo"	Maio	31 dias	31 dias
"Miolo"	Junho	30 dias	30 dias
"Miolo"	Julho	31 dias	31 dias
	Agosto	31 dias	31 dias

Resta saber agora a respeito do primeiro e do último mês. Quantos dias foram usados na operação nestes dois meses?

A respeito do último mês, é muito fácil. Basta perguntarmos: em qual dia terminou a aplicação? No dia 5 de setembro. Então, foram usados apenas 5 dias deste último mês. Teremos:

	Meses da aplicação	**Dias do mês completo**	**Dias utilizados na aplicação**
	Abril	30 dias	
"Miolo"	Maio	31 dias	31 dias
"Miolo"	Junho	30 dias	30 dias
"Miolo"	Julho	31 dias	31 dias
"Miolo"	Agosto	31 dias	31 dias
	Setembro	30 dias	5 dias

E em relação ao primeiro mês, faremos uma subtração: quantos dias tem o mês de abril? Tem 30 dias. Qual foi o dia do início da aplicação? Foi o dia 12. Daí faremos o cálculo: dias usados no mês de abril = 30 – 12 = 18.

Daí, teremos:

	Meses da aplicação	Dias do mês completo	Dias utilizados na aplicação
	Abril	30 dias	18 dias
"Miolo"	Maio	31 dias	31 dias
"Miolo"	Junho	30 dias	30 dias
"Miolo"	Julho	31 dias	31 dias
"Miolo"	Agosto	31 dias	31 dias
	Setembro	**30 dias**	**5 dias**

Agora, resta somar os dias e chegaremos ao tempo da aplicação de juros. Teremos:

Meses da aplicação	Dias do mês completo	Dias utilizados na aplicação
Abril	30 dias	
Maio	**31 dias**	**31 dias**
Junho	**30 dias**	**30 dias**
Julho	**31 dias**	**31 dias**
Agosto	**31 dias**	**31 dias**
Setembro	**30 dias**	**5 dias**
Soma dos dias:		146 dias

Ou seja: n = 146 dias.

Passemos a verificar se a taxa e o tempo estão na mesma unidade. Como temos o tempo em dias, vamos trabalhar também com a taxa ao dia. Daí, como estamos no regime simples, vamos alterar a unidade da taxa, utilizando o conceito de Taxas Proporcionais.

O raciocínio é o seguinte: taxa ao ano para taxa ao dia; ano para dia; maior para menor; do maior para o menor, nós dividimos; um ano tem quantos dias? ATENÇÃO! Estamos trabalhando com os Juros Exatos. Logo, o ano terá 365 dias (nosso calendário comum), ou 366, se for ano bissexto (essa circunstância teria que ser dita expressamente pela questão). Logo, dividiremos a taxa anual por 365. Teremos:

(Juros Exatos)

Taxa ao ano —— ÷ 365 —— > Taxa ao dia

(unidade maior) (unidade menor)

Daí: 18% ano —— ÷ 365 —— > (18/365)% ao dia

Para utilizarmos uma equação de juros simples, devemos obter primeiramente o valor de (i.n).

$$i.n = \frac{18}{365} \times 146 = \frac{18}{5 \times 73} \times 146 = \frac{18}{5} \times 2 = \frac{36}{5} = 7,2$$

Fórmula de juros simples para C = 10000; i.n = 7,2; J =?

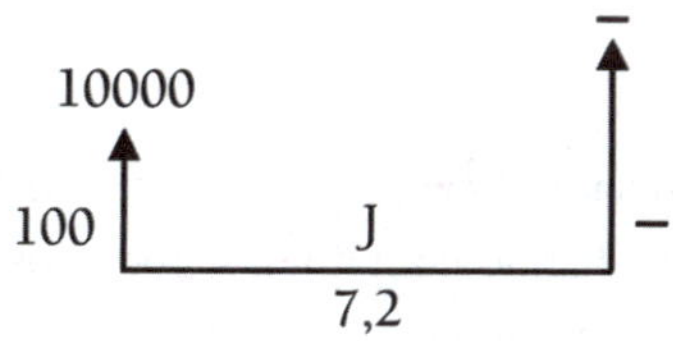

Daí:

$\rightarrow \frac{10000}{100} = \frac{J}{7,2} \rightarrow$ **J = 7,2 × 100** $\rightarrow$ J = 720,00 $\rightarrow$ **Resposta!**

Então, quando nos depararmos em nossa prova com uma questão de Juros Simples Exatos, nos lembraremos do seguinte:

- → Trabalharemos com o tempo em dias.
- → Contaremos os dias conforme o nosso calendário convencional, ou seja, considerando o ano com 365 dias (ou 366, se bissexto).
- → Trabalhando com o tempo em dias, obviamente teremos que considerar a taxa também diária. Ou seja, i = [ ]% ao dia.
- → Usaremos, caso necessário, o conceito de taxas proporcionais para encontrar a taxa ao dia. Para isso, também consideraremos que um ano tem 365 (ou 366) dias.

2.9. Juros Simples Ordinários

Há ainda um terceiro conceito – os Juros Ordinários – em torno do qual existe uma certa polêmica. Não há uniformidade de entendimento acerca deste conceito, de modo que, para alguns autores, trata-se de mero sinônimo de Juros Comerciais. Para outros, seria uma terceira categoria de juros simples, com regras próprias.

Filiamo-nos aos do primeiro entendimento, considerando que se confundem os conceitos de Juros Comerciais e Juros Ordinários.

Em suma: trabalhar os juros comerciais ou ordinários é levar em conta que todos os meses do ano têm 30 dias, e o ano todo, portanto, 360 dias. Só isso!

A Esaf, ao que parece, evita a utilização deste conceito – Juros Ordinários – nas questões de prova. A última vez que o fez, em provas da Receita Federal, foi no ano de 1998, e nunca mais! Vejamos essa questão.

Exemplo 8 – (ESAF) Um capital é aplicado do dia 5 de maio ao dia 25 de novembro do mesmo ano, a uma taxa de juros simples ordinário de 36% ao ano, produzindo um montante de $ 4.800,00. Nessas condições, calcule o capital aplicado, desprezando os centavos.

a) $ 4.067,00
b) $ 4.000,00
c) $ 3.996,00
d) $ 3.986,00
e) $ 3.941,00

Solução: Vejamos que o enunciado usou expressamente os termos *juros simples ordinário*. Não resta dúvida, estamos trabalhando com a regra: todos os meses têm 30 dias. Passemos imediatamente à contagem dos dias. Teremos:

Meses da aplicação	Dias do mês completo
Maio	30 dias
Junho	30 dias
Julho	30 dias
Agosto	30 dias
Setembro	30 dias
Outubro	30 dias
Novembro	30 dias

Percebamos que, se estamos considerando os *juros comerciais ou ordinários*, do dia 5 de um mês qualquer até o dia 5 do mês seguinte, teremos contado um mês de distância! Daí, nossa aplicação começou em 5 de maio. Até o dia 5 de junho, teremos *avançado* um mês; até o dia 5 de julho, teremos *avançado* dois meses; até o dia 5 de agosto, três meses; até o dia 5 de setembro, quatro meses; até o dia 5 de outubro, cinco meses; até o dia 5 de novembro, finalmente, teremos *avançado* **seis meses**. Daí, estamos no dia 5 de novembro. Para chegarmos agora ao dia 25 de novembro, teremos que *avançar* mais vinte dias.

Conclusão: do dia 5 de maio ao dia 25 de novembro há um período de **seis meses e vinte dias**!

Transformando esse tempo para a unidade *dia*, diremos que 6 meses são 180 dias (6 × 30 = 180). E somando 180 com 20 dias, chegamos a 200 dias.

Ou seja: **n = 200 dias**.

Percebamos que temos o tempo em dias. Logo, deveremos também trabalhar com uma taxa ao dia. Só não podemos esquecer que estamos operando com Juro Ordinário, que é sinônimo de Juro Comercial. Ou seja, no momento de transformar a unidade da taxa para uma taxa diária, consideraremos o ano com 360 dias. O enunciado nos deu taxa de 36% ao dia. Teremos, portanto, que:

Daí: 36% ano —— ÷ 360 —— > (36/360) = (0,1)%ao dia

Cálculo de (i.n): 0,1 × 200 = 20

Agora, dispomos de: (M = 4.800,00) e (i.n = 0,1), e procuramos pelo Capital.

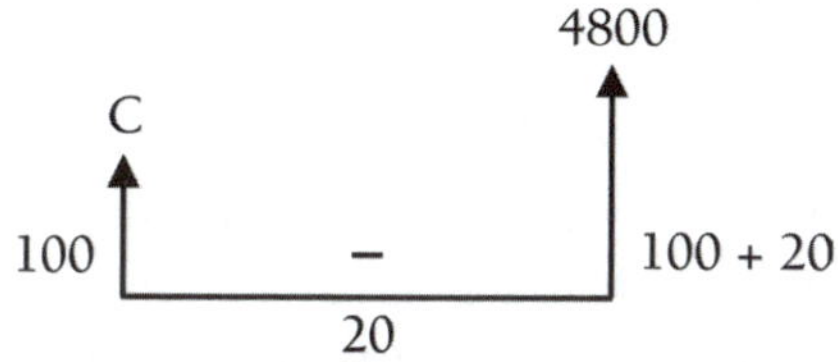

Daí:

$$\frac{C}{100} = \frac{4800}{120} \rightarrow C = 100 \times 40 \rightarrow C = 4.000,00 \rightarrow \text{Resposta!}$$

2.10. Prazo Médio, Taxa Média e Capital Médio

Passamos aqui a um dos temas inseridos no capítulo de Juros Simples e de grande presença em provas de concursos. São assuntos facílimos, cujas questões se resolvem de forma quase que imediata, pela aplicação de fórmulas.

Os enunciados destas questões de Prazo Médio, Taxa Média e Capital Médio começarão nos fornecendo conjuntos de aplicações de juros. Cada conjunto será formado por um valor de Capital, uma taxa de juros simples e um tempo de aplicação.

Assim, teremos um Capital (C_1), aplicado a uma taxa (i_1), durante um tempo (n_1); teremos um outro Capital (C_2), aplicado a uma outra taxa (i_2), durante um tempo de aplicação (n_2); e assim sucessivamente. Normalmente, as questões trazem três ou até quatro conjuntos de aplicação.

Depois de fornecer esses dados, a questão perguntará: "qual é o prazo médio desses conjuntos de aplicações?", ou então: "qual é a taxa média desses conjuntos de aplicações?", ou ainda: "qual é o capital médio desses conjuntos de aplicações?".

Não há, portanto, qualquer dificuldade em se identificar uma questão de prazo médio, taxa média e capital médio, uma vez que o assunto será justamente a pergunta da questão.

2.10.1. Prazo Médio: PM

O que significa o Prazo Médio de um conjunto de aplicações? Vamos raciocinar da seguinte forma: suponhamos que temos três aplicações – Capital 1, Capital 2 e Capital 3 – aplicados pelos tempos n_1, n_2 e n_3 respectivamente, e a taxas i_1, i_2 e i_3. Obviamente que cada uma dessas aplicações daria origem a um rendimento, ou seja, a um valor de Juros. Estes seriam, digamos, Juros 1, Juros 2 e Juros 3. Teríamos, então, o seguinte:

$$\left.\begin{array}{l} C_1 \rightarrow i_1 \rightarrow n_1 \Rightarrow J_1 \\ C_2 \rightarrow i_2 \rightarrow n_2 \Rightarrow J_2 \\ C_3 \rightarrow i_3 \rightarrow n_3 \Rightarrow J_3 \end{array}\right\} \text{ onde } J_1+J_2+J_3 = J_{TOTAL}$$

Encontrar o Prazo Médio significa calcular um novo prazo, ou seja, um novo tempo de aplicação, que irá substituir n_1, n_2 e n_3. Em decorrência disso, os valores dos juros originais – J_1, J_2 e J_3 – serão, obviamente, modificados. Se havia prazos originais de aplicação (n_1, n_2 e n_3) e estamos trocando-os por um novo prazo (**PM**). Isso irá alterar também o valor dos juros produzidos por cada aplicação. Teremos, portanto:

$$\begin{array}{l} C_1 \rightarrow i_1 \rightarrow \mathbf{PM} \Rightarrow J_1' \\ C_2 \rightarrow i_2 \rightarrow \mathbf{PM} \Rightarrow J_2' \\ C_3 \rightarrow i_3 \rightarrow \mathbf{PM} \Rightarrow J_3' \end{array}$$

Daí, o Prazo Médio (**PM**) é um prazo tal, que a soma dos novos Juros – J_1', J_2' e J_3' – será exatamente igual ao Juros Total original. Ou seja:

$$\left.\begin{array}{l} C_1 \rightarrow i_1 \rightarrow \mathbf{PM} \Rightarrow J_1' \\ C_2 \rightarrow i_2 \rightarrow \mathbf{PM} \Rightarrow J_2' \\ C_3 \rightarrow i_3 \rightarrow \mathbf{PM} \Rightarrow J_3' \end{array}\right\} \text{ onde } J_1'+J_2'+J_3' = J_{TOTAL}$$

E como calcularemos esse Prazo Médio? Pela mera aplicação da fórmula seguinte:

$$PM = \frac{(C_1 \,.\, i_1 \,.\, n_1) + (C_2 \,.\, i_2 \,.\, n_2) + (C_3 \,.\, i_3 \,.\, n_3) + (C_4 \,.\, i_4 \,.\, n_4)}{(C_1 \,.\, i_1) + (C_2 \,.\, i_2) + (C_3 \,.\, i_3) + (C_4 \,.\, i_4)}$$

A expressão que aparece no numerador é parecida com a que aparece no denominador, a diferença é que neste desaparecerá dos parênteses o tempo **n**, uma vez que estamos procurando o Prazo Médio.

Vejamos logo uma questão extraída de uma prova da ESAF:

Exemplo 9 – (ESAF) Os capitais de $ 20.000,00, $ 30.000,00 e $ 50.000,00 foram aplicados à mesma taxa de juros simples mensal durante 4, 3 e 2 meses respectivamente. Obtenha o prazo médio de aplicação desses capitais.

a) Dois meses e meio.
b) Três meses e dez dias.
c) Dois meses e vinte e um dias.
d) Três meses e nove dias.
e) Três meses.

Solução: O enunciado diz que os três capitais foram aplicados *à mesma taxa*. Logo, podemos dizer que $i_1 = i_2 = i_3$, e chamá-las todas de **i**, uma vez que são iguais.

Anotemos os dados do enunciado na tabela abaixo:

Capitais	Taxas (%a.m.)	Prazos (m)
20000	i	4
30000	i	3
50000	i	2

Importante: nesse tipo de questão, para que possamos aplicar os dados na fórmula, nossa preocupação será apenas a de que os prazos estejam todos na mesma unidade e que as taxas também o estejam. Aqui, não será exigido que taxas e prazos estejam na mesma unidade, mas que os prazos, *entre si*, estejam compatíveis e as taxas, *entre si*, estejam também compatíveis. Por exemplo, podemos ter os prazos todos em meses e as taxas todas ao ano. Desse modo, já é possível aplicar a fórmula.

Todavia, se um tempo está em meses, o outro em anos e o outro em dias, seremos obrigados a colocá-los todos numa mesma unidade. Da mesma forma, se for fornecida uma taxa mensal, uma semestral e outra anual, também teremos primeiramente que colocá-las todas numa mesma unidade. Quando os prazos estiverem compatíveis entre si e as taxas estiverem compatíveis entre si, então podemos lançar os dados na fórmula.

Na nossa questão, temos todos os prazos em meses. Acerca das taxas, sabemos que são iguais, logo, compatíveis.

Antes de substituirmos os dados na fórmula do prazo médio, podemos simplificar os valores contidos nas colunas para terminarmos mais rápido os cálculos. Observem, na fórmula do prazo médio, que tanto os capitais como as taxas aparecem no numerador e no denominador. Com isso, podemos simplificar a coluna dos capitais e a coluna das taxas, mas não podemos simplificar a coluna dos prazos.

Simplificaremos a coluna dos capitais dividindo os valores por **10000** (é o mesmo que cortar os zeros) e a coluna das taxas dividindo-as por **i** (é o mesmo que cortar os i). Após as simplificações, obteremos:

Capitais	Taxas (% a.m.)	Prazos (m)
2	1	4
3	1	3
5	1	2

Vamos substituir esses dados na fórmula:

$$PM = \frac{(C_1 \,.\, i_1 \,.\, n_1) + (C_2 \,.\, i_2 \,.\, n_2) + (C_3 \,.\, i_3 \,.\, n_3)}{(C_1 \,.\, i_1) + (C_2 \,.\, i_2) + (C_3 \,.\, i_3)}$$

$$\rightarrow PM = \frac{(2 \,.\, 1 \,.\, 4) + (3 \,.\, 1 \,.\, 3) + (5 \,.\, 1 \,.\, 2)}{(2 \,.\, 1) + (3 \,.\, 1) + (5 \,.\, 1)} \rightarrow PM = \frac{8 + 9 + 10}{2 + 3 + 5}$$

Daí: $PM = \frac{27}{10} \rightarrow$ E: PM = 2,7 meses

Por que encontramos uma resposta em meses? Porque os prazos fornecidos pelo enunciado estavam todos nessa unidade. Ocorre que 2,7 meses não está em nenhuma das opções de resposta. Teremos que transformar 2,7 meses em meses e dias.

E isso é muito fácil de ser feito. Ora, 2,7 = 2 + 0,7. Daí, a parte inteira será 2 meses. E 0,7 meses corresponde a quantos dias?

Basta multiplicamos por 30. Claro, se um mês tem 30 dias, então 0,7 meses terá 0,7 × 30 dias. Se, na hora da prova, não conseguirmos desenvolver esse raciocínio, podemos fazer a seguinte regra-de-três:

1 mês ——— 30 dias

0,7 meses ——— × dias

Daí: x = (30 × 0,7) → x = 21 dias.

Logo: 2,7 meses = **2 meses e 21 dias → Resposta!**

Conclusão: Ao substituir os prazos de cada aplicação por 2,7 meses, o total de juros permanece inalterado.

Passemos a outro exemplo.

Exemplo 10 – (ESAF) Os capitais de R$ 2.000,00, R$ 3.000,00, R$ 1.500,00 e R$ 3.500,00 são aplicados à taxa de 4% ao mês, juros simples, durante dois, três, quatro e seis meses, respectivamente. Obtenha o prazo médio de aplicação destes capitais.

a) Quatro meses.
b) Quatro meses e cinco dias.
c) Três meses e vinte e dois dias.
d) Dois meses e vinte dias.
e) Oito meses.

Solução: Observando que já está cumprida a exigência de que, *entre si*, as taxas estejam na mesma unidade e que, *entre si*, os prazos também o estejam, resta, simplesmente, aplicarmos a fórmula do prazo médio.

Fazendo as simplificações possíveis e aplicando os dados na equação, teremos:

$$PM = \frac{(C_1 . i_1 . n_1) + (C_2 . i_2 . n_2) + (C_3 . i_3 . n_3) + (C_4 . i_4 . n_4)}{(C_1 . i_1) + (C_2 . i_2) + (C_3 . i_3) + (C_4 . i_4)}$$

$$\rightarrow PM = \frac{(2 . 4 . 2) + (3 . 4 . 3) + (1{,}5 . 4 . 4) + (3{,}5 . 4 . 6)}{(2 . 4) + (3 . 4) + (1{,}5 . 4) + (3{,}5 . 4)}$$

$$\rightarrow PM = \frac{4 + 9 + 6 + 21}{2 + 3 + 1{,}5 + 3{,}5}$$

Daí: $PM = \frac{40}{10}$ → E: **PM = 4,0 meses → Resposta.**

2.10.2. Taxa Média: IM

Estamos utilizando IM para representar a taxa média em vez de TM, pois este último nos induz a interpretar como tempo médio.

A questão de Taxa Média começa com os mesmos dados da questão de prazo médio, quais sejam, os conjuntos de aplicações – capitais, taxas e prazos. O que muda, apenas, é que a pergunta agora será sobre a Taxa Média e não mais sobre o Prazo Médio daquelas aplicações.

Encontrar a Taxa Média significa calcular uma nova taxa, que irá substituir as taxas originais, i_1, i_2 e i_3, e que, em decorrência disso, os juros produzidos por cada aplicação original serão alterados.

Tínhamos no início:

$$\left.\begin{array}{l} C_1 \rightarrow i_1 \rightarrow n_1 \Rightarrow J_1 \\ C_2 \rightarrow i_2 \rightarrow n_2 \Rightarrow J_2 \\ C_3 \rightarrow i_3 \rightarrow n_3 \Rightarrow J_3 \end{array}\right\} \text{ onde } J_1 + J_2 + J_3 = J_{TOTAL}$$

Quando trocamos as taxas originais pela Taxa Média (IM), passamos a ter o seguinte:

$$\begin{array}{l} C_1 \rightarrow \mathbf{IM} \rightarrow n_1 \Rightarrow J_1' \\ C_2 \rightarrow \mathbf{IM} \rightarrow n_2 \Rightarrow J_2' \\ C_3 \rightarrow \mathbf{IM} \rightarrow n_3 \Rightarrow J_3' \end{array}$$

A Taxa Média, portanto, é de tal forma que, mesmo com a mudança dos juros produzidos por cada aplicação, o somatório desses juros permanecerá o mesmo. Ou seja:

$$\left.\begin{array}{l} C_1 \rightarrow \mathbf{IM} \rightarrow n_1 \Rightarrow J_1' \\ C_2 \rightarrow \mathbf{IM} \rightarrow n_2 \Rightarrow J_2' \\ C_3 \rightarrow \mathbf{IM} \rightarrow n_3 \Rightarrow J_3' \end{array}\right\} \text{ onde } J_1' + J_2' + J_3' = J_{TOTAL}$$

Calcularemos a Taxa Média aplicando a fórmula seguinte:

$$IM = \frac{(C_1 \,.\, i_1 \,.\, n_1) + (C_2 \,.\, i_2 \,.\, n_2) + (C_3 \,.\, i_3 \,.\, n_3)}{(C_1 \,.\, n_1) + (C_2 \,.\, n_2) + (C_3 \,.\, n_3)}$$

Observemos que o numerador da Taxa Média é exatamente igual ao numerador da fórmula do Prazo Médio. O que muda é o denominador. Agora, o elemento que desaparecerá dos parênteses será a Taxa, uma vez que estamos procurando a Taxa Média. Passemos a solução de uma questão:

Exemplo 11 – (ESAF) Os capitais de R$ 3.000,00, R$ 5.000,00 e R$ 8.000,00 foram aplicados todos no mesmo prazo, a taxas de juros simples de 6% ao mês, 4% ao mês e 3,25% ao mês, respectivamente. Calcule a taxa média de aplicação desses capitais.

a) 4,83% ao mês.
b) 3,206% ao mês.
c) 4,4167% ao mês.
d) 4% ao mês.
e) 4,859% ao mês.

Solução: Os prazos das três aplicações são os mesmos, de modo que os chamaremos apenas de **n**, já que são iguais.

Anotemos os dados do enunciado na tabela abaixo:

Capitais	Taxas (% a.m.)	Prazos
3000	6	n
5000	4	n
8000	3,25	n

Também na questão de Taxa Média, nossa preocupação será a de que os prazos estejam compatíveis *entre si*, e que as taxas estejam igualmente compatíveis *entre si*. Não há a exigência que os prazos e as taxas estejam na mesma unidade.

No caso da nossa questão, as taxas estão todas mensais, e os prazos não foram fornecidos, mas o enunciado falou que são iguais, portanto, compatíveis.

Novamente, antes de substituirmos os dados na fórmula da taxa média, podemos simplificar os valores contidos nas colunas. Observem na fórmula da *taxa média* que tanto os capitais como os prazos aparecem no numerador e no denominador, com isso podemos simplificar a coluna dos capitais e a coluna dos prazos, mas não podemos simplificar a coluna das taxas.

Simplificaremos a coluna dos capitais dividindo os valores por **1000** (é o mesmo que cortar os zeros) e a coluna dos prazos dividindo por **n** (é o mesmo que cortar os n). Após as simplificações, obteremos:

Capitais	Taxas (% a.m.)	Prazos
3	6	1
5	4	1
8	3,25	1

Vamos substituir esses dados na fórmula da taxa média:

$$IM = \frac{(C_1 . i_1 . n_1) + (C_2 . i_2 . n_2) + (C_3 . i_3 . n_3)}{(C_1 . n_1) + (C_2 . n_2) + (C_3 . n_3)}$$

$$\rightarrow IM = \frac{(3 . 6 . 1) + (5 . 4 . 1) + (8 . 3{,}25 . 1)}{(3 . 1) + (5 . 1) + (8 . 1)} \rightarrow IM = \frac{18 + 20 + 26}{3 + 5 + 8}$$

Daí: $IM = \frac{64}{16}$ → Finalmente: **IM = 4% ao mês → Resposta!**

Por que a Taxa Média que achamos é mensal? Porque as taxas originais também eram todas ao mês.

Conclusão: ao substituir as taxas de juros de cada aplicação original por 4% a.m., o total de juros permanece inalterado.

Exemplo 12 – (ESAF) Os capitais de R$ 2.500,00, R$ 3.500,00, R$ 4.000,00 e R$ 3.000,00 são aplicados a juros simples durante o mesmo prazo às taxas de 6%, 4%, 3% e 1,5%, respectivamente. Obtenha a taxa média mensal de aplicação destes capitais.

a) 2,9%.
b) 3%.
c) 3,138%.
d) 3,25%.
e) 3,5%.

Solução: Os prazos das três aplicações são o mesmo, de modo que os chamaremos apenas de **n**, já que são iguais.

Anotemos os dados do enunciado na tabela abaixo:

Capitais	Taxas (% a.m.)	Prazos
2500	6	n
3500	4	n
4000	3	n
3000	1,5	n

Na questão, as taxas são todas mensais e os prazos não foram fornecidos, mas o enunciado falou que são iguais, portanto, compatíveis.

Novamente, antes de substituirmos os dados na fórmula da taxa média, podemos simplificar os valores contidos nas colunas. Mas lembrem que, como explicado na questão anterior, não podemos simplificar a coluna das taxas.

Simplificaremos a coluna dos capitais dividindo os valores por **500** e a coluna dos prazos dividindo por **n** (é o mesmo que cortar os n). Após as simplificações, obteremos:

Capitais	Taxas (% a.m.)	Prazos
5	6	1
7	4	1
8	3	1
6	1,5	1

Vamos substituir esses dados na fórmula da taxa média:

$$IM = \frac{(C_1 \,.\, i_1 \,.\, n_1) + (C_2 \,.\, i_2 \,.\, n_2) + (C_3 \,.\, i_3 \,.\, n_3)}{(C_1 \,.\, n_1) + (C_2 \,.\, n_2) + (C_3 \,.\, n_3)}$$

Daí: $$IM = \frac{(5 \,.\, 6 \,.\, 1) + (7 \,.\, 4 \,.\, 1) + (8 \,.\, 3 \,.\, 1) + (6 \,.\, 1{,}5 \,.\, 1)}{(5 \,.\, 1) + (7 \,.\, 1) + (8 \,.\, 1) + (6 \,.\, 1)}$$

Fazendo as contas, obteremos:

$IM = \frac{91}{26}$ → E: **IM = 3,5% a.m. → Resposta!**

Exemplo 13 – (ESAF) Os capitais de R$ 7.000,00, R$ 6.000,00, R$ 3.000,00 e R$ 4.000,00 são aplicados respectivamente às taxas de 6%, 3%, 4% e 2% ao mês, no regime de juros simples durante o mesmo prazo. Calcule a taxa média proporcional anual de aplicação destes capitais.

a) 4%.
b) 8%.
c) 12%.
d) 24%.
e) 48%.

Solução: Uma vez cumpridas as exigências da fórmula da taxa média, resta-nos aplicá-la. Mas aqui, muito cuidado: percebamos que foram fornecidas taxas mensais! Daí, utilizando-as na equação, encontraremos ao final uma *taxa média mensal*.

E não foi isso o que a questão pediu! O enunciado quer que encontremos uma *taxa média anual*. Daí, adotadas as devidas e possíveis simplificações, faremos:

$$IM = \frac{(7 \times 6 \times n) + (6 \times 3 \times n) + (3 \times 4 \times n) + (4 \times 2 \times n)}{(7 \times n) + (6 \times n) + (3 \times n) + (4 \times n)} \rightarrow IM = 4\% \text{ ao mês}$$

Aplicando o conceito de *Taxas Proporcionais*, teremos que:

→ IM = (4 × 12) = **48% ao ano → Resposta.**

2.10.3. Capital Médio: CM

Encontrar o Capital Médio significa calcular um novo capital, que irá substituir os capitais originais, C_1, C_2 e C_3, e que, em decorrência disso, os juros produzidos por cada aplicação original serão alterados.

Tínhamos no início:

$$\left.\begin{array}{l} C_1 \rightarrow i_1 \rightarrow n_1 \Rightarrow J_1 \\ C_2 \rightarrow i_2 \rightarrow n_2 \Rightarrow J_2 \\ C_3 \rightarrow i_3 \rightarrow n_3 \Rightarrow J_3 \end{array}\right\} \text{ onde } J_1+J_2+J_3 = J_{TOTAL}$$

Quando trocamos os capitais originais pelo Capital Médio (CM), passamos a ter o seguinte:

$$\mathbf{CM} \rightarrow i_1 \rightarrow n_1 \Rightarrow J_1'$$
$$\mathbf{CM} \rightarrow i_2 \rightarrow n_2 \Rightarrow J_2'$$
$$\mathbf{CM} \rightarrow i_3 \rightarrow n_3 \Rightarrow J_3'$$

O capital médio, portanto, é de tal forma que, mesmo com a mudança dos juros produzidos por cada aplicação, o somatório desses juros permanecerá o mesmo. Ou seja:

$$\left.\begin{array}{l} \mathbf{CM} \rightarrow i_1 \rightarrow n_1 \Rightarrow J_1' \\ \mathbf{CM} \rightarrow i_2 \rightarrow n_2 \Rightarrow J_2' \\ \mathbf{CM} \rightarrow i_3 \rightarrow n_3 \Rightarrow J_3' \end{array}\right\} \text{ onde } J_1'+J_2'+J_3' = J_{TOTAL}$$

Calcularemos o Capital Médio aplicando a fórmula seguinte:

$$CM = \frac{(C_1 \cdot i_1 \cdot n_1) + (C_2 \cdot i_2 \cdot n_2) + (C_3 \cdot i_3 \cdot n_3)}{(i_1 \cdot n_1) + (i_2 \cdot n_2) + (i_3 \cdot n_3)}$$

No denominador, o elemento que desaparecerá dos parênteses será o Capital, uma vez que estamos procurando o Capital Médio.

Exemplo 14 – O capital de R$ 1.200,00 foi aplicado a taxa de juros simples de 4% ao mês durante 20 dias, o capital de R$ 1.800,00 foi aplicado a taxa de juros simples de 6% ao mês durante 30 dias, e o capital de R$ 2.100,00 foi aplicado a taxa de juros simples de 10% ao mês durante 15 dias. Calcule o capital médio de aplicação desses capitais.

a) R$ 1452,00.
b) R$ 1568,00.
c) R$ 1635,00.
d) R$ 1793,00.

Solução: Anotemos os dados do enunciado na tabela abaixo:

Capitais	Taxas (% a.m.)	prazos (dias)
1200	4	20
1800	6	30
2100	10	15

Também na questão de Capital Médio, nossa preocupação será a de que os prazos estejam compatíveis *entre si* e que as taxas estejam igualmente compatíveis *entre si*. Não é preciso que os prazos e as taxas estejam na mesma unidade.

No caso da nossa questão, as taxas estão todas mensais e os prazos estão todos em dias, portanto, podemos prosseguir.

Novamente, antes de substituirmos os dados na fórmula do capital médio, podemos simplificar os valores contidos nas colunas. Observem, na fórmula do capital médio, que tanto as taxas como os prazos aparecem no numerador e no denominador. Com isso, podemos simplificar a coluna das taxas e a coluna dos prazos, mas não podemos simplificar a coluna dos capitais.

Simplificaremos a coluna das taxas dividindo por **2** e a coluna dos prazos dividindo por **5**. Após as simplificações, obteremos:

Capitais	Taxas (% a.m.)	prazos (dias)
1200	2	4
1800	3	6
2100	5	3

Vamos substituir esses dados na fórmula do capital médio:

$$CM = \frac{(C_1 \cdot i_1 \cdot n_1) + (C_2 \cdot i_2 \cdot n_2) + (C_3 \cdot i_3 \cdot n_3)}{(i_1 \cdot n_1) + (i_2 \cdot n_2) + (i_3 \cdot n_3)} \rightarrow$$

$$CM = \frac{(1200 \,.\, 2 \,.\, 4) + (1800 \,.\, 3 \,.\, 6) + (2100 \,.\, 5 \,.\, 3)}{(2 \,.\, 4) + (3 \,.\, 6) + (5 \,.\, 3)} \rightarrow$$

$$CM = \frac{9600 + 32400 + 31500}{8 + 18 + 15}$$

Daí: $CM = \frac{73500}{41}$ → Finalmente: **CM ≅ 1.793,00 → Resposta!**

Conclusão: ao substituir os capitais de cada aplicação por 1.793,00, o total de juros permanece inalterado.

2.11. Cálculo do Montante de uma Série de Capitais Iguais

Quando temos uma operação financeira no Regime Simples que envolve vários depósitos iguais e consecutivos (mensais ou bimestrais ou trimestrais etc), como procederemos para calcular o montante destes depósitos numa data futura?

Se existem muitos depósitos, seria algo muito trabalhoso e demorado aplicarmos as equações dos juros simples para obter o montante de cada um deles individualmente.

Aprenderemos, por meio de um exemplo resolvido, uma maneira prática e rápida de resolver esse tipo de problema!

Exemplo 15 – Um comerciante efetua dez depósitos mensais e iguais de R$ 500,00 cada. Para uma taxa de juros simples de 2% a.m., calcule o montante dos depósitos nas seguintes datas:
A) Cinco meses após o último depósito.
B) Dois meses após o último depósito.
C) Na data do último depósito.
Solução: No Regime Simples, sempre que houver no *desenho* de uma questão várias parcelas iguais, devemos transformá-las em uma única parcela. E como o faremos? Vejamos.

Item A – Montante dos depósitos: cinco meses após o último depósito.
Solução: Primeiramente, desenharemos os dez depósitos mensais de R$ 500,00, e marcaremos a data onde se deseja calcular o montante desses depósitos.

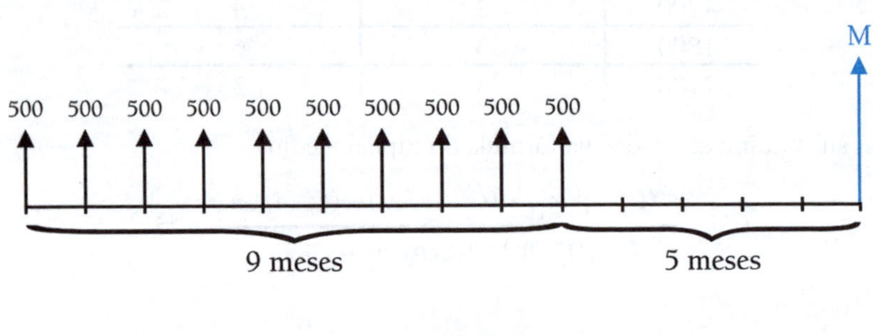

→ Substituiremos os 10 depósitos (capitais) por um único (capital).

O valor do depósito único é igual a soma dos dez depósitos, ou seja:

$$C = 10 \times 500 = 5.000,00$$

Este capital de 5.000,00 deve ficar no centro dos dez depósitos, ou seja, entre o quinto depósito e o sexto depósito, conforme mostrado abaixo.

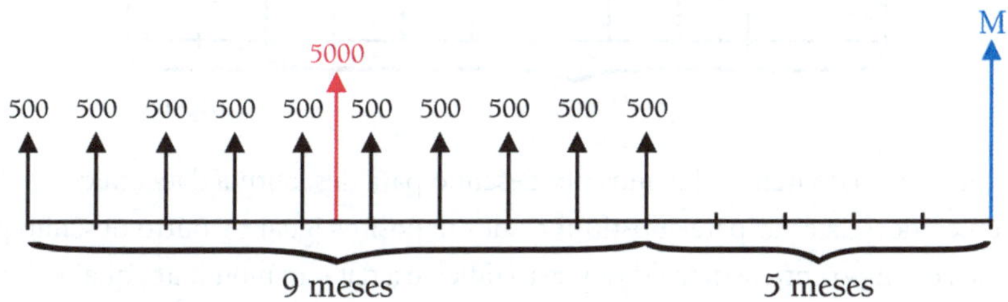

→ Retirando do desenho os dez depósitos de R$ 500,00, e deixando somente o Montante e o capital único de 5.000,00 o desenho fica assim:

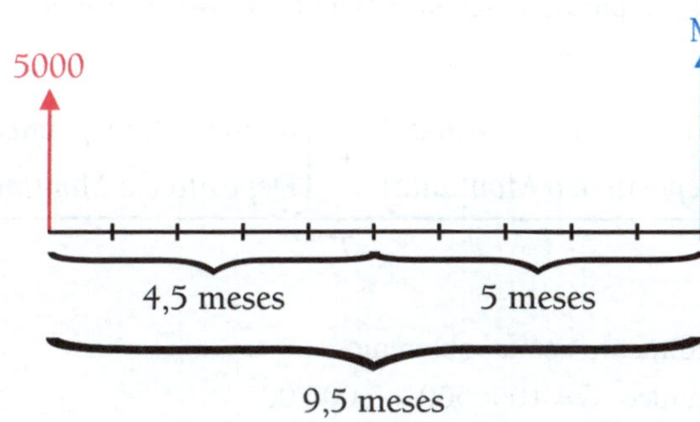

Com isso, caímos num *desenho convencional* de juros simples! Viram? Resta-nos, pois, resolver a questão normalmente, como já sabemos fazer! Teremos:

→ Aplicação da fórmula de Juros Simples:

M =?
C = 5.000,00
i = 2% a.m.
n = 9,5 meses
$i \cdot n = 2 \times 9,5 = 19$

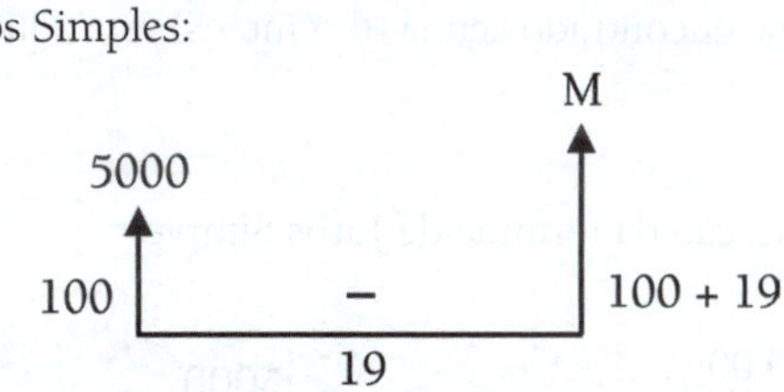

Daí:

$$\frac{M}{119} = \frac{5000}{100} \rightarrow M = 50 \times 119 \rightarrow M = 5950,00$$ → **Resposta!**

Item B – Montante dos depósitos: dois meses após o último depósito.

→ Para o item B, o desenho é o seguinte:

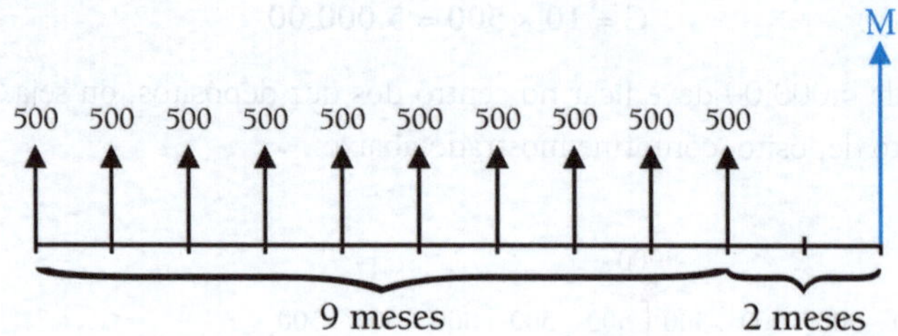

→ Na solução do item A, fizemos um desenho para descobrir a data em que o depósito de valor único deveria estar para substituir os dez depósitos iguais, e outro desenho para determinarmos o tempo entre a data do depósito único e a data do montante, que será utilizado na fórmula de juros simples. Porém, na solução deste item B, não faremos mais desenhos, e sim, usaremos o seguinte procedimento padrão:

Procedimento padrão para encontrar a Data do Depósito Único:
Valor do depósito único: C = soma dos depósitos iguais.

$$\text{Tempo: } n = \frac{\left(\begin{matrix}\textit{Tempo entre o útimo}\\ \textit{Depósito e o Montante}\end{matrix}\right) + \left(\begin{matrix}\textit{Tempo entre o primeiro}\\ \textit{Depósito e o Montante}\end{matrix}\right)}{2}$$

Aplicando o procedimento acima, obteremos:
Valor do depósito único: C = 10 × 500 = 5.000,00

$$\text{Tempo: } n = \frac{(2)+(2+9)}{2} \rightarrow \frac{(2)+(11)}{2} \rightarrow \frac{13}{2} \rightarrow n = 6{,}5 \text{ meses}$$

Esse tempo encontrado acima (6,5 meses) será aquele que separará o *capital único* da data do *Montante*!

→ Aplicação da fórmula de Juros Simples:

M = ?
C = 5.000,00
i = 2% a.m.
n = 6,5 meses
$i \,.\, n = 2 \times 6{,}5 = 13$

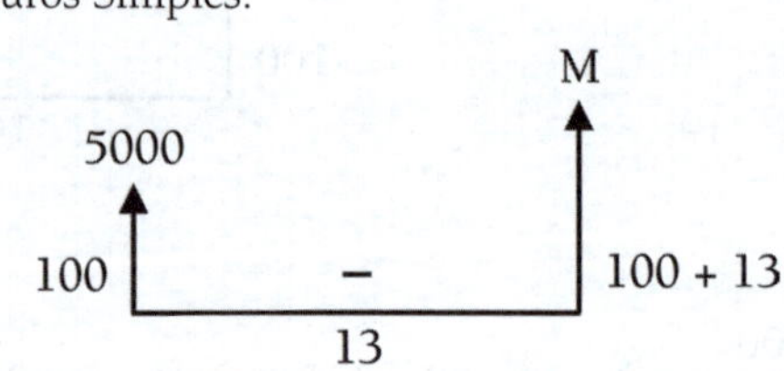

$$\text{Daí: } \frac{M}{113} = \frac{5000}{100} \rightarrow M = 50 \times 113 \rightarrow M = 5650{,}00 \rightarrow \textbf{Resposta!}$$

Item C – Montante dos depósitos: na data do último depósito.

→ Para o item C, o desenho é o seguinte:

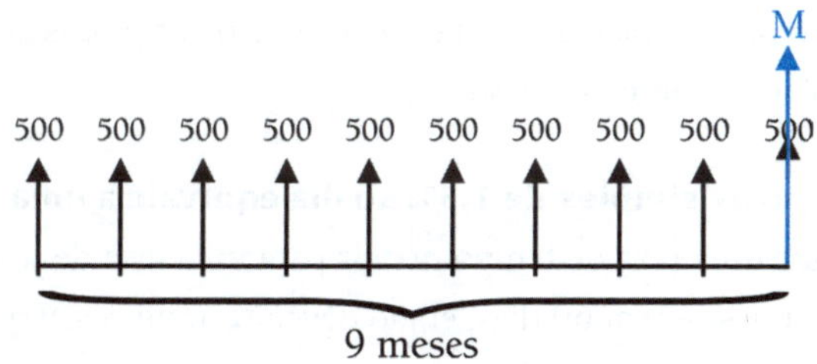

→ Aplicaremos o procedimento padrão, apresentado na solução do item B, para obtermos o valor e o tempo do *depósito único*:

Aplicando o procedimento padrão, obteremos:

Valor do depósito único: C = 10 × 500 = 5.000,00

Tempo: $n = \dfrac{(0) + (9)}{2} \rightarrow n = \dfrac{9}{2} \rightarrow n = 4{,}5$ meses

→ Aplicação da fórmula de Juros Simples:

M = ?
C = 5.000,00
i = 2% a.m.
n = 4,5 meses
$i \cdot n = 2 \times 4{,}5 = 9$

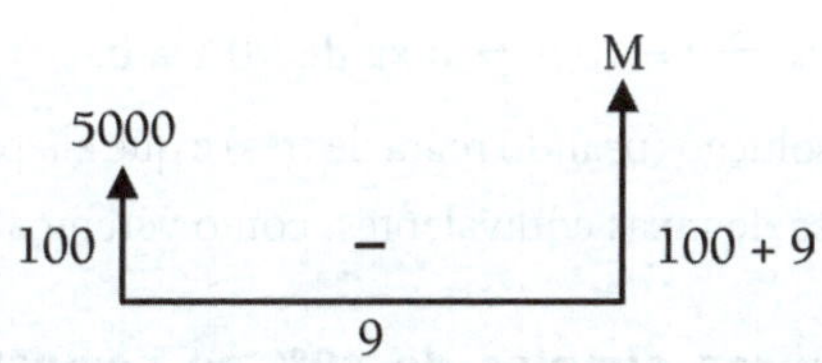

Daí: $\dfrac{M}{109} = \dfrac{5000}{100} \rightarrow M = 50 \times 109 \rightarrow M = 5450{,}00$ → **Resposta!**

EXERCÍCIOS DE TAXAS PROPORCIONAIS

É fundamental, para compreendermos e trabalharmos bem o Regime de Juros Simples, o conhecimento perfeito das operações com taxas proporcionais. Por isso, acrescentamos uma lista de questões resolvidas sobre esse assunto.

1. Uma taxa de juros simples de 1,5% ao dia equivale a uma taxa bimestral de:

1ª solução: Para passar uma taxa de tempo menor para uma taxa de tempo maior, devemos multiplicar. Como 1 bimestre tem **60** dias, então devemos multiplicar a taxa diária por 60:

60 × 1,5 % = **90 % ao bimestre.**

2ª solução: 1,5 % ao dia é o mesmo que **1,5 % em 1 dia**! Não é verdade?

Vamos fazer uma regra de três (1,5% está para 1 dia, assim como *i* está para 1 bimestre):

1,5 % —— 1 dia

i —— 1 bimestre

Para resolver a regra de três acima, não podemos ter dois tempos diferentes. Então, vamos passar de bimestre para dias (1 bimestre tem 60 dias). Reescrevendo a regra de três:

1,5 % —— 1 dia

i —— 60 dias

Daí: 1 × *i* = 60 × 1,5% → *i* = 90% → **taxa de 90% a.b.**

Nota: a vantagem da 2ª solução (usando regra de três) é que ela pode ser utilizada para resolver as mais diversas questões de taxas equivalentes, como veremos a seguir.

2. Uma taxa de juros simples de 30% ao semestre equivale a uma taxa quadrimestral de:

Solução:

→ Regra de três formada a partir dos dados do enunciado:

30% —— 1 semestre

i —— 1 quadrimestre

→ Tornando as unidades de tempo iguais, teremos:

30% —— 6 meses

i —— 4 meses

Daí: 6 × *i* = 4 × 30%

i = 120% / 6 → *i* = 20% → **taxa de 20% a.q.**

3. Juros simples de 10% ao mês equivalem a juros trimestral de:

Solução:

→ Regra de três formada a partir dos dados do enunciado:

10% —— 1 mês

i —— 1 trimestre

→ Tornando as unidades de tempo iguais, teremos:

10% —— 1 mês

i —— 3 meses

Daí: $1 \times i = 3 \times 10\%$

$i = 30\%$ → **juros de 30% a.t.**

4. Juros simples de 10% ao mês equivalem a juros, em 5 meses, de:

Solução:

→ Regra de três formada a partir dos dados do enunciado:

10% —— 1 mês

i —— 5 meses

Daí: $1 \times i = 5 \times 10\%$

$i = 50\%$ → **juros de 50% em 5 meses**.

5. Juros simples de 10% ao mês equivalem a juros, em 7,5 meses, de:

Solução:

→ Regra de três formada a partir dos dados do enunciado:

10% —— 1 mês

i —— 7,5 meses

Daí: $1 \times i = 7{,}5 \times 10\%$

$i = 75\%$ → **juros de 75% em 7,5 meses**.

6. Juros simples de 10% ao mês equivalem a juros, em 8 meses e 12 dias, de:

Solução:

→ Regra de três formada a partir dos dados do enunciado:

10% —— 1 mês

i —— 8 meses e 12 dias

→ Tornando as unidades de tempo iguais, teremos:

10% —— 30 dias

i —— 252 dias

Daí, $30 \times i = 252 \times 10\%$

$i = 2520\% / 30$

$i = 84\%$ → **juros de 84% em 8 meses e 12 dias**.

7. Juros simples de 40% ao bimestre equivalem a juros, em 3 semestres e 18 dias, de:

Solução:

→ Regra de três formada a partir dos dados do enunciado:

40% —— 1 bimestre

i —— 3 semestres e 18 dias

→ Tornando as unidades de tempo iguais, teremos:

40% —— 2 meses

i —— 18,6 meses

Daí: $2 \times i = 18{,}6 \times 40\%$

$i = 372\%$ → **juros de 372% em 3 semestres e 18 dias**

8. Juros simples de 18% ao trimestre equivalem a juros, em 4 semestres, de:

Solução:

→ Regra de três formada a partir dos dados do enunciado:

18% —— 1 trimestre

i —— 4 semestres

→ Tornando as unidades de tempo iguais, teremos:

18% —— 1 trimestre

i —— 8 trimestres

Daí: $1 \times i = 8 \times 18\%$

$i = 144\%$ → **juros de 144% em 4 semestres**

9. Juros simples de 20% em 5 meses equivalem a juros mensais de:

Solução:

→ Regra de três formada a partir dos dados do enunciado:

20% —— 5 meses

i —— 1 mês

Daí: $5 \times i = 1 \times 20\%$

$i = 4\%$ → **juros de 4% ao mês.**

10. Juros simples de 20% em 5 meses equivalem a juros quadrimestrais de:

Solução:

→ Regra de três formada a partir dos dados do enunciado:

20% —— 5 meses

i —— 1 quadrimestre

→ Tornando as unidades de tempo iguais, teremos:

20% —— 5 meses

i —— 4 meses

Daí: $5 \times i = 4 \times 20\%$

$i = 16\%$ → **juros de 16% a.q.**

11. Juros simples de 20% em 5 meses equivalem a juros, em 1 mês e 21 dias, de:

Solução:

→ Regra de três formada a partir dos dados do enunciado:

20% —— 5 meses

i —— 1 mês e 21 dias

→ Tornando as unidades de tempo iguais, teremos:

20% —— 150 dias

i —— 51 dias

Daí: $150 \times i = 51 \times 20\%$

$i = 102/15\ \% = 6{,}8\%$ → **juros de 6,8 % em 1 mês e 21 dias**

12. Juros simples de 36% ao ano equivalem a juros de 6% em:

a) 3 meses;
b) 45 dias;
c) 2 meses;
d) 2 bimestres.

Solução:

→ Regra de três formada a partir dos dados do enunciado:

36% —— 1 ano

6% —— n

→ Trabalharemos com o tempo em dias:

36% —— 360 dias

6% —— n

Daí: $36 \times n = 6 \times 360$

n = 60 dias = **2 meses → Resposta!**

13. Juros simples de 10% em 20 dias equivalem a juros de 90% em:

a) 1 ano;
b) 1 semestre;
c) 8 meses;
d) 1 quadrimestre.

Solução:

→ Regra de três formada a partir dos dados do enunciado:

10% —— 20 dias

90% —— n

Daí: $10 \times n = 20 \times 90$

n = 180 dias = 6 meses = **1 semestre → Resposta!**

14. Juros simples de 18% em 3 meses equivalem a juros de 14% em:

a) 1 mês e 10 dias;
b) 1 mês e 25 dias;
c) 80 dias;
d) 2 meses e 10 dias.

Solução:

→ Regra de três formada a partir dos dados do enunciado:

18% —— 3 meses

14% —— n

→ Trabalharemos com o tempo em dias:

18% —— 90 dias

14% —— n

Daí: 18 × n = 14 × 90

n = 70 dias = **2 meses e 10 dias → Resposta!**

15. Juros simples de 60% em 2,5 semestres equivalem a juros de 102% em:

a) 2 anos;

b) 4 bimestres e 15 dias;

c) 25 meses;

d) 2 anos 1mês 15 dias.

Solução:

→ Regra de três formada a partir dos dados do enunciado:

60% —— 2,5 semestres

102% —— n

→ Trabalharemos com o tempo em meses:

60% —— 15 meses

102% —— n

Daí: 60 × n = 102 × 15

n = 25,5 meses = **2 anos 1 mês 15 dias → Resposta!**

16. (ESAF) Um capital é aplicado a juros simples a uma taxa de 3% ao mês. Em quanto tempo este capital aumentaria 14% em relação ao seu valor inicial?

a) 3 meses e meio.

b) 4 meses.

c) 4 meses e 10 dias.

d) 4 meses e meio.

e) 4 meses e 20 dias.

Solução: O enunciado desta questão poderia ser reescrito de maneira similar aos enunciados dos exemplos de 12 a 15, da seguinte maneira: "Juros simples de 3% ao mês equivalem a juros de 14% em:"

→ Regra de três formada a partir dos dados do enunciado:

3% —— 1 mês

14% —— n

→ Trabalharemos com o tempo em dias:

3% —— 30 dias

14% —— n

Daí: 3 × n = 14 × 30

n = 140 dias = **4 meses e 20 dias → Resposta!**

EXERCÍCIOS RESOLVIDOS DE JUROS SIMPLES

1. (FCC) Um capital de R$ 15.000,00 foi aplicado a juros simples à taxa bimestral de 3%. Para que seja obtido um montante de R$ 19.050,00, o prazo dessa aplicação deverá ser de:

a) 1 ano e 10 meses;
b) 1 ano e 9 meses;
c) 1 ano e 8 meses;
d) 1 ano e 6 meses;
e) 1 ano e 4 meses.

Solução:

Dados fornecidos: C = 15000,00 M = 19050,00
i = 3% a.b. **n = ?**

Os juros podem ser obtidos pela fórmula: **J = M – C**. Daí,

$$J = 19050 - 15000 \rightarrow J = 4050$$

O cálculo de (i.n): $i \,.\, n = 3 \,.\, n = 3n$

Usando a fórmula de Juros Simples:

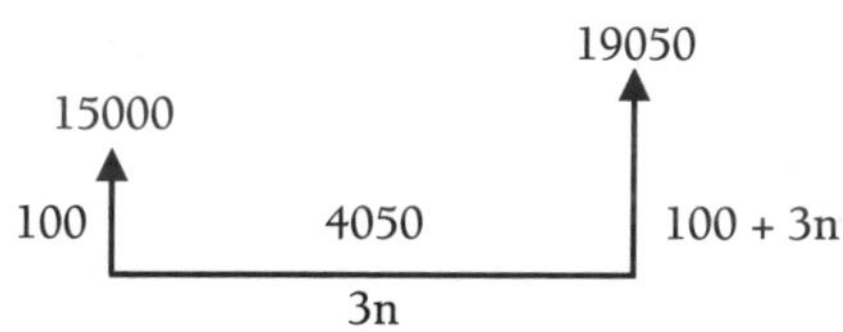

– Escolheremos a coluna da esquerda e a coluna do meio, assim:

$$\frac{15000}{100} = \frac{4050}{3n} \rightarrow 15 = \frac{405}{3n} \rightarrow n = \frac{405}{3 \times 15} \rightarrow n = 9 \text{ bimestres}$$

$n = 1$ *ano e* 6 *meses*

2. (ESAF) Qual é o capital que diminuído dos seus juros simples de 18 meses, à taxa de 6% a.a., reduz-se a R$ 8.736.00?

a) R$ 9.800.00.
b) R$ 9.760,66.
c) R$ 9.600.00.
d) R$ 10.308.48.
e) R$ 9.522,24.

Solução:

A questão fornece os seguintes dados:

- O capital diminuído dos juros é igual a 8.736,00 → **C – J = 8736**
- n = 18 meses
- i = 6% a.a. = 0,5 a. m
- C = ?

→ Vamos aplicar a fórmula de Juros Simples para obter mais uma relação entre C e J:

$i \,.\, n = 0{,}5 \,.\, 18 = 9$

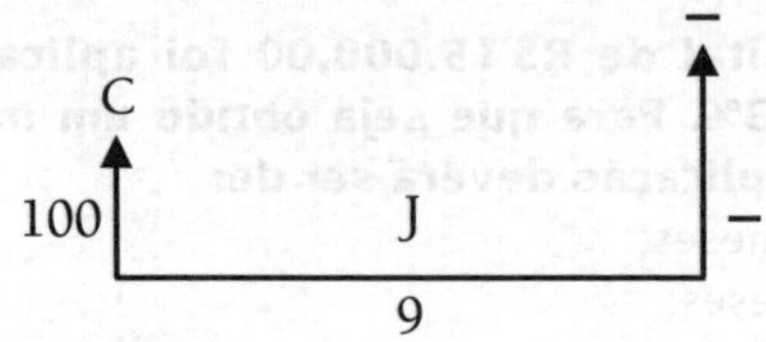

Daí, $\dfrac{C}{100} = \dfrac{J}{9}$

– Agora, temos duas relações entre C e J:

$$\begin{cases} C - J = 8736 \ (1) \\ \dfrac{C}{100} = \dfrac{J}{9} \ (2) \end{cases}$$

– Vamos resolver este sistema para obter o **C**. Há diversas maneiras de se fazer isso. Veja abaixo uma destas maneiras:

Aplicando uma das regras da proporção na equação (2), teremos:

$$\frac{C}{100} = \frac{J}{9} = \frac{C-J}{100-9}$$

Substituindo o valor de " **C – J** ", que temos na equação (1), teremos:

$$\frac{C}{100} = \frac{J}{9} = \frac{8736}{91} \rightarrow \frac{C}{100} = \frac{8736}{91} \rightarrow C = \frac{8736 \times 100}{91}$$

$C = 96 \times 100 \rightarrow$ **c = 9.600,00**

3. (ESAF) Um capital é aplicado a juros simples, a uma taxa de 3% ao mês. Em quanto tempo este capital aumentaria 14% em relação ao seu valor inicial?

a) 3 meses e meio.
b) 4 meses.
c) 4 meses e 10 dias.
d) 4 meses e meio.
e) 4meses e 20 dias.

Solução:

Dados fornecidos:
$$\begin{cases} i = 3\% \text{ a.m.} \\ \text{Capital aumenta em } 14\% \Rightarrow \text{Juros} = 14\%C = 0{,}14C \\ n = ? \end{cases}$$

– Aplicando a fórmula de Juros Simples:

$i \,.\, n = 3 \,.\, 18 = 3n$

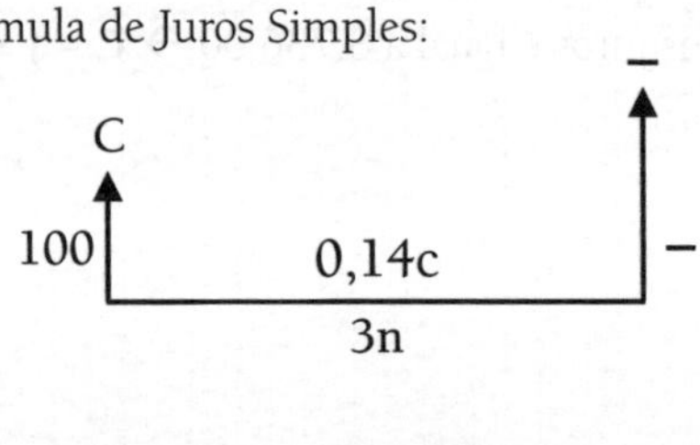

Daí: $\frac{\cancel{C}}{100} = \frac{0{,}14\cancel{C}}{3n} \rightarrow \frac{1}{100} = \frac{0{,}14}{3n} \rightarrow 3n = 14 \rightarrow n = \frac{14}{3}$ meses

$n = \frac{14}{3\text{n}} \times 30$ dias $\rightarrow n = 140$ dias $\rightarrow$ **n = 4 meses e 20 dias**

4. (FCC) Emprestei 1/4 do meu capital a 8% ao ano, 2/3 a 9% ao ano e o restante a 6% ao ano. No fim de um ano recebi $ 102,00 de juros. Determine o capital.

a) $ 680,00.
b) $ 840,00.
c) $ 1.200.00.
d) $ 2.530,00.
e) $ 12.600.00.

Solução:

Dados fornecidos:

1º empréstimo: 1/4 do capital a 8% ao ano durante 1 ano.

2º empréstimo: 2/3 do capital a 9% ao ano durante 1 ano.

3º empréstimo: o restante a 6% ao ano durante 1 ano.

Total de juros = 102,00

<u>1º empréstimo</u>: 1/4 do capital a 8% ao ano durante 1 ano.

$i \cdot n = 8 \cdot 1 = 8$

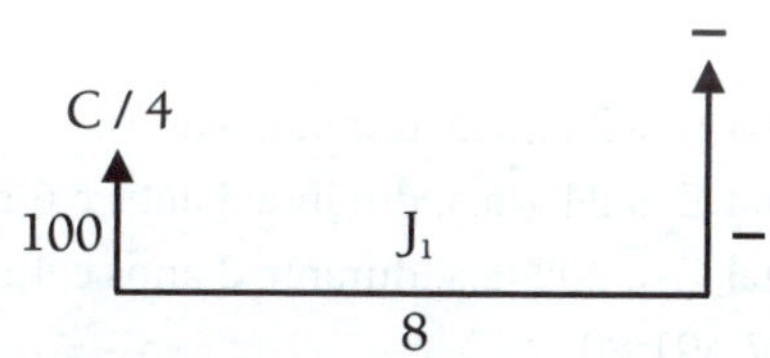

Daí, $\frac{C/4}{100} = \frac{J_1}{8} \rightarrow J_1 = \frac{8 \times C/4}{100} \rightarrow J_1 = \frac{2C}{100}$

<u>2º empréstimo</u>: 2/3 do capital a 9% ao ano durante 1 ano.

$i \cdot n = 9 \cdot 1 = 9$

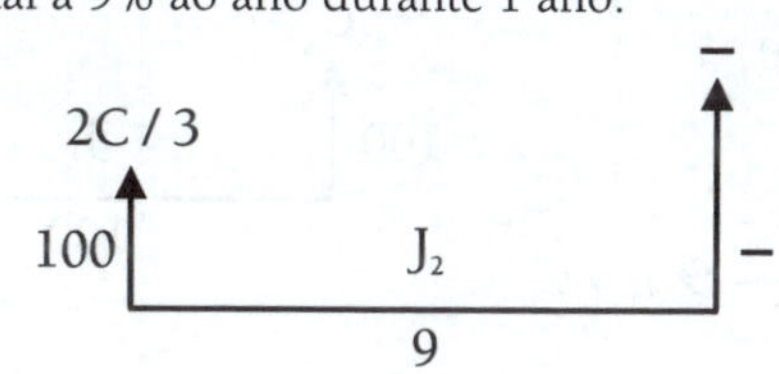

Daí, $\frac{2C/3}{100} = \frac{J_2}{9} \rightarrow J_2 = \frac{9 \times 2C/3}{100} \rightarrow J_2 = \frac{6C}{100}$

3º empréstimo: o restante a 6% ao ano durante 1 ano.

Restante = C – (C/4 + 2C/3) ⇒ restante = C/12

$i \cdot n = 6 \cdot 1 = 6$

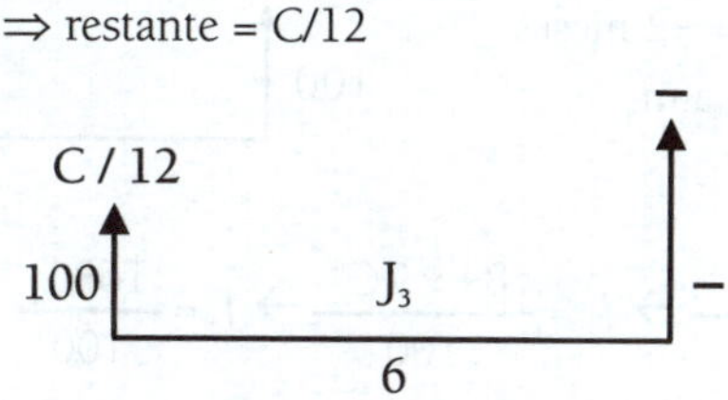

Daí, $\frac{C/12}{100} = \frac{J_3}{6} \rightarrow J_3 = \frac{6 \times C/12}{100} \rightarrow J_3 = \frac{0{,}5C}{100}$

→ Cálculo de **C**:

Total de Juros: $J_1 + J_2 + J_3 = 102 \rightarrow \frac{2C}{100} + \frac{6C}{100} + \frac{0{,}5C}{100} = 102$

$\frac{4C + 12C + C}{200} = 102 \rightarrow 17C = 20400 \rightarrow$ **C = 1200,00**

5. (ESAF) Três capitais são colocados a juros simples: o primeiro a 25% a.a., durante 4 anos; o segundo a 24% a.a., durante 3 anos e 6 meses; e o terceiro a 20% a.a., durante 2 anos e 4 meses. Juntos, renderam um juro de $27.591,80. Sabendo-se que o segundo capital é o dobro do primeiro e que o terceiro é o triplo do segundo, o valor do terceiro capital é de:

a) $ 30.210.00;
b) $ 10.070.00;
c) $ 15.105,00;
d) $ 20.140.00;
e) $ 5.035,00.

Solução:

Dados fornecidos:

1ª aplicação: capital C_1 a 25% a.a. durante 4 anos.

2ª aplicação: capital C_2 a 24% a.a. durante 3 anos e 6 meses.

3ª aplicação: capital C_3 a 20% a.a. durante 2 anos e 4 meses.

Total de juros = 27.591,80

$C_2 = 2C_1$ e $C_3 = 3C_2$. Daí, $C_3 = 3 \times (2C_1) = 6C_1$

<u>1ª aplicação</u>: capital C_1 a 25% a.a. durante 4 anos.

$i \,.\, n = 25 \,.\, 4 = 100$

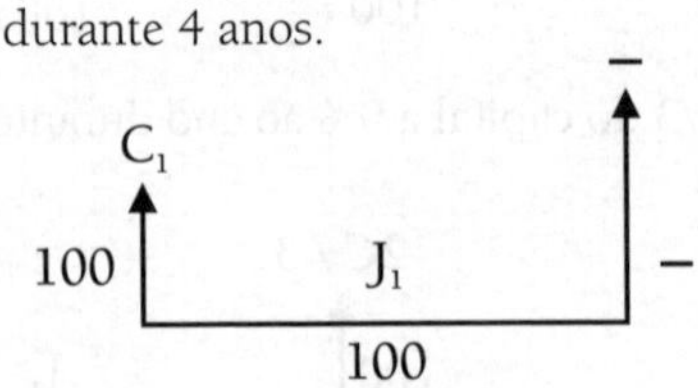

Daí, $\frac{C_1}{100} = \frac{J_1}{100} \rightarrow J_1 = C_1$

<u>2ª aplicação</u>: capital C_2 a 24% a.a. durante 3 anos e 6 meses.

$C_2 = 2C_1$

3 anos e 6 meses = 42 meses

i = 24% a.a. = 2% a.m.

$i \,.\, n = 2 \,.\, 42 = 84$

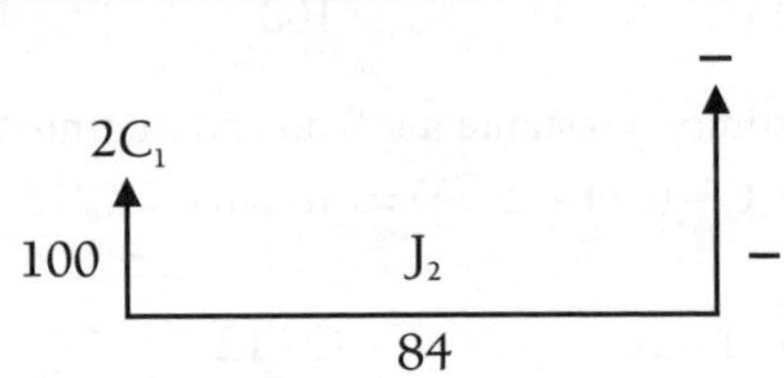

Daí, $\frac{2C_1}{100} = \frac{J_2}{84} \rightarrow J_2 = \frac{84 \times 2C_1}{100} \rightarrow J_2 = \frac{168C_1}{100}$

<u>3ª aplicação</u>: capital C_3 a 20% a.a. durante 2 anos e 4 meses.

$C_3 = 6C_1$
2 anos e 4 meses = 28 meses
i = 20% a.a. = 5/3 % a.m.
$i \,.\, n = 5 / 3 \,.\, 28 = 140 / 3$

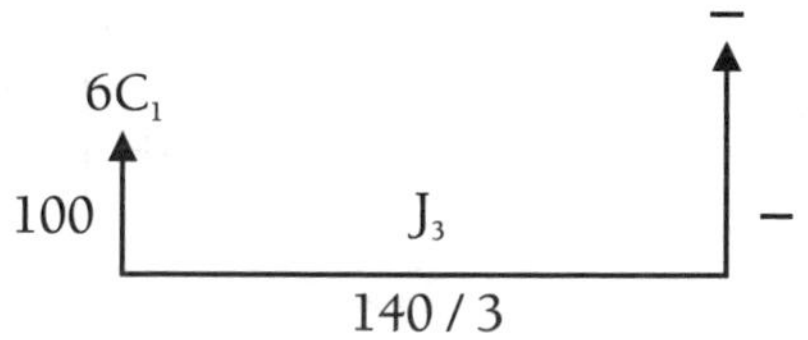

$$\text{Daí, } \frac{6C_1}{100} = \frac{J_3}{140/3} \rightarrow J_3 = \frac{140/3 \times 6C_1}{100} \rightarrow J_3 = \frac{280C_1}{100}$$

→ Cálculo de **C**:

Total de Juros: $J_1 + J_2 + J_3 = 27.591{,}80 \rightarrow C_1 + \frac{168C_1}{100} + \frac{280C_1}{100} = 27591{,}80$

$$\frac{548C_1}{100} = 27591{,}80 \rightarrow C_1 = \frac{2759180}{548C_1} \rightarrow \mathbf{C_1 = 5.035{,}00}$$

Daí, o terceiro capital será: $\mathbf{C_3 = 6C_1 = 6 \times 5035 = 30.210{,}00}$

6. (ESAF) Carlos aplicou 1/4 de seu capital a juros simples comerciais de 18% a.a., pelo prazo de 1 ano, e o restante do dinheiro a uma taxa de 24% a.a., pelo mesmo prazo e regime de capitalização. Sabendo-se que uma das aplicações rendeu R$ 594,00 de juros a mais do que a outra, o capital inicial era de (em R$):

a) 4.600.00;
b) 4.400.00;
c) 4.200,00;
d) 4.800.00;
e) 4.900.00.

Solução:

Dados fornecidos:

1ª Aplicação	**2ª Aplicação**
1º capital = ¼ C	2º capital = restante = C – ¼ C = ¾ C
i = 18%a.a.	i = 24%a.a.
n = 1 ano	n = 1 ano
juros = J_1	juros = J_2

A diferença absoluta entre J_1 e J_2 é de 594,00. Como a taxa e o capital na 2ª aplicação são maiores que o da 1ª aplicação. Então, J_2 é maior que J_1.

Daí, $J_2 - J_1 = 594{,}00$
C =?

→ Cálculo de J_1 na 1ª aplicação:

$i \,.\, n = 18 \,.\, 1 = 18$

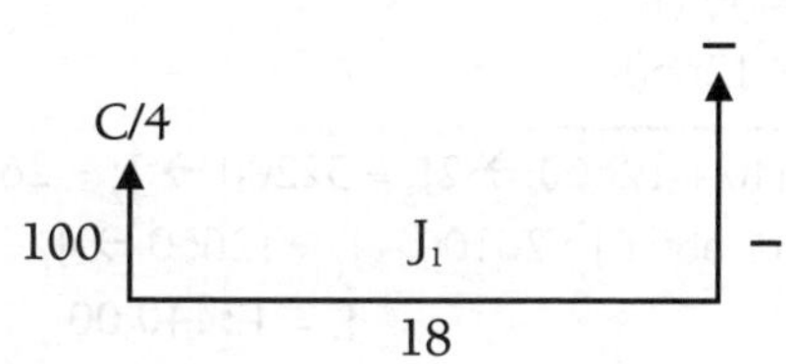

$$\text{Daí: } \frac{C/4}{100} = \frac{J_1}{18} \rightarrow J_1 = \frac{18 \times C/4}{100} \rightarrow J_1 = \frac{4{,}5C}{100}$$

→ Cálculo de J_2 na 2ª aplicação:

$i \cdot n = 24 \cdot 1 = 24$

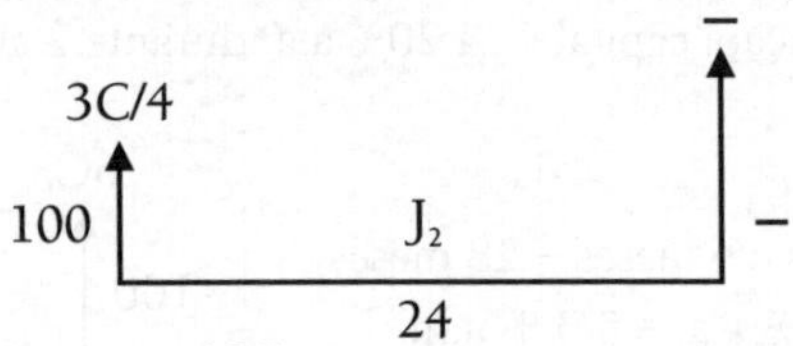

Daí: $\dfrac{3C/4}{100} = \dfrac{J_2}{24} \rightarrow J_2 = \dfrac{24 \times 3C/4}{100} \rightarrow J_2 = \dfrac{18C}{100}$

→ Cálculo de **C**:

Obtivemos anteriormente: $J_1 = \dfrac{4,5C}{100}$ e $J_2 = \dfrac{18C}{100}$

E temos que: $J_2 - J_1 = 594$

Daí: $\dfrac{18C}{100} - \dfrac{4,5C}{100} = 594 \rightarrow 13,5C = 59400 \rightarrow C = \dfrac{59400}{13,5}$

C = 4.400,00

7. (ESAF) Dois capitais foram aplicados a uma taxa de 72% a.a., sob regime de juros simples. O primeiro, pelo prazo de 4 meses, e o segundo, por 5 meses. Sabendo-se que a soma dos juros totalizaram $ 39.540 e que os juros do segundo capital excederam os juros do primeiro em $ 12.660, a soma dos dois capitais iniciais era de:

a) $ 140.000;
b) $ 143.000;
c) $ 145.000;
d) $ 147.000;
e) $ 115.000.

Solução:

Dados fornecidos:

1ª Aplicação	2ª Aplicação
Capital: C_1	Capital: C_2
i = 72% a.a.= 6% a.m.	i = 6% a.m.
n_1 = 4 meses	n_2 = 5 meses
Juros: J_1	Juros: J_2

$J_1 + J_2 = 39540$

$J_2 - J_1 = 12660$

A soma dos Capitais: $C_1 + C_2 = ?$

→ Cálculo de J_1 e J_2:

Vamos resolver o sistema abaixo, para encontrar os valores de J_1 e J_2.

$$\begin{cases} J_1 + J_2 = 39540 \\ J_2 - J_1 = 12660 \end{cases}$$

$2J_2 = 39540 + 12660 \rightarrow 2J_2 = 52200 \rightarrow$ **J_2 = 26.100,00**

Daí, vamos obter J_1: $26100 - J_1 = 12660 \rightarrow J_1 = 26100 - 12660$

J_1 = 13440,00

→ Cálculo de C_1 e C_2:

1ª Aplicação

$i \cdot n = 6 \cdot 4 = 24$

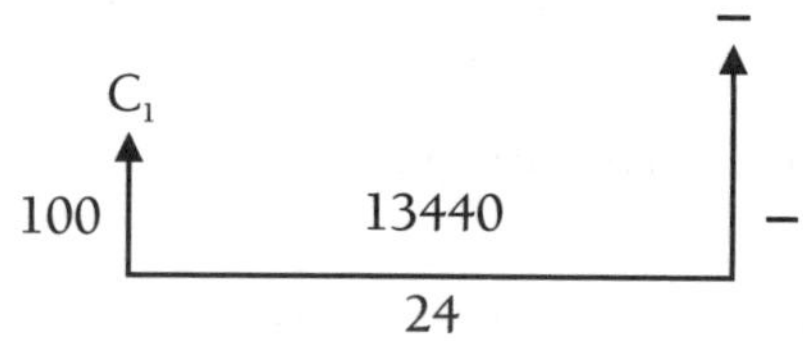

Daí, $\dfrac{C_1}{100} = \dfrac{13440}{24}$ → $C_1 = 56000$

2ª Aplicação

$i \cdot n = 6 \cdot 5 = 30$

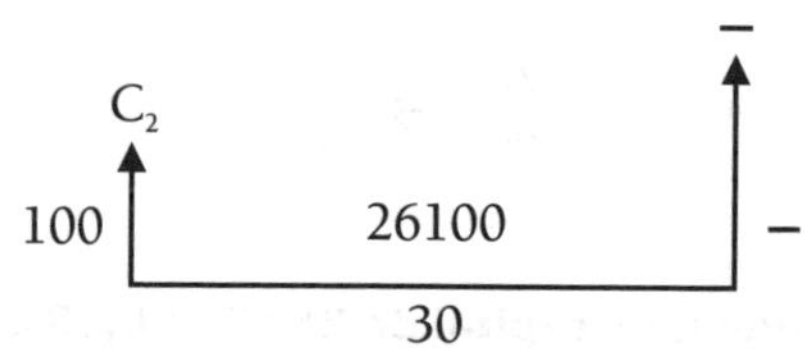

Daí, $\dfrac{C_2}{100} = \dfrac{26100}{30}$ → $C_2 = 87000$

– Resposta da questão: $C_1 + C_2 = 56000 + 87000 =$ **143.000,00**

8. (ESAF) Uma certa importância foi aplicada a juros simples de 48% a.a., durante 60 dias. Findo o prazo, o montante apurado foi reaplicado por mais 120 dias, a uma taxa de 60% a.a., mantendo-se o mesmo regime de capitalização. Admitindo-se que o último montante foi de R$ 207,36, qual foi o capital inicial da primeira operação?

a) R$ 200,00.
b) R$ 180,00.
c) R$ 160,00.
d) R$ 150,00.
e) R$ 144,00.

Solução:

Dados fornecidos:

– **Aplicação Inicial**
Capital inicial: $C_1 = ?$
i = 48% a.a. = 4 % a.m.
n = 60 dias = 2 meses
Montante: $M_1 = C_2$

– **Dados da Reaplicação**:
Capital: $C_2 = M_1$
i = 60% a.a. = 5 % a.m.
n = 120 dias = 4 meses
Montante: $M_2 = 207{,}36$

→ Iniciaremos esta questão calculando o capital da Reaplicação (que é o montante da aplicação inicial):

$i \cdot n = 5 \cdot 4 = 20$

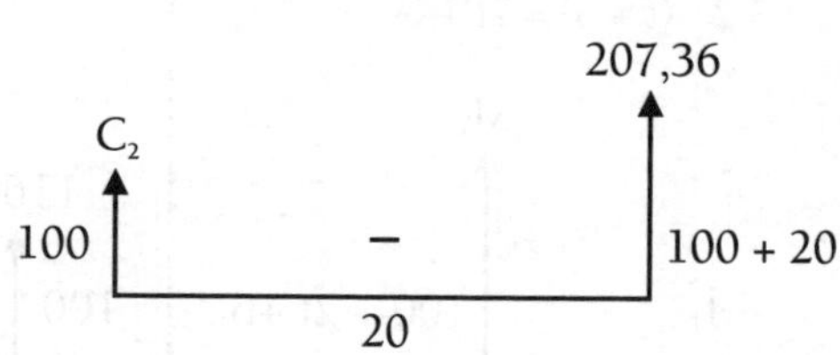

Daí, $\frac{C_2}{100} = \frac{207,36}{120} \rightarrow C_2 = \frac{20736}{12} \rightarrow C_2 = 172,8$

→ Cálculo do capital da aplicação inicial:

$M_1 = C_2 = 172,8$

$i \cdot n = 4 \cdot 2 = 8$

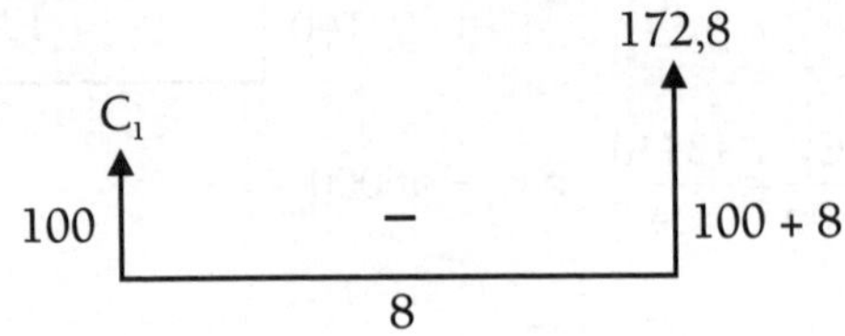

Daí, $\frac{C_1}{100} = \frac{172,8}{108} \rightarrow C_1 = \frac{17280}{108} \rightarrow C_1 = 160,00$

9. (FCC) João investiu o capital de R$ 12.000,00 à taxa de juros simples de 24% ao ano. Três meses após a aplicação de João, Maria investiu o capital de R$ 11.600,00 à taxa de juros simples de 24% ao semestre. Após um certo tempo, o montante da aplicação efetuada por João era igual ao montante da aplicação efetuada por Maria. Neste momento, a soma dos valores dos juros destas duas aplicações era:

a) R$ 4 240,00;
b) R$ 3 840,00;
c) R$ 3 200,00;
d) R$ 2 960,00;
e) R$ 2 320,00.

Solução:

Dados fornecidos:

João	**Maria**
Aplicou: C = 12000,00	Aplicou (3 meses depois): C = 11600,00
i = 24% ao ano = 2% a.m.	i = 24% a.s. = 4% a.m.

A **soma dos Juros** das duas aplicações na data em que os **montantes são iguais**?

Vamos definir:

tempo de aplicação do capital de Maria = **t** meses

tempo de aplicação do capital de João = **t+3** meses

→ Fórmula dos Juros Simples:

João

$i \cdot n = 2 \cdot (t + 3) = 2t + 6$

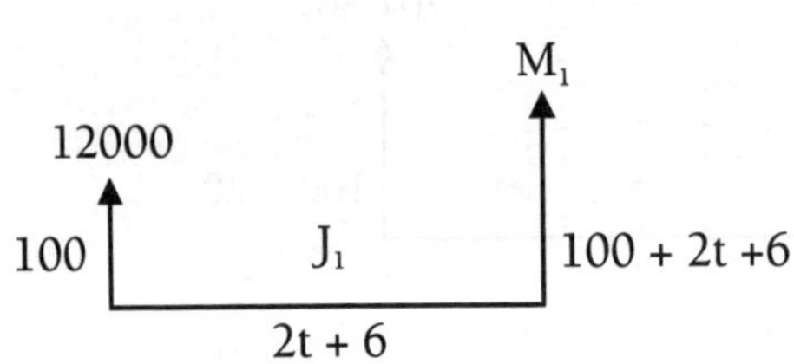

Maria

$i \cdot n = 4 \cdot t = 4t$

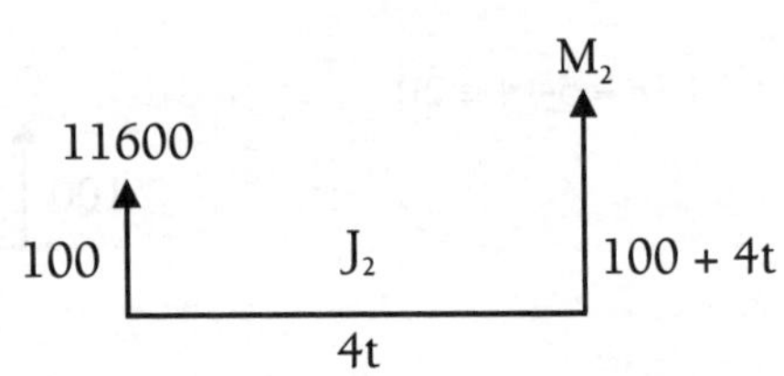

Daí:

$$\frac{M_1}{100+2t+6}=\frac{12000}{100} \qquad \frac{M_2}{100+4t}=\frac{11600}{100}$$

$$\frac{M_1}{106+2t}=120 \qquad \frac{M_2}{100+4t}=116$$

$$M_1 = 12720 + 240t \qquad M_2 = 11600 + 464t$$

A questão pede a soma $J_1 + J_2$ quando $M_1 = M_2$.

Vamos fazer a igualdade entre os montantes: $M_1 = M_2$

$12720 + 240t = 11600 + 464t \rightarrow 224t = 1120 \rightarrow t = 5$ *meses*

Daí, o valor do montante será:

$M_1 = 12720 + 240t \rightarrow M_1 = 12720 + 240 \times 5 \rightarrow M_1 = 13920$

Sabemos que J = M – C, portanto temos:

Juros de João: $J_1 = 13920 - 12000 = 1920{,}00$

Juros de Maria: $J_2 = 13920 - 11600 = 2320{,}00$

Resposta: $J_1 + J_2 = 1920 + 2320 =$ **4240,00**

10. (FCC) Um investidor sabe que, se ele aplicar R$ 20.000,00 a uma determinada taxa de juros simples, durante 8 meses, obterá, no final do período, um montante de R$ 24.000,00. Caso esse investidor resolva aplicar outro capital, com a mesma taxa de juros simples acima, da seguinte maneira: 1/3, durante 6 meses; 1/5, durante 5 meses, e o restante, durante 4 meses, verificará que a soma dos juros obtidos é igual a R$ 1.460,00. O valor deste outro capital, em reais, é:

a) 24.000,00;
b) 18.000,00;
c) 15.000,00;
d) 12.000,00;
e) 9.000,00.

Solução:

Dados fornecidos:

<u>1ª aplicação</u>

$C_1 = 20.000{,}00$

$n_1 = 8$ meses

$M_1 = 24.000{,}00$

taxa de juros: i

<u>2ª aplicação</u>

Capital: C_2, sendo que:

$C_2/3$ aplicado durante 6 meses

$C_2/5$ aplicado durante 5 meses

restante ($7C_2/15$) durante 4 meses

taxa de juros é a mesma da 1ª aplicação

Total de juros = 1.460,00

→ Primeiramente, vamos calcular a taxa de juros da 1ª aplicação, que também será a taxa utilizada na 2ª aplicação.

$J = M - C = 24000 - 20000 = 4000$

$i\ .\ n = i\ .\ 8 = 8i$

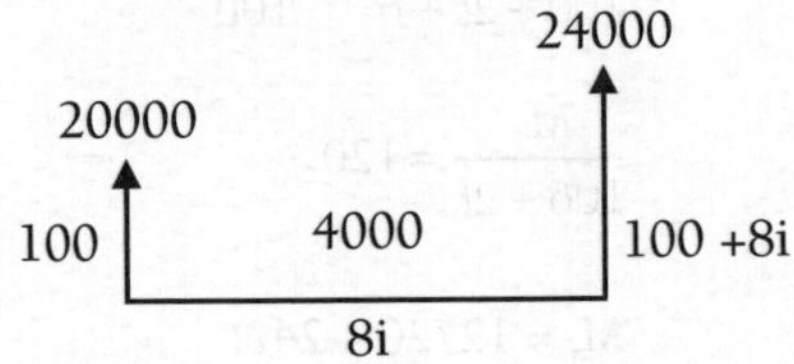

Daí: $\dfrac{20000}{100} = \dfrac{4000}{8i}$ → $\dfrac{2}{1} = \dfrac{40}{8i}$ → i = 2,5% a.m.

→ Cálculo dos Juros na segunda aplicação para cada fração do capital aplicado:

1) Juros (J_1) de C/3 aplicado durante 6 meses:

$i\ .\ n = 2{,}5\ .\ 6 = 15$

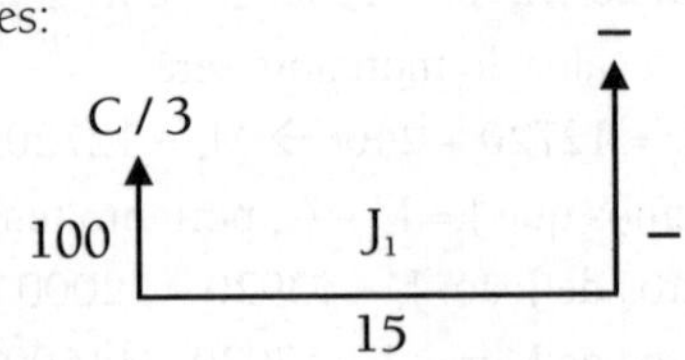

→ $\dfrac{J_1}{15} = \dfrac{C/3}{100}$ → $J_1 = \dfrac{15 \times C/3}{100} = \dfrac{5C}{100} = \dfrac{C}{20}$

2) Juros (J_2) de C/5 aplicado durante 5 meses:

$i\ .\ n = 2{,}5\ .\ 5 = 12{,}5$

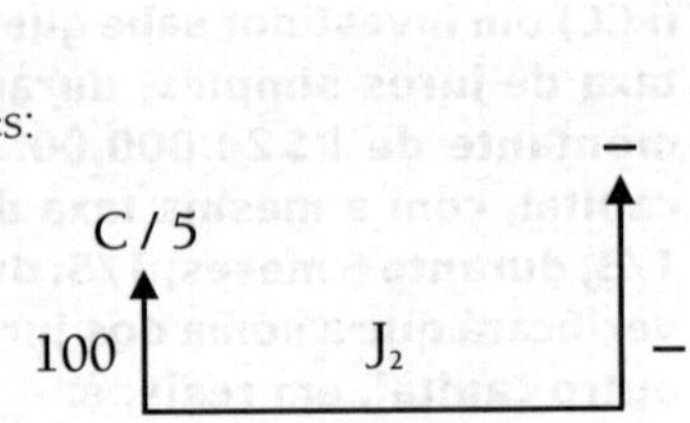

→ $\dfrac{J_2}{12{,}5} = \dfrac{C/5}{100}$ → $J_2 = \dfrac{12{,}5 \times C/5}{100} = \dfrac{2{,}5C}{100} = \dfrac{C}{40}$

3) Juros (J_3) de 7C/15 aplicado durante 4 meses:

$i\ .\ n = 2{,}5\ .\ 4 = 10$

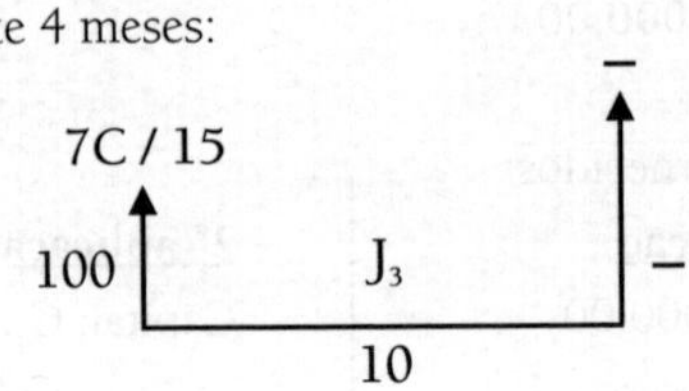

→ $\dfrac{J_3}{10} = \dfrac{7C/15}{100}$ → $J_3 = \dfrac{7C}{150}$

Daí, o total de juros na 2ª aplicação é: $J_1 + J_2 + J_3 = \dfrac{C}{20} + \dfrac{C}{40} + \dfrac{7C}{150}$

$J_1 + J_2 + J_3 = \dfrac{30C + 15C + 28}{600} = \dfrac{73C}{600}$

→ Cálculo do capital C_2 da segunda aplicação:

Foi dado no enunciado da questão que o juros na segunda aplicação é de 1460,00, portanto temos a igualdade:

$$\frac{73C}{600} = 1460 \rightarrow C = \frac{1460 \times 600}{73} = 12000,00 \rightarrow \textbf{Resposta!}$$

11. (ESAF) João colocou metade de seu capital a juros simples pelo prazo de 6 meses, o restante, nas mesmas condições, pelo período de 4 meses. Sabendo-se que, ao final das aplicações, os montantes eram de \$ 117.000 e \$ 108.000, respectivamente, o capital inicial do capitalista era de:

a) \$ 150.000,00;
b) \$ 160.000,00;
c) \$ 170.000,00;
d) \$ 180.000,00;
e) \$ 200.000,00.

Solução:

Dados fornecidos:

João tem um capital **C**, e resolve fazer as seguintes aplicações:

1ª Aplicação	**2ª Aplicação**
capital aplicado = C/2	capital aplicado = C/2
n_1 = 6 meses	n_2 = 4 meses
M_1 = 117.000	M_2 = 108.000
C = ?	

→ Fórmula dos Juros Simples:

1ª Aplicação	2ª Aplicação
$i \,.\, n = i \,.\, 6 = 6i$	$i \,.\, n = i \,.\, 4 = 4i$
J_1 = 117000 – C/2	J_2 = 108000 – C/2

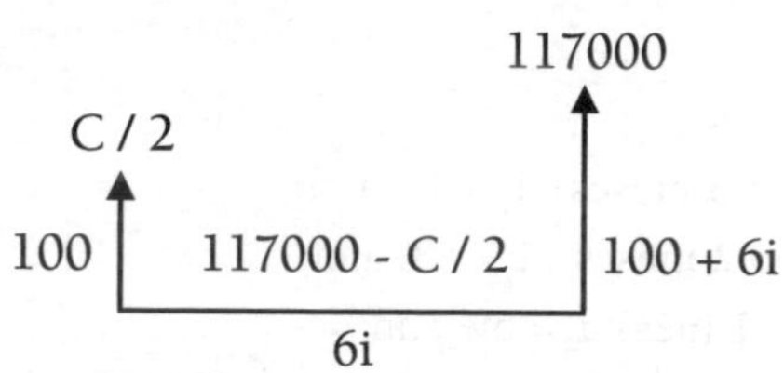

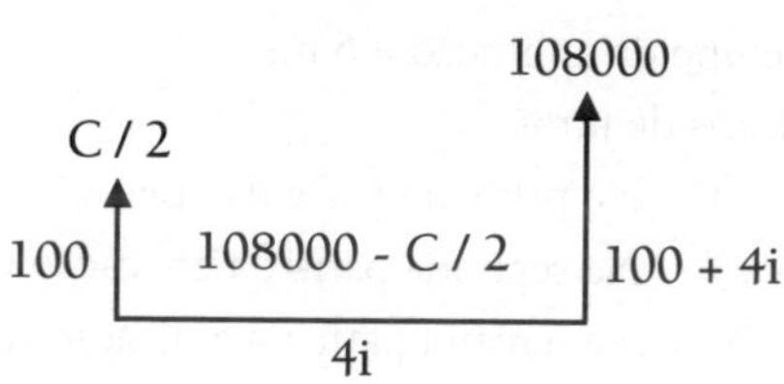

Calculamos os juros, em cada aplicação acima, com o objetivo de utilizarmos a coluna da esquerda e a coluna do meio na construção das equações que possibilitarão o cálculo do capital C. Se utilizássemos a coluna da direita das duas aplicações, não teríamos como cortar a taxa i (pois aparece uma soma em função de i na coluna direita), e, assim, demoraríamos mais tempo para obter o valor do capital C.

Da 1ª Aplicação:

$$\frac{C/2}{100} = \frac{117.000 - C/2}{6i}$$

Da 2ª Aplicação:

$$\frac{C/2}{100} = \frac{108.000 - C/2}{4i}$$

Os 1º membros das duas equações acima são iguais, portanto podemos fazer a igualdade entre os 2º membros dessas duas equações:

$$\frac{117.000 - C/2}{6\not{i}} = \frac{108.000 - C/2}{4\not{i}}$$

Simplificando:

$$\frac{117.000 - C/2}{3} = \frac{108.000 - C/2}{2}$$

Daí:

234.000 – C = 324.000 – 3C/2 → C/2 = 90.000

C = 180.000

12. André aplicou R$ 800,00 em um banco que fornece taxas de juros variáveis durante a aplicação. Qual é o montante que André terá ao final de seis meses, se a taxa de juros nos três primeiros meses é de 4% a.m., nos dois meses seguintes a taxa é de 5% a.m. e no sexto mês da aplicação a taxa é de 6% a.m.?

a) 900,00.
b) 980,00.
c) 1000,00.
d) 1008,00.
e) 1024,00.

Solução:

Dados fornecidos:

- C = 800,00
- M = ?
- tempo da aplicação = 6 meses
- Taxas de juros:
  1) Na primeira parte da aplicação (tempo **3 meses**): $\mathbf{i_1}$ = 4% a.m.
  2) Na segunda parte da aplicação (tempo **2 meses**): $\mathbf{i_2}$ = 5% a.m.
  3) Na terceira parte da aplicação (tempo **1 mês**): $\mathbf{i_3}$ = 6% a.m.

→ Montar a fórmula de Juros Simples:

Como a taxa de juros varia ao longo da aplicação, devemos calcular o produto (i.n) para cada uma das taxas.

1) Para a taxa de 4% a.m. em 3 meses → $i_1 \cdot n_1 = 4 \cdot 3 = 12$
2) Para a taxa de 5% a.m. em 2 meses → $i_1 \cdot n_1 = 5 \cdot 2 = 10$
3) Para a taxa de 6% a.m. em 1 mês → $i_1 \cdot n_1 = 6 \cdot 1 = 6$

Sempre que ocorrer taxas diferentes ao longo da aplicação, o valor do (i.n) que utilizaremos na fórmula de juros simples é obtido através da soma dos (i.n) de cada taxa, ou seja:

$$i \cdot n = i_1 \cdot n_1 + i_2 \cdot n_2 + i_3 \cdot n_3$$

Substituindo os produtos (i.n) obtidos para cada taxa, teremos:

$$i \cdot n = 12 + 10 + 6 \rightarrow i \cdot n = 28$$

Aplicando a fórmula de juros simples:

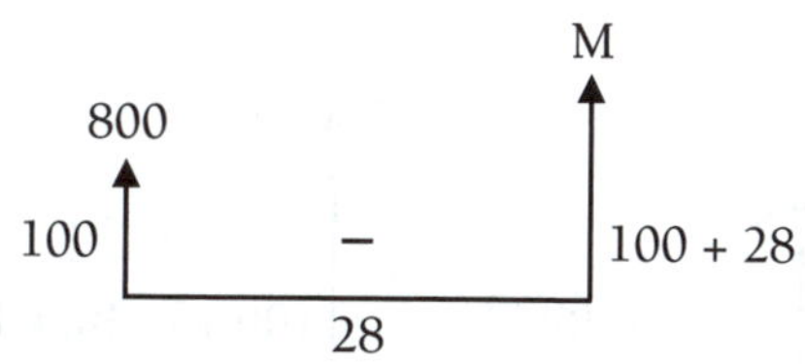

Daí, $\frac{M}{128} = \frac{800}{100} \rightarrow M = 8 \times 128 \rightarrow \mathbf{M = 1.024,00} \rightarrow$ Resposta!

13. (ESAF) Paulo colocou $ 200.000,00 à taxa de juros simples comerciais de 96% ao ano, pelo prazo de 10 meses. Entretanto, antes do término do prazo conseguiu um aumento da taxa de juros para 144% ao ano, para o restante do prazo. Sabendo-se que ao final do período recebeu o montante de $ 376.000,00, o tempo que o capital ficou aplicado à taxa menor foi de (juros simples comerciais para todo o período):

a) 2 meses;
b) 3 meses;
c) 6 meses;
d) 8 meses;
e) 9 meses.

Solução:

Dados fornecidos:

- C = 200.000,00
- **M** = 376.000,00
- Daí: **J** = M – C = 376000 – 200000 = 176.000,00
- Na parte inicial da aplicação (tempo $\mathbf{n_1}$): $\mathbf{i_1}$ = 96% a.a. = **8% a.m.**
- Na parte final da aplicação (tempo $\mathbf{n_2}$): $\mathbf{i_2}$ = 144% a.a. = **12% a.m.**
- tempo da aplicação = 10 meses, logo: $\mathbf{n_1} + \mathbf{n_2}$ = 10 meses

Deseja-se na questão achar o tempo relativo à taxa menor, ou seja, o valor de n_1. Então, colocaremos n_2 como função de n_1.

$$n_2 = 10 - n_1$$

→ Montar a fórmula de Juros Simples:

Como a taxa de juros varia ao longo da aplicação, devemos calcular o produto (i.n) para cada uma das taxas.

1) Para a taxa de 8% a.m. $\rightarrow i_1 \cdot n_1 = 8 \cdot n_1 = 8n_1$
2) Para a taxa de 12% a.m. $\rightarrow i_2 \cdot n_2 = 12 \cdot n_2 = 12 \cdot (10 - n_1)$

Sempre que houver taxas diferentes ao longo da aplicação, o valor do (i.n) que utilizaremos na fórmula de juros simples é obtido através da soma dos (i.n) de cada taxa, ou seja:

$$i \,.\, n = i_1 \,.\, n_1 + i_2 \,.\, n_2$$

Substituindo os produtos (i.n) obtidos para cada taxa, teremos:

$i \,.\, n = \mathbf{8}n_1 + \mathbf{12\ (10} - n_1\mathbf{)}$ → $i \,.\, n = \mathbf{8}n_1 + \mathbf{120 - 12}n_1$ → $i \,.\, n = \mathbf{-\,4}n_1 + \mathbf{120}$

Montando a fórmula:

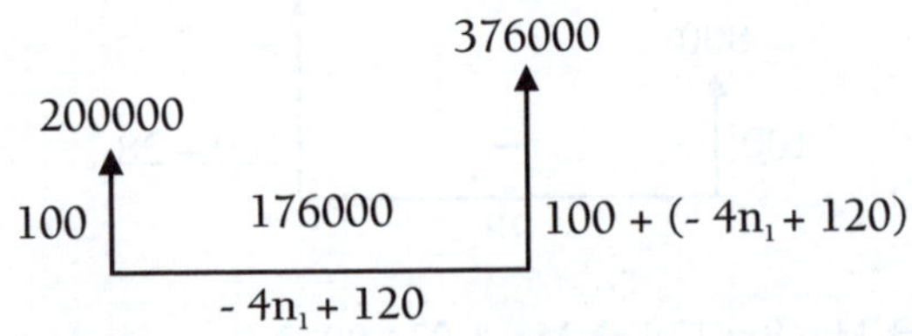

Daí, $\dfrac{200.000}{100} = \dfrac{176.000}{-4n_1 + 120}$ → $\dfrac{2}{1} = \dfrac{176}{-4n_1 + 120}$ → $-\,8n_1 + 240 = 176$

→ $\mathbf{8}n_1 \mathbf{= 64}$ → $\mathbf{n_1 = 8}$ **meses** → Resposta: alternativa **D**.

14. Uma empresa aplicou no dia 10 de fevereiro uma quantia de R$ 10.000,00 a uma taxa de 180% ao ano. Se o resgate ocorreu em 20 de maio do mesmo ano, então os valores dos juros ordinários e exatos são, respectivamente (despreze os centavos):

a) 5.200,00 e 5.000,00;
b) 5.100,00 e 4.950,00;
c) 5.000,00 e 4.882,00;
d) 4.950,00 e 4.700,00.

Solução:

Dados:

Aplicação de R$ 10.000,00 do dia 10/02 a 20/05.

i = 180% a.a.

Juros simples ordinário = ?

Juros simples exatos = ?

1) Cálculo dos Juros simples ordinário (ou comercial):

– Contagem do número de dias em que o capital ficou aplicado:

				Dias usados em cada mês ⇓
de 10	Fev (30 dias)	→	30 – 10 =	20
	Mar (30 dias)	→		30
	Abr (30 dias)	→		30
até 20	Maio	→		20
				Total = 100 dias

– Conversão da taxa de juros de ano para dia (divide por **360**):

$$i = 180\%\ a.a. = \frac{180}{360}\ \% = 0{,}5\%\ a.d.$$

– Cálculo dos juros:

$i\ .\ n = 0{,}5\ .\ 100 = 50$

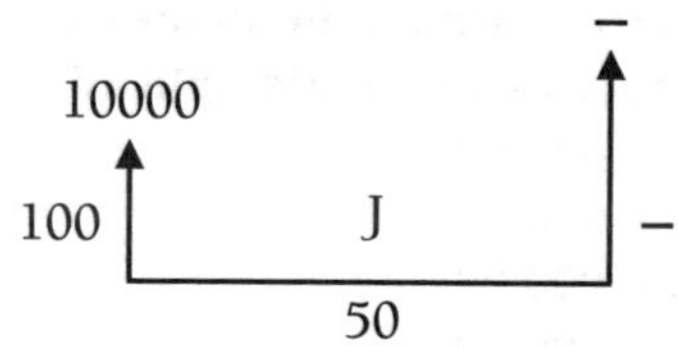

Daí: $\dfrac{10000}{100} = \dfrac{J}{50} \rightarrow J = 5000{,}00$

2) Cálculo dos Juros simples exatos:

– Contagem do número de dias em que o capital ficou aplicado:

				Dias usados em cada mês ⇓
de 10	Fev (28 dias)	→	28 – 10 =	18
	Mar (31 dias)	→		31
	Abr (30 dias)	→		30
até 20	Maio	→		20
				Total = 99 dias

– Conversão da taxa de juros de ano para dia (divide por **365**):

$$i = 180\%\ a.a. = \frac{180}{365}\ \% = \frac{36}{73}\ \% \cong 0{,}49\%\ a.d.$$

– Cálculo dos juros:

$i\ .\ n = 0{,}49\ .\ 99 = 48{,}51$

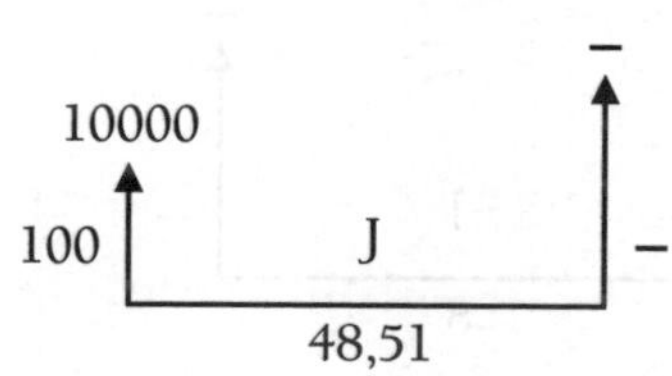

Daí: $\dfrac{10000}{100} = \dfrac{J}{48{,}51} \rightarrow J = 4851{,}00$

– Obtemos, assim:

Juros simples ordinário = 5.000,00

Juros simples exatos = 4.851,00

Obs.: o valor dos juros exatos é aproximado, devido a aproximação feita no cálculo da taxa ao dia.

Resposta: alternativa C.

15. (FCC) Um capital de R$ 30.000,00 foi dividido em duas aplicações: a primeira pagou uma taxa de 8% de juros anuais; a outra aplicação, de risco, pagou uma taxa de 12% de juros anuais. Ao término de um ano, observou-se que os lucros obtidos em ambas as aplicações foram iguais. Assim sendo, a diferença dos capitais aplicados foi de:

a) R$ 8.000,00;
b) R$ 4.000,00;
c) R$ 6.000,00;
d) R$ 10.000,00;
e) R$ 12.000,00.

Solução:

Dados fornecidos:

Capital de R$ 30.000,00 foi dividido em 2 aplicações: $C_1 + C_2 = 30000$

<u>1ª aplicação</u>	<u>2ª aplicação</u>
capital: C_1	capital: C_2
$i_1 = 8\%$ a.a.	$i_2 = 12\%$ a.a.
n = 1 ano	n = 1 ano
lucro: J	lucro: J

$C_2 - C_1 = ?$

→ Fórmula dos Juros Simples

<u>1ª aplicação</u>

$i \cdot n = 8 \cdot 1 = 8$

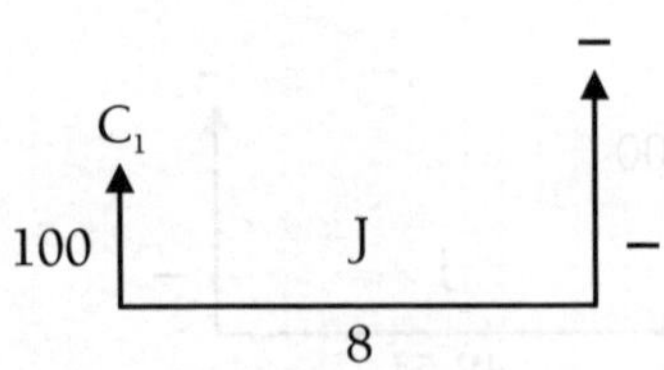

<u>2ª aplicação</u>

$i \cdot n = 12 \cdot 1 = 12$

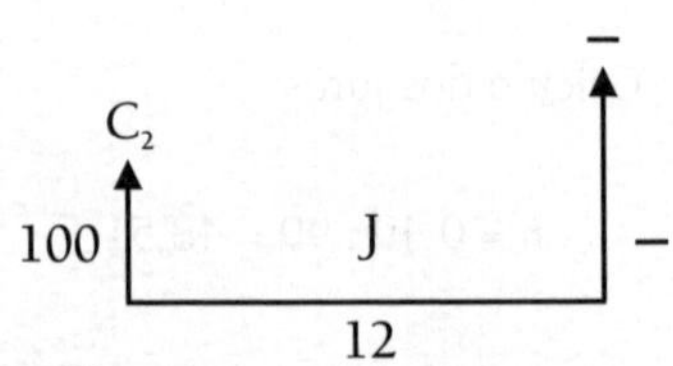

Daí, $\dfrac{C_1}{100} = \dfrac{J}{8} \rightarrow J = \dfrac{8C_1}{100}$ $\qquad \dfrac{C_2}{100} = \dfrac{J}{12} \rightarrow J = \dfrac{12C_2}{100}$

Como foi dito no enunciado que os juros das aplicações são iguais, então faremos a seguinte igualdade:

$$\frac{8C_1}{100} = \frac{12C_2}{100} \rightarrow 8C_1 = 12C_2 \rightarrow 2C_1 = 3C_2$$

Agora temos um sistema de duas equações:

$$\begin{cases} 2C_1 = 3C_2 \\ C_1 + C_2 = 30000 \end{cases}$$

Vamos isolar o C_1 na 1ª equação acima e substituí-lo na segunda equação:

$$C_1 = \frac{3C_2}{2} \rightarrow C_1 = 1{,}5C_2$$

$$C_1 + C_2 = 30000 \rightarrow 1{,}5C_2 + C_2 = 30000 \rightarrow 2{,}5C_2 = 30000 \rightarrow \mathbf{C_2 = 12000}$$

Então, $\mathbf{C_1}$ = 30000 – 12000 = **18000**

Daí, $C_2 - C_1$ = 18000 – 12000 = **6.000,00 → Resposta.**

16. (ESAF) Um negociante, para efetuar o pagamento de encomendas, deve dispor de R$ 1.000,00 daqui a 4 meses e R$ 2.530,00 daqui a 8 meses. Para tanto, deseja aplicar hoje uma quantia X que lhe permita retirar as quantias necessárias nas datas devidas, ficando sem saldo no final. Se a aplicação for feita a juro simples, à taxa de 2,5% ao mês, o valor de X deve ser:

a) R$ 3 000,00;
b) R$ 3 050,00;
c) R$ 3 100,00;
d) R$ 3 150,00;
e) R$ 3 200,00.

Solução:

A partir dos dados fornecidos na questão, vamos montar o seguinte desenho:

Aplico o capital C	depois de 4 meses → 2,5% a.m.	Terei o montante M_1 do qual irei retirar 1000,00 e aplicarei o restante.	depois de 4 meses → 2,5% a.m.	Terei o montante M_2 do qual irei retirar 2530,00 e não restará nada. (Daí, M_2 = 2530,00)

Pede-se: **C = ?**

→ Cálculo de M_1:

$i \cdot n = 2{,}5 \cdot 4 = 10$

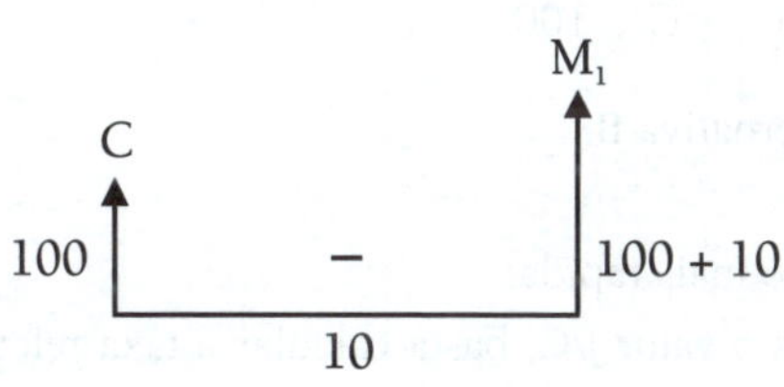

Daí: $\frac{C}{100} = \frac{M_1}{110} \rightarrow M_1 = 1{,}1C$

→ Retirar 1000,00 de M_1 e aplicar o restante:

restante que será aplicado = M_1 – 1000 = 1,1C – 1000

$i \cdot n = 2{,}5 \cdot 4 = 10$

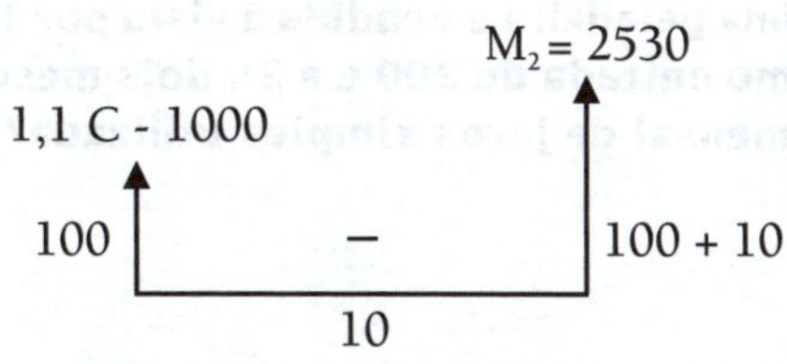

Daí: $\dfrac{1{,}1C - 1000}{100} = \dfrac{2530}{110}$ → $1{,}1C - 1000 = 2300$ → $1{,}1C = 3300$

C = 3.000,00 → **Resposta:** alternativa A.

17. (ESAF) Um capital é aplicado a juros simples durante três meses e dez dias a uma taxa de 3% ao mês. Calcule os juros em relação ao capital inicial.

a) 9%
b) 10%
c) 10,5%
d) 11%
e) 12%

Solução:

Dados fornecidos:

Capital: C — **n** = 3 meses e 10 dias = 100 dias

Juros: J — i = 3% a.m. = 0,1% a.d.

Pede-se: **Juros em relação ao capital inicial** = $\dfrac{J}{C}$ = ?

→ Fórmula dos Juros Simples

$i \cdot n = 0{,}1 \cdot 100 = 10$

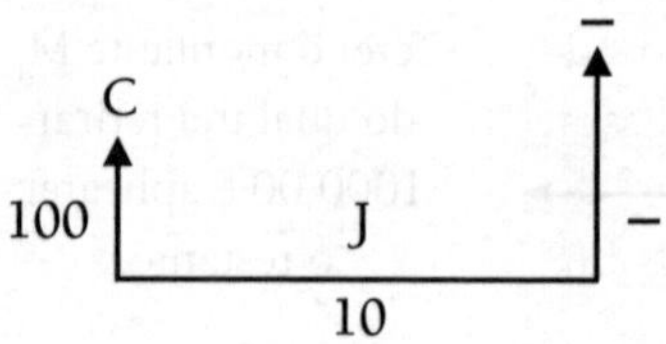

Daí: $\dfrac{J}{10} = \dfrac{C}{100}$ → $\dfrac{J}{C} = \dfrac{10}{100}$ → $\dfrac{J}{C} = 10\%$

Resposta: alternativa **B**.

→ Uma solução mais rápida:

Para obtermos o valor J/C, basta calcular a taxa referente ao período total da aplicação, que nos Juros Simples é dado por (i.n). Como a taxa é de 0,1% a.d. e o tempo total é de 100 dias, então a taxa referente ao período integral da aplicação é:

$$0{,}1 \times 100 = 10\%$$

18. (FCC) Uma geladeira é vendida à vista por 1.000 ou em duas parcelas, sendo a 1ª como entrada de 200 e a 2ª, dois meses depois, no valor de 880. Qual a taxa mensal de juros simples utilizada?

a) 6%.
b) 5%.
c) 4%.
d) 3%.
e) 2%.

Solução:

Dados fornecidos:

A geladeira pode ser adquirida de duas maneiras:

1ª) pagamento à vista = 1.000,00

2ª) pagamento a prazo: { uma entrada de 200,00 e
o pagamento de 880,00 após 2 meses.

Pede-se: a taxa de juros cobrada na compra a prazo =?

→ Vamos identificar os elementos dos Juros Simples:

Nesta questão, temos a situação que nós chamamos de *Juros Ruim*, pois não se receberá juros, mas sim se pagará juros.

Assim, o capital será o valor da dívida inicial (ou valor financiado)!

Como temos uma entrada, o valor financiado será dado por:

valor financiado = (valor à vista da mercadoria) – (valor da entrada)

valor financiado = 1000 – 200

valor financiado = 800

Ou seja, **C = 800,00**

O Montante é o valor pago ao final da operação, em que estão incluídos os juros! Assim, o montante será dado pela parcela a ser paga ao final do período. Daí: M = valor da prestação

M = 880,00

Juros: J = M – C → J = 880 – 800 → **J = 80,00**

Tempo da operação de compra: **n = 2 meses**

→ Vamos ao cálculo da taxa de juros:

$i \cdot n = i \cdot 2 = 2i$

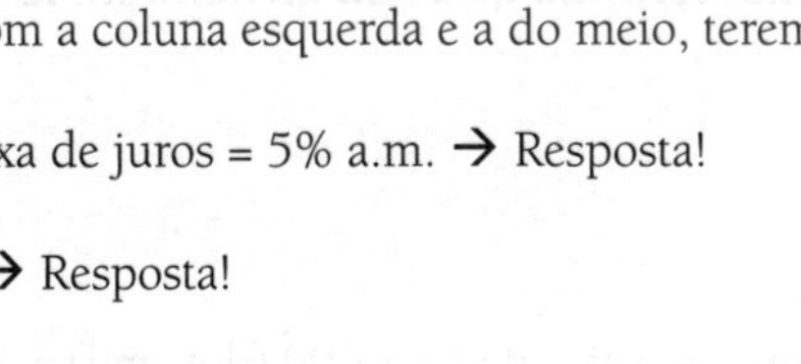

Daí, criando a equação com a coluna esquerda e a do meio, teremos:

$\frac{800}{100} = \frac{80}{2i}$ → $i = 5$ → taxa de juros = 5% a.m. → Resposta!

taxa de juros = **5% a.m.** → Resposta!

19. (FCC) Um comerciante aceita cheque pré-datado para 30 dias, mas cobra juros de 8% sobre o preço à vista. Uma mercadoria que, paga em 30 dias, sai por R$ 27,00 custa, à vista:

a) R$ 19,00;
b) R$ 21,40;
c) R$ 24,80;
d) R$ 25,00;
e) R$ 29,15.

Solução: Trata-se de uma questão de compra a prazo sem entrada. Agora, passemos a identificar os elementos dos juros simples: ***C***, ***J***, ***M***, ***i*** e ***n***.

→ O Capital é a dívida inicial, ou seja, o valor à vista da mercadoria, a qual é solicitada na questão.

→ O montante é o valor pago com juros ao final do prazo, ou seja, é a parcela de 27,00 reais.

→ O comerciante cobra juros de 8% para pagamento em 30 dias, isto significa uma taxa de juros de 8% em 30 dias, ou seja, 8% a.m.

→ O tempo para pagamento é de 30 dias, daí n = 30 dias = 1 mês

Em suma:

C =?; M = 27,00; i = 8 % a.m.; n = 1 mês

→ Aplicação da Fórmula de Juros Simples:

$i \,.\, n = 8 \times 1 = 8$

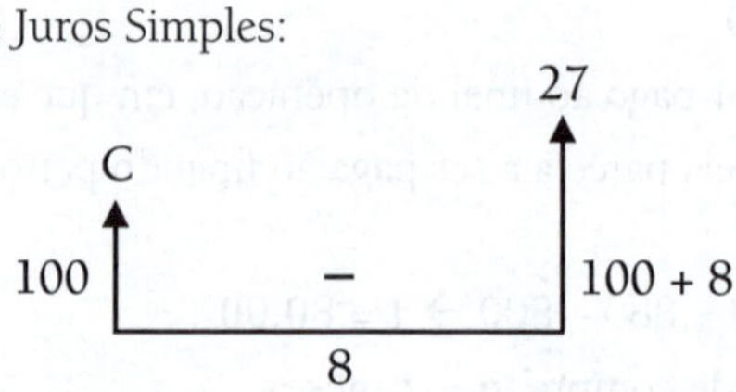

Daí: $\dfrac{C}{100} = \dfrac{27}{108} \rightarrow \dfrac{C}{100} = \dfrac{1}{4} \rightarrow C = \dfrac{100}{4} \rightarrow C = 25{,}00 \rightarrow$ Resposta!

20. (ESAF) Uma conta no valor de R$ 2.000,00 deve ser paga em um banco na segunda-feira, dia 8. O não pagamento no dia do vencimento implica uma multa fixa de 2% sobre o valor da conta, mais o pagamento de uma taxa de permanência de 0,2% por dia útil de atraso, calculada como juros simples, sobre o valor da conta. Calcule o valor do pagamento devido no dia 22 do mesmo mês, considerando que não há nenhum feriado bancário no período.

a) R$ 2.080,00.
b) R$ 2.084,00.
c) R$ 2.088,00.
d) R$ 2.096,00.
e) R$ 2.100,00.

Solução: Existe uma conta, no valor de R$ 2.000 (dois mil) a ser paga na segunda-feira, dia 8. Caso haja atraso no pagamento, o devedor incorrerá em dois *encargos*: uma *multa fixa* de 2% sobre o valor da conta; e juros simples, calculados à taxa de 0,2% ao dia útil de atraso.

Daí, o enunciado diz que a conta só foi paga no dia 22 do mesmo mês.

Iniciemos com o cálculo da Multa Fixa, que independe do número de dias de atraso:

→ **Multa Fixa** = (2/100) × 2000 = **R$ 40,00**

Agora, para calcularmos os juros simples, precisaremos, obviamente, contar os dias úteis de atraso. Faremos um pequeno calendário:

SEG	TER	QUA	QUI	SEX	SAB	DOM
8	9	10	11	12	13	14
15	16	17	18	19	20	21
22						

Como só nos interessam os dias úteis, vamos excluir sábados e domingos da contagem dos dias de atraso. Teremos:

SEG	TER	QUA	QUI	SEX	SAB	DOM
8	9	10	11	12	13	14
15	16	17	18	19	20	21
22						

Sabemos ainda que o dia 8 não é dia de atraso! Se a conta fosse paga até o último minuto do horário bancário do dia 8, então não haveria nenhum encargo adicional. O dia 8, portanto, está fora da contagem dos dias de atraso. Teremos:

SEG	TER	QUA	QUI	SEX	SAB	DOM
08	9	10	11	12	13	14
15	16	17	18	19	20	21
22						

Contamos, portanto, dez dias úteis de atraso!

Conforme já aprendemos, o valor dos juros a ser pago por cada dia de atraso, a uma taxa de 0,2% ao dia e um capital de R$ 2000,00, será de:

→ Juros por dia útil de atraso: (0,2/100) × 2000 = R$ 4,00

Como foram 10 dias úteis de atraso no total, teremos:

→ Juros por todo o atraso: 10 × R$ 4,00 = **R$ 40,00 → Juros!**

Compondo o resultado final, teremos que somar o valor da conta, mais os valores da multa fixa e dos juros. Teremos, finalmente, que:

→ R$ 2.000,00 + R$ 40,00 + R$ 40,00 = **R$ 2.080,00 → Resposta!**

JUROS SIMPLES – EXERCÍCIOS PROPOSTOS

JUROS SIMPLES COMERCIAIS

01. (Auditor Fiscal Tributário Municipal de SP 2014 CETRO) Ao aplicar R$ 3.200,00 a juros simples com taxa de 2% ao mês, um investidor resgata, após 3 trimestres de aplicação, o seguinte valor:

a) R$3.100,00.
b) R$3.286,00.
c) R$3.562,00.
d) R$3.621,00.
e) R$3,776,00

02. (Analista de Controle Interno SEFAZ/RJ 2011 FGV) Dada uma taxa de juros de 1% ao dia e um período de 20 meses (sendo cada mês com 30 dias), o montante final, se o valor presente é R$ 2.000, é

a) R$ 4.000,00.
b) R$ 6.000,00.
c) R$ 10.000,00.
d) R$ 12.000,00.
e) R$ 14.000,00.

03. (Fiscal de Rendas SEFAZ-RJ 2009 FGV) O valor a ser pago por um empréstimo de R$ 4.500,00, a uma taxa de juros simples de 0,5% ao dia, ao final de 78 dias, é de:

a) R$ 6.255,00.
b) R$ 5.500,00.
c) R$ 6.500,00.
d) R$ 4.855,00.
e) R$ 4.675,50.

04. (Auditor Fiscal do Estado do RJ 2011 FGV) Um indivíduo deixa de pagar um título no valor de R$ 2.000,00, atrasando o pagamento em três meses. A taxa de juros, juros simples, é de 35% ao ano. Ao pagar o título, seu valor é

a) R$ 2.250,00.
b) R$ 2.325,00.
c) R$ 2.175,00.
d) R$ 2.155,00.
e) R$ 4.100,00.

05. (Auditor Fiscal Tributário Municipal de Campinas 2012 CETRO) O montante acumulado no final de 5 anos, a partir de um principal de R$200,00, no regime de juros simples, à taxa de 8% ao semestre, é igual a

a) R$208,00.
b) R$216,00.
c) R$480,00.
d) R$280,00.
e) R$360,00.

06. (Auditor-Fiscal da Receita Estadual SEFAZ-CE 2007 ESAF) Qual o capital que aplicado a juros simples à taxa de 2,4% ao mês rende R$ 1 608,00 em 100 dias?

a) R$ 20 000,00.
b) R$ 20 100,00.
c) R$ 20 420,00.
d) R$ 22 000,00.
e) R$ 21 400,00.

07. (Analista de Controle Interno SEFAZ-RJ 2013 CEPERJ) Se uma pessoa necessitar de R$ 100.000,00 daqui a 10 meses, ela deverá depositar hoje, num fundo de poupança que remunera à taxa linear de 12% ao ano, a seguinte quantia:

a) R$ 92.000,00
b) R$ 90.000,00
c) R$ 89.290,46
d) R$ 90.909,09
e) R$ 91.809,36

08. (Auditor Fiscal Tributário da Receita Municipal de Cuiabá 2014 FGV) O número de meses necessários para que um investimento feito na poupança triplique de valor (assumindo que esta remunere à taxa de 6% ao ano, no regime de juros simples) é de

a) 34.
b) 200.
c) 333.
d) 400.
e) 500.

09. (Auditor Fiscal do Estado do RJ 2011 FGV) O número de anos para que um capital quadruplique de valor, a uma taxa de 5% ao mês, juros simples, é de

a) 7,50.
b) 3,80.
c) 4,50.
d) 5,00.
e) 6,00.

10. (SEFAZ-SP APOFP 2009 ESAF) Um capital unitário aplicado a juros gerou um montante de 1,1 ao fim de 2 meses e 15 dias. Qual a taxa de juros simples anual de aplicação deste capital?

a) 48%
b) 10%
c) 4%
d) 54%
e) 60%

11. (APOFP SEFAZ-SP 2013 VUNESP) Uma dívida de R$ 20.000,00 foi quitada por R$ 21.000,00, cinco meses após ser contratada. A taxa mensal de juros simples da operação foi de

a) 0,5%.
b) 10%.
c) 1%.
d) 5%.
e) 0,1%.

12. (TRT13 Analista Judiciário 2014 FCC) A aplicação a juros de um capital de R$ 3.000,00 resultou em um montante de R$ 3.300,00 ao final do período de 2 meses e meio. A taxa de juros simples anual desse investimento, em %, foi de

a) 4.
b) 48.
c) 10.
d) 60.
e) 38.

13. (CETAM 2014 FCC) Um televisor está sendo vendido nas seguintes condições:
a. Preço à vista = R$ 4.800,00
b. Condições a prazo = entrada de R$ 1.200,00 e R$ 3.924,00 em 90 dias.
A taxa de juros simples mensal cobrada na venda a prazo é de

a) 2,25% a.m.
b) 3,00% a.m.
c) 3,38% a.m.
d) 4,50% a.m.
e) 6,75% a.m.

14. (Auditor da Receita Estadual do Amapá 2010 FGV) Em certa loja, um artigo pode ser comprado por R$ 172,00 à vista ou em duas prestações de R$ 92,00, uma no ato da compra e outra 30 dias depois. A taxa de juros (embutida) que a loja está cobrando nesta operação é de:

a) 15%
b) 13%
c) 11%
d) 9%
e) 7%

15. (CEAL Alagoas 2005 FCC) O preço de venda de um televisor é igual a R$ 1 200,00. O comprador poderá adquiri-lo por meio de uma das seguintes opções, financeiramente equivalentes:

I. À vista com 10% de desconto;
II. Dois pagamentos iguais a R$ 600,00, sendo o primeiro no ato da compra e o segundo um mês após.

O comprador propõe ao vendedor adquirir o aparelho por meio de um só pagamento a vencer em um mês. Utilizando a taxa de juros implícita na segunda parcela da opção II, este pagamento único, para que a equivalência financeira seja mantida, teria que ser de

a) R$ 1 200,00
b) R$ 1 350,00
c) R$ 1 500,00
d) R$ 1 600,00
e) R$ 1 800,00

16. (Fiscal de Rendas SEFAZ-RJ 2009 FGV) Um montante inicial foi aplicado a uma taxa de juros simples de 5% ao mês durante 2 meses e depois reaplicado a uma taxa de juros simples de 10% ao mês durante 2 meses, resultando em R$ 13.200,00. O valor do montante inicial era de:

a) R$ 18.500,00.
b) R$ 13.000,00.
c) R$ 12.330,00.
d) R$ 11.000,00.
e) R$ 10.000,00.

17. (Analista Bancário BNB 2014 FGV) Francisco estava devendo R$ 2.100,00 à operadora do cartão de crédito, que cobra taxa mensal de juros de 12%. No dia do vencimento pagou R$ 800,00 e prometeu não fazer nenhuma compra nova até liquidar com a dívida. No mês seguinte, no dia do vencimento da nova fatura pagou mais R$ 800,00 e, um mês depois, fez mais um pagamento terminando com a dívida. Sabendo que Francisco havia cumprido a promessa feita, o valor desse último pagamento, desprezando os centavos, foi de:

a) R$ 708,00
b) R$ 714,00
c) R$ 720,00
d) R$ 728,00
e) R$ 734,00

18. (APOFP SEFAZ-SP 2013 VUNESP) Uma pessoa adquiriu um bem e pagou o seu valor total em duas parcelas do seguinte modo: uma primeira parcela de 30% do valor total foi paga à vista; uma segunda parcela no valor de R$ 856,80 foi paga 1 mês após a data da compra. Se a taxa de juros, já incluída no valor da segunda parcela, foi de 2% ao mês, então o valor da primeira parcela foi de

a) R$ 360,00.
b) R$ 400,00.
c) R$ 257,04.
d) R$ 428,40.
e) R$ 367,20.

19. (Auditor Fiscal da Receita Estadual do ES 2013 CESPE) Um cliente, que tinha R$ 500,00 em sua conta corrente especial, emitiu um cheque de R$ 2.300,00 que foi imediatamente compensado. O cliente só tomou conhecimento do saldo devedor 11 dias após a compensação do cheque. Nessa situação, sabendo que, para períodos inferiores a 30 dias, o banco cobra juros simples, diários, a taxa mensal de 4,8%, para cobrir o debito no banco relativo a esses 11 dias, o cliente devera depositar, imediatamente, o montante de

a) R$ 2.750,40.
b) R$ 1.800,00.
c) R$ 1.831,68.
d) R$ 1.886,40.
e) R$ 2.300,00.

20. (Analista do Tesouro Estadual SEFPI 2015 FCC) Se Ricardo aplicar 75% de seu capital, durante 6 meses, poderá resgatar no final de 6 meses o montante correspondente a R$ 16.302,00. Se ele aplicar o restante do capital, durante 8 meses, poderá resgatar no final de 8 meses o montante correspondente a R$ 5.512,00. Ricardo, então, decide aplicar todo o capital, durante 10 meses, resgatando todo o montante no final de 10 meses. Considerando que as aplicações são realizadas sob o regime de capitalização simples e com a mesma taxa de juros, o montante que ele resgatará no final de 10 meses será de

a) R$ 21.500,00
b) R$ 22.037,50
c) R$ 22.198,75
d) R$ 22.360,00
e) R$ 23.650,00

21. (Auditor Fiscal da Receita Estadual SFARJ 2014 FCC) A aplicação de um capital sob o regime de capitalização simples, durante 10 meses, apresentou, no final deste prazo, um montante igual a R$ 15.660,00. A aplicação de um outro capital de valor igual ao dobro do valor do capital anterior sob o regime de capitalização simples, durante 15 meses, apresentou, no final deste prazo, um montante igual a R$ 32.480,00. Considerando que as duas aplicações foram feitas com a mesma taxa de juros, então a soma dos respectivos juros é igual a

a) R$ 6.660,00
b) R$ 3.480,00
c) R$ 4.640,00
d) R$ 5.600,00
e) R$ 6.040,00

22. (Agente Fiscal de Rendas SEFAZ/SP 2013 FCC) Em 17/01/2012, uma pessoa tomou R$ 20.000,00 emprestados do Banco A, por um ano, a juro simples, à taxa de 4% ao mês. Após certo tempo, soube que o Banco B emprestava, a juros simples, à taxa de 3% ao mês. Tomou, então, R$ 20.000,00 emprestados do Banco B até 17/01/2013 e no mesmo dia liquidou sua dívida com o Banco A. Em 17/01/2013, os juros pagos aos Bancos A e B totalizaram R$ 8.200,00. O número de meses correspondente ao prazo de segundo empréstimo é

a) 4
b) 5
c) 6
d) 7
e) 8

23. (PGE/BA 2013 FCC) Maria obtém de uma instituição financeira a informação de que se ela aplicar todo seu capital, durante 8 meses, poderá resgatar o correspondente montante no valor de R$ 19.610,00 no final do período. Caso ela opte por aplicar durante 12 meses, o correspondente montante, no final do período, poderá resgatar R$ 20.165,00. Se todas as aplicações são realizadas sob o regime de capitalização simples e com a mesma taxa de juros, então o número de meses em que Maria deve aplicar todo seu capital de tal maneira que o correspondente valor dos juros seja igual a R$ 2.497,50 é de

a) 20.
b) 18.
c) 16.
d) 15.
e) 14.

24. (TRF3 Analista Judiciário 2014 FCC) Dois capitais, apresentando uma soma igual a R$ 40.000,00, são aplicados sob o regime de capitalização simples. O primeiro capital é aplicado, durante 9 meses, a uma taxa de 12,0% ao ano. O segundo capital é aplicado, durante 10 meses, a uma taxa de 14,4% ao ano. Se, no final dos respectivos prazos de aplicação, o valor do montante da segunda aplicação supera o valor do montante da primeira aplicação em R$ 11.650,00, então a soma dos valores dos juros correspondentes das duas aplicações é, em R$, igual a

a) 4.350,00.
b) 4.500,00.
c) 3.650,00.
d) 3.400,00.
e) 4.000,00.

25. (Auditor-Fiscal Tributário Municipal SP 2012 FCC) Em 05 de janeiro de certo ano, uma pessoa tomou R$ 10.000,00 emprestados por 10 meses, a juros simples, com taxa de 6% ao mês. Após certo tempo, encontrou um outro credor que cobrava taxa de 4% ao mês. Tomou, então, R$ 13.000,00 emprestados do segundo credor pelo resto do prazo e, no mesmo dia, liquidou a dívida com o primeiro. Em 05 de novembro desse ano, ao liquidar a segunda dívida, havia pago um total de R$ 5.560,00 de juros aos dois credores. O prazo do segundo empréstimo foi

a) 4 meses.
b) 4 meses e meio.
c) 5 meses.
d) 5 meses e meio.
e) 6 meses.

26. (Auditor Fiscal de Tributos Estaduais de Rondônia 2010 FCC) Dois capitais foram aplicados a uma taxa de juros simples de 2% ao mês. O primeiro capital ficou aplicado durante o prazo de um ano e o segundo, durante 8 meses. A soma dos dois capitais e a soma dos correspondentes juros são iguais a R$ 27.000,00 e R$ 5.280,00, respectivamente. O valor do módulo da diferença entre os dois capitais é igual a

a) R$ 5.000,00
b) R$ 4.000,00
c) R$ 3.000,00
d) R$ 2.500,00
e) R$ 2.000,00

27. (APOFP SEFAZ-SP 2010 FCC) Um capital no valor de R$ 12.500,00 é aplicado a juros simples, durante 12 meses, apresentando um montante igual a R$ 15.000,00. Um outro capital é aplicado, durante 15 meses, a juros simples a uma taxa igual à da aplicação anterior, produzindo juros no total de R$ 5.250,00. O valor do segundo capital supera o valor do primeiro em

a) R$ 10.000,00
b) R$ 8.500,00
c) R$ 7.500,00
d) R$ 6.000,00
e) R$ 5.850,00

28. (ICMS-SP 2009 FCC) Uma pessoa aplicou um capital em um Banco que remunera os depósitos de seus clientes a uma taxa de juros simples de 12% ao ano. Completando 6 meses, ela retirou o montante correspondente a esta aplicação e utilizou R$ 20.000,00 para liquidar uma dívida nesse valor. O restante do dinheiro, aplicou em um outro Banco, durante um ano, a uma taxa de juros simples de 1,5% ao mês. No final do período, o montante da segunda aplicação apresentou um valor igual a R$ 28.933,60. A soma dos juros das duas aplicações é igual a

a) R$ 10.080,00
b) R$ 8.506,80
c) R$ 7.204,40
d) R$ 6.933,60
e) R$ 6.432,00

29. (Auditor-Fiscal Tributário Municipal de SP 2007 FCC) Uma pessoa necessita efetuar dois pagamentos, um de R$ 2.000,00 daqui a 6 meses e outro de R$ 2.382,88 daqui a 8 meses. Para tanto, vai aplicar hoje a juros simples o capital C à taxa de 3% ao mês, de forma que:

- **daqui a 6 meses possa retirar todo o montante, efetuar o pagamento de R$ 2.000,00 e, nessa data, aplicar o restante a juros simples, à mesma taxa, pelo resto do prazo;**
- **daqui a 8 meses possa retirar todo o montante da segunda aplicação e efetuar o segundo pagamento, ficando com saldo nulo e sem sobras.**

Nessas condições, o valor de C é igual a

a) R$ 3.654,00
b) R$ 3.648,00
c) R$ 3.640,00
d) R$ 3.620,00
e) R$ 3.600,00

30. (Analista de Controle Interno SEFAZ-RJ 2012 CEPERJ) Três meses após ter tomado um empréstimo a 5% ao mês, o devedor toma um segundo empréstimo a 3,5% ao mês e liquida o primeiro empréstimo; 5 meses após, liquida o segundo empréstimo, pagando R$ 6.750,00. O valor do primeiro e do segundo empréstimos, respectivamente, era de:

a) R$ 4.895,32; R$ 5.874,68
b) R$ 4.995,37; R$ 5.744,68
c) R$ 4.900,00; R$ 5.674,98
d) R$ 4.009,97; R$ 5.444,99
e) R$ 4.125,30; R$ 5.238,00

JUROS SIMPLES EXATOS

31. (TCM RJ 2003 FGV) Marcos fez uma aplicação de R$ 10.000,00, a uma taxa de juros simples exatos de 18,25% ao ano, do dia 15 de março ao dia 25 de abril do mesmo ano. Ao final desse prazo, o saldo de Marcos, desprezando os centavos, era de:

a) R$10.200,00
b) R$10.202,00
c) R$10.205,00
d) R$10.207,00

32. (Auditor Fiscal de Fortaleza 1998 ESAF) Um capital é aplicado a juros simples do dia 10 de fevereiro ao dia 24 de abril, do corrente ano, a uma taxa de 24% ao ano. Nessas condições calcule o juro simples exato ao fim do período, como porcentagem do capital inicial, desprezando as casas decimais superiores à segunda.

a) 4,70%
b) 4,75%
c) 4,80%
d) 4,88%
e) 4,93%

33. (Analista de Tecnologia da Informação SEFAZ/CE 2007 ESAF) Uma pessoa aplicou um capital a juro simples exato a uma taxa de 20% ao ano e ele cresceu 8% ao fim do prazo. Qual foi o prazo de aplicação do capital?

a) 144 dias
b) 146 dias
c) 150 dias
d) 153 dias
e) 155 dias

34. No dia 25/07/2000 apliquei R$ 10.000,00 a uma taxa de juros simples exatos de 0,1% ao dia. Em que data poderei resgatar o montante de R$ 10.500,00 ?

a) 10/09/2000
b) 11/09/2000
c) 12/09/2000
d) 13/09/2000

TAXA MÉDIA, PRAZO MÉDIO E CAPITAL MÉDIO

35. (Auditor Fiscal de Receitas Estaduais Pará 2013 UEPA) Um empresário solicitou três empréstimos a juros simples aos respectivos bancos A, B e C. No banco A solicitou R$ 50.000,00 à taxa de 42% a.a por 5 meses. No banco B foi solicitado o triplo do banco A à taxa de 24% a.a por 240 dias e no banco C o valor solicitado foi a metade do valor solicitado no banco B à taxa de 36% a.a por 10 meses. A taxa mensal média aproximada desses empréstimos foi de:

a) 2,51%
b) 2,83%
c) 3%
d) 24,36%
e) 34%

36. (Fiscal de Fortaleza 2003 ESAF) Os capitais de 200, 300 e 100 unidades monetárias são aplicados a juros simples durante o mesmo prazo às taxas mensais de 4%, 2,5% e 5,5%, respectivamente. Calcule a taxa mensal média de aplicação destes capitais.

a) 2,5%
b) 3%
c) 3,5%
d) 4%
e) 4,5%

37. (Técnico da Receita Federal 2006 ESAF) Três capitais nos valores respectivos de 100, 250 e 150 são aplicados a juros simples no mesmo prazo às taxas de 3%, 4% e 2% ao mês, respectivamente. Obtenha a taxa média mensal de aplicação desses capitais.

a) 3,4%
b) 3,2%
c) 3,0%
d) 2,8%
e) 2,6%

38. (TRT-ES 1990 FCC) Uma pessoa emprega seu capital nas seguintes condições: a terça parte a 15% ao ano, a quinta parte a 18% ao ano e o restante a 21% ao ano. Qual a taxa única a que a mesma poderia empregar todo o capital a fim de obter o mesmo rendimento anual?

a) 16,8% aa
b) 19,8% aa
c) 20,0% aa
d) 18,4% aa
e) 21,0% aa

39. Os capitais de R$ 2.000,00, R$ 3.000,00 e R$ 4.000,00 são aplicados nas seguintes condições: taxa de 12% ao mês durante 15 meses, taxa de 8% ao mês durante 10 meses e taxa de 4% ao mês durante 5 meses, respectivamente. O prazo médio de aplicação destes capitais é aproximadamente de

a) 9 meses
b) 9,4 meses
c) 10,6 meses
d) 11 meses

40. Uma pessoa investe seu capital nas seguintes condições:

Valor aplicado (R$)	Prazo (dias)	Taxa mensal
500,00	15	1%
1.500,00	30	2%
3.000,00	20	3%

Calcule o capital médio dessas aplicações:

a) R$ 2.055,56
b) R$ 20,55
c) R$ 2.095,56
d) R$ 2.800,56

Capítulo 3

Desconto Simples

Trata-se de um assunto da maior relevância. Nosso tema agora é o Desconto Simples. O próximo será Equivalência Simples de Capitais. Convém sabermos que as questões de Equivalência serão resolvidas por meio de operações de Desconto. Logo, aprender a trabalhar operações de desconto é condição *sine qua non* para se resolver questões de equivalência de capitais.

3.1. Operação de Desconto: o que é?

No capítulo inicial do nosso curso, vimos que a Matemática Financeira *concursiva* é como uma estrela de cinco pontas. A primeira delas, já vimos: Juros. A segunda, chamada Desconto, diz respeito a uma situação muito fácil de ser compreendida.

Vamos recordar a segunda *situação-padrão*, que conhecemos naquela ocasião: "suponhamos que eu tenha uma dívida, no valor de R$ 5.000,00, que deve ser paga daqui a três meses, mas pretendo antecipar o pagamento dessa dívida e pagá-la hoje".

É esta a nossa situação: aqui, nós pretendemos saber o quanto representa hoje um valor que era devido numa data futura. Em outras palavras, queremos agora *retroceder* no tempo com determinado valor monetário, projetando-o para a data atual, no intuito de descobrir o quanto ele valerá no dia de hoje, ou numa outra data anterior àquela do seu vencimento.

Estamos recordados que o desenho deste enunciado seria o seguinte:

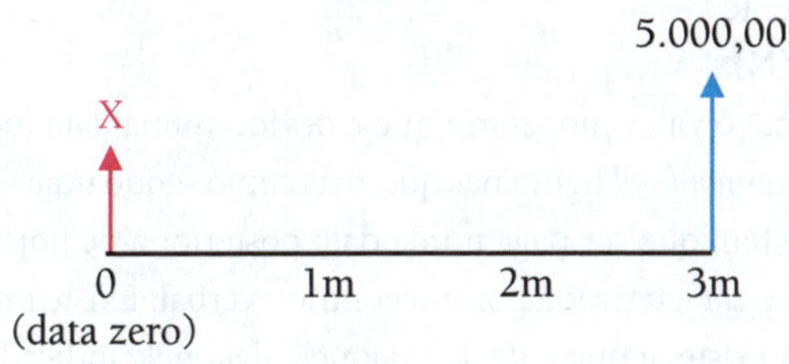

Reproduziremos a seguir o que foi dito sobre este enunciado no capítulo inicial:

"Observemos que, como estamos *retrocedendo* no tempo, ou seja, como estamos recuando na linha do tempo, o valor de 'X' será, necessariamente, um valor menor do que R$ 5.000,00. Isso é o que nos diz a lei fundamental da matemática financeira. Por isso, o traço que representa o valor 'X' deve ser menor que o que representa os R$ 5.000,00".

Vejamos de novo:

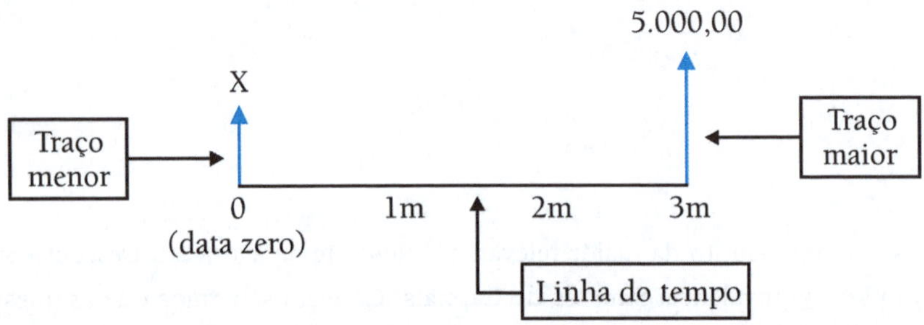

E por que o valor de **X** será um valor menor que o da dívida? Porque estará sofrendo uma operação financeira a qual chamaremos de *desconto*. Em suma, Desconto é apenas isso: *projetar (transportar) um valor monetário de uma data futura para uma data anterior*.

Ilustrando uma operação de desconto, de uma forma genérica (sem estabelecer valores), teremos o seguinte:

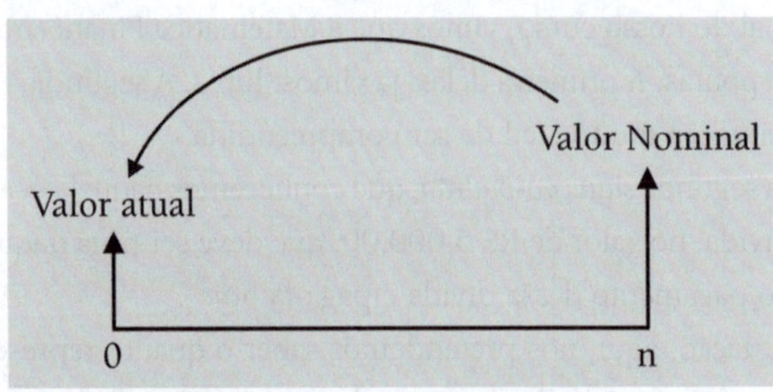

3.2. Elementos de uma Operação de Desconto

O desenho acima já nos dá a indicação de alguns desses elementos. Passemos a conhecê-los mais pormenorizadamente.

- **Valor Nominal (N):**

Significa tão somente o valor monetário que é devido numa data futura.

Normalmente, o *valor nominal* figura nas questões como sendo uma obrigação (uma dívida, ou coisa parecida) que tem que ser paga numa data posterior à de hoje.

Essa obrigação **não** é caracterizada por um contrato verbal. Existe um *papel*, um *título*, que irá atestar que a dívida existe, e que é devida naquela data nele indicada.

Esse título poderá ser uma duplicata, ou uma nota promissória, ou qualquer outro. Houve uma questão de uma prova de Auditor da Receita, já mais antiga, em que o enunciado falava de um *commercial paper*. Muita gente sequer sabia que isso existia, mas, pelo contexto da questão, ficava claro que se tratava de um título, ou seja, um papel que representava uma obrigação a ser paga numa data futura.

Então, não importa qual seja o nome dado a esse título, se ele representar uma obrigação vencível numa data futura, será pois tratado sempre da mesma forma, como sendo nosso Valor Nominal.

Outro sinônimo de Valor Nominal é *Valor de Face*, que significa o valor que está escrito na *face* do papel, do título.

- **Valor Atual (A):**

Também chamado de *Valor Líquido* ou *Valor Descontado*.

Significa o quanto representa o Valor Nominal, quando *projetado* para uma data anterior. É o quanto pagaremos hoje por aquele nosso título.

Por isso, recebe esse nome de Valor Atual. Porque atual é hoje.

Naturalmente que o Valor Atual será necessariamente menor que o Valor Nominal, uma vez que, na linha do tempo, estará sempre numa data anterior.

- **Desconto (D):**

Se havia uma dívida (de um valor qualquer) a ser paga numa data futura, e se resolvemos antecipar o pagamento desse valor, já sabemos que vamos pagar hoje um valor menor do que o que era devido.

Essa diferença entre o valor que era devido no futuro e o valor menor que pagarei hoje (em decorrência da antecipação do pagamento) é exatamente o que chamaremos de Desconto.

Ilustrativamente, teremos:

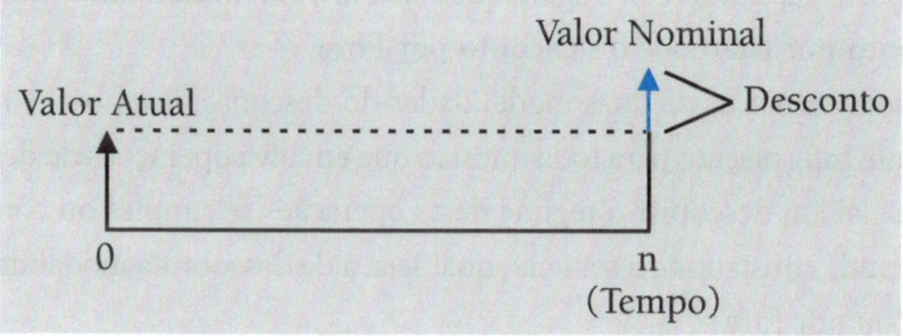

Pela figura acima, já descobrimos a nossa primeira equação do Desconto. É a seguinte:

$$D = N - A$$

Outras formas que a equação acima pode assumir são as seguintes:

$$N = D + A \quad e \quad A = N - D$$

Essas são também equações *visuais*. Só temos que nos lembrar do *desenho-modelo* de uma operação de desconto, e já as deduziremos.

- **Tempo de Antecipação (n):**

Sabemos que na operação de desconto estamos na verdade *projetando* um valor monetário para uma data anterior. Então, "**n**" será, numa questão de desconto, a distância de tempo entre o Valor Nominal e o Valor Atual.

Se o Valor Nominal representar uma dívida que seria paga numa data futura, e pretendemos pagá-la hoje, então "**n**" será o "tempo de antecipação" do pagamento daquela obrigação.

- **Taxa (i):**

A Taxa, conforme dito anteriormente, é o elemento responsável por realizar a *mágica* da Matemática Financeira. É ela quem faz com que os valores monetários nunca fiquem parados com o transcorrer do tempo.

É também ela que faz com que uma quantia vencível (devida) numa data futura diminua de valor, caso venha a ser projetada para uma data anterior.

Da mesma forma que vimos no assunto de Juros, também aqui no Desconto teremos taxas no Regime Simples e no Regime Composto. Daí, continua valendo aquela primeira preocupação: descobrir em qual dos regimes (simples ou composto) estamos trabalhando nossa operação de desconto.

Se a taxa é simples, estaremos numa questão de Desconto Simples; se é composta, estaremos numa questão de Desconto Composto. E serão questões distintas, com resoluções e resultados também diferentes.

3.3. Modalidades (Tipos) de Desconto

Já sabemos que, em se tratando de **regimes**, teremos questões de Desconto Simples e de Desconto Composto. Aprenderemos agora que existem duas **modalidades** de Desconto, quais sejam: o **Desconto por Dentro** e o **Desconto por Fora**.

A seguir detalharemos essas duas modalidades do desconto. Por hora, é necessário guardarmos a seguinte informação: para toda questão que envolva operações de desconto, além da preocupação inicial em descobrir o regime desta operação (se simples ou composto), haverá uma segunda grande constatação a ser feita, qual seja, a de descobrir a modalidade do desconto (se **por dentro** ou **por fora**).

Ou seja, quando se lê uma questão de desconto, antes de iniciarmos a sua resolução, temos, impreterivelmente, que descobrir duas coisas:

Primeiro – Qual o regime desta operação de desconto? Simples ou Composto?

Segundo – Qual o tipo, ou seja, qual a modalidade desta operação de desconto? É o Desconto por Dentro ou o Desconto por Fora?

Somente após respondidas estas duas perguntas é que estaremos aptos a iniciar a resolução da questão. Nunca antes.

Pelo exposto, concluímos que uma questão de Desconto poderá apresentar quatro diferentes "feições":

→ Desconto Simples por Dentro; → Desconto Simples por Fora;

→ Desconto Composto por Dentro; → Desconto Composto por Fora.

3.4. Desconto Simples por Dentro

É também chamado de **Desconto Simples Racional**. Este sinônimo é, inclusive, mais freqüente nos enunciados de prova que a própria nomenclatura *desconto por dentro*. Destarte, não podemos jamais esquecer disso: Desconto por Dentro = Desconto Racional.

O *desenho inicial* de uma questão de desconto é aquele já visto. E será sempre o mesmo, independentemente do regime ou da modalidade da operação. Em outras palavras, estejamos nós numa questão de desconto simples por dentro, de desconto simples por fora, de desconto composto por dentro ou de desconto composto por fora, o *desenho inicial* da questão de desconto será sempre o seguinte:

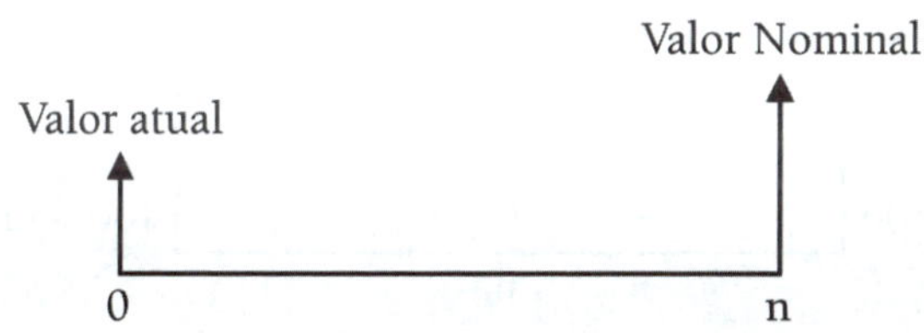

Aqui também neste assunto, não decoraremos fórmulas. Aprenderemos um *esquema ilustrativo*, por meio do qual resolveremos as questões de desconto simples. Por meio dos *desenhos* que mostraremos a seguir, seremos capazes de formar equações, as quais resolverão todas as questões de desconto simples, a exemplo do que fizemos com as questões de juros simples.

3.4.1. Os Dois Lados da Operação de Desconto

Como podemos ver na figura acima, todas as questões de desconto apresentam dois lados: o lado do Atual (A) e o lado do Nominal (N).

Doravante, lembraremos sempre do seguinte: **o lado do Desconto por Dentro será o lado do Atual. E o lado do Desconto por Fora será o lado do Nominal.**

Uma forma de memorizar isso é pensando numa garrafa. Sabemos que **Valor Atual** é sinônimo de **Valor Líquido**. E o líquido fica onde? Fica **dentro** da garrafa. Logo, **o líquido fica dentro**. E líquido é o Atual. Daí, o lado do desconto por dentro é o lado do Atual.

No Desconto Simples Racional (Desconto Simples por Dentro), utilizaremos o seguinte esquema ilustrativo para resolvermos as questões:

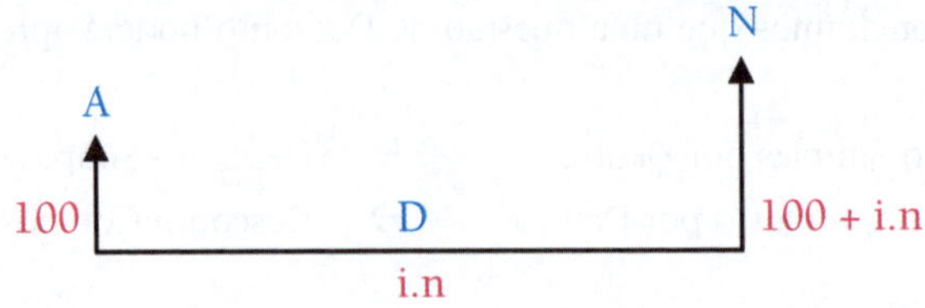

O raciocínio é o seguinte: qual é o lado do Desconto por Dentro? É o lado do Atual. Logo, diremos que Atual está para 100 (cem). Ora, o Nominal é maior ou menor que o Atual? É maior! Logo, se o Atual está para 100 e o Nominal é maior que o Atual, então diremos que o Nominal está para 100 *mais* alguma coisa. E essa *alguma coisa* será "taxa vezes tempo" (i.n). E o desconto? Sabemos que o Desconto é a diferença entre o Nominal e o Atual. Logo, o Desconto estará para "taxa vezes tempo" (i.n).

Relembremos o *desenho-modelo* de uma operação de Juros Simples e façamos a comparação com este acima, do desconto simples por dentro:

Nos Juros Simples, tínhamos:

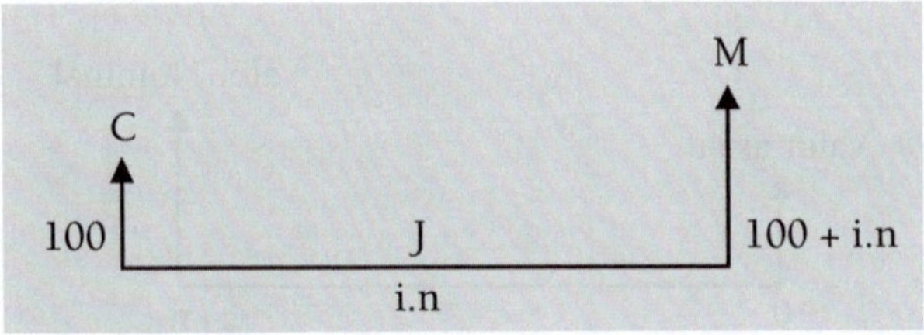

E agora, no Desconto Simples por Dentro, temos o seguinte:

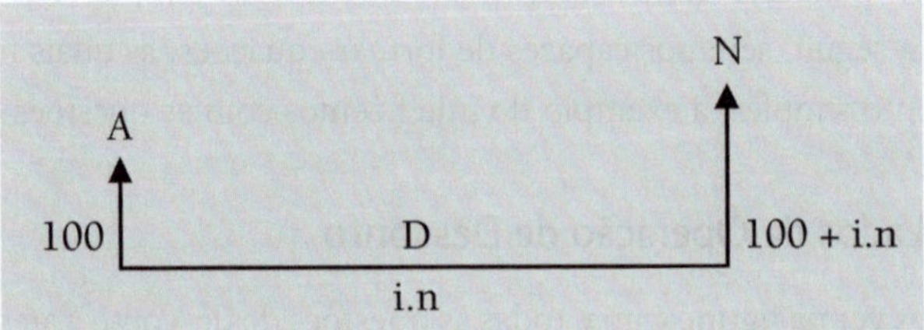

Ora, a rigor, temos aqui um mesmo desenho. Muda apenas a nomenclatura das duas operações. E muda também o sentido: enquanto a operação de Juros *projeta* o Capital para uma data futura, a operação de Desconto *projeta* o Valor Nominal para a data atual.

Podemos dizer, portanto, que as operações de Juros Simples e de Desconto Simples Racional se equivalem uma a outra.

A partir do *desenho-modelo* do Desconto Simples por Dentro (Desconto Simples Racional), já somos capazes de criar três equações possíveis, as quais utilizaremos para resolver as questões. Basta imaginarmos um traço divisor entre os elementos (Valor Atual, Valor Nominal e Desconto) e seus números representativos. Da seguinte forma, semelhante ao que fizemos nos Juros Simples:

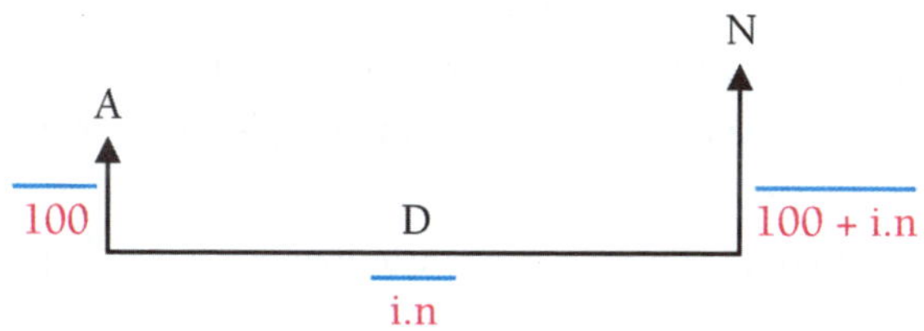

Daí, se estivermos trabalhando na questão de Desconto Simples Racional, com os elementos *Valor Atual* e *Desconto*, nossa equação será:

$$\frac{A}{100} = \frac{D}{i.n}$$

Caso estejamos trabalhando com *Valor Atual* e com *Valor Nominal*, usaremos a seguinte equação:

$$\frac{A}{100} = \frac{N}{100 + i.n}$$

Finalmente, quando formos trabalhar com *Desconto* e com *Valor Nominal*, utilizaremos:

$$\frac{D}{i.n} = \frac{N}{100 + i.n}$$

Coloquemos estas três equações lado a lado:

$$\frac{A}{100} = \frac{D}{i.n} \qquad \frac{A}{100} = \frac{N}{100 + i.n} \qquad \frac{D}{i.n} = \frac{N}{100 + i.n}$$

Facilmente observamos que em todas as três estão presentes os elementos **taxa** (i) e **tempo** (n). Aqui, recordaremos da **exigência universal** da matemática financeira: ***Taxa* e *Tempo* devem sempre estar na mesma unidade.**

Somente poderemos aplicar qualquer das três equações acima, quando tivermos antes cumprido tal exigência.

- **Primeiras Questões de Desconto Simples Racional:**

Exemplo 1 – (ESAF) Um título com valor nominal de R$ 10.000,00 foi resgatado dois meses antes do seu vencimento, sendo-lhe por isso concedido um desconto racional simples, à taxa de 5% ao mês. Nesse caso, de quanto foi o valor pago pelo título?

Solução: Nossa primeira preocupação será identificar o assunto. Quando o enunciado fala em um "título com valor nominal" já começamos a pensar que pode ser uma questão de desconto, pois esse elemento – Valor Nominal – é próprio deste tipo de operação. Daí a questão continua dizendo que o tal título foi resgatado (leia-se: "foi pago") antes do seu vencimento.

Agora não resta mais dúvida alguma. Se um título era devido para uma data futura, e houve uma **antecipação** no seu pagamento, então estamos diante de uma operação de desconto. E mais: o enunciado completa a nossa convicção com três palavras, as quais nos informam tudo o que se deve saber sobre essa operação. Ele diz: "... concedido um **desconto racional simples**". Logo, a questão é de **desconto**, no regime **simples**, e na modalidade de desconto **racional**, ou seja, **por dentro**.

Se a questão é de desconto simples por dentro, iremos resolvê-la por meio do *esquema ilustrativo*:

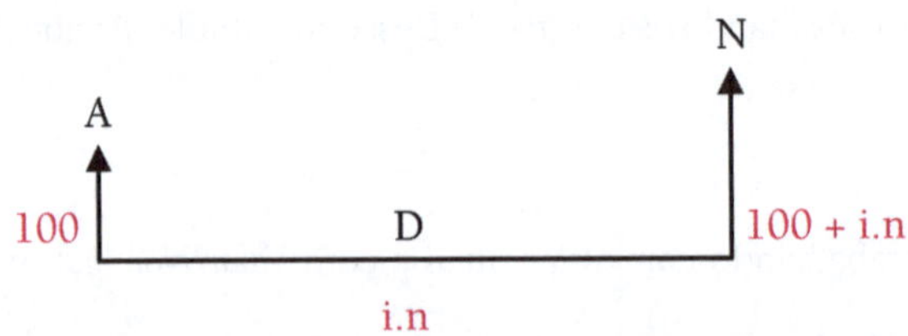

A questão nos forneceu o Valor Nominal (R$ 10.000,00) e está pedindo o Valor Atual (o quanto pagaremos pelo título). Já sabemos que é preciso cumprir uma exigência: que taxa e tempo estejam na mesma unidade. Aqui foi dado que a taxa é mensal (5% ao mês) e o tempo de antecipação está em meses (2 meses). Substituiremos os dados que temos na representação acima. Mas, primeiramente, devemos calcular o valor de (i.n). Temos que: i.n = 5 × 2 = 10.

Da mesma forma que fizemos nos Juros Simples, trabalharemos no Desconto Simples com taxas na notação percentual, ou seja, para uma taxa de 5% usaremos 5.

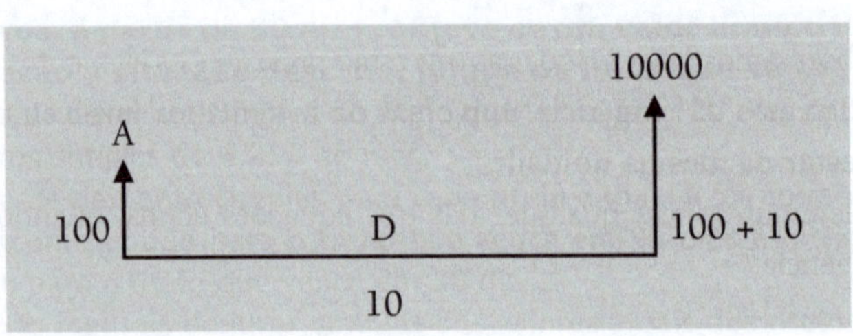

Por meio da *coluna* da esquerda (do Valor Atual) e da *coluna* da direita (do Valor Nominal), podemos montar a seguinte igualdade:

$$\frac{A}{100} = \frac{10000}{110}$$

Resolvendo a equação, teremos:

$$\frac{A}{100} = \frac{10000}{110} \rightarrow A = \frac{100000}{11} \rightarrow \text{Daí: } A = 9.090{,}91 \rightarrow \textbf{Resposta!}$$

Exemplo 2 – Utilizando o desconto racional, o valor que devo pagar por um título com vencimento daqui a 5 meses, se o seu valor nominal for de R$ 30.000,00, considerando uma taxa de 48% ao ano, é de:

Solução: O enunciado já começou falando que teremos que usar o "desconto racional". Então, estamos diante de uma questão de desconto. Será preciso saber agora o regime e a modalidade desta operação de desconto. A modalidade está explicitada logo no início: desconto **racional**. Ou seja, desconto **por dentro**. Mas, e o regime? Será o Desconto Simples ou o Composto? O enunciado nada dispôs expressamente sobre isso. Então, valerá a convenção. Aquela mesma que aprendemos para os Juros: **quando o enunciado de uma questão de Desconto nada dispuser acerca do regime, se simples ou se composto (*), adotaremos o regime simples.**

(*) Mais à frente, quando chegarmos no estudo do regime composto, veremos que há uma situação em que identificaremos a questão como sendo *composta*, pela presença de um tipo de taxa, dita *taxa nominal*. Isso será visto a seu tempo. Por hora, fica valendo a convenção.

Pois bem: já sabemos tudo sobre esse enunciado. A questão é de **desconto simples racional**.

Relembrando a exigência: Taxa e tempo devem estar na mesma unidade. Aqui, temos uma taxa ao ano (48% ao ano) e o tempo de antecipação em meses (5 meses). Poderemos, portanto, se quisermos, trabalhar com taxa e tempo em termos anuais; ou colocá-los ambos (taxa e tempo) em termos mensais; ou até mesmo em outra unidade.

Deixando tudo em meses, como faríamos? Teríamos apenas que alterar a taxa anual, transformando-a numa taxa ao mês. Estamos em qual regime? No Regime Simples. E qual o conceito que utilizaremos **sempre** que formos alterar a unidade da taxa no Regime Simples? O conceito de **Taxas Proporcionais**.

Vejamos: vamos passar uma taxa ao ano para uma taxa ao mês; ano para mês; maior para menor; do maior para o menor, nós dividimos. Quantos meses tem um ano? Doze. Logo, dividiremos por 12. Teremos:

Taxa ao ano —— ÷ 12—— > Taxa ao mês
(unidade maior) (unidade menor)

Daí: 48% ao ano —— ÷ 12 —— > 4% ao mês

Estamos agora com taxa e tempo em termos anuais. Podemos calcular o valor de (i.n). Temos que: $i.n = 4 \times 5 = 20$

O enunciado novamente forneceu o valor nominal (R$ 30.000,00) e pede que encontremos o valor atual. Usando a fórmula de desconto simples por dentro:

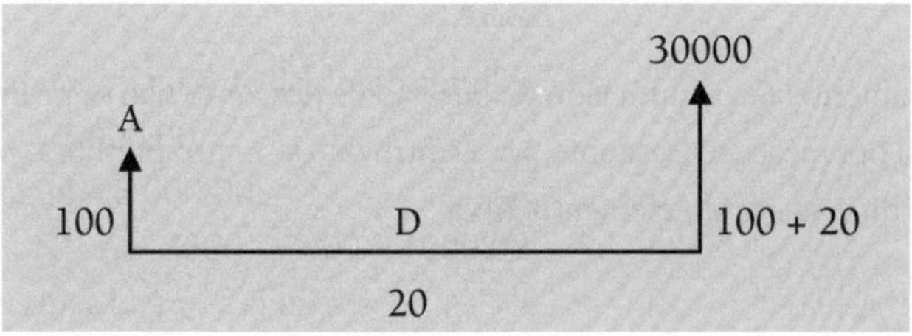

Por meio da *coluna* da esquerda (do Valor Atual) e da *coluna* da direita (do Valor Nominal), podemos montar a seguinte igualdade:

$$\frac{A}{100} = \frac{30000}{120}$$

Teremos, pois, que:

$$\frac{A}{100} = \frac{30000}{120} \rightarrow A = \frac{300000}{12}$$ → Daí: A=25.000, → **Resposta!**

Exemplo 3 – Quanto irei pagar hoje por um título que vence daqui a três meses, se seu valor nominal é de R$ 10.000,00, considerando uma taxa de juros simples de 5% ao mês?

Solução: Essa questão tem algo essencial a ser aprendido. Vamos logo identificar o assunto. Ora, o enunciado sugere que irei pagar um título de forma antecipada.

Ou seja, o vencimento do título era para uma data futura (daqui a três meses), e iremos pagá-lo hoje. Então, não resta dúvida que estamos diante de uma questão de desconto.

Daí surgem aquelas duas perguntas: qual o regime da operação? E qual a modalidade? Quanto ao regime, vamos procurar no enunciado as palavras *simples* ou *composto*. Achamos a palavra *simples*. Logo, estamos numa questão de Desconto Simples. E quanto à modalidade? O enunciado nada falou que nos possibilitasse identificar o tipo de desconto simples, se por dentro ou por fora. O enunciado silenciou acerca da modalidade do desconto. Vejamos, na seqüência, como proceder neste caso.

3.5. Enunciado *Omisso* Quanto à Modalidade do Desconto

A regra é simples: quando a questão de Desconto nada dispuser acerca da modalidade (se por dentro ou por fora), buscaremos o que é dito a respeito da **taxa** da operação.

Se a questão de desconto falar **expressamente** sobre uma **taxa de juros**, então estaremos diante do **Desconto Racional**, ou seja, do **Desconto por Dentro**.

Já havíamos visto que operações de Juros e de Desconto Racional são equivalentes.

Daí, repetimos, se o enunciado falar em **taxa de juros**, então o desconto será por dentro.

Caso contrário, se o enunciado nada dispuser acerca da modalidade do Desconto, e também não falar que a taxa da operação é uma taxa de juros, utilizaremos o **Desconto por Fora**.

Frisemos novamente: Se o enunciado da questão de desconto não se pronunciar a respeito da modalidade da operação, se Desconto por Dentro ou Desconto por Fora, procuraremos ver o que está sendo dito acerca do elemento **Taxa**.

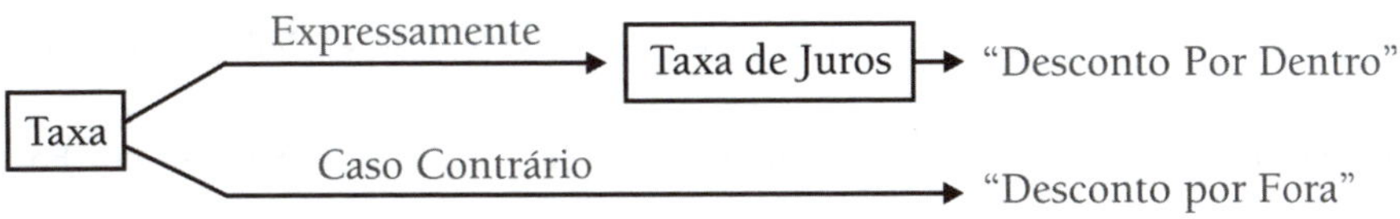

Retornando ao nosso "exemplo 3", a questão de desconto simples falou em **taxa de juros**. Logo, concluímos: trata-se de uma questão de Desconto Simples por Dentro (ou Racional).

A taxa está ao mês (5% ao mês) e o tempo está em meses (3m). Logo: i.n = 5 × 3 = 15.

Substituiremos os dados que dispomos no *esquema ilustrativo* do desconto por dentro:

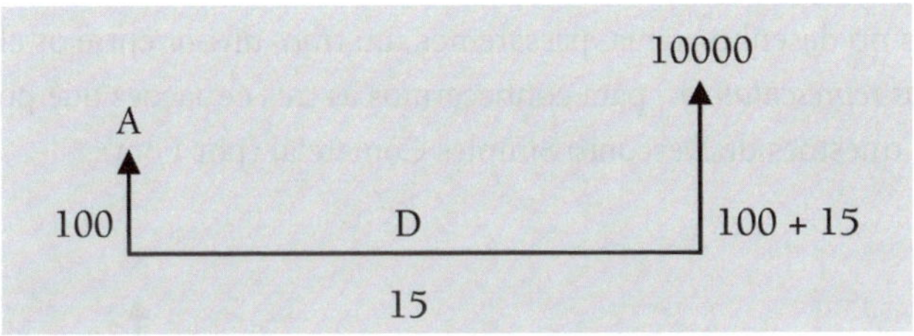

Por meio da *coluna* da esquerda (do Valor Atual) e da *coluna* da direita (do Valor Nominal), podemos montar a seguinte igualdade:

$$\frac{A}{100} = \frac{10000}{115} \rightarrow A = \frac{10000 \times 100}{115} \rightarrow A = \frac{10000 \times 20}{23}$$

$$\rightarrow \text{Daí: } A = \frac{200000}{23} \rightarrow A = 8.695{,}65 \rightarrow \textbf{Resposta!}$$

3.6. Desconto Simples por Fora

Também chamado de **Desconto Simples Comercial**. Esse sinônimo deve estar bem nítido em nossa lembrança, pois é muito freqüente em questões de prova. Façamos o *desenho inicial* de uma questão de Desconto:

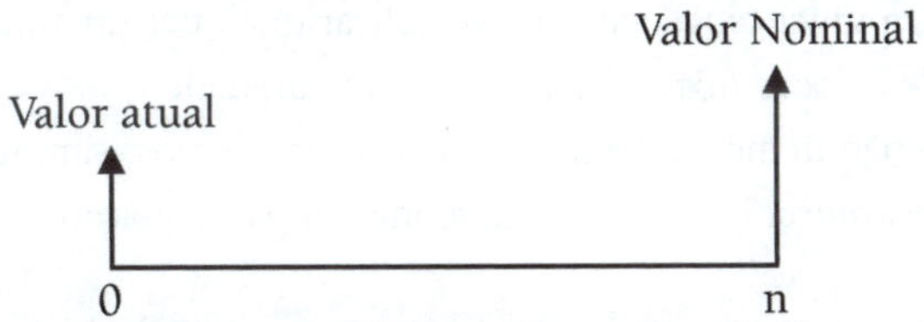

Lembraremos agora do seguinte: ***o lado do Desconto por Fora é o lado do Nominal***.

E o raciocínio será o seguinte: se o lado do Desconto por Fora é o lado do Nominal, então diremos que Nominal está para 100. Ora, se o Nominal está para 100, e o Atual é menor que o Nominal, então diremos que o Atual está para 100 *menos* alguma coisa; e essa alguma coisa é *taxa vezes tempo*.

E o desconto comercial, da mesma forma que o racional, estará também para *taxa vezes tempo*.

Teremos que o *esquema ilustrativo* para toda questão de Desconto Simples por Fora é o seguinte:

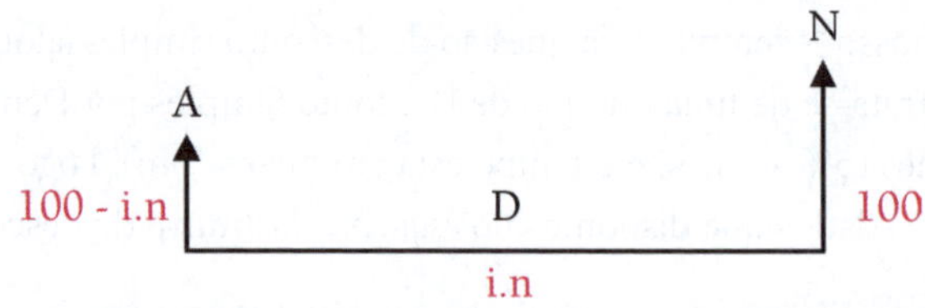

Daí, baseados no desenho acima, passaremos um *traço divisor* entre os elementos (A, N e D) e seus *números representativos*, para conhecermos as três equações que poderemos utilizar na resolução das questões de Desconto Simples Comercial (por Fora).

Teremos:

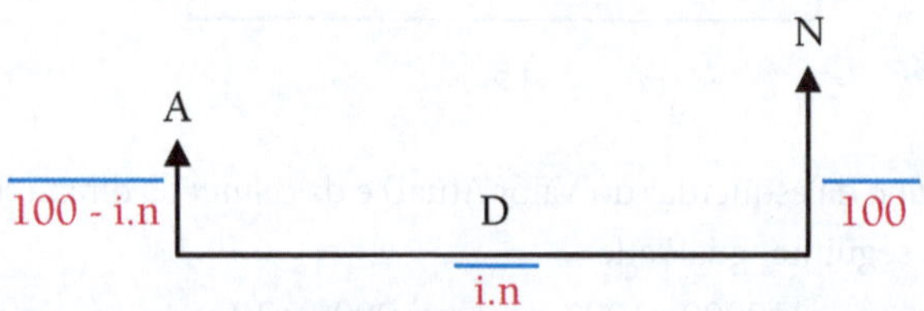

E nossas três equações, oriundas do desenho acima, serão as que se seguem.

Caso estejamos trabalhando com Valor Nominal e com Valor Atual, teremos:

$$\frac{N}{100}=\frac{A}{100-i.n}$$

Caso trabalhemos com Nominal e com Desconto por Fora, teremos:

$$\frac{N}{100}=\frac{D}{i.n}$$

Finalmente, caso trabalhemos com Atual e com Desconto, usaremos:

$$\frac{D}{i.n}\quad\frac{A}{100\quad i.n}$$

Novamente aqui, a única exigência para se aplicar qualquer uma destas equações acima será apenas aquela de colocar *Taxa* e *Tempo* na mesma unidade.

Observemos que não iremos *decorar* essas equações. Iremos, sim, memorizar a maneira de fazer o *esquema ilustrativo*. E a partir deste montaremos a equação.

- **Primeiras Questões de Desconto Simples Comercial:**

Exemplo 4 – Um título que vale R$ 100.000,00 foi resgatado um ano antes do seu vencimento. Considerando o desconto comercial simples e uma taxa de 4% ao mês, de quanto será o valor pago pelo título?

Solução: Se vemos que houve uma antecipação no pagamento de uma obrigação que era devida para uma data futura, não nos resta qualquer dúvida: estamos diante de uma questão de desconto. Acerca do regime dessa operação de desconto, o enunciado foi explícito, ao trazer a palavra *simples*.

Da mesma forma, foi também fornecida de maneira expressa a modalidade do desconto: *comercial*, ou seja, *por fora*. Nossa questão é, pois, de Desconto Simples por Fora.

Desenhemos o *esquema ilustrativo*:

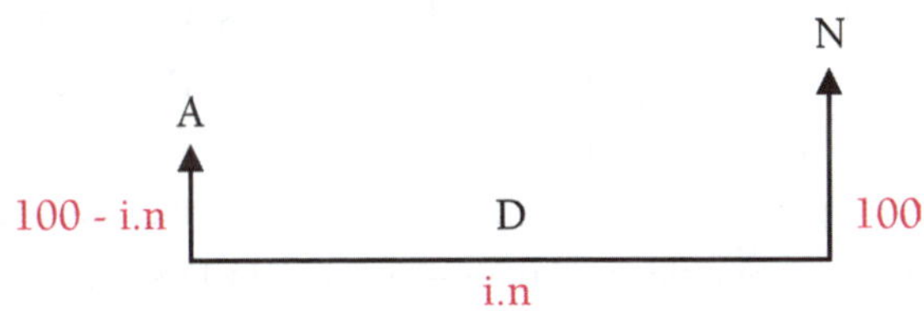

A questão forneceu o Valor Nominal (R$ 100.000,00) e pede que calculemos o Valor Atual. Antes de lançarmos os valores na fórmula, temos, necessariamente, que nos lembrar de verificar se a **exigência universal** está cumprida. Ou seja: se taxa e tempo já estão na mesma unidade. Encontramos que a taxa é mensal (4% ao mês) e o tempo de antecipação é de 1 ano. Logo, a saída mais imediata seria apenas dizermos que 1 ano é o mesmo que 12 meses. Daí: i.n = 4 × 12 = 48.

Substituiremos os dados que dispomos no *desenho* do desconto por fora:

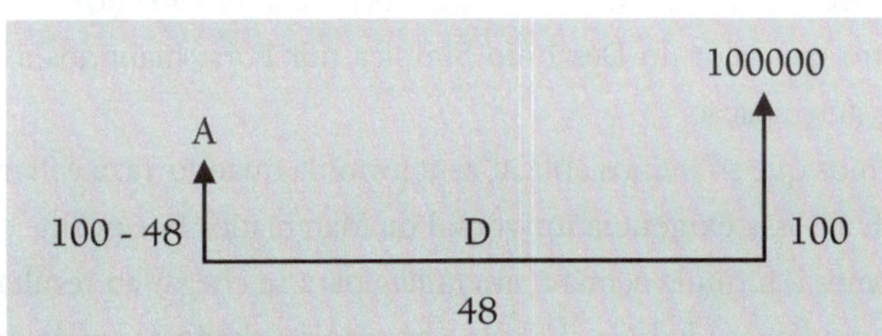

Por meio da *coluna* da esquerda (do Valor Atual) e da *coluna* da direita (do Valor Nominal), podemos montar a seguinte igualdade:

$$\frac{A}{52} = \frac{100000}{100}$$

Daí:

A = 52 × 1000 → A = 52.000,00 → Resposta!

3.7. "Desconto Simples por Dentro" x "Desconto Simples por Fora"

Analisando questões de provas de Matemática Financeira, sobretudo elaboradas pela ESAF, vemos que existe um tipo de enunciado de Desconto Simples que já foi exigido repetidas vezes.

Trata-se, normalmente, de uma questão com duas frases: na primeira, serão fornecidos elementos de uma operação de Desconto Simples por Dentro, quais sejam, o **valor do Desconto** por Dentro, o valor da **taxa** e o **tempo** de antecipação da operação. Daí, na segunda frase vem a pergunta: "se, em vez de *Desconto por Dentro*, houvesse ocorrido uma operação de *Desconto por Fora*, qual seria o valor desse Desconto por Fora, mantidos a mesma taxa e o mesmo tempo de antecipação?".

Ou seja, a questão sugere que a modalidade do desconto simples seja alterada. Ele começa falando do Desconto por Dentro, e pede para trocarmos pelo Desconto por Fora, mantendo a mesma taxa e o mesmo tempo de antecipação.

O contrário também pode ocorrer: o enunciado pode começar falando de elementos de uma operação de Desconto Simples por Fora – o valor do Desconto por Fora, a Taxa e o Tempo de antecipação – e depois, na pergunta, pedir que o Desconto por Fora seja trocado pelo Desconto por Dentro.

A resolução deste tipo de enunciado se dará em uma única linha, pela aplicação da fórmula abaixo:

$$D_{fora} = D_{dentro}\ (1 + i.n/100)$$

Essa equação é especial. Trata-se de um verdadeiro *atalho* que poderá (e deverá) ser utilizado neste tipo específico de enunciado! Ela nos fornece a relação entre o valor do Desconto Simples por Dentro e o valor do Desconto Simples por Fora, mantidos a mesma Taxa e o mesmo Tempo de antecipação.

No mais, sabemos que só iremos aplicar esta fórmula quando Taxa e Tempo estiverem na mesma unidade. É a nossa **exigência universal** da Matemática Financeira.

Como já dissemos a fórmula acima é um *atalho* para se chegar ao resultado solicitado na questão. Portanto, podemos também chegar ao mesmo resultado por meio das aplicações das fórmulas de desconto por dentro e de desconto por fora.

Exemplo 5 – (ESAF) O desconto comercial simples de um título quatro meses antes do seu vencimento é de R$ 600,00. Considerando uma taxa de 5% ao mês, obtenha o valor correspondente no caso de um desconto racional simples.

Solução: Esta questão caiu na prova do Fiscal da Receita de 1998. Aqui, o enunciado começou falando de elementos de uma operação de Desconto Simples Comercial (por Fora). Disse o valor do desconto por fora, disse o tempo de antecipação e disse a taxa. Na segunda frase, ele pede que calculemos o Desconto Racional Simples *correspondente*. Por essa palavra entenderemos que serão mantidas as mesmas condições do Desconto por Fora, ou seja, a mesma taxa e o mesmo tempo de antecipação.

Agora já sabemos: existe uma fórmula que se encaixa perfeitamente neste tipo de enunciado. Ela nos dá a relação entre os valores dos descontos simples por dentro e por fora.

Teremos: $\mathbf{D_f = D_d\ (1 + i.n/100)}$

Aqui, Taxa e Tempo já estão na mesma unidade. A taxa é mensal (5% ao mês) e o tempo de antecipação está em meses (4 m). Teremos:

→ $D_f = D_d (1 + i.n/100)$ → $600 = D_d (1 + 5x4/100)$

→ $600 = D_d (1,20)$ → $D_d = 600 / 1,20$

→ Daí: $D_d = 500,00$ → Resposta!

Exemplo 6 – (ESAF) O desconto racional simples de uma nota promissória, cinco meses antes do vencimento, é de R$ 800,00, a uma taxa de 4% ao mês. Calcule o desconto comercial simples correspondente, isto é, considerando o mesmo título, a mesma taxa e o mesmo prazo.

Solução: Questão cobrada no AFRF de 2001. Aqui a situação se inverteu em relação ao exemplo anterior. Este enunciado fornece dados de uma operação de Desconto Simples Racional (por Dentro) e depois pede que calculemos o Desconto Simples Comercial (por Fora) correspondente.

Novamente, aplicaremos a fórmula própria para esse tipo de questão. Teremos:

$$D_f = D_d (1 + i.n/100)$$

Nossa preocupação será cumprir a exigência de usar Taxa e Tempo na mesma unidade. Já estão. A taxa está mensal (4% ao mês) e o tempo de antecipação também está em meses (5 m). Daí, teremos:

$$D_f = D_d (1 + i.n/100) \rightarrow D_f = 800 (1 + 4x5/100) \rightarrow D_f = 800 \times 1,20$$

E: $D_f = 960,00$ → Resposta.

Exemplo 7 – Um título sofre um desconto comercial de R$ 9.810,00 três meses antes do seu vencimento a uma taxa de desconto simples de 3% ao mês. Indique qual seria o desconto à mesma taxa se o desconto fosse simples e racional.

Solução: Esta questão foi cobrada no concurso para AFRF 2002.1 e seguiu rigorosamente a mesma *linha* das duas questões anteriores. Aplicando a já conhecida relação entre as duas modalidades de desconto simples, teremos:

$$D_f = D_d (1 + i.n/100) \rightarrow 9.810 = D_d (1 + 3x3/100) \rightarrow D_d = 9.810 / 1,09$$

E: $D_d = 9.000,00$ → Resposta.

Uma fórmula muito útil usada também nas questões que envolvem os dois tipos de desconto, por dentro e por fora, é dada a seguir:

$$N = (D_{fora} \times D_{dentro})/(D_{fora} - D_{dentro})$$

Esta fórmula é aplicável em questões cujos enunciados fornecem os valores dos descontos nas duas modalidades, por dentro e por fora, e solicita o valor Nominal do título.

Igualmente à fórmula vista anteriormente, a fórmula apresentada acima é um *atalho* para se chegar ao resultado solicitado na questão. Portanto, podemos também chegar ao mesmo resultado por meio das aplicações das fórmulas de desconto por dentro e de desconto por fora.

Vamos a um exemplo:

Exemplo 8 – (ESAF) O desconto simples comercial de um título é de $ 860,00, a uma taxa de 60% ao ano. O valor do desconto simples racional do mesmo título é de $ 781,82, mantendo-se a taxa de juros e o tempo. Nessas condições, o valor nominal do título é de:

a) $ 8.400,00;
b) $ 8.500,00;
c) $ 8.600,00;
d) $ 8.700,00;
e) $ 8.900,00.

Solução: Observe no enunciado que são fornecidos os valores dos descontos por dentro e por fora e é solicitado o valor nominal do título. Isso cai como uma luva na nossa nova fórmula. Aplicando-a, teremos:

$N = (D_f \times D_d)/(D_f - D_d) \rightarrow N = (860 \times 781{,}82)/(860 - 781{,}82)$

$N = (860 \times 781{,}82)/(78{,}18)$

Observe que o valor 781,82 que aparece no numerador é aproximadamente 10 vezes o valor 78,18 que aparece no denominador. Daí, podemos simplificar a expressão acima para:

$N = (860 \times 10)$

E chegamos ao resultado final: **N = 8.600,00 → Resposta.**

3.8. Desconto Bancário

Algumas vezes, problemas de **desconto comercial simples** trazem em seus enunciados, além dos dados convencionais (valor nominal, valor atual, taxa, prazo de antecipação), algumas **informações adicionais**, referentes a um tipo especial de taxa: **taxa de serviço** ou **taxa de despesa administrativa**. Denominaremos essa modalidade de desconto comercial, que é acrescida dessa *taxa especial*, de ***Desconto Bancário***.

O **Desconto Bancário**, portanto, será uma questão de **Desconto por Fora**, só que com um dado extra, que será justamente essa **taxa administrativa** ou **de serviço**.

O que temos que saber acerca dessas **taxas administrativas** é que elas não se confundem com taxas de juros ou de desconto. São taxas que virão **desacompanhadas** de uma unidade de tempo! Em outras palavras, não haverá taxa administrativa ao mês, ou ao semestre, ou ao ano etc. Não: será apenas um valor percentual, e só.

A outra informação essencial é que **essas taxas administrativas incidirão sempre sobre o valor nominal**.

Vejamos um exemplo para entendermos melhor.

Exemplo 9 – Um título de $ 5.000, foi descontado no Banco Z, que cobra 5% como despesa administrativa. Tendo sido o título descontado 6 meses antes do seu vencimento, e considerando a taxa de desconto simples comercial de 40% a.a., calcule o desconto bancário e o valor líquido recebido pelo título.

Dados: → N = 5.000,

→ i = 40% a.a.

→ n = 6 m

→ D_f =?

→ Taxa de Despesa Administrativa = 5%

Quando isso acontecer, dividiremos a questão em duas partes!

1º Passo – Inicialmente, calcularemos o valor da **despesa bancária** (despesa administrativa), a qual será encontrada fazendo incidir a **taxa administrativa** sobre o **Valor Nominal**. E guardaremos este resultado para o final do problema!

Teremos:

Despesa Bancária = 5% × 5.000 = **250,00**

2º Passo – Feito isto, encontraremos agora o valor do **Desconto por Fora**, do modo convencional, como se não existisse a despesa bancária! Ou seja, encerrado aquele primeiro passo, trabalharemos a operação de Desconto por Fora da maneira a que já somos acostumados!

Para colocar taxa e tempo na mesma unidade, podemos apenas dizer que o tempo (6 meses) é igual a meio ano! Daí, com a taxa também anual (40%a.a.), podemos calcular i.n: i.n = 40 × 0,5 = 20.

Nosso *desenho* será o seguinte:

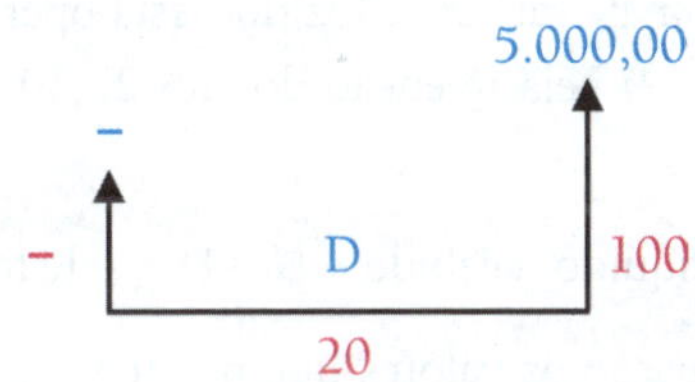

Utilizando a *coluna* do meio (do desconto) e a *coluna* da direita (do valor Nominal), montaremos uma equação para encontrarmos o valor do desconto.

$\frac{D}{20} = \frac{5000}{100}$ → D = 50 × 20 → **D = 1.000,00**

Finalmente, o desconto total do título – que poderá ser chamado de **Desconto Bancário** – será a soma de duas parcelas: 1ª) o valor da despesa administrativa (resultado do primeiro passo); e 2ª) o valor do Desconto por Fora (resultado do segundo passo). Ou seja, teremos que:

Desconto Bancário ou Desconto Total:

$\mathbf{D_{TOTAL}}$ **= Despesas Bancárias +** $\mathbf{D_{fora}}$

Daí: $\mathbf{D_{TOTAL}}$ = 1.000 + 250 → $\mathbf{D_{TOTAL}}$ = **1.250,00**

Feito! Se, neste momento, quisermos calcular o valor líquido bancário, ou seja, o Valor Atual desta operação, faremos:

Valor Atual bancário = Valor Nominal – Desconto Bancário

Teremos que: **A** = 5000 – 1250 = **3750,00**

É isso que é o Desconto Bancário.

Exemplo 10 – (ESAF) Você possui uma duplicata de valor de face R$ 150,00. Esta vence em 3 meses. O banco com o qual você normalmente opera fará uma retenção de 15% do valor de face da duplicata a título de saldo médio, permanecendo bloqueado em sua conta este valor desde a data do desconto até a data do vencimento da duplicata. Caso você desconte a mesma no banco, receberá líquidos hoje, R$ 105,00. Qual a taxa de desconto que mais se aproxima da taxa praticada por este banco?

Solução: Essa questão caiu na prova para AFRF de 1996. Trata-se de uma questão de desconto simples.

Está dito que o valor de face de um título é de R$ 150,00. Nenhuma dúvida: **valor de face** é o mesmo que **valor nominal**. E este título vence daqui a três meses. Ou seja, daqui a três meses ele valerá aqueles R$ 150,00.

O que houve de novo aqui é que o banco em que vamos descontar a duplicata faz uma retenção de 15% do valor nominal. Calculemos logo essa quantia: (15/100) × 150,00 = **R$ 22,50**.

Esse valor (R$ 22,50) não será recebido por nós. Não integrará o valor líquido que receberemos pelo título. Ficará retido, conforme nos diz o enunciado.

A questão diz ainda que receberemos líquido, hoje, a quantia de R$ 105,00. Ora, o valor de face do título (o valor nominal) vai ser reduzido nesta operação de duas formas: 1ª) por meio do desconto por fora; e 2ª) pela retenção dos R$ 22,50. Queremos dizer, em termos matemáticos, que:

$$\text{Valor líquido recebido} = N - D_{fora} - \text{Retenção}$$

Se substituirmos nessa equação os valores que nós temos, iremos encontrar o desconto por fora:

$$105 = 150 - D_{fora} - 22{,}50$$

Daí: $D_{fora} = 150 - 105 - 22{,}50 = 45 - 22{,}50 =$ **22,50**

Daí, já temos como descobrir o valor da taxa da operação de desconto! Teremos o seguinte:

→ N = 150,00

→ D = 22,50

→ n = 3m

→ i =?

→ i.n = i × 3 = 3i

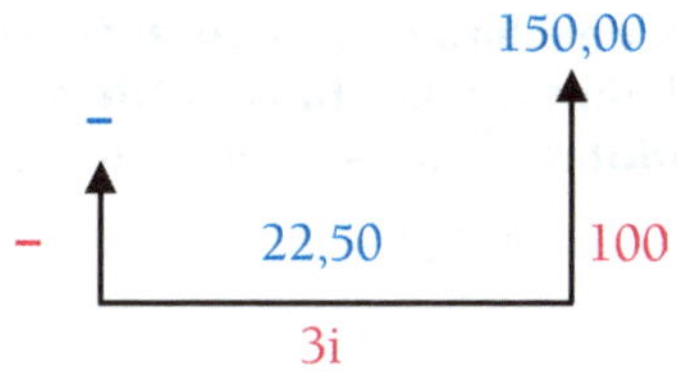

Daí: $\frac{150}{100} = \frac{22,50}{3i}$ → $450i = 2250$ → $i = \frac{225}{45}$

E: → **i = 5% ao mês → Resposta!**

3.9. Taxa de Desconto Simples por Dentro x Taxa de Desconto Simples por Fora

Já aprendemos que existe uma fórmula que estabelece uma relação entre o valor do Desconto Simples por Dentro e o valor do Desconto Simples por Fora, quando tivermos, para ambas as operações, os mesmos valores de taxa e tempo de antecipação.

Estamos lembrados ainda desta fórmula? É a seguinte:

$$D_f = D_d\left(1 + \frac{i \cdot n}{100}\right)$$

Agora, vamos ver que existe também uma outra fórmula, que poderemos utilizar nas questões de **desconto simples**, e que nos fornecerá uma relação entre o valor da **taxa de desconto simples por dentro** e da **taxa de desconto simples por fora**, mantidas as mesmas demais condições (o mesmo tempo de antecipação e o mesmo valor do desconto).

Percebamos que esta nova fórmula serve para uma situação diferente daquela em que se aplica a fórmula que vimos acima. A relação $\mathbf{D_f = D_d\,(1+i.n/100)}$ servia para nos relacionar os valores dos descontos $\mathbf{D_d}$ e $\mathbf{D_f}$. A fórmula que veremos abaixo nos dará uma relação entre as taxas, que chamaremos $\mathbf{i_d}$ (taxa de desconto por dentro) e $\mathbf{i_f}$ (taxa de desconto por fora). É a seguinte:

$$\left(\frac{100}{i_f}\right) - \left(\frac{100}{i_d}\right) = n$$

Onde:

→ i_f = taxa de desconto comercial simples.

→ i_d = taxa de desconto racional simples.

→ n = número de períodos de antecipação (que será o mesmo para os dois tipos de desconto).

Enfim, esta fórmula será empregada em questões cujo enunciado nos fornecer uma das duas taxas de desconto simples (taxa por dentro ou taxa por fora) e solicitar a outra, de modo que *o valor do desconto permaneça o mesmo*!

Passemos a um exemplo.

Exemplo 11 – Um título foi descontado por fora, à taxa simples de 10% a.m., 5 meses antes do seu vencimento. Caso fosse utilizado o desconto simples por dentro, qual seria a taxa adotada para se obter um desconto igual ao primeiro?

Solução: Vejamos que é uma questão típica para aplicação da fórmula que acabamos de aprender.

Só temos que observar duas coisas: 1º) a fórmula traz taxas e tempo; obviamente, será preciso que estejam todos na mesma unidade! 2º) se a taxa fornecida pelo enunciado, que neste caso foi a taxa de desconto por fora, foi uma **taxa mensal**, significa que quando usarmos a fórmula, encontraremos uma taxa de desconto por dentro **também mensal**. Certo?

Teremos:

$$\left(\frac{100}{i_f}\right)-\left(\frac{100}{i_d}\right)=n \rightarrow \left(\frac{100}{10}\right)-\left(\frac{100}{i_d}\right)=5 \rightarrow \left(\frac{100}{i_d}\right)=5 \rightarrow i_d=\frac{100}{5}$$

Daí: $\mathbf{i_d}$ **= 20% a.m. → Resposta!**

3.10. Taxa Efetiva de Juros

Atentemos agora para o seguinte: aprendemos, no estudo do desconto simples, que a operação de **desconto simples por dentro** é uma operação *equivalente* à operação de **juros simples**! Estamos lembrados disso? Daí, se um enunciado trouxer, para uma operação de desconto, o valor da **taxa de desconto simples por fora**, e pedir que você calcule qual será a taxa efetiva de juros daquela operação, então, na verdade, o que ela quer é que você encontre a **taxa de desconto simples por dentro**!

E aí, estaremos novamente diante de uma questão como essa que resolvemos acima.

Vejamos por meio de outro exemplo.

Exemplo 12 – Calcule a taxa efetiva de juros que foi cobrada em um desconto de uma duplicata no valor de R$ 10.000,00, descontada 5 meses antes do vencimento e cuja taxa de desconto é de 10% a.m.

Solução: Aqui, o enunciado falou em uma operação de desconto: disse o valor do título (R$ 10.000,00), o tempo de antecipação (5 meses) e o valor da taxa (10% a.m.). Não especificou se esse desconto era por dentro ou por fora! Ocorre que a pergunta da questão foi a respeito do valor de uma **taxa efetiva de juros**. Ora, sabendo que **uma taxa de juros é o mesmo que uma taxa de desconto por dentro**, então subentende-se que essa taxa fornecida pelo enunciado é uma taxa de desconto simples por fora, e que teremos que encontrar a taxa correspondente, a de desconto simples por dentro!

Ficou entendido?

Teremos:

$$\left(\frac{100}{i_f}\right)-\left(\frac{100}{i_d}\right)=n \rightarrow \left(\frac{100}{10}\right)-\left(\frac{100}{i_d}\right)=5 \rightarrow \left(\frac{100}{i_d}\right)=5 \rightarrow i_d=\frac{100}{5}$$

Daí: **i_d = 20% a.m. → Resposta!**

Curiosamente, a mesma resolução do exemplo anterior! Ou seja, enunciados distintos que solicitam, no final das contas, a mesmíssima coisa. Já passamos, pois, a entender que, dentro de uma questão de desconto, ao se falar em **taxa efetiva de juros**, estaremos nos referindo a uma **taxa de desconto por dentro**.

Passemos a um outro exemplo, que trata do mesmo assunto, só que de forma mais incrementada, envolvendo na operação de desconto um **desconto bancário**. Vamos a ele.

Exemplo 13 – Calcule a taxa efetiva de juros que foi cobrada em um desconto de uma duplicata no valor de R$ 10.000,00, descontada 5 meses antes do vencimento e cuja taxa de desconto é de 10% a.m. No desconto da duplicata foi cobrada uma taxa de despesa administrativa de 1%.

Solução: Neste caso, a resolução não é tão imediata! Precisaremos, primeiramente, calcular qual será o **Valor Atual** nesta operação de **desconto bancário**. Já aprendemos a trabalhar uma questão de desconto bancário.

1º Passo – Cálculo da despesa bancária.

→ **Despesa Bancária** = (1/100) × 10.000,00 = **100,00**

2º Passo – Cálculo do **Desconto por Fora**. Teremos:

→ N = 10.000,00

→ D_f=?

→ n = 5m

→ i = 10%a.m.

→ i.n = 10 × 5 = 50

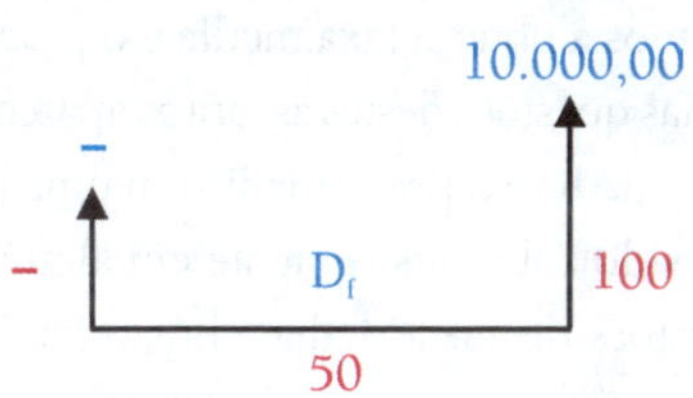

Teremos:

$$\frac{D_f}{50}=\frac{10000}{100} \rightarrow D_f=100 \times 50 \rightarrow \mathbf{D_f = 5.000,00}$$

3º Passo – Cálculo do **desconto bancário (ou desconto total)**:

$$D_{TOTAL} = \mathbf{100 + 5000} \rightarrow D_{TOTAL} = 5.100,00$$

Feito isto, determinaremos qual é o nosso **valor atual** (bancário). Teremos:

Valor líquido bancário = Valor Nominal – Desconto Total

A = 10.000 – 5.100 = **4.900,00**

Então, vejamos: concluída a operação de desconto bancário, encontramos os seguintes valores finais:

→ Valor Nominal: R$ 10.000,00

→ Valor Atual: R$ 4.900,00

→ Desconto: R$ 5.100,00

→ Tempo de antecipação: 5 meses

Pois bem, se a questão agora pede para encontrarmos uma **taxa de juros efetiva**, só teremos que fazer uma operação de **desconto por dentro** (que equivale exatamente a uma de juros) e descobrirmos o valor desta **taxa de desconto por dentro** (que será a própria **taxa efetiva de juros**).

Teremos:

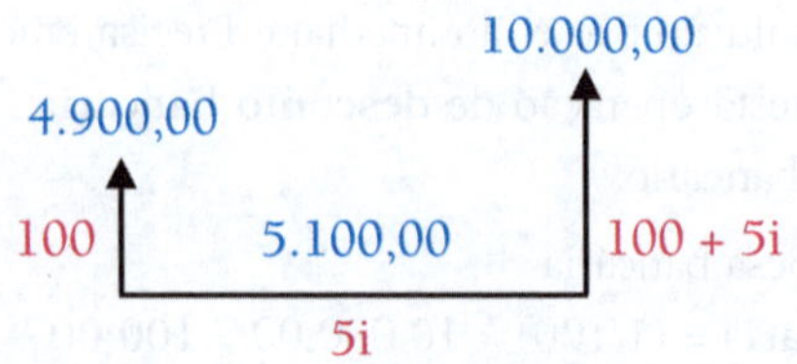

Teremos:

$$\frac{4900}{100} = \frac{5100}{5 \cdot i} \rightarrow i = \frac{5100}{49 \times 5} \rightarrow \text{Daí: } \mathbf{i = 20{,}82\% \text{ ao mês.}} \rightarrow \textbf{Resposta!}$$

3.11. Taxa Média e Prazo Médio no Desconto Simples

No capítulo dois, aprendemos a obter a taxa média e o prazo médio em uma operação de Juros Simples, e vimos que várias questões destes assuntos aparecem nas provas da ESAF. Agora, aprenderemos a calcular a taxa média e o prazo médio em uma operação de desconto simples, sendo que estes assuntos têm sido cobrados somente em alguns concursos mais recentes.

Os enunciados destas questões de Taxa Média e Prazo Médio começarão nos fornecendo Títulos que sofrerão descontos, e associando a cada Título uma taxa de desconto e um prazo de antecipação.

Assim, teremos um título (N_1) associado a uma taxa de desconto (i_1) e um tempo (n_1); teremos um outro título (N_2) associado a uma outra taxa de desconto (i_2) e um outro tempo (n_2); e assim sucessivamente.

Depois de fornecer esses dados, a questão perguntará: "qual é a taxa média de desconto?", ou então: "qual é o prazo médio de desconto?".

Não há, portanto, qualquer dificuldade em se identificar uma questão de prazo médio e taxa média, uma vez que o assunto será justamente a pergunta da questão.

- **Taxa Média: IM**

Vimos no capítulo dois que a taxa média em uma operação de juros simples é dada pela fórmula:

$$IM = \frac{(C_1 \cdot i_1 \cdot n_1) + (C_2 \cdot i_2 \cdot n_2) + (C_3 \cdot i_3 \cdot n_3)}{(C_1 \cdot n_1) + (C_2 \cdot n_2) + (C_3 \cdot n_3)}$$

Na fórmula acima, se substituirmos os capitais (C_1, C_2 e C_3) pelos títulos (N_1, N_2 e N_3), chegaremos **a fórmula da taxa média em uma operação de desconto simples**, ou seja:

$$IM = \frac{(N_1 \cdot i_1 \cdot n_1) + (N_2 \cdot i_2 \cdot n_2) + (N_3 \cdot i_3 \cdot n_3)}{(N_1 \cdot n_1) + (N_2 \cdot n_2) + (N_3 \cdot n_3)}$$

Qual é o significado da taxa média em uma operação de desconto? A Taxa Média (IM) significa determinar uma *taxa comum* para todos os títulos, a qual substituirá as taxas individuais de cada título (i_1, i_2 e i_3) e, como resultado, o valor total dos descontos permanecerá **inalterado**!!

Vejamos logo uma questão extraída de uma prova:

Exemplo 14 – (ESAF) Considere três títulos de valores nominais iguais a R$ 5.000,00, R$ 3.000,00 e R$ 2.000,00. Os prazos e as taxas de desconto bancário simples são, respectivamente, três meses a 6% ao mês, quatro meses a 9% ao mês e dois meses a 60% ao ano. Desse modo, o valor mais próximo da taxa média mensal de desconto é igual a:

a) 7%;
b) 6%;
c) 6,67%;
d) 7,5%;
e) 8%.

Solução: Sem dúvida que se trata de uma questão de taxa média no desconto simples!

Para utilizarmos a fórmula da taxa média é necessário que todas as taxas estejam com a mesma unidade, então vamos transformar a taxa de 60% a.a. para taxa mensal:

60% a.a. = 60/12% a.m. = 5 % a.m.

Anotemos os dados fornecidos para cada título na tabela abaixo:

Títulos	Taxas (%a.m.)	Prazos (meses)
5000	6	3
3000	9	4
2000	5	2

Antes de substituirmos os dados na fórmula da taxa média, podemos simplificar os valores contidos nas *colunas*. Observem na fórmula da taxa média que tanto os valores nominais dos títulos como os prazos aparecem no numerador e no denominador, com isso podemos simplificar a coluna dos valores nominais dos títulos e a coluna dos prazos, mas não podemos simplificar a coluna das taxas.

Simplificaremos a coluna dos valores nominais dos títulos dividindo os valores por **1000** (é o mesmo que cortar os zeros). Após a simplificação, obteremos:

Títulos (R$)	Taxas (%a.m.)	Prazos (meses)
5	6	3
3	9	4
2	5	2

Vamos substituir esses dados na fórmula da taxa média:

$$IM = \frac{(N_1 \cdot i_1 \cdot n_1) + (N_2 \cdot i_2 \cdot n_2) + (N_3 \cdot i_3 \cdot n_3)}{(N_1 \cdot n_1) + (N_2 \cdot n_2) + (N_3 \cdot n_3)}$$

$$\rightarrow IM = \frac{(5 \cdot 6 \cdot 3) + (3 \cdot 9 \cdot 4) + (2 \cdot 5 \cdot 2)}{(5 \cdot 3) + (3 \cdot 4) + (2 \cdot 2)} \rightarrow IM = \frac{90 + 108 + 20}{15 + 12 + 4}$$

Daí: $IM = \frac{218}{31}$ → Finalmente: IM ≅ 7% ao mês → Resposta!

Por que a Taxa Média que achamos é mensal? Porque as taxas que usamos na fórmula também eram todas ao mês.

Conclusão: ao substituir as taxas de desconto de cada título por 7% a.m., o total dos descontos permanece inalterado.

- **Prazo Médio: PM**

Vimos no capítulo dois que o prazo médio em uma operação de juros simples é dado pela fórmula:

$$PM = \frac{(C_1 \cdot i_1 \cdot n_1) + (C_2 \cdot i_2 \cdot n_2) + (C_3 \cdot i_3 \cdot n_3)}{(C_1 \cdot i_1) + (C_2 \cdot i_2) + (C_3 \cdot i_3)}$$

Na fórmula acima, se substituirmos os capitais (C_1, C_2 e C_3) pelos títulos (N_1, N_2 e N_3), chegaremos **a fórmula do prazo médio em uma operação de desconto simples**, ou seja:

$$PM = \frac{(N_1 \cdot i_1 \cdot n_1) + (N_2 \cdot i_2 \cdot n_2) + (N_3 \cdot i_3 \cdot n_3)}{(N_1 \cdot i_1) + (N_2 \cdot i_2) + (N_3 \cdot i_3)}$$

Qual é o significado do prazo médio em uma operação de desconto? O Prazo Médio (PM) significa determinar um *prazo comum* para todos os títulos, o qual substituirá os prazos individuais de cada título (n_1, n_2 e n_3) e, como resultado, o valor total dos descontos permanecerá **inalterado**!

Vejamos logo uma questão extraída de uma prova:

Exemplo 15 – (FJG) A empresa Topa-Tudo submete o seguinte borderô de duplicatas à uma instituição financeira para desconto:

Duplicatas (unidades)	Prazo de Vencimento (dias)	Valor Total por Vencimento (R$)
10	13	50.000,00
08	22	40.000,00
05	25	20.000,00

A taxa de desconto utilizada pela instituição financeira é de 3,5% ao mês e independe dos prazos de vencimento dos títulos. Assim, o prazo médio da operação de desconto é, em dias, de:

a) 20;
b) 18,73;
c) 18,45;
d) 17,43.

Solução: Calcularemos, agora, o prazo médio da operação de desconto!

Na primeira linha da tabela fornecida no enunciado, é informado que 10 duplicatas (títulos) têm o mesmo prazo de vencimento de 13 dias e que a soma dos valores nominais destas 10 duplicatas é igual a R$ 50.000,00. A informação do número de duplicatas (1ª coluna) é irrelevante, porque já está sendo informado o valor total das duplicatas (3ª coluna). Daí, podemos desprezar essa primeira coluna! Só a usaríamos se a questão tivesse fornecido o valor nominal de cada duplicata, pois assim teríamos que multiplicar essas duas colunas para encontrar o valor total por vencimento.

Anotemos os dados fornecidos para os títulos na tabela abaixo:

Títulos (R$)	Taxas (% a.m.)	Prazos (dias)
50000	3,5	13
40000	3,5	22
20000	3,5	25

Para que possamos aplicar os dados na fórmula, nossa preocupação será apenas a de que os prazos estejam todos na mesma unidade e que as taxas também o estejam. Aqui, não será exigido que taxas e prazos estejam na mesma unidade, mas que os prazos, *entre si*, estejam compatíveis e que as taxas, *entre si*, estejam também compatíveis.

Na nossa questão, temos todos os prazos em dias. Acerca das taxas, todas estão ao mês. Então, já podemos lançar os dados na fórmula.

Antes de substituirmos os dados na fórmula do prazo médio, podemos simplificar os valores contidos nas colunas para terminarmos mais rápido os cálculos. Observem na fórmula do prazo médio que tanto os valores nominais dos títulos como as taxas aparecem no numerador e denominador, com isso podemos simplificar a coluna dos valores nominais dos títulos e a coluna das taxas, mas não podemos simplificar a coluna dos prazos.

Simplificaremos a coluna dos capitais dividindo os valores por **10000** (é o mesmo que cortar os zeros) e a coluna das taxas dividindo-as por **3,5**. Após as simplificações, obteremos:

Títulos (R$)	Taxas (% a.m.)	Prazos (dias)
5	1	13
4	1	22
2	1	25

Já podemos substituir esses dados na fórmula:

$$PM = \frac{(N_1 \cdot i_1 \cdot n_1) + (N_2 \cdot i_2 \cdot n_2) + (N_3 \cdot i_3 \cdot n_3)}{(N_1 \cdot i_1) + (N_2 \cdot i_2) + (N_3 \cdot i_3)}$$

$$\rightarrow PM = \frac{(5 \cdot 1 \cdot 13) + (4 \cdot 1 \cdot 22) + (2 \cdot 1 \cdot 25)}{(5 \cdot 1) + (4 \cdot 1) + (2 \cdot 1)} \quad \rightarrow PM = \frac{65 + 88 + 50}{5 + 4 + 2}$$

Daí: $PM = \frac{203}{11}$ → E: **PM = 18,45 dias → Resposta!**

Por que encontramos uma resposta em dias? Porque os prazos fornecidos pelo enunciado estavam todos nessa unidade.

Conclusão: ao substituir os prazos dos títulos por 18,45 dias, o total dos descontos obtidos permanece inalterado.

3.12. Desconto Simples de uma Série de Títulos de mesmo Valor Nominal

Quando temos uma operação financeira no Regime Simples que envolve vários títulos iguais e consecutivos (mensais ou bimestrais ou trimestrais etc.), como é que procedemos para calcular o valor atual total (valor descontado total) desses títulos numa data antecipada?

Se aplicássemos a fórmula de desconto simples para obter o valor descontado de cada título, individualmente, isso nos custaria muito tempo, sobretudo se houver muitos títulos.

Aprenderemos, de maneira prática e rápida, como se calcula o valor descontado total de várias parcelas iguais e consecutivas! Vejamos o exemplo abaixo.

Exemplo 16 – Dez títulos têm o mesmo valor nominal de R$ 2.000,00 e eles possuem datas de vencimentos em meses subseqüentes, sempre ao final de cada mês. Para uma taxa de desconto simples comercial de 1% a.m., calcule o valor descontado desse conjunto de dez títulos nas seguintes datas:

A) Cinco meses antes do vencimento do 1º título.

B) Dois meses antes do vencimento do 1º título.

C) Na data de vencimento do 1º título.

Solução: No Regime Simples, sempre que houver no enunciado de uma questão vários termos iguais, devemos transformá-los em um único termo. Mostraremos como isso é feito no desconto simples, por meio das soluções dos itens dessa questão.

Item A – Valor descontado dos títulos cinco meses antes do vencimento do 1º título.

→ Primeiramente, desenharemos os dez títulos de 2.000,00, e marcaremos a data onde se deseja calcular o valor descontado (Valor Atual) dos títulos.

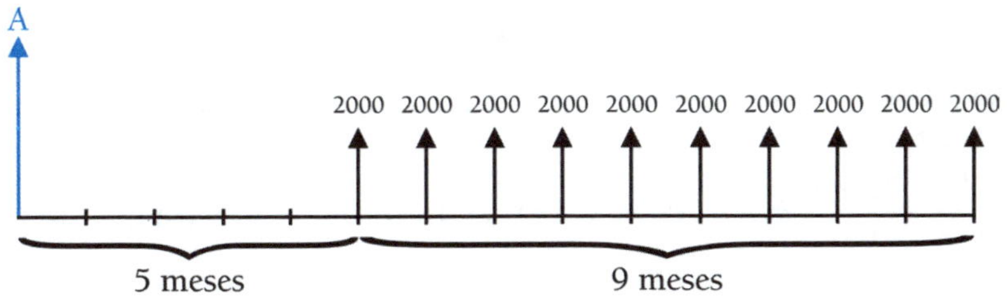

→ Substituiremos os dez títulos por um único título.

O valor do título único é igual a soma dos dez títulos, ou seja:

$$N = 10 \times 2000 = \mathbf{20.000,00}$$

Este título de 20.000,00 <u>deve ficar no centro dos dez títulos</u>, ou seja, entre o quinto título e o sexto título, conforme mostrado no desenho:

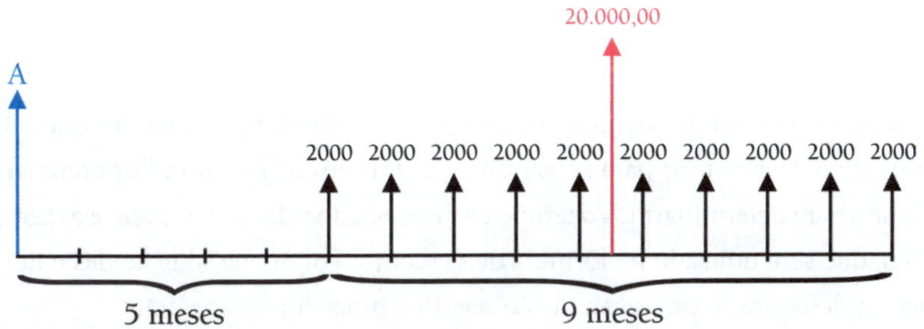

→ Retirando do desenho os dez títulos de 2.000,00, e deixando somente o valor descontado e o título de 20.000,00 o desenho fica assim:

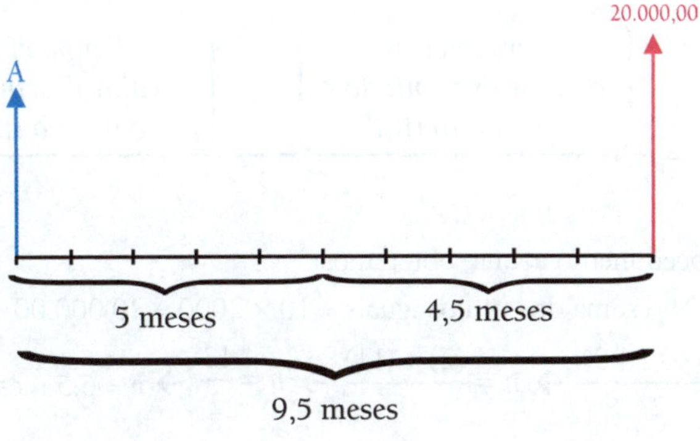

→ Aplicação da fórmula de Desconto Simples Comercial (**por fora**):

A =?

N = 20.000,00

i = 1% a.m.

n = 9,5 meses

$i\ .\ n = 1 \times 9{,}5 = 9{,}5$

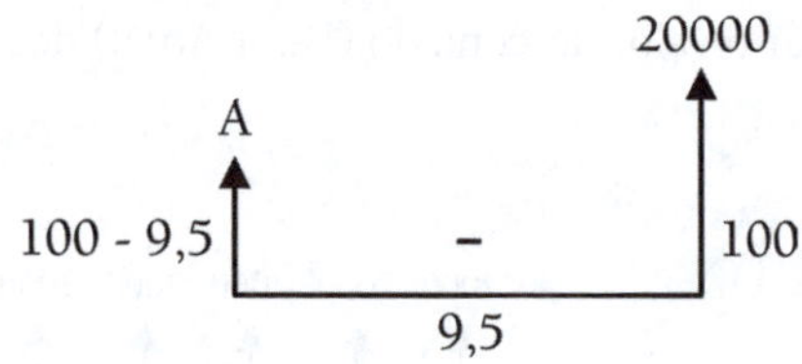

Daí: $\dfrac{A}{90{,}5} = \dfrac{20000}{100}$ → A = 200 × 90,5 → A = 18.100,00 → Resposta!

Item B – Valor Descontado dos títulos **dois meses antes do vencimento do 1º título.**

→ Para o item B, o desenho é o seguinte:

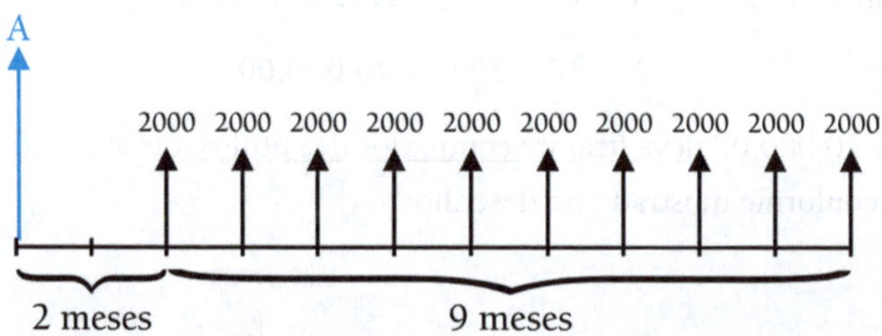

→ Na solução do item A, fizemos um desenho para descobrir a data em que o título de valor único deveria ficar para substituir os dez títulos de mesmo valor nominal, e outro desenho para determinarmos o tempo entre a data do valor descontado e a data do título único, que será utilizado na fórmula de desconto. Porém, na solução deste item B, não faremos desenhos, e sim, usaremos o seguinte procedimento padrão:

Procedimento padrão para encontrar o Título Único:

Valor Nominal: N = soma dos títulos iguais

$$\text{Tempo: } n = \dfrac{\left(\begin{array}{c}\textit{Tempo entre}\\ \textit{o valor descontado e}\\ \textit{o primeiro título}\end{array}\right) + \left(\begin{array}{c}\textit{Tempo entre}\\ \textit{o valor descontado e}\\ \textit{o último título}\end{array}\right)}{2}$$

Aplicando o procedimento acima, obteremos:

Valor Nominal: N = soma dos títulos iguais = 10 × 2000 = 20.000,00

Tempo: $n = \dfrac{(2)+(2+9)}{2}$ → $n = \dfrac{(2)+(11)}{2}$ → $n = \dfrac{13}{2}$ → n = 6,5 meses

→ Aplicação da fórmula de Desconto Simples Comercial (**Por Fora**):

A = ?
N = 20.000,00
i = 1% a.m.
n = 6,5 meses
$i \cdot n = 1 \times 6{,}5 = 6{,}5$

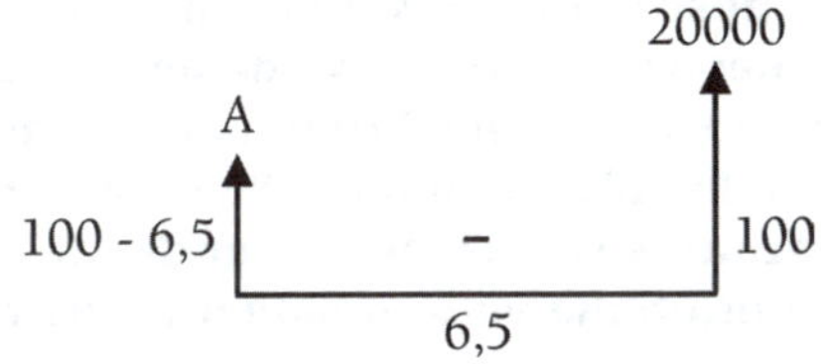

Daí: $\frac{A}{93{,}5} = \frac{20000}{100}$ → $A = 200 \times 93{,}5$ → $A = 18.700{,}00$ → Resposta!

Item C – Valor Descontado dos títulos na data de vencimento do 1º título.

→ Para o item C o desenho é o seguinte:

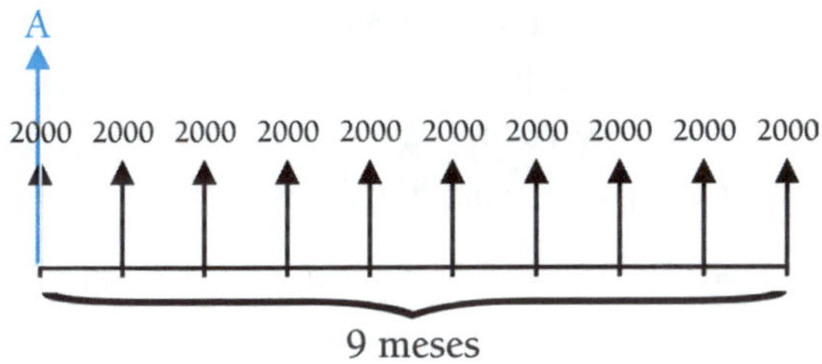

→ Aplicaremos o procedimento padrão, apresentado na solução do item B, para obtermos o valor e o tempo do título único:

Aplicando o procedimento padrão, obteremos:

Valor Nominal: N = soma dos títulos iguais = 10 × 2000 = 20.000,00

Tempo: $n = \frac{(0)+(9)}{2}$ → $n = \frac{9}{2}$ → $n = 4{,}5$ meses

→ Aplicação da fórmula de Desconto Simples Comercial (**Por Fora**):

A = ?
N = 20.000,00
i = 1% a.m.
n = 4,5 meses
$i \cdot n = 1 \times 4{,}5 = 4{,}5$

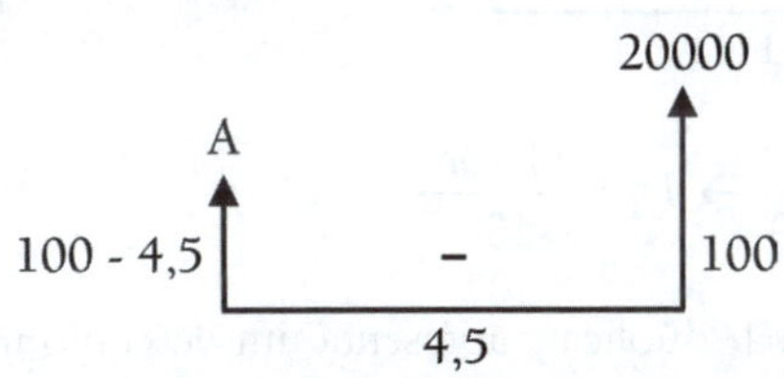

Daí: $\frac{A}{95{,}5} = \frac{20000}{100}$ → $A = 200 \times 95{,}5$ → $A = 19.100{,}00$ → Resposta!

EXERCÍCIOS RESOLVIDOS DE DESCONTO SIMPLES

1. (ESAF) José descontou duas duplicatas em um banco, no regime de juros simples comerciais, a uma taxa de desconto comercial de 15% ao ano. O primeiro título vencia em 270 dias e o segundo em 160 dias, sendo que o último era de valor nominal 50% superior ao primeiro. Sabendo-se que os dois descontos somaram o valor de R$ 382,50, o título que produziu o maior desconto tinha valor nominal em R$ de:

a) 1.800,00;
b) 1.700,00;
c) 1.900,00;
d) 1.850,00;
e) 1.750,00.

Solução:

Dados fornecidos:

<u>1ª duplicata</u>	<u>2ª duplicata</u>
$N_1 = N$	$N_2 = N + 50\%N = 1{,}5N$
$n_1 = 270$ dias	$n_2 = 160$ dias
desconto = D_1	desconto = D_2

Taxa de desconto comercial para as duas duplicatas:

$$i = 15\% \text{ a.a.} = 15/360 \text{ \% a.d.} = 1/24 \text{ \% a.d.}$$

Soma dos descontos: $D_1 + D_2 = 382{,}50$

O valor nominal do título que produz o maior desconto =?

→ Aplicando a fórmula de desconto simples **por fora** para as 2 duplicatas:

<u>1ª duplicata</u>

$i \cdot n = 1/24 \times 270 = 270/24 = 11{,}25$

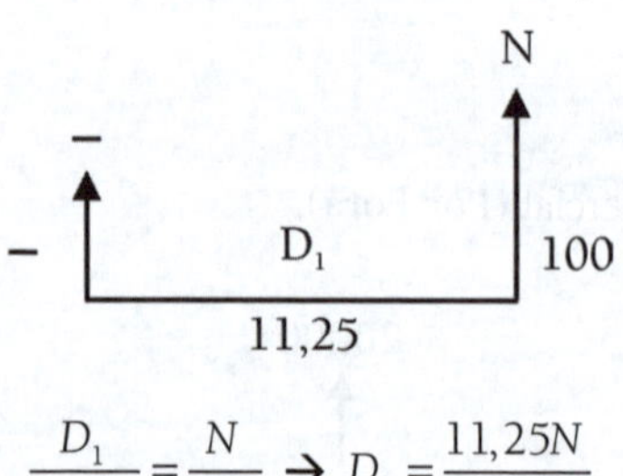

$$\frac{D_1}{11{,}25} = \frac{N}{100} \rightarrow D_1 = \frac{11{,}25N}{100}$$

<u>2ª duplicata</u>

$i \cdot n = 1/24 \times 160 = 160/24 = 20/3$

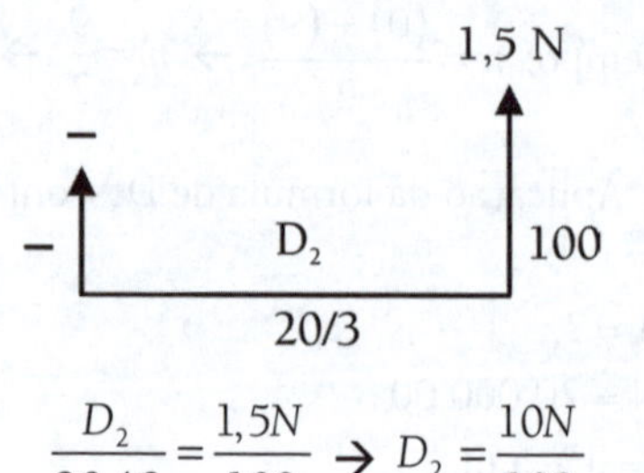

$$\frac{D_2}{20/3} = \frac{1{,}5N}{100} \rightarrow D_2 = \frac{10N}{100}$$

Observe que a 1ª duplicata apresenta um desconto maior. Então, de acordo com que o enunciado pede, devemos calcular o valor nominal da 1ª duplicata.

Pelos dados do enunciado, a soma de D_1 e D_2 é 382,50. Daí:

$$D_1 + D_2 = 382{,}50 \rightarrow \frac{11{,}25N}{100} + \frac{10N}{100} = 382{,}50 \rightarrow \frac{21{,}25}{100} = 382{,}50$$

$$N = \frac{38250}{21{,}25} \rightarrow \mathbf{N = 1.800{,}00} \rightarrow \textbf{Resposta!}$$

2. (ESAF) Admita-se que uma duplicata tenha sido submetida a 2 tipos de descontos. No primeiro caso, a juros simples, a uma taxa de 10% a.a., vencível em 180 dias, com desconto comercial (por fora). No segundo caso, com desconto racional (por dentro), mantendo as demais condições. Sabendo-se que a soma dos descontos, por fora e por dentro, foi de $635,50, o valor nominal do título era de:

a) $ 6.510,00;
b) $ 6.430,00;
c) $ 6.590,00;
d) $ 5.970,00;
e) $ 6.240,00.

Solução:

Dados fornecidos:

Taxa de desconto: i = 10% a.a.

n = 180 dias = 0,5 ano

$D_{fora} + D_{dentro} = 635,50$

N = ?

→ Aplicaremos as fórmulas de desconto simples **por fora** e **por dentro**:

$i \, . \, n = 10 \times 0,5 = 5$

Desconto por Fora

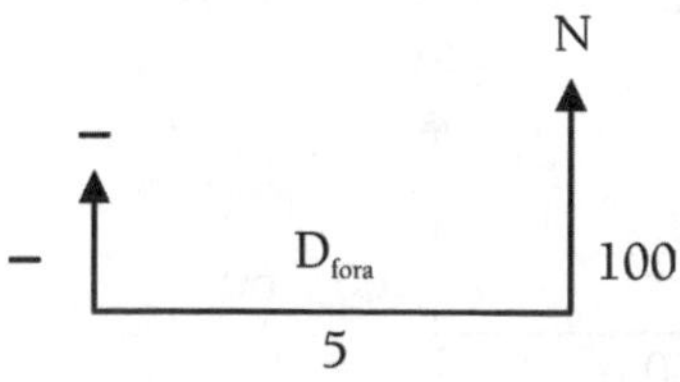

Desconto por Dentro

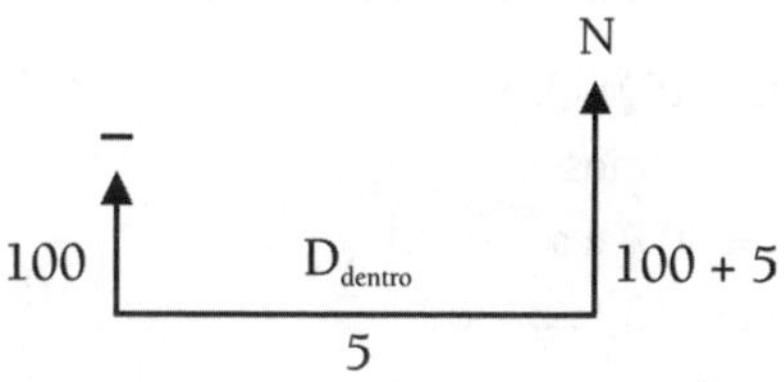

Daí,

$$\frac{D_{fora}}{5} = \frac{N}{100} \rightarrow D_{fora} = \frac{5N}{100} = \frac{N}{20}$$

Daí,

$$\frac{D_{dentro}}{5} = \frac{N}{105} \rightarrow D_{dentro} = \frac{N}{21}$$

Do enunciado, temos que a soma ($D_{fora} + D_{dentro}$) é igual a 635,50. Então, teremos:

$$D_{fora} + D_{dentro} = 635,50 \rightarrow \frac{N}{20} + \frac{N}{21} = 635,50 = 635,50 \rightarrow \frac{41N}{420} = 635,50$$

$$N = \frac{635,50 \times 420}{41} \rightarrow N = 6.510,00 \rightarrow$$ **Resposta!**

3. (ACEP) José tomou emprestado 10.000, pretendendo saldar a divida após dois anos. A taxa de juros combinada foi de 30% a.a. Qual valor José pagaria a divida 5 meses antes do vencimento combinado sem prejuízo para o banco se nesta época a taxa de juros simples anual fosse 24% e fosse utilizado desconto simples racional?

a) R$ 16.000,00.
b) R$ 13.800,0.0.
c) R$ 17.600,00.
d) R$ 14.545,45.
e) R$ 14.800,00.

Solução:

Dados fornecidos:

valor do empréstimo = 10.000,00

taxa de juros: i = 30 % a.a.

tempo para pagamento: n = 2 anos

prazo de antecipação = 5 meses

taxa de desconto racional: i = 24% a.a.

O valor pago por José na antecipação do pagamento da dívida =?

Precisamos calcular primeiramente o valor nominal do contrato de empréstimo, ou seja, o valor que José deveria pagar após dois anos da data de assinatura do empréstimo.

Obteremos esse valor nominal por meio de uma operação de juros simples:

C = 10.000,00

n = 2 anos

i = 30% a.a.

$i \cdot n = 30 \cdot 2 = 60$

Montante = ?

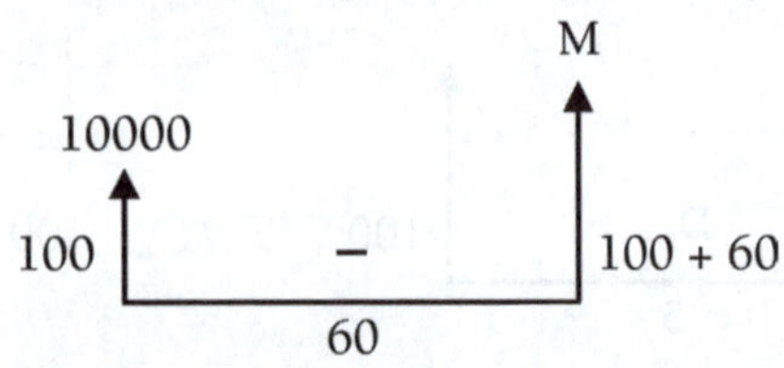

Daí: $\frac{M}{160} = \frac{10000}{100} \rightarrow M = 1600 \rightarrow$ Valor Nominal = **N = 16000,00**

Agora, vamos calcular o valor pago por José 5 meses antes do vencimento, por meio de uma operação de desconto simples racional:

N = 16.000,00

taxa de desconto por dentro: i = 24% a.a. = **2**% a.m.

prazo de antecipação: n = 5 meses

$i \cdot n = 2 \cdot 5 = 10$

A =?

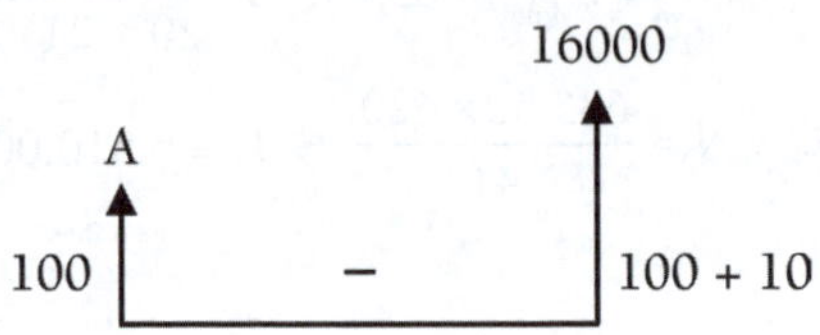

Daí: $\frac{A}{100} = \frac{16000}{110} \rightarrow A = 14545{,}45 \rightarrow$ Resposta!

4. João tomou emprestado certa quantia a Carlos à taxa de 28,8% a.a. Sabendo-se que João pagou R$2.061,42 para Carlos, saldando a dívida 2 meses antes de seu vencimento e que nesta época a taxa de juros corrente do mercado era de 25,2% a.a., quanto João tomou emprestado e qual era o prazo inicial se os juros previstos montavam R$ 648,00?

Solução:

Dados fornecidos:

- Contrato de Empréstimo:
  Valor do empréstimo: **C = ?** Prazo do empréstimo: **n = ?**
  Taxa de juros: ***i* = 28,8% a.a.** Juros do empréstimo: **J = 648,00**
- Antecipação no pagamento do empréstimo (desconto simples racional):
  Valor pago antecipado: **A = 2.061,42**
  Prazo de antecipação: **n = 2 meses**
  Taxa de juros: ***i* = 25,2% a.a. (taxa do desc. Simples racional)**

→ Vamos iniciar pela operação de desconto simples racional, a fim de obter o valor que seria pago na data de vencimento, ou seja, o valor nominal do título.

A = 2.061,42
n = 2 meses = 1/6 ano
i = 25,2% a.a.
$i \, . \, n = 25{,}2 \times 1/6 = 25{,}2 / 6 = 4{,}2$
N = ?

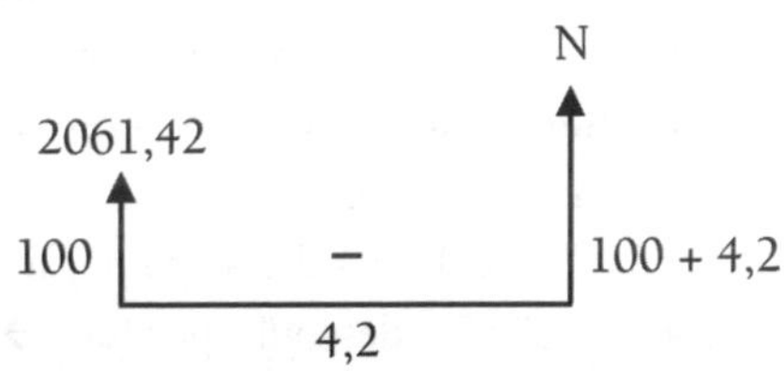

Daí: $\dfrac{N}{104{,}2} = \dfrac{2061{,}42}{100}$ → $N = 104{,}2 \times 20{,}6142$

N = 2148,00 (valor que seria pago na data de vencimento)

→ Agora, aplicaremos uma operação de juros simples para calcular o prazo do empréstimo e o valor emprestado.

Valor emprestado: **C = ?**
$i = 28{,}8\%$ a.a. = 28,8/12 % = 2,4 % a.m.
prazo do empréstimo: **n = ?**
J = 648,00
M = 2148,00 (É o próprio valor nominal do título)
$i \, . \, n = 2{,}4 \times n = 2{,}4n$

Sabemos que capital é igual ao montante menos juros, portanto:

$$C = M - J = 2148 - 648 = \mathbf{1500{,}00}$$

Daí, $\dfrac{1500}{100} = \dfrac{648}{2{,}4n}$

→ $n = \dfrac{648}{2{,}4 \times 15}$ → ***n* = 18 meses**

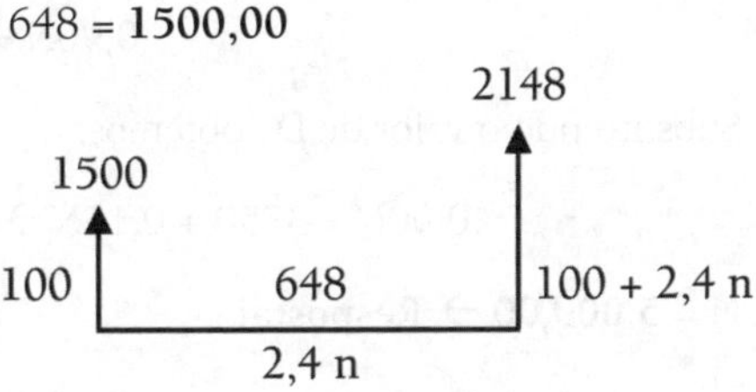

Resposta: **R$ 1.500,00; 18 meses.**

5. Qual o valor nominal de um título que foi descontado em um Banco três meses antes de seu vencimento, gerando um valor líquido de R$ 3.750,00? Considere que o Banco retém 10% do valor nominal a título de saldo médio em conta-corrente até a data de liquidação da operação, e que a taxa de desconto praticada é de 5% a.m.

a) R$ 5.000,00.
b) R$ 5.100,00.
c) R$ 5.200,00.
d) R$ 5.300,00.

Solução:

Dados fornecidos:

valor líquido recebido = 3.750,00

retenção = 10% do valor nominal = 10%N = 0,10N

taxa de desconto comercial: i = 5% a.m.

prazo de antecipação: n = 3 meses

Valor nominal do título: N =?

O título de valor nominal N sofrerá dois abatimentos:

1º) Retenção igual a 0,10N.

2º) Desconto comercial (ou por fora) devido a antecipação.

Assim, o valor líquido a receber será igual a:

valor líquido a receber = N – retenção – desconto por fora

Substituindo os dados que já temos:

3750 = N – 0,10N – desconto por fora

0,90N = 3750 + desconto por fora → $0{,}90N = 3750 + D_f$

Agora, calcularemos o desconto por fora (D_f) para, assim, obtermos o valor de N.

→ Cálculo do desconto por fora

$i \cdot n = 5 \times 3 = 15$

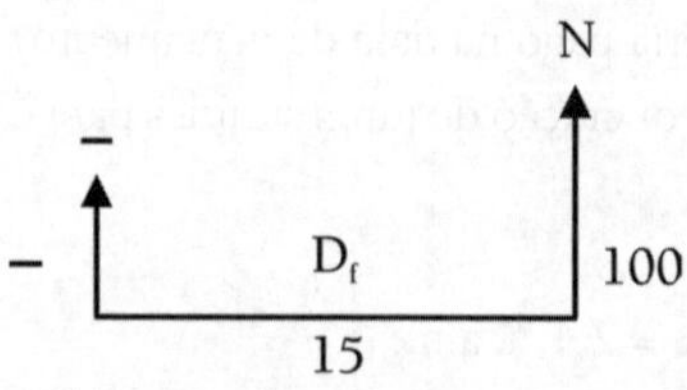

Daí, $\frac{D_f}{15} = \frac{N}{100}$ → $D_f = \frac{3N}{20}$ → $D_f = 0{,}15N$

→ Cálculo do valor nominal (N)

Havíamos obtido anteriormente a seguinte equação:

$$0{,}90N = 3750 + D_f$$

Substituindo o valor de D_f, obtemos:

$$0{,}90N = 3750 + 0{,}15N \rightarrow 0{,}75N = 3750 \rightarrow N = \frac{3750}{0{,}75}$$

N = 5.000,00 → Resposta!

6. Um título de valor nominal igual a R$ 6.000,00 foi descontado 3 meses antes de seu vencimento, recebendo o valor líquido de R$ 5.400,00. Considerando que a taxa de desconto empregada é de 24% ao ano, qual foi a taxa de serviço cobrada?

a) 4%.
b) 5%.
c) 6%.
d) 7%.

Solução: Trata-se de uma questão de desconto bancário.

Dados fornecidos:

N = 6000

n = 3 meses

Valor líquido recebido = 5400

i = 24% a.a. = 2% a.m. (taxa de desconto simples comercial)

taxa de serviço = ?

O título de valor nominal R$ 6.000,00 sofrerá dois abatimentos:

1º) Despesa bancária referente à taxa de serviço.

2º) Desconto comercial (ou por fora) devido à antecipação.

Assim, o valor líquido a receber será igual a:

valor líquido a receber = N – despesa bancária – desconto por fora

Substituindo os dados que já temos:

5400 = 6000 – despesa bancária – desconto por fora

despesa bancária + desconto por fora = 600

Agora, calcularemos o desconto por fora (D_f).

→ Cálculo do desconto por fora (D_f):

$i \cdot n = 2 \times 3 = 6$

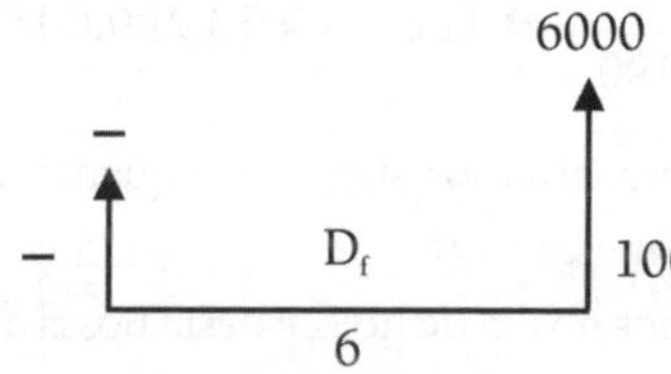

Daí, $\frac{D_f}{6} = \frac{6000}{100} \rightarrow D_f = 360$

→ Cálculo da despesa bancária:

Havíamos obtido anteriormente a seguinte expressão:

$$\text{despesa bancária} + D_{fora} = 600$$

Substituindo o valor de D_{fora}, obtemos:

$$\text{despesa bancária} + 360 = 600$$

$$\text{despesa bancária} = 240$$

→ Cálculo da taxa de serviço:

Sabemos que: despesa bancária = taxa de serviço × N

Vamos substituir os valores que já temos:

240 = taxa de serviço × 6000 → taxa de serviço = 240/6000

→ **taxa de serviço = 4% → Resposta!**

7. Uma empresa necessita captar R$ 15.000,00 para saldar compromissos assumidos. Para isso, procura um banco e oferece um título cujo valor de emissão é de R$ 8.000,00 com prazo de 18 meses e taxa de juros simples de 5% ao mês. Quanto restará para ser captado, se a taxa de desconto simples por fora praticado pelo banco é de 8% ao mês, e faltam cinco meses para o vencimento do título?

Solução: A empresa precisa dos R$ 15.000,00 hoje!

Levou a um banco um título que valia, na data em que foi emitido (data de emissão) a quantia de R$ 8.000,00. Esse título irá render juros simples de 5% ao mês durante um período de 18 meses. Daí, a primeira coisa que precisamos descobrir é exatamente o quanto valerá esse título na data de seu vencimento, ou seja, daqui a esses 18 meses. Logo, nosso primeira operação é de juros simples. Teremos:

→ C=8.000,00

→ i= 5% ao mês

→ n=18 meses

→ $i \cdot n = 5 \times 18 = 90$

→ Montante: X=?

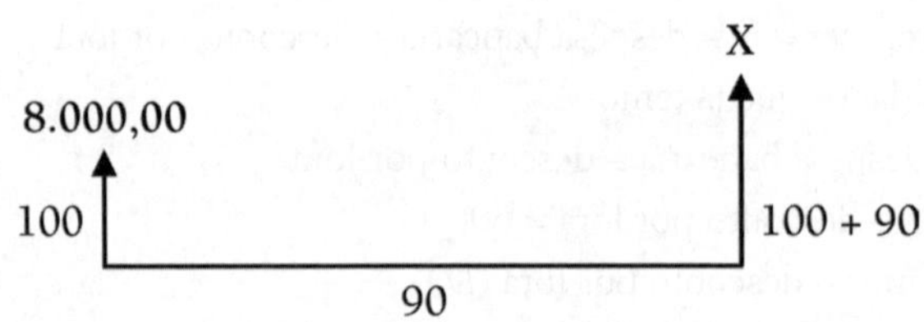

Daí: $\left(\frac{8000}{100}\right)=\left(\frac{x}{190}\right)$ → Logo: **X = 15.200,00**

Esse valor que encontramos significa o quanto valerá o título (que era de R$ 8.000, na emissão) daqui a 18 meses.

Ocorre que estamos no dia de hoje, e nesta nossa data atual ainda faltam 5 meses para o vencimento do título, ou seja, estamos 5 meses antes da data em que o título valerá R$ 15.200,00.

Mas é exatamente hoje que queremos que o banco compre esse título a nós! Estamos precisando desse dinheiro **agora**; não dá para esperar pelos cinco meses restantes.

Ora, é claro que o banco não vai pagar os R$ 15.200,00 que o título valerá somente daqui a cinco meses. Vai nos pagar apenas um valor menor! Aqui, surge a operação de **desconto simples por fora**! Teremos:

→ N = 15.200,00

→ i = 8% ao mês

→ n = 5 meses

→ $i \cdot n = 5 \times 8 = 40$

→ Valor Atual: Y =?

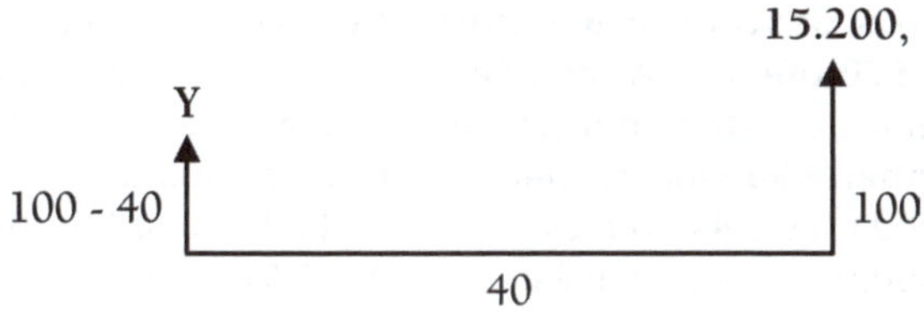

Daí: $\frac{Y}{60} = \frac{15.200}{100}$ → Logo: **Y = 9.120,00**

Esta quantia, R$ 9.120,00 é o quanto o banco nos dará hoje por aquele título!

Mas disse o enunciado que a nossa necessidade hoje é de R$ 15.000,00. Se vamos ganhar do banco (por aquele título) um valor de R$ 9.120,00, significa que para completar a quantia que necessitamos, teremos que captar ainda:

15.000,00 – 9.120,00 = 5.880,00 → Resposta!

8. Em uma operação de desconto comercial simples, a razão entre o valor descontado e o valor nominal é igual a 0,92. Se o prazo de antecipação é de 50 dias, o valor da taxa será de quanto?

Solução: Estamos diante de um **desconto por fora**! Foi dito ainda pelo enunciado que (**A/N**)=0,92. Dessa última informação, já descobrimos uma relação entre o Atual e o Nominal. Teremos, pois, que: **A=0,92N**. Certo?

Ora, sabemos também que **D = N – A.**

Daí, extrairemos que: **D = N – (0,92N) → D = 0,08N**

O desenho de nossa questão agora será:

→ A = 0,92N

→ D = 0,08N

→ i =?

→ n = 50 dias

→ $i \, . \, n = i \times 50 = 50i$

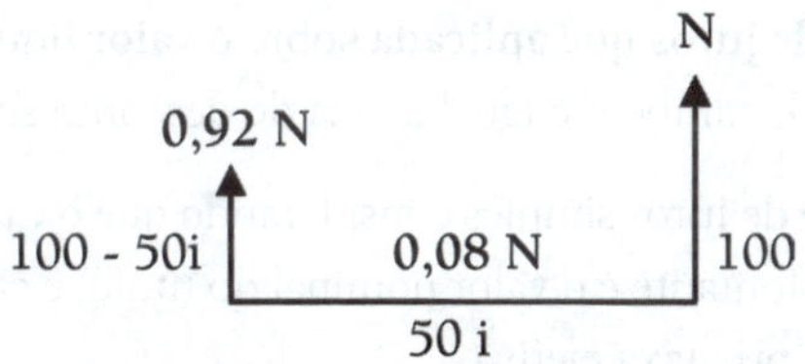

Daí, trabalhando com o tempo em dias (50 dias), aplicando a nossa equação chegaremos a uma taxa também diária! Teremos:

$\frac{N}{100} = \frac{0,08N}{50.i}$ → 50i = 8 → $i = \frac{8}{50}$ → i = 0,16% ao dia

Se quisermos chegar a uma taxa mensal, usaremos o conceito de **taxas proporcionais**, e teremos, então:

0,16% a.d. × 30 = 4,8% ao mês → Resposta!

9. (ESAF) Marcos descontou um título 45 dias antes de seu vencimento e recebeu R$ 370.000,00. A taxa de desconto comercial simples foi de 60% ao ano. Assim, o valor nominal do título e o valor mais próximo da taxa efetiva da operação são, respectivamente, iguais a:

a) R$ 550.000,00 e 3,4% ao mês;
b) R$ 400.000,00 e 5,4 % ao mês;
c) R$ 450.000,00 e 64,8 % ao ano;
d) R$ 400.000,00 e 60 % ao ano;
e) R$ 570.000,00 e 5,4 % ao mês.

Solução:

Questão de Desconto Simples Comercial (por fora):

A = 370.000,00

n = 45 dias = 1,5 mês

i = 60 % a.a. = 5% a.m.

i.n = 5 × 1,5 = 7,5

N = ?

Taxa efetiva = ?

→ Aplicação da fórmula de Desconto Simples por fora:

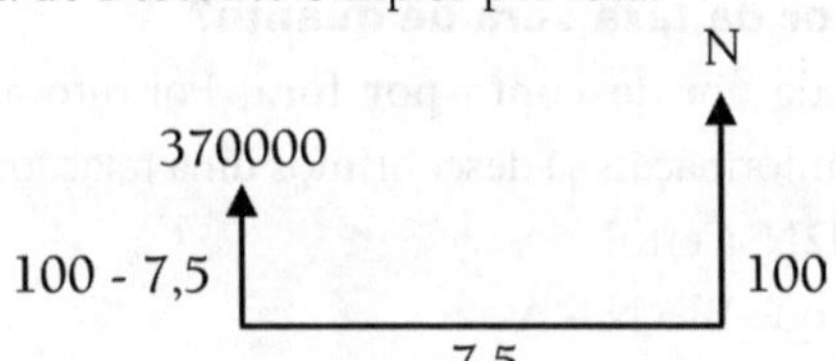

Daí: $\dfrac{370000}{92,5} = \dfrac{N}{100}$ → $N = N = \dfrac{370000 \times 100}{92,5} = 400000$

Encontramos que o valor Nominal é **400.000,00**. Portanto, as únicas alternativas que podem estar corretas é a B ou a D.

→ Cálculo da taxa efetiva em uma operação de desconto simples por fora:

Taxa efetiva: é a taxa de juros que aplicada sobre o valor líquido produz um montante igual ao valor nominal. Ela também é igual a taxa de desconto simples racional.

Faremos uma operação de juros simples considerando que o Capital é o valor atual, o Juro é o valor do desconto e o Montante é o valor nominal do título, e calcularemos a taxa de juros da operação que será a própria taxa efetiva.

Capital = 370.000

Montante = 400.000

Juros = 400.000 – 370.000 = 30.000

n = 1,5 mês

i =?

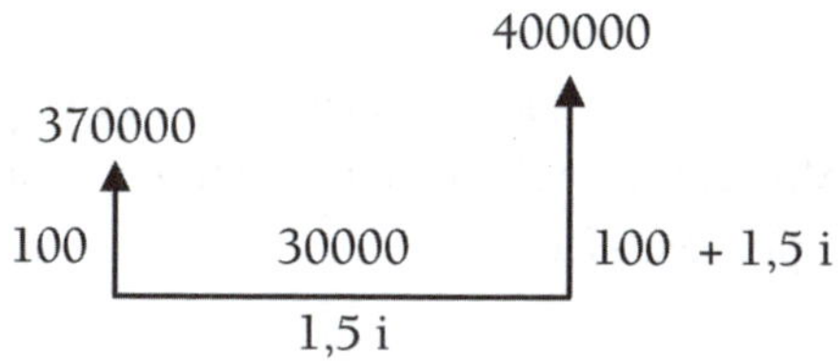

Daí: $\dfrac{370000}{100} = \dfrac{30000}{1,5i} \rightarrow \dfrac{37}{1} = \dfrac{300}{1,5i} \rightarrow i = \dfrac{300}{37 \cdot 1,5} \rightarrow i = \dfrac{300}{37 \cdot 15}$

$\rightarrow i = \dfrac{200}{37} \rightarrow i = 5,4$

Logo, a taxa efetiva de juros é de **5,4 % a.m.**

Portanto, a **resposta é alternativa B**.

Fizemos o cálculo da taxa efetiva mais para efeitos didáticos, mas não era necessário calcular a taxa efetiva para descobrir a alternativa correta da questão, pois a taxa efetiva é sempre maior que a taxa de desconto comercial, e entre as alternativas B e D, a única que atende a esse requisito é a alternativa B.

10. (FGV) Uma empresa descontou em um banco uma duplicata de R$ 2.000,00 dois meses e meio antes do seu vencimento, a uma taxa de desconto comercial de 4%am. A taxa efetiva de juros da operação no período foi:

a) 10%;
b) 10,44%;
c) 10,77%;
d) 11,11%.

Solução: Novamente, a questão envolve o cálculo da taxa efetiva em uma operação de desconto simples comercial.

Dados fornecidos na questão:

N = 2.000,00

n = 2,5 meses

i = 4% a.m.

taxa efetiva =?

Como já dissemos, a taxa efetiva é a taxa de juros que aplicada sobre o valor líquido produz um montante igual ao valor nominal.

1) Primeiramente, calcularemos o valor atual dessa operação de desconto:

$i \,.\, n = 4 \,.\, 2,5 = 10$

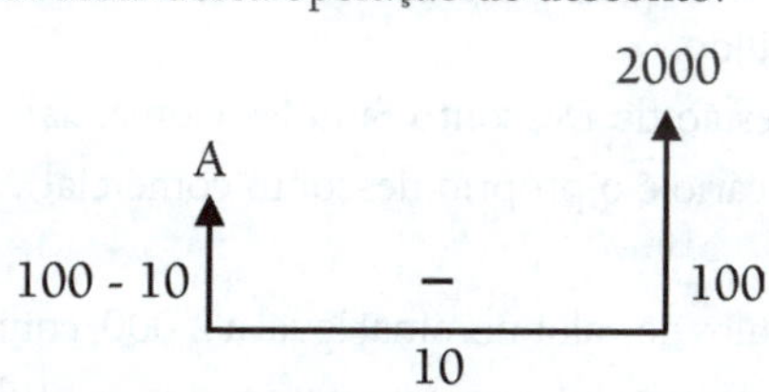

Daí: $\dfrac{A}{90} = \dfrac{2000}{100} \rightarrow \dfrac{A}{90} = 20$

A = 1800

2) Cálculo da taxa efetiva

Faremos uma operação de juros simples considerando que o Capital é o valor atual, o Juro é o valor do desconto e o Montante é o valor nominal do título, e calcularemos a taxa de juros da operação que será a própria taxa efetiva.

Capital: C = 1800

Montante: M = 2000

Juros: J = M – C = 2000 – 1800 = 200

tempo: n = 1 período

taxa efetiva no período: i =?

$i \cdot n = i \cdot 1 = i$

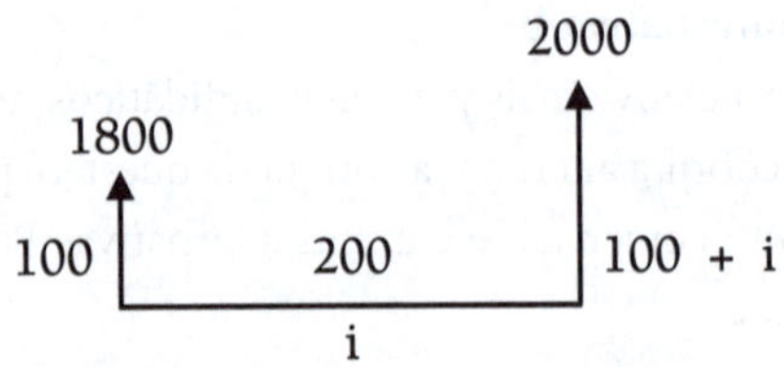

Daí: $\dfrac{1800}{100} = \dfrac{200}{i} \rightarrow 18 = \dfrac{200}{i} \rightarrow i = \dfrac{200}{18}$

$\rightarrow i = \dfrac{100}{9} \rightarrow i = 11{,}11\%$ ao período **(Resposta!)**

11. (CESPE) No desconto simples comercial de 4 títulos, à mesma taxa de desconto, cada um no valor de R$ 2.000,00, com vencimentos mensais e sucessivos. a partir de 30 dias, obteve-se um valor líquido de R$ 7.000,00. Com relação à situação descrita, julgue os itens que se seguem.

a) A taxa de desconto simples do título que vence em 120 dias corresponde à taxa de juros simples de 6,25% ao mês.
b) A taxa de desconto simples para cada título é igual a 5% ao mês.
c) O desconto obtido para o título que vence em 90 dias é o triplo do desconto obtido para o título que vence em 30 dias.
d) As taxas mensais de juros simples dos valores atuais dos títulos são diferentes.
e) No desconto simples bancário, a taxa de desconto incide sobre o valor atual ou líquido.

Solução: Questão de Desconto Simples Comercial (quando não há taxas administrativas, o desconto bancário é o próprio desconto comercial).

Dados:
Quatro títulos de valor nominal igual a 2.000, com datas de vencimento de 1, 2, 3 e 4 meses.
A taxa de desconto é a mesma para todos os títulos.
Soma dos valores líquidos dos títulos: $A_{total} = 7.000$

O desenho da questão é o seguinte:

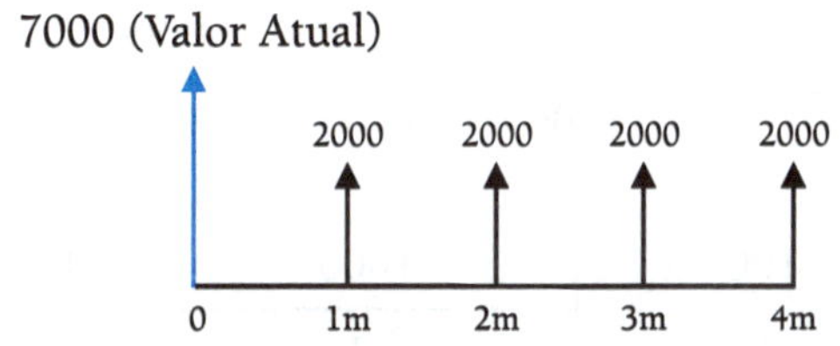

Seja numa operação de juros simples, ou seja numa operação de desconto simples, toda vez que tivermos várias parcelas iguais e consecutivas, devemos usar o artifício de transformar a série de parcelas em uma única parcela.

O valor dessa parcela única será igual à soma das parcelas, daí:

Valor da parcela única: 4 × 2000 = **8.000,00**

A parcela única deve ser colocada no centro das quatro parcelas de 2.000,00. Daí, teremos o seguinte desenho:

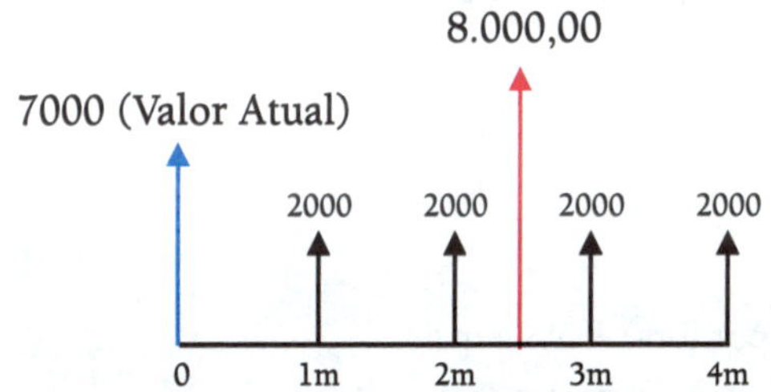

Depois que fixamos a parcela única no desenho, já podemos apagar as quatro parcelas de 2000. Então ficaremos somente com a parcela única e o valor atual de 7.000,00, conforme é mostrado no desenho seguinte:

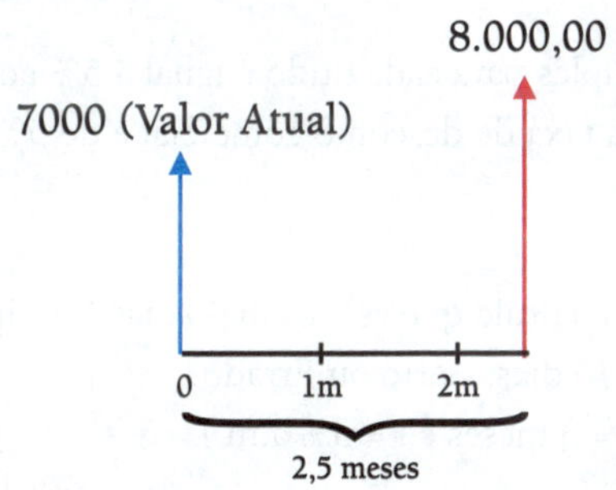

Agora, calcularemos a taxa de desconto simples comercial, com base no desenho acima:

Valor Atual: A = 7.000,00

Valor Nominal: N = 8.000,00

Desconto: D = N – A = 8000 – 7000 = 1000,00

tempo de antecipação: n = 2,5 meses

taxa de desconto **por fora**: i =?

$i \,.\, n = i \times 2{,}5 = 2{,}5i$

Aplicando a fórmula de desconto simples por fora, teremos:

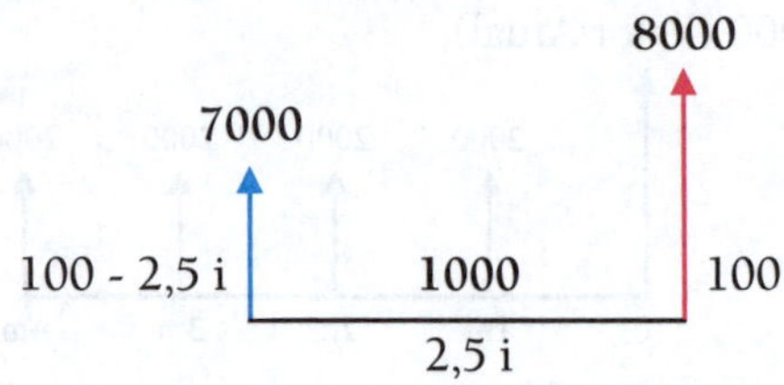

Daí: $\frac{8000}{100} = \frac{1000}{2,5i}$ → $8 \times 2,5i = 100$ → $i = 5$

Portanto, a taxa de desconto comercial é de **5% a.m.**

Com esses dados em mãos, vamos responder os itens da questão:

a) A taxa de desconto simples do título que vence em **120 dias** corresponde à taxa de juros simples de **6,25% ao mês**. Certo ou Errado?

A taxa de desconto comercial é de **5% a.m.**, sendo a mesma para todos os títulos.

– A taxa de juros (efetiva) correspondente à taxa de desconto de 5% a.m. pode ser obtida pela fórmula:

$$\frac{100}{i_f} - \frac{100}{i} = n$$

Onde:

i (taxa de juros) =?

i_f (taxa de desconto por fora) = 5% a.m.

n (prazo de antecipação) = 4 meses

$\frac{100}{5} - \frac{100}{i} = 4$ → $\frac{100}{i} = 16$ → $i = \frac{100}{16}$ → **i = 6,25**

Taxa de juros de **6,25% a.m. (Portanto, item certo!)**

b) A taxa de desconto simples para cada título é igual a 5% ao mês. Certo ou Errado?

Já havíamos obtido que a taxa de desconto comercial é de 5% a.m.

(Portanto, item certo!)

c) O desconto obtido para o título que vence em 90 dias é o triplo do desconto obtido para o título que vence em 30 dias. Certo ou Errado?

3º título (N = 2000, n = 3 meses e i = 5% a.m.):

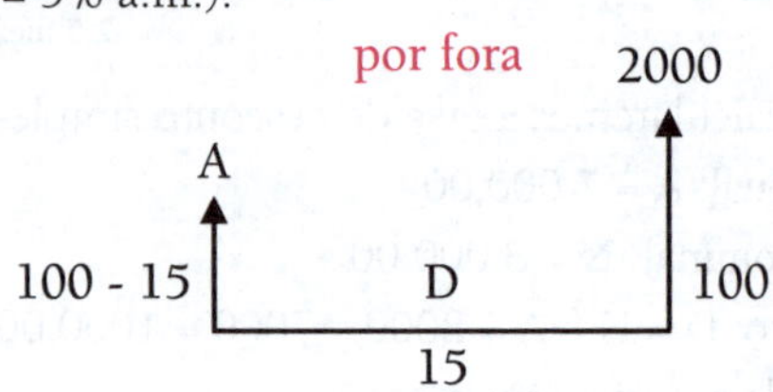

Dai: $\frac{D}{15} = \frac{2000}{100}$ → $D = \frac{2000 \times 15}{100}$ → D = 300

<u>**1º título**</u> (N = 2000, n = 1 mês e i = 5% a.m.):

Daí: $\frac{D}{5} = \frac{2000}{100} \rightarrow D = \frac{2000 \times 5}{100} \rightarrow D = 100$

Assim, concluímos que o desconto do 3º título é o triplo do desconto do 1º título, e, portanto, **o item está correto.**

d) As taxas mensais de juros simples dos valores atuais dos títulos são diferentes. Certo ou Errado?

Para obter a taxa de juros correspondente a cada título, teremos que aplicar a fórmula utilizada no item "a" desta questão. Dentro desta fórmula temos o elemento "*n*" que é tempo de vencimento de cada título, e como cada título tem um valor *n* diferente, isto implica que a taxa de juros correspondente será diferente para cada um deles. Portanto, o item está correto.

e) No desconto simples comercial, a taxa de desconto incide sobre o valor atual ou líquido. Certo ou Errado?

Item errado. No desconto comercial, a taxa de desconto incide sobre o valor nominal. É no desconto racional que a taxa de desconto incide sobre o valor atual.

DESCONTO SIMPLES – EXERCÍCIOS PROPOSTOS

DESCONTO SIMPLES POR DENTRO E POR FORA

01. (Ministério da Fazenda Contador 2013 ESAF) Um título de valor nominal igual a R$ 15.000,00 foi descontado 6 meses antes do seu vencimento. O desconto pela antecipação do título foi de acordo com o sistema de desconto comercial simples a uma taxa de 10% ao trimestre. O valor ao qual o título foi descontado é igual a:

a) R$ 6.000,00.
b) R$ 13.000,00.
c) R$ 10.000,00.
d) R$ 9.000,00.
e) R$ 12.000,00.

02. (Auditor Fiscal SEFAZ-RS 2014 Fundatec) Um título de crédito de R$ 26.000,00 foi descontado em uma instituição financeira 38 dias antes do vencimento, a uma taxa de desconto de 3% ao mês. Calcule o valor atual do título, considerando que a operação foi feita utilizando o desconto bancário ou "por fora".

a) R$ 22.520,00.
b) R$ 25.012,00.
c) R$ 25.021,00.
d) R$ 25.220,00.
e) R$ 25.250,00.

03. (Fiscal da Receita do Amapá 2010 FGV) Pedro desconta um título de R$ 7.000,00 com vencimento de 60 dias em um banco que cobra taxa de desconto simples "por fora" de 4% ao mês. Pedro receberá:

a) R$ 6.720,00.
b) R$ 6.471,89.
c) R$ 6.451,20.
d) R$ 6.440,00.
e) R$ 6.160,00.

04. (Auditor Fiscal do Estado do RJ 2011 FGV) Um título com valor de R$ 15.000,00 a vencer em 4 meses é descontado no regime de juros simples a uma taxa de desconto "por fora" de 6,25% ao mês. O valor presente do título é igual a

a) R$ 9.750.
b) R$ 12.000.
c) R$ 11.769.
d) R$ 10.850.
e) R$ 11.250.

05. (Banco da Amazônia Técnico Bancário 2010 CESPE) julgue o item subsequente.

1. Considerando que a instituição financeira X ofereça aos clientes a taxa de desconto de 2,4% ao mês para desconto de títulos, e que a instituição concorrente Y ofereça uma redução de 25% na taxa praticada pela X, para descontos dos títulos com vencimentos em até 90 dias, então o valor atual, com desconto simples por fora, pago pela Y para um título com valor de face de R$ 1.000,00 e que vence em 2 meses é inferior a R$ 960,00.

06. (SEFAZ/CE 2007 ESAF) Uma dívida no valor de R$ 20 000,00 vence dentro de quatro meses. Calcule a redução da dívida se ela for paga hoje com um desconto comercial simples a uma taxa de 2,5% ao mês.

a) R$ 2 400,00
b) R$ 2 300,00
c) R$ 2 200,00
d) R$ 2 100,00
e) R$ 2 000,00

07. (Analista de Controle Interno SEFAZ-RJ 2011 FGV) Um título no valor de R$ 40.000,00 foi descontado com 45 dias antes do vencimento do prazo para pagamento. O valor do desconto comercial, a uma taxa de 60% ao ano, é

a) R$ 3.000,00.
b) R$ 4.000,00.
c) R$ 4.500,00.
d) R$ 5.000,00.
e) R$ 3.500,00.

08. (Fiscal de Rendas SMF-RJ 2010 ESAF) Um título sofre um desconto simples por fora de R$ 2.500,00 quatro meses antes do seu vencimento a uma taxa de desconto de 2,5% ao mês. Qual é o valor mais próximo do valor nominal do título?

a) R$ 22.500,00
b) R$ 25.000,00
c) R$ 17.500,00
d) R$ 20.000,00
e) R$ 27.500,00

09. (APOFP SEFAZ-SP 2010 FCC) O valor do desconto de um título, em um banco, é igual a 2,5% de seu valor nominal. Sabe-se que este título foi descontado 50 dias antes de seu vencimento, segundo uma operação de desconto comercial simples e considerando a convenção do ano comercial. A taxa anual de desconto correspondente é igual a

a) 24%
b) 20%
c) 18%
d) 15%
e) 12%

10. (TRT13 Analista Judiciário 2014 FCC) Um título com valor nominal de R$ 10.000,00 é resgatado três meses antes do vencimento, pelo valor líquido de R$ 8.500,00. A taxa de desconto comercial praticada nessa operação é de

a) 17,65% no período.
b) 5,00% ao mês.
c) 5,57% ao mês.
d) 4,77% ao mês.
e) 16,50% no período.

11. (Auditor-Fiscal do Trabalho 2010 ESAF) Um título sofre um desconto simples por dentro de R$ 10.000,00 cinco meses antes do seu vencimento a uma taxa de desconto de 4% ao mês. Qual o valor mais próximo do valor nominal do título?

a) R$ 60.000,00.
b) R$ 46.157,00.
c) R$ 56.157,00.
d) R$ 50.000,00.
e) R$ 55.000,00.

12. (Fiscal de Rendas SEFAZ-RJ 2010 FGV) A empresa Bonneli recebeu, pelo valor de R$ 18.000,00, por meio de uma operação de *factoring*, R$ 12.000,00 como sendo o valor atual. O prazo de antecipação, em dias, se a taxa de juros foi de 5% ao mês, no regime juros simples, foi de:

a) 300.
b) 600.
c) 900.
d) 100.
e) 120.

13. (Auditor do Tesouro Municipal de Recife 2014 FGV) Assinale a expressão que não pode ser utilizada para obter o valor do desconto racional "por dentro" de um título sob o regime de juros simples. Considere as seguintes siglas:

VP=Valor Presente. VF=Valor Futuro. i=taxa de desconto. n=prazo.

a) $VP \times i \times n$
b) $VF - VP$
c) $VF - VF / (1 + i \times n)$
d) $VF \times i \times n / (1 + i \times n)$
e) $(VF/ VP - 1) \times (1/n)$

14. (Fiscal de Rendas SEFAZ-RJ 2010 FGV) Com relação aos diferentes tipos de *desconto simples* analise as afirmativas a seguir:

I. O desconto racional (por dentro), no regime de capitalização simples, é dado pela diferença entre o valor futuro e o valor presente.

II. O desconto comercial (por fora), no regime de capitalização simples, é dado pela relação D = VF*d*n, no qual VF é o valor futuro, *d* é a taxa de desconto por período e n é o número de períodos de desconto.

III. o desconto bancário é o contrato pelo qual o banco (descontador) antecipa ao cliente (descontário) o valor de um crédito.

Assinale:

a) se somente as afirmativas I e II estiverem corretas.
b) se somente as afirmativas I e III estiverem corretas.
c) se somente a afirmativa III estiver correta.
d) se somente as afirmativas II e III estiverem corretas.
e) se todas as afirmativas estiverem corretas.

15. (Auditor Fiscal de Receitas Estaduais Pará 2013 UEPA) Um microempresário resgatou um título pela modalidade de desconto comercial simples oito meses antes de seu vencimento a uma taxa de desconto de 4% ao mês, totalizando um desconto de R$ 48.840,00. Se fosse aplicada a modalidade de desconto racional simples, considerando o mesmo título, a mesma taxa e o mesmo prazo, o valor desse desconto racional seria de:

a) R$ 37.000,00
b) R$ 39.000,00
c) R$ 42.500,00
d) R$ 44.000,00
e) R$ 44.971,00

16. (Auditor Fiscal do Tesouro Estadual FAZ-PE 2014 FCC) Um título de valor nominal R$ 1.196,00 vai ser descontado 20 dias antes do vencimento, à taxa mensal de desconto simples de 6%. O módulo da diferença entre os dois descontos possíveis, o racional e o comercial, é de

a) R$ 12,08
b) R$ 18,40
c) R$ 0,96
d) R$ 1,28
e) R$ 1,84

17. (ICMS-SP 2009 FCC) Um comerciante poderá escolher uma das opções abaixo para descontar, hoje, um título que vence daqui a 45 dias.

I. Banco A: a uma taxa de 2% ao mês, segundo uma operação de desconto comercial simples, recebendo no ato o valor de R$ 28.178,50.

II. Banco B: a uma taxa de 2,5% ao mês, segundo uma operação de desconto racional simples.

Utilizando a convenção do ano comercial, caso opte por descontar o título no Banco B, o comerciante receberá no ato do desconto o valor de

a) R$ 27.200,00
b) R$ 27.800,00
c) R$ 28.000,00
d) R$ 28.160,00
e) R$ 28.401,60

18. (Auditor Fiscal de Tributos Estaduais de Rondônia 2010 FCC) Um título é descontado em um banco 45 dias antes de seu vencimento, considerando a convenção do mês comercial. A taxa de desconto utilizada pelo banco é de 3% ao mês. Caso a operação seja a do desconto racional simples, o valor presente do título é igual a R$ 40.000,00. Utilizando a operação do desconto comercial simples, o valor presente do título é

a) R$ 39.959,50
b) R$ 39.919,00
c) R$ 39.209,50
d) R$ 38.949,00
e) R$ 38.200,00

19. (TRF3 Analista Judiciário 2014 FCC) Duas duplicatas de valores nominais iguais são descontadas em um banco a uma taxa de 24,0% ao ano. Sabe-se que a primeira duplicata foi descontada 4 meses antes de seu vencimento, segundo uma operação de desconto racional simples, e o valor do desconto foi igual a R$ 1.200,00. A segunda duplicata foi descontada 5 meses antes de seu vencimento, segundo uma operação de desconto comercial simples. A porcentagem que o valor presente da segunda duplicata representa do valor presente da primeira duplicata é, em %, de

a) 90,0.
b) 96,0.
c) 94,0.
d) 97,2.
e) 92,4.

20. (PGE-BA 2013 FCC) Uma duplicata foi descontada 3 meses antes de seu vencimento, segundo uma operação de desconto comercial simples, a uma taxa de desconto de 24% ao ano, e o valor atual do título foi igual a R$ 22.419,00. Caso fosse utilizada a operação de desconto racional simples, também a uma taxa de desconto de 24% ao ano, a soma dos valores dos descontos encontrados pelas duas operações seria igual a

a) R$ 3.144,00.
b) R$ 3.079,00.
c) R$ 2.862,00.
d) R$ 2.781,00.
e) R$ 2.401,00.

21. (Analista do Tesouro Estadual SEFAZ-PI 2015 FCC) A taxa de desconto utilizada em um banco para as operações de desconto de títulos é de 24% ao ano. Se um título é descontado neste banco 3 meses antes de seu vencimento, verifica-se que o valor do desconto comercial simples supera o valor do desconto racional simples em R$ 73,80. O valor atual do título, considerando o desconto comercial simples, é igual a

a) R$ 19.768,20
b) R$ 20.238,20
c) R$ 20.285,20
d) R$ 20.332,20
e) R$ 20.426,20

22. (Auditor Fiscal da Fazenda Estadual SEF-PI 2015 ESAF) Três meses antes de seus vencimentos, dois títulos foram descontados em um banco, com taxa de desconto de 48% ao ano. Sabe-se que o valor nominal do primeiro título era o dobro do valor nominal do segundo. Para o primeiro, utilizou-se a operação de desconto comercial simples e, para o segundo, a de desconto racional simples. Se a soma dos descontos foi igual a R$ 1.215,00, então, o módulo da diferença entre os dois valores líquidos recebidos foi

a) R$ 3.965,00
b) R$ 9.285,00
c) R$ 3.035,00
d) R$ 3.500,00
e) R$ 3.830,00

23. (Auditor Fiscal da Receita Estadual SFA-RJ 2014 FCC) Um título é descontado em um banco 5 meses antes de seu vencimento com a utilização do desconto comercial simples a uma taxa de desconto de 36% ao ano. Caso este título tivesse sido descontado com a utilização do desconto racional simples, também a uma taxa de desconto de 36% ao ano, o correspondente valor atual superaria o valor atual anterior em R$ 517,50. O valor do desconto apurado com a utilização da operação de desconto racional simples é

a) R$ 3.500,00
b) R$ 3.300,00
c) R$ 3.350,00
d) R$ 3.400,00
e) R$ 3.450,00

24. (Analista de Controle Interno SEFAZ-RJ 2012 CEPERJ) A diferença entre os descontos racional e comercial de um título para 3 meses, à taxa de 120% a.a., é R$ 500,00. O valor nominal do título é:

a) R$ 7.839,72
b) R$ 8.732,02
c) R$ 7.222,22
d) R$ 7.500,00
e) R$ 7.938,70

25. (Analista de Controle Interno SEFAZ-RJ 2013 CEPERJ) Uma empresa apresenta 9 títulos de mesmo valor para serem descontados em um banco. Sabe-se que a taxa de desconto é de 2,8% ao mês, que os títulos vencem de 30 em 30 dias, a partir da data de entrega do borderô, e que o valor líquido creditado em favor da empresa correspondeu a R$ 25.000,00, o valor de cada título é:

a) R$ 3.229,97
b) R$ 5.100,00
c) R$ 8.965,45
d) R$ 3.588,39
e) R$ 8.800,00

TAXA EFETIVA DE JUROS NO DESCONTO SIMPLES COMERCIAL

26. (ATRFB 2012 ESAF) Um título de R$ 20.000,00 foi descontado 4 meses antes do seu vencimento, a uma taxa de desconto comercial simples de 5% ao mês. A taxa efetiva mensal de juros simples dessa operação é igual a

a) 6,50%.
b) 5,50%.
c) 5,25
d) 6,00%.
e) 6,25%.

27. (TRT13 Analista Judiciário 2014 FCC) Um empresário apresentou em um banco uma duplicata para desconto seis meses antes do seu vencimento. O título tinha valor nominal de R$ 145.000,00 e a taxa de desconto comercial simples utilizada pelo gerente da agência foi de 1,75% ao mês. A taxa efetiva da operação no período foi, em %, aproximadamente,

a) 9,59.
b) 12,98.
c) 10,50.
d) 11,73.
e) 10,97.

28. (Técnico de Controle Interno Niterói FCC) Uma promissória de R$ 240.000,00 é descontada em um banco 60 dias antes do vencimento pelo desconto comercial simples, aplicando-se uma determinada taxa de desconto. Se a operação resulta em uma taxa linear efetiva de desconto de 12,5% ao mês, a taxa mensal de desconto comercial simples praticada pelo banco é de:

a) 15,0%;
b) 10,0%;
c) 9,5%;
d) 8,5%;
e) 6,5 %.

TAXA EFETIVA DE JUROS NO DESCONTO SIMPLES BANCÁRIO

29. (Fiscal de Rendas SEFAZ-RJ 2008 FGV) Um banco desconta (desconto simples por fora), dois meses antes do vencimento, promissórias com taxa de desconto de 5% ao mês e exige que 20% do valor de face da promissória sejam aplicados em um CDB que rende 6% nesses dois meses. A taxa bimestral de juros cobrada pelo banco é de, aproximadamente:

a) 9,2%.
b) 12,6%.
c) 11,1%.
d) 10,3%.
e) 18,4%.

30. (CETAM 2014 FCC) Uma empresa comercial descontou uma duplicata cujo valor nominal era R$ 50.000,00, que venceria em 60 dias. A taxa de desconto comercial simples cobrada pela instituição financeira foi de 4% a.m. A referida instituição cobrou adicionalmente tarifa bancária, na data da liberação dos recursos, de 1% do valor nominal da duplicata. Com base nessas informações, a expressão utilizada para se obter a taxa efetiva (i) desta operação, ao mês, é dada por

a) $50.000 = 45.500 (1 + i)^2$
b) $54.500 = 50.000 (1 + i)^2$
c) $50.000 = 45.871 (1 + i)^2$
d) $50.000 = 46.000 (1 + i)^2$
e) $54.000 = 49.500 (1 + i)^2$

31. (Analista de Controle Interno SEFAZ-RJ 2012 CEPERJ) Um título de valor de face R$2.500,00, com vencimento para 30 dias, é apresentado para desconto a um Banco que cobra 12% ao mês, 1,5% de taxa administrativa incidente sobre o valor nominal do título, exigindo, ainda, saldo médio de 20%. A taxa efetiva utilizada na operação do desconto do título foi de:

a) i_{ef} =50,38% a.a.
b) i_{ef} =5,38% a.m.
c) i_{ef} =5,98% a.m.
d) i_{ef} =53,38% a.a.
e) i_{ef} =50,38% a.m.

32. (AFC-TCU 2000 ESAF) Uma empresa desconta um título no valor de face de R$ 10.000,00 em um banco, trinta dias antes do vencimento, obtendo um desconto de 3% do valor nominal do título. Se o banco cobrasse ainda uma taxa de abertura de crédito de R$ 50,00 e 1% do valor nominal do título como imposto financeiro, no momento do desconto do título, qual seria o custo do empréstimo, em termos da taxa de juros real paga pela empresa?

a) 3,09% ao mês.
b) 4,00% ao mês.
c) 4,71% ao mês.
d) 4,59% ao mês.
e) 4,50% ao mês.

PRAZO MÉDIO NO DESCONTO SIMPLES

33. (APOFP SEFAZ-SP 2013 VUNESP) Ao descontar um título em um banco, utiliza-se uma taxa de desconto comercial. O desconto é proporcional à taxa de juros e ao prazo. Quando vários títulos com prazos diferentes são descontados, uma das maneiras é calcular o prazo médio dos títulos. A média dos prazos deve ser ponderada, ou seja, o prazo associado ao maior capital tem maior peso enquanto o prazo associado ao menor capital tem menor peso. Considere os quatro títulos a seguir:

VALOR DO TÍTULO	PRAZO ATÉ O VENCIMENTO
R$ 300,00	6 dias
R$ 200,00	10 dias
R$ 50,00	24 dias
R$ 650,00	40 dias

Nesse caso, o prazo médio dos títulos é de

a) 22,48 dias.
b) 80 dias.
c) 20 dias.
d) 24 dias.
e) 25,83 dias.

34. (APOFP SEFAZ-SP 2013 VUNESP) Na questão anterior, à taxa de descontos de 6% ao mês, o valor total dos descontos será de

a) R$ 62,00.
b) R$ 124,00.
c) R$ 76,20.
d) R$ 96,00.
e) R$ 14,80.

Capítulo 4

Equivalência Simples de Capitais

4.1. Operação de Equivalência de Capitais: o que é?

Já no capítulo anterior, foi dito que a Equivalência de Capitais é uma operação que depende do conhecimento do assunto Desconto. Veremos aqui que, em uma única operação de Equivalência, poderemos ser levados a fazer uma, duas, três ou várias operações de Desconto.

A Equivalência de Capitais é um tipo de questão que, normalmente, se revela em três modelos distintos. Passemos a estudá-los.

- **Modelo I da Questão de Equivalência:**

Num primeiro modelo deste tipo de questão, teremos, por exemplo, que uma pessoa, um comerciante, fez uma compra a prazo. Ele levou a mercadoria para sua casa hoje e comprometeu-se a pagar por aquele bem por meio de duas parcelas, uma de R$ 1.000,00, daqui a 30 dias, e outra de R$ 2.000,00, daqui a 60 dias.

Então, a situação inicial, ou seja, a forma contratada originalmente para efetuar aquela compra era a seguinte:

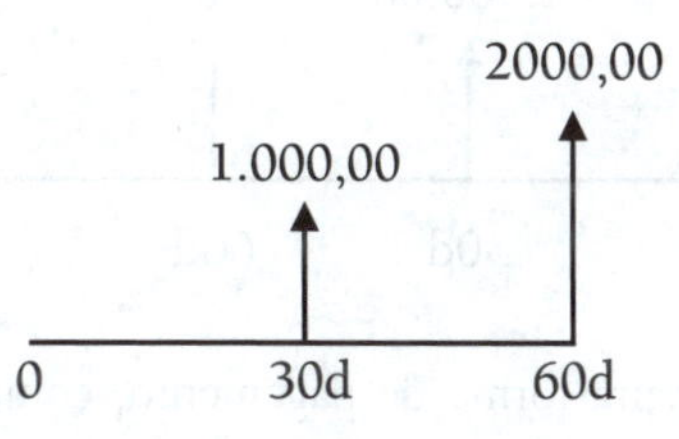

Ocorre que, chegando na véspera de efetuar o pagamento da primeira parcela (a de R$ 1.000,00), o comprador viu-se sem nenhum dinheiro ou, dito na linguagem da prova: "... por não dispor de numerário suficiente...". Entenda-se: o devedor não tinha o dinheiro pra pagar aquela parcela. Então, o que ele fez? Ligou para o seu credor e lhe disse: "Devo e quero pagar. Só que de uma forma diferente". Ou seja, ele, o comprador, quer se utilizar de uma nova forma de pagamento, que irá substituir a maneira inicialmente contratada.

A *nova forma de pagamento*, tal como pretendida pelo devedor, é a seguinte: duas parcelas iguais, nas datas 90 dias e 120 dias.

Desenhando essa segunda forma de pagamento, que substituirá a forma originalmente contratada, teremos:

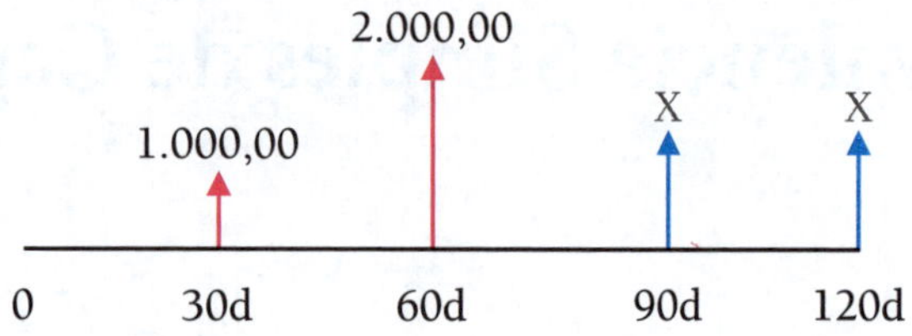

Neste desenho, nós temos ilustradas as duas diferentes formas de liquidar a compra: a primeira forma de pagamento (em vermelho), que foi a forma contratada no início; e a segunda (em azul), que irá justamente substituir a primeira.

Ora, para que nem eu e nem o meu credor saiamos perdendo, é preciso que, a uma determinada taxa previamente estabelecida, a segunda forma de pagamento seja **equivalente** à primeira.

- **Modelo II da Questão de Equivalência:**

Um outro tipo de enunciado de equivalência falaria de um determinado bem, o qual poderá ser comprado de duas formas diferentes: a forma à vista e a forma a prazo. Por exemplo, um computador, que custa à vista R$ 3.000,00, poderia ser pago em três parcelas, sendo a primeira delas, na data 30 dias, no valor de R$ 1.500,00 e as outras duas parcelas, iguais e de valor desconhecido, nas datas 60 e 90 dias.

Ora, se desenharmos esse enunciado, teremos:

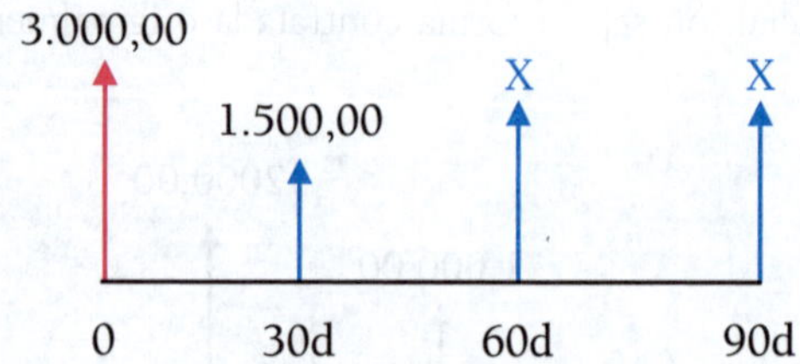

Aqui, teremos que a primeira forma de pagamento, compra à vista, está representada com o traço em vermelho; e a segunda forma de pagamento, que substituiria a primeira, está representada em azul.

Ora, quando se vai vender a prazo, a loja informa ao consumidor que ele estará suportando uma taxa naquela operação. Todos os dias assistimos às propagandas na televisão: "... leve hoje seu DVD para casa, por apenas R$ 600,00 à vista, ou em 12 vezes com uma taxa de *apenas* 4% ao mês!"

Daí, àquela taxa contratada, é preciso que a forma de pagamento a prazo seja **equivalente** à forma de pagamento à vista.

- **Modelo III da Questão de Equivalência:**

Outra forma de uma questão de equivalência se mostrar é quando se fala em *empréstimo*. Ora, um empréstimo poderá ser feito por uma pessoa, por uma empresa, por um país etc. Todo empréstimo se trata de uma quantia em dinheiro, a qual se obtém *hoje* e que terá de ser devolvida numa data futura. Obviamente que, quando se vai devolver no futuro um valor que havia sido tomado emprestado, paga-se sempre um valor maior.

Será sempre assim, pois, conforme já sabemos, na Matemática Financeira o dinheiro nunca fica parado.

Todavia, é preciso que exista alguma definição de quanto é que iremos pagar no futuro, a título de devolução do que foi emprestado hoje. E isso fica a critério da taxa envolvida na operação.

Um exemplo: alguém pegou um empréstimo hoje, no valor de R$ 5.000,00. E comprometeu-se a pagar por isto da seguinte forma: duas parcelas iguais, nas datas 30 e 60 dias.

Desenhemos esta questão:

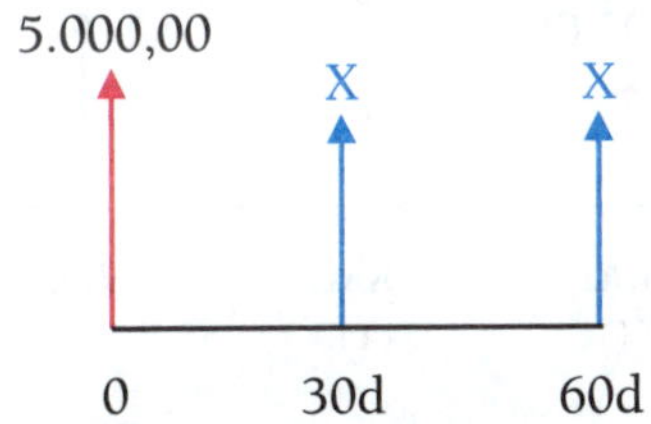

Ora, para que nem eu e nem o meu credor saiamos perdendo, será preciso que o valor que eu irei devolver seja **equivalente** àquele que havia sido tomado emprestado.

Faz-se importante frisar que, em todos os três casos ilustrados acima, a palavra **equivalente** não é sinônimo da palavra **igual**. Se assim o fosse, tomando como exemplo esse desenho acima, diríamos que as duas parcelas de X seriam iguais a R$ 2.500,00, uma vez que 2 × 2.500 = 5.000,00. Aí, teríamos que o valor devolvido seria **igual** ao valor tomado de empréstimo. Mas não se trata de **igualdade**. Trata-se de **equivalência**. E esse conceito de **equivalência** se verifica tomando por base uma **taxa** envolvida na operação.

4.2. Elementos de uma Questão de Equivalência de Capitais

Não é difícil identificar que estamos trabalhando numa questão de Equivalência de Capitais. Perceberemos sempre que haverá duas formas de pagamento para quitar uma dívida; ou haverá uma quantia que deverá ser equivalente à outra. Enfim, haverá duas **obrigações** que se equivalerão entre si.

Serão, portanto, elementos de uma questão de equivalência de capitais, os seguintes:

→ Valores da "Primeira Obrigação".

→ Valores da "Segunda Obrigação".

→ Tempos.

→ Taxa.

→ "Data Focal".

Analisemos cada um deles:

- **Valores da "Primeira Obrigação"**: são aqueles valores monetários que representam:

→ **No Modelo I**: aqueles valores em vermelho, que indicam que a compra a prazo foi originalmente contratada para ser paga em 30 e 60 dias. Ou seja, é a **forma original de pagamento**. Portanto, representaremos esses valores por (I), de primeira obrigação.

Teremos:

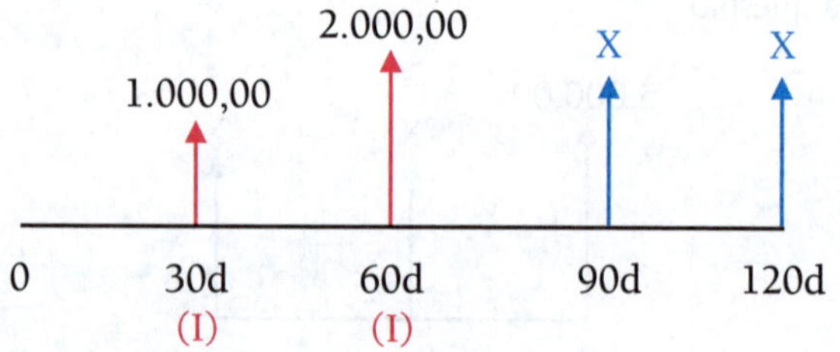

→ **No Modelo II**: aquele valor em vermelho, que ilustra a forma de venda à vista daquele determinado bem. Designaremos aquele valor como (I). Teremos:

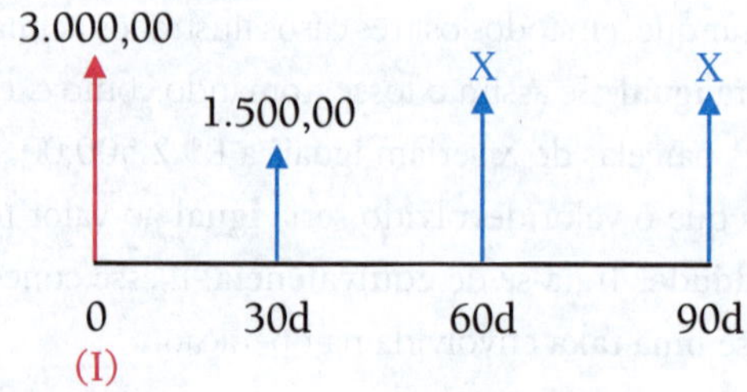

→ **No Modelo III**: o valor que representa a quantia que foi, na data atual, tomada a título de empréstimo. Novamente, usaremos (I) para designar esta quantia. Teremos:

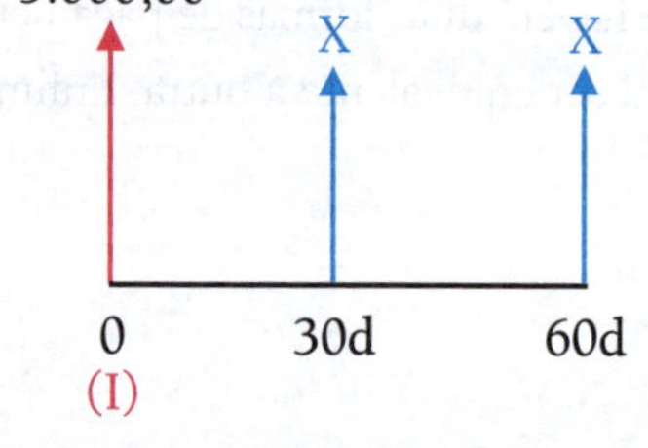

- **Valores da "Segunda Obrigação"**: aqueles valores monetários que representam:
  → **No Modelo I**: os valores em azul. Ou seja, as duas parcelas que, neste tipo de questão, irão **substituir** a forma original de pagamento. Em outras palavras, é a forma alternativa de pagamento de uma obrigação que fora originalmente contratada, e está sendo agora alterada.

Designaremos estas parcelas por (II). É a nossa **segunda forma de pagamento**.

Teremos:

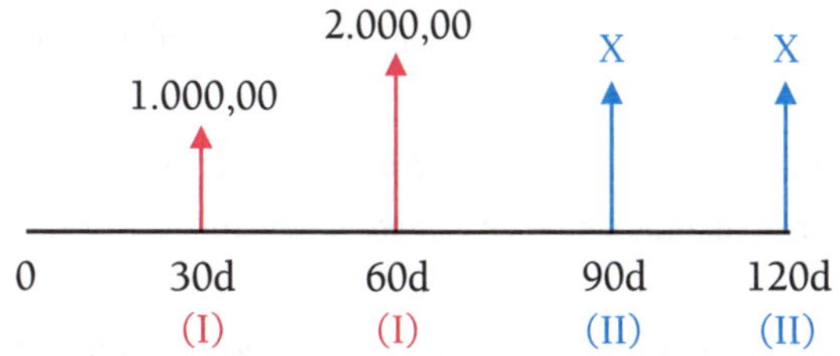

→ **No Modelo II**: aquelas parcelas em azul, que representam a forma a prazo de venda daquele determinado bem. Designaremos aquele valor como (II). Teremos:

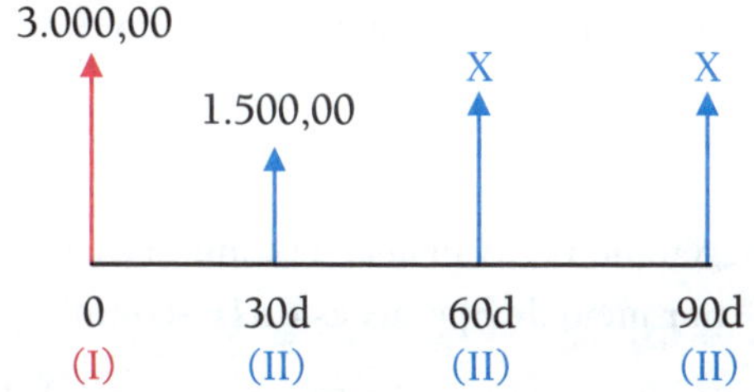

→ **No Modelo III**: as parcelas que representam a devolução do que havia sido tomado emprestado. Usaremos novamente a designação (II) para estes valores. Teremos:

- **"Tempos"**: são as datas em que estarão localizados os valores que compõem a Primeira e a Segunda Obrigações.

Por exemplo, no exemplo do Modelo I, teremos que:

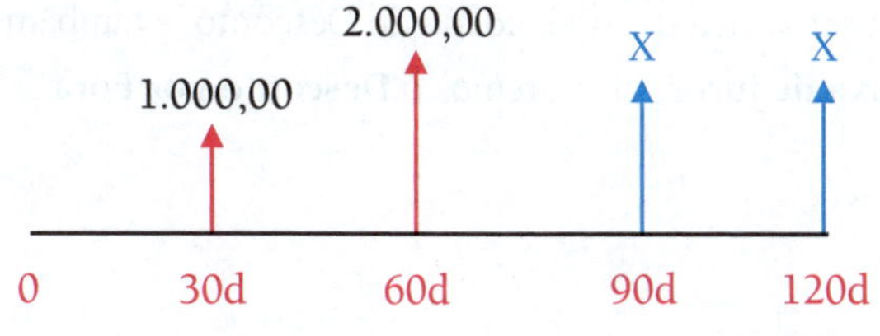

Ou seja, as datas da primeira obrigação são 30 dias e 60 dias; as da segunda obrigação são 90 e 120 dias. Apenas isso.

Na resolução de uma questão de Equivalência, é absolutamente *essencial* saber *desenhar* a questão. Ou seja, saber as datas corretas, dispostas na *linha do tempo*, onde irão estar localizados os valores da Primeira Obrigação e da Segunda Obrigação.

- "**Taxa**": este elemento é sempre a *alma* da questão. Daí, surge aqui uma informação de suma importância: *nossa primeira preocupação, ao nos depararmos com uma questão de Equivalência de Capitais, será descobrir se estamos trabalhando no Regime Simples ou no Regime Composto.*

Ou seja, procuraremos ver o que é dito acerca da taxa, se esta é uma taxa simples ou uma taxa composta. Assim, as palavras *simples* e *composto* devem ser *vasculhadas* por nós, durante a leitura do enunciado.

Caso nada seja dito acerca do Regime daquela operação de Equivalência, se simples ou se composta, seguiremos a convenção que já é nossa conhecida: adotaremos o regime simples, e estaremos, portanto, diante de uma questão de equivalência simples de capitais.

Temos agora que passar à informação crucial desse assunto. Para dar a devida ênfase a ela, criaremos o tópico abaixo:

- Informação Chave da Equivalência:

"Toda questão de Equivalência de Capitais será resolvida por meio de operações de Desconto".

Ora, se a questão de equivalência será resolvida por operações de Desconto, é evidente que teremos que, na leitura do enunciado da questão de equivalência, tentar descobrir os *sinais* que nos indicarão o regime e a modalidade daquele Desconto, ou seja, se o Desconto é *Simples* ou é *Composto*, e se o Desconto é *Por Dentro* ou é *Por Fora*. E, normalmente, essa informação já nos será dada *gratuitamente* pelo enunciado.

Outras vezes, o enunciado poderá se omitir, por exemplo, sobre a modalidade das operações de Desconto que serão usadas em uma questão de equivalência. Nesse caso, cairemos na situação de *modalidade indefinida de Desconto* (vide item 5 do capítulo 3).

O que faremos então? Buscaremos ver o que o enunciado diz a respeito da **taxa**. E a regra, reproduzida abaixo, é a seguinte:

"Se a questão de desconto falar **expressamente** sobre uma **taxa de juros**, então estaremos diante do **Desconto Racional**, ou seja, do **Desconto por Dentro**. **Caso contrário**, se o enunciado nada dispuser acerca da modalidade do Desconto, e também não falar que a taxa da operação é uma **taxa de juros**, utilizaremos o **Desconto por Fora**".

Ou seja:

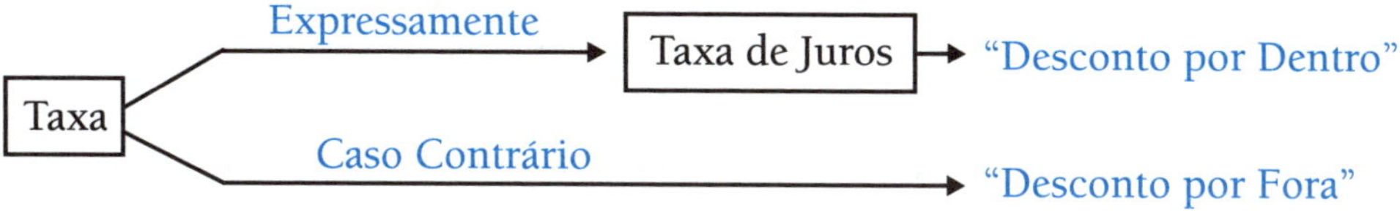

- **"Data Focal"**: é o último elemento da questão de Equivalência de Capitais. Será, para nós, uma *data de referência*, a ser utilizada nos passos de resolução da questão. A Data Focal só costuma ser bem compreendida quando virmos a primeira questão de equivalência ser resolvida. Por enquanto, fiquemos com duas informações importantes sobre ela:

Primeira – É uma *data de referência*, que será utilizada nos passos de resolução de qualquer questão de equivalência;

Segunda – **Quem manda na Data Focal nas questões de Equivalência Simples é o enunciado.**

Ou seja: se a questão de Equivalência se passa no Regime Simples, então estamos obrigados a adotar a Data Focal sugerida pelo enunciado. *Quem manda é o enunciado*! Porém, caso o enunciado da questão de Equivalência Simples nada disponha acerca da Data Focal, estaremos *obrigados*, por convenção, a adotar, como Data Focal, a *data zero* (o dia de hoje).

4.3. Resolvendo a Equivalência Simples: *a Receita*

Veremos aqui que resolver uma questão de Equivalência de Capitais nada mais é do que seguir as dicas de uma *receita*.

Ou seja, basta seguir os passos que serão aqui explicados, e saberemos resolver *qualquer* questão de Equivalência Simples que se nos apresentar.

Passemos aos primeiros exemplos.

Exemplo 1 – João comprou um determinado bem, comprometendo-se a pagar por ele uma quantia de R$ 1.000,00, daqui a 30 dias, e mais R$ 2.000,00, daqui a 60 dias. Por não dispor de numerário suficiente, deseja alterar esta forma originalmente contratada por uma outra, que consiste no pagamento de duas parcelas iguais, nas datas 90 e 120 dias. Qual será o valor das novas prestações, considerando na operação uma taxa de 5% ao mês, e o desconto racional simples?

Solução: Estamos diante do primeiro enunciado completo de Equivalência Simples, no mesmo estilo que poderemos encontrar em uma prova. Este exemplo é justamente aquele que foi mostrado no "Modelo I" das questões de Equivalência.

Observemos que a primeira frase do enunciado descreve como deverá ocorrer o pagamento de um determinado bem. Ou seja, é a forma de pagamento que foi originalmente contratada.

Na segunda frase, o enunciado vem propor uma **alteração**, uma **substituição** naquela forma original de pagamento. O comprador agora quer pagar pelo bem, só que de uma maneira diferente.

Somente pela leitura destas duas primeiras frases da questão, já identificamos o assunto. Se há duas formas de pagar o mesmo bem, é preciso que a segunda forma seja equivalente à primeira, e vice-versa. Ou seja, é preciso que uma forma de pagamento seja equivalente à outra.

Daí, lembraremos que toda questão de equivalência será resolvida por meio de operações de desconto. Então, resta-nos descobrir, pela leitura do enunciado, qual será o regime (*simples* ou *composto*) e qual será a modalidade (*por dentro* ou *por fora*) da operação de Desconto.

E essa informação já nos foi dada, na terceira frase do enunciado. Foi dito: "... considerando... o *desconto racional simples*". Ou seja, o Desconto é Simples, e é *por dentro*.

Conclusão: todas as operações de Desconto que formos realizar nesta questão serão operações de *Desconto Simples por Dentro*, conforme foi definido pelo enunciado.

Para que fique tudo *automatizado*, abriremos um parêntese neste Exemplo 1 e descreveremos uma seqüência de **Passos Preliminares** para a resolução de toda e qualquer questão de Equivalência Simples. Vejamos a seguir:

- **Passos Preliminares de Resolução da Equivalência Simples:**

→ **Primeiro Passo**: *desenhar* a questão.

Ou seja, traçar a linha do tempo, e colocar sobre ela, com traços verticais, os valores monetários, nas respectivas datas indicadas pelo enunciado e que representarão a primeira e a segunda formas de pagamento.

→ **Segundo Passo**: definir, no desenho que acabamos de fazer, quem será Primeira Obrigação, e quem será Segunda Obrigação.

Ou seja, colocar sob os valores que já estão desenhados os sinais (I) e (II), para designar, respectivamente, quem é primeira e quem é segunda obrigação.

→ **Terceiro Passo**: colocar **taxa** e **tempos** na mesma unidade.

Já sabemos que é exigência universal na matemática financeira trabalharmos com taxa e tempo na mesma unidade. Portanto, teremos também aqui essa preocupação preliminar.

→ **Quarto Passo**: descobrir qual será o regime e qual será a modalidade das operações de Desconto que serão realizadas naquela questão.

O que for definido pelo enunciado valerá para todas as operações de Desconto que forem necessárias na resolução da questão.

→ **Quinto Passo**: definir a localização da Data Focal.

Para isso, lembraremos da regra: quem manda na data focal, na questão de Equivalência Simples, é o enunciado. No caso do silêncio da questão sobre a Data Focal, usaremos a *data zero*, que é dia de hoje.

- **Voltando ao "Exemplo 1":**

Agora, vamos aplicar os passos que acabamos de aprender. Na verdade, convém saber que realizar esses *passos preliminares* discriminados acima nada mais é do que *preparar a questão* para os três passos efetivos de resolução.

Voltemos ao exemplo 1, que será reproduzido, e *preparemos* essa questão:

Exemplo 1 – João comprou um determinado bem, comprometendo-se a pagar por ele uma quantia de R$ 1.000,00, daqui a 30 dias, e mais R$ 2.000,00 daqui a 60 dias. Por não dispor de numerário suficiente, deseja alterar esta forma originalmente contratada por uma outra, que consiste no pagamento de duas parcelas iguais, nas datas 90 e 120 dias. Qual será o valor das novas prestações, considerando na operação uma taxa de 5% ao mês, o desconto racional simples e a data zero?

Solução: Vamos aos "passos preliminares" de resolução:

→ **Primeiro Passo**: "desenhar" a questão!

Teremos:

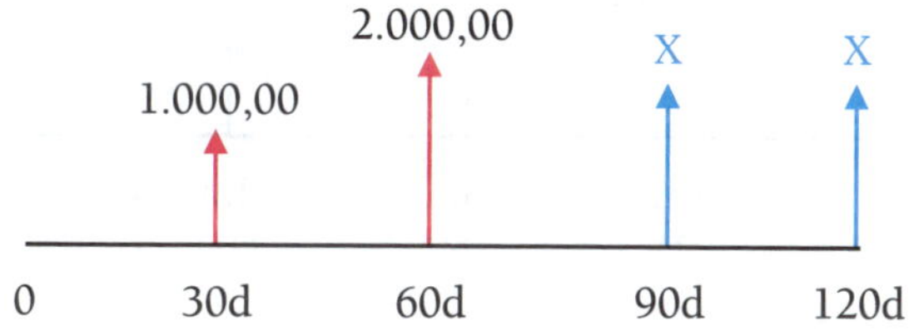

Observemos que as parcelas em azul foram chamadas de "X" por se tratarem de valores iguais e desconhecidos.

→ **Segundo Passo**: definir os valores de Primeira e de Segunda Obrigação.

Teremos:

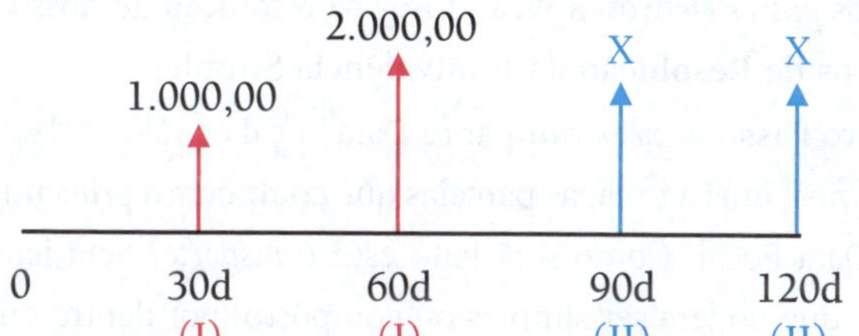

→ **Terceiro Passo**: colocar **taxa** e **tempos** na mesma unidade.

Ora, uma vez que a taxa fornecida pelo enunciado é uma taxa mensal (5% ao mês), passaremos os tempos todos para essa mesma unidade: mês. Teremos:

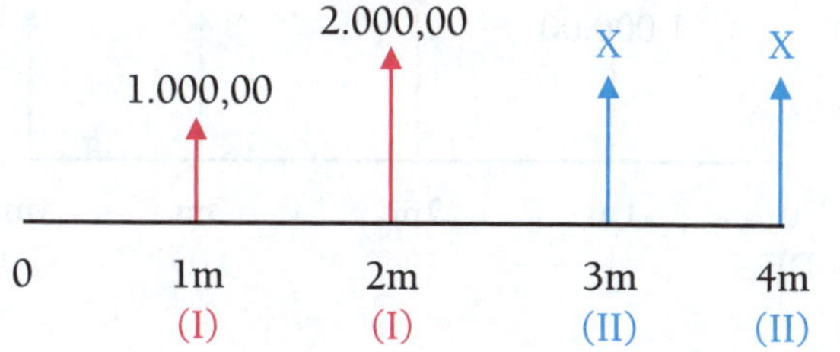

→ **Quarto Passo**: descobrir o regime e a modalidade do Desconto.

Aqui o enunciado já foi explícito: o Desconto é *simples* e é *por dentro*.

→ **Quinto Passo**: definir a localização da Data Focal.

Lendo com atenção o enunciado, veremos que a questão falou: "... considerando... a data zero". Que data é essa que deve ser considerada? Ora, trata-se da *Data Focal*. O enunciado poderia ter dito: "considerando a data focal zero", ou ainda, "considerando a data de referência zero", ou ainda, como sabemos, poderia não ter dito nada.

Com isso, definimos: a Data Focal é, nesse exemplo, a data zero. No desenho da questão, designaremos Data Focal por **DF**.

Teremos, finalmente:

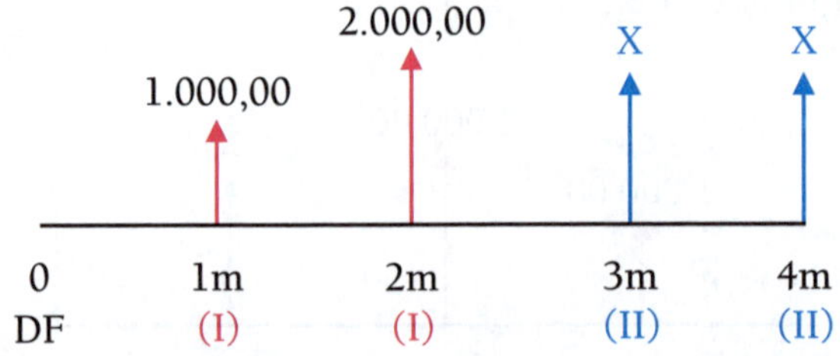

Concluídos, portanto, os *passos preliminares*, passaremos aos ***passos efetivos*** de resolução, que acabarão de compor a nossa *receita*.

São três os *passos efetivos* de resolução da questão de Equivalência Simples, e servirão para *todas* as questões desse assunto.

Aprenderemos os *passos efetivos*, aplicando-os na resolução do nosso exemplo 01.

- **Passos Efetivos de Resolução da Equivalência Simples:**

→ **Primeiro Passo**: *transportar* para a Data Focal os valores da Primeira Obrigação.

Ou seja, tomaremos, uma a uma, as parcelas que compõem a *primeira obrigação* e as *transportaremos* para a Data Focal. Como será feito esse *transporte*? Será feito por meio de uma operação Desconto, que poderá ser simples ou composto, por dentro ou por fora, conforme tenha sido definido no quarto passo preliminar.

Olhemos para o desenho da questão:

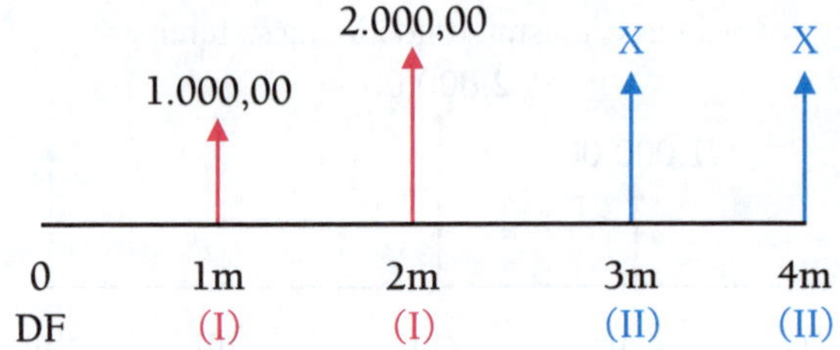

Começaremos, pois, nosso primeiro passo efetivo, trabalhando com as parcelas vermelhas, da primeira obrigação. A primeira delas é o valor **R$ 1.000,00**, na data 1 mês.

Pegaremos, portanto, essa primeira parcela da primeira obrigação (R$ 1.000,00) e a *projetaremos* para a Data Focal (data zero), por meio de uma operação de Desconto Simples por Dentro, de acordo com o que havia sido constatado no quarto passo preliminar. Teremos, então:

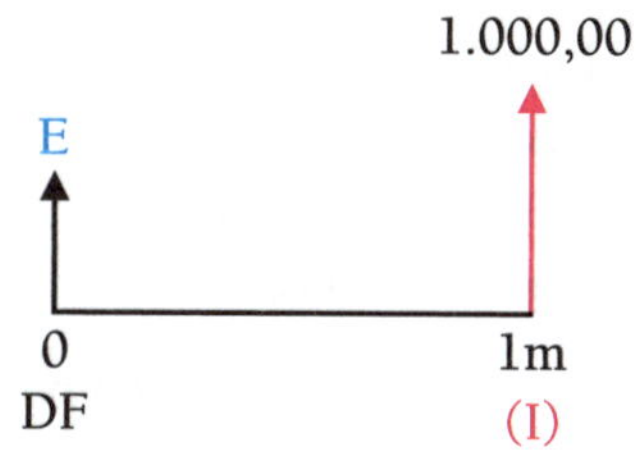

O objetivo é descobrir quanto vale aquela parcela de R$ 1.000,00, quando *transportada* para a Data Focal. Poderíamos ter chamado aquele valor sobre a Data Focal do que bem quiséssemos. Resolvemos chamá-lo de valor "E".

Lembremos agora da operação de Desconto Simples por Dentro. Qual é o lado do Desconto por Dentro? É o lado do Atual. E quem funcionará como Valor Atual neste nosso desenho acima? O valor E.

Logo, teremos: $i\ .\ n = 5 \times 1 = 5$

Por Dentro !

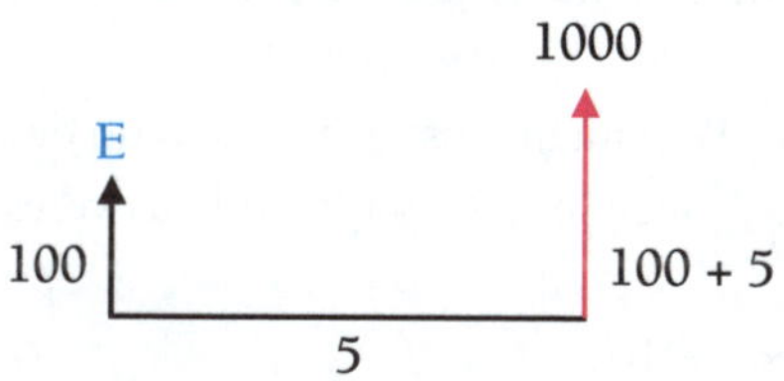

Daí, nossa equação será:

$$\frac{E}{100} = \frac{1000}{105}$$

→ Daí: $E = \frac{100000}{105}$ → $E = \frac{20000}{21}$ → $E = 952,38$

Esse valor "E", que acabamos de achar, ficará guardado para o final da questão.

Recordemos agora do Primeiro Passo efetivo de resolução e do nosso desenho da questão:

→ **Primeiro Passo**: *transportar* para a Data Focal, os valores da Primeira Obrigação.

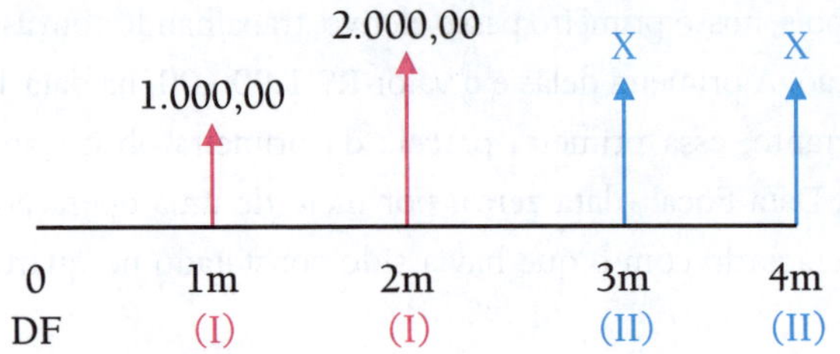

E a pergunta agora é: foi concluído o primeiro *passo efetivo* de resolução?

Basta olharmos para o desenho acima e vermos se ainda há algum valor de primeira obrigação, além dos R$ 1.000,00 que já trabalhamos. Sim. Ainda há a parcela de R$ 2.000,00 na data 2 meses. Vamos trabalhar com ela. Teremos:

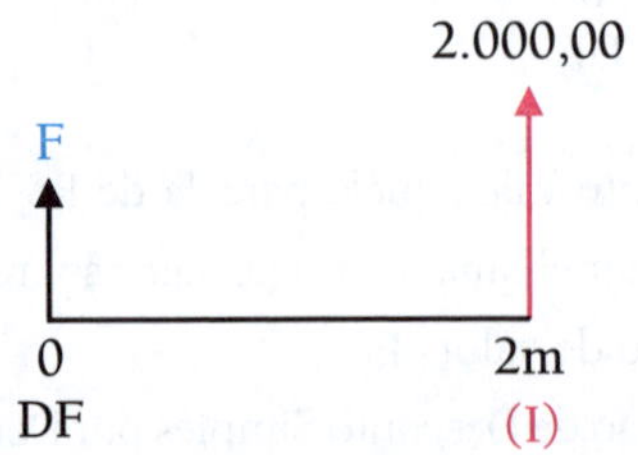

Transportaremos agora a parcela **R$ 2.000,00** para a data focal, e resolvemos chamar de valor "F" o quanto valerá aqueles R$ 2.000,00 na data de referência (data zero).

E como faremos esse transporte? Novamente por meio de uma operação de Desconto Simples por Dentro, conforme havia já sido definido no quarto passo preliminar de resolução.

O desconto é por dentro. Perguntaremos: qual o lado do desconto por dentro? É o lado do Atual. Já sabemos disso. E quem é que está fazendo as vezes de valor atual neste nosso caso? É o valor "F".

Logo, teremos: $i \cdot n = 5 \times 2 = 10$

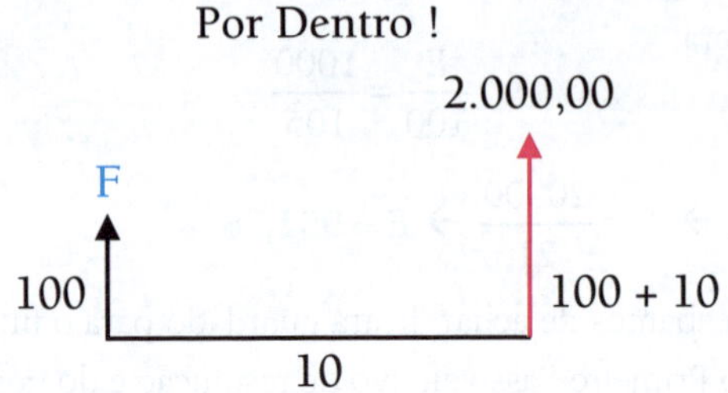

E nossa equação será a seguinte:

$$\frac{F}{100} = \frac{2000}{110}$$

→ Daí: $F = \frac{200000}{110}$ → **F = 1.818,18**

Também esse valor "F" ficará guardado até chegarmos ao terceiro passo efetivo de nossa resolução. Agora a pergunta: há mais algum valor de primeira obrigação que ainda não tenha sido trabalhado no primeiro passo?

De primeira obrigação, tínhamos as parcelas R$ 1.000,00 (na data 1m) e R$ 2.000,00 (na data 2m). E ambas já foram *transportadas* para a Data Focal, conforme nos manda o primeiro passo efetivo de resolução. Daí, concluímos: o primeiro passo está encerrado. Passemos ao segundo.

→ **Segundo Passo**: *transportar* para a Data Focal, os valores da Segunda Obrigação.

Ou seja, aquele mesmo trabalho que acabamos de fazer com as parcelas da primeira obrigação (primeiro passo) será igualmente realizado. Só que, agora, com as parcelas que compõem a segunda obrigação.

Tomaremos os valores da segunda obrigação, um a um, e os *transportaremos* para a Data Focal, por meio de uma operação de Desconto, cujo regime e cuja modalidade serão definidos previamente, no quarto passo preliminar de resolução.

Vejamos mais uma vez o desenho da questão:

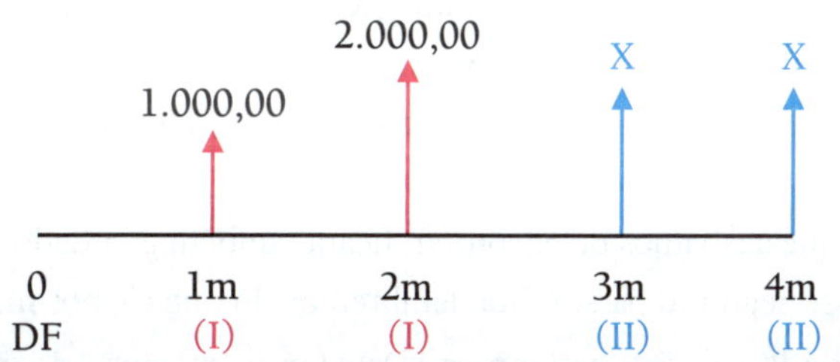

Quem é segunda obrigação? As duas parcelas "X", nas datas 3 e 4 meses. Então, nosso trabalho agora é levá-las, uma a uma, para a data focal. Nesse nosso exemplo, as operações de desconto serão no regime simples, e na modalidade de desconto racional (por dentro).

Tomando a primeira parcela "**X**" (na data 3 meses), teremos:

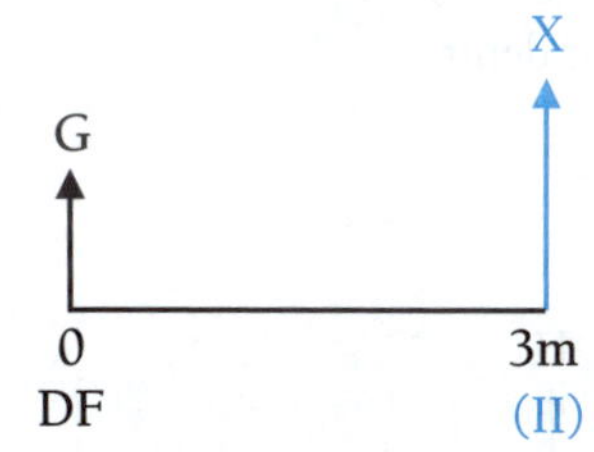

Resolvemos chamar de valor "**G**" o quanto valerá a quantia "**X**" depois de levada para a data focal (data zero). E como iremos levar o "X" para a data zero? Mais uma vez, por meio de uma operação de desconto simples por dentro. Sabemos que o lado do desconto por dentro é o lado do valor atual. E o valor atual aqui será justamente o valor "**G**".

Daí, teremos: $i \cdot n = 5 \times 3 = 15$

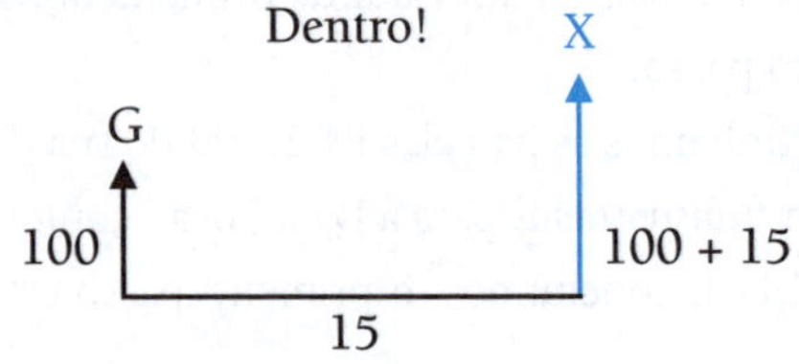

Nossa equação será:

$$\frac{G}{100} = \frac{X}{115}$$

→ Daí: $G = \frac{100X}{115}$ → $G = \frac{20X}{23}$

Importantíssimo: observemos que, tanto no primeiro, quanto no segundo passo efetivo de resolução, estamos sempre à procura daquele valor que está *sobre a data focal*. Basta olhar para o desenho. Aqui, tínhamos o valor "**X**" e o valor "**G**". Embora a questão esteja perguntando justamente quem é o valor "**X**", ainda estamos no segundo passo da resolução. E tanto no primeiro passo quanto no segundo, estamos calculando os valores que estão sobre a data focal.

Esse valor "**G**", que acabamos de encontrar, ficará também guardado para o final.

Terminou o nosso segundo passo? Ora, lembremos do que ele nos manda:

→ **Segundo Passo**: *transportar* para a Data Focal, os valores da Segunda Obrigação.

Daí, para respondermos a pergunta, teremos que observar se ainda existe algum valor de segunda obrigação que ainda não tenha sido trabalhado. Sim: é a segunda parcela "**X**", na data 4 meses.

Então, o segundo passo efetivo de resolução ainda não chegou ao fim. Pegaremos essa segunda parcela "**X**" e a *transportaremos* para a nossa data focal, novamente por meio de uma operação de desconto simples por dentro.

Teremos:

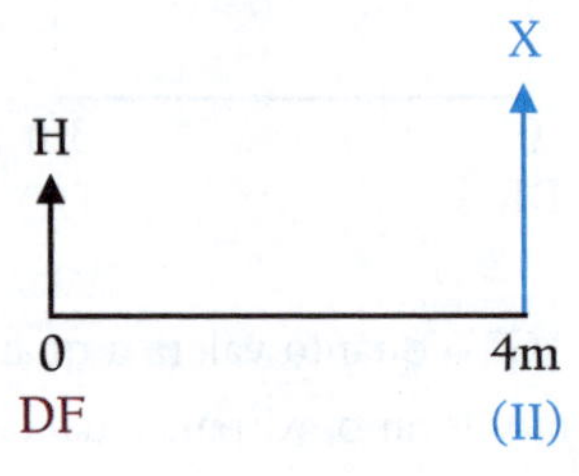

Aqui, achamos por bem chamar de valor "**H**" o quanto valerá o "**X**" depois de levado para a Data Focal. Agora, quem é o lado do desconto por dentro? É o lado do atual. E o atual aqui no desenho é o valor "**H**".

Logo, teremos: $i \,.\, n = 5 \times 4 = 20$

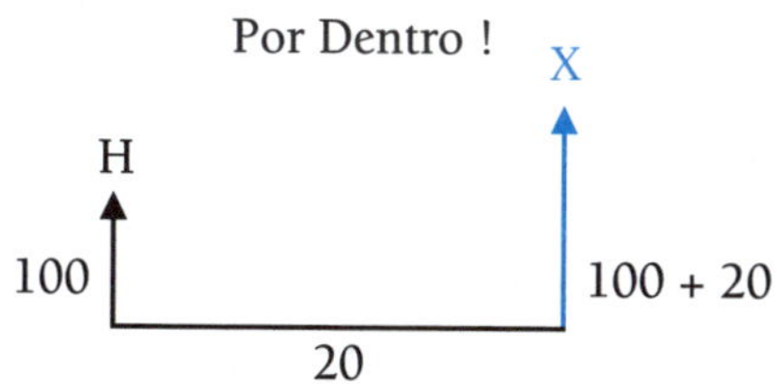

Aplicando o Desconto Simples por Dentro, teremos:

$$\frac{H}{100} = \frac{X}{120}$$

→ Daí: $H = \dfrac{100X}{120}$ → $H = \dfrac{5X}{6}$

Esse valor "**H**" fica guardado também para o *arremate* da questão.

Perguntemos agora: "terminou o segundo passo?" Basta verificar se há ainda alguma parcela de segunda obrigação que ainda não tenha sido trabalhada. Tem? Não, não tem! Conclusão: o segundo passo também está encerrado.

Resta-nos, portanto, concluir a questão, por meio do terceiro e derradeiro *passo efetivo*, que será o seguinte:

→ **Terceiro Passo**: aplicar a "Equação de Equivalência":

$$\sum (I)_{DF} = \sum (II)_{DF}$$

Traduzindo a *equação de equivalência*: o somatório (a soma) dos valores da primeira obrigação **depois de levados para a data focal** é igual ao somatório dos valores da segunda obrigação **depois de levados para a data focal**.

Ora, os valores de primeira e segunda obrigação foram levados para a data focal, respectivamente, no primeiro e segundo passos efetivos de resolução. Daí, concluímos que a primeira parte da equação de equivalência será a soma dos resultados do primeiro passo efetivo. Enquanto que a segunda parte da equação será a soma dos resultados do segundo passo efetivo de resolução.

Observemos que os valores da primeira obrigação – R$ 1.000,00 e R$ 2.000,00 – na resolução do primeiro passo, transformaram-se nos valores "**E**" e "**F**".

Enquanto isso, os valores da segunda obrigação – as duas parcelas "**X**" – transformaram-se, na resolução do segundo passo, nos valores "**G**" e "**H**".

Daí, nossa equação de equivalência ficará da seguinte forma:

$$\sum (I)_{DF} = \sum (II)_{DF} \rightarrow E + F = G + H$$

Tomando os resultados "**E**" e "**F**" (do primeiro passo) e "**G**" e "**H**" (do segundo passo), teremos a seguinte equação:

$$952,38 + 1.818,18 = \frac{20X}{23} + \frac{5X}{6}$$

E assim terminarão *todas* as questões de Equivalência de Capitais: com uma equação e uma variável, que é justamente o que está sendo pedido pelo enunciado. Aqui, terminou a matemática financeira. Restaram apenas a álgebra e as contas.

$2.770,56 = \frac{120X + 115X}{138}$ → E: $235X \cong 382260$

E, finalmente: **$X \cong 1.627,00$ → Resposta da Questão!**

Utilizamos, nesta resolução acima, todas as explicações possíveis e necessárias à resolução de uma questão de Equivalência Simples.

Quando os passos de resolução – tantos os preliminares, quanto os efetivos – estiverem devidamente memorizados, resolver uma questão qualquer de Equivalência de Capitais se tornará algo *automático*.

Para facilitar, em definitivo, a memorização e fixação dos passos de resolução de uma questão de Equivalência Simples de Capitais, reproduziremos todos eles, na seqüência.

- **Equivalência Simples: a *Receita***

→ Passos Preliminares de Resolução:

Usados para "preparar" a questão de Equivalência para posterior resolução efetiva. São eles:

→ **Primeiro Passo**: *desenhar* a questão.

Basta passar um traço na horizontal, que será a linha do tempo, e pequenos traços na vertical, que representarão os valores monetários.

→ **Segundo Passo**: definir os valores de Primeira e de Segunda Obrigação.

Designando-os, respectivamente, por (I) e (II).

→ **Terceiro Passo**: colocar **taxa** e **tempos** na mesma unidade.

Caso seja necessário alterar a unidade da taxa (para torná-la compatível com os tempos), usaremos o conceito de *Taxas Proporcionais*, uma vez que estamos trabalhando no Regime Simples.

→ **Quarto Passo**: descobrir o regime e a modalidade do Desconto.

Essa informação geralmente será fornecida por completo no enunciado. Todavia, isso pode não ocorrer. No caso do silêncio acerca do regime, adotaremos o Simples. No caso do silêncio acerca da modalidade do desconto, olharemos para o que está sendo dito sobre a *taxa*.

→ **Quinto Passo**: definir a localização da Data Focal.

Lembraremos da regra: quem manda na Data Focal, na questão de Equivalência Simples, é o enunciado. E, se ele não disser nada acerca desta data de referência, por convenção, adotaremos a data zero.

Feito isto, teremos acabado de *preparar* a questão. Ou seja, acabamos de tomar todas as providências necessárias para podermos dar início à resolução *de fato*.

Daí, os *passos efetivos* de resolução, que se seguem aos *passos preliminares*, serão sempre estes:

→ Passos Efetivos de Resolução:

→ **Primeiro Passo**: *transportar* para a Data Focal os valores da Primeira Obrigação.

Na hora de *transportar* os valores da primeira obrigação para a data focal, faremos uso da operação de Desconto que foi definida no quarto passo preliminar da resolução.

→ **Segundo Passo**: *transportar* para a Data Focal os valores da Segunda Obrigação.

Também aqui faremos operações de Desconto, no regime e modalidade definidos pelo quarto passo preliminar.

→ **Terceiro Passo**: aplicar a *Equação de Equivalência*:

$$\sum (I)_{DF} = \sum (II)_{DF}$$

Lembrando que a primeira parte da equação acima representa a soma dos resultados obtidos no Primeiro Passo efetivo da resolução; enquanto a segunda parte da equação será a soma dos resultados do Segundo Passo efetivo.

Assim terminarão todas as questões de equivalência de capitais: com uma equação e uma variável, que será justamente a resposta solicitada pelo enunciado.

Passemos a mais alguns exemplos.

Exemplo 2 – Um computador custa, à vista, R$ 3.000,00 em determinada loja. Todavia, pode ser vendido a prazo, por meio de um pagamento de R$ 1.500,00 em trinta dias, e mais duas parcelas iguais, nas datas sessenta e noventa dias. Considerando uma taxa de 5% ao mês, e o desconto comercial, calcule o valor mais aproximado das prestações adicionais na compra a prazo. Adote a data de referência noventa dias.

Solução: Esse exemplo corresponde ao segundo modelo de questão de equivalência. Aqui, para demonstrar que a resolução de toda questão de equivalência nada mais é do que a mera observância da seqüência dos passos da *receita*, vamos resolvê-la da forma mais objetiva possível.

Comecemos a preparação da questão, com os "**Passos Preliminares**":

→ **Primeiro Passo**: *desenhar* a questão.

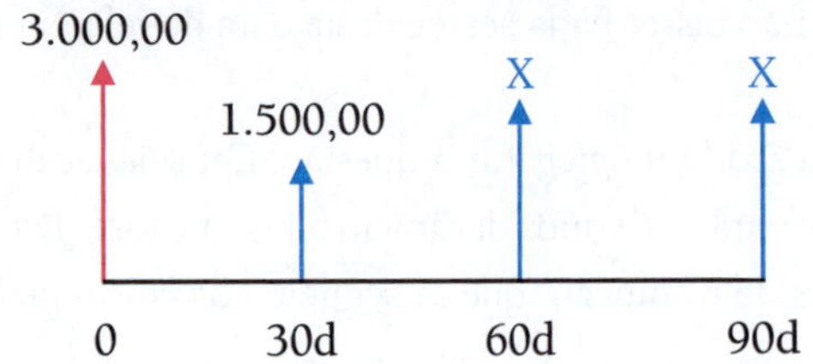

→ **Segundo Passo**: definir os valores de Primeira e de Segunda Obrigação.

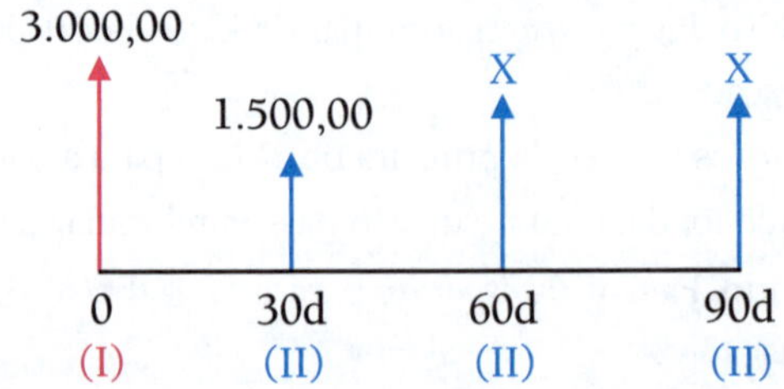

→ **Terceiro Passo**: colocar **taxa** e **tempos** na mesma unidade.

Uma vez que estamos trabalhando com uma taxa mensal (5% ao mês), passaremos os tempos fornecidos também para a unidade "mês". Teremos:

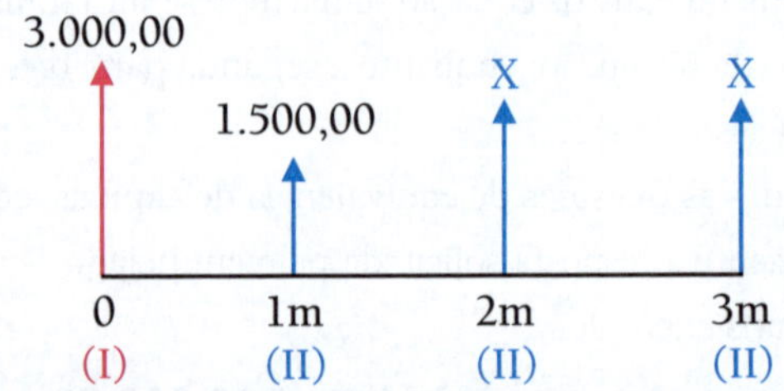

→ **Quarto Passo**: descobrir o regime e a modalidade do Desconto.

O enunciado aqui se restringiu a dizer que o desconto será o *comercial*. Ora, sabemos que desconto comercial é o *desconto por fora*. Mas, e o regime? Será o Simples ou o Composto? Como nada foi dito a respeito do regime, por convenção, adotaremos o Simples.

Faremos, portanto, nesta questão, operações de *Desconto Simples por Fora*.

→ **Quinto Passo**: definir a localização da Data Focal.

Quem manda na DF é a questão. E aqui ela mandou: nossa DF, portanto, será a data 90 dias, ou 3 meses.

Teremos, enfim:

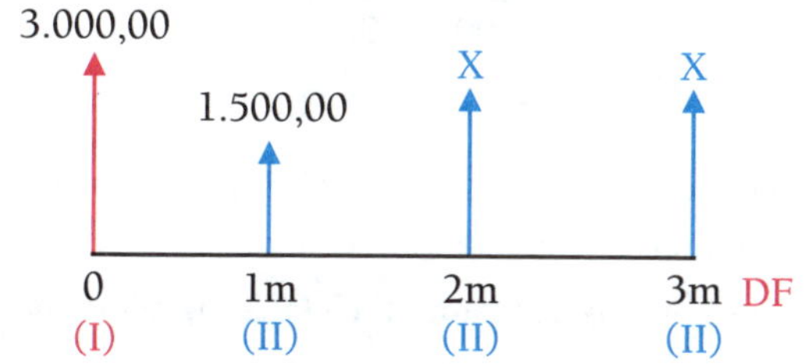

Encerrados os passos preliminares, passemos aos ***passos efetivos*** de resolução.

→ **Primeiro Passo**: *transportar* para a Data Focal os valores da Primeira Obrigação.

De primeira obrigação só temos, unicamente, o valor R$ 3.000,00, que está sobre a data zero. Queremos descobrir o quanto valerá essa quantia (R$ 3.000,00) quando transportada para a Data Focal. Teremos:

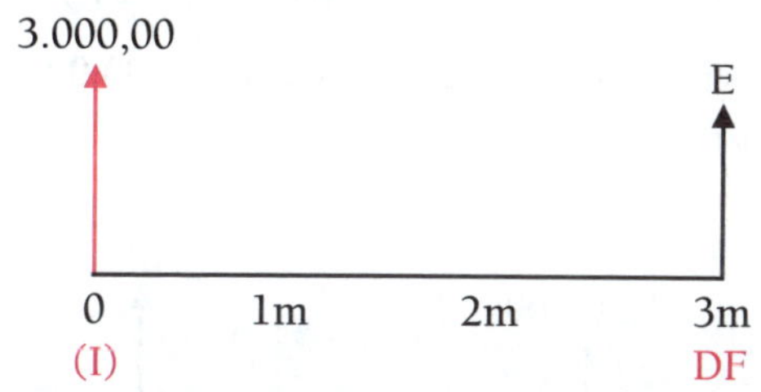

Naturalmente que quando projetarmos a quantia R$ 3.000,00 para uma data futura, como faremos agora, o valor a ser encontrado será *maior* que os R$ 3.000,00. Chamaremos esse valor de "**E**", conquanto poderíamos tê-lo chamado do que bem quiséssemos.

Transportaremos os R$ 3.000,00 para a Data Focal por meio de uma operação de Desconto Simples por Fora, conforme havia sido definido no quarto passo preliminar. Neste caso, os R$ 3.000,00 farão as vezes do Valor Atual, enquanto que o valor "**E**" fará o papel do Valor Nominal.

Qual é o lado do Desconto por Fora? É o lado do Nominal.

Logo, teremos: $i \,.\, n = 5 \times 3 = 15$

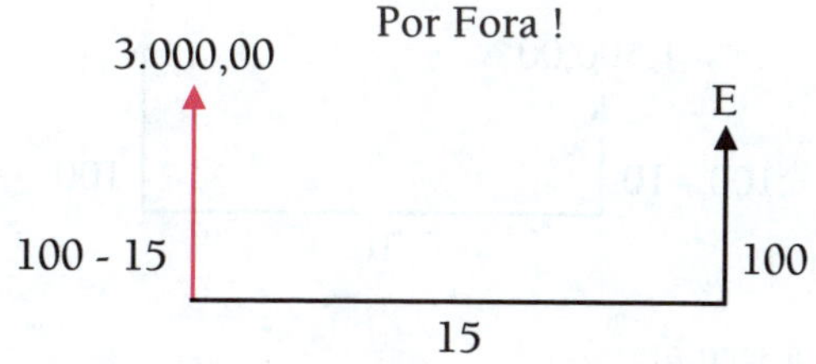

Nossa equação será, portanto, a seguinte:

$$\frac{E}{100} = \frac{3.000}{85}$$

Daí: $E = \frac{300000}{85} \rightarrow E = \frac{60000}{17} \rightarrow E = 3.529,41$

Como não há mais nenhum valor de primeira obrigação, damos por encerrado o nosso primeiro *passo efetivo* de resolução. Passemos ao segundo.

→ **Segundo Passo**: *transportar* para a Data Focal os valores da Segunda Obrigação.

Olhemos novamente o desenho da questão:

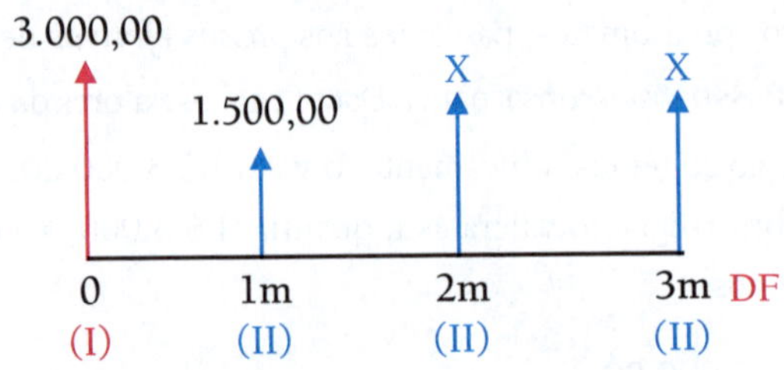

O primeiro valor de *segunda obrigação* é a parcela **R$ 1.500,00** que está na data 1 mês, e será agora transportada para a Data Focal.

Teremos:

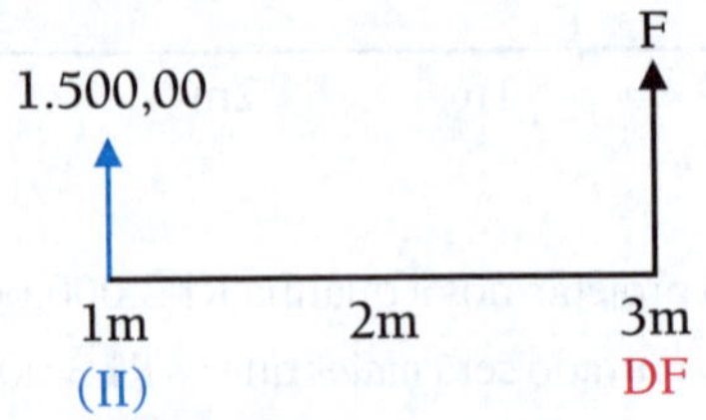

Mais uma vez, o *transporte* dos **R$ 1.500,00** para a Data Focal será feito por meio de uma operação de Desconto Simples por Fora, conforme definido no quarto passo preliminar. Os R$ 1.500,00 fazem as vezes do Valor Atual, enquanto o valor "**F**" (quisemos chamá-lo assim) fará as vezes do Valor Nominal.

O lado do Desconto por Fora é o lado do Nominal.

Portanto, teremos: $i \cdot n = 5 \times 2 = 10$

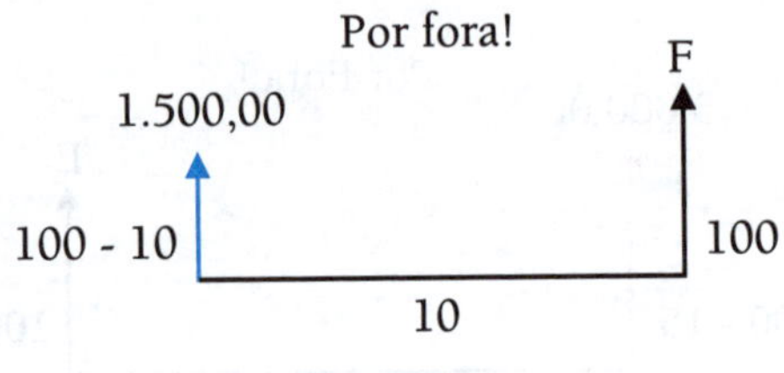

Nossa equação será a seguinte:

$$\frac{F}{100} = \frac{1.500}{90}$$

Daí: $F = \frac{150000}{90} \rightarrow F = \frac{5000}{3} \rightarrow F = 1.666{,}67$

Esse valor "**F**" encontrado ficará guardado para o fim da nossa resolução.

Uma observação: reparemos que a distância, em meses, entre o valor R$ 1.500,00 e a Data Focal é de exatos dois meses. Por isso, o "**n**" na equação é igual a dois. É importantíssimo, portanto, que seja feito o desenho do enunciado. Tão importante, que esse é logo o primeiro passo preliminar, ou seja, a primeira coisa que fazemos na resolução da questão.

Seguindo: tem mais alguém que seja segunda obrigação? Sim! A parcela "**X**", na data 2 meses. Então, precisamos, conforme nos manda o segundo passo efetivo, transportá-lo para a Data Focal. Teremos:

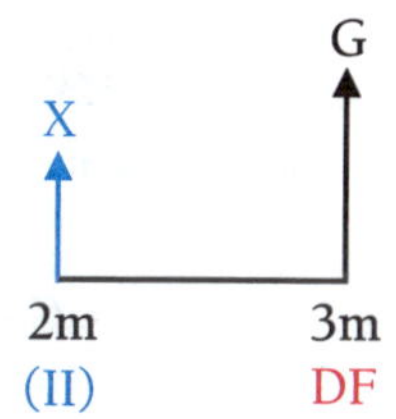

Novamente, usaremos o Desconto Simples por Fora. O "**X**" funcionará como Valor Atual, e o "**G**", como Valor Nominal. O lado do Desconto por Fora é o lado do Nominal.

Logo, teremos: $i \cdot n = 5 \times 1 = 5$

Nossa equação ficará assim:

$$\frac{G}{100} = \frac{X}{95}$$

Daí: $G = \frac{100X}{95} \rightarrow G = \frac{20X}{19}$

Esse valor "**G**" ficará guardado para o final da questão.

Resta mais alguém que seja segunda obrigação? Sim! A segunda parcela "**X**". Ora, o segundo passo nos manda levar para a data focal os valores da segunda obrigação. Vejamos nosso desenho:

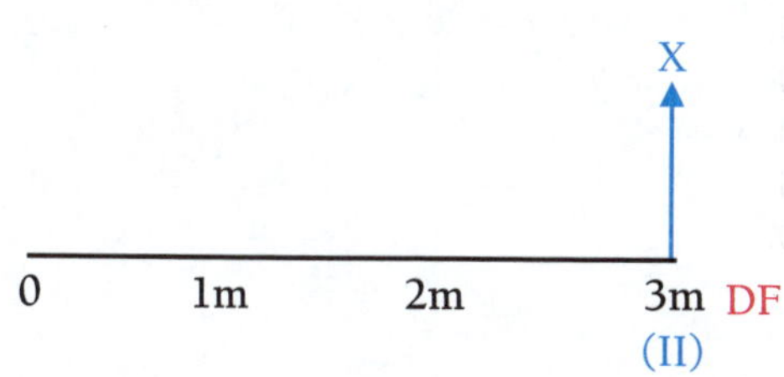

Ocorre que essa segunda parcela "**X**" *já está* sobre a Data Focal, de forma que não precisaremos *transportá-la* para lugar algum. Ou seja, ela já está onde nós queremos que esteja.

E quanto vale esta segunda parcela "**X**" na Data Focal? Ora, **vale o próprio "X"**, uma vez que não está sendo transportada nem para uma data anterior, nem para uma data futura.

Assim, concluímos o segundo passo efetivo de nossa resolução. Passemos para o terceiro e definitivo passo.

→ **Terceiro Passo**: aplicar a "Equação de Equivalência":

$$\sum (I)_{DF} = \sum (II)_{DF}$$

Já sabemos que a primeira parte da equação de equivalência é a soma dos resultados do primeiro passo efetivo, enquanto a segunda parte da equação será a soma dos resultados do segundo passo.

No primeiro passo, achamos o resultado E = 3.529,41.

No segundo passo, achamos os resultados: F = 1.666,67; G = 20X/19 **e o próprio X** (o qual não poderá ser esquecido).

Daí, nossa Equação de Equivalência será: E = F + G + X

Teremos:

$$\mathbf{3.529,41 = 1.666,67 +} \frac{20}{19} + X$$

Uma equação, e uma variável. Teremos:

$$3.529,41 = 1.666,67 + \frac{20X}{19} + X \rightarrow \text{E: } \frac{20X + 19X}{19} = 1.862,74$$

$$\text{Daí: } 39X \cong 35340 \rightarrow \text{E: } X \cong \frac{35340}{39}$$

Finalmente: X ≅ 906,00 → Resposta!

Observemos, portanto, que se o comprador optasse pelo pagamento *à vista*, iria desembolsar apenas R$ 3.000,00. Porém, se resolvesse levar o computador para casa, pagando na forma *a prazo*, teria que desembolsar R$ 3.312,00, correspondente à soma da primeira parcela de R$ 1.500,00 com as duas outras, no valor de R$ 906,00 cada.

Obviamente que R$ 3.000,00 não é **igual** a R$ 3.314,98. Todavia, são valores **equivalentes**, levando-se em consideração as datas da forma de pagamento a prazo, e a taxa envolvida na operação.

Exemplo 3 – (ESAF) Indique qual o capital hoje equivalente ao capital de R$ 4.620,00 que vence dentro de cinqüenta dias, mais o capital de R$ 3.960,00 que vence dentro de cem dias e mais o capital de R$ 4.000,00 que venceu há vinte dias, à taxa de juros simples de 0,1% ao dia.

a) R$ 10.940,00.
b) R$ 11.080,00.
c) R$ 12.080,00.
d) R$ 12.640,00.
e) R$ 12.820,00.

Solução: Esta questão foi cobrada na prova para AFRF-2002.2. O enunciado foi muito direto. Não falou em formas alternativas de pagamento, nem em uma compra à vista que poderia ser feita também a prazo. Tampouco falou em empréstimo feito hoje para ser devolvido no futuro.

Foi uma questão direta: qual o valor **hoje** que será equivalente a essas três outras parcelas? Seria, podemos dizer, um *quarto tipo* de questão de Equivalência de Capitais. A resolução é a mesma *receita* já nossa conhecida. Passemos aos *passos preliminares*.

→ **Primeiro Passo**: *desenhar* a questão.

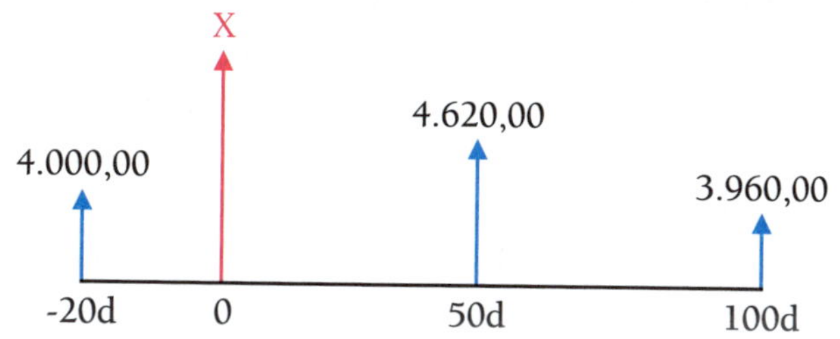

O desenho dessa questão trouxe uma novidade. Normalmente, em quase todas as questões de equivalência que formos desenhar, verificaremos que a linha do tempo inicia-se sempre na data zero, ou seja, no dia de hoje.

Nesta nossa questão, no entanto, observamos que foi descrito um valor (R$ 4.000,00) que era devido numa data anterior à de hoje. Ou seja, uma data no passado.

Observe que chamamos a data no passado de -20dias. Ora, não existe, a rigor, data negativa. Usamos o sinal de *menos* apenas para efeitos didáticos, e para nos lembrar que estamos numa data anterior ao dia de hoje, ou seja, uma data no passado, distante 20 dias do dia de hoje.

→ **Segundo Passo**: definir os valores de Primeira e de Segunda Obrigação.

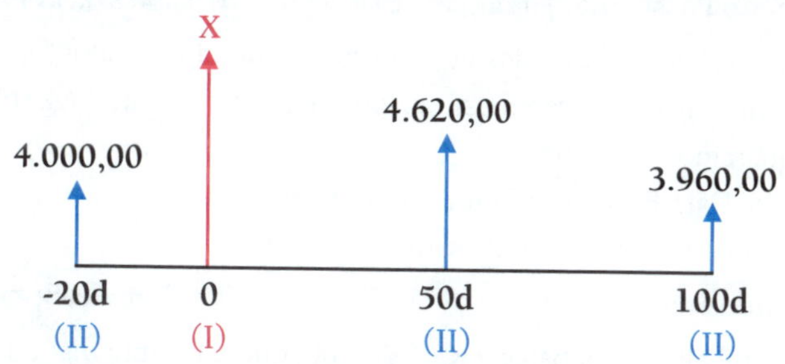

→ **Terceiro Passo**: colocar **taxa** e **tempos** na mesma unidade.

O enunciado forneceu uma taxa *diária* (0,1% ao dia), e nossos tempos já estão todos em dias. Então, já veio pronto este passo.

→ **Quarto Passo**: descobrir o regime e a modalidade do Desconto.

Nada foi dito expressamente sobre nossas operações de Desconto. Teremos que achar os dados nas entrelinhas da questão. Percebemos que apareceu a palavra *simples* no nosso enunciado. Portanto, estamos no Regime Simples, ou seja, na *equivalência simples de capitais*.

Todavia, na leitura da questão, não encontramos a palavra *comercial* ou a palavra *racional*, ou uma das espressões *por dentro* ou *por fora*. Então vamos procurar o que foi dito sobre a taxa dessa operação. E o enunciado disse: "... taxa de juros simples".

Daí, conforme já explicado anteriormente, se na operação de desconto a taxa é de juros, usaremos o Desconto Racional.

Conclusão: as operações de Desconto dessa questão serão todas de *Desconto Simples Racional*, ou Por Dentro.

→ **Quinto Passo**: definir a localização da Data Focal.

O enunciado não disse explicitamente qual é a Data Focal, mas observe que foi dito no enunciado: "... hoje equivalente...". Quando no enunciado da questão não for dito explicitamente a data focal, mas aparecer o nome **equivalente**, este indicará qual é a data focal. Neste caso, temos que a data focal é hoje, ou seja, a data zero.

Portanto, nosso desenho completo desta questão, após a conclusão dos passos preliminares, é o seguinte:

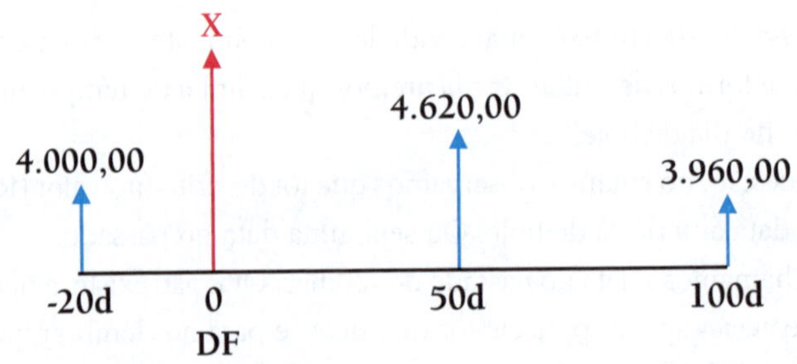

Passemos aos ***passos efetivos de resolução***.

→ **Primeiro Passo**: *transportar* para a Data Focal os valores da Primeira Obrigação.

O único valor de *primeira obrigação* que há na nossa questão é o valor "**X**", que *já está* sobre a Data Focal. Portanto, não precisaremos transportar esse valor para lugar nenhum. Ou seja, ele já está onde queremos que esteja.

E o seu valor, na Data Focal, já sabemos: **é o próprio X**.

O primeiro passo está terminado. Passemos ao segundo.

→ **Segundo Passo**: *transportar* para a Data Focal os valores da Segunda Obrigação.

Começaremos trabalhando a parcela R$ 4.000,00, que está vinte dias atrás da Data Focal. Teremos:

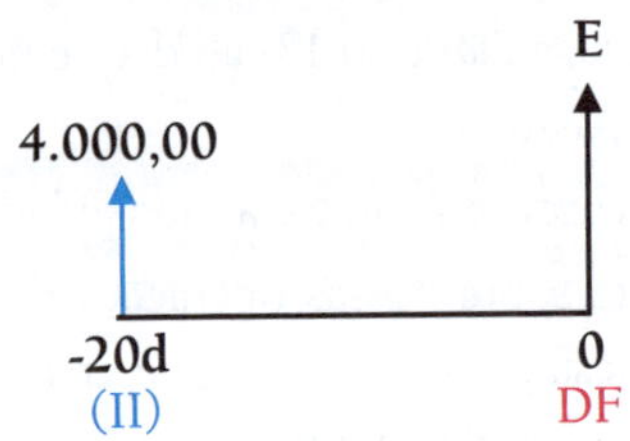

A operação será, conforme definido no quarto passo preliminar, de Desconto Simples por Dentro. O lado do Desconto por Dentro é o lado do Atual. Teremos, portanto, que: $i \cdot n = 0{,}1 \times 20 = 2$

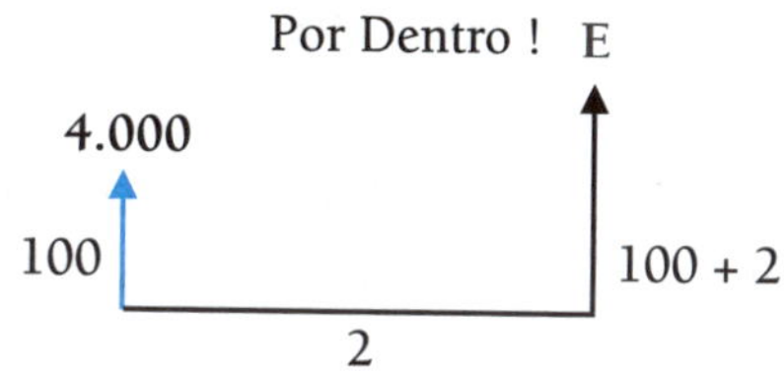

Nossa equação será a seguinte:

$$\frac{E}{102} = \frac{4000}{100}$$

→ Daí: E = 40 × 102 → E = 4.080,00

O valor encontrado "**E**" ficará guardado para o terceiro passo da questão.

Na seqüência, vemos que há, também como valor de segunda obrigação, a parcela **R$ 4.620,00** na data cinqüenta dias. Transportaremos essa parcela para a Data Focal, por meio (novamente) de uma operação de Desconto Simples por Dentro.

Teremos: $i \cdot n = 0{,}1 \times 50 = 5$

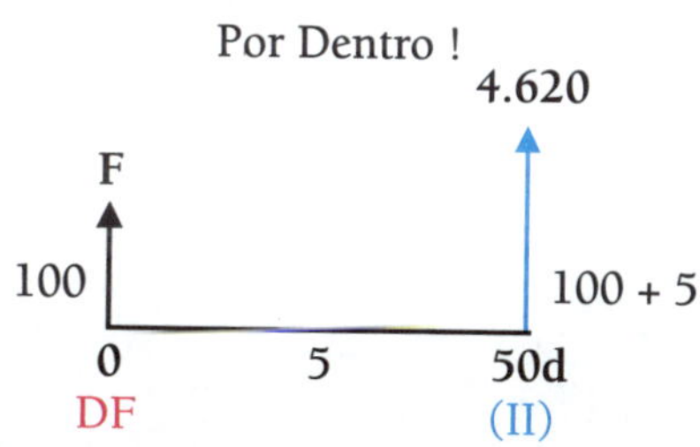

Resolvemos chamar de valor "**F**" a projeção da parcela R$ 4.620,00 transportada para a Data Focal. Poderíamos chamá-la do que quiséssemos.

Nossa equação será a seguinte:

$$\frac{F}{100} = \frac{4620}{105}$$

→ Daí: $F = \dfrac{462000}{105}$ → $F = \dfrac{92400}{21}$ → $F = \dfrac{3800}{7}$ → E: F = 4.400,00

Por fim, temos ainda uma última parcela de segunda obrigação, no valor de **R$ 3.960,00**, e que está sobre a data 100 dias. Levaremos esta parcela para a Data Focal, por meio de uma operação de Desconto Simples por Dentro (conforme havia sido definido no quarto passo preliminar).

Teremos que: $i \cdot n = 0{,}1 \times 100 = 10$

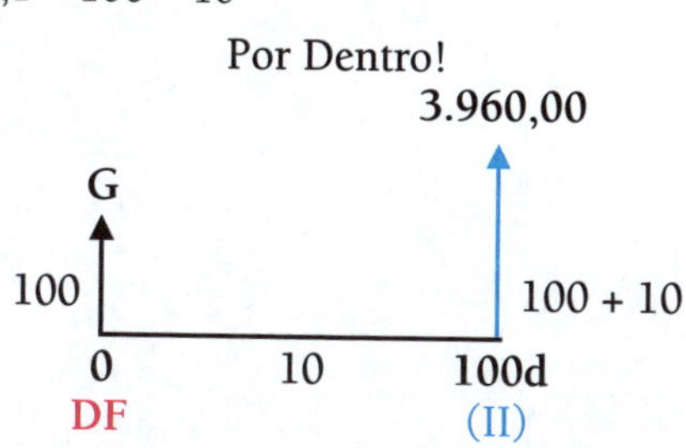

Daí, nossa equação ficaria assim:

$$\frac{G}{100} = \frac{3960}{110}$$

→ Daí: $G = \frac{396000}{110}$ → E: G = 3.600,00

Agora, não há mais ninguém que seja parcela de segunda obrigação que ainda não tenha sido levada para a Data Focal. Logo, concluímos o nosso segundo passo. Vamos ao arremate da questão.

→ **Terceiro Passo**: aplicar a *Equação de Equivalência*:

$$\sum (I)_{DF} = \sum (II)_{DF}$$

O resultado do primeiro passo efetivo foi: **X**.

Os resultados do segundo passo foram: E = 4.080,00; F = 4.400,00 e G = 3.600,00.

Aplicando esses resultados, nossa equação de equivalência assim:

X = E + F + G → Daí: X = 4.080 + 4.400 + 3.600

→ E: X = 12.080,00 → Resposta!

EXERCÍCIOS RESOLVIDOS DE EQUIVALÊNCIA SIMPLES

1. **(ESAF) Um negociante tem duas dívidas a pagar, uma de \$ 3.000,00 com 45 dias de prazo, e outra de \$ 8.400,00, pagável em 60 dias. O negociante quer substituir essas duas dívidas por uma única, com 30 dias de prazo. Sabendo-se que a taxa de desconto comercial é de 12% a.a. e usando a data zero, o valor nominal dessa dívida será:**

   a) \$ 11.287,00;
   b) \$ 8.232,00;
   c) \$ 9.332,00;
   d) \$ 11.300,00;
   e) \$ 8.445,00.

Solução: Comecemos com os nossos *passos preliminares* de resolução. Observemos que na primeira frase do enunciado, a questão nos trouxe os valores e as datas das parcelas que constituem a forma original de pagamento, ou seja, a *primeira obrigação*. E na segunda frase, apareceu o verbo *substituir*, deixando claro que aquela forma originalmente contratada para o pagamento da dívida será alterada por uma outra forma de pagamento. Desenhemos o enunciado e definamos logo quem serão a primeira e a segunda formas de pagamento. Teremos:

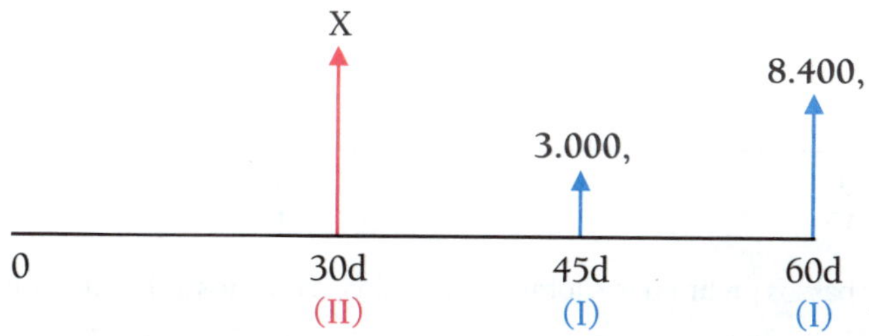

Pronto! Vemos que o desenho desta questão não nos ofereceu assim tanta dificuldade, uma vez que o enunciado foi bastante claro.

Seguindo nosso raciocínio, pensaremos assim: ora, trata-se de uma questão de Equivalência de Capitais, logo, será resolvida por meio de operações de **desconto**. Precisamos, pois, no restante do enunciado, identificar o regime e a modalidade das operações de desconto que iremos utilizar nessa resolução. O enunciado falou em **desconto comercial**, logo utilizaremos operações de **desconto por fora**! Já acerca do regime – se simples ou composto – nada foi dito. Daí, por convenção, adotaremos o **regime simples**.

Conclusão: estamos diante de uma questão de **Equivalência Simples de Capitais**!

Ainda dentro dos passos preliminares, vamos colocar taxa e tempos na mesma unidade. A taxa fornecida foi anual, e os tempos foram dados em dias. Podemos tentar colocar todo mundo para a unidade *mensal*.

Para transformar 12% ao ano numa taxa mensal, trabalharemos com o conceito de **taxas proporcionais**, uma vez que estamos no **Regime Simples**! Encontraremos que (12/12) = **1% ao mês**.

Quanto aos tempos, teremos:

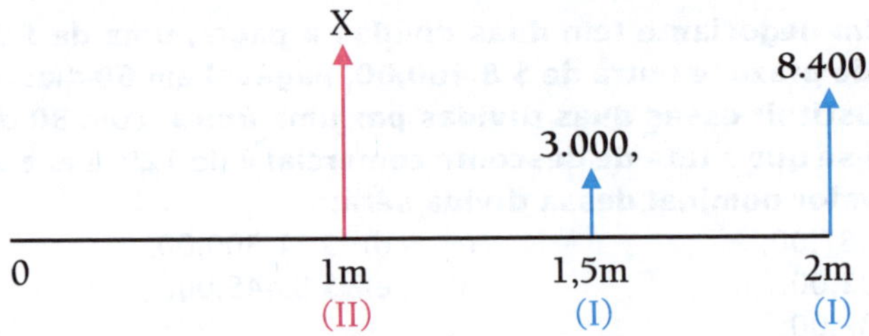

Só nos resta cumprir um último passo preliminar, para deixarmos a questão *preparada*. Que passo é esse? Falta-nos apenas definir qual será a **data focal**. E quanto a isso já sabemos: se a questão é de **Equivalência Simples**, então é o enunciado quem manda na data focal. Ou seja, estamos obrigado a seguir a ordem do enunciado, quanto a esta definição. E aqui, a questão disse assim:"... e usando a data zero..." Pronto! Esta foi a ordem: usemos a data zero, como sendo nossa data focal. Teremos, pois, que:

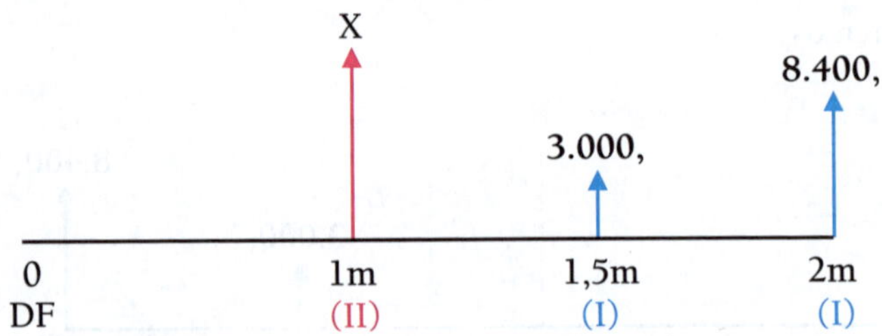

Agora que os passos preliminares foram concluídos, passemos à efetiva resolução da questão.

1º Passo – Projetar para a data focal os valores da primeira obrigação.

Comecemos com o valor $ 3.000,00 que está na data 1,5m. Teremos:

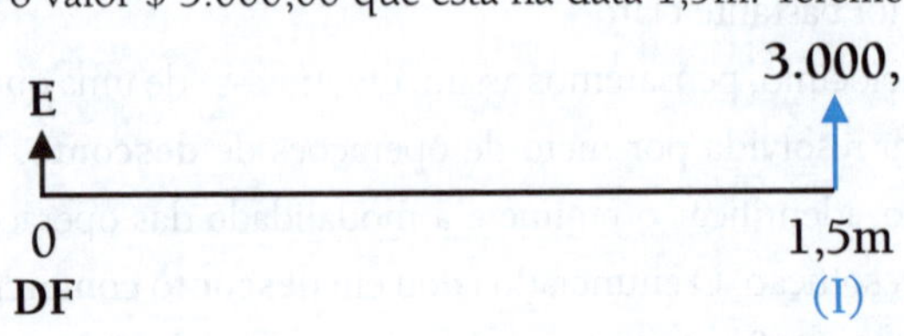

A operação é de desconto por fora. Daí, o lado do desconto por fora é o lado dos R$ 3.000,00, e teremos, pois, que: $i \,.\, n = 1 \times 1{,}5 = 1{,}5$

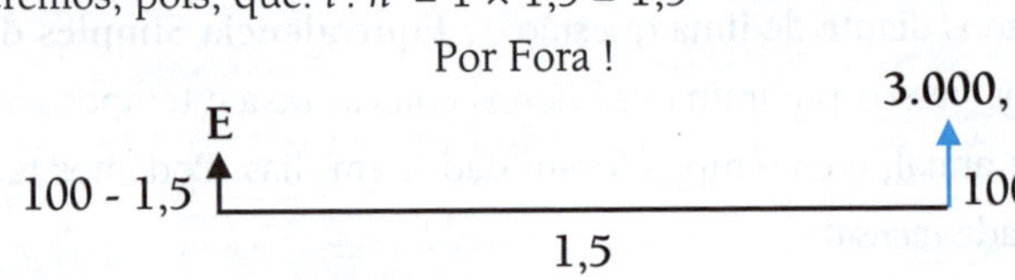

Nossa equação será a seguinte:

$$\frac{E}{98{,}5} = \frac{3000}{100} \rightarrow \text{Daí: } E = 30 \times 98{,}5 \rightarrow \mathbf{E = 2.955{,}00}$$

Há mais *alguém* que seja primeira obrigação? Olhando para o desenho da questão, diremos: sim, ainda há o valor R$ 8.400,00 na data 2 meses. Teremos:

Usando o desconto por fora, teremos: $i \, . \, n = 1 \times 2 = 2$

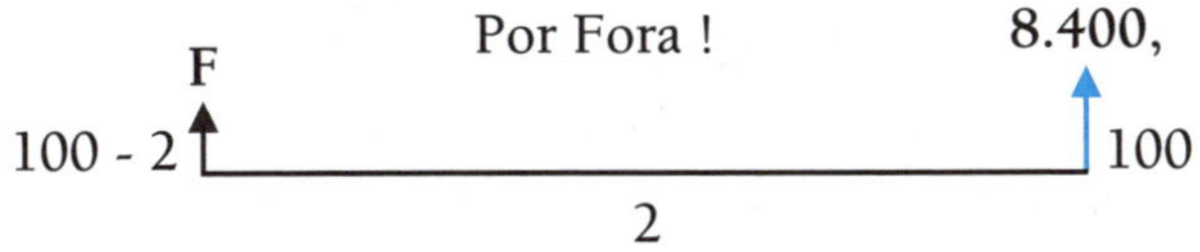

Daí: $\frac{F}{98} = \frac{8400}{100}$ → $F = 98 \times 84$ → **F = 8.232,00**

E agora, há mais *alguém* que seja primeira obrigação? Não, *ninguém*! Então, passamos ao nosso segundo passo.

2º Passo – Projetar para a data focal os valores da segunda obrigação.

De segunda obrigação só teremos o valor "X". Aplicando o desconto simples por fora, faremos:

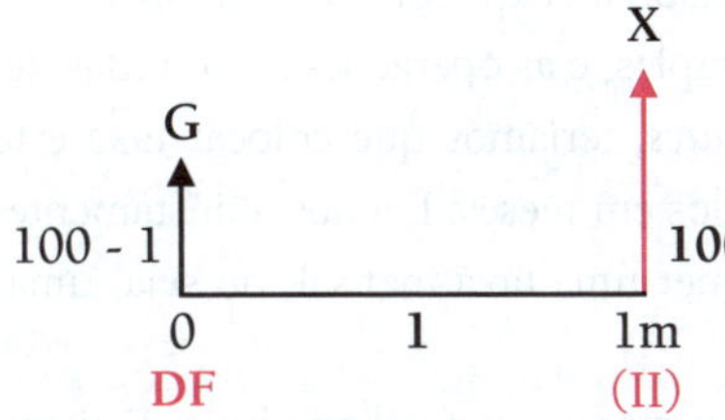

$\frac{G}{99} = \frac{X}{100}$ → Daí: **G = 0,99X**

Nossa pergunta agora é: tem mais *alguém* que seja segunda obrigação? Não, ninguém! Então, concluímos também nosso segundo passo. Vamos ao terceiro e último.

3º Passo – Aplicar a **Equação de Equivalência.**

$$\sum (I)_{DF} = \sum (II)_{DF}$$

Teremos: → 2.955 + 8.232 = 0,99X → 0,99X = 11.187

Daí: → X = (11187/0,99) → E: **X = 11.300,00 → Resposta!**

2. (ESAF) Determinar a taxa mensal para que sejam equivalentes hoje os capitais de $ 1.000,00 vencível em dois meses e $ 1.500,00 vencível em três meses, considerando-se o desconto simples comercial.

a) 15%.
b) 20%.
c) 25%.
d) 30%.
e) 33,33%.

Solução: Esse enunciado é diferente dos convencionais de equivalência de capitais. Ele foi bem direto, ao dizer que quer que os dois valores fornecidos sejam equivalentes um ao outro!

Ao desenharmos a questão e ao efetuarmos os nossos *passos preliminares*, veremos que se chamarmos o primeiro valor ($ 1.000,00) de *primeira obrigação*, então obviamente a *segunda obrigação* será justamente o segundo valor ($ 1.500,00). Não teria problema algum se invertêssemos isso, chamando os $ 1.500 de primeira obrigação e os $ 1.000 de segunda. O que importa é que uma parcela seja equivalente à outra. Só isso! Vamos desenhar a questão.

Teremos:

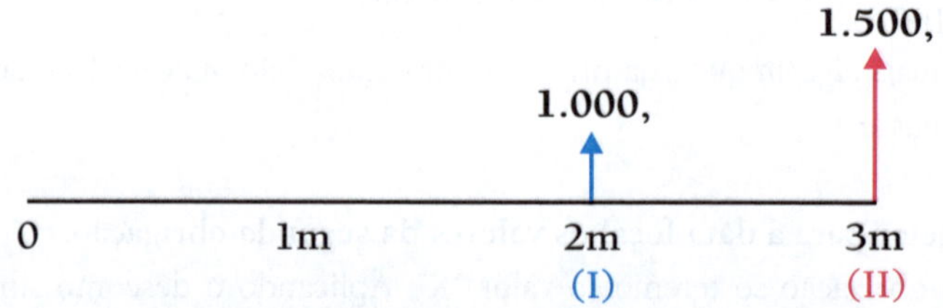

Dado que se trata de uma questão de equivalência de capitais, já sabemos que faremos operações de desconto. E o enunciado foi expresso, ao falar em *desconto simples comercial*, ou seja, a equivalência é no regime simples, e as operações serão todas de desconto simples por fora!

Ainda nos *passos preliminares*, teríamos que colocar taxa e tempos na mesma unidade. Ora, os tempos estão fornecidos em meses. E a taxa é justamente o que queremos descobrir. Observemos que a questão quer uma taxa mensal, ou seja, uma taxa já compatível com os tempos fornecidos!

E quanto à data focal? A questão usou a palavra **hoje**. E aí a nossa data focal.

Passemos aos passos efetivos de nossa resolução.

1º Passo – Projetar para a data focal os valores da primeira obrigação.

De primeira obrigação só temos o valor $ 1.000,00. Fazendo o desconto simples por fora, taremos o seguinte: $i \cdot n = i \times 2 = 2i$

Daí: $\frac{E}{100-2i} = \frac{1000}{100}$ →

$E = 10(100 - 2i)$ →

$\mathbf{E = 1000 - 20i}$

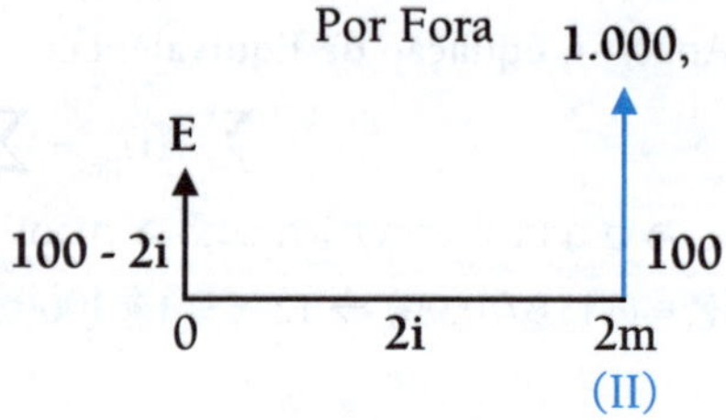

2º Passo – Projetar para a data focal os valores da segunda obrigação.

De segunda obrigação só temos o valor \$ 1.500,00. Fazendo o desconto simples por fora, taremos o seguinte: $i \, . \, n = i \times 3 = 3i$

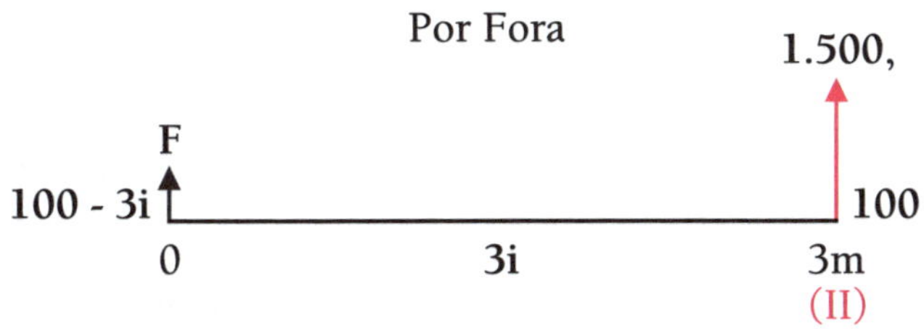

Daí: $\dfrac{F}{100 - 3i} = \dfrac{1500}{100}$ → Daí: $F = 15(100 - 3i)$ → **F = 1500 - 45i**

3º Passo – Aplicar a Equação de Equivalência.

$$\sum (I)_{DF} = \sum (II)_{DF}$$

Daí: → 1000 - 20i = 1500 - 45i → 45i - 20i = 1500 - 1000 → 25i = 500

Daí: i = (500/25) → E: **i = 20% ao mês → Resposta!**

3. (ESAF) João deve a um banco \$ 190.000 que vencem daqui a 30 dias. Por não dispor de numerário suficiente, propõe a prorrogação da dívida por mais 90 dias. Admitindo-se a data focal atual (zero) e que o banco adote a taxa de desconto comercial simples de 72% a.a., o valor do novo título será de:

a) \$ 235.000,00;
b) \$ 238.000,00;
c) \$ 240.000,00;
d) \$ 243.000,00;
e) \$ 245.000,00.

Solução: Essa questão é facílima. Só traz uma pequena *casca de banana*. Vamos tentar enxergá-la. A primeira frase do enunciado descreve o valor da obrigação original, ou seja, da *primeira obrigação*, que consiste em uma única parcela de \$ 190.000,00 a ser paga em 30 dias. Na segunda frase, vem a forma alternativa de pagamento, aquela que substituirá a primeira! Essa *segunda obrigação* consistirá em uma única parcela, uma vez que será uma mera *prorrogação* da data do pagamento originalmente contratado.

Aí é que mora a *pegadinha*! Quando a questão fala em **prorrogação por mais 90 dias**, não quer dizer que a data da segunda obrigação é a data 90 dias, e sim que será acrescida de 90 dias. Se a data da primeira obrigação era de 30 dias, então, a data da segunda forma de pagamento será de 120 dias (= 30 + 90). Todos viram isso? Se estavam atentos, certamente que sim! Caso contrário, não tem problema: melhor é errar em casa, que na prova.

Façamos, pois, o desenho da questão e os passos preliminares. Teremos:

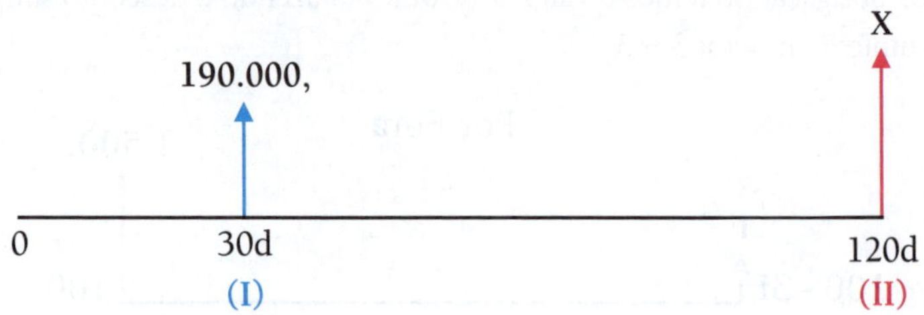

Nos passos preliminares, teremos que colocar taxa e tempos na mesma unidade. A taxa fornecida foi de 72% ao ano. E os tempos foram dados em dias. Podemos mudar tudo para meses, por exemplo. Teremos (72/12) = **6% ao mês** (pelo conceito de taxas proporcionais), e os tempos transformados para meses ficarão 1m (= 30d) e 4m (= 120d).

A questão disse também que trabalharemos com o **desconto comercial simples**, ou seja, que a questão é de Equivalência Simples, e que usaremos operações de **desconto simples por fora**!

Por fim, o enunciado *amarrou* que devemos adotar a data focal zero! Nosso desenho da questão será, portanto, o seguinte:

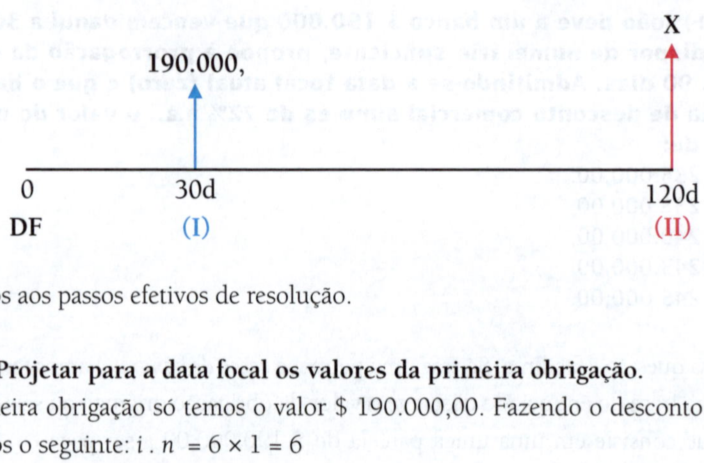

Passemos aos passos efetivos de resolução.

1º Passo – Projetar para a data focal os valores da primeira obrigação.

De primeira obrigação só temos o valor $ 190.000,00. Fazendo o desconto simples por fora, teremos o seguinte: $i \cdot n = 6 \times 1 = 6$

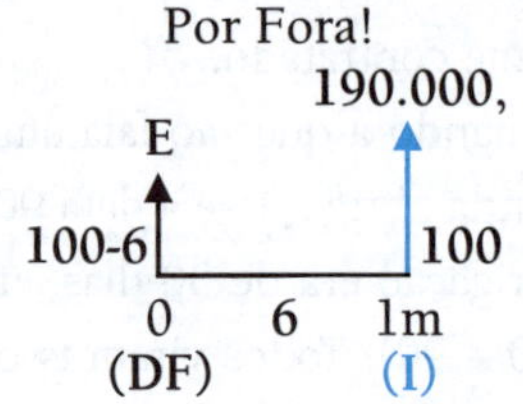

Daí: $\frac{E}{94} = \frac{190000}{100}$ → Daí: $E = 94 \times 1900$ → **E = 178.600,00**

2º Passo – Projetar para a data focal os valores da segunda obrigação.

De segunda obrigação temos o valor X. Novamente, usando o desconto simples por fora, teremos o seguinte: $i \cdot n = 6 \times 4 = 24$

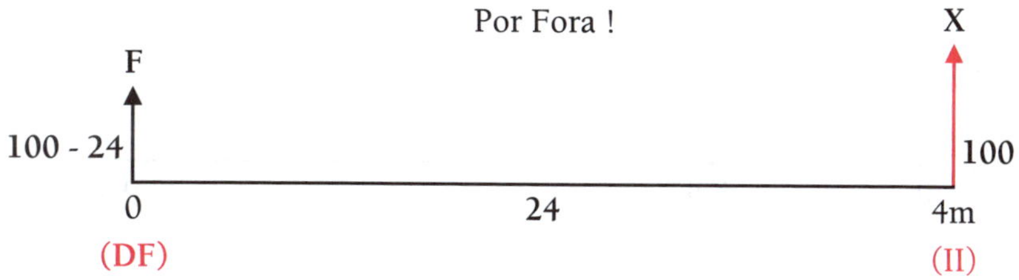

Daí: $\frac{F}{76} = \frac{X}{100}$ → Daí: **F = 0,76X**

3º Passo – Aplicar a Equação de Equivalência.

$$\sum (I)_{DF} = \sum (II)_{DF}$$

Teremos: → 178.600 = 0,76X → X = 178600/0,76

→ E: X = 235.000,00 → **Resposta!**

4. (ESAF) Para refinanciar uma dívida de $ 1.500.000 em 36 dias, o devedor paga $ 148.000 e é emitido um novo título no valor de $ 1.400.000 para o prazo de 90 dias. A taxa de desconto comercial adotada na operação foi de:

Obs.: 1) Considere a data de referência o instante 0;
2) Taxa no regime simples.

a) 25% a.a.;
b) 26% a.a.;
c) 20%a.a.;
d) 30% a.a.;
e) 24% a.a.

Solução: Logo no início deste enunciado surge o verbo *refinanciar*. Este verbo é de fato muito esclarecedor: traduziremos como *financiar de novo*, ou seja, *alterar as datas e valores de um financiamento já contratado*. É um verbo típico das questões de Equivalência de Capitais.

Esta questão é fácil, desde que se consiga fazer o desenho do enunciado corretamente! Quando é dito que se quer "refinanciar uma dívida de $ 1.500.000 em 36 dias", significa que este valor ($ 1.500.000) é devido, originalmente, naquela data (36 dias). E como queremos **refinanciar** esta dívida, iremos, na verdade, alterar esta forma original de pagamento.

Pois bem! E como será essa nova forma de pagar por aquela dívida? O enunciado diz: "o devedor paga $ 148.000...". Vamos pensar nessa frase! E a pergunta é: "quando será paga essa quantia de $ 148.000"? Quem acerta? Ora, **precisamos enxergar nas entrelinhas**! Está **implícita** aí a palavra **HOJE**! É como se a questão tivesse dito: "... o devedor paga **hoje** $ 148.000..." Certo?

E além dessa primeira parte paga na data zero (hoje), haverá ainda uma segunda parcela paga na data 90 dias, no valor de $ 1.400.000. Passemos, pois, aos passos preliminares de nossa resolução. Nosso desenho será o seguinte:

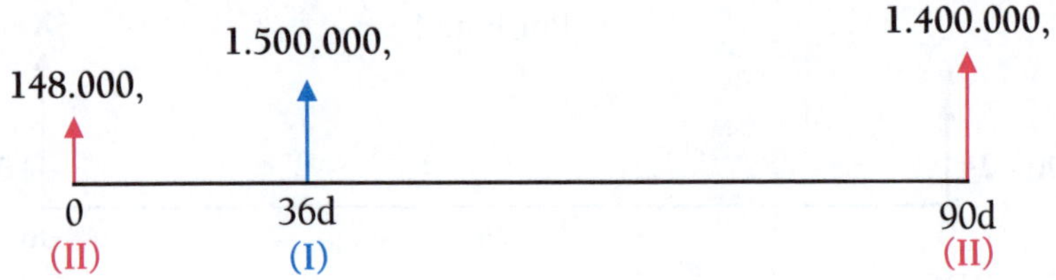

Já definimos quem será primeira e quem será segunda forma de pagamento. Agora, lembraremos que as questões de equivalência de capitais são resolvidas por meio de operações de desconto, e vamos tentar descobrir (pelo restante do enunciado) qual o regime e qual a modalidade deste desconto que usaremos nesta resolução. E aqui a questão foi muito generosa: falou expressamente que o desconto é o **comercial** (por fora) e que a taxa está no **regime simples**. Estamos, pois, diante de uma questão de **equivalência simples de capitais**, a qual será resolvida mediante operações de **desconto simples por fora**!

Ainda nos passos preliminares, teremos que colocar **taxa** e **tempos** na mesma unidade. Os tempos estão todos em **dias**. E a taxa é o que está sendo pedido pela questão. Daí, imediatamente voltaremos nossos olhos para as opções de resposta. Ora, todas elas trazem taxas anuais. Logo, ficou evidente que teremos que achar uma taxa ao ano! Como vamos ter que trabalhar com taxa e tempo na mesma unidade, podemos tentar colocar todos em tempos nesta unidade anual, não podemos? Vamos fazer isso.

Começando por 36 dias. Ora, 36 dias é uma fração de ano. Mas que fração será essa? Nós sabemos que na matemática financeira um ano tem 360 (trezentos e sessenta dias), não é verdade? Logo, se você na hora da prova não estiver conseguindo alterar essa unidade, não se encabule!

Basta fazer uma regrinha de três simples, da seguinte forma:

360 dias —— 1 ano
36 dias —— x

Daí, x=(36/360) → E: x = (1/10) ano.

Ou seja: 36 dias = (1/10) ano = 0,1 ano

Agora, vamos passar 90 dias para anos. Ora, 90 dias são 3 meses, certo? E 3 meses é uma fração do ano! Novamente, se na hora da prova você estiver com alguma dificuldade de fazer essa conversão, já dissemos, não tenha medo! A seguinte regra de três é infalível:

12 meses —— 1 ano
3 meses —— x

Daí, x=(3/12) → E: x= (1/4) ano = 0,25 ano

Nosso desenho agora será o seguinte:

O último passo preliminar que nos falta cumprir é justamente a escolha da data focal. Só para não perder a viagem: quem é que manda na data focal da equivalência simples? É a questão! Logo, quando o enunciado falou "considere a **data de referência** o instante zero", essa tal **data de referência** é ninguém menos que a nossa **data focal**. Daí, preparamos a questão para ser resolvida. Nosso desenho definitivo será, portanto:

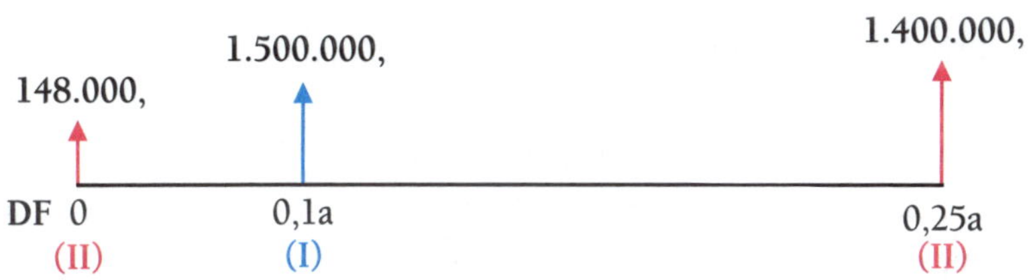

Passemos aos **passos efetivos** de resolução!

1º Passo – Projetar para a data focal os valores da primeira obrigação.

De primeira obrigação só temos o valor $ 1.500.000. Fazendo o desconto simples por fora, teremos o seguinte: $i \,.\, n = i \times 0{,}1 = 0{,}1i$

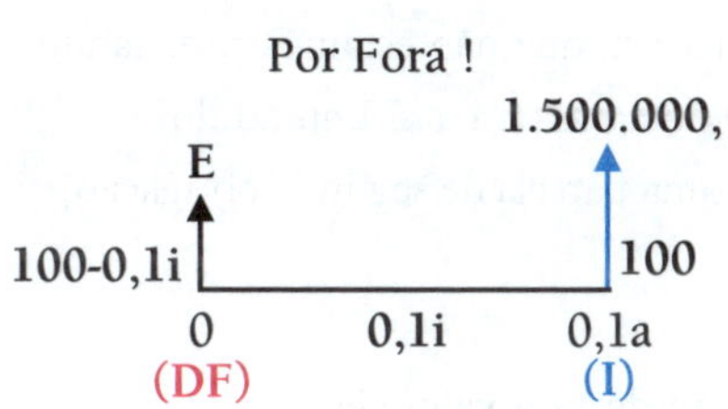

Daí, teremos que:

Daí: $\dfrac{E}{100-0{,}1\cdot i}=\dfrac{1500000}{100}$

Daí: E = 15000.(100 - 0,1i)

2º Passo – Projetar para a data focal os valores da segunda obrigação.

Começaremos com o valor $ 1.400.000, que se encontra na data 0,25 ano. Aplicando o desconto simples por fora, teremos: $i\ .\ n\ = i \times 0{,}25 = 0{,}25i$

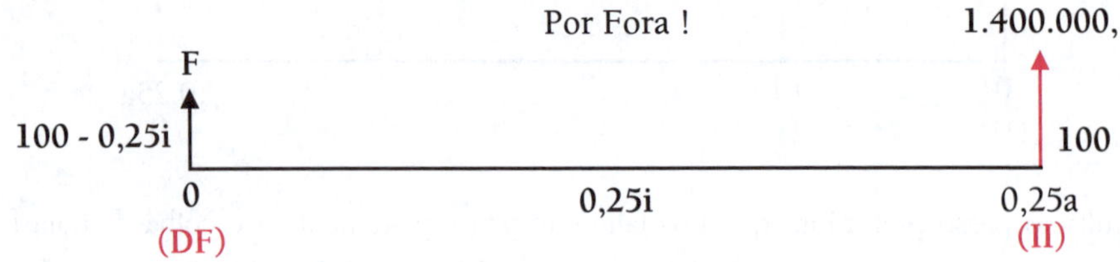

Assim, teremos que:

$$\frac{F}{100-0{,}25\cdot i}=\frac{1.400.000}{100}$$

Daí: F = 14000.(100 - 0,25i)

ATENÇÃO AGORA:

A pergunta é essa: acabou o segundo passo? Sim ou não? Ainda há algum valor de segunda obrigação? Sim, ainda há o valor $ 148.000, que está na data zero!

Ora, ocorre que este segundo passo da resolução nos manda projetar as parcelas de segunda obrigação para a data focal. E o que vemos aqui? Vemos que este valor ($ 148.000) já está onde nós queremos que esteja! Ou seja, esta parcela já está sobre a data focal.

Isso significa que, **neste segundo passo**, não precisaremos trabalhar com esses $148.000, levando-os para lugar nenhum!

Só para fechar o raciocínio: quanto vale essa parcela $148.000 na data focal? Ora, vale o próprio valor $148.000, uma vez que não estamos projetando esta quantia nem para uma data futura e nem para uma data passada, *ok*? Entendido?

Como não há mais nenhuma parcela de segunda obrigação, dizemos que o nosso segundo passo está encerrado.

3º Passo – Aplicar a Equação de Equivalência.

$$\sum (I)_{DF} = \sum (II)_{DF}$$

Teremos: → 15000(100-0,1i) = 14000(100-0,25i) + 148.000

Observemos que a primeira parte da equação diz respeito ao único valor que temos de primeira obrigação ($ 1.500.000), depois de levado para a data focal. Já na segunda parte da equação acima, temos duas parcelas: a primeira, referente à parcela $ 1.400.000 que estava na data 0,25a, que projetada para a data focal transformou-se no valor "F", e a segunda parcela é justamente aquela primeira ($ 148.000) que não precisou ser trabalhada no segundo passo, mas que terá que aparecer, **necessariamente**, aqui na equação de equivalência.

Agora, basta desenvolver a equação. Teremos:

$$15(100 - 0{,}1i) = 14(100 - 0{,}25i) + 148$$

$$\rightarrow 2i = 1548 - 1500 \rightarrow 2i = 48$$

→ Daí: i = (48/2) → E: i = 24% ao ano → Resposta!

5. (ESAF) Uma firma deseja alterar as datas e valores de um financiamento contratado. Este financiamento foi contratado, há 30 dias, a uma taxa de juros simples de 2% ao mês. A instituição financiadora não cobra custas nem taxas para fazer estas alterações. A taxa de juros não sofrerá alterações.
Condições pactuadas inicialmente: pagamento de duas prestações iguais e sucessivas de $ 11.024,00 a serem pagas em 60 e 90 dias.
Condições desejadas: pagamento em 3 prestações iguais: a primeira ao final do 10º mês; a segunda ao final do 30º mês; a terceira ao final do 70º mês.
Caso sejam aprovadas as alterações, o valor que mais se aproxima do valor unitário de cada uma das novas prestações é:

a) $ 8.200,00;
b) $ 9.333,33;
c) $ 10.752,31;
d) $ 11.200,00;
e) $ 12.933,60.

Solução: Uma questão grande! Só grande..., mas tão fácil quanto as outras. O verbo chave aparece logo na primeira frase do enunciado: "uma firma deseja **alterar**..."! Olha aí! Alterar o quê? As datas e valores de um financiamento contratado. Ora, para o bom entendedor, ou seja, para nós todos, essa frase já é suficiente para denunciar o assunto da questão. Se existe um financiamento já contratado (*financiamento* aqui fica como sinônimo de *obrigação a cumprir*) e desejo **alterar** o seu formato original, então estamos diante de uma questão de **equivalência de capitais**!

Foi dito no enunciado que o contrato foi feito a uma **taxa de juros simples**! Essa informação nos serve? E muito! Com ela, sabemos de imediato que estamos trabalhando no **regime simples**, e também que as operações de desconto que iremos utilizar nesta resolução serão operações de **desconto por dentro** (desconto racional)!

Agora, resta desenharmos a questão, e definirmos quem serão (e onde vão estar) os valores da primeira e da segunda obrigação. E este enunciado foi bastante claro neste aspecto, pois criou um parágrafo somente para dizer: "*Condições pactuadas inicialmente*...", e outro só para dizer: "*Condições desejadas*...". Ora, não resta dúvida que o que se segue ao "*condições desejadas inicialmente*" será justamente a forma original de pagamento, ou seja, os valores da primeira obrigação. Já o que vem depois de "*condições desejadas*" não poderia ser outra coisa, senão a segunda forma de pagamento, ou seja, os valores da segunda obrigação.

Dito isto, já estamos aptos a desenhar nossa questão. Teremos:

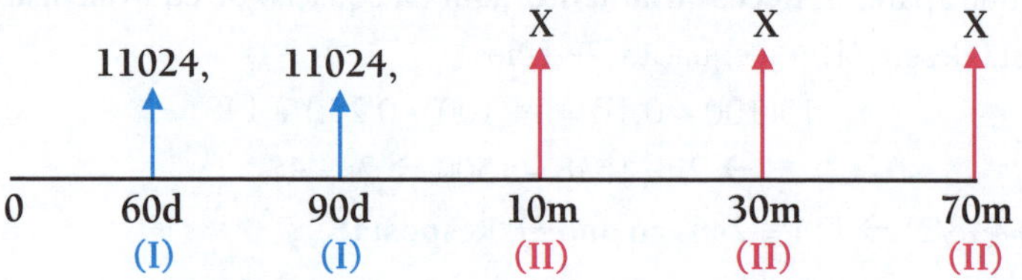

Dentro dos passos preliminares, temos ainda que colocar taxa e tempos na mesma unidade. A taxa fornecida é mensal (2% ao mês), logo, chamaremos 60 dias de 2 meses e 90 dias de 3 meses. Por fim, teremos que descobrir onde estará a data focal.

Observemos que **nada** foi dito acerca da data focal. De modo que, conforme já sabemos, estaremos **obrigados por convenção**, a adotar a data zero como sendo nossa data de referência.

O desenho final e completo da nossa questão será o seguinte:

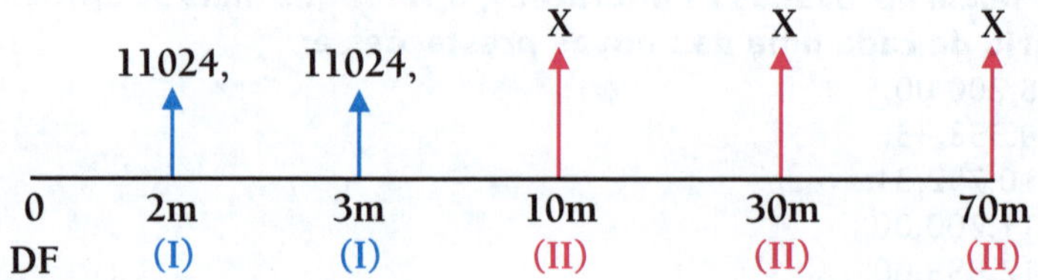

Concluídos os passos preliminares, passemos aos passos efetivos de resolução!

1º Passo – Projetar para a data focal os valores da primeira obrigação.

Comecemos pela primeira parcela de $ 11.024, que está localizada na data 2 meses. Aplicando o desconto simples por dentro, teremos que:

→ $i \, . \, n = 2 \times 2 = 4$

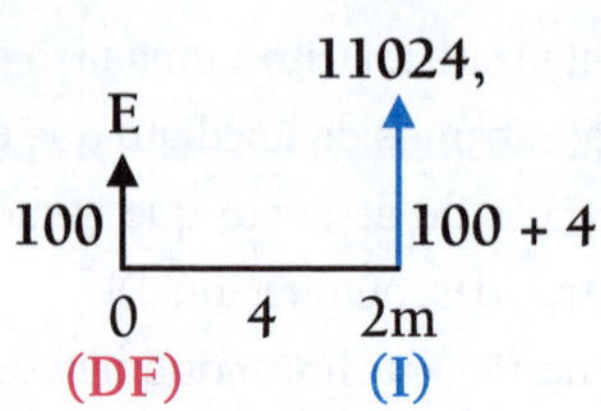

Daí, teremos que:

$\frac{E}{100} = \frac{11024}{104}$ → **E=10.600,00**

Trabalhando agora com a segunda parcela de \$ 11.024,00, localizada sobre a data 3 meses, teremos que: $i \cdot n = 2 \times 3 = 6$

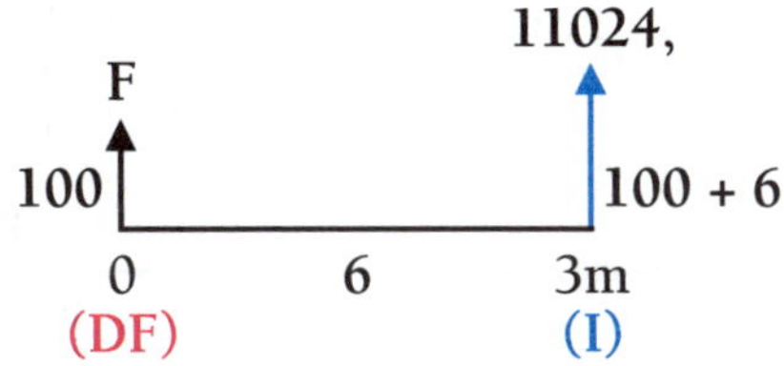

Daí:

$$\frac{F}{100} = \frac{11024}{106} \rightarrow \mathbf{F = 10.400,00}$$

Como não há mais *ninguém* que seja primeira obrigação, resta-nos passar ao segundo passo de nossa resolução.

2º Passo – Projetar para a data focal os valores da segunda obrigação.

Começaremos com o primeiro valor X, que se encontra na data 10 meses. Aplicando o desconto simples por dentro, teremos:

→ $i \cdot n = 2 \times 10 = 20$

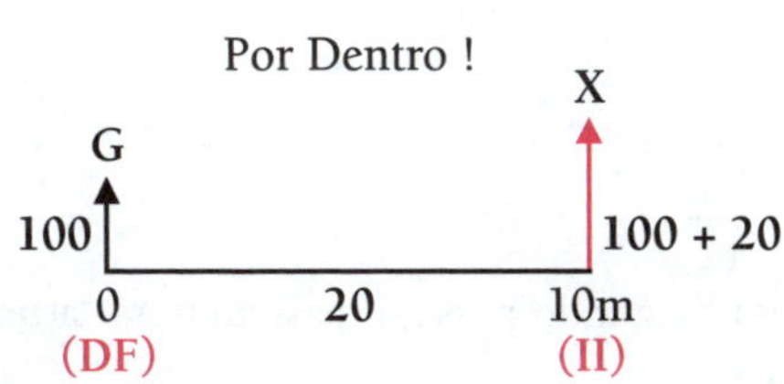

Daí:

$$\frac{G}{100} = \frac{X}{120}$$

Aqui, uma lembrança importante: quando estamos no primeiro ou no segundo passo efetivo de resolução de uma questão de equivalência de capitais, estaremos sempre buscando aquele valor que está **sobre** a data focal.

Então, observemos que na equação acima há duas variáveis, o **G** e o **X**. Qual delas calcularemos aqui neste segundo passo? Aquela que está sobre a data focal. Quem é? É o G. Teremos:

$$G = \frac{100X}{120} \rightarrow G = \frac{5X}{6}$$

Passemos à segunda parcela **X**, que se localiza na data 30 meses. Aplicando o desconto simples racional, teremos que: $i \,.\, n = 2 \times 30 = 60$

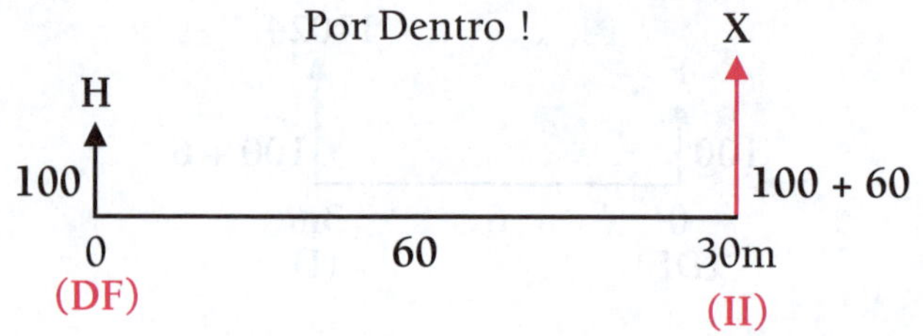

Daí: $\frac{H}{100} = \frac{X}{160} \rightarrow H = \frac{5X}{8}$

Veja que encontramos o valor do H, que está sobre a data focal!

Finalmente, trabalhemos a última parcela **X**, que se encontra na data 70 meses. Aplicando o desconto simples por dentro, teremos que:

→ $i \,.\, n = 2 \times 70 = 140$

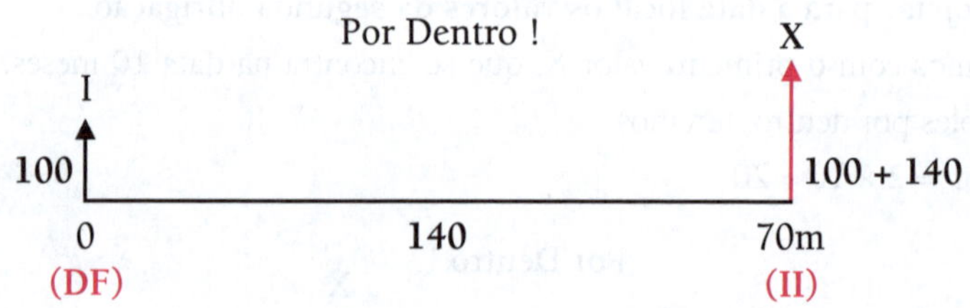

Daí: $\frac{I}{100} = \frac{X}{240} \rightarrow I = \frac{5X}{12}$

Aqui, encerramos o nosso segundo passo, e passamos ao "arremate" da questão, com o terceiro e derradeiro passo!

3º Passo – Aplicar a Equação de Equivalência.

$$\sum (I)_{DF} = \sum (II)_{DF}$$

Primeira parte da equação: a soma dos resultados do primeiro passo. Segunda parte da equação: a soma dos resultados do segundo passo. Teremos:

$$10600 + 10400 = \left(\frac{5X}{6}\right) + \left(\frac{5X}{8}\right) + \left(\frac{5X}{12}\right)$$

Uma equação e uma variável, que é justamente aquele valor que está sendo solicitado pelo enunciado. Termina sempre assim toda e qualquer questão de equivalência de capitais!

Aqui já não há mais a matemática financeira: há somente a álgebra!

$21000 = \frac{20X + 15X + 10X}{24}$ → Daí: $45X = 504000$ → $X = \frac{504000}{45}$

→ Daí, finalmente, chegamos a: **X = 11.200,00 → Resposta!**

6. **(ESAF) Uma pessoa possui um financiamento (taxa de juros simples de 10% ao mês). O valor total dos pagamentos a serem efetuados, juros mais principal, é de $ 1.400,00. As condições contratuais prevêem que o pagamento deste financiamento será efetuado em duas parcelas. A primeira parcela, no valor de setenta por cento do total dos pagamentos, será paga ao final do quarto mês, e a segunda parcela, no valor de trinta por cento do total dos pagamentos, será paga ao final do décimo primeiro mês. O valor que mais se aproxima do valor financiado é:**

a) $ 816,55;
b) $ 900,00;
c) $ 945,00;
d) $ 970,00;
e) $ 995,00.

Solução: Esse aqui é aquele tipo de questão que tenta ser difícil, mas não consegue...! E também não deixa de ser uma questão interessante. Senão, vejamos: este é justamente aquele modelo de enunciado em que se fala em um **financiamento**. Este será entendido por nós como sendo um **empréstimo**.

Ora, quando eu faço um empréstimo com alguém, é óbvio que eu pego uma quantia **hoje** (data zero), comprometendo-me a devolvê-la em uma data (ou várias datas) no futuro. Para que nem eu e nem o meu credor saiamos perdendo, será preciso que o valor que eu peguei emprestado hoje (o valor do financiamento) seja equivalente às parcelas de devolução em datas futuras! Em outras palavras: o que eu tomei emprestado tem que ser equivalente ao que eu vou devolver no futuro.

A única coisa que a questão realmente quis *inventar* (leia-se: inovar) neste enunciado foi que, em vez de dizer diretamente quais os valores das duas parcelas que constituem a *devolução*, ele falou em um certo **valor total** ($ 1.400,00), e que a primeira parcela de devolução corresponde a 70% deste valor, enquanto que a segunda parcela de devolução corresponde a 30% do valor total.

Podemos calcular logo esses valores que compõem a segunda obrigação. Teremos:

→ Primeira parcela de devolução: $\frac{70}{100} \times 1.400 = 980,00$

→ Segunda parcela de devolução: $\frac{30}{100} \times 1.400 = 420,00$

Com isso, já estamos aptos a desenhar a questão. Teremos:

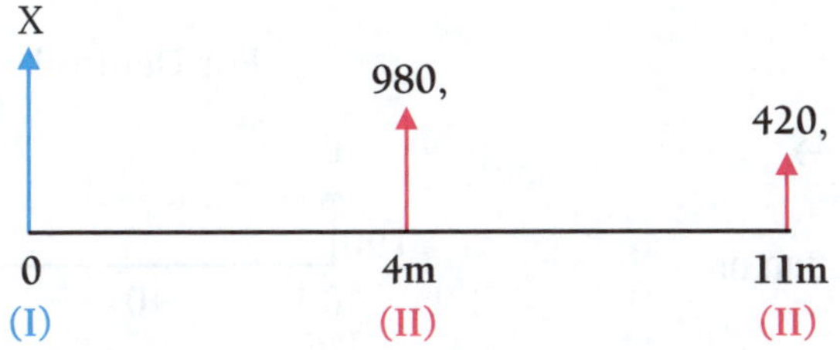

O raciocínio é o seguinte: se chamarmos de primeira obrigação o valor que pegamos emprestado (na data zero), então as parcelas da devolução serão ditas como a segunda obrigação. O contrário também pode ser feito, sem nenhum problema: chamar as parcelas de devolução de primeira obrigação e o valor do empréstimo (na data zero) de segunda obrigação. O importante é nunca misturar parcela do empréstimo e parcela da devolução. Entendido?

Como a questão é de Equivalência de Capitais, então a resolveremos por meio de operações de desconto! O enunciado falou em **taxa de juros simples**. Com isso, sabemos que estamos trabalhando no **regime simples** e que nossas operações, nessa resolução, serão todas de **desconto por dentro**!

Percebamos ainda que a taxa fornecida é mensal e os tempos já estão nesta mesma unidade (mês).

Resta-nos constatar onde estará nossa data focal. Observemos que nada foi dito acerca deste elemento, razão pela qual concluímos: usaremos, como data de referência, a data zero!

O desenho completo de nossa questão será o seguinte:

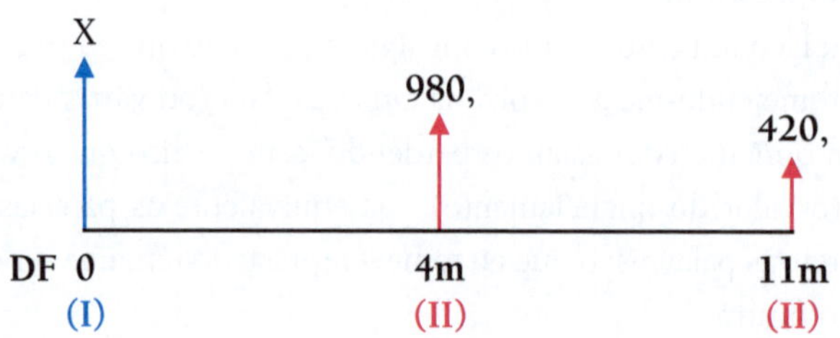

Comecemos os nossos passos efetivos de resolução.

1º Passo – Projetar para a data focal os valores da primeira obrigação.

Reparemos que este passo já está cumprido, uma vez que só temos uma parcela de primeira obrigação (que é justamente o X), e que esta parcela já se encontra sobre a data focal. Destarte, não teremos que projetá-la para lugar nenhum, nem para uma data futura, e nem para uma data anterior! Aliás, na data focal, esse X vale ele mesmo, ou seja, X. Adiante!

2º Passo – Projetar para a data focal os valores da segunda obrigação.

Vamos começar com a parcela \$ 980, que está na data 4 meses. Aplicando o desconto simples por dentro, teremos: $i \, . \, n = 10 \times 4 = 40$

Daí: $\frac{E}{100} = \frac{980}{140} \rightarrow$

$E = \frac{9800}{14} \rightarrow$ **E=700,00**

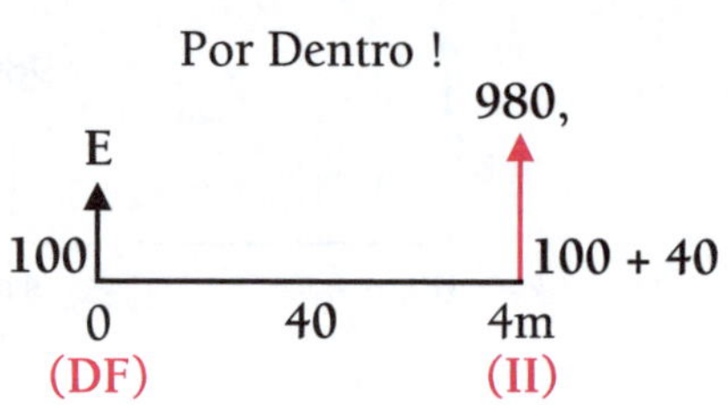

Passando agora a trabalhar com a parcela \$ 420,00 na data 11 meses, teremos: $i \, . \, n = 10 \times 11 = 110$

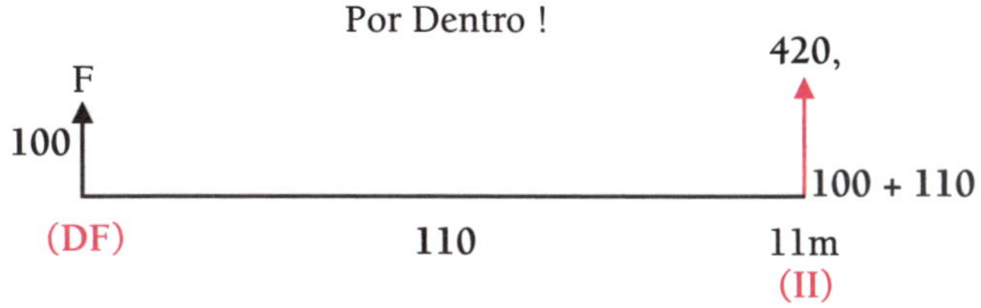

Daí: $\frac{F}{100} = \frac{420}{210} \rightarrow F = \frac{4200}{21} \rightarrow \mathbf{F = 200{,}00}$

Acabou-se também o segundo passo, e passamos ao terceiro.

3º Passo – Aplicar a Equação de Equivalência.

$$\sum (I)_{DF} = \sum (II)_{DF}$$

Na primeira parte da equação, teremos apenas um valor de primeira obrigação, que é justamente o **X**, e que já estava sobre a data focal. Logo, na equação acima, ele, o X, entrará com o seu próprio valor (X).

A segunda parte da equação é a soma dos resultados do segundo passo. Daí, teremos que: X = 700 + 200 → **X = 900,00 → Resposta!**

7. Comprei um veículo por R\$ 30.000,00 e paguei uma entrada de 25% do valor da compra. O saldo devedor foi financiado em três pagamentos sendo o primeiro no valor de R\$ 8.500,00 ao final do primeiro mês, e o segundo no valor de R\$ 7.500,00 no final do segundo mês. Calcule o valor do terceiro pagamento vencível ao final do terceiro mês que liquidará o financiamento. Considere a data da compra como sendo a data focal, e que os valores futuros podem ser descontados a uma taxa de desconto simples comercial de 3% a.m. Despreze os centavos.

a) R\$ 7.256,00.
b) R\$ 7.917,00.
c) R\$ 8.021,00.
d) R\$ 8.250,00.
e) R\$ 8.289,00.

Solução:

Dados iniciais:

Taxa de desconto simples comercial: i = 3% a.m.

Data focal = data zero

valor do veículo = 30.000,00

entrada = 25% de 30.000 = 7.500,00

Daí, o saldo devedor que será financiado é igual a:

30.000 – 7.500 = **22.500,00**

→ Separar os capitais em 2 conjuntos:

1º conjunto (é o valor financiado): 22.500,00 (na data zero)

2º conjunto (são os pagamentos): 8.500,00 (final do 1º mês) → E
7.500,00 (final do 2º mês) → F
X =? (final do 3º mês) → G

→ Desenho

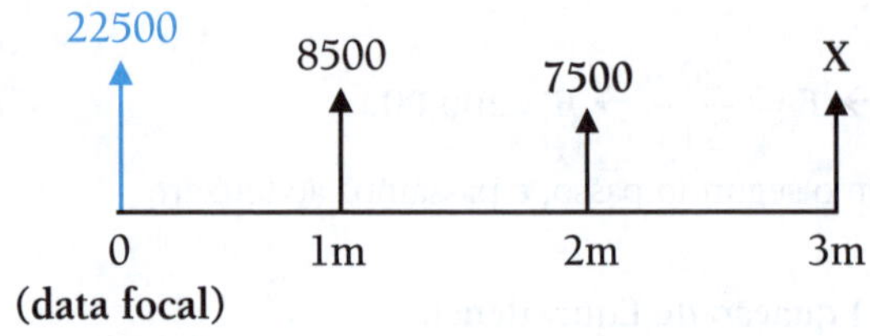

→ Transporte dos capitais para a data focal por meio de operações de **desconto simples por fora**.

1) Transporte do R$ 8.500,00 para a data focal.

n = 1 – 0 = 1 meses

i = 3% a.m.

$i \cdot n = 3 \cdot 1 = 3$

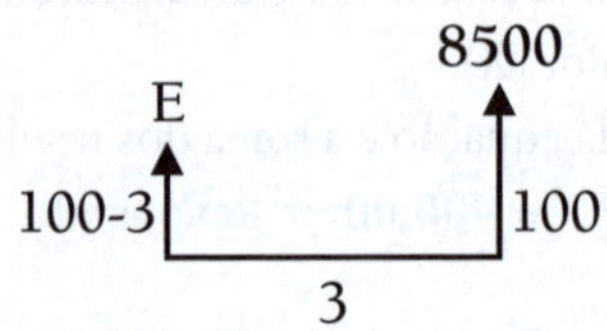

Daí: $\frac{E}{97} = \frac{8500}{100}$ → **E = 8245**

2) Transporte do R$ 7.500,00 para a data focal.

n = 2 – 0 = 2 meses

i = 3% a.m.

$i \cdot n = 3 \cdot 2 = 6$

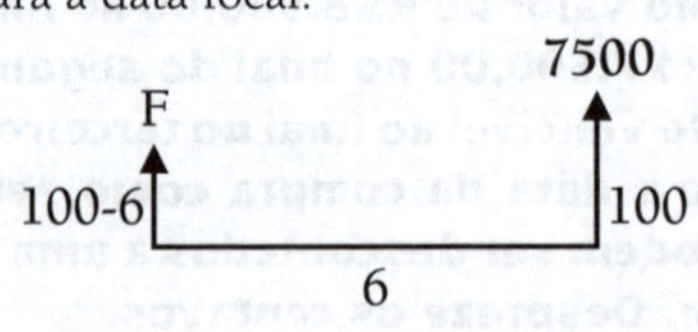

Daí: $\frac{F}{94} = \frac{7500}{100}$ → **F = 7050**

3) Transporte do **X** para a data focal.

n = 3 – 0 = 3 meses

i = 3% a.m.

$i \cdot n = 3 \cdot 3 = 9$

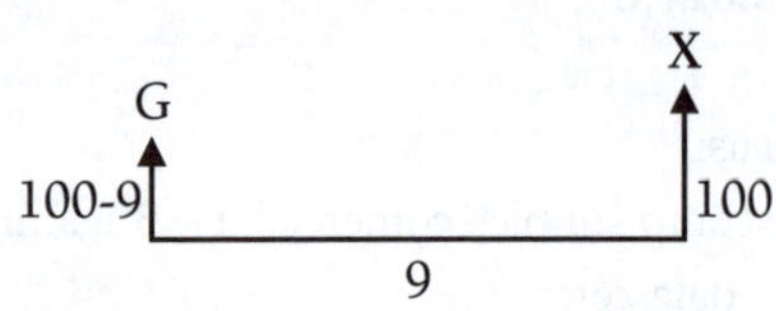

Daí: $\frac{G}{91} = \frac{X}{100}$ → **G = 0,91X**

→ Equação de Equivalência

1º conj. (transportados para a D.F.) = **2º conj.** (transportados para a D.F.)

22.500 = E + F + G

22.500 = 8.245 + 7.050 + 0,91X

0,91X = 22.500 – 8.245 – 7.050 → **X = 7.917,00**

8. (ESAF) Uma pessoa tem que pagar dez parcelas no valor de R$ 1.000,00 cada que vencem todo dia 5 dos próximos dez meses. Todavia ela combina com o credor um pagamento único equivalente no dia 5 do décimo mês para quitar a dívida. Calcule este pagamento considerando juros simples de 4% ao mês.

a) R$ 11.800,00.
b) R$ 12.006,00.
c) R$ 12.200,00.
d) R$ 12.800,00.
e) R$ 13.486,00.

Solução: O enunciado traz duas formas de pagamento: a **primeira**, dez parcelas no valor de R$ 1.000,00, e a **segunda**, um pagamento único; e ainda diz que este pagamento único tem que ser equivalente às dez parcelas. Portanto, não resta dúvida de que se trata de uma questão de equivalência. Como a taxa de juros fornecida é uma taxa simples, então a questão é de Equivalência de Capitais no Regime Simples.

Nessa questão aparecem várias parcelas iguais e consecutivas. Como já fizemos nos capítulos de Juros Simples e Desconto Simples, transformaremos essas parcelas em uma única parcela. Isto será feito agora. Somente depois disso que iniciaremos os passos para resolver a equivalência.

As dez parcelas de 1.000,00, e o pagamento único X, de que trata o enunciado da questão, estão representados a seguir:

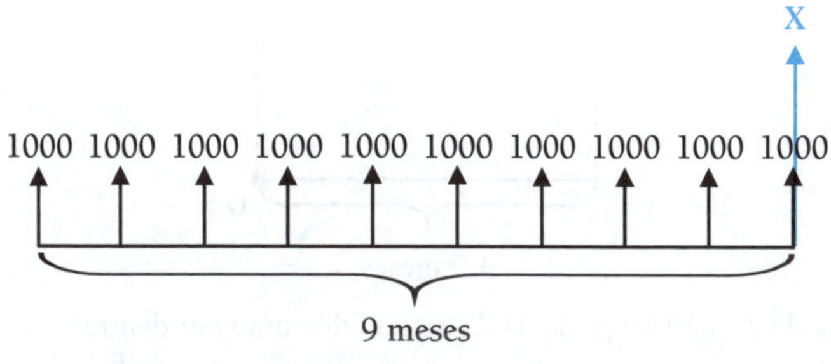

→ Substituiremos as dez parcelas de 1.000,00 por uma única parcela.

O valor da parcela única é igual à soma das dez parcelas de 1.000,00, ou seja, o valor da parcela única é de 10.000,00.

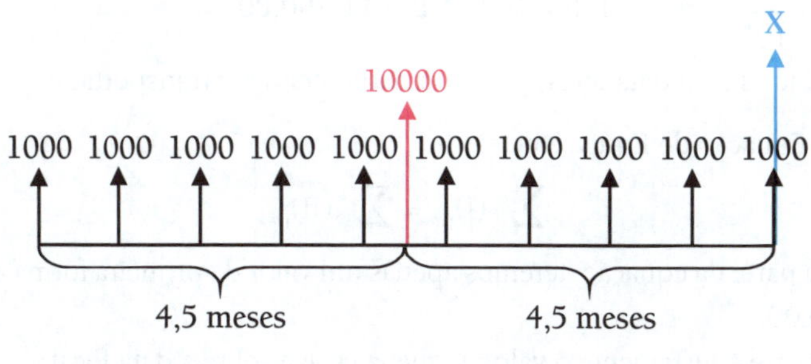

Esta parcela única de 10.000,00 <u>deve ficar no centro das dez parcelas</u>, ou seja, entre a quinta parcela e a sexta parcela, conforme mostramos abaixo.

→ Retirando do desenho as dez parcelas de 1.000,00, e deixando somente a parcela única de 10.000,00 e o valor X, o desenho fica assim:

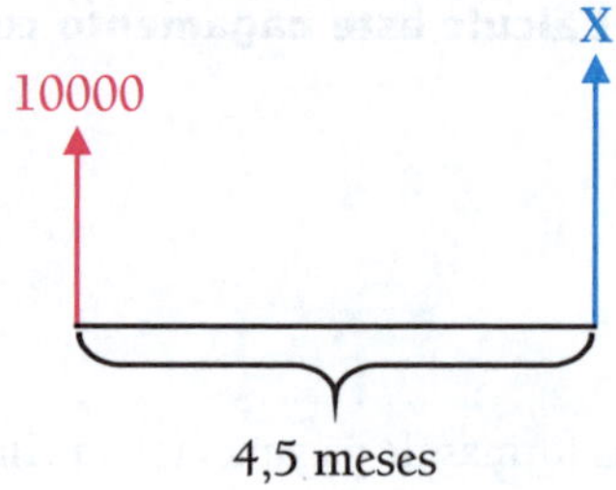

Podemos dizer que a questão de Equivalência de Capitais inicia a partir do desenho acima, e podemos considerar que temos duas formas de pagamento: a 1ª) de 10.000,00, e a 2ª) de valor X após 4,5 meses.

Para executar a equivalência primeiramente temos que saber onde fica a data focal. A questão diz: "... equivalente no dia 5 do décimo mês". E, como já dissemos anteriormente, mesmo que a questão não deixe explícita a data focal, a presença da palavra *equivalente* definirá a sua localização. Daí, podemos dizer que a data focal vai ficar no dia 5 do décimo mês, ou seja, junto com o pagamento X.

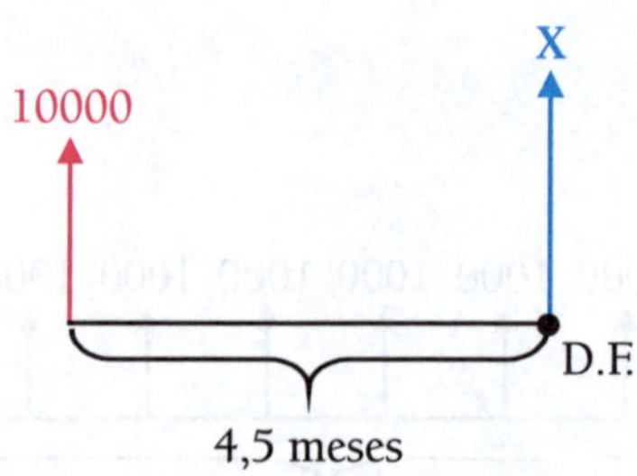

→ Transporte do 10.000,00 para a D.F. (usando desconto por dentro!):

i = 4%a.m.

n = 4,5 meses

$i \cdot n = 4 \times 4{,}5 = 18$

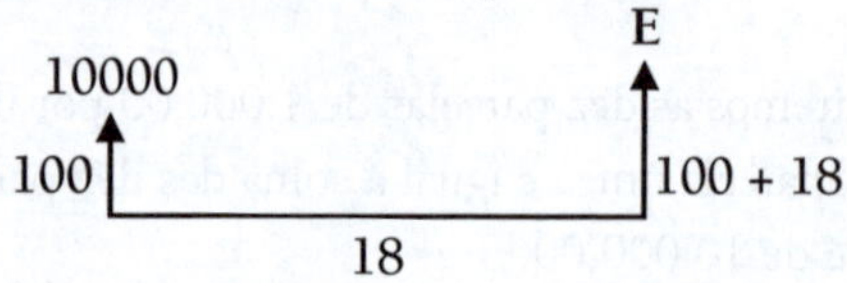

Daí, $\frac{E}{118} = \frac{10000}{100}$ → $E = 118 \times 100$ → **E = 11.800,00**

→ O valor X já está na data focal, portanto não precisa ser transportado.

→ Aplicar a Equação de Equivalência:

$$\sum (I)_{DF} = \sum (II)_{DF}$$

Na primeira parte da equação, teremos apenas um valor da primeira forma de pagamento, que é o 11.800,00.

A segunda parte é justamente o valor X que já estava sobre a data focal.

Daí, teremos que:

11800 = X → X=11.800,00 → Resposta!

EQUIVALÊNCIA SIMPLES DE CAPITAIS – EXERCÍCIOS PROPOSTOS

01. (Auditor Fiscal do Estado do RJ 2011 FGV)

Ano	A	B
1	60.000	X
4	65.000	78.000
7	100.000	50.000

A tabela acima indica dois fluxos de caixa. Sabendo-se que a taxa é de 10% ao ano, juros simples, o valor de X que torna os dois fluxos de caixa equivalentes é

a) 67.500.
b) 81.250.
c) 88.500.
d) 76.575.
e) 78.500.

02. (Analista de Controle Interno SEFAZ-RJ 2011 FGV) Um banco oferece dois fluxos de caixa como na tabela abaixo a um cliente, que não consegue ler o valor do primeiro mês no fluxo de caixa A, e, portanto o marca como X. O valor de X que tornaria os dois fluxos de caixa idênticos, a uma taxa de 2% ao mês, juros simples, é

MÊS	A	B
1	X	3000
6	4400	5500
11	6000	9000

a) R$ 6.500,00.
b) R$ 6.800,00.
c) R$ 6.750,00.
d) R$ 7.100,00.
e) R$ 7.000,00.

03. (Auditor Fiscal de Receitas Estaduais Pará 2013 UEPA) Paulo está devendo uma quantia a Carlos, e tem de efetuar a Carlos os seguintes pagamentos:

- **R$ 12.000,00 de hoje a 4 meses;**
- **R$ 70.000,00 no fim de 3 anos;**
- **R$ 40.000,00 de hoje a 20 meses.**

Suponha que Paulo proponha a Carlos quitar suas dividas por meio de dois pagamentos: o primeiro na data de hoje, no valor de R$ 30.000,00 e o segundo, representando o saldo, 15 meses após. Sabendo-se que a taxa de juros simples aplicada por Carlos é de 5% a.m, o valor do saldo do segundo pagamento é:

a) R$ 18.750,00
b) R$ 35.000,00
c) R$ 43.750,00
d) RS 46.837,00
e) R$ 52.500,00

04. (Oficial de Fazenda SEFAZ-RJ 2011 CEPERJ) Um consumidor deve pagar $300 daqui a dois meses, e $600 daqui a cinco meses. Considerando um regime de juros simples de 30% ao semestre, o valor do pagamento único a ser efetuado no mês três, que liquida a dívida, é:

a) $ 765 ,00
b) $ 960,35
c) $ 560,00
d) $ 860,45
e) $ 900,00

05. (AFTN 1991 ESAF) A uma taxa de juros de 25% ao período, uma quantia de 100 no fim do período t, mais uma quantia de 200 no fim do período t+2, são equivalentes, no fim do período t+1, a uma quantia de:

a) $ 406,25;
b) $ 352,5;
c) $ 325;
d) $ 300;
e) $ 285.

06. Uma pessoa financiou R$ 2.300,00, e as condições contratuais preveem o pagamento de duas prestações iguais, a primeira a vencer em 5 meses e a segunda, em 10 meses. A uma taxa de juros simples de 2% ao mês, o valor da prestação é:

a) $ 1.300,00;
b) $ 1.320,00;
c) $ 1.340,00;
d) $ 1.350,00.

07. Um título de R$ 400,00, vencível em 1 bimestre, foi trocado por um outro de R$ 460,00, com vencimento para 5 meses. Tomando-se a data atual como data focal, calcule a taxa de desconto simples comercial desta operação.

a) 4,0 % a.m.
b) 4,2 % a.m
c) 4,4 % a.m.
d) 4,6 % a.m.

08. Uma pessoa tem que pagar sete parcelas no valor de R$ 1.000,00 cada que vencem todo dia 10 dos próximos sete meses. Todavia ela combina com o credor um pagamento único equivalente três meses após o vencimento da sétima parcela para quitar a dívida. Calcule este pagamento considerando juros simples de 2% ao mês.

a) R$ 7.840,00.
b) R$ 7.920,00.
c) R$ 8.020,00.
d) R$ 8.040,00.

Capítulo 5

Juros Compostos

Chegamos a um momento crucial em nosso livro: adentraremos o estudo do Regime Composto. E estudaremos neste e nos capítulos posteriores os seguintes assuntos: juros compostos, desconto composto, equivalência composta de capitais, rendas certas e amortização. São justamente os temas que nos estão faltando conhecer, para podermos nos dizer *preparados* para enfrentar uma prova de concurso!

Este presente capítulo é fundamental dentro de todo o Regime Composto, pois nos ensinará conceitos que serão aplicados não apenas aos juros compostos, mas a todos os assuntos restantes!

5.1. O Que É uma Operação de Juros Compostos?

Ora, já sabemos o que é uma operação de Juros! É aquela situação em que estamos hoje com uma determinada quantia em dinheiro, vamos a um banco e fazemos um depósito em uma conta de poupança, deixamos aquele dinheiro aplicado durante um determinado período de tempo, até que lá voltemos e resgatemos um valor maior do que o que havia sido aplicado.

Dando nomes aos elementos desta operação, teremos que o valor depositado no início é o **Capital**; este ficará aplicado durante um prazo de tempo "**n**"; ao fim deste prazo, resgataremos o **Montante**. Por enquanto, o desenho de nossa questão de juros é o seguinte:

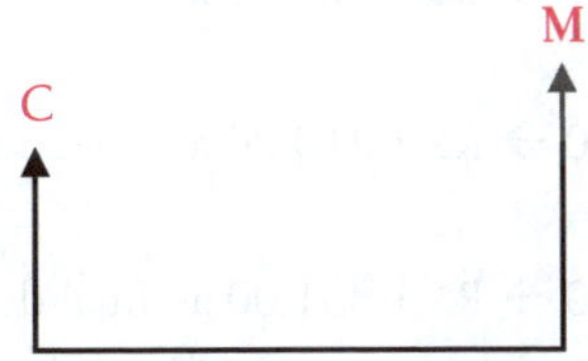

Até aqui, nenhuma novidade. E onde entram os Juros nesse desenho? Ora, os juros serão a diferença entre o valor resgatado (Montante) e o valor aplicado (Capital). Ilustrativamente, teremos:

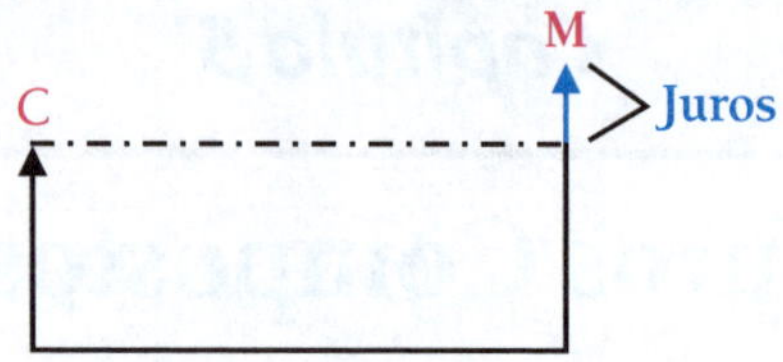

Relembramos, portanto, uma fórmula nossa velha conhecida:

$$J = M - C.$$

Já vimos que o capital vai ficar aplicado durante um período de tempo **n**. No desenho, este valor **n** surge no final da *linha do tempo*. Vejamos:

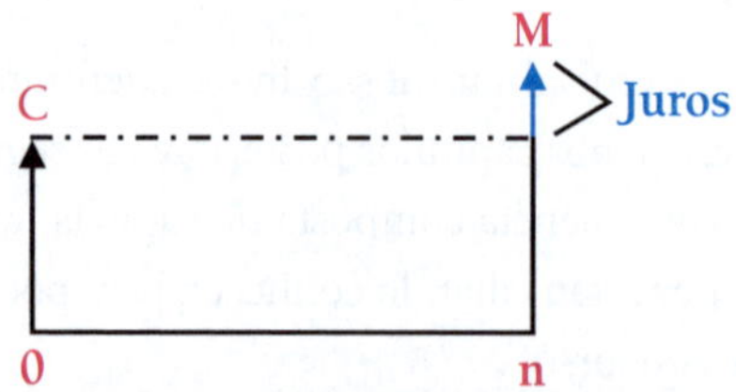

Estamos todos percebendo que até o momento não houve uma só diferença entre o que estamos vendo aqui e o que aprendemos no capítulo de Juros Simples! Ora, Capital, Juros, Montante e Tempo de aplicação são precisamente os mesmos elementos que trabalhamos naquele primeiro regime. O que vai mudar, tão-somente, é o elemento **TAXA**.

Ou seja, é a natureza da taxa envolvida na operação de juros que vai determinar o regime em que estaremos trabalhando, se no Simples, ou se no Composto!

Se estivermos bem lembrados, a natureza de uma taxa de juros compostos é tal que, a cada período que passa, ela incidirá sempre sobre o resultado da operação no período anterior. Podemos relembrar um exemplo que usamos no capítulo de Juros Simples, em que tínhamos um capital de R$ 1.000,00 e que seria aplicado durante um prazo de três meses, sob uma **taxa de juros compostos** de 10% ao mês. Naquela ocasião, encontramos que:

→ No primeiro mês:

R$ 1.000,00 × (10/100) = 100,00 → R$ 1.100,00 ao final do 1º mês.

→ No segundo mês:

R$ 1.100,00 × (10/100) = 110,00 → R$ 1.210,00 ao final do 2º mês.

→ No terceiro mês:

R$ 1.210,00 × (10/100) = 121,00 → R$ 1.331,00 ao final do 3º mês.

Observemos que, a cada novo período, a taxa incidirá sobre o resultado do período anterior. É justamente essa a **natureza** da taxa composta.

Por isso os **juros compostos** são também chamados de **juros cumulativos** ou **juros sobre juros**.

5.2. Equação Fundamental dos Juros Compostos

Na hora de resolvermos uma questão de Juros Compostos, vamos nos lembrar de que há uma **equação fundamental**, que deverá sempre ser colocada no papel. Trata-se do seguinte:

$$M = C\,(1 + i)^n$$

Vamos interpretar cada um desses elementos:

→ **M** é o **Montante**. É aquele valor que será resgatado ao final da operação de juros. É, por assim dizer, o resultado final da operação.

→ **C** é o **Capital**. Justamente aquele valor que é aplicado no início de tudo. É onde começa a operação de Juros.

→ **$(1 + i)^n$**: este parêntese, em função de sua enorme importância, vai ganhar um *apelido*. Doravante, iremos nos referir a ele como sendo **o parêntese famoso da matemática financeira**! "Famoso" por quê? Porque vai aparecer em quase todas as fórmulas do nosso regime composto! *Ok*? Então ficamos assim: quando dissermos "o parêntese famoso", já saberemos que estamos falando no **$(1 + i)^n$**.

→ **n** representa o tempo que vai durar a nossa operação de juros compostos. É o intervalo de tempo que vai da data do Capital (início) até a data do Montante (fim da operação).

→ **i** é a nossa taxa de juros compostos.

Obs. 1: a primeira forma que teremos para identificar que uma questão de juros ocorre no regime composto (ou seja, que se trata de uma questão de juros compostos) é justamente quando o enunciado falar expressamente: "...**taxa de juros compostos de**..."! Haverá ainda uma outra maneira de identificar o regime composto, que será vista daqui a pouco.

Obs. 2: uma vez trabalhando no **regime composto**, sempre que formos colocar o valor da taxa em qualquer das fórmulas, teremos que utilizar essa taxa na chamada **notação unitária**.

Exemplos:
→ se a taxa é de 7%, na forma unitária é 0,07;
→ se a taxa é de 50%, na forma unitária é 0,50;
→ se a taxa é de **15%**, na forma unitária é **0,15**.

Observando bem essa *equação fundamental* dos juros compostos, percebemos que os **juros** não aparecem nela. Como é possível isso? Se foi dito que esta é a fórmula dos juros, como pode não haver juros?

Ora, embora os juros não apareçam diretamente na relação acima, haverá como determinarmos seu valor de forma indireta.

Sabemos desde o início que **Juros = Montante – Capital**. Daí, se conhecermos os valores de Capital e Montante, então saberemos também o valor dos juros!

- **Exigência da Fórmula dos Juros Compostos:**

Já vimos em diversas ocasiões que a Matemática Financeira traz consigo uma **exigência universal**, de que **taxa** e **tempo** estejam sempre na mesma unidade. Todos lembrados disso? Pois bem! Aqui, repete-se a exigência: basta termos taxa e tempo na mesma unidade, e já poderemos aplicar os dados do enunciado na nossa **equação fundamental dos juros compostos**!

- **Resolvendo os Primeiros Exemplos de Juros Compostos:**

Na seqüência, trabalharemos uma série de exemplos bem fáceis, e em cujas resoluções iremos acrescendo novas e importantes informações e conceitos. É a forma mais prática e inteligente de irmos aprendendo.

Exemplo 1 – Um capital de R$ 1.000,00 é aplicado à taxa de juros compostos de 10% ao mês, durante um prazo de três meses. Qual o valor do montante e dos juros obtidos nesta operação?

Solução: Trata-se do exemplo mais fácil possível. Primeiro, identificaremos o assunto da questão. Ora, o enunciado veio nos falar em *capital*, em *montante*, em *juros*, em *tempo de aplicação*. Todos são elementos de uma operação de juros! Resta-nos identificar o **regime** da questão. E o enunciado foi explícito quando disse **"taxa de juros compostos"**. Pronto! Não resta qualquer dúvida: estamos diante de uma questão de **juros compostos**. E se a questão é de juros compostos, imediatamente nos lembraremos da equação fundamental. Teremos:

$$M = C\,(1 + i)^n$$

Para podermos lançar, nesta equação acima, os dados da questão, teremos que verificar se está cumprida a **única exigência** desta fórmula. Taxa e tempo já estão na mesma unidade? Sim: a taxa é mensal e o tempo de aplicação está também em meses. Daí, faremos o *copiar-colar*, e teremos:

$$M = C\,(1 + i)^n \rightarrow M = 1000\,(1 + 0{,}10)^3$$

Vejamos aí que o expoente do nosso **parêntese famoso** é apenas três. É um expoente baixo. Dá para se calcular na mão. Então, não haverá problemas para fazermos essa conta. Teremos:

→ M = 1000 × 1,331 → E: **M = 1.331,00 → Resposta!**

Já havíamos resolvido esse exercício no início deste capítulo de uma forma diferente. É o exemplo mais simples de ser resolvido. Adiante!

Exemplo 2 – Um capital de R$ 1.000,00 é aplicado à taxa de juros compostos de 10% ao mês, durante um prazo de uma ano e meio. Qual o valor do montante e dos juros obtidos nesta operação?

Solução: Identificando o assunto: novamente foram fornecidos elementos típicos de uma questão de juros (capital, taxa, tempo de aplicação).

E novamente o enunciado disse expressamente que a taxa envolvida na operação é uma **taxa de juros compostos**. Daí, não resta dúvida: trata-se de uma questão de **juros compostos**.

Constatado isso, sem demora colocaremos no papel a equação fundamental dos juros compostos:

$$\mathbf{M = C\ (1 + i)^n}$$

A primeira coisa que observaremos é se a **exigência da fórmula** já está cumprida: a taxa de juros é mensal, e o tempo foi dado em anos!

Quando isso acontecer, ou seja, **quando taxa e tempo estiverem em unidades diferentes (no regime composto)**, a primeira tentativa que faremos será sempre a seguinte:

→ 1ª Tentativa **– recorrer ao tempo**, e tentar transformá-lo para a mesma unidade da taxa.

Vamos fazer isso! O tempo **n** dessa questão é de 1 ano e meio. Vamos tentar passar tudo para meses. Ora, um ano tem doze meses. E meio ano tem seis meses. Logo, um ano e meio é o mesmo que 18 meses.

Pois bem! Agora temos na questão uma taxa de 10% ao mês e um tempo de aplicação de 18 meses.

Observemos que nós conseguimos compatibilizar taxa e tempo já na nossa **primeira tentativa**. Uma pergunta: por que nós diremos que nossa primeira tentativa aqui deu certo? Exatamente porque, ao fazermos a alteração da unidade do **n**, encontramos um número inteiro (no caso, 18). Um "valor redondo". Ora, e por que precisávamos encontrar um "valor redondo" para o **n**? Porque o **n** aparece no **expoente** da nossa fórmula! E nós, sem calculadora na mão, não teríamos como determinar o valor do **parêntese famoso** caso o expoente fosse um "valor quebrado" (um número não inteiro)!

Retomemos a questão: nossos dados agora são os seguintes:

→ C = 1.000,00

→ i = 10% a.m. (juros compostos!)

→ n = 18 meses

→ M =? e J =?

Uma vez cumprida a exigência universal, aplicaremos a fórmula fundamental e teremos:

$$\mathbf{M = C\ (1 + i)^n \rightarrow M = 1000\ (1 + 10\%)^{18} = 1000\ (1 + 0{,}10)^{18}}$$

Ora, quando tudo corria bem, surgiu uma pedra! Como será que faremos para calcular o parêntese famoso neste caso, em que o expoente é igual a 18? Dá para fazer na mão? O que vocês acham? Absolutamente. Seria inviável realizarmos essa conta sem o auxílio da calculadora. E sabemos que calculadora é algo proibido na prova. Precisaremos de um socorro!

Aí é que entra a salvadora **Tabela Financeira**!

Trata-se de uma tabela, **fornecida pela prova**, que irá nos socorrer justamente neste momento, em que se torna inviável resolver as contas na mão. Via de regra, a ESAF nos fornecerá três tabelas financeiras! Hoje, conheceremos apenas uma delas: **a tabela do parêntese famoso**!

Veja que nós estávamos tranqüilamente resolvendo nossa questão quando surgiu o empecilho: não dava para fazer uma conta. Que conta? A do parêntese famoso! É nessa hora que consultaremos a tabela do parêntese famoso.

Está claro? E como é a desta estrutura da tabela financeira, e como é que faremos nossa consulta a ela?

É a seguinte a estrutura da tabela financeira do parêntese famoso: na linha de cima, haverá os valores das taxas (1%, 2%, 3%,... e assim por diante), enquanto que na coluna da esquerda, haverá os valores de **n** (1 período, 2 períodos, 3 períodos, e assim por diante). Da seguinte forma:

	1%	2%	3%	4%	5%	· · ·	10%	· · ·	18%
1									
2									
3									
4									
5									
.					"MIOLO" DA TABELA				
.									
.									
17									
18									

O **miolo** da tabela trará os valores que serão justamente os resultados das contas do **parêntese famoso:** $\mathbf{(1+i)^n}$.

Como é que se faz essa consulta?

No nosso exemplo, temos que o parêntese famoso em que *esbarramos* foi justamente o $\mathbf{(1 + 0{,}10)^{18}}$. Ou seja, temos uma taxa **i = 10%** e temos um tempo de aplicação **n = 18**. É justamente com o uso destes dois elementos conhecidos que chegaremos ao resultado deste parêntese famoso.

Correremos nossa vista pela coluna da taxa **i = 10%** e pela linha do **n = 18** períodos. Da seguinte forma:

n \ i	1%	2%	3%	4%	5%	...	10%	...	18%
1									
2									
3									
4									
5									
.									
.									
.									
17									
18							X		

Onde houver o **cruzamento** da coluna do **i = 10%** com a linha do **n = 18 períodos**, então aquele valor X que vai estar no **miolo** da tabela exatamente no local deste cruzamento será o valor do nosso **parêntese famoso**!

Aqui já vamos presenteá-los com a **Tabela Financeira do Parêntese Famoso**. Melhor ainda, vamos trazer a tabela com essa consulta acima que teremos que fazer para concluir o nosso exemplo 2. Teremos:

TABELA I – FATOR DE ACUMULAÇÃO DE CAPITAL $a_n = (1 + i)^n$

n \ *i*	1%	2%	...	8%	9%	10%
1	1,010000	1,020000		1,080000	1,090000	1,100000
2	1,020100	1,040400		1,166400	1,188100	1,210000
3	1,030301	1,061208		1,259712	1,295029	1,331000
...						
16	1,172578	1,372786		3,425942	3,970306	4,594972
17	1,184304	1,400241		3,700018	4,327633	5,054470
18	1,196147	1,428246		3,996019	4,717120	5,559917

Pronto! Agora, voltando à resolução, teremos:

$M = C (1 + i)^n \rightarrow M = 1000 (1 + 10\%)^{18} \rightarrow M = 1000 \times 5{,}559917$

$\rightarrow$ Daí: **M = 5.559,91**

Já encontramos metade da nossa resposta. A questão quer saber também o valor dos Juros. E, conforme sabemos:

Juros = Montante – Capital

Daí, teremos:

$$\rightarrow J = 5.559{,}91 - 1.000 \rightarrow J = 4.559{,}91$$

Exemplo 3 – Um capital de R$ 1.000,00 é aplicado à taxa de juros compostos de 5% ao mês, obtendo-se um montante de R$ 1.407,10. Quanto tempo durou esta operação de juros?

Solução: Foram trazidos elementos de uma operação de juros, e o enunciado falou expressamente que a taxa é de **juros compostos**, de modo que se trata, inequivocamente, de uma questão de juros compostos!

Começamos com a equação fundamental. Teremos:

$$M = C\ (1 + i)^n$$

Aqui surge nossa primeira preocupação:a **exigência da fórmula** já está cumprida? A taxa fornecida está em termos mensais (i = 5% a.m.). E o tempo **n**? Ora, é isso o que a questão quer saber!

Vejamos: se o enunciado forneceu uma taxa mensal, e se nós aplicarmos a *equação fundamental*, então encontraremos como resultado um tempo de aplicação **n** também em meses! É claro! Já que taxa e tempo têm que estar na mesma unidade!

Aplicando os dados na fórmula, teremos:

$M = C\ (1 + i)^n \rightarrow 1.407{,}10 = 1000\ (1 + 5\%)^n$

Daí: $(1 + 5\%)^n = \dfrac{1407{,}10}{1000} \rightarrow$ E: $(1{+}5\%)^n = 1{,}40710$

Aqui, novamente paramos, ou melhor, *esbarramos* no parêntese famoso! Como sair dessa igualdade? Ora, com o auxílio de um recurso fornecido pela prova! Qual? A **tabela financeira**, obviamente.

Observemos que, neste caso, os elementos que conhecemos são o valor da taxa (i=5%) e o valor do resultado do parêntese (= 1,40710).

Vocês certamente já estão concluindo que para consultar a tabela financeira, trabalharemos sempre com três elementos, sendo dois deles conhecidos e um desconhecido. Os três elementos serão sempre **taxa (i)**, **tempo (n)** e o **resultado do parêntese**. Conhecendo dois deles, temos como descobrir o terceiro.

Neste exemplo, nossa consulta será feita da seguinte forma: correremos nossa vista pela coluna da taxa **i=5%**. E dentro desta coluna, procuraremos (no miolo da tabela) um valor igual (ou mais aproximado possível) de **1,40710** (que é o resultado do parêntese).

Quando encontrarmos esse valor na coluna do i = 5%, então teremos que correr nossa vista agora pela **linha correspondente**, dirigindo-nos para a esquerda, até chegarmos à coluna do **n**.

Usando a própria tabela financeira, veremos que nossa consulta será a seguinte:

TABELA I – FATOR DE ACUMULAÇÃO DE CAPITAL $a_n = (1 + i)^n$

n \ i	1%	2%	3%	4%	5%
1	1,010000	1,020000	1,030000	1,040000	1,050000
2	1,020100	1,040400	1,060900	1,081600	1,102500
3	1,030301	1,061208	1,092727	1,124864	1,157625
4	1,040604	1,082432	1,125508	1,169858	1,215506
5	1,051010	1,104081	1,159274	1,216652	1,276281
6	1,061520	1,126162	1,194052	1,265319	1,340095
7	1,072135	1,148685	1,229873	1,315931	1,407100

Quando fizermos isso, o valor do **n** que encontraremos lá na coluna da esquerda será justamente aquele tempo de aplicação que estamos procurando!

Neste caso, encontramos que **n** = 7. Mas 7 o quê? Ora, se a taxa com a qual trabalhamos era uma taxa mensal, então este tempo significará também **7 meses**!

Daí: **n = 7 meses → Resposta!**

Exemplo 4 – Um capital de R$ 1.000,00 é aplicado, a juros compostos, durante um período de tempo de 4 meses, obtendo-se ao final da operação um montante de R$ 1.360,48. Qual a taxa utilizada nesta operação?

Solução: Disse expressamente o enunciado que a aplicação se deu **a juros compostos**. Logo, trata-se de uma questão de juros compostos! A *equação fundamental* é a seguinte:

$$M = C\,(1 + i)^n$$

Temos que trabalhar, já sabemos disso, com taxa e tempo na mesma unidade! O tempo foi fornecido: **n = 4 meses**. Mas a taxa é justamente o que está sendo procurado! Ora, se aplicarmos a fórmula, encontraremos como resultado uma **taxa mensal**. Por quê? Porque taxa e tempo devem, necessariamente, estar na mesma unidade para podermos usar a equação.

Daí, teremos:

$\mathbf{M = C\,(1 + i)^n} \rightarrow 1360{,}48 = 1000.(1 + i)^4$

Daí: $(1 + i)^4 = \dfrac{1360{,}48}{1000} \rightarrow$ E: $(1 + i)^4 = 1{,}36048$

Aqui, *esbarramos* novamente no parêntese famoso, e não temos como sair dele sem o auxílio da **tabela financeira**!

Neste caso, os dois elementos conhecidos são justamente o tempo da operação **n = 4** e o resultado do parêntese **( ) = 1,36048**.

Já sabemos que, se dispusermos de dois elementos, encontraremos o terceiro em nossa consulta à tabela. Essa consulta será feita assim: primeiramente, correremos nossa vista pela linha do **n = 4** e dentro desta linha (no miolo), procuraremos por um valor igual (ou mais aproximado possível) a **1,36048**. Quando encontrarmos esse valor, então correremos nossa vista pela **coluna correspondente**, dirigindo nossa vista para cima, até chegarmos à linha das taxas. Aquela taxa que encontrarmos será a taxa que estamos procurando!

Vejamos na tabela financeira como será realizada essa consulta. Teremos:

TABELA I – FATOR DE ACUMULAÇÃO DE CAPITAL $a_n = (1 + i)^n$

n \ i	1%	2%	...	7%	8%	9%	10%
1	1,010000	1,020000		1,070000	1,080000	1,090000	1,100000
2	1,020100	1,040400		1,144900	1,166400	1,188100	1,210000
3	1,030301	1,061208		1,225043	1,259712	1,295029	1,331000
4	1,040604	1,082432		1,310796	1,360488	1,411581	1,464100
5	1,051010	1,104081		1,402552	1,469329	1,538624	1,610510
...	...	...		...	...	...	...
18	1,196147	1,428246		3,379932	3,996019	4,717120	5,559917

Daí, encontramos que a taxa procurada é **i = 8%**. Mas 8% ao quê? Ora, se o nosso **n** estava em meses, então a taxa também terá que estar nesta mesma unidade. Ou seja: **i = 8% ao mês à Resposta!**

Exemplo 5 – Um capital de R$ 1.000,00 é aplicado a uma taxa de juros compostos de 21% ao bimestre, durante um período de tempo de 5 meses. Qual o valor do montante e dos juros obtidos nesta operação?

Solução: Trata-se (o enunciado falou expressamente) de uma questão de **juros compostos**! Daí, já começamos colocando a *equação fundamental*! Teremos:

$$M = C\,(1 + i)^n$$

Daí, teremos que verificar se taxa e tempo já estão na mesma unidade. E aí? Estão? Não! A taxa está *ao bimestre*, enquanto o tempo está em meses.

Sendo assim, lembraremos o que foi aprendido no exemplo dois: se, no regime composto, taxa e tempo estão em unidades diferentes, faremos uma primeira tentativa, que consiste em **recorrer ao tempo** e tentar alterá-lo para a mesma unidade da taxa.

Façamos isso: 5 meses = 2,5 bimestres.

E aí? Funcionou a nossa primeira tentativa? Sim ou não? **Não**! E por quê? Porque encontramos um número *quebrado*, um valor não-inteiro para o **n**. E precisamos trabalhar com um **n** inteiro (um número natural), pois o **n** aparece na equação fundamental dos juros compostos lá no expoente do parêntese famoso, e nós não temos como calcular uma quantia qualquer elevada a expoente não inteiro (nem a tabela financeira nos socorre neste caso)!

Conclusão: **falhou nossa primeira tentativa**!

E quando isso ocorrer, só nos restará uma saída: **a segunda tentativa**. E esta consiste em **recorrer à taxa**, e alterar a unidade da taxa para a mesma unidade do tempo.

Aprenderemos agora um conceito essencial ao estudo do regime composto! Vamos abrir até um tópico específico para esse conceito e, após isso, retomaremos esse exemplo cinco exatamente neste ponto em que paramos.

5.3. Taxas Equivalentes

Taxa Equivalente é o conceito que usaremos, *como regra geral*, quando precisarmos alterar a unidade de uma taxa no regime composto! Ou seja, se estivermos em questões de juros compostos, desconto composto, equivalência composta, rendas certas ou amortização, e precisarmos, em qualquer uma delas, alterar a unidade de uma taxa, então trabalharemos com esse conceito de **taxas equivalentes**.

O conceito de **taxa equivalente** se traduz por uma fórmula, que é a seguinte:

$$\mathbf{1 + I = (1 + i)^k}$$

Lê-se assim: "um mais 'izão' é igual a um mais 'izinho' elevado a k".

Só se aprende a usar esse conceito vendo um exemplo. Vamos fazer aquela alteração do exemplo cinco: vamos passar a taxa composta de **21% ao bimestre** para uma **taxa mensal**.

Então, trabalharemos nessa alteração com uma **taxa ao mês**, e com uma **taxa ao bimestre.** Mês é menor que bimestre. Daí, diremos que a taxa ao mês será o "*izinho*", enquanto que a taxa ao bimestre será o "*izão*". Certo? Então, teremos:

→ I = 21% ao bimestre;

→ i =? (taxa ao mês)

E quanto ao **k** da fórmula das taxas equivalentes? Este **k** das taxas equivalentes será determinado da seguinte forma: vamos passar uma taxa ao bimestre para uma taxa ao mês. O período maior é o bimestre, e o menor é o mês. Daí, perguntaremos: "quantas vezes o período menor cabe no período maior?"

Traduzindo para esse caso: "quantos meses cabem em um bimestre?" A resposta é **dois**. Logo, teremos **k = 2**.

Feita essa análise prévia, chegamos aos seguintes valores:

→ I = 21% ao bimestre;

→ i =? (taxa ao mês)

→ k = 2

Agora é só aplicar a fórmula das taxas equivalentes. Teremos:

$1 + I = (1 + i)^k \rightarrow 1 + 0{,}21 = (1 + i)^2 \rightarrow (1 + i)^2 = 1{,}21$

Aqui, novamente, *esbarramos* no parêntese famoso! Podemos recorrer à tabela financeira, para descobrirmos quem será essa taxa *izinho*. Nossa consulta será a seguinte:

TABELA I – FATOR DE ACUMULAÇÃO DE CAPITAL $a_n = (1 + i)^n$

n \ i	1%	2%	...	8%	9%	10%
1	1,010000	1,020000		1,080000	1,090000	1,100000
2	1,020100	1,040400		1,166400	1,188100	1,210000
3	1,030301	1,061208		1,259712	1,295029	1,331000
4	1,040604	1,082432		1,360488	1,411581	1,464100
5	1,051010	1,104081		1,469329	1,538624	1,610510
...	...	...		...	...	...
18	1,196147	1,428246		3,996019	4,717120	5,559917

Daí, descobrimos que a taxa que buscamos, a nossa taxa *izinho* é **i = 10%**. Mas 10% ao quê? Ora, *izinho* é uma taxa mensal. Logo: **i = 10% ao mês.**

Conclusão: **21% ao bimestre é equivalente a 10% ao mês.** Achamos a nossa taxa equivalente! Fácil até demais!

Outro exemplo: suponhamos que você precise alterar a unidade da taxa de juros compostos de **3% ao mês** para uma **taxa composta trimestral**.

Ora, se vamos alterar a unidade de taxa no regime composto, usaremos o conceito de *taxas equivalentes*, o qual se traduz pela seguinte fórmula:

$$1 + I = (1 + i)^k$$

Aqui, trabalharemos com uma **taxa ao mês**, e com uma **taxa ao trimestre**. Ora, **mês (i) é menor do que trimestre (I)**. Além disso, **cabem três meses em um trimestre**. Logo, nossos dados para aplicar no conceito de taxas equivalentes são os seguintes:

→ i = 3% ao mês;

→ I =?

→ k = 3

Daí, teremos:

$$1 + I = (1 + i)^k \rightarrow 1 + I = (1 + 3\%)^3$$

Aqui, para determinarmos o valor do parêntese famoso, poderemos recorrer à tabela financeira. Nossa consulta será a seguinte:

TABELA I – FATOR DE ACUMULAÇÃO DE CAPITAL $a_n = (1 + i)^n$

n \ i	1%	2%	3%	4%	5%
1	1,010000	1,020000	1,030000	1,040000	1,050000
2	1,020100	1,040400	1,060900	1,081600	1,102500
3	1,030301	1,061208	1,092727	1,124864	1,157625
4	1,040604	1,082432	1,125508	1,169858	1,215506
5	1,051010	1,104081	1,159274	1,216652	1,276281
...	...	...	...	...	...
18	1,196147	1,428246	1,702433	2,025816	2,406619

Prosseguindo, teremos:

$1 + I = (1 + i)^n \rightarrow 1 + I = (1 + 3\%)^3 \rightarrow 1 + I = 1{,}092727 \rightarrow I = 1{,}092727-1$

E: $I = 0{,}092727$

Ora, esse *izão* que encontramos já é a *taxa equivalente* que estamos procurando. Só que está em termos unitários! Para passá-la para a notação percentual, só teremos que multiplicá-la por 100. Logo, chegaremos a:

$$I = 0{,}092727 = 9{,}27\%$$

Mas 9,27% ao quê? *Izão* neste caso é uma taxa ao trimestre! Logo, concluímos que **I = 9,27% ao trimestre** é equivalente a **i = 3% ao mês.**

Pronto! Já sabemos tudo sobre taxas equivalentes!

- Voltando ao exemplo cinco:

Exemplo 5 – Um capital de R$ 1.000,00 é aplicado a uma taxa de juros compostos de 21% ao bimestre, durante um período de tempo de 5 meses. Qual o valor do montante e dos juros obtidos nesta operação?

Solução: Retomemos o raciocínio do início. A questão é de juros compostos, uma vez que o enunciado falou expressamente. Portanto, usaremos a equação fundamental:

$$M = C (1 + i)^n$$

Para aplicarmos esta fórmula, faz-se necessário que taxa e tempo estejam na mesma unidade. Daí, vemos que a taxa está ao bimestre e o tempo está em meses. Imediatamente nos lembramos que quando isso ocorrer no regime composto (taxa e tempo em unidades diferentes), teremos de seguir duas tentativas, nesta ordem:

→ **1ª Tentativa** – Recorrer ao tempo, e tentar transformá-lo para a mesma unidade da taxa.

Só diremos que essa primeira tentativa deu certo se encontrarmos, após a alteração, um **n** inteiro (um *valor redondo* de **n**)!

Se a primeira tentativa falhar, ou seja, se encontrarmos para o **n** um *valor quebrado* (um número não-inteiro), então só restará passar à segunda tentativa.

→ **2ª Tentativa** – Alterar a unidade da taxa, transformando-a para a mesma unidade do tempo, por meio do conceito de **taxas equivalentes**.

Passemos, pois, à primeira tentativa. Na hora de tentar transformar 5 meses para a unidade *bimestres*, encontramos que: 5 meses = 2,5 bimestres.

Como 2,5 é um *valor quebrado*, concluímos que **falhou** nossa primeira tentativa.

Teremos que usar a segunda tentativa, e transformar a taxa bimestral para uma taxa mensal. Como estamos no regime composto, usaremos o conceito de **taxas equivalentes:**

$$\mathbf{1 + I = (1 + i)^k}$$

O conceito acima traz **I** (*izão*), **i** (*izinho*) e **k**.

→ **I** representará a taxa com maior unidade de tempo;

→ **i** será a taxa de menor unidade de tempo;

→ **k** será encontrado pela pergunta: "quantas vezes o unidade de tempo menor cabe na unidade de tempo maior?". Só isso!

Neste caso, queremos transformar uma taxa ao bimestre em uma taxa ao mês. Bimestre é maior que mês, logo a taxa bimestral será nosso **I**. Por outro lado, mês é menor que bimestre, de modo que a taxa mensal será nosso **i**. E finalmente, cabem dois meses em um bimestre, de modo que **k** será igual a 2. Teremos:

→ **I** = 21% ao bimestre

→ **i** =? ao mês

→ **k** = 2

Jogando os dados na fórmula das taxas equivalentes, teremos:

$$\mathbf{1 + I = (1 + i)^k \rightarrow 1 + 0{,}21 = (1 + i)^2 \rightarrow (1 + i)^2 = 1{,}21}$$

Neste momento, podemos nos valer da tabela financeira, para descobrirmos quem será o valor do **i**. Nossa consulta será a seguinte:

TABELA I – FATOR DE ACUMULAÇÃO DE CAPITAL $a_n = (1 + i)^n$

$n \backslash i$	1%	2%	...	8%	9%	10%
1	1,010000	1,020000		1,080000	1,090000	1,100000
2	1,020100	1,040400		1,166400	1,188100	1,210000
3	1,030301	1,061208		1,259712	1,295029	1,331000
4	1,040604	1,082432		1,360488	1,411581	1,464100
5	1,051010	1,104081		1,469329	1,538624	1,610510
...	...	...	...	...	...	...
18	1,196147	1,428246		3,996019	4,717120	5,559917

E chegamos a uma taxa **i = 10% ao mês.**

Ora, todo esse trabalho inicial teve um único intuito: colocar taxa e tempo na mesma unidade! Agora, sim: trabalharemos a operação de **juros compostos**. Nossos dados agora são os seguintes:

→ C = 1000,00

→ i = 10% ao mês (juros compostos)

→ n = 5 meses

→ M =? e J =?

Aplicando a *equação fundamental* dos juros compostos, teremos:

$$\mathbf{M = C\ (1 + i)^n \rightarrow M = 1000\ (1 + 10\%)^5}$$

Aqui, surge a necessidade de nova consulta à tabela financeira. E será feita da seguinte forma:

TABELA I – FATOR DE ACUMULAÇÃO DE CAPITAL $a_n = (1 + i)^n$

$n \backslash i$	1%	2%	...	8%	9%	10%
1	1,010000	1,020000		1,080000	1,090000	1,100000
2	1,020100	1,040400		1,166400	1,188100	1,210000
3	1,030301	1,061208		1,259712	1,295029	1,331000
4	1,040604	1,082432		1,360488	1,411581	1,464100
5	1,051010	1,104081		1,469329	1,538624	1,610510
...	...	...	...	...	...	...
18	1,196147	1,428246		3,996019	4,717120	5,559917

Daí, teremos:

$M = 1000\ (1 + 10\%)^5 \rightarrow M = 1000 \times 1{,}610510$

→ E: **M = 1.610,51 → Resposta!**

Sabendo que **Juros = Montante – Capital**, chegaremos também ao seguinte:
J = 1.610,51 – 1.000 → **J = 610,51 → Resposta!**

IMPORTANTE: Pelo que vimos até aqui, vocês já estão aptos a estabelecer o seguinte raciocínio: quando precisarmos alterar a unidade de uma taxa qualquer, teremos que observar em qual dos regimes estamos trabalhando. Se estivermos no *regime simples*, usaremos sempre (não há exceção) o conceito de *taxas proporcionais*. Se estivermos no *regime composto*, usaremos (como regra geral) o conceito de *taxas equivalentes*. Assim, ilustrativamente:

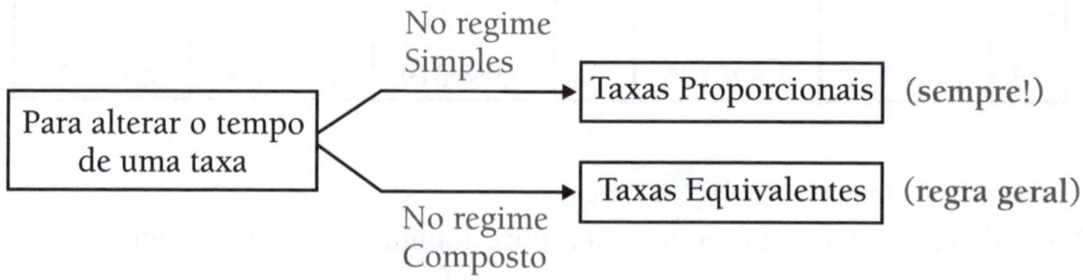

5.4. Taxa Nominal e Taxa Efetiva

Por que dizemos que o uso das **taxas equivalentes** no regime composto será apenas uma **regra geral**? Exatamente porque haverá **uma exceção**!

Ou seja, haverá **uma única exceção**, um único momento em que estaremos no **regime composto** e não utilizaremos o conceito de taxas equivalentes para alterar a unidade de uma taxa.

Vejamos o exemplo seguinte:

Exemplo 6 – Um capital de R$ 1.000,00 é aplicado durante um prazo de 8 meses, a uma taxa de 60% ao ano, com capitalização mensal. Qual o valor do Montante e dos Juros obtidos nesta operação?

Solução: Eis que surge um conceito novo neste enunciado! O que houve de novidade aqui? Foi fornecida uma taxa em um formato diferente do que havíamos visto até então! Vejamos: **60% ao ano com capitalização mensal**.

Sempre que nos depararmos com uma taxa nesse formato, com a palavra **capitalização**, e em que a unidade da taxa for diferente da unidade da capitalização, saberemos imediatamente que estamos diante de uma **Taxa Nominal**.

Taxa Nominal será, portanto, uma taxa seguida da palavra **capitalização**, e em que se observará que a unidade da taxa é diferente da unidade da capitalização.

Neste nosso caso – *60% ao ano com capitalização mensal* – temos que a unidade da taxa é o ano e a unidade da capitalização é o mês. Logo, não nos restará nenhuma dúvida: essa é uma *taxa nominal*.

A Taxa Nominal nos conduzirá a duas conclusões imediatas:

1ª conclusão – Estamos trabalhando no **regime composto**!

Ou seja, se surgir uma taxa nominal em uma questão de juros, essa questão será de juros compostos; se surgir uma taxa nominal numa questão de desconto, essa questão será de desconto composto; se surgir uma taxa nominal numa questão de equivalência de capitais, essa questão será de equivalência composta. Em questões de rendas certas e amortização também podem aparecer taxas nominais, uma vez que ambos os assuntos ocorrem no regime composto.

Atenção: quando aparecer uma taxa nominal no enunciado de uma questão qualquer, não precisará ser dito expressamente que a questão ocorre no regime composto! Teremos a obrigação de saber disso! Daí, concluímos que a segunda maneira pela qual teremos certeza de estar trabalhando no regime composto é justamente quando houver uma taxa nominal no enunciado.

2ª conclusão – Uma taxa nominal não serve para ser aplicada em nenhuma fórmula!

Ora, se não serve para fórmula nenhuma, resta que a taxa nominal terá de ser **sempre** transformada em um outro tipo de taxa. Esse outro tipo de taxa terá o nome de taxa efetiva.

Ou seja, a **taxa nominal só serve para ser transformada em taxa efetiva**.

Em suma, as conclusões que tiraremos assim que virmos uma taxa nominal em nossa questão serão, de forma ilustrativa, as seguintes:

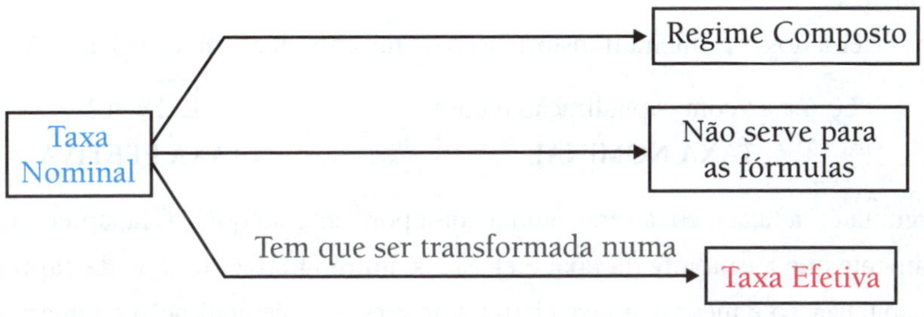

Ora, vimos há pouco que para alterar uma taxa no regime composto, usaremos como regra geral o conceito de taxas equivalentes. E vimos ainda que há uma única exceção a essa regra.

Pois bem, a exceção é justamente essa: não trabalharemos com o conceito de taxas equivalentes para transformar uma taxa nominal em taxa efetiva.

É essa a grande exceção da matemática financeira:

Para transformar Taxa Nominal em Taxa Efetiva,
embora estando no Regime Composto, utilizaremos o conceito
de Taxas Proporcionais!

O destaque acima é merecido! Não podemos esquecer disso em hipótese alguma!

Do exposto, poderemos organizar nossas idéias da seguinte forma:

→ O conceito de Taxas Proporcionais é um conceito próprio do regime simples. Será usado no regime simples, sem exceção alguma. Todavia, será também utilizado no regime composto, só que como exceção, em uma única situação: para transformar taxa nominal em taxa efetiva! Fora disso, não há que se falar em taxas proporcionais no regime composto!

→ O conceito de Taxas Equivalentes é um conceito próprio do regime composto. Será usado sempre que precisarmos alterar a unidade de uma taxa composta, com uma única e singularíssima exceção: não usaremos taxas equivalentes para transformar taxa nominal em taxa efetiva. Para tanto, usaremos o conceito de taxas proporcionais!

Perdoem-nos a insistência e a repetição! Mas se trata de um momento crucial do nosso curso! Haverá na prova, como veremos adiante, questões que tratarão única e exclusivamente dos conceitos de taxas. Se o aluno estiver seguro desses conceitos, então ganhará alguns pontos a mais, facilmente.

Bem! Já sabemos o que é uma taxa nominal. E o que vem a ser uma taxa efetiva? Ora, se a taxa nominal é aquela em que o tempo da taxa é diferente do tempo da capitalização, resta que a **taxa efetiva será aquela taxa composta em que o tempo da taxa é igual ao tempo da capitalização**!

Vamos fazer a nossa primeira transformação de taxa nominal em taxa efetiva. Vamos lá!

60% a.a., com capitalização mensal	=	? % a.?
TAXA NOMINAL		**TAXA EFETIVA**

A pergunta é: "a taxa efetiva será alguma coisa por cento ao quê?" Ora, aprendamos logo definitivamente que **a unidade da taxa efetiva é sempre igual à unidade da capitalização**!

Se a capitalização é mensal, a taxa efetiva é ao mês; se a capitalização é bimestral, a taxa efetiva é ao bimestre; se a capitalização é semestral, a taxa efetiva é ao semestre; e assim por diante.

Neste nosso caso, então, a taxa efetiva será uma taxa mensal, uma vez que a capitalização também o é.

Assim, teremos:

60% a.a., com capitalização mensal	=	? % a.m.
TAXA NOMINAL		**TAXA EFETIVA**

Aplicando o conceito de **taxas proporcionais**, teremos, enfim, que:

→ 60% ao ano = (60/12) = **5% ao mês = Taxa Efetiva mensal**!

- Retornando ao Exemplo Seis:

Exemplo 6 – Um capital de R$ 1.000,00 é aplicado durante um prazo de 8 meses, a uma taxa de 60% ao ano, com capitalização mensal. Qual o valor do Montante e dos Juros obtidos nesta operação?

Solução: Apareceu uma taxa nominal em nosso enunciado! Imediatamente, sabemos que estamos no regime composto. Portanto, a questão é de juros compostos! Também imediatamente sabemos que teremos que transformar essa taxa nominal em uma taxa efetiva. E sabemos ainda que essa transformação (nominal para efetiva) será feita por meio do conceito de taxas proporcionais e que o tempo da taxa efetiva será sempre o mesmo tempo da capitalização. Daí, teremos:

60% a.a., com capitalização mensal = [?] % a.m.

TAXA NOMINAL — TAXA EFETIVA

Aplicando o conceito de **taxas proporcionais**, teremos, enfim, que:

→ 60% ao ano = (60/12) = **5% ao mês = Taxa Efetiva mensal**!

Feito isso, nossos dados da questão agora são os seguintes:

→ C = 1000,00

→ i = 5% ao mês (juros compostos)

→ n = 8 meses

→ M =? e J =?

Uma vez que já estamos com taxa e tempo na mesma unidade, resta-nos aplicar a *equação fundamental* dos juros compostos. Teremos:

$$\mathbf{M = C\,(1 + i)^n \rightarrow M = 1000.(1 + 5\%)^8}$$

Novamente faremos uma consulta à tabela financeira. E será feita da seguinte forma:

TABELA I – FATOR DE ACUMULAÇÃO DE CAPITAL $a_n = (1 + i)^n$

n \ i	1%	2%	3%	4%	5%
1	1,010000	1,020000	1,030000	1,040000	1,050000
2	1,020100	1,040400	1,060900	1,081600	1,102500
3	1,030301	1,061208	1,092727	1,124864	1,157625
4	1,040604	1,082432	1,125508	1,169858	1,215506
5	1,051010	1,104081	1,159274	1,216652	1,276281
6	1061520	1,126162	1,194052	1,265319	1,340095
7	1,072135	1,148685	1,229873	1,315931	1,407100
8	1,082856	1,171659	1,266770	1,368569	1,477455
...	...	...	...	...	...
18	1,196147	1,428246	1,702433	2,025816	2,406619

Daí, teremos:

→ $M = 1000 (1 + 5\%)^8$ → $M = 1000 \times 1{,}477455$

→ **M = 1.477,45 → Resposta!** → E: **J = 477,45 → Resposta!**

Exemplo 7 – Um capital de R$ 1.000,00 é aplicado durante um prazo de 3 meses, a uma taxa de 42% ao quadrimestre, com capitalização bimestral. Qual o valor do Montante e dos Juros obtidos nesta operação?

Solução: Se entendermos bem esse exemplo, estaremos demonstrando que aprendemos por completo o trabalho com as taxas do regime composto!

Vejamos: o enunciado forneceu uma taxa nominal. Qual foi? *42% ao quadrimestre com capitalização bimestral*.

Imediatamente, sabemos que estamos no regime composto, e que essa taxa nominal precisa ser transformada em taxa efetiva, por meio do conceito de taxas proporcionais. Atenção para o fato de que a taxa efetiva será, neste caso, uma taxa bimestral (mesma unidade da capitalização)!

Teremos:

42% a.q., com capitalização bimestral	=	[?] % a.b.
TAXA NOMINAL		**TAXA EFETIVA**

Aplicando o conceito de **taxas proporcionais**, teremos, enfim, que:

→ 42% ao quadrimestre = (42/2) = **21% a.b. = Taxa Efetiva bimestral**!

Feito isso, nossos dados da questão agora são os seguintes:

→ C = 1000,00

→ i = 21% ao bimestre (juros compostos)

→ n = 3 meses

→ M =? e J =?

Percebemos, então, que taxa e tempo encontram-se em unidades diferentes! Como estamos no regime composto, teremos que usar duas tentativas para compatibilizar as unidades, nesta ordem:

1ª Tentativa – recorrer ao tempo, e tentar transformar 3 meses para alguma coisa em bimestres. Fica como? 3 meses = 1,5 bimestre.

Funcionou nossa primeira tentativa? **Não**! Falhou! E falhou por quê? Porque encontramos um **n** *quebrado* (um valor não-inteiro)!

Daí, passamos à segunda tentativa, na qual alteraremos a unidade da taxa composta (que agora já é uma taxa efetiva), por meio do conceito de **taxas equivalentes**.

O conceito de taxas equivalentes, já sabemos, se traduz pela seguinte fórmula: $\mathbf{1 + I = (1 + i)^k}$. Aqui, queremos transformar uma taxa bimestral em uma taxa mensal. Daí, teremos que:

→ **I** = 21% ao bimestre;

→ **i** =? % ao mês;

→ **k** = 2 (cabem 2 meses em um bimestre!)

Daí: $\mathbf{1 + I = (1 + i)^k}$ → $1 + 0{,}21 = (1 + i)^2$ → $(1 + i)^2 = 1{,}21$

Aqui, recorreremos à tabela financeira, para descobrirmos quem será a nossa taxa **i**. Faremos assim nossa consulta:

TABELA I – FATOR DE ACUMULAÇÃO DE CAPITAL $a_n = (1 + i)^n$

$n \backslash i$	1%	2%	...	8%	9%	10%
1	1,010000	1,020000		1,080000	1,090000	1,100000
2	1,020100	1,040400		1,166400	1,188100	1,210000
3	1,030301	1,061208		1,259712	1,295029	1,331000
4	1,040604	1,082432		1,360488	1,411581	1,464100
5	1,051010	1,104081		1,469329	1,538624	1,610510
...	...	...		...	...	...
18	1,196147	1,428246		3,996019	4,717120	5,559917

E chegamos a uma taxa efetiva **i = 10% ao mês.**

Feito isso, conseguimos colocar taxa e tempo na mesma unidade, de modo que estamos, somente agora, prontos para trabalhar a operação de **juros compostos**. Nossos dados ficaram sendo os seguintes:

- → C = 1000,00
- → i = 10% ao mês (juros compostos)
- → n = 3 meses
- → M = ? e J =?

Aplicando a fórmula fundamental dos juros compostos, teremos:

$$M = C\,(1 + i)^n \rightarrow M = 1000\,(1 + 10\%)^3$$

E mais uma vez recorreremos à tabela financeira! Assim:

TABELA I – FATOR DE ACUMULAÇÃO DE CAPITAL $a_n = (1 + i)^n$

$n \backslash i$	1%	2%	3%	4%	...	9%	10%
1	1,010000	1,020000	1,030000	1,040000		1,090000	1,100000
2	1,020100	1,040400	1,060900	1,081600		1,188100	1,210000
3	1,030301	1,061208	1,092727	1,124864		1,295029	1,331000
4	1,040604	1,082432	1,125508	1,169858		1,411581	1,464100
5	1,051010	1,104081	1,159274	1,216652		1,538624	1,610510

Daí, teremos:

→ $M = 1000\,(1 + 10\%)^3$ → M = 1000 × 1,331→ **M = 1.331,00 → Resposta!**

E, finalmente: → J = M - C → J = 1331-1000 → **J = 331,00 → Resposta!**

EM TEMPO: uma taxa nominal pode vir também sob uma outra formatação, parecida com essa que aprendemos. Por exemplo, "**60% ao ano com capitalização mensal**" é a mesma coisa que "**60% ao ano, capitalizados mensalmente**"; "**36% ao semestre, com capitalização bimestral**" é a mesma coisa que "**36% ao semestre, capitalizados bimestralmente**", e assim por diante!

Vamos passar, nesse momento, a trabalhar algumas questões de provas passadas que envolvem justamente esses conceitos de taxas compostas. Vamos a elas.

Exemplo 8 – (ESAF) Indique qual a taxa de juros anual equivalente à taxa de juros nominal de 8% ao ano, com capitalização semestral.

a) 8,20%.
b) 8,16%.
c) 8,10%.
d) 8,05%.
e) 8,00%.

Solução: Esta foi questão de prova do Fiscal da Receita (AFRF). Observemos que o enunciado nos forneceu uma taxa nominal: *8% ao ano, com capitalização semestral*. Quando isso ocorrer, ou seja, sempre que a questão nos der uma taxa nominal, não precisamos perder muito tempo pensando! Já, de imediato, transformaremos essa taxa nominal em taxa efetiva. Façamos isso (por meio do conceito de taxas proporcionais):

8% ao ano = (8/2) = 4% ao semestre = Taxa Efetiva semestral!

Pois bem! Agora temos uma taxa composta semestral. E o que é mesmo que a questão está pedindo? Ela está pedindo uma taxa de juros **anual**.

Precisaremos, então, alterar a unidade da nossa taxa efetiva semestral para uma taxa efetiva anual.

Não há dúvida nenhuma: utilizaremos agora o conceito de **taxas equivalentes**! Teremos:

$\mathbf{1 + I = (1 + i)^k}$

Onde:

→ i = 4% ao semestre;
→ I =? % ao ano;
→ k = 2 (cabem dois semestres em um ano).

Jogando os dados na fórmula, teremos: → $1 + I = (1 + 4\%)^2$

Recorrendo à Tabela Financeira, encontraremos que:

TABELA I – FATOR DE ACUMULAÇÃO DE CAPITAL $a_n = (1 + i)^n$

	1%	2%	3%	4%	5%
1	1,010000	1,020000	1,030000	1,040000	1,050000
2	1,020100	1,040400	1,060900	1,081600	1,102500
3	1,030301	1,061208	1,092727	1,124864	1,157625
4	1,040604	1,082432	1,125508	1,169858	1,215506
5	1,051010	1,104081	1,159274	1,216652	1,276281

Daí: → 1 + I = 1,081600 → I = 0,0816 → **I = 8,16% ao ano → Resposta!**

Trata-se de um modelo típico de questão: o enunciado fornece uma taxa nominal (que será o ponto de partida da resolução). Daí, transformaremos a taxa nominal em taxa efetiva usando o conceito de taxas proporcionais. Feito isso, vem uma segunda transformação, só que agora já da taxa efetiva, de modo que se faz essa nova alteração pelo conceito de taxas equivalentes. Ilustrativamente, teremos:

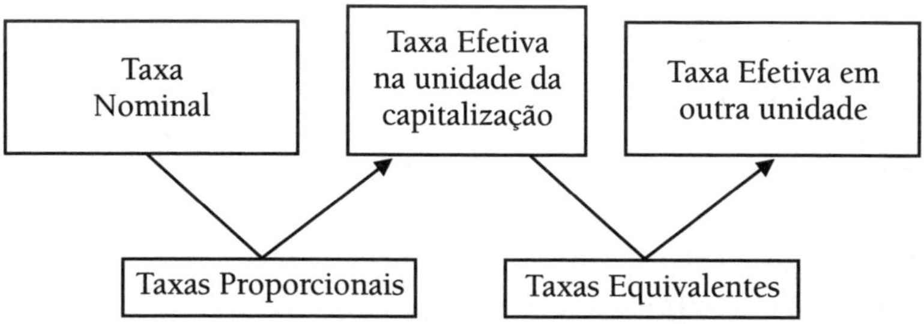

Exemplo 9 – (ESAF) Indique a taxa de juros anual equivalente à taxa de juros nominal de 12% ao ano com capitalização mensal.

a) 12,3600%.
b) 12,6825%.
c) 12,4864%.
d) 12,6162%.
e) 12,5508%.

Solução: Esta também é questão de AFRF. Veremos que é semelhante à anterior!

Começaremos transformando a taxa nominal fornecida pelo enunciado em uma taxa efetiva. A taxa nominal é a seguinte: *12% ao ano com capitalização mensal*. A taxa efetiva, nesse caso, será uma taxa ao mês (mesma unidade da capitalização)! Essa primeira transformação, já sabemos, será feita mediante o conceito de taxas proporcionais.

Teremos:

12% ao ano = (12/12) = 1% ao mês = Taxa Efetiva mensal!

Nossa taxa efetiva agora é mensal. Ocorre que a questão está pedindo uma taxa anual. Daí, partimos para uma segunda transformação, só que agora utilizando o conceito de taxas equivalentes.

Teremos: $\mathbf{1 + I = (1 + i)^k}$

Onde:

→ i = 1% ao mês;

→ I =? % ao ano;

→ n = 12 (cabem doze meses em um ano).

Jogando os dados na fórmula, teremos: → $1 + I = (1 + 1\%)^{12}$

Visitando a Tabela Financeira, acharemos que:

TABELA I – FATOR DE ACUMULAÇÃO DE CAPITAL $a_n = (1 + i)^n$

$n \backslash i$	1%	2%	3%	4%	5%
1	1,010000	1,020000	1,030000	1,040000	1,050000
2	1,020100	1,040400	1,060900	1,081600	1,102500
...	...	...	...	...	...
10	1,104622	1,218994	1,343916	1,480244	1,628894
11	1,115668	1,243374	1,384233	1,539454	1,710339
12	1,126825	1,268242	1,425760	1,601032	1,795856

Daí: → 1+I=1,126825 → I=0,126825

→ Finalmente: **I = 12,6825% ao ano → Resposta!**

Aprenderemos, na seqüência, um assunto que faz parte da teoria dos juros compostos, e que é constantemente objeto de questões de provas de concurso: trata-se da Convenção Linear. E é facílimo! Vamos a ele!

5.5. Convenção Linear

A princípio, devemos saber que a **convenção linear** é uma questão de **juros compostos**. O enunciado trará todos os dados convencionais de uma operação de juros compostos, só que na hora de pedir o valor do montante, ou dos juros, ou de qualquer outro elemento, pedirá que você resolva essa questão pelo método da *convenção linear*.

Então é isso: a **convenção linear é um método alternativo para trabalharmos uma operação de juros compostos**!

Convém sabermos desde já que o resultado de uma operação de juros compostos encontrado pelo método da convenção linear será ligeiramente diferentes daquele que encontraríamos se trabalhássemos os juros compostos da forma usual.

Ora, se as respostas são diferentes, então significa que não poderemos usar a **convenção linear** a nosso bel-prazer! Isso mesmo: só usaremos a convenção linear quando o enunciado da questão assim o determinar! Ou, em casos muitíssimos excepcionais, quando não for possível chegar ao resultado pela forma *tradicional*.

A propósito, esta tal de **forma tradicional** de resolução da questão de juros compostos, da qual estamos falando, trata-se meramente da aplicação da *equação fundamental dos juros compostos*! Ocorre que essa equação tem um nome: chama-se **convenção exponencial**.

Daí, resolver uma questão de juros compostos pela **convenção exponencial** será o mesmo que resolvê-la pela aplicação da equação fundamental dos juros compostos $\mathbf{M = C\ (1 + i)^n}$.

IMPORTANTE: numa questão de juros compostos, onde n é maior do que 1 e não-inteiro (por exemplo, n = 2,5 meses), o valor do montante encontrado pelo método da **convenção linear** será maior do que o montante encontrado pelo método da **convenção exponencial**. Essa informação, inclusive, já foi necessária na resolução de algumas questões de concurso!

- **Resolvendo uma Questão de Convenção Linear:**

Exemplo 10 – Um capital de R$ 1.000,00 é aplicado à taxa de juros compostos de 10% a.a., por um período de 3 anos e 6 meses. Determine o valor do montante e dos juros obtidos nesta operação, usando a Convenção Linear.

Solução: Uma coisa importante acerca da questão de convenção linear: o tempo da operação será sempre um tempo fracionário ou com duas unidades de tempo.

Exemplos: **2,5 anos** (ou **2 anos e 6 meses**)
3,4 meses (ou 3 meses e 12 dias)

E terá mesmo que ser assim, pois trabalharemos, na equação da Convenção Linear, com uma *parte inteira* e com uma *parte quebrada do tempo.*

É a seguinte a equação da Convenção Linear:

$$M = C.\ (1 + i)^{INT}.\ (1 + i.Q)$$

Onde: → M é o montante;
→ C é o capital;
→ i é a taxa composta;
→ INT é a parte inteira do tempo;
→ Q é a parte quebrada do tempo.

Resta sabermos que há uma única exigência a ser cumprida, antes de lançarmos os dados da questão na equação acima. Qual? A *exigência universal* da matemática financeira: que taxa e as duas partes do tempo (inteira e quebrada) estejam na mesma unidade.

Uma vez cumprida essa exigência, basta preencher a fórmula e fazer as contas.

Vejamos de novo os dados da questão:

→ C = 1000,
→ i = 10% ao ano
→ n = 3 anos e 6 meses
→ M =? (pela Convenção Linear)

Cumprindo a *exigência universal*, temos que ter as duas partes do tempo na mesma unidade da taxa. Daí, chamando 6 meses de 0,5 ano, teremos o seguinte:

→ INT = 3 anos (parte inteira do tempo); e
→ Q = 0,5 ano (parte quebrada do tempo).

Pronto! Já podemos aplicar a equação da Convenção Linear, e teremos:

$$M = C.\,(1 + i)^{INT}.\,(1 + i.Q) \rightarrow M = 1000.(1 + 0{,}10)^3.(1 + 0{,}10x0{,}5)$$

Observemos que o primeiro parêntese da fórmula acima é o próprio *parêntese famoso*! Viram? Para calculá-lo, podemos recorrer à Tabela Financeira. Teremos:

TABELA I – FATOR DE ACUMULAÇÃO DE CAPITAL $a_n = (1 + i)^n$

n \ i	1%	2%	...	8%	9%	10%
1	1,010000	1,020000		1,080000	1,090000	1,100000
2	1,020100	1,040400		1,166400	1,188100	1,210000
3	1,030301	1,061208		1,259712	1,295029	1,331000
4	1,040604	1,082432		1,360488	1,411581	1,464100
5	1,051010	1,104081		1,469329	1,538624	1,610510

Daí, fazendo o restante das contas, encontraremos que:

$\rightarrow$ $M = 1000.\,(1 + 0{,}10)^3.\,(1 + 0{,}10 \times 0{,}5)$

$\rightarrow$ $M = 1000 \times 1{,}331 \times 1{,}05 \rightarrow M = 1.397{,}55$

Mas a questão quer saber o valor dos Juros. Daí, faremos:

$\rightarrow$ $J = M - C \rightarrow J = 1.397{,}55 - 1000 \rightarrow J = 397{,}55$ $\rightarrow$ **Resposta!**

Exemplo 11 – (ESAF) Um capital é aplicado a juros compostos à taxa de 20% ao período durante quatro períodos e meio. Obtenha os juros como porcentagem do capital aplicado, considerando a convenção linear para cálculo do montante. Considere ainda que: $1{,}20^4 = 2{,}0736$

$1{,}20^{4,5} = 2{,}271515$

$1{,}20^5 = 2{,}48832$

a) 107,36%.
b) 127,1515%.
c) 128,096%.
d) 130%.
e) 148,832%.

Solução: A questão é inequívoca: fala expressamente em **convenção linear**!

Este enunciado nos trará um ensinamento muito importante. Vejamos como foi feita a pergunta: "*... Obtenha os juros como porcentagem do capital*".

Sempre que a questão pedir que se determine o valor de um elemento em função de um percentual de outro, este segundo será chamado de elemento de referência e usaremos o artifício de atribuir a ele (ao elemento de referência) o valor **100** (cem)!

Por exemplo, se a questão pede **o valor dos juros como porcentagem do capital**, então nosso elemento de referência é o capital, ao qual atribuiremos o valor 100. Ou seja, diremos que C = 100.

Feito isso, trabalharemos a questão normalmente! E, lá no final, quando encontrarmos o valor dos juros, seja ele qual for, bastará acrescentar o sinal de porcentagem (%) e esta será a resposta!

Só isso!

Anotemos, pois, os dados da questão. Teremos:

→ C = 100,00 (*artifício de resolução*);

→ i = 20% ao período

→ n = 4,5 períodos = 4 (parte inteira) + 0,5 (parte quebrada)

→ J =? (*como porcentagem do Capital*).

Aplicando a equação da Convenção Linear, encontraremos que:

→ $\mathbf{M = 100.(1 + 0,20)^{4} \cdot (1 + 0,20x0,5)}$

→ $M = 100 \times 2,0736 \times 1,10$ → $M = 228,096$

Mas a questão quer saber o valor dos Juros. Daí, faremos:

→ **J = M – C** → J = 228,096-100 → **J = 128,096**

Ora, a questão pede Juros *como porcentagem* do Capital. Daí, diremos que:

J = 128,096 % → Resposta!

5.6. Taxa Aparente *Versus* Taxa Real

Imaginemos duas pessoas conversando sobre negócios, e uma delas diz para a outra o seguinte: “esse ano meus negócios foram maravilhosamente bem. Ganhei lucros numa faixa de 230%!” Daí, o interlocutor, meio desconfiado, pergunta: “Mas de quanto foi a inflação neste período?” Bem, a inflação do período foi de 200%.

Ora, então, na verdade, aquele primeiro apenas **pensa** que teve lucros de 230%. Esse é um ganho **aparente**. Mas, por quê? Porque não leva em consideração a inflação do período!

O ganho **real** foi outro!

Em suma, é apenas isso: a **taxa aparente** é uma que não é **real**, uma vez que não expressa a perda causada pela inflação!

E a **taxa real**, por sua vez, é aquela que leva em consideração a perda da inflação.

Para trabalhar esses dois conceitos, só teremos que utilizar a seguinte fórmula:

$$(1 + I_{APARENTE}) = (1 + I_{REAL}).(1 + I_{INFLAÇÃO})$$

Tudo o que precisamos nos lembrar é de que usaremos a notação unitária, já que estamos falando em taxas compostas!

Vamos resolver o problema da situação colocada acima. Os dados são os seguintes:

→ $I_{APARENTE} = 230\% = 2,3$

→ $I_{INFLAÇÃO} = 200\% = 2,0$

→ $I_{REAL} = ?$

Lançando os dados na fórmula, teremos que:

$(1 + I_{APARENTE}) = (1 + I_{REAL}).(1 + I_{INFLAÇÃO})$

→ $(1 + 2,3) = (1 + I_{REAL}).(1 + 2,0)$ → $(1 + I_{REAL}) = (3,3/3,0)$

→ $(1 + I_{REAL}) = (3,3/3,0)$ → $(1 + I_{REAL}) = 1,10$

→ Daí: $I_{REAL} = 1,10 - 1$ → $I_{REAL} = 0,10 = 10\%$ → **Resposta!**

Vejamos uma questão de concurso abordando este assunto:

Exemplo 12 – (UEG) Com uma inflação anual de 12%, admitindo-se que o salário foi corrigido em 8%, a variação real do poder de compra de um assalariado é de?

Solução: Os dados aqui são os seguintes:

→ $I_{APARENTE} = 8\% = 0,08$

→ $I_{INFLAÇÃO} = 12\% = 0,12$

→ $I_{REAL} = ?$

Lançando os dados na fórmula, teremos que:

$(1 + I_{APARENTE}) = (1 + I_{REAL}).(1 + I_{INFLAÇÃO})$

→ $(1 + 0,08) = (1 + I_{REAL}).(1 + 0,12)$ → $(1 + I_{REAL}) = (1,08/1,12)$

→ $(1+I_{REAL}) = 0,9643$ → $I_{REAL} = 0,9643-1$

Daí: $I_{REAL} = -0,0357 = -3,57\%$ → **Resposta!**

5.7. Capitalização Contínua

Quando há a necessidade de se calcular o montante de uma operação financeira a qualquer instante, sem ter que esperar o final de um período (seja ano, semestre, trimestre, mês, dia...), utiliza-se a Capitalização Contínua. Por isso, no mundo dos investimentos, especialmente ações e opções, é comum utilizar as fórmulas de juros de Capitalização Contínua.

Como na Capitalização Contínua as capitalizações são realizadas em tempos infinitesimais (frequência das capitalizações tende ao infinito), o montante será maior que o calculado pela Capitalização Composta.

No regime de Capitalização Contínua, o montante **(M)** que resulta da aplicação do capital **(C)**, a uma taxa de juros **(i)**, por certo período **(n)** é dado pela fórmula:

$$M = C \cdot e^{i \cdot n}$$

A letra "*e*" é o número de Neper (ou número neperiano) que é aproximadamente igual a 2,718.

Exemplo 01: (FCC) Um capital de R$ 50.000,00 foi aplicado à taxa semestral i, durante 2 anos, com capitalização contínua, apresentando, no final do período, um montante igual a R$ 200.000,00. Utilizando ln 2 = 0,69 (ln é o logaritmo neperiano), tem-se que i é igual a

a) 4,02%
b) 17,25%
c) 30%
d) 34,5%
e) 69%

Solução:

Dados:

C = 50.000,

n = 2 anos = 4 semestres

M = 200.000,

i = ?

ln 2 = 0,69

ln e = 1 (você tem que saber desse resultado, ele não é fornecido na questão!)

Aplicação da fórmula:

→ $M = C \cdot e^{i.n}$

→ $200000 = 50000 \cdot e^{i.4}$

→ $e^{4i} = 4$

Nesse momento, teremos que aplicar o logaritmo na expressão acima para podermos isolar a taxa i. Na capitalização contínua, normalmente se usa o logaritmo neperiano, por causa do número neperiano "e". (Se a questão tivesse pedido o valor de n, em vez da taxa, também teríamos que aplicar o logaritmo).

Aplicaremos o logaritmo neperiano (ln) em ambos os membros da igualdade:

→ $\ln e^{4i} = \ln 4$

→ $\ln e^{4i} = \ln 2^2$

De acordo com as propriedades do logaritmo, podemos passar o expoente para a frente do logaritmo, teremos:

→ $4i \cdot \ln e = 2 \cdot \ln 2$

Substituindo os valores de **ln 2** e **ln e** por 0,69 e 1, respectivamente, teremos:

→ $4i \cdot 1 = 2 \cdot 0{,}69$

→ $4i = 1{,}38$

→ $i = 1{,}38/4$

→ $i = 0{,}345$

→ **i = 34,5% a.s. (resposta!)**

Exemplo 02: Um capital foi aplicado à taxa semestral de 5%, durante 1 ano, com capitalização contínua, apresentando, no final do período, um montante igual a R$ 100.000,00. Adote nos cálculos que 10% = – ln(0,9), sendo ln a representação do logarítmo neperiano. Qual é o valor do capital?

Solução:

Dados:

M = 100.000,

i = 5% a.s.

n = 1 ano = **2** semestres

Capital = C = ?

10% = – ln(0,9)

Vamos substituir os dados na fórmula da Capitalização Contínua:

→ $M = C.e^{i.n}$

→ $100000 = C.e^{5\%.2}$

→ $100000 = C.e^{10\%}$

Foi fornecido no enunciado da questão que 10% = – ln(0,9). Onde vamos usar isso? Observe que no expoente do número de Neper (e) da equação acima, tem o valor de 10%, então é lá que substituiremos o dado fornecido. Teremos:

→ $100000 = C.e^{-\ln(0,9)}$

E agora? Para continuar a solução, teremos que usar duas propriedades dos logaritmos que são as seguintes:

$$m \cdot \log_b a = \log_b a^m \quad \text{e} \quad b^{\log_b a} = a$$

Usando a primeira propriedade acima, podemos transformar – ln(0,9) em $\ln(0,9)^{-1}$. Vamos aplicar essa transformação onde havíamos parado.

→ $100000 = C \cdot e^{-\ln(0,9)}$

→ $100000 = C \cdot e^{\ln(0,9)^{-1}}$

Antes de aplicar a segunda propriedade, devo lembrar que ln é o mesmo que $\log_e$, ou seja, logaritmo na base e. Vamos fazer esta substituição de ln por $\log_e$.

→ $100000 = C \cdot e^{\log_e (0,9)^{-1}}$

Agora podemos aplicar a segunda propriedade, teremos:

→ $100000 = C \cdot (0,9)^{-1}$

Podemos observar que o logaritmo desapareceu, e ficou só contas de multiplicar e dividir. Resolvendo, vem:

→ $100000 = \dfrac{C}{(0,9)}$

→ $C = 100000 \cdot 0,9$

E, finalmente: → $C = 90.000,00$ **(Resposta!)**

EXERCÍCIOS RESOLVIDOS DE JUROS COMPOSTOS

1. (ESAF) Um capital é aplicado a juros compostos durante seis meses e dez dias, a uma taxa de juros de 6% ao mês. Qual o valor que mais se aproxima dos juros obtidos como porcentagem do capital inicial, usando a convenção linear?

a) 46,11%.
b) 48,00%.
c) 41,85%.
d) 44,69%.
e) 50,36%.

Solução: O enunciado pede que nós calculemos o valor de um elemento (os juros) como porcentagem de um outro elemento (o capital). Esse *outro elemento*, o Capital, será nosso *elemento de referência*. Estamos lembrados do artifício que devemos usar neste caso?

Claro! Atribuiremos a esse *elemento de referência* o valor de 100.

Antes de aplicarmos a equação da convenção linear, passaremos as duas partes do tempo (parte inteira e parte quebrada) para a mesma unidade da taxa. Teremos:

→ n = 6 meses e 10 dias = **6 meses + (1/3) mês**

Daí, teremos:

→ **$M = 100.(1 + 0{,}06)^6 . [1+0{,}06 \times (1/3)]$**

Recorrendo à tabela financeira do *parêntese famoso*, encontraremos o valor do primeiro parêntese da equação acima: $(1+6\%)^6 = 1{,}418519$

Daí: → M = 100 × 1,418519 × 1,02 → M = 144,69

E como está sendo requerido o valor dos Juros, faremos:

→ **J = M – C** → J = 144,69 – 100 → **J = 44,69**

Como esse valor tem que ser tomado como uma porcentagem do capital, e uma vez que o nosso capital vale 100 (nós usamos esse artifício!), basta apenas acrescentar ao valor dos juros o sinal de porcentagem, e já teremos a resposta.

Teremos, enfim, que:

→ J = 44,69% do Capital → Resposta!

2. (ESAF) Um capital é aplicado a juros compostos à taxa de 40% ao ano durante um ano e meio. Calcule o valor mais próximo da perda percentual do montante considerando o seu cálculo pela convenção exponencial em relação ao seu cálculo pela convenção linear, dado que $1{,}40^{1{,}5} = 1{,}656502$.

a) 0,5%.
b) 1%.
c) 1,4%.
d) 1,7%.
e) 2,0%.

Solução: Essa questão foi boa! Não que tenha sido difícil no desenvolvimento da resolução, mas complicou um pouco (de certa forma) na hora de solicitar o resultado. Ela pede que determinemos a "**perda percentual do montante** calculado pela convenção exponencial, em relação ao calculado pela convenção linear".

Mesmo que a princípio possa não estar muito claro para nós o que é isso que a questão quer que calculemos, não há grande dificuldade em perceber que teremos que encontrar o montante dessa operação de juros compostos pelos dois caminhos distintos: convenção exponencial (*equação fundamental* dos juros compostos) e convenção linear.

A perda percentual é independente do valor do capital, assim, para facilitar nos cálculos, faremos C = 100,00.

Comecemos pela convenção exponencial. Teremos:

$$\mathbf{M = C.(1+i)^n \rightarrow M = 100.(1+0{,}40)^{1{,}5}}$$

Ora, não daria para calcular o valor desse parêntese famoso com o auxílio da tabela financeira, uma vez que o expoente (o "**n**") é quebrado. Por isso, foi fornecido pelo enunciado, *de bandeja*, o quanto vale $(1{,}40)^{1{,}5}$. Daí, teremos:

$$M = 100 \times 1{,}656502$$

→ **M ≅ 165,65 (Montante da Convenção Exponencial)**

Passemos ao Montante da convenção linear.

→ $\mathbf{M = 100.(1+0{,}40)^1.(1+0{,}40x0{,}5)}$

→ **M = 168,00 (Montante da Convenção Linear)**

Agora, aprendamos o seguinte: se queremos calcular a perda percentual de um valor **X** (menor) em relação a um outro valor **Y** (maior), faremos o quociente entre a diferença **(Y–X)** e o valor de referência **Y**. Portanto, teremos:

$$\frac{(Y-X)}{Y}$$

Daí, faremos: $\dfrac{(168-165{,}65)}{168} = \dfrac{2{,}35}{168} = 0{,}01399 \cong 1{,}4\%$

Daí: **1,4% → Resposta!**

3. (ESAF) Um financiamento externo é contratado a uma taxa nominal de 12% ao ano com capitalização semestral. Obtenha a taxa efetiva anual desse financiamento.

a) 12,36%.
b) 11,66%.
c) 10,80%.
d) 12,44%.
e) 12,55%.

Solução: Qual foi a taxa nominal que nos forneceu o enunciado? Foi **12% ao ano, com capitalização semestral**. Dispondo dessa taxa nominal, imediatamente poderemos transformá-la numa **taxa efetiva**. E para fazê-lo, embora estando no regime composto, utilizaremos o conceito de **taxas proporcionais**.

Esta situação – transformar taxa nominal para taxa efetiva – consiste na grande exceção da matemática financeira! É o único momento em que, estando no regime composto, iremos trabalhar com as taxas proporcionais.

Antes de sabermos quem será a **taxa efetiva**, precisamos descobrir qual será a sua unidade. **A unidade da taxa efetiva será sempre igual à da capitalização**!

Neste caso, temos uma taxa nominal com **capitalização semestral**, o que significa que nossa taxa efetiva vai ser "**alguma coisa por cento ao semestre**"!

Daí, nossa primeira transformação será a seguinte:

12% a.a., com capitalização semestral	=	[?] % a.s.
TAXA NOMINAL		TAXA EFETIVA

Aplicando o conceito de **taxas proporcionais**, teremos, enfim, que:

→ 12% ao ano = (12/2) = **6% a.s. = Taxa Efetiva semestral**!

O enunciado quer que nós encontremos a taxa efetiva anual!

Ora, essa taxa de 6% ao semestre que acabamos de calcular é uma taxa de que tipo? É uma taxa efetiva, sabemos! Logo, se vamos ter que alterar a unidade de uma taxa efetiva, não há outro caminho: teremos que fazê-lo por meio do conceito de **taxas equivalentes**.

Pois bem! O conceito de **taxas equivalentes**, conforme aprendemos, se traduz por uma fórmula, que é a seguinte: $\mathbf{1 + I = (1 + i)^k}$

Qual é o objeto da nossa transformação? Passaremos uma taxa semestral para uma outra taxa anual. Esse é nosso intuito. Então, os tempos das taxas que estamos transformando são **semestre** e **ano**. Quem é maior? Ano. Logo, diremos que a taxa ao ano será o nosso **I** (*izão*). E entre semestre e ano, quem é menor? Semestre. Logo, diremos que a taxa ao semestre é o nosso **i** (*izinho*) da fórmula das taxas equivalentes.

E esse tal de **k** que também aparece no expoente da fórmula? Esse **k** representa apenas a resposta à seguinte pergunta: **"quantas vezes o período menor cabe no período maior?"** Quem são esses "período menor" e "período maior"? São os tempos das taxas que estamos tentando transformar. Neste nosso caso, o período menor é o semestre, e o período maior é o ano. Logo, a pergunta será a seguinte: "quantos semestres cabem no ano?" Quantos? Dois. Logo, o **k = 2**.

Nossos dados para aplicação na fórmula das taxas equivalentes serão os seguintes:

→ i = 6% ao semestre;

→ I = ? % ao ano;

→ k = 2 (cabem dois semestres em um ano).

Jogando os dados na fórmula, teremos: → $1 + I = (1 + 6\%)^2$

Recorrendo à Tabela Financeira, encontraremos que:

$$(1 + 6\%)^2 = 1{,}123600$$

Daí: → 1 + I = 1,123600 → I = 0,123600 → **I = 12,36% ao ano → Resposta!**

4. (ESAF) A taxa equivalente à taxa nominal de 18% ao semestre com capitalização mensal é de:

a) 26,82% ao ano;
b) 36% ao ano;
c) 9% ao trimestre;
d) 18% ao semestre;
e) 9,2727% ao trimestre.

Solução: Ponto de partida: a taxa nominal. Qual é? 18% ao semestre com capitalização mensal. Temos que transformá-la, imediatamente, numa taxa efetiva, a qual, por sua vez, será uma taxa mensal. Por que mensal? Porque a unidade da capitalização é mensal. Teremos:

18% a.s., com capitalização mensal	=	[?] % a.m.
TAXA NOMINAL		**TAXA EFETIVA**

Aplicando o conceito de **taxas proporcionais**, encontraremos que:

→ 18% ao semestre = (18/6) = **3% ao mês = Taxa Efetiva**!

E agora, o que a questão está pedindo? Que encontremos uma **taxa equivalente** a essa taxa efetiva que acabamos de encontrar. Mas em qual unidade? Não foi especificado? Daí, o que faremos? Olharemos para as opções de resposta! Temos duas opções com taxa ao ano, duas com taxa ao trimestre e uma com taxa ao semestre.

Essa questão é boa, porque vamos aprender uma dica muito simples e ao mesmo tempo muito útil.

Vamos lá. Suponhamos que eu tenho uma taxa de 10% ao mês, e quero transformá-la numa taxa ao bimestre. Vamos fazer isso considerando duas possibilidades: 1ª) nossa taxa de 10% ao mês é uma taxa de juros simples; ou 2ª) nossa taxa de 10% ao mês é uma taxa de juros compostos.

Sendo uma taxa de juros simples, para passar de taxa mensal para bimestral, usaríamos o conceito de taxas proporcionais, e encontraríamos que 10% ao mês × 2 = 20% ao bimestre. E só!

Agora, sendo uma taxa composta, para passarmos de mensal para bimestral, teríamos que usar o conceito de taxas equivalentes, e chegaríamos a um resultado de 21% ao bimestre.

Então vejamos:

→ juros simples: 10% ao mês = **20%** ao bimestre

→ juros compostos: 10% ao mês = **21%** ao bimestre

Com isso, concluímos o seguinte: **se vamos alterar uma taxa de unidade menor para uma de unidade maior** (como nesse caso, taxa ao mês para taxa ao bimestre), **o resultado a que se chega pelos juros compostos é sempre maior do que o resultado que se chega pelo juros simples**.

Ficou claro isso?

Temos aí, na nossa questão, uma taxa efetiva (taxa de juros compostos) de 3% ao mês.

Ora, se ao invés de taxa composta fosse uma taxa simples, na hora de transformá-la para uma taxa ao trimestre, encontraríamos quanto? Usando taxas proporcionais, teríamos:

→ juros simples: 3% ao mês = (3x3) = 9% ao trimestre!

Como essa taxa de 3% é, de fato, uma taxa no regime composto, de imediato já concluímos que, ao transformá-la para uma taxa trimestral (pelo conceito de taxas equivalentes), esse resultado terá que ser necessariamente **maior que 9%**! Concordam? Claro!

Portanto, o **item C está errado**!

Voltemos a supor que essa taxa mensal de 3% fosse uma taxa simples. Se quiséssemos (usando o conceito de taxas proporcionais) transformá-la para uma taxa semestral, encontraríamos que valor?

→ juros simples: 3% ao mês = (3x6) = 18% ao semestre!

Ora, essa taxa na verdade não é de juros simples. É uma taxa composta! Logo, se formos aplicar o conceito de taxas equivalentes para transformá-la numa taxa semestral, de uma coisa podemos ter certeza: esse resultado será necessariamente **maior que 18%**.

Portanto, o **item D está errado**!

Finalmente, supondo pela derradeira vez que aqueles 3% ao mês fosse uma taxa de juros simples. Se quiséssemos transformá-la para uma taxa anual, faríamos, usando o conceito de taxas proporcionais, o seguinte:

→ 3% ao mês (juros simples) = (3x12) = 36% ao ano!

Voltando à realidade, vemos que nossa taxa de 3% ao mês é uma taxa de juros compostos. Se formos alterá-la para uma taxa anual, teremos que usar o conceito de taxas equivalentes, e saberemos, de antemão, que esse resultado será **maior que 36% ao ano**.

Portanto, os **itens A e B estão errados**!

Ora, amigos! Se a resposta certa não é nem a A, nem a B, nem a C e nem a D, então restou que será a **letra E**.

Para efeitos didáticos, vamos confirmar essa resposta:

Taxa ao mês → Taxa ao trimestre

Nossos dados serão os seguintes:

→ i = 3% ao mês;

→ I = ? % ao trimestre;

→ k = 3 (cabem três meses em um trimestre).

Jogando os dados na fórmula das taxas equivalentes, teremos:

→ $1 + I = (1 + 3\%)^3$

Recorrendo à Tabela Financeira, encontraremos que:

$$(1 + 3\%)^3 = 1{,}092727$$

Daí: → 1 + I = 1,092727 → I = 0,092727

→ I = 9,27% ao trimestre → Resposta! (como já sabíamos!)

5. **(ESAF) A taxa nominal de 12% ao semestre com capitalização mensal é equivalente à taxa de:**
   a) 6% ao trimestre;
   b) 26,82% ao ano;
   c) 6,4% ao trimestre;
   d) 11,8% ao semestre;
   e) 30% ao ano.

Solução: Questão semelhante à anterior.

Qual foi a taxa nominal fornecida? 12% ao semestre com capitalização mensal. Transformando-a para uma taxa efetiva, por meio do conceito de taxas proporcionais, teremos:

12% a.s., com capitalização mensal	=	? % a.m.
TAXA NOMINAL		**TAXA EFETIVA**

→ 12% ao semestre = (12/6) = **2% ao mês = Taxa Efetiva mensal!**

Novamente a questão pede que encontremos uma **taxa equivalente** a esses 2% ao mês que calculamos, mas não diz em qual unidade estará essa nova taxa! Teremos que olhar para as opções de resposta.

Nas alternativas, há duas taxas ao trimestre, uma ao semestre e duas ao ano.

Usaremos o mesmo raciocínio da questão passada: se 2% ao mês fosse uma taxa de juros simples, encontraríamos as seguintes taxas proporcionais:

→ 2% ao mês = 6% ao trimestre;

→ 2% ao mês = 12% ao semestre;

→ 2% ao mês = 24% ao ano.

Logo, como esses 2% ao mês são, de fato, uma taxa composta, concluímos de imediato que as taxas equivalentes serão:

→ 2% ao mês = (maior que 6% ao trimestre)

→ 2% ao mês = (maior que 12% ao semestre)

→ 2% ao mês = (maior que 24% ao ano)

Analisemos as opções de resposta:

a) 6% ao trimestre.

b) 26,82% ao ano.

c) 6,4% ao trimestre.

d) 11,8% ao semestre.

e) 30% ao ano.

Dá para descartar logo alguma ou algumas dessas alternativas? Sim! A letra **A**, por exemplo, já está *descartada*! (Teria que ser > 6% a.t.). A opção **D** também estaria excluída, uma vez que a resposta teria que ser > 12% a.s.

Mas as outras três opções estão aptas a ser a nossa resposta. Daí, teremos mesmo que aplicar o conceito de **Taxas Equivalentes**.

Vamos tentar, por primeiro, transformar nossa taxa mensal numa taxa anual. *Ok*? Nossos dados serão os seguintes:

→ i = 2% ao mês;

→ I = ? % ao ano;

→ k = 12 (cabem doze meses em um ano).

Jogando os dados na fórmula das taxas equivalentes, teremos:

→ $1 + I = (1 + 2\%)^{12}$

Recorrendo à Tabela Financeira, encontraremos que:

$(1 + 2\%)^{12} = 1{,}268242$

Daí: → 1 + I = 1,268242 → I = 0,268242

→ I = 26,82% ao ano → Opção B → Resposta!

6. (ESAF) Um capital é aplicado à taxa de juros nominal de 24% ao ano com capitalização mensal. Qual a taxa anual efetiva de aplicação desse capital, em porcentagem, aproximada até centésimos?

a) 26,82%.
b) 26,53%.
c) 26,25%.
d) 25,97%.
e) 25,44%.

Solução: A taxa nominal que a questão trouxe foi: 24% ao ano, com capitalização mensal. Nossa taxa efetiva (que é mensal) será:

→ 24% ao ano = (24/12) = 2% ao mês → (= Taxa Efetiva mensal!)

Só que a questão pede uma taxa efetiva anual. Logo, nessa segunda transformação, usaremos o conceito de Taxas Equivalentes. Os dados serão:

→ i = 2% ao mês;

→ I = ? % ao ano;

→ k = 12 (cabem 12 meses em um ano).

Jogando os dados na fórmula das taxas equivalentes, teremos:

→ $1 + I = (1 + 2\%)^{12}$

Recorrendo à Tabela Financeira, encontraremos que:

$(1 + 2\%)^{12} = 1{,}268242$

Daí: → 1 + I = 1,268242 → I = 0,268242

→ I = 26,82% ao ano → Opção A → Resposta!

7. (ESAF) A taxa de 40% ao bimestre, com capitalização mensal, é equivalente a uma taxa trimestral de (Considere: $(1,20)^3 = 1,7280$):

a) 60,0%;
b) 68,9%;
c) 84,4%;
d) 66,6%;
e) 72,8%.

Solução: Taxa Nominal fornecida: 40% ao bimestre com capitalização mensal. Passando para taxa efetiva, que nesse caso será uma taxa mensal (mesma unidade da capitalização), teremos:

→ 40% a.b. = (40/2) = 20% ao mês = **Taxa Efetiva mensal!**

O que a questão pede? Uma taxa efetiva trimestral. Pelo conceito de **taxas equivalentes**, nossos dados serão os seguintes:

→ i = 20% ao mês;

→ I = ? % ao trimestre;

→ k = 3 (cabem 3 meses em um trimestre).

Jogando os dados na fórmula das taxas equivalentes, teremos:

→ $1 + I = (1 + 0,20)^3$

Nesta questão, como a tabela financeira não alcança uma taxa de 20%, o enunciado forneceu *gratuitamente* o valor do parêntese famoso. Daí, teremos:

→ 1 + I = 1,7280 → I = 0,7280 → I = 72,80% a.t. → Resposta!

8. (ESAF) Obtenha a taxa efetiva anual correspondente à taxa de juros nominal de 36% ao ano com capitalização mensal.

a) 34,321%.
b) 36%.
c) 38,423%.
d) 42,576%.
e) 43,58%.

Solução: Começamos sempre com a taxa nominal: 36% ao ano com capitalização mensal. Usando o conceito de taxas proporcionais, encontraremos nossa taxa efetiva. Faremos:

→ 36% a.a. = (36/12) = 3% ao mês = **Taxa Efetiva mensal!**

A questão quer que encontremos uma taxa anual. Partiremos, portanto, para o conceito de **taxas equivalentes**.

Os dados dessa transformação são os seguintes:

→ i = 3% ao mês;

→ I =? % ao ano;

→ k = 12 (cabem 12 meses em um ano).

Jogando os dados na fórmula das taxas equivalentes, teremos:

→ $1 + I = (1 + 3\%)^{12}$

Recorrendo à Tabela Financeira do parêntese famoso, encontraremos que: $(1 + 3\%)^{12}$ = 1,425760

Daí: → 1 + I = 1,425760 → I = 0,425760

→ I = 42,576% ao ano → Opção D → Resposta!

9. (ESAF) Um capital unitário é aplicado à taxa nominal de 24% ao ano com capitalização mensal. Obtenha o montante ao fim de dezoito meses.

a) 1,36.
b) 1,428246.
c) 1,42576.
d) 1,480244.
e) 1,702433.

Solução: A questão começou falando em um *capital unitário*, ou seja, **C = 1,00**. O enunciado trouxe também uma taxa nominal. Qual foi? 24% ao ano com capitalização mensal.

Imediatamente, transformaremos essa taxa nominal em taxa efetiva, por meio do conceito de taxas proporcionais. Teremos:

→ 24% ao ano = (24/12) = 2% ao mês = **Taxa Efetiva mensal!**

Nossos dados da questão agora são os seguintes:

→ C = 1,
→ i = 2% ao mês (juros compostos)
→ n = 18 meses
→ M = ?

Uma vez que taxa e tempo já estão na mesma unidade, podemos imediatamente aplicar os dados na *equação fundamental* dos juros compostos. Teremos:

→ $M = C.(1 + i)^n$ → $M = 1,0.(1 + 2\%)^{18}$

E agora, Tabela Financeira! Acharemos: $(1 + 2\%)^{18} = 1,428246$

Daí: → $M = 1,0.(1 + 2\%)^{18}$ → $M = 1,0 \times 1,428246$

→ E: **M = 1,428246 → Resposta!**

10. (ESAF) O capital de R$ 20.000,00 é aplicado à taxa nominal de 24% ao ano com capitalização trimestral. Obtenha o montante ao fim de dezoito meses de aplicação.

a) R$ 27.200,00.
b) R$ 27.616,11.
c) R$ 28.098,56.
d) R$ 28.370,38.
e) R$ 28.564,92.

Solução: A questão nos trouxe uma taxa nominal. Neste caso, antes de mais nada, sabemos que estamos no regime composto, e que teremos que transformar essa taxa nominal numa taxa efetiva.

E mil vezes já sabemos que essa conversão (taxa nominal para efetiva) se faz por meio do conceito de taxas proporcionais. Neste caso, nossa taxa efetiva será uma taxa trimestral, uma vez que trimestral é a capitalização. Daí, teremos:

→ 24% ao ano = (24/4) = 6% ao trimestre = **Taxa Efetiva trimestral!**

Ficamos, portanto, com os seguintes dados da questão:

→ C = 20.000,00

→ i = 6% ao trimestre (juros compostos)

→ n = 18m

→ M = ?

Ora, trata-se de uma questão corriqueira de juros compostos! Teremos, pois, que aplicar a *equação fundamental*. Teremos:

$$\rightarrow \mathbf{M = C.(1 + i)^n}$$

Ocorre que esta fórmula faz uma única exigência: taxa e tempo têm que estar na mesma unidade.

Aqui, temos uma taxa trimestral (i = 6% a.t.) e temos o tempo em meses (n=18m). Ou seja, unidades diferentes!

Já aprendemos que, quando taxa e tempo estiverem em unidades diferentes (no regime composto), a primeira tentativa que faremos é recorrer ao tempo e tentar convertê-lo para a mesma unidade da taxa. Será que dá certo? Teremos:

→ n = 18 meses = 6 trimestres

Como encontramos um **n** inteiro (um valor *redondo*), então diremos que funcionou a nossa primeira tentativa (só recordando: precisamos de um **n** inteiro justamente porque esse **n** vai para o expoente da fórmula).

Agora que temos taxa e tempo na mesma unidade, basta aplicar a *equação fundamental* dos juros compostos, e chegaremos a:

→ $M = 20000.(1 + 6\%)^6$

Recorrendo à tabela financeira do *parêntese famoso*, encontraremos o seguinte: $(1 + 6\%)^6 = 1{,}418519$

Daí: → M = 20000 × 1,418519 → M = 28.370,38 → Resposta!

11. (ESAF) Usando a taxa de juros efetiva anual que corresponde à taxa de juros nominal de 24% a.a. com capitalização trimestral, obtenha o montante obtido com a aplicação de um capital de R$ 10.000,00 ao fim de um ano de aplicação.

a) R$ 12.400,00.
b) R$ 12.544,00.
c) R$ 12.624,76.
d) R$ 12.653,19.
e) R$ 12.682,42.

Solução: Veio alguma taxa nominal no enunciado? Sim! Qual? 24% ao ano com capitalização trimestral. Então, antes mesmo de começarmos a pensar qualquer coisa, já podemos transformar essa taxa nominal em taxa efetiva. Faremos:

→ 24% ao ano = (24/4) = 6% ao trimestre = **Taxa Efetiva trimestral!**

Nossos dados da questão serão os seguintes:

→ C = 10.000,00

→ i = 6% ao trimestre (juros compostos)

→ n = 1 ano = 12meses

→ M =?

Aqui, só teremos que aplicar a *equação fundamental* dos juros compostos. Teremos:

→ $M = C.(1 + i)^n$

Novamente achamos taxa e tempo em unidades diferentes. Logo, em nossa primeira tentativa, recorremos ao tempo, e sem dificuldade alguma, concluímos que 1 ano = 12 meses = 4 trimestres. Agora, sim! Com taxa e tempo na mesma unidade, lançaremos os dados na fórmula, e teremos o seguinte:

→ $M = 10000.(1 + 6\%)^4$

Para saber o valor do parêntese famoso acima, recorremos à Tabela Financeira, e encontramos que: $(1 + 6\%)^4 = 1{,}262476$

Daí: → M = 10000 × 1,262476 → M = 12.624,76 → Resposta!

12. (ESAF) Uma pessoa tem um compromisso no valor de $ 900.000,00 a ser saldado dentro de 6 meses. A maior taxa de juros mensal por remuneração de aplicação de capital que conseguiu foi de 7% ao mês, no regime de juros compostos. Para garantir o pagamento do compromisso na data marcada, qual a quantia mínima que deverá aplicar hoje?

a) $ 450.000,00.
b) $ 500.000,00.
c) $ 550.000,00.
d) $ 600.000,00.
e) $ 650.000,00.

Solução: Uma questão muito simples! Disse o enunciado que a pessoa precisa dispor, daqui a 6 meses, de uma determinada quantia. Então, vem a pergunta: quanto terá que ser aplicado hoje, a fim de se obter aquela quantia desejada ao final do prazo estabelecido?

Depois que se lê com mais calma esse enunciado, percebe-se que não há nele segredo algum! O valor que se está procurando na questão (a quantia que vai ser aplicada) corresponde justamente ao Capital. Enquanto que o valor a que se pretende chegar no fim da operação corresponde ao Montante! Entendido?

Daí, nossos dados da questão serão os seguintes:

→ C =?

→ n = 6m

→ i = 7% ao mês (juros compostos)

→ M = 900.000,00

Observemos que taxa (7% a.m.) e tempo (n = 6m) já estão na mesma unidade. Daí, aplicando a *equação fundamental* dos juros compostos, teremos:

→ $\mathbf{M = C.(1 + i)^n}$ → 900.000 = C.(1 + 7%)^6

Daí: $C = \dfrac{900.000}{(1+7\%)^6}$

O denominador é o próprio parêntese famoso, para cujo cálculo recorreremos à Tabela Financeira. Teremos: (1 + 7%)^6 = 1,500730

Daí: $C = \dfrac{900.000}{(1+7\%)^6}$ → $C = \dfrac{900.000}{1{,}500730}$ → $C \cong \dfrac{900.000}{1{,}5}$

Daí: → **C ≅ 600.000,00 → Resposta!**

13. (ESAF) Uma aplicação é realizada no dia primeiro de um mês, rendendo uma taxa de 1% ao dia útil, com capitalização diária. Considerando que o referido mês possui 18 dias úteis, no fim do mês o montante será o capital inicial aplicado mais:

a) 20,324%;
b) 19,6147%;
c) 19,196%;
d) 18,174%;
e) 18%.

Solução: Vamos começar logo essa questão procurando se há no enunciado alguma taxa nominal. Há ou não há? Acharam? Essa taxa que você achou é mesmo uma taxa nominal? Sim ou não?

Ora, a taxa fornecida pela questão é: *1% ao dia útil, com capitalização diária*. Aparece a palavra *capitalização*? Aparece! Só que isso não basta para caracterizar uma taxa como sendo uma taxa nominal. É preciso ainda que **a unidade da taxa seja diferente da unidade da capitalização.** Não foi assim que aprendemos? Então, pergunta-se: para que servirá pois essa palavra *capitalização* neste caso?

Muito boa pergunta: servirá para sabermos que estamos trabalhando no **Regime Composto**!

Então, reprisando: se no nosso enunciado aparecer uma taxa acompanhada da palavra *capitalização* e mesmo que o tempo da taxa for **igual** ao tempo da capitalização, imediatamente saberemos que estamos trabalhando no **Regime Composto**, e que, neste caso, aquela será uma **Taxa Efetiva**.

Observemos ainda que a questão pede que calculemos o valor do Montante como um percentual do Capital. Já aprendemos a trabalhar questões assim. Usaremos um artifício: tomaremos o elemento de referência (nesse caso, o Capital) e lhe atribuiremos o valor 100 (cem).

Daí, nossos dados são os seguintes:

→ C = 100,00
→ i = 1% ao dia útil (juros compostos)
→ n = 18 dias úteis
→ M = ?

Ora, uma vez que já temos taxa e tempo na mesma unidade, só nos resta aplicar a *equação fundamental* dos juros compostos. Teremos:

→ $M = 100.(1 + 1\%)^{18}$

Esbarramos no parêntese famoso. Recorrendo à Tabela Financeira, teremos: $(1 + 1\%)^{18} =$ 1,196147

Daí: → $M = 100.(1 + 1\%)^{18}$ → $M = 100 \times 1{,}196147$ → $M = 119{,}6147$

Ora, esse Montante que acabamos de calcular superou o valor do Capital em quanto? Em 19,6147 (M – C = 19,6147).

Logo, para expressarmos esse resultado (19,6147) como uma porcentagem do Capital, bastará que nós acrescentemos o sinal de porcentagem (%), uma vez que usamos o artifício de chamar o valor do Capital de 100. Daí:

→ 19,6147% (a mais que o Capital) → **Resposta!**

14. (ESAF) Uma empresa aplica \$ 300 à taxa de juros compostos de 4% ao mês por 10 meses. A taxa que mais se aproxima da taxa proporcional mensal dessa operação é:

a) 4,60%;
b) 4,40%;
c) 5,00%;
d) 5,20%;
e) 4,80%.

Solução: Essa é uma questão interessante. E muito singular também! Diríamos que se trata de uma questão única.

Esqueçamos que existe essa quantia de R\$ 300,00. Vamos ver se dá para trabalharmos a questão apenas com o conhecimento dos conceitos de taxa.

O que a questão nos fornece? Uma taxa de juros compostos (foi dito expressamente) de 4% ao mês.

Ou seja, o enunciado nos deu uma **taxa composta mensal**.

O que a questão pede que encontremos? Pede uma taxa proporcional mensal.

Ou seja, o enunciado nos pede uma **taxa simples mensal**.

Simples por quê? O que nos fez chegar a essa conclusão? A responsável por essa constatação é uma única expressão dita no enunciado: **taxa proporcional**.

Ora, esse conceito – taxa proporcional – é próprio do Regime Simples. Já vimos isso exaustivamente! Daí, retomemos o raciocínio da questão: estamos partindo de uma taxa composta mensal, e queremos chegar a uma taxa simples também mensal.

Aqui surge um dilema: para partirmos de uma taxa em uma unidade, e chegarmos a outra taxa nesta mesma unidade, é óbvio que terá que haver uma transformação **intermediaria**!

Ou seja, teremos que pegar a taxa composta mensal e a transformarmos para uma taxa em outra unidade (diferente de mês). Como essa nossa taxa mensal *de partida* é uma taxa composta, essa primeira alteração se fará por meio do conceito de taxas equivalentes!

Feito isso, já dispondo da tal **taxa intermediária**. Então, procederemos à segunda transformação, retornando para a unidade mensal. Ocorre que essa segunda alteração se dará pelo conceito de **taxas proporcionais**, uma vez que a taxa mensal *de chegada* é uma taxa simples!

Ilustrativamente, teremos:

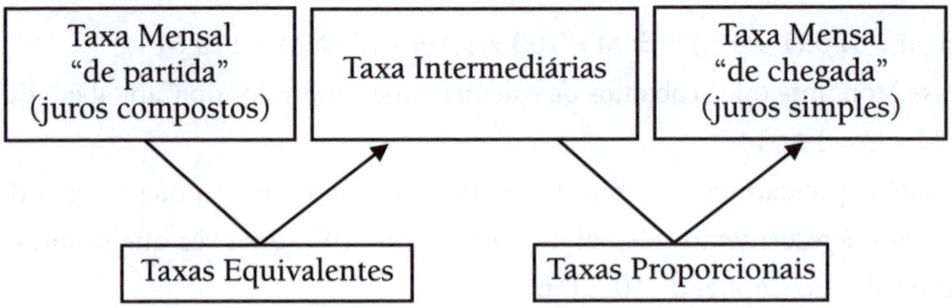

Só nos resta descobrir uma coisa: essa **taxa intermediária** estará em qual unidade? Como sabê-lo? Ora, saberemos isso usando um dado adicional da questão. O enunciado falou que aquela taxa mensal composta (taxa de partida) vai ser utilizada por um prazo de 10 meses.

É isso! Teremos que achar, portanto, uma taxa equivalente "*dezmestral*". (Acabamos de batizá-la!).

Ou seja, a taxa mensal é de 4%. Em 10 meses, valerá quanto essa taxa? *Ok*? Do jeito que existe a taxa bimestral (para dois meses), trimestral (para três meses), quadrimestral (para quatro meses), semestral (para seis meses), da mesma forma, agora, existe (porque a criamos) a "taxa dezmestral" (para dez meses)!

Antes de aplicarmos o conceito de taxas equivalentes, faremos aquela análise prévia de sempre. Nossos dados são os seguintes:

→ i = 4% ao mês;

→ I = ? % ao *dezmestre*;

→ k = 10 (cabem 10 meses em um *dezmestre*).

Jogando os dados na fórmula das taxas equivalentes, teremos:

→ $1 + I = (1 + 4\%)^{10}$

Consultando a Tabela Financeira do parêntese famoso, encontraremos que: $(1 + 4\%)^{10} =$ 1,480244

Daí: → 1 + I = 1,48024 → I = 0,48024 → I = 48,024% ao *dezmestre*.

Passaremos agora ao arremate da questão. Resta-nos fazer a segunda alteração, passando a taxa *dezmestral* que encontramos para uma taxa ao mês. Só que agora, trabalharemos com o conceito de **taxas proporcionais**, uma vez assim foi especificado pelo enunciado, ou seja, foi pedido que nós encontremos uma taxa proporcional mensal. Entendido isso, faremos:

→ 48,024% ao *dezmestre* = (48,024/10) = 4,8024% ao mês

→ 4,8024% a.m. ≈ 4,8% a.m. → Resposta!

15. (ESAF) O capital de \$ 1.000,00 é aplicado do dia 10 de junho ao dia 25 do mês seguinte, a uma taxa de juros compostos de 21% ao mês. Usando a convenção linear, calcule os juros obtidos, aproximando o resultado em real.

a) \$ 331,00.
b) \$ 340,00.
c) \$ 343,00.
d) \$ 342,00.
e) \$ 337,00.

Solução: Questão de juros compostos, que será resolvida pelo método da convenção linear. E por quê? Porque foi dito expressamente pelo enunciado.

Os dados fornecidos na questão são os seguintes:

→ C = 1000,00

→ n = 1 mês e 15 dias = **1,5 mês = 1 mês + 0,5 mês**

→ i = 21% ao mês

→ J = ?

Observemos que passamos a unidade de tempo do **n** para mês, pois a taxa também está ao mês! Tivemos, inclusive, a preocupação em dividir esse tempo na *parte inteira* (1 mês) e na *parte quebrada* (0,5 mês). Como ambas já estão na mesma unidade da taxa, só nos resta aplicar a fórmula da Convenção Linear. Teremos:

→ $M = C.\ (1+i)^{INT}.\ (1+i.Q)$ → $M = 1000.(1+0,21)^{1}.(1+0,21x0,5)$

E:

→ **M = 1.337,00**

Só que a questão não está pedindo o Montante, e sim os Juros! Daí, basta fazer a subtração que se segue:

→ J = M – C → J = 1.337 – 1.000 → **J = 337, → Resposta!**

16. (FCC) No Brasil as cadernetas de poupança pagam, além da correção monetária, juros compostos à taxa nominal de 6% a.a., com capitalização mensal. A taxa efetiva bimestral é então de:

a) 1,00025% a.b.;
b) 1.0025% a.b.;
c) 1.025% a.b.;
d) 1.25% a.b.

Solução:

De acordo com o enunciado, temos:

Taxa nominal de 6 % a.a., capitalização mensal.

Taxa efetiva bimestral = ?

Primeiramente, devemos transformar a taxa nominal em taxa efetiva. Como a unidade da capitalização é mensal, então passaremos a taxa de juros de ano para mês. Faremos isso utilizando o conceito de taxas proporcionais.

Sabemos que 1 ano tem 12 meses, então devemos dividir por doze a taxa anual fornecida, e assim obteremos a taxa efetiva mensal:

$i = \frac{6}{12}\ \%\ a.m = 0{,}5\%\ a.m.$

Passaremos a outro passo: converter a taxa efetiva **mensal** em uma taxa efetiva **bimestral**:

Fórmula de equivalência entre taxas compostas: $1 + I = (1 + i)^k$

0,5 % a.m. ⟶ **[?] a.b.**

$$\begin{cases} i = 0{,}5\% = 0{,}005 \\ I = ? \\ n = 2 \text{ (cabem 2 meses em um bimestre)} \end{cases}$$

$1 + I = (1 + 0{,}005)^2 \rightarrow 1 + I = (1{,}005)^2 \rightarrow 1 + I = 1{,}010025$

$\rightarrow I = 0{,}010025 \rightarrow$ I = **1,0025 % a.b.** → **Resposta!**

17. (ESAF) O capital de R$ 50.000,00, aplicado a juros compostos com capitalização trimestral, produziu o montante de R$60.775,31 ao fim de um ano. Calcular a taxa de juros nominal anual, com aproximação de uma casa decimal.

a) 5,0%.
b) 5,4%.
c) 20,0%.
d) 21,6%.
e) 30,4%.

Solução: De acordo com o enunciado, temos:

- Capital aplicado: C = 50.000
- Tempo da aplicação: n = 1 ano
- Montante: M = 60.775,31
- Capitalização trimestral
- Taxa de juros **nominal anual** =?

→ Deveremos sempre resolver as questões de juros compostos adotando como unidade da taxa e do tempo aquela mesma unidade da capitalização. Portanto, teremos:

n = 4 trimestres

i = ? % a.t. (taxa ao trimestre)

→ Aplicando a *equação fundamental* dos Juros Compostos:

$M = C(1+i)^n \rightarrow 60775{,}31 = 50000(1+i)^4 \rightarrow (1+i)^4 = \frac{60775{,}31}{50000}$

$(1+i)^4 = 1{,}2155$

Consultando a tabela financeira do *parêntese famoso*, com n = 4 e com o resultado de 1,2155, obtemos a taxa de 5%.

Daí, **i = 5% a.t.**

→ Para chegarmos à taxa de *juros* ***nominal*** *anual*, basta calcular a taxa proporcional anual a partir da taxa de 5% ao trimestre. Como em 1 ano existem **4** trimestres, logo a taxa nominal anual será:

$$4 \times 5\% = 20\%$$

Resposta: Taxa nominal de **20% a.a.**, com capitalização trimestral.

18. (FCC) Pretendendo guardar uma certa quantia para as festas de fim de ano, uma pessoa depositou R$ 2.000,00 em 05/06/1997 e R$ 3.000,00 em 05/09/1997. Se o banco pagou juros compostos à taxa de 10% ao trimestre, em 05/12/1997 essa pessoa tinha um total de:

a) R$ 5.320,00;
b) R$ 5.480,00;
c) R$ 5.620,00;
d) R$ 5.680,00;
e) R$ 5.720,00.

Solução: De acordo com o enunciado, temos:

1ª aplicação:

C = 2000,00

Tempo da aplicação: 05/06/97 a 05/12/97 → **n** = 6 meses = **2 trim.**

i = 10 % a.t.

2ª aplicação:

C = 3000,00

Tempo da aplicação: 05/09/97 a 05/12/97 → **n** = 3 meses = **1 trim.**

i = 10 % a.t.

Montante das duas aplicações:

1º passo – Montante da 1ª aplicação:

$M = C(1 + i)^n \rightarrow M = 2000(1 + 0{,}1)^2 \rightarrow M = 2000 \times 1{,}21 \rightarrow M = 2420{,}00$

2º passo – Montante da 2ª aplicação:

$M = C(1 + i)^n \rightarrow M = 3000(1 + 0{,}1)^1 \rightarrow M = 3000 \times 1{,}1 \rightarrow M = 3300{,}00$

3º passo – Montante das duas aplicações:

Montante total = 2420,00 + 3300,00 = **5720,00**

19. (ESAF) O preço de uma mercadoria é de $ 2.400,00 e o comprador tem um mês para efetuar o pagamento. Caso queira pagar à vista, a loja dá um desconto de 20%. O mercado financeiro oferece um rendimento de 35% a.m. Assinale a opção correta.

a) A melhor opção é o pagamento à vista.
b) Não há diferença entre as duas modalidades de pagamento.
c) No pagamento a prazo, o comprador lucra, no fim do mês, $ 192,00.
d) No pagamento a prazo, o comprador lucra, no fim do mês, $ 210,00.
e) No pagamento a prazo, o comprador lucra, no fim do mês, $ 252,00.

Solução:

De acordo com o enunciado, temos:

Preço da mercadoria a prazo = 2400,00 (pagamento ao final de 1 mês)

Preço da mercadoria à vista = 2400,00 – 20% × 2400 = **1920,00**

Taxa de rendimento das aplicações financeiras = 35% a.m.

Qual é a melhor opção: pagamento à vista ou a prazo?

→ **Opção do pagamento à vista:** o comprador desembolsa 1920,00 reais e leva a mercadoria para casa.

→ **Opção do pagamento a prazo:** o comprador aplica os 1920,00 reais, com o qual compraria a mercadoria à vista, a uma taxa de 35% a.m. e ao final de um mês desembolsa 2.400,00 reais para levar a mercadoria para casa.

Vamos calcular o montante de um capital de 1.920,00 reais a uma taxa de 35% a.m. durante um mês:

Fórmula: $M = C(1+i)^n$

$$M = 1920(1+ 35\%)^1 \rightarrow M = 1920 \times 1{,}35 \rightarrow M = 2.592{,}00$$

Deste montante de 2.592,00 reais, retiramos 2.400,00 reais para comprar a mercadoria, e ainda restarão 192,00 reais (= 2592 – 2400).

Resposta: a melhor opção é a compra a prazo, em que o comprador ao fim de 1 mês de aplicação lucrará R$ 192,00.

20. (ESAF) Se um capital cresce sucessiva e cumulativamente durante 3 anos, na base de 10% ao ano. seu montante final é:

a) 30% superior ao capital inicial;
b) 130% do valor do capital inicial;
c) aproximadamente 150% do capital inicial;
d) aproximadamente 133% do capital inicial.

Solução:

De acordo com o enunciado, temos:

taxa da aplicação: i = 10% a.a.

tempo da aplicação: n = 3 anos

Pela observação das alternativas, concluímos que a questão solicita a razão percentual entre o montante final e o capital inicial:

$$\frac{M}{C} = ?$$

→ Aplicação da fórmula de Juros Compostos: $M = C(1 + i)^n$

O capital não foi especificado e pode assumir qualquer valor, então consideraremos que o capital é igual a 100.

$$M = 100(1 + 0{,}1)^3 \rightarrow M = 100(1{,}1)^3 \rightarrow M = 133{,}10$$

– O montante final é quantos por cento do capital?

$$\frac{M}{C} = ? \rightarrow \frac{M}{C} = \frac{133{,}10}{100} \rightarrow \frac{M}{C} = 133{,}10\% \text{ resposta: letra D.}$$

21. (ESAF) J. Veríssimo aplicou seu capital durante três anos, a taxa de 12% a.a., no regime de juros simples. Caso houvesse aplicado a juros compostos, a mesma taxa, com capitalização semestral, teria recebido R$ 2.633,36 a mais. Quanto recebeu de juros?

a) R$ 35.033,00.
b) R$ 21.100,00.
c) R$ 58.613,00.
d) R$ 45.000,00.
e) R$ 16.200,00.

Solução:

De acordo com o enunciado, temos:

→ Aplicação de um capital no regime de Juros Simples:

n = 3 anos

i = 12% a.a.

→ Aplicação do mesmo capital no regime de Juros Compostos:

n = 3 anos = 6 semestres

taxa de 12% *a.a.*, cap. *Semestral* → $i = \frac{12\%}{2}$ *a.s.* = 6% *a.s.*

O valor recebido com juros compostos é 2633,36 a mais que com juros simples.

A questão pergunta quanto Veríssimo recebeu de juros. Mas o enunciado fala tanto em juros simples quanto em juros compostos. Então, qual será o regime que vamos usar? Ora, foi dito que a aplicação de Veríssimo foi feita a juros simples e, portanto, calcularemos o juro no regime simples.

Consideremos as seguintes designações:

M_C = montante calculado com juros compostos

M_S = montante calculado com juros simples

J_C = juros calculado com juros compostos

J_S = juros calculado com juros simples

→ Relação entre o Montante calculado com Juros simples e o Montante calculado com juros compostos: $\mathbf{M_C = M_S + 2633{,}36}$

Como o capital é o mesmo nas duas aplicações, então podemos obter uma relação entre os juros, fazendo o montante igual ao capital mais juros:

$$(C + J_C) = (C + J_S) + 2633{,}36 \rightarrow \mathbf{J_C = J_S + 2633{,}36}$$

→ Cálculo do juro no Regime Simples:

n = 3 anos

i = 12% a.a.

i . n = 12 × 3 = 36

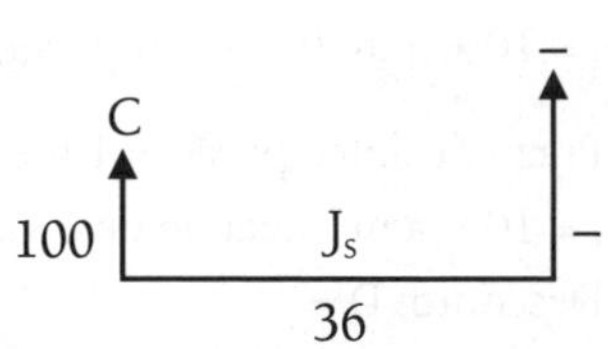

Daí: $\frac{J_S}{36} = \frac{C}{100} \rightarrow J_S = \frac{36C}{100} \rightarrow \mathbf{J_S = 0{,}36C}$

→ Cálculo do juro no Regime Composto:

n = 6 semestres

i = 6% a.s.

Fórmula: $M = C(1 + i)^n$

Daí: $M = C(1 + 6\%)^6$ → da tabela financeira → $\mathbf{M \cong 1{,}418519C}$

E o juro: $J = M - C$ → $J \cong 1{,}4185C - C$ → $\mathbf{J_C \cong 0{,}4185C}$

→ Cálculo final de $\mathbf{J_S}$:

Temos que: $J_C = J_S + 2.633{,}36$

Substituindo os valores obtidos anteriormente, teremos:

$0{,}418519C = 0{,}36C + 2.633{,}36$ → $0{,}418519C - 0{,}36C = 2.633{,}36$

$0{,}058519C = 2.633{,}36$ → $C = \dfrac{2633{,}36}{0{,}058519}$

Estamos interessados no valor de J_s, e sabemos que $J_s = 0{,}36C$, daí:

$J_s = 0{,}36C$ → $J_s = 0{,}36 \times \dfrac{2633{,}36}{0{,}058519}$ → $J_s = 36 \times \dfrac{263336}{585{,}19}$

Vamos fazer uma aproximação para facilitar os cálculos:

$J_s \approx 36 \times \dfrac{263336}{585}$ → $J_s \approx 4 \times \dfrac{263336}{65}$ → $J_s \approx 16205$

Resposta: Valor aproximado dos Juros Simples é de **16.205,00** (item **E**)

22. (ESAF) Um título de valor inicial $ 1.000,00, vencível em um ano com capitalização mensal a uma taxa de juros de 10% ao mês, deverá ser resgatado um mês antes do seu vencimento. Qual o desconto comercial simples à mesma taxa de 10% ao mês?

a) $ 313,84.

b) $ 285,31.

c) $ 281,26.

d) $ 259,37.

e) $ 251,81.

Solução:

De acordo com o enunciado, temos:

Aplicação Juros compostos!!
- Valor inicial do título = 1000,00
- Vencimento do título em 1 ano.
- i = 10% a.m. (taxa composta)

Desconto Simples por fora!!
- Prazo de antecipação = 1 mês
- i = 10% a.m. (taxa de desc. simples comercial)
- Desconto: D =?

Esse estilo de questão já apareceu diversas vezes em concursos. São questões que fornecem, primeiramente, o valor inicial para o título e uma taxa de juros, que incidirá sobre o valor inicial para obtermos o valor do título na data de vencimento (Valor Nominal). Além disso, afirma que o título deve ser descontado antes do vencimento a uma determinada taxa de desconto.

1º passo – Calcular o valor do título na data de seu vencimento (Operação de capitalização composta):

Juros Compostos!!

Valor inicial do título: **C = 1000,00**

Vencimento do título em 1 ano: **n = 1 ano = 12 meses**

taxa de juros: **i = 10% a.m.**

Valor do título no vencimento (Valor Nominal) = Montante =?

Fórmula: $M = C(1 + i)^n \rightarrow M = 1000(1 + 10\%)^{12}$

Recorrendo a tabela financeira, encontramos que:

$$(1 + 10\%)^{12} = 3{,}138428$$

Daí: $M = 1000 \times 3{,}138428 \rightarrow$ **$M \cong 3138{,}40$**

2º passo – Calcular o valor do desconto devido à antecipação no resgate do título (Operação de desconto simples comercial).

Desconto simples por fora!!

Valor do título no vencimento (Valor Nominal): N = 3138,40

Prazo de antecipação: n = 1 mês

i = 10% a.m. (taxa de desc. Simples comercial)

$i \,.\, n = 10 \,.\, 1 = 10$

Desconto: **D = ?**

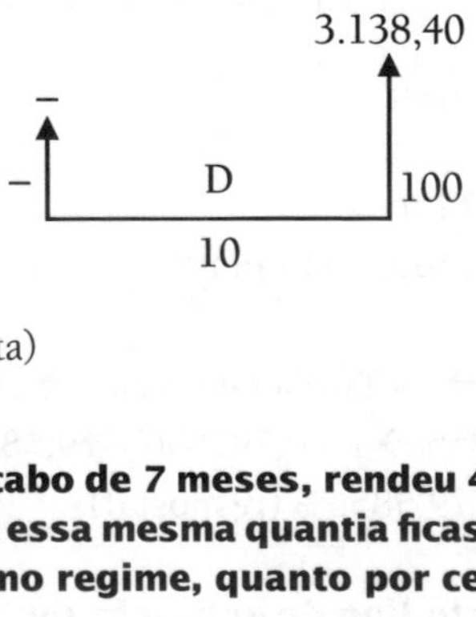

Daí:

$$\frac{D}{10} = \frac{3138{,}4}{100} \rightarrow \mathbf{D = 313{,}84} \text{ (resposta)}$$

23. (ESAF) Uma certa quantia, ao cabo de 7 meses, rendeu 40,71% de juros, no regime de juros compostos. Se essa mesma quantia ficasse aplicada durante um ano, à mesma taxa e mesmo regime, quanto por cento renderia?

a) 65,6%.

b) 67,8%.

c) 71,18%.

d) 79,59%.

e) 83,42%.

Solução: De acordo com o enunciado, temos: Juros de **40,71% em 7 meses**.

Qual é o juros percentual **em 1 ano**?

Esta questão pode ser resolvida de mais de uma forma, sendo a preferível a que usa a fórmula de taxas equivalentes do regime composto.

Devemos calcular a **taxa anual** que é equivalente a taxa de **40,71% em 7 meses**. Mas não faremos isso diretamente. Por primeiro calcularemos a taxa equivalente mensal, e a partir desta encontraremos a taxa equivalente anual.

Para facilitar a compreensão, chamaremos os 7 meses de *setimestre* (acabamos de batizar!), mesmo sabendo que esse nome não existe.

Vamos passar a taxa de **40,71% ao *setimestre*** para a **taxa ao mês** utilizando a fórmula de taxas equivalentes: $\mathbf{1 + I = (1 + i)^k}$.

40,71% ao *setimestre* ⟶ ? ao mês

i = ? a.m.

I = 40,71% = 0,4071

k = 7 (pois o *setimestre* tem **7** meses)

Substituiremos estes dados na fórmula de taxas equivalentes:

$1 + I = (1 + i)^k \rightarrow 1 + 0{,}4071 = (1 + i)^7 \rightarrow (1 + i)^7 = 1{,}4071$

Usando a tabela financeira do parêntese famoso, o valor obtido para **i** é igual a:

i = 5% a.m.

Agora, calcularemos a taxa anual que é equivalente a taxa de **5% a.m.**, novamente utilizando a fórmula de taxas equivalentes.

5% ao mês ⟶ ? ao ano

i = 5%

I = ?

k = 12 (o ano tem **12** meses)

Substituindo estes dados na fórmula:

$1 + I = (1 + i)^k$

$1 + I = (1 + 5\%)^{12} \rightarrow$ da Tabela Financeira $\rightarrow (1 + 5\%)^{12} = 1{,}795856$

Daí: $1 + I = 1{,}795856 \rightarrow I = 0{,}795856 =$ **79,5856%**

A taxa anual é de 79,5856% (resposta!)

24. (ESAF) Um certo tipo de aplicação duplica o valor da aplicação a cada dois meses. Essa aplicação renderá 700% de juros em:

a) 5 meses e meio;
b) 6 meses;
c) 3 meses e meio;
d) 5 meses;
e) 3 meses.

Solução: De acordo com o enunciado, temos: em 2 meses, o montante será o dobro do capital: M = 2C

Qual o valor de n para que se obtenha 700% de Juros?

Faremos **duas soluções** para esta questão:

1º Solução:

Vamos calcular a taxa para que em 1 bimestre (2 meses) tenhamos M = 2C. Usaremos o tempo em bimestre, daí n = 1.

$M = C(1 + i)^n$

$2C = C(1 + i)^1 \rightarrow 2 = (1 + i)^1 \rightarrow 2 = 1 + i \rightarrow i = 1 = 100\%$ a.b.

Vamos calcular o prazo de aplicação para que tenhamos um rendimento de 700% de juros.

700% de Juros significa que J/C é igual a 700%.

$J/C = 700\% \rightarrow J/C = 700/100 \rightarrow J/C = 7 \rightarrow J = 7C$

Fórmula básica: $M = C + J$

$M = C + 7C = 8C \rightarrow M = 8C$

Fórmula de Juros Compostos: $M = C(1 + i)^n$

$8C = C(1 + 1)^n \rightarrow 8 = (2)^n \rightarrow 2^3 = 2^n \rightarrow$ **n = 3 bimestres**

Nas alternativas da questão não temos 3 bimestres, mas temos 6 meses que dá no mesmo.

Resposta: alternativa **B**.

2º Solução:

Do enunciado temos a informação de que o capital dobra a cada bimestre, isto significa que a taxa é de 100% ao bimestre.

A questão solicita o tempo necessário para que tenhamos 700% de juros. O valor de 700% pode ser encarado como uma taxa de juros referente ao tempo da aplicação, o qual chamaremos de *k*.

Temos agora duas taxas uma de 100% ao bimestre e a outra de 700% em um tempo k. Passemos a utilizar a fórmula de taxas equivalentes entre estas duas taxas, ou seja: $1 + I = (1 + i)^k$.

100% em um *bimestre* ⟶ **700% em um tempo *k***

Pela definição da fórmula, o i é a taxa menor e o I é a taxa maior. Daí, teremos:

i = 100% e I = 700%

Substituindo estes dados na fórmula:

$1 + I = (1 + i)^k$

$1 + 700\% = (1 + 100\%)^k \rightarrow 1 + 7 = (1 + 1)^k \rightarrow 8 = (2)^k$

$2^3 = 2^k \rightarrow$ **k = 3 bimestres** (Resposta: alternativa **B**)

25. (FCC) Para que se obtenha R$ 242,00, ao final de seis meses, a uma taxa de juros de 40% a.a., capitalizados trimestralmente, deve-se investir, hoje, a quantia de:

a) R$ 171,43;
b) R$ 172,86;
c) R$ 190,00;
d) R$ 200,00;
e) R$ 220,00.

Solução:

De acordo com o enunciado, temos:

Capital: C =?

Montante: M = 242,00

Tempo da aplicação: n = 6 meses = 2 trimestres

taxa de 40% a.a., com capitalização trimestral (Taxa Nominal)

Primeiramente, devemos transformar a taxa nominal em taxa efetiva. Como o tempo da capitalização é trimestral, então passaremos a taxa de juros de ano para trimestre. Faremos isso utilizando o conceito de taxas proporcionais.

Sabemos que 1 ano tem 4 trimestres Então, devemos dividir por quatro a taxa anual fornecida e, assim, obteremos a taxa efetiva trimestral:

$$i = \frac{40}{4}\ \%\ a.t = 10\%\ a.t.$$

Aplicando a fórmula dos Juros Compostos: $M = C(1 + i)^n$

$242 = C(1 + 10\%)^2 \rightarrow 242 = C(1 + 0{,}10)^2 \rightarrow 242 = C(1{,}1)^2$

$$C = \frac{242}{1{,}21} \rightarrow C = \mathbf{200{,}00}$$ (resposta: letra D)

26. (FCC) A caderneta de poupança remunera seus aplicadores à taxa nominal de 6% a.a., capitalizada mensalmente no regime de juros compostos. Qual é o valor do juro obtido pelo capital de R$ 80.000,00 durante 2 meses?

a) R$ 801.00.
d) R$ 804,00.
b) R$ 802.00.
c) R$ 803.00.

Solução: De acordo com o enunciado, temos:

Juros: J = ?

Capital: C = 80.000,00

Tempo: n = 2 meses

Taxa de 6% a.a., capitalização mensal (Taxa Nominal)

Primeiramente, devemos transformar a taxa nominal em taxa efetiva. Como o tempo da capitalização é mensal, então passaremos a taxa de juros de ano para mês. Faremos isso utilizando o conceito de taxas proporcionais.

Sabemos que 1 ano tem 12 meses. Então, devemos dividir por 12 a taxa anual fornecida e, assim, obteremos a taxa efetiva mensal:

$$i = \frac{6}{12}\ \%\ a.m = 0{,}5\%\ a.m.$$

Aplicaremos a fórmula dos Juros Compostos: $M = C(1 + i)^n$

$M = 80000(1+ 0{,}5\%)^2 \rightarrow M = 80000(1+ 0{,}005)^2$

$M = 80000 \times 1{,}010025 \rightarrow \mathbf{M = 80.802{,}00}$

Cálculo dos Juros: J = M – C

J = 80.802,00 – 80.000,00 → **J = 802,00** (resposta: alternativa B)

27. (ESAF) Uma pessoa aplicou um capital de R$ 20.000,00 durante 4 anos, à taxa nominal de 14% ao ano capitalizada semestralmente. Ao término desse período, somente os juros ganhos, foram reaplicados por 15 meses à taxa nominal de 12% ao trimestre capitalizada mensalmente. Qual o rendimento dessa última aplicação?

a) R$ 10.308,29.
b) R$ 11.504,53.
c) R$ 12.718,97.
d) R$ 12.856,78.
e) R$ 13.082,56.

Solução:

De acordo com o enunciado, temos:

Aplicação inicial:

Capital: C = 20.000,00

Tempo: n = 4 anos = 8 semestres

Taxa: i = 14%/2 a.s. = 7% a.s. (passamos de taxa nominal para efetiva)

Reaplicação dos Juros:

Somente os Juros obtidos na aplicação inicial serão reaplicados por 15 meses a uma taxa de juros efetiva mensal de 4% a.m. (= 12%/3).

Pede-se: Juros obtidos nesta segunda aplicação =?

1º passo – Cálculo dos juros ao fim dos 4 anos iniciais

Fórmula de juros compostos: $M = C(1+i)^n$

$M = 20.000(1 + 0{,}07)^8 \rightarrow M = 20.000 \times 1{,}718186 \rightarrow \mathbf{M = 34.363{,}00}$

Cálculo do Juro: J = M – C

$J = 34.363 - 20.000 \rightarrow \mathbf{J = 14.363{,}00}$

2º passo – Reaplicação dos juros

capital: C = juros da aplicação inicial = 14.363,00
tempo: n = 15 meses
taxa: i = 4% a.s.

Aplicação da fórmula de juros compostos: $M = C(1 + i)^n$

$M = 14363(1 + 0{,}04)^{15} \rightarrow M \cong 14363 \times 1{,}8 \rightarrow \mathbf{M \cong 25.853{,}00}$

Cálculo do Juro: J = M – C

$J \cong 25.853 - 14.363 \rightarrow$ **J ≅ 11.490,00 (Resposta: B) 11.504,00**

Obs.: a diferença entre o valor que nós obtivemos e o da alternativa correta se deve à aproximação realizada no cálculo do Montante da 2ª aplicação.

28. (ESAF) Um capital de 100.000,00 foi depositado por um prazo de quatro trimestres à taxa de juros de 10% ao trimestre, com correção trimestral igual a inflação. Admitamos que as taxas de inflação trimestrais observadas foram de 10%, 15%, 20% e 25%, respectivamente. A disponibilidade do depositante ao final do terceiro trimestre é de, aproximadamente:

a) $ 123.065,00;
b) $ 153.065,00;
c) $ 202.045,00;
d) $ 212.045,00;
e) $ 222.045,00.

Solução: De acordo com o enunciado, temos:

→ Capital = 100.000,00

→ Taxa de rendimento trimestral da aplicação:

Taxa de juros de **10%**, mais correção trimestral igual a inflação.

→ Inflações dos três primeiros trimestres: 10%, 15%, 20%

→ Montante ao final do terceiro trimestre =?

Desenho da questão:

100.000,00 —(10% e 10%) 1º trimestre→ —(10% e 15%) 2º trimestre→ —(10% e 20%) 3º trimestre→ **Montante** = ?

Passaremos a calcular os montantes ao fim de cada trimestre.

→ Cálculo do montante ao final do 1º trimestre:

No primeiro trimestre, o capital inicial terá **dois aumentos sucessivos**: um de **10%** da taxa de juros e outro de 10% da correção da inflação. Dessa forma, o montante ao fim do primeiro trimestre (M_1) vai ser igual a:

$$M_1 = 100000\ (1 + 10\%)\ (1 + 10\%)$$

→ Cálculo do montante ao final do 2º trimestre:

O montante obtido ao final do primeiro trimestre terá **dois aumentos sucessivos**: um de **10%** da taxa de juros e outro de 15% da correção da inflação. Dessa forma, o montante ao fim do segundo trimestre (M_2) vai ser igual a:

$$M_2 = M_1 \times (1 + 10\%)\ (1 + 15\%)$$

Substituindo o valor de M_1 obtido no passo anterior na equação acima, teremos:

$M_2 = 100000\ (1 + 10\%)\ (1 + 10\%) \times (1 + 10\%)\ (1 + 15\%)$

Daí: $M_2 = 100000\ (1 + 10\%)\ (1 + 10\%)\ (1 + 10\%)\ (1 + 15\%)$

→ Cálculo do montante ao final do 3º trimestre:

O montante obtido ao final do segundo trimestre terá **dois aumentos sucessivos**: um de **10%** da taxa de juros e outro de 20% da correção da inflação. Dessa forma, o montante ao fim do terceiro trimestre (M_3) vai ser igual a:

$$M_3 = M_2 \times (1 + 10\%)\ (1 + 20\%)$$

Substituindo o valor de M_2 obtido no passo anterior na equação acima, teremos:

$M_3 = 100000(1+10\%)(1+10\%)(1+10\%)(1+15\%) \times (1+10\%)(1+20\%)$

Daí: $M_3 = 100000(1+10\%)(1+10\%)(1+10\%)(1+15\%)(1+10\%)(1+20\%)$

De acordo com o enunciado, M_3 é exatamente a resposta da questão. Então, faremos as contas referentes a equação acima para encontrar a solução.

$M_3 = 100000(1+0,1)(1+0,1)(1+0,1)(1+0,15)(1+0,1)(1+0,2)$

$M_3 = 100000(1,1)(1,1)(1,1)(1,15)(1,1)(1,2)$

$M_3 = 202.045,80$ (Resposta!)

29. (FCC) Um capital foi aplicado por dois meses à taxa composta racional efetiva de 50% a.m. Nestes dois meses, a inflação foi de 40% no 1º mês e de 50% no segundo. Pode-se concluir que a taxa real de juros nesse bimestre foi de aproximadamente:

a) 7,1%;
b) 8,1%;
c) 9,1%;
d) 10,1%.

Solução:

De acordo com o enunciado, temos:

Aplicação de um capital por: n = 2 meses

Taxa da aplicação: i = 50% a.m.

Inflação do primeiro mês: $INF_1 = 40\%$ a.m.

Inflação do segundo mês: $INF_2 = 50\%$ a.m.

Taxa real no bimestre: $i_{real} = ?$ a.b.

O cálculo da taxa real pode ser obtido a partir da fórmula:

$$(1+i_{aparente}) = (1+i_{real})(1+INF)$$

Na fórmula acima, além da taxa real aparecem a taxa aparente e a inflação. Já temos os valores da inflação, e da taxa aparente que é a própria taxa da aplicação.

Como a questão solicita a taxa real no bimestre, então devemos calcular a taxa aparente no bimestre e a inflação no bimestre.

1. Cálculo da Inflação no bimestre:

Utilizaremos a fórmula de inflação acumulada que é dada por:

$$\mathbf{INF_{acumulada} = [(1+INF_1)(1+INF_2)(1+INF_3)(1+INF_4)...] - 1}$$

Onde: INF_1 é a inflação no primeiro período, INF_2 é a inflação no segundo período, e assim por diante.

Para o nosso caso particular de dois meses, teremos:

$INF_{acumulada} = [(1+INF_1)(1+INF_2)] - 1$

$INF_{acumulada} = [(1+0,4)(1+0,5)] - 1$

$INF_{acumulada} = 1,1 = 110\%$ ao bimestre

Daí, a **inflação no bimestre é de 110%.**

2. Cálculo da taxa aparente no bimestre:

A taxa aparente (i_{ap}) é a taxa de rendimento da aplicação, assim:

$$i_{ap} = 50\% \text{ a.m.}$$

Ocorre que estamos trabalhando com a unidade *bimestre*. Logo, devemos calcular a taxa equivalente ao bimestre da taxa de 50% a.m.. Vamos aplicar a fórmula das taxas equivalentes:

$1 + I = (1+ i)^k$

desenho: 50% a.m. ⟶ [?] a.b.

i = 50%

I =?

k = 2 (cabem 2 meses num bimestre)

$1 + I = (1 + 0,5)^2 \rightarrow 1 + I = (1,5)^2 \rightarrow I = 2,25 - 1$

I = 1,25 = 125% a.b.

Daí, a **taxa aparente no bimestre é de 125%.**

3. Cálculo da taxa real (i_{real}) no bimestre:

INF = 110 % a.b. = 1,10

i_{ap} = 125% a.b. = 1,25

Fórmula: $(1 + i_{ap}) = (1+ i_{real})(1+INF)$

$(1 + 1,25) = (1 + i_{real})(1 + 1,10)$

$(1 + i_{real}) = 2,25 / 2,10 \rightarrow (1 + i_{real}) = 225 / 210$

$i_{real} = 225/210 - 1 = 15/210$

$i_{real} = 1/14 = 0,0714$

i_{real} = 7,14 % a.b. (resposta!)

JUROS COMPOSTOS – EXERCÍCIOS PROPOSTOS

01. Na capitalização composta:

a) a sequência dos juros produzidos por período é constante;
b) a sequência dos montantes ao fim de cada período cresce em progressão aritmética;
c) só rende juro o capital aplicado inicialmente;
d) uma taxa mensal de 2% é equivalente a uma taxa bimestral de 4%;
e) o capital que rende juro em um período é o montante do final do período anterior.

02. (Oficial de Fazenda SEFAZ-RJ 2011 CEPERJ) Comparando o regime de juros simples (JS) com o regime de juros compostos (JC), tem-se que:

a) Para o primeiro período, o valor final no regime de JC é o dobro do regime de JS.
b) No regime de JS, o capital cresce a uma taxa linear.
c) Os juros ganhos a cada período no regime de JC são constantes ao logo do período.
d) Os juros ganhos a cada período no regime de JS são decrescentes ao logo do período.
e) No regime de JC, o valor final é sempre o dobro do valor final no regime de JS.

TAXAS EQUIVALENTES

03. (Ministério da Fazenda – Contador 2013 ESAF) A taxa efetiva anual de uma aplicação que rende juros compostos, a uma taxa nominal de 10% ao ano, com capitalização semestral, é igual a:

a) 10%
b) 10,50%
c) 10,25%
d) 10,75%
e) 11%

04. (Auditor-Fiscal da Receita Estadual SEFAZ-CE 2007 ESAF) Qual o valor mais próximo da taxa equivalente à taxa nominal de 48% ao ano com capitalização mensal? (Consultar tabela financeira ao final do livro.)

a) 3,321% ao mês.
b) 24% ao semestre.
c) 26,532% ao semestre.
d) 10,773% ao trimestre.
e) 8,825% ao bimestre.

05. (Analista Técnico da SUSEP 2010 ESAF) No sistema de juros compostos, o Banco X oferece uma linha de crédito ao custo de 80% ao ano com capitalização trimestral. Também no sistema de juros compostos, o Banco Y oferece a mesma linha de crédito ao custo dado pela taxa semestral equivalente à taxa cobrada pelo Banco X. Maria obteve 100 unidades monetárias junto ao Banco X, para serem pagas ao final de um ano. Mário, por sua vez, obteve 100 unidades monetárias junto ao Banco Y para serem pagas ao final de

um semestre. Sabendo-se que Maria e Mário honraram seus compromissos nos respectivos períodos contratados, então os custos percentuais efetivos pagos por Maria e Mário, foram, respectivamente, iguais a: (Consultar tabela financeira ao final do livro.)

a) 320% ao ano e 160% ao semestre.
b) 120% ao ano e 60% ao semestre.
c) 72,80% ao ano e 145,60% ao semestre.
d) 240% ao ano e 88% ao ano.
e) 107,36% ao ano e 44% ao semestre.

06. (AFRFB 2009 ESAF) No sistema de juros compostos um capital PV aplicado durante um ano à taxa de 10% ao ano com capitalização semestral resulta no valor final FV. Por outro lado, o mesmo capital PV, aplicado durante um trimestre à taxa de i_t% ao trimestre resultará no mesmo valor final FV, se a taxa de aplicação trimestral for igual a:

a) 10,25%
b) 26,25%
c) 13,12%
d) 40%
e) 20%

07. (TRT18 Analista Judiciário – Contadoria 2013 FCC) Uma taxa nominal de *i* ao ano, com capitalização trimestral, corresponde a uma taxa efetiva de 8,16% ao semestre. Tem-se que *i* é igual a

a) 16,80%.
b) 16,40%.
c) 16,32%.
d) 16,00%.
e) 15,80%.

08. (Fiscal de Rendas SEFAZ/RJ 2010 FGV) No regime de juros compostos, a taxa de juros semestral equivalente à taxa de 125% ao ano é igual a:

a) 45%.
b) 50%.
c) 61,25%.
d) 62,25%.
e) 275%.

09. (Auditor Fiscal Tributário da Receita Municipal de Cuiabá 2014 FGV) A taxa efetiva anual equivalente à taxa nominal de 10% ao ano, capitalizada mensalmente, será

a) igual a 10%.
b) menor do que 10%.
c) menor do que a taxa efetiva anual equivalente obtida sob capitalização trimestral.
d) maior do que a taxa efetiva anual equivalente obtida sob capitalização semestral.
e) maior do que qualquer taxa efetiva anual equivalente obtida sob capitalização diária, semestral, trimestral ou anual.

10. (Auditor do Tesouro Municipal de Recife 2014 FGV) Suponha uma taxa de juros nominal de 10%. Considerando uma capitalização semestral, assinale a opção que indica a taxa efetiva anual equivalente.

a) 5%
b) 9,76%
c) 10%
d) 10,25%
e) 10,5%

11. (Auditor do Tesouro Municipal de Recife 2014 FGV) Com relação aos conceitos de taxas de juros, assinale V para a afirmativa verdadeira e F para a falsa.

( ) A taxa anual equivalente à taxa de 1% ao mês, sob o regime de juros simples, é maior do que 12%.

( ) A taxa trimestral necessária para que se dobre o principal após 1 ano, sob o regime de juros simples, deve ser igual a 25%.

( ) Uma taxa nominal não nula pode ser igual à taxa efetiva equivalente em termos anuais, se o período de capitalização for menor do que 12 meses.

As afirmativas são, respectivamente,

a) V, F e V.
b) V, F e F.
c) F, F e V.
d) F, V e V.
e) F, V e F.

12. (Analista Bancário BNB 2014 FGV) Para empréstimos a clientes comuns, uma financeira cobra taxa nominal de juros de 84% ao ano com capitalização mensal. Para um empréstimo de dois meses, a taxa efetiva de juros é, aproximadamente de:

a) 14,1%
b) 14,3%
c) 14,5%
d) 14,7%
e) 14,9%

13. (Fiscal de Rendas SEFAZ-RJ 2008 FGV) A taxa efetiva anual equivalente a i ao ano, capitalizados k vezes ao ano é:

a) $1-\left(1+\frac{i}{k}\right)^k$.

b) $1-\left(1-\frac{i}{k}\right)^k$.

c) $\left(1-\frac{i}{k}\right)^{k+1}-1$.

d) $\left(1+\frac{i}{k}\right)^k-1$.

e) $\left(1+\frac{i}{k}\right)^{k+1}-1$.

14. (Oficial de Fazenda SEFAZ-RJ 2011 CEPERJ) Um banco faz um empréstimo de $ 50.000,00 à taxa nominal de 10% ao ano (a.a.), capitalizado semestralmente. A taxa de juros efetiva do empréstimo é:

a) 10,55% a.a.
b) 10,15% a.a.
c) 10,45% a.a.
d) 10,05% a.a.
e) 10,25% a.a.

15. (Especialista em Finanças Públicas SEFAZ-RJ 2011 CEPERJ) A taxa trimestral equivalente a 47,746% em dois anos é de: (Dados: $1,24375^{30/117}=1,05752$ e $1,47746^{1/8}=1,05$)

a) $I_t = 4,92\%$
b) $I_t = 5,00\%$
c) $I_t = 5,49\%$
d) $I_t = 5,12\%$
e) $I_t = 4,98\%$

CÁLCULO DOS JUROS COMPOSTOS

16. (Assistente Técnico-Administrativo MF 2014 ESAF) O capital de R$ 10.000,00 foi aplicado por 6 meses, à taxa de juros compostos de 6% ao semestre, com juros capitalizados trimestralmente. Calcule o montante dessa aplicação.

a) R$ 10.600,00
b) R$ 10.615,00
c) R$ 10.620,00
d) R$ 10.612,00
e) R$ 10.609,00

17. (APOFP SEFAZ-SP 2009 ESAF) Um capital C é aplicado à taxa de juros compostos de 2% ao mês. Qual o valor mais próximo do montante ao fim de um ano e meio? (Consultar tabela financeira ao final do livro.)

a) 1,27C
b) 1,32C
c) 1,43C
d) 1,40C
e) 1,37C

18. (Auditor Fiscal do Estado do RJ 2011 FGV) Um indivíduo tem uma dívida de R$ 500,00 cuja taxa de juros é de 10% ao mês, juros compostos. Após três meses, essa dívida é

a) R$ 675,00.
b) R$ 650,00.
c) R$ 645,50.
d) R$ 665,50.
e) R$ 680,50.

19. (Auditor Fiscal Tributário Municipal de SP 2014 CETRO) Uma aplicação de R$ 12.000,00 foi capitalizada trimestralmente à taxa composta de 60% a.a. durante 6 meses. O valor resgatado, após esse período, será de

a) R$15.870,00.
b) R$16.290,00.
c) R$16.960,00.
d) R$17.120,00.
e) R$17.850,00.

20. (Auditor Fiscal SEFAZ-RS 2014 Fundatec) Um investidor aplicou R$ 150.000,00 em uma conta remunerada que rende juros de 1,5% ao mês, capitalizado mensalmente, por um prazo de 12 meses. Qual o montante acumulado na data do resgate? (Consultar tabela financeira ao final do livro.)

a) R$ 197.432,70.
b) R$ 197.342,70.
c) R$ 179.432,70.
d) R$ 179.347,20.
e) R$ 179.342,70.

21. (Analista de Controle Interno SEFAZ-RJ 2013 CEPERJ) Sabe-se que o preço à vista de um imóvel é R$ 78.000,00. Na hipótese de se oferecer uma entrada de 40%, o saldo restante após um semestre, sabe-se que a taxa de inflação projetada para um ano atinge 21%, o valor desse pagamento é equivalente a:

a) R$ 51.500,00
b) R$ 46.973,02
c) R$ 51.480,00
d) R$ 52.000,00
e) R$ 21.200,00

22. (Analista de Controle Interno SEFAZ/RJ 2011 FGV) O valor presente, sob o regime de juros compostos, quando o montante final é R$ 50.000, a taxa de juros de 25% ao ano e o período 2 anos, é

a) 30 .000,00.
b) 32 .000,00.
c) 29 .150,85.
d) 34 .325,75.
e) 31 .875,25.

23. (Analista de Controle Interno SEFAZ/RJ 2011 FGV) Sabendo-se que $(1,013)^9$ =1,12327, o valor inicial dado que um indivíduo retirou R$ 15.000 após 9 meses, a uma taxa de juros de 1,3% ao mês, juros compostos, é

a) R$ 12.878,96.
b) R$ 13.353,87.
c) R$ 13.567,34.
d) R$ 13.769,25.
e) R$ 13,975,00.

24. (DNOCS 2010 FCC) Uma pessoa fez um empréstimo em um banco no valor de R$ 25.000,00, tendo que pagar todo o empréstimo após 18 meses a uma taxa de juros de 24% ao ano, com capitalização mensal. O valor dos juros a serem pagos no vencimento pode ser obtido multiplicando R$ 25.000,00 por:

a) $[(1,02)^{18} - 1]$

b) $[18 \sqrt[18]{1,36} - 1]$

c) $[18 \sqrt[12]{1,24} - 1]$

d) $[3 \sqrt{1,24} - 1]$

e) $[6 \sqrt[3]{1,24} - 1]$

25. (Analista do Tesouro Estadual SEFPI 2015 FCC) Sabe-se que o valor dos juros correspondente a uma dívida que vence daqui a 3 anos é igual a R$ 3.972,00, considerando uma taxa de juros compostos de 10% ao ano. Esta mesma dívida, considerando uma taxa de juros compostos de 5% ao semestre e com vencimento daqui a 1 ano, apresentaria um valor de juros (J), em reais, tal que

a) $J \leq 1.100$
b) $1.100 < J \leq 1.200$
c) $1.200 < J \leq 1.300$
d) $1.300 < J \leq 1.400$
e) $J > 1.400$

26. (Analista Bancário BNB 2014 FGV) Jonas investiu R$ 50.000,00 em certo título e retirou o total de R$ 60.000,00 seis meses depois. A rentabilidade anual desse investimento no regime de juros compostos é de:

a) 1,44%
b) 40%
c) 44%
d) 140%
e) 144%

27. (Banco da Amazônia Técnico Bancário 2010 CESPE) Acerca de matemática financeira, julgue os itens subsequentes.

1. Considerando 1,1 e 1,0489 como valores aproximados de $1,012^8$ e $1,012^4$, respectivamente, é correto afirmar que a taxa anual de juros equivalente à taxa de juros compostos de 1,2% ao mês é inferior a 15%.
2. Caso uma loja de roupas ofereça o desconto de 5% sobre o preço de cada peça para pagamento à vista, ou o pagamento em duas parcelas, mensais e iguais, sem acréscimo, com a primeira devendo ser paga no ato da compra, então a taxa mensal de juros que a loja embute nos preços para vendas a prazo é superior a 10%.

28. (Especialista em Finanças Públicas SEFAZ-RJ 2011 CEPERJ) A taxa mensal de juros cobrada num empréstimo de R$ 64.000,00 para ser quitado por R$ 79.600,00 no prazo de 117 dias é: (Dados: $1,24375^{30/117}=1,05752$ e $1,47746^{1/8}=1,05$)

a) $I_m = 5,92\ \%$
b) $I_m = 5,992\ \%$
c) $I_m = 5,872\ \%$
d) $I_m = 5,602\ \%$
e) $I_m = 5,752\ \%$

29. (Auditor Fiscal de Receitas Estaduais Pará 2013 UEPA) Mauro aplicou um capital de R$ 12.000,00 a juros compostos, a uma taxa de 21% a.a, se essa aplicação produziu R$ 58.080,00 de rendimento; nessas condições, o prazo da aplicação foi de:(Dados: log11=1,04 e log2=0,3)

a) 7,5 anos
b) 8,5 anos
c) 9,7 anos
d) 10,7 anos
e) 11,3 anos

30. (Auditor-Fiscal Tributário Municipal SP 2012 FCC) Em uma loja, um computador, cujo preço é R$ 2.200,00, pode ser vendido nas seguintes condições:

- **à vista, com abatimento de 10% no preço ou**
- **em duas parcelas, sendo a primeira delas dada como entrada, correspondendo a 25% do preço. A segunda, que corresponde ao restante financiado a juros compostos à taxa de 4% ao mês, deve ser paga ao completar 2 meses da data da compra.**

Se R e S são, respectivamente, os totais pagos no primeiro e no segundo casos, é verdade que

a) S = R + R$ 354,64.
b) S + R = R$ 4.312,00.
c) R = S – R$ 179,52.
d) S – R = R$ 99,52.
e) S = 2R.

31. (Auditor Fiscal da Receita Estadual SFARJ 2014 FCC) Um capital aplicado sob o regime de capitalização composta, durante 1 semestre, apresentou, no final deste prazo, um total de juros de R$ 580,00. Caso esse capital fosse aplicado sob o regime de capitalização composta, durante 1 ano, apresentaria no final deste prazo um total de juros de R$ 1.183,20. Sabe-se que em ambos os casos considerou-se a taxa de i ao semestre (i > 0). Um outro capital, no valor de R$ 15.000,00, aplicado, durante 1 ano, sob o regime de capitalização composta a uma taxa de i ao semestre, apresentará no final deste prazo um montante de

a) R$ 16.242,00
b) R$ 16.200,00
c) R$ 16.212,00
d) R$ 16.224,00
e) R$ 16.236,00

32. (Fiscal ICMS-SP 2009 FCC) Uma programação de investimento consiste na realização de três depósitos consecutivos de valores iguais efetuados no início de cada ano. O resgate dos respectivos montantes será feito de uma só vez, três anos após a data do primeiro depósito. Considerando uma taxa de juros compostos de 10% ao ano, e sabendo-se que a soma dos montantes no ato do resgate foi igual a R$ 43.692,00, conclui-se que o valor de cada depósito é igual a

a) R$ 10.000,00
b) R$ 10.500,00
c) R$ 11.000,00
d) R$ 11.500,00
e) R$ 12.000,00

33. (Fiscal da Receita do Amapá 2010 FGV) Fabio sacou R$ 800,00 com cartão de crédito que cobra pela dívida juros (muito altos) de 10% ao mês. No mês seguinte Fabio depositou R$ 300,00, um mês após depositou novamente R$ 300,00 e, no mês seguinte, liquidou a dívida. O valor do terceiro depósito feito por Fábio foi de:

a) R$ 280,00.
b) R$ 348,40.
c) R$ 440,00.
d) R$ 371,80.
e) R$ 464,80.

34. (Fiscal de Tributos de Niterói-RJ 2015 FGV) Um capital será aplicado por um ano. O regime de capitalização será composto, sendo que incidirão duas taxas de juros semestrais, pagas ao final de cada semestre. Sabendo-se que as duas taxas de juros praticadas precisam somar 12%, a melhor escolha para a taxa do primeiro semestre, do ponto de vista do investidor, é:

a) 0% ao semestre
b) 1% ao semestre
c) 6% ao semestre
d) 9% ao semestre
e) 12% ao semestre

35. (APOFP SEFAZ-SP 2013 VUNESP) Considere uma aplicação financeira no valor de R$ 32.000,00, a juros compostos de 1% ao mês, pelo prazo de 2 meses. Sabendo que o aplicador pagou imposto de 20% sobre o rendimento da aplicação, pode-se afirmar corretamente que

a) o montante, antes do imposto, foi R$ 32.692,00.
b) o valor do imposto foi de R$ 128,64.
c) o rendimento líquido foi de R$ 265,64.
d) o valor líquido do resgate foi de R$ 32.640,00.
e) o rendimento líquido da aplicação foi de R$ 492,00.

36. (Banco do Brasil Escriturário 2007 Cespe) Julgue o item subsequente:

1. Um empréstimo de R$ 20.000,00 foi concedido à taxa de juros compostos de 6% ao mês. Dois meses após concedido o empréstimo, o devedor pagou R$ 12.000,00 e, no final do terceiro mês, liquidou a dívida. Nessa situação, tomando-se 1,2 como valor aproximado de $1{,}06^3$, conclui-se que esse último pagamento foi superior a R$ 11.000,00.

37. (Ministério da Fazenda – Contador 2013 ESAF) O capital de R$ 100.000,00 foi aplicado em um banco por 2 meses. A taxa de juros compostos dessa aplicação foi 1% ao mês. Decorridos esses 2 meses, o montante dessa primeira aplicação foi resgatado e aplicado em outro banco por 4 meses no sistema de juros simples. A taxa de juros dessa segunda aplicação foi 2,5% ao mês. Então, o montante, ao final da segunda aplicação, foi:

a) R$ 112.200,00.
b) R$ 112.320,00.
c) R$ 112.211,00.
d) R$ 112.245,00.
e) R$ 112.342,00.

38. (AFRFB 2012 ESAF) No sistema de juros simples, um capital foi aplicado a uma determinada taxa anual durante dois anos. O total de juros auferidos por esse capital no final do período foi igual a R$ 2.000,00. No sistema de juros compostos, o mesmo capital foi aplicado durante o mesmo período, ou seja, 2 anos, e a mesma taxa anual. O total de juros auferidos por esse capital no final de 2 anos foi igual a R$ 2.200,00. Desse modo, o valor do capital aplicado, em reais, é igual a

a) 4.800,00.
b) 5.200,00.
c) 3.200,00.
d) 5.000,00.
e) 6.000,00.

39. (ATRFB 2012 ESAF) Marta aplicou R$ 10.000,00 em um banco por 5 meses, a uma taxa de juros simples de 2% ao mês. Após esses 5 meses, o montante foi resgatado e aplicado em outro banco por mais 2 meses, a uma taxa de juros compostos de 1% ao mês. O valor dos juros da segunda etapa da aplicação é igual a

a) R$ 221,10.
b) R$ 220,00.
c) R$ 252,20.
d) R$ 212,20.
e) R$ 211,10.

40. (Auditor-Fiscal da Receita Estadual SEFAZ-CE 2007 ESAF) Metade de um capital foi aplicada a juros compostos à taxa de 3% ao mês por um prazo de doze meses enquanto a outra metade foi aplicada à taxa de 3,5% ao mês, juros simples, no mesmo prazo de doze meses. Calcule o valor mais próximo deste capital, dado que as duas aplicações juntas renderam um juro de R$ 21.144,02 ao fim do prazo. (Consultar tabela financeira ao final do livro.)

a) R$ 25 000,00.
b) R$ 39 000,00.
c) R$ 31 000,00.
d) R$ 48 000,00.
e) R$ 50 000,00.

41. (Analista do Tesouro Estadual SEFPI 2015 FCC) Um investidor aplica, em uma mesma data, os seguintes capitais:
I. R$ 11.600,00, durante 15 meses, sob o regime de capitalização simples.
II. R$ 20.000,00, durante 1 semestre, sob o regime de capitalização composta, a uma taxa de juros de 3% ao trimestre.
Se os valores dos juros das duas aplicações são iguais, então a taxa de juros anual da primeira aplicação é de
a) 8,4%
b) 9,0%
c) 9,6%
d) 10,5%
e) 10,8%

42. (Auditor Fiscal da Fazenda Estadual SEFPI 2015 FCC) Um capital de R$ 14.700,00 foi aplicado a juro simples da seguinte forma:
– 1/3 à taxa de 6% ao mês por um trimestre;
– 2/5 à taxa de 13% ao bimestre por 5 meses e
– o restante à taxa de x% ao bimestre por 1 semestre.
O juro total arrecadado foi de R$ 3.616,20. Se um capital de R$ 18.000,00 for aplicado a juros compostos, à taxa de x% ao bimestre, por um período de 4 meses, o montante dessa aplicação será
a) R$ 20.608,20
b) R$ 23.594,33
c) R$ 19.260,00
d) R$ 19.945,95
e) R$ 20.520,00

43. (Auditor Fiscal da Fazenda Estadual SEFPI 2015 FCC) Um capital C foi aplicado a juros compostos, à taxa de 5% ao mês. Ao completar 1 bimestre, seu montante foi resgatado e imediatamente aplicado a juro simples, à taxa de 6% ao mês. Ao fim de 1 semestre da segunda aplicação, o montante M era de R$ 14.994,00. Suponha que, desde o início, o capital C tivesse sido aplicado a juro simples, à taxa mensal i, de modo que o montante final fosse igual a M. Dos números abaixo, o mais próximo de i é
a) 6,4%
b) 6,5%
c) 6,1%
d) 6,2%
e) 6,3%

44. (Fiscal de Tributos de Niterói-RJ 2015 FGV) Um empréstimo por dois anos utilizando o regime de juros simples de 150% ao ano equivale a um empréstimo utilizando o regime de juros compostos, pelo mesmo período, de:
a) 100% ao ano
b) 125% ao ano
c) 150% ao ano
d) 175% ao ano
e) 200% ao ano

45. (Fiscal de Rendas SEFAZ/RJ 2010 FGV) Uma quantia foi aplicada durante um ano à taxa de 10% ao ano e a seguir, o valor resultante foi reaplicado, por mais um ano, a juros de 20% ao ano. Ambas as taxas são juros compostos. Para que a mesma quantia, aplicada durante igual período, resultasse no mesmo montante, deveria ser aplicada à taxa anual efetiva única de:

a) 14,89%.
b) 15,25%.
c) 16,33%.
d) 18,45%.
e) 20,00%.

46. (Auditor Fiscal de Receitas Estaduais Pará 2013 UEPA) Uma instituição financeira paga juros compostos com as seguintes taxas: 2% no primeiro mês, 4% no segundo e 6% no terceiro. Supondo que uma pessoa aplica R$ 100.000,00 nessa instituição financeira, com rendimento mensal, por três meses. A taxa aproximada de rendimento do trimestre é:

a) 8,35%
b) 9,35%
c) 10,05%
d) 12,44%
e) 16,52%

CONVENÇÃO LINEAR

47. (ESAF) Se para um mesmo capital, aplicado durante qualquer período de tempo maior do que zero e a uma certa taxa, chamarmos:
M1 – Montante calculado no regime de juros simples;
M2 – Montante calculado no regime de juros compostos pela convenção exponencial;
M3 – Montante calculado no regime de juros compostos pela convenção linear.
Teremos:

a) M3 > M1 para qualquer $t > 0$;
b) M3 = M1 para qualquer $0 < t < 1$;
c) M3 < M2 para qualquer $t > 0$, desde que não seja inteiro;
d) M3 < M2 quando t é inteiro;
e) M2 > M1 para qualquer $t > 0$.

48. (Fiscal de Rendas SEFAZ-RJ 2008 FGV) A fração de período pela convenção linear produz uma renda "a" e pela convenção exponencial produz uma renda "b". Pode-se afirmar que:

a) $a = \log_n b$.
b) $a < b$.
c) $a = b$.
d) $a = \sqrt[n]{b}$.
e) $a > b$.

49. (Auditor Fiscal da Receita Estadual SFARJ 2014 FCC) Sabe-se que um capital é aplicado, durante 2 meses e 12 dias, à taxa de juros compostos de 2% ao mês. Utilizando a convenção linear, obteve-se que, no final do prazo de aplicação, o valor dos juros simples correspondente ao período de 12 dias foi igual a R$ 104,04. Este mesmo capital, aplicado durante 2 bimestres, a uma taxa de juros compostos de 4% ao bimestre, apresentará no final do período um total de juros igual a

a) R$ 877,20
b) R$ 1.020,00
c) R$ 959,60
d) R$ 938,40
e) R$ 897,60

50. (ESAF) Obtenha os juros como porcentagem do capital aplicado à taxa de juros compostos de 10% ao semestre por um prazo de quinze meses, usando a convenção linear para cálculo do montante.

a) 22,5%.
b) 24%.
c) 25%
d) 26,906%.
e) 27,05%.

CUSTO EFETIVO (TAXA EFETIVA DE JUROS)

51. (Analista de Controle Interno SEFAZ/RJ 2011 FGV) A respeito dos diferentes conceitos de taxas de juros (nominal, efetiva, real, proporcional e equivalente), analise as afirmativas a seguir:

I. A taxa de juros anual proporcional à taxa de juros de 1% ao mês é 12,68%.
II. A taxa de juros anual equivalente à taxa de 5% ao trimestre é 21,55%.
III. A taxa de juros efetiva para um empréstimo de um mês quando a taxa de juros mensal é de 5%, mas o banco exige a manutenção de um saldo mínimo de 20% do valor do empréstimo, é de 5,8%.

Assinale

a) se apenas a afirmativa I estiver correta.
b) se apenas a afirmativa II estiver correta.
c) se apenas as afirmativas I e III estiverem corretas.
d) se apenas as afirmativas II e III estiverem corretas.
e) se apenas a afirmativa III estiver correta.

52. (Fiscal de Tributos de Niterói-RJ 2015 FGV) Um empréstimo é oferecido de tal forma que os juros são cobrados antecipadamente, ou seja, no ato do empréstimo. Se forem cobrados juros de taxa de j ao período e, se a cobrança dos juros for antecipada, a taxa de juros cobrada é:

a) $j \cdot (1 - j)$.
b) $j / (1 + j)$.
c) $j \cdot (1 + j)$.
d) $j / (1 - j)$.
e) $(1 - j) \cdot (1 + j)$.

53. (Auditor Fiscal da Receita Estadual do ES 2013 CESPE) Um cliente tomou um empréstimo de R$ 1.000,00 em determinado banco, que cobra, antecipadamente, uma taxa de 15% sobre o valor, entregando o valor já liquido. Nessa situação, se o pagamento do empréstimo no valor de R$ 1.000,00 ocorreu um mês depois, então a taxa efetiva de juros do empréstimo foi

a) superior a 19,5%.
b) inferior a 18%.
c) superior a 18% e inferior a 18,5%.
d) superior a 18,5% e inferior a 19%.
e) superior a 19% e inferior a 19,5%.

54. (Analista de Controle Interno SEFAZ-RJ 2013 CEPERJ) Uma empresa contrata em um banco um empréstimo hot money de R$ 50.000,00 pelo prazo de um dia útil. A taxa de negociação firmada é de 4,1% ao mês, mais um spread de 0,4% para o período. O pagamento do montante a pagar e o custo efetivo da operação ao dia, no período, foram, respectivamente, iguais a:

a) R$ 51.895,32 / 0,49%
b) R$ 54.995,37 / 0,51%
c) R$ 49.990,00 / 0,50%
d) R$ 49.009,97 / 0,45%
e) R$ 50.268,60 / 0,54%

TAXA REAL X TAXA APARENTE X INFLAÇÃO

55. (Ministério da Fazenda - Contador 2013 ESAF) O capital de R$ 12.000,00 foi aplicado por um ano e gerou R$ 1.860,00 de juros. Se a inflação desse ano foi de 5%, então a taxa real de juros desse ano foi:

a) 11%
b) 10%
c) 10,5%
d) 9,5%
e) 9%

56. (Agente Fiscal de Rendas SEFAZ/SP 2013 FCC) Um investidor aplicou um capital de R$ 5.000,00, resgatando o total de R$ 5.800,00 ao final de um quadrimestre. Nesse período, a taxa de inflação foi de 2%. Das taxas abaixo, a que mais se aproxima da taxa real de juros desse período é

a) 14,0%
b) 13,8%
c) 13,7%
d) 13,6%
e) 13,5%

57. (Auditor Fiscal da Receita Estadual SFARJ 2014 FCC) Um investidor aplica um capital no valor de R$ 12.000,00 durante 1 ano e resgata todo o montante no final deste prazo. Ele verifica que a taxa de inflação do período de aplicação foi de 8% e a respectiva taxa de juros real da aplicação foi de 2,5%. Isto significa que o investidor resgatou um montante no valor de

a) R$ 13.284,00
b) R$ 12.660,00
c) R$ 12.830,00
d) R$ 13.000,00
e) R$ 13.260,00

58. (Auditor Fiscal da Fazenda Estadual SEFPI 2015 FCC) Um investidor aplicou um capital de R$ 10.000,00 e resgatou o total de R$ 13.600,00 ao fim de 1 semestre. Se, nesse período, a taxa real de juros foi de 32%, então, dos valores seguintes, o que mais se aproxima da taxa de inflação do período é

a) 3%
b) 2,5%
c) 4,5%
d) 4%
e) 3,5%

59. (Fiscal de Tributos de Niterói-RJ 2015 FGV) Uma aplicação de R$ 10.000,00 foi resgatada ao final de um ano gerando um montante de R$ 12.000,00. Nas datas de aplicação e resgate, os números índices de preços – base fixa eram 200 e 210, respectivamente. A taxa real de juros recebida nessa aplicação durante o ano foi, aproximadamente:

a) 5%
b) 7%
c) 10%
d) 14%
e) 20%

60. (Auditor-Fiscal Tributário Municipal de SP 2007 FCC) Um capital de R$ 10.000,00 foi aplicado no dia primeiro de junho e no último dia de julho foi resgatado todo o montante de R$ 11.082,30. Nesse período, as taxas de inflação foram, respectivamente: Junho: 2% e Julho: 2,5%. A taxa real desse investimento, nesse período, foi de

a) 6,32%
b) 6,00%
c) 5,50%
d) 5,00%
e) 4,50%

61. (Auditor Fiscal SEFAZ-RS 2014 Fundatec) Um título acumulou um rendimento de 30% nominal nos últimos quatros anos. Calcule a taxa de juros real, ou seja, a taxa acima da variação da inflação do período, sabendo que a variação da inflação foi de 5,5% para o ano 1; 4,5% para o ano 2; de 4,0% para o ano 3; e de 6% para o ano 4.

a) 9,66% no período.
b) 6,69% no período.
c) 6,96% no período.
d) 10,00% no período.
e) 8,33% no período.

CAPITALIZAÇÃO CONTÍNUA

62. (Auditor Fiscal do Estado do RJ 2011 FGV) A respeito dos conceitos relacionados ao cálculo de montantes sob juros compostos (sendo *VF* o Valor Futuro, *VP* o Valor Presente, *n* o número de períodos e *i* a taxa de juros), analise as afirmativas a seguir:

I. O Valor Futuro quando os juros são contínuos pode ser determinado por $VF = VP.e^{i\,n}$.

II. O número de períodos pode ser determinado pela fórmula $n = ln(VF/VP) / ln(1 + i)$.

III. O cálculo da taxa de juros é determinado por $i = (VF/VP)^{1/n} - 1$.

Assinale

a) se apenas as afirmativas I e II estiverem corretas.
b) se apenas as afirmativas II e III estiverem corretas.
c) se apenas as afirmativas I e III estiverem corretas.
d) se apenas a afirmativa III estiver correta.
e) se todas as afirmativas estiverem corretas.

63. (Agente Fiscal de Rendas SEFAZ-SP 2006 FCC) Um capital de R$ 50.000,00 foi aplicado à taxa semestral i, durante 2 anos, com capitalização contínua, apresentando, no final do período, um montante igual a R$ 200.000,00. Utilizando ln 2 = 0,69 (ln é o logaritmo neperiano), tem-se que i é igual a

a) 14,02%
b) 17,25%
c) 30%
d) 34,5%
e) 69%

64. (Fiscal ICMS-SP 2009 FCC) Considere que o logaritmo neperiano de 1,8 é igual a 0,6. Aplicando um capital de R$ 25.000,00 a uma taxa de 4% ao mês, com capitalização contínua, verifica-se que o montante, no momento do resgate, é igual a R$ 45.000,00. O período de aplicação é igual a

a) 12 meses.
b) 15 meses.
c) 18 meses.
d) 21 meses.
e) 24 meses.

65. (Analista do Tesouro Estadual SEFPI 2015 FCC) Um capital de R$ 15.000,00 é aplicado, durante 2 anos, à taxa de 5% ao semestre com capitalização contínua. Dos valores abaixo, o mais próximo do valor dos juros desta aplicação é

(Dados: ln(1,051271) = 0,05; ln(1,105171) = 0,10; ln(1,161834) = 0,15 e ln(1,221403) = 0,20; em que ln é o logarítmo neperiano, tal que ln(e) = 1.)

a) R$ 3.076,00
b) R$ 3.155,00
c) R$ 3.321,00
d) R$ 3.487,00
e) R$ 3.653,00

Capítulo 6

Desconto Composto

6.1. Introdução

O desconto composto é um assunto importante. Com ele, trabalharemos as questões de Equivalência Composta de Capitais (assunto do próximo capítulo).

O que é uma operação de Desconto? Trata-se daquela operação em que desejamos projetar um valor conhecido de uma data futura para uma data anterior. É projetar *retrocedendo*.

Geralmente, esse valor futuro representa um título. Já vimos o que é um título: é um documento que representa um valor monetário, que será devido (que terá que ser pago) numa data futura.

Sabemos inclusive que toda operação de desconto terá sempre um mesmo *desenho*. Qual é ele?

É o seguinte:

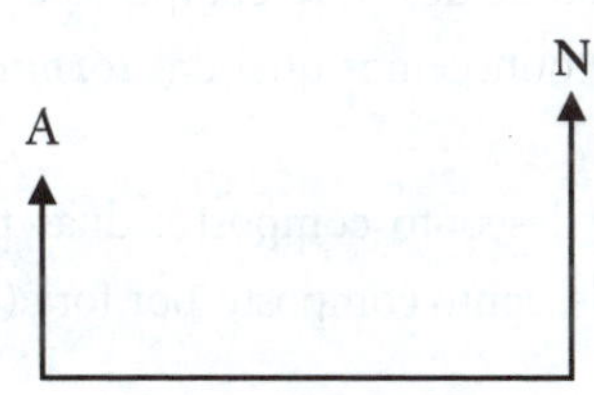

Onde:

→ N é o **valor nominal**, que representa o **valor de face do título**, ou seja, o quanto vale um determinado título numa data futura.

→ **A** é o **valor atual**, que representa o **valor líquido do título**, o seu **valor descontado**, ou seja, é o valor do título projetado para uma data anterior.

Em suma, nada de novo! Tudo isso já sabíamos do nosso estudo do desconto simples. Quais são os outros elementos de uma operação de desconto composto?

→ **n** será o intervalo de tempo que separa as datas do valor nominal e do valor atual. É o tempo de antecipação no pagamento do título.

→ **d** será o desconto! É o *dono do assunto*. Onde aparecerá o **desconto** no desenho da operação? Teremos:

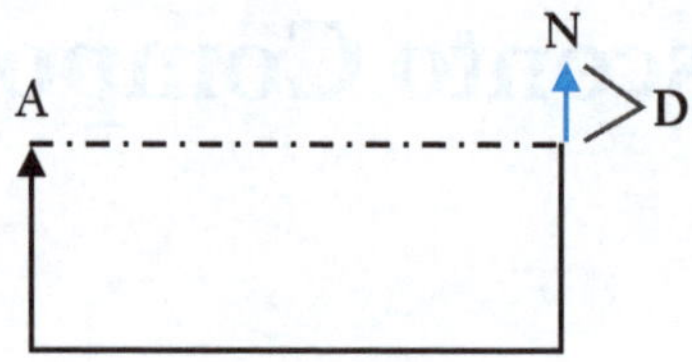

Já era do nosso conhecimento essa relação que há entre **valor nominal**, **valor atual** e **desconto**. E é a seguinte:

→ **D=N-A**

Isso vale sempre, para qualquer tipo de operação de desconto (simples ou composto, por dentro ou por fora).

Só nos resta comentar sobre um último elemento para a operação de desconto composto. Trata-se da taxa:

→ **i** será agora uma taxa composta. É isso que vai ser o diferencial entre uma questão de desconto simples e outra de desconto composto: a natureza da taxa.

Da mesma forma que aprendemos no desconto simples, no regime composto haverá duas modalidades de desconto: o desconto composto por dentro (ou racional) e o desconto composto por fora (ou comercial). Na maioria dos concursos é cobrado apenas o desconto composto racional.

Em todo caso, estudaremos as duas modalidades.

Veremos adiante que a questão de desconto composto é muito fácil. O enunciado estará mesmo interessado em saber se conhecemos qual das **fórmulas** será utilizar para resolver a questão.

Haverá **quatro fórmulas** de desconto composto: duas para o desconto composto por dentro (racional) e duas para o desconto composto por fora (comercial).

6.2. Aprendendo as Fórmulas do Desconto Composto:

Comecemos pelo Desconto Composto por Dentro: primeiramente, ao lermos o enunciado, descobriremos que se trata de uma questão de desconto, e que estamos trabalhando no regime composto.

Ora, quais são as formas de identificarmos que estamos no regime composto (e não no simples)? Primeira forma: quando o enunciado expressamente o disser. Aí é fácil. Se a questão em algum momento falar "*... usando o desconto composto...*", não restará duvida alguma sobre o regime da operação.

A segunda forma de sabermos que o regime é o composto é a mera presença, no enunciado, de uma *taxa nominal*. Estamos lembrados do que é uma *taxa nominal*, certo? Se encontrarmos em nossa questão de desconto uma taxa no formato **36% ao ano com capitalização mensal**, por exemplo, saberemos que o desconto é o composto!

Já havíamos visto isso quando estudamos esse conceito de taxas nominais.

Identificado que a questão é de desconto, e identificado que o desconto é composto, restará ainda uma última conclusão a se chegar: qual é a modalidade desta operação de desconto composto?

Dissemos há pouco que haverá duas modalidades (dois tipos) de desconto composto. Não começaremos nossa resolução antes de termos certeza de estarmos trabalhando com o tipo racional (por dentro) ou o comercial (por fora).

Agora suponhamos que o enunciado tenha dito: "... adote o *desconto racional composto*". Pronto! Essas três palavras nos informam tudo o que precisamos saber. Trata-se de uma questão de **desconto**, no regime **composto**, e na modalidade de desconto **racional**, que é o desconto por dentro!

Só nos falta aprender as fórmulas. Façamos um *passo-a-passo*:

1º Passo – Fazemos o desenho *genérico* de uma operação de desconto:

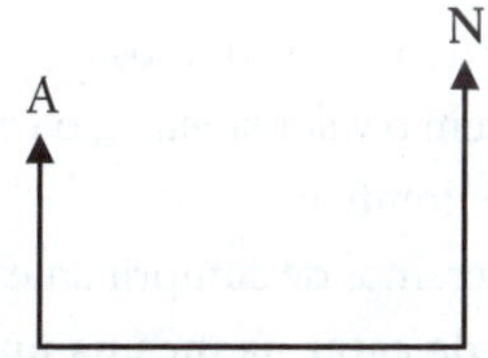

2º Passo – Lembramos daquele *trato* que foi feito no capítulo de Desconto Simples, quando dissemos que haveria um dos lados que seria considerado *o lado do desconto por dentro*, e um que seria *o lado do desconto por fora*. Será que ainda lembramos disso?

→ O lado do desconto por dentro é o lado do Atual.

→ O lado do desconto por fora é o lado do Nominal.

Como estamos em uma questão de desconto por dentro, teremos que:

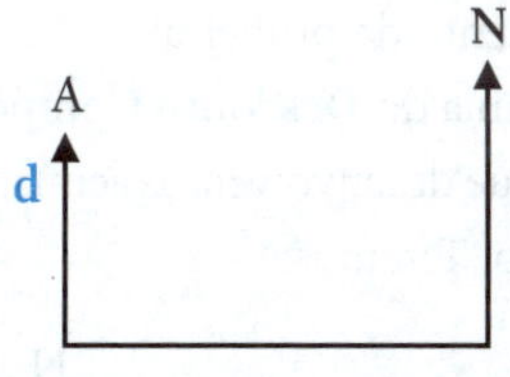

Esse d está aí só para lembrar que o lado do Atual é o lado do desconto por dentro.

3º Passo – Iremos lembrar de uma pequena frase, que nos auxiliará a formar a equação do desconto composto. A frase é a seguinte:

"Composto rima com oposto"

Ora, se **composto rima com oposto**, e o lado do desconto por dentro é o lado do Atual, então nossa fórmula começará pelo lado oposto. Ou seja: começará pelo Nominal:

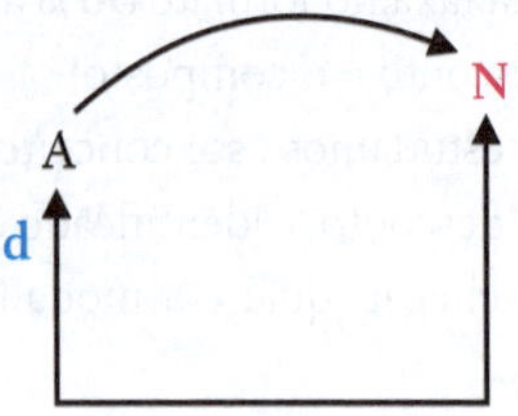

Essa será uma fórmula *linear*. Teremos que:

N = A.(1......)

Primeiramente colocaremos apenas isso: Nominal é igual a Atual multiplicado por um parêntese começando por 1.

Feito isso, pensaremos: a fórmula começou pelo Nominal; esse Nominal é maior ou menor que o Atual? É claro que é maior! Logo, se é maior, então depois desse 1 vem um sinal de +. Teremos:

$$N = A.(1 + i)^n$$

É esta a *equação fundamental* do desconto composto por dentro!

Como podemos ver, nela aparecem o *valor nominal*, o *valor atual*, a *taxa composta* e o *tempo* que separa as datas do valor atual e nominal.

Existe uma única exigência que teremos de cumprir antes de lançarmos os dados da questão nesta fórmula: **taxa e tempo terão de estar na mesma unidade**!

Suponhamos que um enunciado qualquer de desconto composto racional tenha nos fornecido o valor nominal (N), o valor da taxa (i) e o valor do tempo (n), e venha solicitar que encontremos o valor atual (A) desta operação. O que faríamos para aplicar a fórmula acima? Ora, apenas isolaríamos o valor atual, e passaríamos o *parêntese famoso* para o outro lado, dividindo. Teríamos, portanto:

$$A = N/(1 + i)^n$$

Observemos que esta equação acima, que é a segunda do Desconto Composto por Dentro, não passa de um mero desdobramento da primeira!

Passemos à construção da fórmula do **Desconto Composto Comercial (ou Por Fora)**. O raciocínio é muito semelhante ao que desenvolvemos acima. Começaremos fazendo o desenho *genérico* das operações de desconto. Teremos:

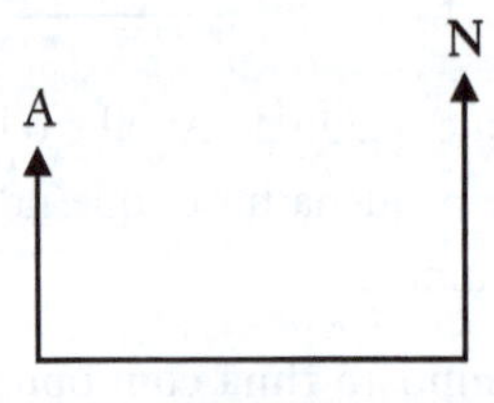

Daí, lembraremos novamente daquele *trato*, só que agora no que diz respeito ao desconto por fora: *o lado do desconto por fora é o lado do Nominal.*

Teremos:

Agora, recordaremos a *frase da rima*, que nos diz que **composto rima com oposto**! Ora, se o lado do desconto por fora é o lado do Nominal. Então, nossa fórmula começará pelo lado oposto, ou seja, começará pelo Atual.

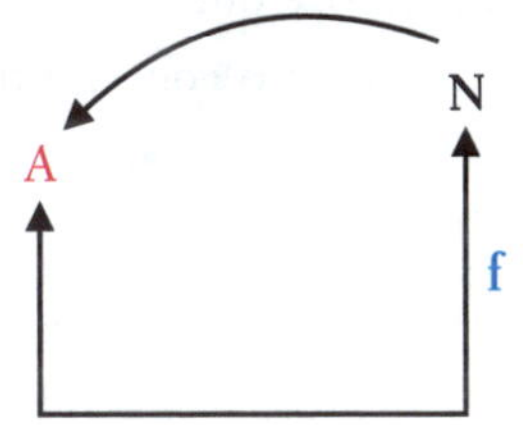

Teremos, portanto, que:

$$\mathbf{A=N.(1......)}$$

A princípio, escrevemos somente isso: Atual é igual a Nominal, que multiplica por um parêntese que começa por 1.

E depois perguntamos: esse elemento que começa a fórmula (o Atual) é maior ou menor que o Nominal? Obviamente que é menor! Logo, após o 1 do parêntese surgirá um sinal de subtração (-). Teremos:

$$\mathbf{A = N.(1 - i)^n}$$

Esta é a *equação fundamental* do desconto composto por fora!

A exigência desta fórmula, estou certo disso, somos todos capazes de adivinhar: **taxa e tempo deverão estar na mesma unidade**. Se esta exigência estiver cumprida, então basta lançar os dados da questão na fórmula.

E se, por acaso, o enunciado fornecer o valor atual (A), o valor da taxa (i) e o valor do tempo (n), e solicitar que encontremos o Valor Nominal da operação. O que faríamos para aplicar a fórmula acima? Ora, isolaríamos o valor nominal, passando o parêntese (**que não é o famoso!**) para o lado contrário, dividindo.

Teríamos:

$$N = A/(1 - i)^n$$

Ei-la: esta é a segunda equação do desconto composto por fora, que é um mero desdobramento da primeira e cuja exigência de aplicação é a mesma *exigência universal* já nossa conhecida.

6.3. Incrementando uma Questão de Desconto Composto

Vejamos abaixo o que poderá fazer o elaborador da questão de desconto composto para tentar torná-la mais *interessante*.

→ **Taxas Nominais no Enunciado**:

A questão de desconto composto pode nos trazer uma taxa nominal. Por exemplo: 48% ao ano, capitalizados mensalmente. Neste caso, o que faremos? Transformaremos a taxa nominal em uma taxa efetiva, e o faremos utilizando o conceito de taxas proporcionais. Nenhuma novidade!

No exemplo acima, faríamos:

→ 48% a.a. =(48/12)=4% ao mês = Taxa Efetiva.

Lembremos que a unidade da taxa efetiva será sempre igual à da capitalização.

→ **Taxa e Tempo em Unidades Diversas:**

Além disso, o enunciado poderia fornecer, entre os dados da questão, taxa e tempo em unidades diferentes.

Sempre que, **no Regime Composto**, **taxa e tempo** estiverem em **unidades diferentes**, faremos duas tentativas, nesta ordem:

1ª Tentativa – Recorreremos ao tempo (**n**), e tentaremos transformá-lo para a mesma unidade da taxa.

Diremos que essa tentativa deu certo, se encontrarmos, como resultado da transformação, um *valor inteiro* para o **n**. Precisamos que o **n** seja um número *redondo* porque ele será sempre o expoente da fórmula. Se encontrarmos, por acaso, um **n** que não seja um número inteiro, então diremos que falhou a primeira tentativa, e passaremos à segunda.

2ª Tentativa – Recorreremos à taxa (**i**) e alteraremos sua unidade para a mesma unidade do tempo. Essa segunda tentativa será feita utilizando o conceito de **taxas equivalentes**.

Percebam aqui a suma importância do capítulo de Juros Compostos: nele aprendemos conceitos aplicáveis a todo o regime composto!

→ **Enunciado Não Define a Modalidade da Operação:**

Uma situação típica! Você descobre que a questão é de desconto, e descobre que o regime é o composto. Mas, na hora de começar a resolução, não vem dito em lugar nenhum se aquele desconto composto é por dentro ou por fora! O que fazer?

Essa mesma situação foi vista no capítulo de Desconto Simples. Lá, chamamos isso de "*Enunciado Omisso Quanto à Modalidade de Desconto*". E a regra que aprendemos naquela ocasião, para o desconto simples, será a mesma que aplicaremos aqui, no desconto composto.

Relembrando: quando a questão de desconto (simples ou composto) nada dispuser acerca da modalidade (se por dentro ou por fora), olharemos o que diz o enunciado a respeito da *taxa* da operação!

Se a questão de desconto falar expressamente sobre uma *taxa de juros*, então estaremos diante do **Desconto Racional**, ou seja, do **Desconto por Dentro**.

Caso contrário, se o enunciado nada dispuser acerca modalidade de desconto, e também não falar que a taxa da operação, é uma taxa de juros, utilizaremos o **Desconto por Fora**.

Ilustrativamente, teremos:

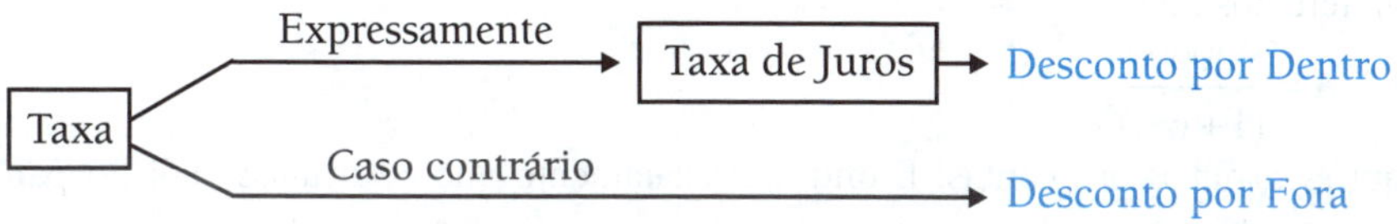

E por que é assim? Ora, comparemos as fórmulas dos Juros Compostos e do Desconto Composto por Dentro. Teremos:

$\rightarrow M = C.(1+i)^n \rightarrow$ **Juros Compostos**

$\rightarrow N = A.(1+i)^n \rightarrow$ **Desconto Composto Racional**

Concluímos que, a rigor, são uma só e mesma fórmula. Modificam-se apenas a nomenclatura e o *sentido* da operação. Na operação de juros, projetamos o Capital para o futuro e chegamos ao Montante. Na operação de desconto, projetamos o Valor Nominal para uma data anterior e chegamos a um Valor Atual. Grosso modo, podemos dizer que, enquanto *os juros compostos levam*, o *desconto composto racional traz de volta*!

São operações equivalentes! Também já sabíamos disso tudo.

- Resolvendo Questões de Desconto Composto:

Exemplo 1 – Um título de R$ 20.000,00, vencível em quatro meses, será pago hoje. De quanto será o valor do desconto e de quanto será o valor descontado, considerando-se na operação uma taxa 6% ao mês, e o desconto composto racional?

Solução: O assunto da questão já é identificado na primeira frase do enunciado. Ora, se existe um título vencível numa data futura e que será pago hoje, já resta evidenciado que está havendo uma antecipação no pagamento de uma obrigação. E antecipar o pagamento de uma obrigação futura é, em suma, realizar uma operação de desconto.

Precisamos, então, identificar o regime e a modalidade desta operação de desconto. E aqui o enunciado foi *camarada*, e nos disse tudo em três palavras: "... *desconto composto racional*". É o bastante para sabermos que o regime é o composto e que a modalidade é a de desconto por dentro.

Quando descobrimos tudo isso, colocamos logo a fórmula do desconto composto por dentro. Qual é ela? É a seguinte:

→ $N = A.(1 + i)^n$

Neste caso, a questão forneceu o valor nominal, o valor da taxa e o tempo de antecipação do pagamento. E pediu o **valor descontado**. Ora, já sabemos que **valor descontado** é o mesmo que **valor atual**.

Então, adaptaremos a equação acima, isolando o valor atual. Chegaremos ao seguinte:

→ $\mathbf{A = N/(1 + i)^n}$

É essa a nossa fórmula! E será que estamos prontos para aplicá-la? Basta verificarmos se taxa e tempo já estão na mesma unidade. Sim, estão! O tempo está em meses (n = 4m) e a taxa é mensal (i = 6% ao mês).

Daí, teremos que:

→ $A = \dfrac{20000}{(1+6\%)^4}$

Aqui *esbarramos* nas contas! E onde foi exatamente que *esbarramos*? Foi no parêntese do denominador! Que parêntese é esse? A essa altura todos já reconheceram: é o *parêntese famoso*! Daí, para encontrar o seu valor, recorreremos à Tabela Financeira, e saberemos que: $(1 + 6\%)^4 = 1,262476$

→ $A = \dfrac{20000}{1,262476}$ → E: **A = 15.841,88 → Resposta!**

Encontramos metade da resposta que queremos. Falta calcular ainda o valor do **Desconto**. E como é que se calcula o desconto? Fazendo a diferença entre o Valor Nominal e o Valor Atual. Teremos:

→ **D = N – A** → D = 20000 – 15841,88 → **D = 4.158,12 → Resposta!**

Como se viu, essa questão foi mera aplicação da fórmula! Passemos a um exemplo mais rebuscado.

Exemplo 2 – Um título de R$ 10.000,00, vencível em dois meses, será pago hoje. De quanto será o valor do desconto e de quanto será o valor descontado, considerando-se na operação uma taxa 213,84% ao ano, e o desconto composto comercial?

Solução: Também neste exemplo, a mera leitura da primeira frase já é suficiente para identificarmos o assunto da questão. Trata-se de uma operação de desconto. Acerca do regime e da modalidade, o enunciado também foi explícito, ao usar as palavras "*desconto composto comercial*". O regime é o composto e a modalidade é de desconto por fora.

Então, comecemos logo colocando no papel a fórmula do desconto composto por fora. Teremos:

→ $\mathbf{A = N.(1 - i)^n}$

Esta será nossa fórmula de resolução. Para aplicá-la, precisamos cumprir a exigência universal da matemática financeira. Mas aqui vemos que a taxa é anual e que o tempo de antecipação esta em meses.

Quando isso ocorre, ou seja, quando taxa e tempo estão em unidades diferentes no regime composto, temos que fazer duas tentativas, nesta ordem:

1ª Tentativa – Vamos tentar transformar 2 meses para a unidade da taxa (anos). Ora, dois meses correspondem a uma fração do ano. Claro: 2 = (1/6)a. E (1/6) não é um número inteiro. Conclusão: falhou a primeira tentativa!

2ª Tentativa – Alterar a unidade da taxa, passando-a de uma taxa anual para uma taxa mensal, já que o tempo está em meses. Essa transformação será feita por meio do conceito de **taxas equivalentes**.

Daí, teremos: $\mathbf{1 + I = (1 + i)^k}$

Nossos dados para essa transformação são os seguintes:

→ I = 213,84% ao ano = 2,1384 ao ano

→ i =? ao mês

→ k = 12 (cabem 12 meses em um ano).

Teremos: $1 + 2{,}1384 = (1 + i)^{12}$ → E: $(1 + i)^{12} = 3{,}1384$

Aqui, *esbarramos* de novo! Onde? No parêntese famoso. Consultando a Tabela Financeira, acharemos:

TABELA I FATOR DE ACUMULAÇÃO DE CAPITAL $a_n = (1 + i)^n$

n \ i	1%	2%	. . .	9%	10%
1	1,010000	1,020000		1,090000	1,100000
2	1,020100	1,040400		1,188100	1,210000
3	1,030301	1,061208		1,295029	1,331000
...	...	...		...	...
12	1,126825	1,268242		2,812665	3,138428

Daí, pela Tabela Financeira, diremos que: → i = 10% ao mês.

Agora, sim! Temos taxa (10% ao mês) e tempo (2 meses) na mesma unidade. Podemos aplicar a fórmula do Desconto Composto por Fora. Teremos:

→ $\mathbf{A = N.(1 - i)^n}$ → $A = 10000.(1 - 0{,}10)^2$

Atenção aqui: reparemos bem nesse parêntese da fórmula acima! É o *parêntese famoso*? De jeito nenhum. O sinal desse parêntese é de menos e no parêntese famoso é sinal de mais. Daí, alguém pergunta: existe tabela financeira para esse parêntese $(1 - i)^n$? **Não!** Normalmente não se fornece tabela financeira para ele. Resta que a conta terá mesmo de ser feita à mão.

Ou então, pode ocorrer de o enunciado fornecer o valor do parêntese como um dado adicional. Também é possível ocorrer isso. Não foi o caso deste nosso exemplo. Então, mãos à obra:

→ $(1 - 0{,}10)^2 = (0{,}9)^2 = 0{,}81$

Daí: → A = 10000 × 0,81 → E: **A = 8.100,00 → Resposta!**

A outra parte da resposta será o valor do Desconto, o qual será encontrado fazendo a diferença entre Valor Nominal e Valor Atual. Teremos:

→ **D = N – A →** D = 10.000 – 8.100 **→ D = 1.900,00 → Resposta!**

- **Relação *Taxa Composta Racional* x *Taxa Composta Comercial*:**

No Desconto Composto, a exemplo do que vimos no Desconto Simples, há uma fórmula que estabelecerá uma relação entre o valor da taxa de desconto composto por dentro e a taxa de desconto composto por fora.

Quando utilizaremos essa relação? Quando o enunciado fornecer uma das duas taxas de desconto composto, ou a racional ou a comercial, e pedir que nós encontremos a outra (a que não foi fornecida), considerando o mesmo valor do desconto.

A relação da qual estamos falando é a seguinte:

$$\frac{1}{i_f} - \frac{1}{i_d} = 1$$

Repetindo: esta fórmula será empregada em questões cujo enunciado nos fornecer uma das duas taxas de desconto composto (por dentro ou por fora) e solicitar a outra, de forma que o valor do desconto permaneça o mesmo!

Passemos a um exemplo de aplicação desta relação.

Exemplo 3 – Um título sofreu um desconto composto comercial (por fora), à taxa composta de 10% ao mês, 2 meses antes do seu vencimento. Caso fosse utilizado o desconto composto racional (por dentro), qual seria a taxa adotada para se obter um desconto igual ao primeiro?

Solução: A fórmula que aprendemos acima *cai como uma luva* neste enunciado! É a ocasião perfeita para a aplicarmos. O enunciado nos forneceu o valor da taxa de desconto composto por fora, e nos pede a de desconto composto por dentro.

Nossos dados são os seguintes:

→ i_f = 10% ao mês;

→ i_d =?

Temos apenas que lançar os dados da questão na fórmula, e acharemos que:

$$\frac{1}{i_d} = \frac{1}{i_f} - 1 \rightarrow \frac{1}{i_d} = \frac{1}{0{,}10} - 1 \rightarrow \frac{1}{i_d} = 9 \rightarrow i_d = \frac{1}{9} \rightarrow \mathbf{i_d \cong 0{,}1111}$$

E: $i_d \cong$ 11,11% ao mês → Resposta!

Observemos apenas que, se a taxa fornecida era uma taxa mensal, então chegaremos a uma outra taxa também mensal. Ou seja, as unidades das duas taxas, nesta relação, serão sempre iguais!

EXERCÍCIOS RESOLVIDOS DE DESCONTO COMPOSTO

1. **(ESAF) Obtenha o valor hoje de um título de $ 10.000,00 de valor nominal, vencível ao fim de três meses, a uma taxa de juros de 3% ao mês, considerando um desconto racional composto e desprezando os centavos.**
   a) $ 9.140,00.
   b) $ 9.151,00.
   c) $ 9.100,00.
   d) $ 9.126,00.
   e) $ 9.174,00.

Solução: Essa questão não ofereceu muita resistência. Facilmente identificamos o assunto, de uma forma completa e segura. Isso se fez por meio de três palavras presentes no enunciado: "... desconto racional composto..."! É tudo o que precisamos saber para a resolvermos: a questão é de desconto; o regime é o composto; e a modalidade é a de desconto por dentro! Anotemos os dados que foram fornecidos:

→ N = 10.000,00
→ n = 3 meses
→ i = 3% ao mês (juros compostos)
→ A =?

Ora, usaremos a fórmula fundamental do desconto composto racional, cuja exigência de aplicação já veio observada pelo próprio enunciado. Ou seja, taxa e tempo já estão na mesma unidade. Em suma: aplicação direta da fórmula.

Teremos:

→ $N = A(1+i)^n$ → Daí: $A = \dfrac{N}{(1+i)^n}$

→ $A = \dfrac{10000}{(1+3\%)^3}$

Aqui, podemos recorrer à Tabela Financeira do parêntese famoso, para encontrarmos que: $(1+3\%)^3$ = **1,092727**

Daí: → A = 10000/1,092727

Abriremos um parêntese para explicar uma maneira prática de efetuarmos uma conta de divisão. Um artifício muito simples, porém extremamente eficaz e que pode nos economizar bastante tempo de resolução.

Dizem que em terra de cego, quem tem um olho é rei. Já ouviram isso? Então, quem tem dois olhos, vai incumbi-los, a cada um, de uma missão diferente: com um olho você olha para a conta. Com o outro, para as opções de resposta! Senão, vejamos:

1º Passo – Temos que dividir 10.000 por 1,092727. Vamos decidir logo com quantas casas decimais iremos trabalhar essa divisão. Em geral, o trabalho com três casas decimais **costuma ser** satisfatório, e muito seguro! Podemos, então, optar por isso. Daí, nossa conta será: 10.000 / 1,092

2º Passo – Agora, igualaremos o número de casas decimais. Então vamos lá: 1,092 tem quantas casas decimais? (Para os mais esquecidos, casa decimal é algarismo depois da vírgula). Então. Quantos? Tem 3 casas decimais. E o 10.000 tem quantas casas decimais? Nenhuma. Então, pegaremos os 10000, passaremos uma vírgula e acrescentaremos três zeros. Daí, teremos:

10.000,000 / 1,092

Assim, conseguimos igualar o número de casas decimais: três para cada lado. Feito isso, o arremate: **excluímos as vírgulas**! Nossa conta será, portanto, somente:

10.000.000 / 1.092

E agora, sim, vem a parte boa! É aqui que vocês vão perceber a importância de se resolver a conta de divisão olhando para as respostas! Vamos iniciar a nossa conta.

Primeiramente, olhamos para as opções de resposta. Qual o algarismo que inicia todas elas? Olha lá!

a) $ 9.140,
b) $ 9.151,
c) $ 9.100,
d) $ 9.126,
e) $ 9.174,

É um 9. Daí, você que é praticamente um gênio da matemática, começará colocando logo um 9 no quociente. Ficamos com:

```
10000'000  | 1092
 9828      |------
 ----      | 9
  172
```

Agora desce um zero. Teremos:

```
10000'0'00  | 1092
 9828       |------
 -----      | 9
  172 0
```

E agora? Agora, olharemos novamente para as respostas. Qual é o segundo dígito (o segundo algarismo) que aparece em todas elas? Vejamos:

a) $ 9.140,
b) $ 9.151,
c) $ 9.100,
d) $ 9.126,
e) $ 9.174,

Daí, nem precisamos *adivinhar* quem será o próximo valor a ser usado no quociente. Obviamente que será o 1. Teremos:

```
10000'0'00   | 1092
 9828        |------
 ----          91
  1720
  1092
  ----
   628
```

Reparemos que nossa conta está **quase** no fim! Claro! Basta darmos uma outra *olhadela* nas opções de resposta, e conferirmos qual é o terceiro algarismo que aparece em cada uma delas. Façamos isso:

a) $ 9.140,
b) $ 9.151,
c) $ 9.100,
d) $ 9.126,
e) $ 9.174,

Em todas as opções, não houve terceiro algarismo repetido! Isso significa que se encontrarmos no quociente agora um **4**, a resposta será a letra **a**; se encontramos um **5**, a resposta será a letra **b**; se encontrarmos um **0**, será a letra **c**; se encontramos um **2**, será a letra **d**; finalmente, se encontrarmos um **7**, nossa resposta será a letra **e**.

Sem medo de ser feliz!

Voltando à nossa conta. Desce mais um zero. Teremos:

```
10000'0'0'0  | 1092
 9828        |------
 ----          91
  1720
  1092
  ----
   6280
```

Ora, não ficou muito difícil perceber que caberá aí um **5** no nosso quociente! Vejamos:

```
10000'0'0'0  | 1092
 9828        |------
 ----          915
  1720
  1092
  ----
   6280
   5460
```

Não dava para ser um 7, porque 7 × 1092 = 7644, que já passava de 6280. Nem precisamos mais levar adiante essa divisão. Podemos ter certeza absoluta que a resposta será a opção **B.**

Daí: **A = 9.151, → Resposta!**

Agora, apresentaremos uma ***solução alternativa*** que evita a divisão que apareceu no final da solução anterior, facilitando a obtenção da resposta da questão. O artifício é utilizar a **segunda tabela financeira**: "FATOR DE VALOR ATUAL DE UMA SÉRIE DE PAGAMENTOS" que sempre é fornecida nas provas elaboradas pela ESAF.

Essa tabela será extensamente utilizada nos capítulos de Rendas Certas e Amortização, mas para podermos aplicar o artifício de que falamos, devemos aprender a utilizá-la agora. Sua utilização é bem simples, quem sabe usar a primeira tabela financeira, com certeza entenderá o uso da segunda tabela.

Na prova, ela deverá vir apresentada exatamente da seguinte forma:

TABELA II FATOR DE VALOR ATUAL DE UMA SÉRIE DE PAGAMENTOS

$$a_{n\neg i} = \frac{(1+i)^n - 1}{i.(1+i)^n}$$

n \ i	1%	2%	3%	...	8%	9%	10%
1	0,990099	0,980392	0,970874		0,925926	0,917431	0,909091
2	1,970395	1,941561	1,913469		1,783265	1,759111	1,735537
3	2,940985	2,883883	2,828611		2,577097	2,531295	2,486852
4	3,091965	3,807728	3,717098		3,312127	3,239720	3,169865
5	4,853431	4,713459	4,579707		3,992710	3,889651	3,790787
6	5,795476	5,601431	5,417191		4,622879	4,485918	4,355261
7	6,728194	6,471991	6,230283		5,206370	5,032953	4,868419
...	...	...	...		...	...	...
18	16,398268	14,992031	13,753513		9,371887	8,755625	8,201412

Vejamos que a estrutura dessa Tabela do Valor Atual é semelhante à do Parêntese Famoso: na linha de cima, as taxas, começando da esquerda para a direita (1%, 2%, 3%,...) e na coluna da esquerda, estão os valores de **n** (1, 2, 3,...).

A cada vez que consultarmos a Tabela do Valor Atual, estaremos trabalhando com três elementos: o valor da taxa de juros compostos (**i**), o valor **n**, e o resultado do fator de valor atual ($\mathbf{a_{n\neg i}}$) que está no *miolo* da tabela. Para fazer a consulta, teremos que ter **dois** desses elementos **conhecidos**, para podermos chegar ao elemento **desconhecido** (ou seja, é do mesmo jeito que aprendemos a consultar a tabela do parêntese famoso).

Exemplo:

Calcule o *fator de valor atual* para n = 4 e i = 10%, que representamos simbolicamente por: $\mathbf{a_{4\neg 10\%}}$.

Solução:

Neste caso, nossos elementos conhecidos são a taxa **i = 10%** e o **n = 4**. Daí, correremos nossa vista, na tabela do Valor Atual, pela **coluna da taxa 10%** e pela **linha do n = 4**. No cruzamento dessa coluna com essa linha, obtemos o valor de $\mathbf{a_{4\neg 10\%}}$ = 3,169865.

Já sabemos utilizar a tabela do Valor Atual, agora apresentaremos uma fórmula que vai facilitar a nossa vida em diversas questões, como a de desconto composto racional:

$$\frac{1}{(1+i)^n} = \left(a_{n}\neg_{i} - a_{n-1}\neg_{i}\right)$$

Chamaremos de *fórmula do inverso do parêntese famoso*!

À primeira vista, talvez você não saiba como ela vai nos ajudar, mas mostraremos sua utilização na questão de desconto dada acima.

Na primeira solução havíamos chegado a seguinte equação para o cálculo do valor descontado:

→ $A = \dfrac{10000}{(1+3\%)^3}$

Para vocês entenderem melhor a aplicação da nossa fórmula, esta última equação pode ser modificada para:

→ $A = 10000 \times \dfrac{1}{(1+3\%)^3}$

Entenderam? Vamos prosseguir!

O termo $\dfrac{1}{(1+3\%)^3}$ pode ser substituído, segundo a nossa fórmula, por:

$$\frac{1}{(1+i)^n} = \left(a_{n}\neg_{i} - a_{n-1}\neg_{i}\right) \rightarrow \frac{1}{(1+3\%)^3} = \left(a_{3}\neg_{3\%} - a_{3-1}\neg_{3\%}\right) \rightarrow$$

$$\rightarrow \frac{1}{(1+3\%)^3} = \left(a_{3}\neg_{3\%} - a_{2}\neg_{3\%}\right)$$

Consultaremos a 2ª tabela financeira para obtermos $a_{3}\neg_{3\%}$ e $a_{2}\neg_{3\%}$.

De acordo com a tabela, temos que:

$a_{3}\neg_{3\%}$ = **2,828611**

$a_{2}\neg_{3\%}$ = **1,913469**

Daí, $\dfrac{1}{(1+3\%)^3}$ = 2,828611 - 1,913469 = 0,915142

Substituindo este resultado na equação do cálculo do valor descontado, teremos:

→ $A = \dfrac{10000}{(1+3\%)^3}$ → $A = 10000 \times \dfrac{1}{(1+3\%)^3}$ → $A = 10000 \times 0{,}915142$

→ Daí: **A = 9151,42 → Resposta!**

Observem que a *divisão* foi substituída por uma *subtração*, que certamente é mais fácil de calcular, e o resultado final obtido é muito preciso, batendo exatamente com o valor da alternativa correta da questão.

A fórmula apresentada acima, também pode ser utilizada numa questão de juros compostos em que se pede o valor do capital aplicado, e onde são fornecidos o montante, a taxa de juros e o tempo da aplicação, pois se observamos a fórmula de juros compostos perceberemos que aparece no denominador o *parêntese famoso* $(1 + i)^n$.

2. Um título com valor de face de R$ 1.000.000,00, foi descontado um mês antes de seu vencimento. Calcule o valor pago considerando um desconto racional composto a uma taxa de 8% ao mês.

a) R$ 909.091,00.
b) R$ 919.091,00.
c) R$ 925.100,00.
d) R$ 925.926,00.
e) R$ 926.240,00.

Solução: Novamente estamos diante de uma questão de desconto racional composto. Anotemos os dados que foram fornecidos:

→ N = 1.000.000,00
→ n = 1 mês
→ i = 8% ao mês
→ A =?

A taxa e tempo já estão na mesma unidade. Passemos a aplicação da fórmula de desconto composto racional. Teremos:

→ $N = A(1 + i)^n$ → Daí: $A = \frac{N}{(1+i)^n}$

→ $A = \frac{1.000.000}{(1+8\%)^1}$

A partir desta última expressão do valor atual, podemos prosseguir por dois caminhos: 1º) efetuar a divisão acima; ou 2º) usar a fórmula apresentada na solução da questão anterior.

Deixaremos o primeiro caminho para vocês executarem, e apresentaremos abaixo a solução pelo segundo método.

Com já foi visto, a fórmula é: $\frac{1}{« + i^{\ n}} = (a_{n}\neg_{i} - a_{n-1}\neg_{i})$.

Do termo $\frac{1}{(1+8\%)^1}$, o valor da taxa ***i*** é de 8% e o valor do ***n*** é 1. Então, este termo pode ser substituído por: $(a_1\neg_{8\%} - a_0\neg_{8\%})$

Daí, a expressão $A = \frac{1.000.000}{(1+8\%)^1}$ pode ser substituída por:

$A = 1.000.000 \times (a_1\neg_{8\%} - a_0\neg_{8\%})$

Consultando a segunda tabela financeira (a tabela do fator de valor atual), obteremos:

$a_1\neg_{8\%} = 0,925926$

O fator $a_{\overline{0}|8\%}$ é zero. Sempre que **n** for zero, o fator de valor atual será zero, qualquer que seja a taxa de juros.

Substituindo estes resultados, teremos:

$A = 1.000.000 \times (a_{\overline{1}|8\%} - a_{\overline{0}|8\%}) = 1.000.000 \times (0{,}925926 - 0)$

Daí: **A = 925.926,00 → Resposta!**

3. (ESAF) Um título foi descontado por R$ 840,00, quatro meses antes de seu vencimento. Calcule o desconto obtido considerando um desconto racional composto a uma taxa de 3% ao mês.

a) R$ 140,00.
b) R$ 104,89.
c) R$ 168,00.
d) R$ 93,67.
e) R$ 105,43.

Solução: Eis que o enunciado trouxe novamente as três palavras reveladoras: *desconto racional composto*. Já sabemos tudo o que é preciso acerca desta questão. Observemos desde já que a taxa (3% ao mês) e o tempo (4 meses) foram fornecidos na mesma unidade. Já estamos até percebendo que essa questão será resolvida por uma mera aplicação direta da fórmula.

Antes de anotarmos os dados da questão, uma pequena observação. O enunciado diz: "um título foi descontado por R$ 840,00". E perguntamos: esse valor (R$ 840,00) corresponderá a qual elemento da operação de desconto? Será o desconto? Será o valor nominal? **Não!** Nenhum dos dois! Ora, se o título foi descontado por *tanto*, então esse *tanto* é o **valor descontado** do título. E **valor descontado** é o mesmo que **Valor Atual**.

Transcrevendo do enunciado, nossos dados serão os seguintes:

→ A = 840,00
→ n = 4 meses
→ i = 3% ao mês
→ D =?

A equação fundamental do desconto composto, nossa conhecida, não traz em si o valor do desconto. Então, como descobri-lo? Teremos de lembrar que: **D = N – A**. Ou seja, precisamos dispor do valor nominal e do valor atual, para assim chegarmos ao desconto.

O valor atual já temos. Vamos encontrar o nominal. Teremos:

→ $N = A.(1 + i)^n$ → Daí: $N = 840.(1 + 3\%)^4$

Recorrendo à Tabela Financeira, encontraremos: $(1 + 3\%)^4 = 1{,}125508$

Daí: → N = 840 × 1,125508 → E: **N = 945,43**

Como estamos à procura do desconto, faremos:

→ **D = N – A** → D = 945,43-840 → **d = 105,43 → Resposta!**

4. (ESAF) Um título sofre um desconto composto racional de R$6.465,18 quatro meses antes do seu vencimento. Indique o valor mais próximo do valor descontado do título, considerando que a taxa de desconto é de 5% ao mês.

a) R$ 25.860,72.
b) R$ 28.388,72.
c) R$ 30.000,00.
d) R$ 32.325,90.
e) R$ 36.465,18.

Solução: "Desconto racional composto", diz o enunciado! É tudo o que precisamos saber. A taxa (5% ao mês) já está na mesma unidade do tempo (4 meses). Os dados da questão são os seguintes:

→ D = 6.465,18

→ n = 4 meses

→ i = 5% ao mês

→ A =?

Vamos precisar fazer, nesta resolução, um *joguete* com as fórmulas.

Qual a fórmula fundamental do desconto composto por dentro?

→ $\mathbf{N = A.(1 + i)^n}$

Ora, comparando os dados da questão com os elementos da fórmula acima, percebemos que há dois elementos desconhecidos: o valor nominal e o valor atual. E como é do conhecimento de todos, não é possível encontrar duas incógnitas (elementos desconhecidos) usando apenas uma equação.

Temos que usar uma segunda equação: **D = N – A**.

Daí, podemos pegar essa última equação, e isolarmos o valor do **N**. Teremos: **N = D + A**.

Esse **N** será substituído, na primeira equação, por **D + A**. Ficaremos com:

$$\rightarrow \mathbf{D + A = A.(1 + i)^n}$$

Passando todo mundo que for **A** para o mesmo lado, teremos:

$$\rightarrow \mathbf{A.(1 + i)^n - A = D}$$

Vemos que esse **A** é fator comum. Ficaremos com:

$$\rightarrow \mathbf{A[(1 + i)^n - 1] = D}$$

Finalmente, isolando o valor atual, teremos: $A = \dfrac{D}{(1+i)^n - 1}$

É isso! Essa fórmula a que chegamos é uma variação da equação fundamental do desconto composto por dentro, conforme vimos na dedução acima. Para aplicá-la, teremos que observar, obviamente, a exigência universal da matemática financeira, ou seja, temos que ter taxa e tempo na mesma unidade. E isso já temos! Daí, lançando os dados na fórmula, encontraremos:

$$\rightarrow A = \frac{D}{(1+i)^n - 1} \rightarrow A = \frac{6.465{,}18}{(1+5\%)^4 - 1}$$

Para sabermos o valor do parêntese famoso que está no denominador da fórmula, consultaremos a Tabela Financeira, e encontraremos que: $(1 + 5\%)^4 = 1{,}215506$.

→ Daí, teremos: $A = \frac{6.465{,}18}{1{,}215506 - 1} = \frac{6465{,}18}{0{,}215506}$

Aqui a ESAF foi *camarada*, e colocou uma divisão com números *simplificáveis*, pois esquecendo as vírgulas temos que o numerador é o triplo do denominador. Encontramos, finalmente, que:

→ A = 30.000,00 → Resposta!

5. (ESAF) Um título é descontado por R$ 10.000,00 quatro meses antes de seu vencimento a uma taxa de 3% ao mês. Calcule o valor nominal do título considerando que o desconto usado foi o desconto racional composto. Despreze os centavos.

a) R$ 11.255,00.
b) R$ 11.295,00.
c) R$ 11.363,00.
d) R$ 11.800,00.
e) R$ 12.000,00.

Solução: Mais uma vez, "desconto racional composto". Os dados são:

→ A = 10.000,00
→ n = 4 meses
→ i = 3% ao mês
→ N =?

Teremos, pois, que:

$$\rightarrow N = A.(1 + i)^n \rightarrow N = 10000.(1 + 3\%)^4$$

Na Tabela Financeira, acharemos que: $(1 + 3\%)^4 = 1{,}125508$

→ Daí, teremos: N = 10000 × 1,125508 → E: N = 11.255,00 → Resposta!

6. (ESAF) Um título é descontado por R$ 4.400,00 quatro meses antes do seu vencimento. Obtenha o valor de face do título considerando que foi aplicado um desconto racional composto a uma taxa de 3% ao mês (despreze os centavos, se houver).

a) R$ 4.400,00.
b) R$ 4.725,00.
c) R$ 4.928,00.
d) R$ 4.952,00.
e) R$ 5.000,00.

Solução: Outra questão de "desconto racional composto". Os dados são:

→ A = 4.400,00
→ n = 4 meses
→ i = 3% ao mês
→ N =?

Aplicando a fórmula fundamental, teremos:

$$\rightarrow N = A.(1 + i)^n \rightarrow N = 4400.(1 + 3\%)^4$$

Na Tabela Financeira, acharemos que: $(1 + 3\%)^4 = 1{,}125508$

→ Daí, teremos: N = 4400 × 1,125508 → E: N = 4.952,00 → Resposta!

7. (ESAF) Um *comercial paper* com valor de face de $ 1.000.000,00 e vencimento daqui a três anos deve ser resgatado hoje a uma taxa de juros compostos de 10% ao ano e considerando o desconto racional. Obtenha o valor do resgate:

a) $ 751.314,80.
b) $ 750.000,00.
c) $ 748.573,00.
d) $ 729.000,00.
e) $ 700.000,00.

Solução: Quando a questão fala em *comercial paper*, mesmo que nunca tenhamos ouvido falar esse nome, saberemos sem dificuldades que se trata de um título. E como saberemos? Ora, o enunciado segue falando que ele (o tal *comercial paper*) tem valor de face de um milhão. Se ele tem valor de face, então só pode ser um título! Certo?

Este enunciado também foi explícito em revelar que a questão é de desconto composto racional. Nossos dados serão:

→ N = 1.000.000,00
→ n = 3 anos
→ i = 10% ao ano
→ A =?

Mais uma vez, a questão já trouxe taxa e tempo na mesma unidade. Jogando os dados na fórmula, teremos:

→ **N = A.(1 + i)ⁿ** → Daí: $A = \frac{N}{\text{«} + i^{\;n}}$ → $A = \frac{1.000.000}{(1+10\%)^3}$

Para obtermos o valor atual, aplicaremos a fórmula:

$$\frac{1}{(1+i)^n} . = (a_{n}\neg_{i} - a_{n-1}\neg_{i}).$$

Do termo $\frac{1}{(1+10\%)^3}$, o valor da taxa ***i*** é de 10% e o valor do ***n*** é 3.

Então, este termo pode ser substituído por: $(a_{3}\neg_{10\%} - a_{2}\neg_{10\%})$

Daí, a expressão $A = \frac{1.000.000}{(1+10\%)^3}$ pode ser substituída por:

$A = 1.000.000 \times (a_{3}\neg_{10\%} - a_{2}\neg_{10\%})$

Consultando a segunda tabela financeira (a tabela do fator de valor atual), obtemos:

$a_{3}\neg_{10\%} = 2,486852$

$a_{2}\neg_{10\%} = 1,735537$

Substituindo estes resultados, teremos:

$A = 1.000.000 \times (a_{3}\neg_{10\%} - a_{2}\neg_{10\%}) = 1.000.000 \times (2,486852 - 1,735537)$

→ A = 1.000.000 × (0,751315)

→ A = 751.315,00 → **Resposta (alternativa A!)**

8. (FCC) Uma duplicata, no valor de $ 2.000,00 é resgatada dois meses antes do vencimento, obedecendo ao critério de desconto comercial composto. Sabendo-se que a taxa de desconto é de 10% ao mês, o valor descontado e o valor do desconto são, respectivamente:

a) $ 1.600,00 e $ 400,00;
b) $ 1.620,00 e $ 380,00;
c) $ 1.640,00 e $ 360,00;
d) $ 1.653,00 e $ 360,00;
e) $ 1.666,67 e $ 333,33.

Solução: Aqui surgiu nossa primeira questão de desconto composto por fora. A taxa e o tempo (para variar) foram fornecidos na mesma unidade. Anotemos os nossos dados do enunciado:

→ N = 2.000,00
→ n = 2 meses
→ i = 10% ao mês
→ A =? e D =?

Aplicando a fórmula do desconto composto comercial, teremos que:

$$\rightarrow \mathbf{A = N.(1 - i)^n \rightarrow Daí: A = 2000.(1 - 0{,}10)^2}$$

Somente observando: esse parêntese acima não é o parêntese famoso! Não existe tabela financeira para ele. Daí, temos que calculá-lo à mão mesmo.

Encontraremos que:

$\rightarrow A = 2000.(0{,}9)^2 \rightarrow A = 2000 \times 0{,}81 \rightarrow$ **A = 1.620,00 → Resposta!**

A questão também quer saber o valor do desconto. Daí, faremos:

→ **D = N – A** → D = 2000 – 1620 → E: **D = 380,00 → Resposta!**

9. (ESAF) Uma empresa descontou uma duplicata de $ 500.000,00, 60 (sessenta) dias antes do vencimento, sob o regime de desconto racional composto. Admitindo-se que o banco adote a taxa de juros efetiva de 84% a.a., o líquido recebido pela empresa foi de (desprezar os centavos no resultado final):

Dados:

$(1{,}84)^{1/3} = 1{,}22538514$

$(1{,}84)^{1/4} = 1{,}1646742$

$(1{,}84)^{1/6} = 1{,}10697115$

a) $ 429.304,00;
b) $ 440.740,00;
c) $ 446.728,00;
d) $ 449.785,00;
e) $ 451.682,00.

Solução: Esta questão é bem interessante, embora fácil. Ela nos trará um ensinamento, que é o seguinte: sempre que o enunciado da questão nos trouxer alguns dados adicionais, deveremos olhar com muito carinho para eles, pois certamente, com quase certeza absoluta, teremos que utilizar pelo menos um deles!

E se vamos usar, quase sempre, apenas um desses dados adicionais, por que razão o enunciado fornece três? Ora, se ele fornecesse apenas um, então você já saberia qual iria utilizar. Não é verdade? Aí ficava mais fácil ainda...

Também aqui foi dito na leitura "... desconto racional composto..."! Já identificamos tudo! Os nossos dados serão os seguintes:

→ N = 500.000,00

→ n = 60 dias = 2 meses

→ i = 84% ao ano

→ A =?

A fórmula do desconto composto racional, já sabemos, é a seguinte:

→ $\mathbf{N = A.(1 + i)^n}$

Percebamos que taxa e tempo não estão na mesma unidade! Porém, antes de partirmos para as duas tentativas (para compatibilizar taxa e tempo) vamos analisar melhor os dados adicionais que o enunciado nos apresentou.

Ora, esses dados adicionais foram os valores de três parênteses. Existe algum parêntese na nossa fórmula? Sim! E é justamente o parêntese famoso! Nos três parênteses fornecidos, existe o valor **(1,84)**.

Mas **(1,84)** é igual a **(1 + 0,84)**. E **0,84 = 84%**. Ora, dentro do parêntese famoso temos **(1 + i)**. Logo, percebemos que a questão quer que nós trabalhemos com essa taxa de 84%, que é uma taxa anual.

Conclusão: resolveremos essa questão, adotando, para taxa e tempo, a unidade anual. Nossos dados agora serão:

→ N = 500.000,00

→ n = 60 dias = 2 meses = (1/6) ano

→ i = 84% ao ano

→ A =?

Daí, aplicando a fórmula, teremos:

→ $\mathbf{N = A.(1+i)^n}$ → $\mathbf{A = N/(1+i)^n}$ → $A = 500000/(1+0,84)^{1/6}$

E o valor desse parêntese foi dado pela questão:

→ $(1,84)^{1/6} = 1,10697115$

Daí: A=500000/1,10697115

→ E: **A = 451.682,00 → Resposta!**

Convém lembrar que, para fazermos esta última divisão acima, seria deveras interessante utilizarmos o *artifício* já aprendido por nós, de colocar um *olho na conta e o outro olho nas opções de resposta*! Lembrados? *Ok*!

10. (ESAF) Um título deveria sofrer um desconto comercial simples de R$ 672,00 quatro meses antes do seu vencimento. Todavia uma negociação levou à troca do desconto comercial simples por um desconto racional composto. Calcule o novo desconto, considerando a mesma taxa de 3% ao mês.

a) R$ 600,00.

b) R$ 620,15.

c) R$ 624,47.

d) R$ 643,32.

e) R$ 672,00.

Solução: Aqui, a ESAF trouxe uma coisinha diferente: misturou, no mesmo enunciado, duas operações de desconto em regimes distintos (simples e composto) e com modalidades distintas (por dentro e por fora).

Trabalharemos uma por vez! Começando com aquela que a questão apresentou primeiro: um desconto comercial simples.

Para essa operação, os dados são os seguintes:

→ D_f = 672,00 (desconto simples por fora)

→ n = 4 meses

→ i = 3% ao mês

→ N =?

Agora, teremos que nos lembrar da fórmula do desconto simples por fora. Todos lembrados? É o seguinte:

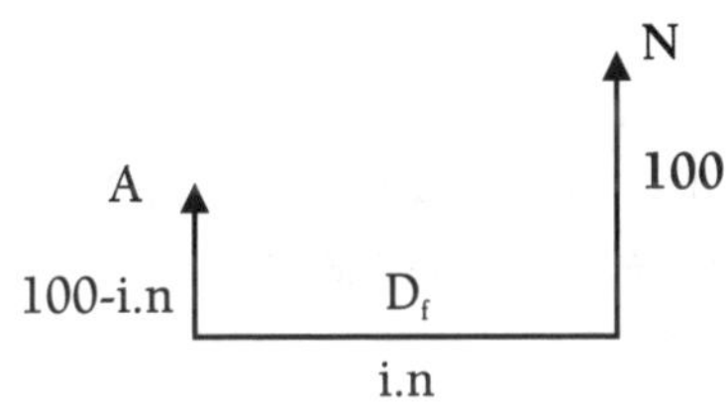

Uma vez que já estamos com taxa e tempo na mesma unidade, só nos resta substituir os dados na fórmula.

Teremos: $i\,n = 3 \times 4 = 12$

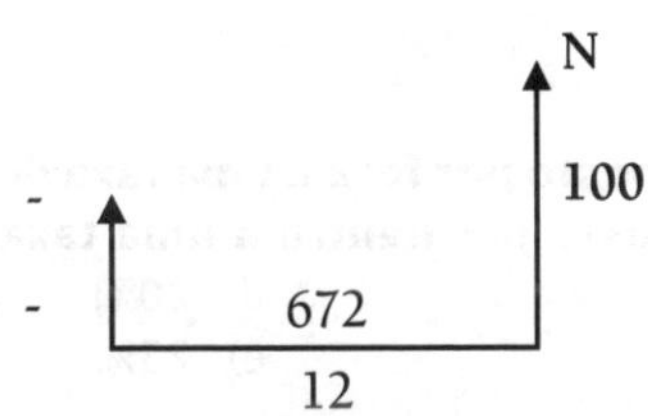

$$\frac{N}{100} = \frac{672}{12} \rightarrow N = \frac{672 \times 100}{12} \rightarrow \mathbf{N=5.600,00}$$

Descoberto o valor nominal, que é o mesmo para as duas operações, passamos a tratar do desconto racional composto! E nossos dados serão os seguintes:

→ N = 5.600,00

→ n = 4 meses

→ i = 3% ao mês

→ D =? (composto por dentro!)

Aqui, novamente dispondo de taxa e tempo na mesma unidade, basta que apliquemos a fórmula do desconto racional composto. Teremos:

$$\rightarrow \mathbf{N=A.(1+i)^n} \rightarrow \text{Daí: } A = \frac{N}{(1+i)^n} \rightarrow A = \frac{5.600}{(1+3\%)^4}$$

Para evitarmos o cálculo da divisão acima, usaremos aquela fórmula já utilizada na solução de questões de desconto composto racional.

$$\frac{1}{(1+i)^n} = (a_{n}\neg_i - a_{n-1}\neg_i).$$

Do termo $\frac{1}{(1+3\%)^4}$, o valor da taxa i é de 3% e o valor do n é 4. Então, este termo pode ser substituído por: $(a_4\neg_{3\%} - a_3\neg_{3\%})$

Daí, a expressão $A = \frac{5.600}{(1+3\%)^4}$ pode ser substituída por:

$A = 5.600 \times (a_4\neg_{3\%} - a_3\neg_{3\%})$

Consultando a segunda tabela financeira (a tabela do fator de valor atual), obteremos:

$a_4\neg_{3\%}=3,717098$

$a_3\neg_{3\%}=2,828611$

Substituindo estes resultados, teremos:

$A = 5.600 \times (a_4\neg_{3\%} - a_3\neg_{3\%}) = 5.600 \times (3,717098 - 2,828611)$

→ $A = 5600 \times (0,888487)$ → $A = 56 \times 88,8487$

→ $A \approx 56 \times 88,85$ → $A \approx 4975,6$

Agora, passemos à última conta (**D = N – A**). Encontraremos que:

→ D = 5600 – 4975,6 = **624,4 → Resposta: Alternativa C!**

Experimentem encontrar a solução dessa questão sem utilizar a fórmula que evita a divisão, e é claro sem calculadora, e perceberemos que o *artifício* que usamos é um verdadeiro *atalho*!

11. (ESAF) Desconto composto por fora a uma taxa de 20% ao mês é equivalente a um desconto composto por dentro a uma taxa mensal de:

a) 10%;
b) 15%;
c) 17%;
d) 20%;
e) 25%.

Solução: Essa é fácil. Serve só para memorizarmos a fórmula que nos fornece a relação entre as taxas de desconto composto por dentro e por fora. Aprendemos que:

$$\frac{1}{i_f} = \frac{1}{i_d} + 1$$

Logo, aplicando a fórmula acima, teremos que:

$\frac{1}{i_d} = \frac{1}{i_f} - 1$ → $\frac{1}{i_d} = \frac{1}{0,20} - 1$ → $\frac{1}{i_d} = 4$ → $i_d = \frac{1}{4}$ → $i_d=25$

→ i_d=25% ao mês → Resposta!

DESCONTO COMPOSTO – EXERCÍCIOS PROPOSTOS

01. (Agente Fiscal de Rendas SEFAZ/SP 2013 FCC) Um agente deseja descontar hoje um título com vencimento para daqui a 30 dias e tem as seguintes opções:
Banco I: taxa de 3% ao mês, operação de desconto simples racional.
Banco II: taxa de 3% ao mês, operação de desconto simples comercial.
Banco III: taxa de 4% ao mês, operação de desconto composto racional.
Banco IV: taxa de 3,5% ao mês, operação de desconto simples racional.
Para obter o maior valor líquido, ele deve optar pelo Banco

a) III ou IV.
b) IV.
c) III.
d) II.
e) I.

02. (Analista Técnico da SUSEP 2010 ESAF) Um título sofre um desconto racional composto dois meses antes do seu vencimento a uma taxa de 5% ao mês. Dado que o valor do desconto é R$ 10 000,00, qual o valor mais próximo do valor nominal do título?

a) R$ 100 000,00.
b) R$ 107 561,00.
c) R$ 102 564,00.
d) R$ 97 561,00.
e) R$ 110 000,00.

03. (APOFP SEFAZ-SP 2009 ESAF) Um título no valor de face de R$ 1.000,00 deve ser descontado três meses antes do seu vencimento. Calcule o valor mais próximo do desconto racional composto à taxa de desconto de 3% ao mês. (Consultar a tabela financeira ao final do livro.)

a) R$ 92,73
b) R$ 84,86
c) R$ 87,33
d) R$ 90,00
e) R$ 82,57

04. (Auditor-Fiscal da Receita Estadual SEFAZ-CE 2007 ESAF) Uma empresa desconta um título no valor nominal de R$ 112.551,00 quatro meses antes do seu vencimento por meio de um desconto racional composto calculado à taxa de 3% ao mês. Calcule o valor mais próximo do valor do desconto. (Consultar a tabela financeira ao final do livro.)

a) R$ 12 635,20.
b) R$ 12 551,00.
c) R$ 11 255,10.
d) R$ 12 633,33.
e) R$ 12 948,00.

05. (Gestor Fazendário MG 2005 ESAF) Um título no valor nominal de R$ 13.400,00 é resgatado seis meses antes de seu vencimento, sofrendo um desconto de R$ 3.400,00 sobre o seu valor nominal. Calcule a taxa de desconto mensal, considerando um desconto composto por dentro. (Consultar a tabela financeira ao final do livro.)

a) 4,2%.
b) 4,5%.
c) 5%.
d) 5,5%.
e) 5,67%.

06. (Auditor-Fiscal Tributário Municipal SP 2012 FCC) Dois títulos, um com vencimento daqui a 30 dias e outro com vencimento daqui a 60 dias, foram descontados hoje, com desconto racional composto, à taxa de 5% ao mês. Sabe-se que a soma de seus valores nominais é R$ 5.418,00 e a soma dos valores líquidos recebidos é R$ 5.005,00. O maior dos valores nominais supera o menor deles em

a) R$ 1.502,50.
b) R$ 1.484,00.
c) R$ 1.417,50.
d) R$ 1.215,50.
e) R$ 1.195,00.

07. (Auditor Fiscal do Estado do RJ 2011 FGV) O valor do desconto racional composto de um título cujo valor nominal é R$ 25.000,00, se o prazo de vencimento é de 2 anos e a taxa de desconto é de 25% ao ano, é

a) R$ 6.500,00.
b) R$ 5.875,50.
c) R$ 7.247,50.
d) R$ 7.500,00.
e) R$ 9.000,00.

08. (Auditor Fiscal do Estado do RJ 2011 FGV) A tabela representa uma tabela de fatores para o cálculo do Valor Presente sob o regime de juros compostos, sendo as linhas as diferentes taxas e as colunas os diferentes períodos (meses). Utilizando-se a tabela, o Valor Presente (descontando-se os centavos) de um título cujo valor nominal é de R$ 3.500,00 com prazo de vencimento de 6 meses, a uma taxa de 4% ao mês, é

MESES/ TAXAS	1	2	5	6
1%	0,990099	0,980296	0,951466	0,942045
4%	0,961538	0,924556	0,821927	0,790315

a) R$ 2.467,00.
b) R$ 2.766,00.
c) R$ 2.772,00.
d) R$ 3.301,00.
e) R$ 2.991,00.

09. (Banco do Brasil Escriturário 2008 Cespe) Julgue o item a seguir, considerando que o regime de juros praticado é o de juros compostos, à taxa mensal de 2%, e tomando 1,3 como valor aproximado para $1,02^{12}$.

1. Se o pagamento de um empréstimo que seria quitado em uma única prestação de R$ 26.000,00 ao final do segundo ano for antecipado para o final do primeiro ano, o valor a ser pago será superior a R$ 19.800,00.

10. (Banco do Brasil Escriturário 2007 Cespe) Julgue o item a seguir.

1. Uma dívida, contraída à taxa de juros compostos de 2% ao mês, deverá ser paga em 12 meses. No vencimento, o valor total a ser pago é de R$ 30.000,00, no entanto, o devedor quer quitá-la dois meses antes do prazo. Nessa situação, de acordo apenas com as regras de matemática financeira, o credor deverá conceder ao devedor um desconto superior a R$ 2.000,00.

11. (Analista Bancário BNB 2014 FGV) Um título de valor nominal R$ 8.800,00 é pago dois meses antes do vencimento com desconto comercial composto a uma taxa de 5% ao mês. O valor descontado é de:

a) R$ 8.000,00
b) R$ 7.982,00
c) R$ 7.942,00
d) R$ 7.920,00
e) R$ 7.910,00

12. (Fiscal de Rendas SEFAZ/RJ 2010 FGV) Um título com três anos até o vencimento tem valor futuro de R$ 10.000,00. Sabendo-se que um banco apresenta uma taxa de desconto composto comercial de 50% ao ano, o valor presente desse título é:

a) R$ 1.250,00.
b) R$ 2.000,00.
c) R$ 3.333,33.
d) R$ 4.000,00.
e) R$ 5.000,00.

13. (Auditor do Tesouro Municipal de Recife 2014 FGV) Suponha um título com valor de R$ 100,00, cujo prazo de vencimento é de 2 meses. Assuma que a taxa de desconto "*por fora*" seja igual a 5% ao mês. O valor presente do título e o valor do desconto sob o regime de juros compostos são (em R$), respectivamente, de

a) 90 e 10.
b) 90,25 e 9,75.
c) 85,74 e 14,26.
d) 95 e 5.
e) 105 e -5.

14. (Auditor Fiscal Tributário da Receita Municipal de Cuiabá 2014 FGV) Considere uma operação em que um título com prazo de vencimento de dois meses é descontado no regime de juros compostos. No caso do valor do desconto composto ser exatamente igual ao valor presente do título, assinale a opção que indica a taxa de desconto por fora. *(Arredonde a resposta para o inteiro mais próximo.)*

a) 21%
b) 29%
c) 33%
d) 41%
e) 50%

15. (Auditor Fiscal Tributário Municipal de Campinas 2012 CETRO) Um título com o valor de R$ 15.000,00, com 90 dias para seu vencimento, é descontado no regime de juros compostos, com uma taxa de desconto "por fora" (ou comercial) igual a 1,0% ao mês. Sendo assim, o valor do desconto composto é

a) R$445,52.
b) R$432,27.
c) R$454,21.
d) R$423,17.
e) R$462,15.

16. (Especialista em Finanças Públicas SEFAZ-RJ 2011 CEPERJ) Num Certificado de Depósito Bancário, de valor de resgate igual a R$ 200.000,00, sabendo-se que faltam 90 (noventa) dias para o seu vencimento, e que a taxa de desconto é de 3,8% ao mês, o valor do desconto concedido foi de: (Dados: $1,47746^{1/8}=1,05$; $0,962^{3}=0,89027713$)

a) R$ 22.990,00
b) R$ 21.991,23
c) R$ 21.944,57
d) R$ 21.888,88
e) R$ 22.189,11

17. (Analista de Controle Interno SEFAZ-RJ 2013 CEPERJ) Um título foi descontado 5 meses antes de seu vencimento, à taxa de 3% ao mês. Sabe-se que esta operação produziu um desconto de R$ 39.000,00. Admitindo-se o conceito de desconto composto "por fora", o valor nominal do título era: (Dados: $1,07^{12}=2,2522$; $0,97^{5}=0,8587$.)

a) R$ 275.074,92
b) R$ 276.000,00
c) R$ 277.774,02
d) R$ 276.008,49
e) R$ 276.899,99

18. (Auditor Fiscal Tributário Municipal de SP 2014 CETRO) Com adiantamento de dois meses do vencimento, um título de valor nominal de R$ 30.000,00 é descontado a uma taxa composta de 10% a.m.. A diferença entre o desconto racional composto e o desconto comercial composto será de

a) R$246,59.
b) R$366,89.
c) R$493,39.
d) R$576,29.
e) R$606,49.

19. (APOFP SEFAZ-SP 2010 FCC) Um título é descontado dois anos antes de seu vencimento segundo o critério do desconto racional composto, a uma taxa de juros compostos de 10% ao ano, apresentando um valor atual igual a R$ 20.000,00. Caso este título tivesse sido descontado segundo o critério do desconto comercial composto, utilizando a taxa de 10% ao ano, o valor atual seria de

a) R$ 19.602,00
b) R$ 19.804,00
c) R$ 20.702,00
d) R$ 21.600,00
e) R$ 21.780,00

20. (ICMS-SP 2009 FCC) Um título é descontado dois anos antes de seu vencimento, a uma taxa positiva i ao ano. Se for utilizado o desconto racional composto, o valor atual do título é igual a R$ 25.000,00 e, se for utilizado o desconto comercial composto, o valor atual é igual a R$ 23.040,00. O valor nominal deste título é igual a

a) R$ 40.000,00
b) R$ 36.000,00
c) R$ 34.000,00
d) R$ 32.000,00
e) R$ 30.000,00

Capítulo 7

Equivalência Composta de Capitais

A Equivalência Composta de Capitais tem muito em comum com a Equivalência Simples de Capitais, como por exemplo: a forma de identificar uma questão de equivalência, a divisão dos capitais em dois conjuntos de obrigações, a existência da data focal, o uso de operações de desconto para transporte dos capitais para a data focal e a aplicação da equação de equivalência.

Ocorre que agora trabalharemos com uma taxa composta. Veremos, todavia, que praticamente não há diferenças na resolução da questão de equivalência composta, em relação à equivalência simples. Na verdade, haverá alguns *facilitadores* nesse regime composto!

Aprenderemos a Equivalência Composta resolvendo uma questão de uma prova do AFRF.

Exemplo 1 – (ESAF) Uma empresa deve pagar R$ 20.000,00 hoje, R$ 10.000,00 ao fim de trinta dias e R$ 31.200,00 ao fim de noventa dias. Como ela só espera contar com os recursos necessários dentro de sessenta dias e pretende negociar um pagamento único ao fim desse prazo, obtenha o capital equivalente que quita a dívida ao fim dos sessenta dias, considerando uma taxa de juros compostos de 4% ao mês.

a) R$ 63.232,00.
b) R$ 64.000,00.
c) R$ 62.032,00.
d) R$ 62.200,00.
e) R$ 64.513,28.

Solução: Primeiramente, como identificamos que se trata de uma questão de Equivalência de Capitais? Ora, havia uma forma original de cumprir uma determinada obrigação, explicitada, a propósito, na primeira frase do enunciado. Ocorre que por estar sem condições de cumprir a obrigação (nos termos originalmente contratados), a empresa devedora vai querer **alterar** a forma original de pagamento.

Vejamos que a forma de se identificar uma questão de Equivalência Composta é a mesmíssima que aprendemos para identificar uma questão de Equivalência Simples! Ou seja, são as mesmas situações!

O que vai diferenciar uma questão da outra (Equivalência Simples e Equivalência Composta) é tão-somente a natureza da taxa.

E os passos de resolução? Serão os mesmos que já conhecemos da Equivalência Simples! Rigorosamente os mesmos! Tanto os *passos preliminares* quanto os *passos efetivos*. Estamos lembrados disso?

Neste enunciado, identificamos que a Equivalência é composta pela última informação que foi trazida: "... considerando uma taxa de **juros compostos**..."!

Vamos relembrar os passos preliminares de resolução. A cada passo, desenvolveremos nossa resolução, e acrescentaremos algumas poucas informações adicionais para consolidarmos nosso conhecimento da Equivalência Composta.

- **Passos Preliminares de Resolução:**

→ Primeiro Passo: *desenhar* a questão!

Para esse enunciado, teremos:

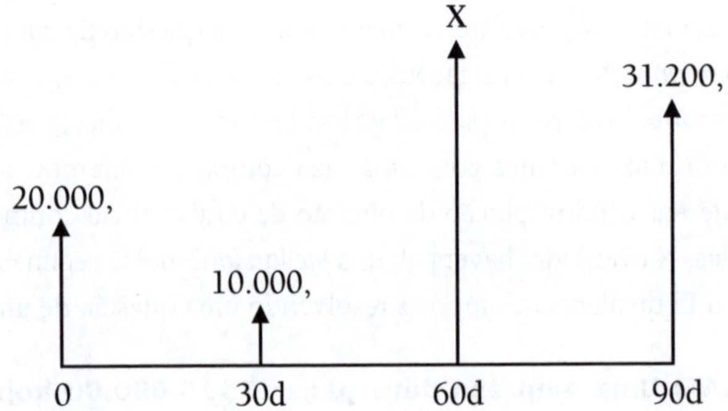

→ Segundo Passo: definir os valores de Primeira e de Segunda Obrigação, designando-os, respectivamente, por (I) e (II).

Teremos que:

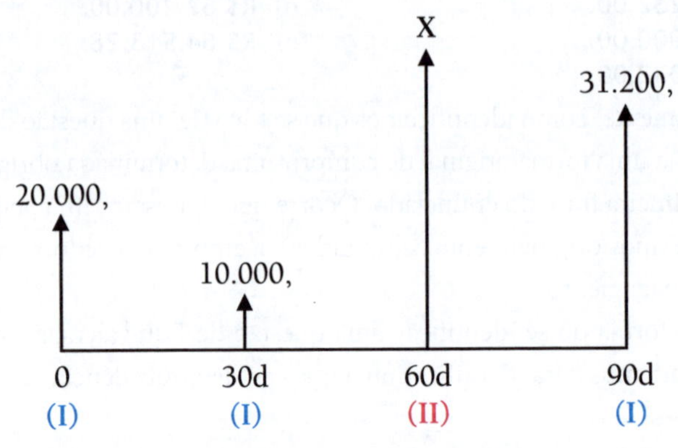

Chamamos de *primeira obrigação* a forma original de pagamento da obrigação. E *segunda obrigação* é a segunda forma de pagamento, aquela que irá substituir a forma original.

→ Terceiro Passo: colocar taxa e tempos na mesma unidade.

Neste exemplo a taxa fornecida é mensal, logo, chamaremos 30 dias, 60 dias e 90 dias de 1, 2 e 3 meses, respectivamente.

→ Quarto Passo: descobrir o regime e a modalidade do Desconto!

Em relação a esse quarto passo preliminar, há uma novidade. E das boas: na Equivalência Composta, só precisaremos identificar o regime. Ou seja, só precisaremos saber que estamos trabalhando no regime composto.

E por quê? Por um motivo bem simples: as questões de equivalência composta de capitais serão resolvidas, todas elas, pelo desconto composto racional (desconto composto por dentro)!

Não haverá equivalência composta que se resolva pelo desconto composto por fora! Só *por dentro*.

Daí, ganhamos mais um facilitador. Se percebermos que a questão é de Equivalência de Capitais, e que o regime é o composto, já saberemos qual o tipo de operação de desconto que usaremos para resolvê-la: *desconto composto por dentro*.

E como saberemos que o regime da questão é o composto? Ora, isso já aprendemos: 1º) quando o enunciado expressamente o disser (usando a palavra *composto*); 2º) quando o enunciado fornecer uma *taxa nominal* (por exemplo: 36% ao ano, com capitalização semestral).

O enunciado poderá também, como o fez aqui nesse exemplo, dizer que a taxa da questão é uma *taxa de juros compostos*. Ora, aprendemos que os *juros compostos* e o *desconto composto racional* são operações correspondentes. Então saberemos que o regime é o composto, e daí que a equivalência é a composta, concluindo que a questão será resolvida por meio de operações de desconto composto racional (por dentro)!

Assim sendo, *matamos* o quarto passo: a equivalência é composta e o desconto é o composto por dentro.

→ Quinto Passo: definir a localização da Data Focal.

Aqui teremos outra boa notícia! Para anunciá-la, teremos antes que nos reportar ao capítulo de Equivalência Simples, e recordar o que foi dito, naquela ocasião, acerca da Data Focal. Aprendemos que "quem manda na data focal, na **Equivalência Simples**, é o enunciado".

Pois bem, aqui é diferente! A regra sobre a Data Focal na questão de Equivalência Composta de Capitais será a seguinte:

Na Equivalência Composta, quem manda na Data Focal é você!

Em outras palavras: qualquer que seja a Data Focal que se venha a escolher para a resolução da questão de Equivalência Composta, o resultado encontrado será o mesmo! Tanto faz como tanto fez!

Atenção: "tanto faz como tanto fez" em termos de resultado! Mas, em termos de eficiência na resolução (leia-se: velocidade!) haverá sempre uma data focal mais, digamos, conveniente que as outras.

Em suma: qualquer data focal que você venha a adotar na resolução da equivalência composta, o resultado será o mesmo! Qualquer data focal *serve* na equivalência composta. Todavia, haverá sempre uma que facilitará as nossas contas!

Resolveremos essa nossa questão duas vezes, de duas formas diferentes: a primeira vez, escolhendo como data focal a data 2 meses. Depois que chegarmos ao resultado, iniciaremos uma nova resolução, só que adotando a data focal 3 meses. *Ok*? Veremos que ambas as resoluções nos farão chegar à mesma resposta.

Fazendo agora o desenho completo da questão, teremos:

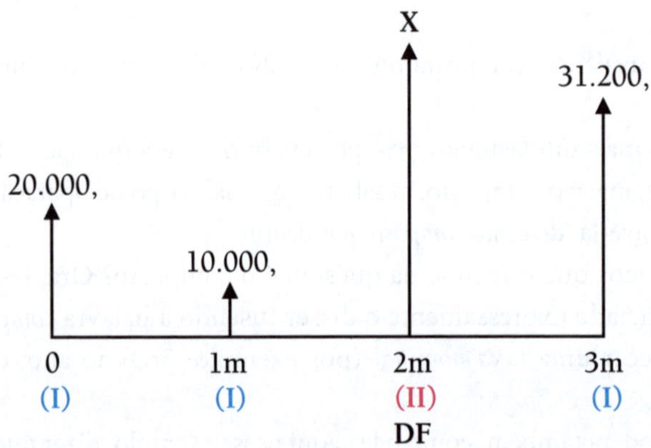

Concluídos os passos preliminares de resolução, passemos imediatamente aos passos efetivos. Quais? Aqueles mesmos que aprendemos na Equivalência Simples. Vejamos.

- **Passos Efetivos de Resolução da Equivalência Composta:**

→ Primeiro Passo: *transportar* para a Data Focal os valores da Primeira Obrigação.

Comecemos com a parcela de 20.000, que se encontra na data zero. Levando-a para a data focal, por meio de uma operação de desconto composto por dentro, teremos:

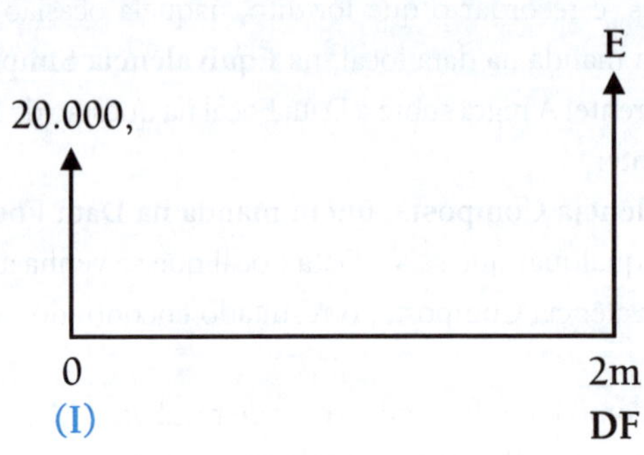

$\rightarrow E = 20000.(1 + i)^n \rightarrow E = 20000.(1 + 0{,}04)^2$

$\rightarrow$ Daí: $E = 20000 \times 1{,}0816 \rightarrow E = 21.632{,}00$

Trabalhando agora com a parcela R$ 10.000,00 que está sobre a data 1 mês, teremos:

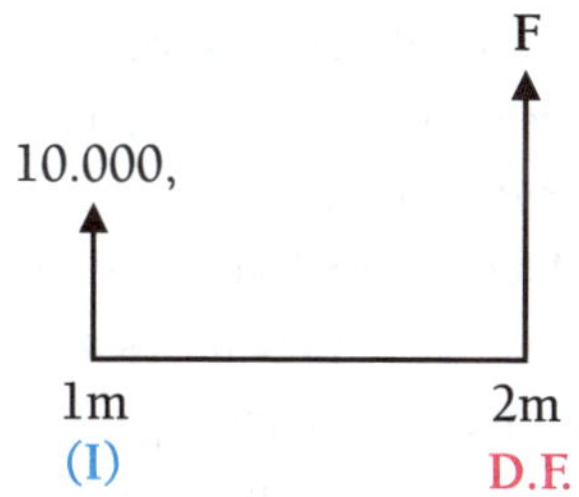

$\rightarrow F = 10000.(1 + i)^n \rightarrow F = 10000.(1 + 0{,}04)^1$

$\rightarrow$ Daí: $F = 10000 \times 1{,}04 \rightarrow F = 10.400{,}00$

Acabou o segundo passo? Ainda não! Falta a parcela de R$ 31.200,00 na data 3 meses. Levemo-na para a data focal. Teremos:

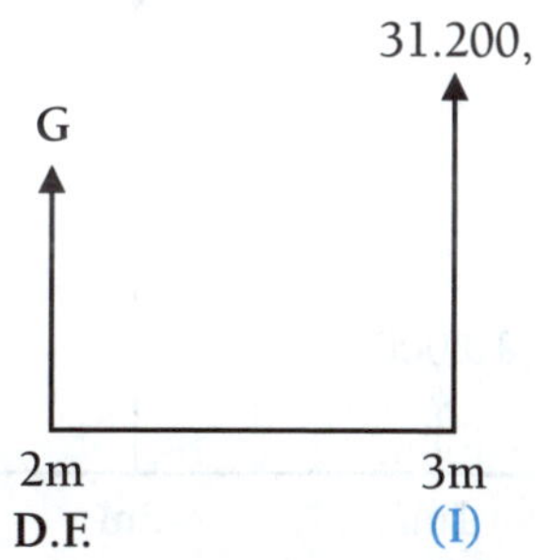

$\rightarrow 31200 = G.(1+i)^n \rightarrow G = 31200/(1+0{,}04)^1 \rightarrow G = 31200/1{,}04$

$\rightarrow$ **E:** $G = 30.000{,}00$

Há mais *alguém* que seja *primeira obrigação* para que nós o levemos para a data focal? Não, *ninguém*! Isso significa que terminou o nosso primeiro passo.

Passemos ao segundo passo efetivo de resolução.

→ Segundo Passo: *transportar* para a Data Focal os valores da Segunda Obrigação.

Ora, se o objetivo agora é o de levar para a data focal parcelas da *segunda obrigação*, então percebemos que este segundo passo já está concluído, sem que precisemos fazer nada. Estão vendo? De *segunda obrigação* só há o valor **X**, o qual já se encontra sobre a data focal. Daí, não terá que ser *transportado* para lugar nenhum, uma vez que já está onde queremos que ele esteja.

Ou seja, o resultado do segundo passo efetivo **é o próprio X**.

Resta passarmos ao terceiro e último passo efetivo, o arremate de toda questão de equivalência de capitais.

→ Terceiro Passo: aplicar a "Equação de Equivalência".

Este passo final da resolução, conforme estamos lembrados, é a forma pela qual se encerram todas as questões de Equivalência de Capitais, seja qual for o regime (simples ou composto).

É a seguinte:

$$\Sigma(I)_{DF} = \Sigma(II)_{DF}$$

Somente recordando: a primeira parte da equação, antes do sinal de igualdade, representa os valores da primeira obrigação, depois de levados para a data focal. Enquanto que a segunda parte da equação, depois do sinal de igualdade, será a soma das parcelas da segunda obrigação, também após terem sido levados à data focal. Teremos:

21632 + 10400 + 30000 = X → Daí: **X = 62.032,00 → Resposta!**

Conforme dito acima, vamos resolver novamente essa mesma questão, só que trabalhando com uma outra data focal: a data 3 meses. Teremos que encontrar uma mesma resposta final, uma vez que, na equivalência composta de capitais, a escolha da data focal é livre, de modo que qualquer uma conduz ao mesmo resultado! Passemos a essa segunda resolução.

Dando um pequeno salto, concluiremos os passos preliminares, já expondo qual será o novo desenho da questão. Teremos agora que:

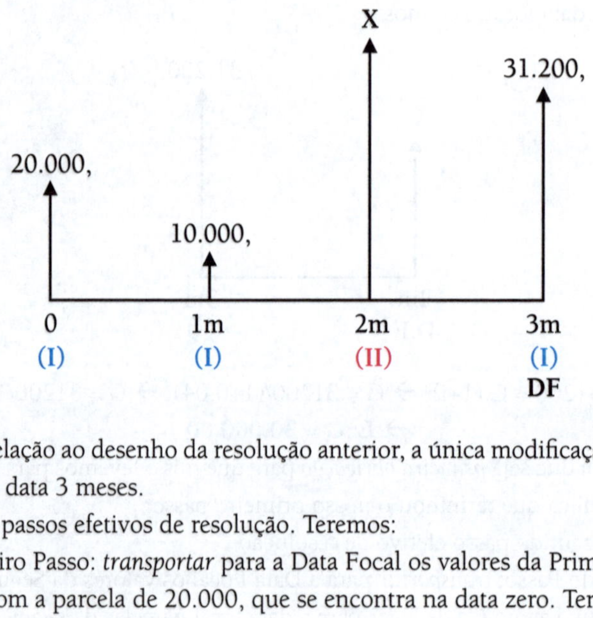

Ou seja, em relação ao desenho da resolução anterior, a única modificação foi a data focal, que agora está na data 3 meses.

Passemos aos passos efetivos de resolução. Teremos:

→ Primeiro Passo: *transportar* para a Data Focal os valores da Primeira Obrigação.

Iniciaremos com a parcela de 20.000, que se encontra na data zero. Teremos:

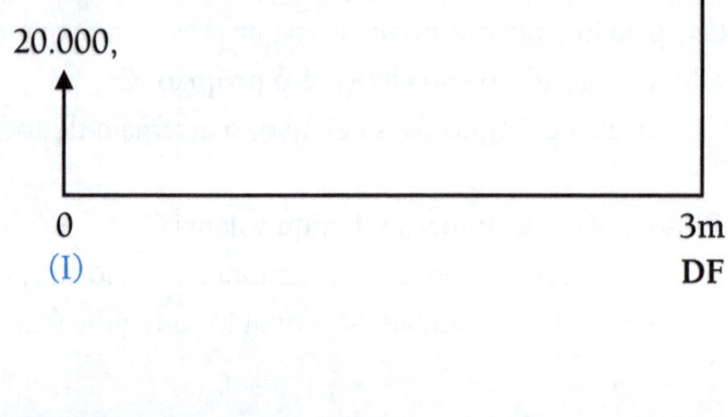

O desconto é por dentro, e é composto. Daí, teremos:

→ $E = 20000.(1+i)^n$ → $E = 20000.(1+0,04)^3$

→ Daí: $E = 20000 \times 1,124864$ → **E = 22.497,28**

Obs.: o valor do parêntese famoso $(1 + 0,04)^3$ poderá ser encontrado na Tabela Financeira, da forma que já bem conhecemos.

Seguindo no primeiro passo, trabalhando agora com a parcela R$ 10.000,00 que está sobre a data 1 mês, e teremos:

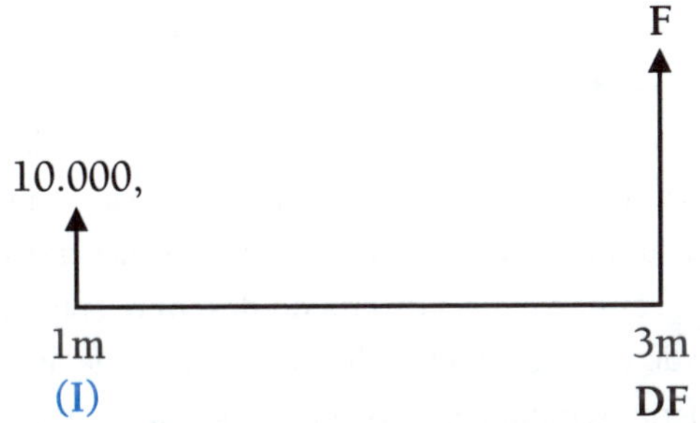

→ $F = 10000.(1 + i)^n$ → $F = 10000.(1 + 0,04)^2$

→ Daí: $F = 10000 \times 1,0816$ → **F = 10.816,00**

Para concluir esse primeiro passo, trabalharemos a parcela de R$ 31.200,00. Será que precisaremos fazer alguma coisa com essa parcela? Ou seja, será que teremos que *transportá-la* para algum lugar? Não, para lugar nenhum, uma vez que esse valor R$ 31.200,00 já está localizado sobre a data focal, exatamente onde nós queremos que ele esteja.

Atenção: o resultado desta parcela, neste primeiro passo, é o próprio valor R$ 31.200,00. Embora não tenhamos precisado fazer nada com ela aqui no primeiro passo, não podemos esquecer que este valor R$ 31.200,00 aparecerá, sim, quando passarmos ao terceiro passo efetivo de nossa resolução!

→ Segundo Passo: *transportar* para a Data Focal os valores da Segunda Obrigação.

Tomemos nossa parcela **X**, que é a única de segunda obrigação, e a transportemos para a data focal. Teremos:

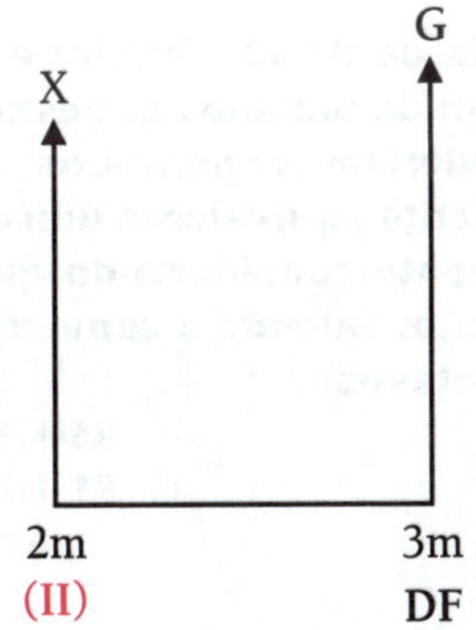

Teremos, então, que:

→ $G = X.(1 + i)^n$ → $G = X.(1 + 0{,}04)^1$ → Daí: $G = 1{,}04X$

→ Terceiro Passo: aplicar a *Equação de Equivalência*.

Finalmente, chegamos ao terceiro e definitivo passo de nossa resolução, aplicando a Equação de Equivalência. Teremos:

$$\Sigma(I)_{DF} = \Sigma(II)_{DF}$$

Daí:

22497,28 + 10816 + 31200 = 1,04X → Daí: 1,04X = 64.513,28

Daí: X = 64513,28/1,04 → Daí: **X = 62.032,00 → Resposta!**

Percebemos que as duas respostas conferiram. Ora, se na Equivalência Composta qualquer data focal *serve*, existe algum critério para escolhê-la? Sim! E não se trata de uma regra: trata-se de uma **sugestão**. E é a seguinte: se você, na questão de Equivalência Composta, escolher como data focal aquela data que estiver **mais à direita do desenho**, então você fará (no primeiro e segundo passos efetivos de resolução) multiplicações, em vez de divisões.

Particularmente, preferimos multiplicar a dividir! Neste caso, convém optar, na Equivalência Composta, no momento de adoção da data focal, por aquela que fica mais à direita! E por que funciona dessa maneira? Ora, pela própria fórmula do desconto composto por dentro. Vejamos:

→ $N = A.(1 + i)^n$ e → $A = N/(1 + i)^n$

Se a data focal escolhida é a mais da direita, então, quando formos *transportar* os valores de primeira e segunda obrigações para aquela data, estaremos sempre procurando por um Valor Nominal. E para achar o valor nominal, conforme a equação acima, faremos um produto.

Este assunto – Equivalência Composta de Capitais – somente ficará de fato completo quando estudarmos os dois últimos assuntos, Rendas Certas e Amortização.

Isso porque haverá questões de Equivalência, nas quais estarão inseridas – incidentalmente – operações de Rendas Certas e operações de Amortização. Podemos dizer que estas questões mais completas (leia-se: que envolvem ao mesmo tempo Equivalência Composta, Rendas Certas e Amortização) têm sido bastante freqüentes em provas de concursos.

Passemos agora a um novo exemplo. Por sinal, uma questão interessantíssima! Vejamos.

Exemplo 2 – (ESAF) A quantia de R$ 500.000,00 é devida hoje e a quantia de R$ 600.000,00 é devida no fim de um ano ao mesmo credor. Na medida em que os dois compromissos não poderiam ser honrados, uma negociação com o credor levou ao acerto de um pagamento equivalente único ao fim de dois anos e meio. Calcule o valor deste pagamento considerando que foi acertada uma taxa de juros compostos de 20% ao ano, valendo a convenção exponencial para cálculo do montante (despreze os centavos).

a) R$ 1.440.000,00.
b) R$ 1.577.440,00.
c) R$ 1.584.000,00.
d) R$ 1.728.000,00.
e) R$ 1.733.457,00.

Solução: É bem fácil a compreensão deste enunciado. Logo na primeira frase, fala-se acerca de duas parcelas que devem que ser pagas em datas definidas. Logo em seguida, surge aquela história de "*os compromissos não poderiam ser honrados*..." e que aquela forma original de pagamento vai ser alterada. Ora, só até aqui, já temos elementos suficientes para afirmar: trata-se de uma questão de equivalência de capitais!

Precisamos saber agora se a equivalência é *simples* ou *composta*! E isso o que irá nos dizer é o restante da leitura do enunciado. Então foi dito o seguinte: "... *considerando... uma taxa de juros compostos*". Pronto! Sabemos que o regime é o composto, de modo que estamos diante de uma questão de Equivalência Composta de Capitais. E se é uma questão de Equivalência Composta, sabemos que será resolvida por meio de operações de **desconto composto por dentro**.

Percebamos que o enunciado não precisaria ter dito mais nada! Mas disse. Surgiu então com uma história de que teríamos que trabalhar a questão, utilizando uma tal de **convenção exponencial**.

Onde foi que já vimos esse assunto sobre **convenção exponencial**? Ora, foi no estudo dos **juros compostos**! Lá, aprendemos que uma questão de juros compostos pode ser resolvida de duas formas: pela convenção exponencial ou pela convenção linear. Estamos lembrados disso? E vimos ainda que a **convenção exponencial** consiste na própria aplicação da fórmula fundamental dos juros compostos, qual seja: $\mathbf{M = C.(1 + i)^n}$.

Ora, dissemos acima que esta nossa presente questão, por ser de Equivalência Composta, será resolvida por operações de desconto composto por dentro! E onde entra aí essa tal de **convenção exponencial**?

Aprendemos anteriormente que operações de *juros compostos* e de *desconto composto por dentro* são operações correspondentes! Se compararmos as fórmulas de ambas, veremos que se trata, a rigor, da mesma equação. Vejamos:

→ $M = C.(1 + i)^n$ → (Juros Compostos)

→ $N = A.(1 + i)^n$ → (Desconto Composto)

Dito isto, passemos aos passos preliminares de nossa resolução de equivalência composta. Teremos:

- **Passos Preliminares de Resolução:**

→ Primeiro Passo: *desenhar* a questão!

Para esse enunciado, teremos:

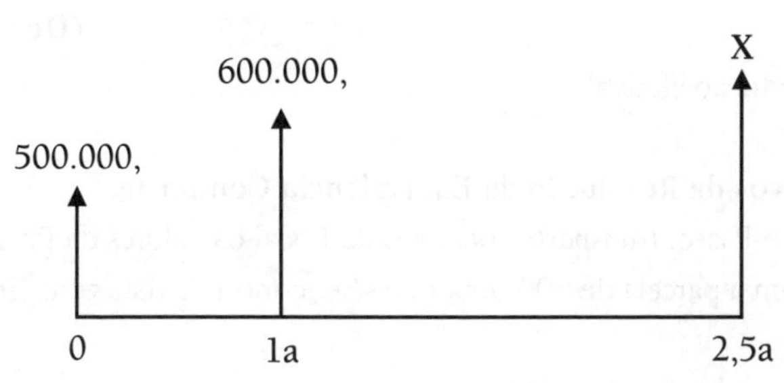

→ Segundo Passo: definir os valores de Primeira e de Segunda Obrigação, designando-os, respectivamente, por (I) e (II).

Teremos que:

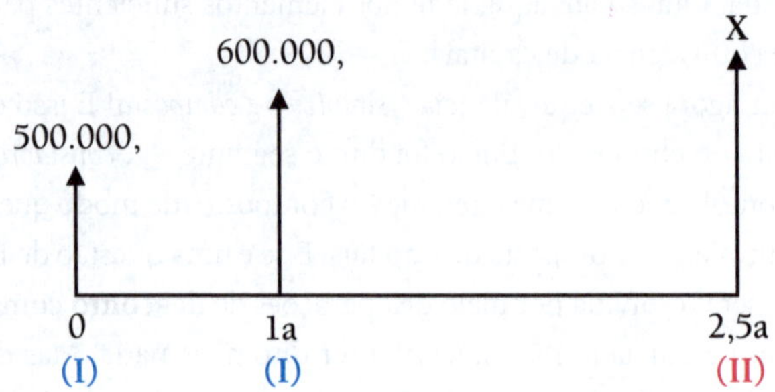

→ Terceiro Passo: colocar taxa e tempos na mesma unidade.

Este passo já veio pronto: a taxa fornecida é anual e os tempos também já estão nesta mesma unidade. Adiante!

→ Quarto Passo: descobrir o regime e a modalidade do Desconto.

Isso tudo já foi descoberto! Já sabemos que a Equivalência aqui é a composta, de modo que trabalharemos com o desconto composto por dentro.

→ Quinto Passo: definir a localização da Data Focal.

Qualquer uma serve? Sim, qualquer uma! Só que haverá uma delas que nos será mais conveniente. Neste caso, por dois motivos, seria bem interessante escolhermos a data focal 2,5 anos. Primeiro motivo: é a data do valor X, que pretendemos encontrar; segundo motivo: é a data mais à direita do nosso desenho, de modo que estaremos fugindo das divisões.

Então, nosso desenho completo da questão será o seguinte:

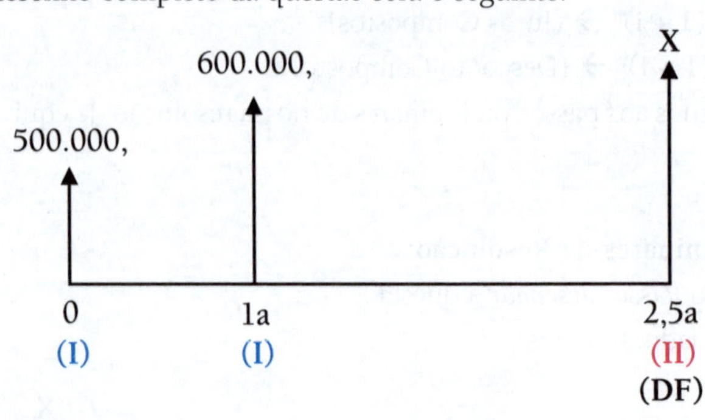

Passemos à resolução efetiva!

- **Passos Efetivos de Resolução da Equivalência Composta:**

→ Primeiro Passo: *transportar* para a Data Focal os valores da Primeira Obrigação.

Comecemos com a parcela de 500.000, que se encontra na data zero. Teremos o seguinte:

→ $E = 500000 \cdot (1 + 0{,}20)^{2{,}5}$

Percebamos, de antemão, que aplicando a fórmula acima, estaremos obedecendo à ordem do enunciado, de trabalhar a questão utilizando a **convenção exponencial**, uma vez que esta equação do desconto composto por dentro corresponde à equação fundamental dos juros compostos.

Ocorre que aqui nos deparamos com um problema! Reparemos bem nesse parêntese famoso. Repararam? Quanto é o valor do expoente? Ora, é um valor *quebrado*: 2,5. Existe tabela financeira para encontrarmos parêntese famoso com expoente que não seja inteiro? Não! E calculadora? Tem calculadora na hora da prova? Também não! E aí? O que faremos agora?

Resta uma saída! Uma vez que descobrimos que o enunciado nos pede uma solução que não há como ser trabalhada, pensaremos na outra maneira que existe para fazermos uma operação de juros compostos! Qual é? Pela **convenção linear**! Então, é isso que faremos! Trabalharemos essa operação de juros compostos acima, pela **convenção linear**!

Se bem estamos recordados, a convenção linear se resolve pela aplicação de uma fórmula especial. Teremos:

→ $M = C.(1+i)^{INT}.(1+i.Q)$ → $M = 500000.(1+0{,}20)^2.(1+0{,}20x0{,}5)$

E: → **M = 792.000,00**

Este Montante M é o nosso valor **E**. Ou seja: E = 792.000,00

Dando seqüência à resolução de Equivalência Composta, ainda dentro do primeiro passo, trabalharemos agora com a parcela de R$ 600.000,00, na data 1 ano.

Teremos:

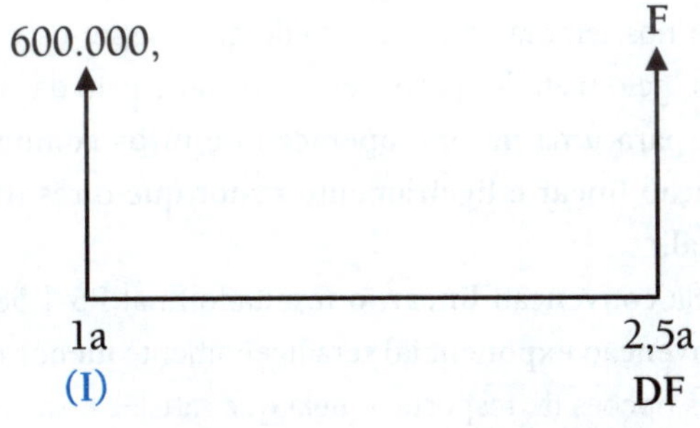

→ $F = 600000.(1 + 0{,}20)^{1{,}5}$

Novamente aqui nos deparamos com um *parêntese famoso* de expoente *quebrado*. E mais uma vez nos vemos impossibilitados de encontrar o valor do **F** de imediato, uma vez que não encontraremos auxílio na Tabela Financeira e nem dispomos de calculadora.

Conclusão: não teremos, de novo, como calcular o **F** pela convenção exponencial. Teremos que recorrer à **convenção linear**! Teremos:

→ $M = C. (1+i)^{INT}. (1+i.Q)$ → $M = 600000.(1+0,20)^1.(1+0,20x0,5)$

E: → **M = 792.000,00**

Este montante corresponde exatamente ao valor **F**. Daí, encontramos que:

→ F = 792.000,00

Com isso, terminamos o nosso primeiro passo da questão de Equivalência Composta. Passemos ao segundo passo:

→ Segundo Passo: *transportar* para a Data Focal os valores da Segunda Obrigação.

Ora, esse passo já está concluído. Ou seja, o valor de **X**, que é a única parcela da segunda obrigação, está localizada exatamente sobre a data focal, não tendo necessidade de ser transportada para lugar nenhum.

Concluindo: o valor do **X** na data focal é ele próprio.

→ Terceiro Passo: aplicar a Equação de Equivalência!

Chegada a hora dos "finalmentes", aplicaremos a equação de equivalência.

$$\Sigma(I)_{DF} = \Sigma(II)_{DF}$$

Daí, teremos:

792.000 + 792.000 = X → Daí: **X = 1.584.000,00**

Muita atenção agora! Quando você pensa que já terminou a questão – mesmo porque após ter feito tudo isso encontrou uma das opções de resposta (a opção C) – vem a grande *casca de banana*.

Percebamos que o enunciado nos pediu para calcular aquele valor **X**, só que trabalhando as operações pela **convenção exponencial**, e nós encontramos o **X** utilizando operações de **convenção linear**. Logo, a resposta que encontramos acima (R$ 1.584.000,00) não é a resposta certa!

Daí, vamos ter que nos lembrar do que aprendemos sobre os resultados encontrados, numa mesma operação, pelo método da convenção linear e pelo da convenção exponencial. E a regra é a seguinte: **para uma mesma operação de juros compostos, o resultado encontrado pela convenção linear é ligeiramente maior que o resultado encontrado pela convenção exponencial**.

Como achamos, pela **convenção linear**, o resultado final R$ 1.584.000,00, resta que o resultado final pela **convenção exponencial** será ligeiramente **menor que R$ 1.584.000,00**.

Procurando entre as opções de resposta aquela que satisfaz essa conclusão, encontramos justamente a opção B) R$ 1.577.440,00.

Daí: **X = 1.577.440,00 → Resposta da Questão!**

EXERCÍCIOS RESOLVIDOS DE EQUIVALÊNCIA COMPOSTA

1. **(ESAF) Uma empresa tem um compromisso de $ 100.000 para ser pago dentro de 30 dias. Para ajustar o seu fluxo de caixa, propõe ao banco a seguinte forma de pagamento: $ 20.000 antecipado, à vista, e dois pagamentos iguais para 60 e 90 dias. Admitindo-se a taxa de juros compostos de 7% ao mês, o valor dessas parcelas deve ser de:**
   a) $ 43.473;
   b) $ 46.725;
   c) $ 46.830;
   d) $ 47.396;
   e) $ 48.377.

Solução: Sabemos que antes de iniciar os passos efetivos da resolução de uma questão de Equivalência Composta, temos que fazer todos aqueles passos preliminares que já aprendemos. Então, apresentaremos o desenho completo do enunciado, já obedecidos todos os passos preliminares. *Ok*? Teremos:

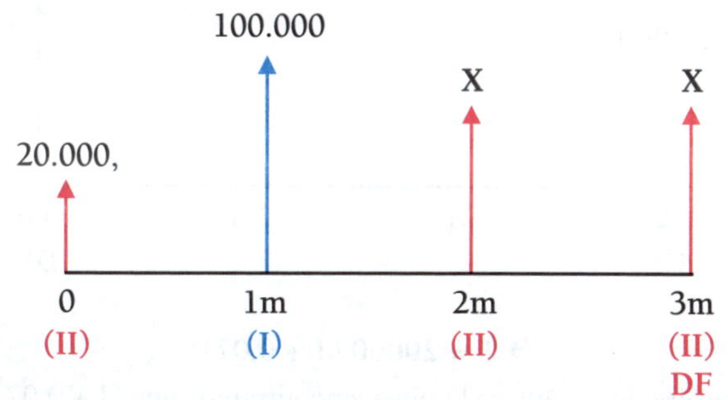

Percebamos que foi escolhida a data focal 3 meses, mas qualquer outra seria possível, uma vez que a escolha da data focal, na equivalência composta, é livre! Só recapitulando: o que fizemos acima foi seguir todos os passos preliminares de resolução da questão de equivalência, quais sejam: 1º) Desenhamos a questão; 2º) definimos quem é primeira e segunda obrigação (I e II); 3º) colocamos taxa e tempos na mesma unidade; 4º) percebemos que a taxa é composta, portanto a questão é de equivalência composta, de modo que as operações serão de desconto composto por dentro; 5º) escolhemos, livremente, uma data focal.

Passemos aos passos efetivos de resolução:

1º Passo – Levar para a data focal os valores da primeira obrigação.

Olhando para o desenho da questão, vemos que a única parcela de primeira obrigação é a de R$ 100.000,00 que está na data 1 mês. Daí, projetando-a para a data focal, teremos o seguinte:

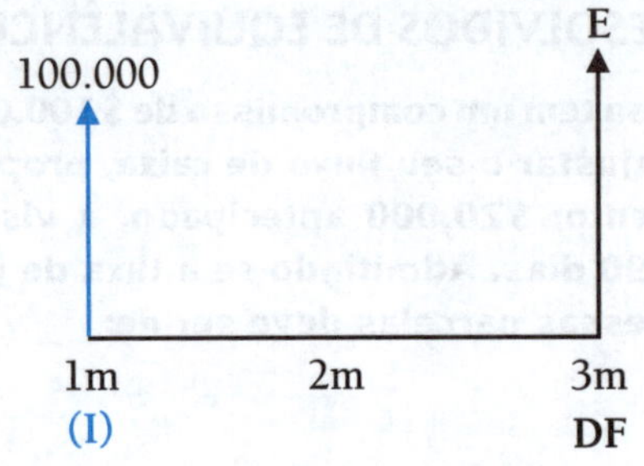

$\rightarrow E = 100000.(1 + 0,07)^2$

Esse *parêntese famoso*, consultado na Tabela Financeira, vai dar 1,144900. Daí, teremos que:

$\rightarrow$ E = 100000 × 1,144900 $\rightarrow$ E = 114.490,00

2º **Passo** – Levar para a data focal os valores da segunda obrigação.

Começando pela parcela R$ 20.000, faremos:

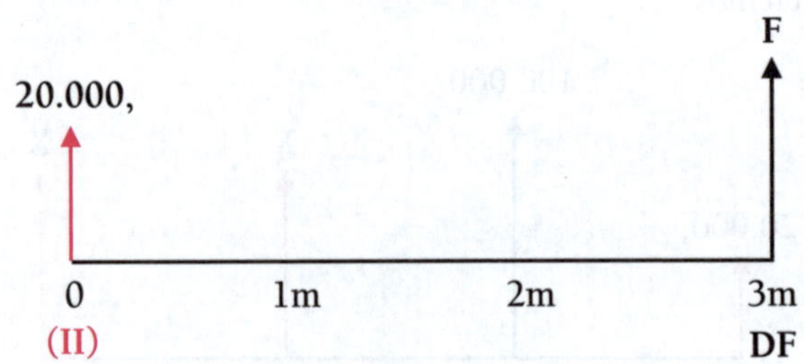

$\rightarrow F = 20000.(1 + 0,07)^3$

Na Tabela Financeira do parêntese famoso, encontramos que $(1 + 0,07)^3 = 1,225043$. Daí, teremos que:

$\rightarrow$ F = 20000 × 1,225043 $\rightarrow$ F = 24.500,86

Passando agora à primeira parcela **X**, teremos:

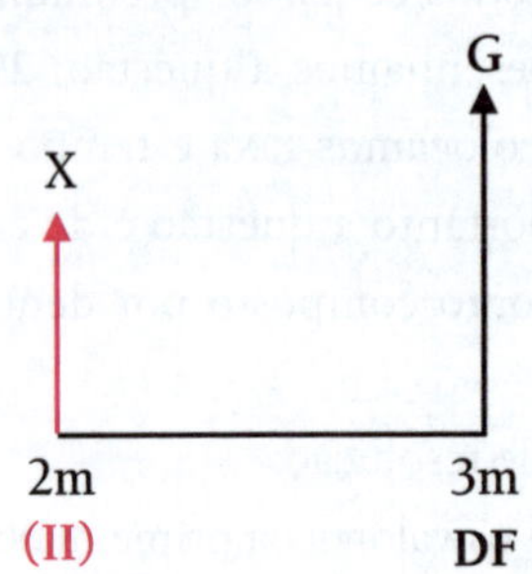

$\rightarrow G = X.(1 + 0,07)^1 \rightarrow G = 1,07.X$

Feito isso, vemos que ainda há uma outra parcela **X** que também consiste em segunda obrigação. Só que essa outra parcela **X** já está sobre a data focal, de modo que não precisará ser transportada para lugar nenhum. Encerrado está o nosso segundo passo.

3º **Passo** – Aplicar a Equação de Equivalência. Teremos:

$$\Sigma(I)_{DF} = \Sigma(II)_{DF}$$

→ **114.490,00 = 24.500,86 + 1,07X+X** → 2,07X = 89.989,14

→ Daí: X = (89.989,14/2,07) → E: **X = 43.473,00 → Resposta!**

2. (FCC) Uma concessionária vendia certo tipo de automóvel por $ 1.600.000,00 à vista. Tinha um plano de pagamento em 6 meses com juros fixos compostos mensalmente. Um cliente comprou um destes automóveis em 6 meses, efetuando pagamentos ao fim de 2 e 6 meses. Se o primeiro pagamento foi de $ 2.136.000,00 e se os juros foram de 40% ao mês, o segundo pagamento foi de (considere que: $(1,4)^4 = 3,8416$):

a) $ 3.184.600,00;
b) $ 3.416.800,00;
c) $ 3.641.800,00;
d) $ 3.841.600,00;
e) $ 3.846.100,00.

Solução: O desenho desta questão, já acompanhado de todos os passos preliminares, é o seguinte:

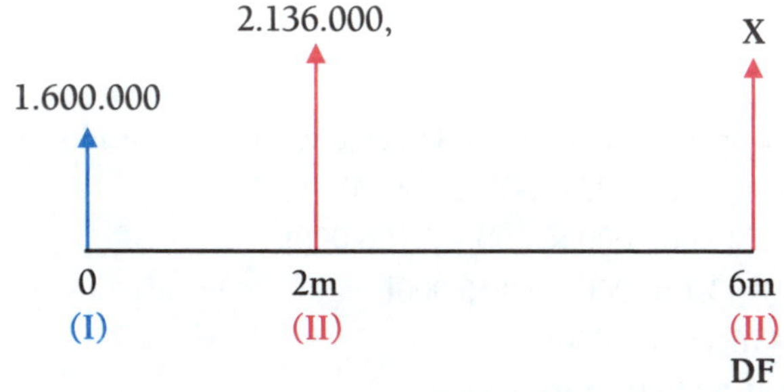

1º **Passo** – Levar para a data focal os valores da primeira obrigação.

Só há uma parcela de primeira obrigação, que é a de R$ 1.600.000,00 na data zero. Faremos:

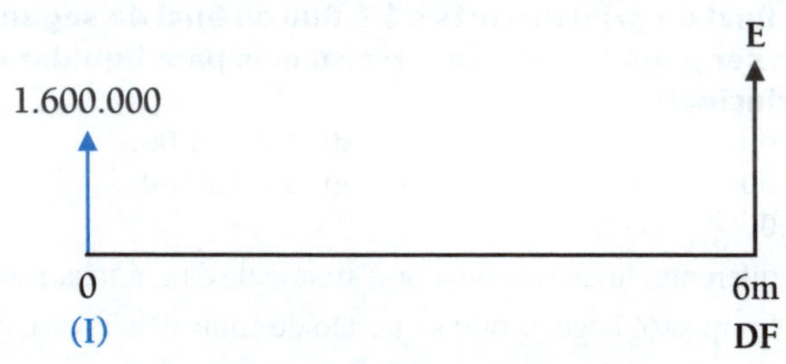

Teremos que: → $E = 1.600.000\ (1+0,40)^6 = 1.600.000\ (1,4)^6$

Deixaremos assim até montarmos a equação de equivalência.

2º Passo – Levar para a data focal os valores da segunda obrigação.

Começando pela parcela R$ 2.136.000, que está na data dois meses, teremos:

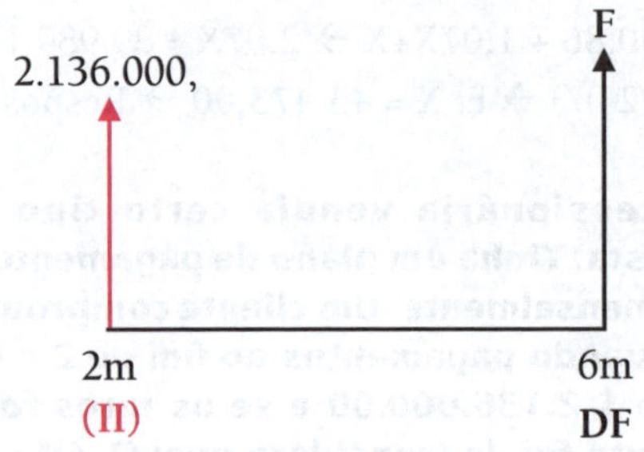

Teremos: → $F = 2.136.000\ (1+0,40)^4 = 2.136.000\ (1,4)^4$

Novamente, deixaremos assim até montarmos a equação de equivalência.

Acabou o segundo passo? Sim, uma vez que de segunda obrigação só ficou restando uma parcela **X**, que já está sobre a data focal. Daí, passemos ao arremate da questão.

3º Passo – Aplicar a Equação de Equivalência. Teremos:

$$\Sigma(I)_{DF} = \Sigma(II)_{DF}$$

→ $\mathbf{1.600.000\ (1,4)^6 = 2.136.000\ (1,4)^4 + X}$

→ $X = 1.600.000\ (1,4)^6 - 2.136.000\ (1,4)^4$

Colocaremos em evidência o termo **(1,4)⁴**, cujo valor foi fornecido na questão. Daí:

→ $X = (1,4)^4 \cdot [1.600.000\ (1,4)^2 - 2.136.000]$

→ $X = (1,4)^4 \cdot [1.600.000 \times 1,96 - 2.136.000]$

→ $X = (1,4)^4 \cdot [3.136.000 - 2.136.000]$

→ $X = 3,8416 \cdot [1.000.000]$

→ Daí: **X = 3.841.600,00 → Resposta!**

3. (ESAF) Uma empresa obteve um financiamento de $ 10.000 à taxa de 120% ao na,o capitalizados mensalmente (juros compostos). A empresa pagou $ 6.000 ao final do primeiro mês e $ 3.000 ao final do segundo mês. O valor que deverá ser pago ao final do terceiro mês para liquidar o financiamento (juros + principal) é:

a) $ 3.250,00;
b) $ 3.100,00;
c) $ 3.050,00;
d) $ 2.975,00;
e) $ 2.750,00.

Solução: Aqui, de diferente, apareceu uma taxa nominal. Ora, a taxa nominal nos diz que estamos no regime composto! Logo, sendo a questão de equivalência de capitais, concluímos que a equivalência é composta.

Transformando logo a taxa nominal para efetiva, diremos que **120% ao ano, capitalizados mensalmente**, é o mesmo que **10% ao mês**. Trabalhamos essa alteração pelo conceito de Taxas Proporcionais, como já é do nosso conhecimento.

Desenhando a questão já com todos os passos preliminares, teremos o seguinte:

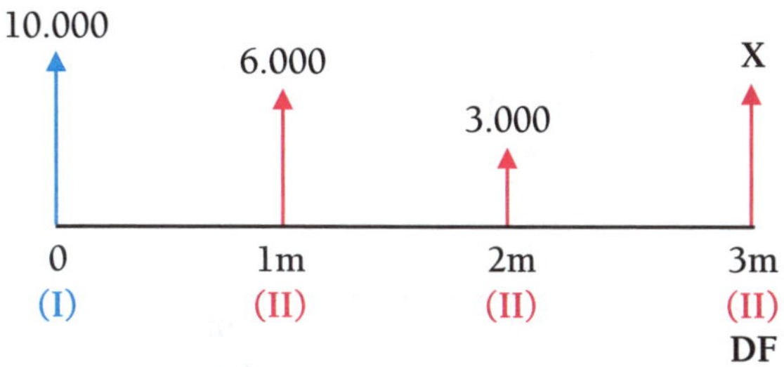

1º Passo – Levar para a data focal os valores da primeira obrigação.

Aqui também só há uma parcela de primeira obrigação, que é a de \$ 10.000,00 na data zero. Faremos:

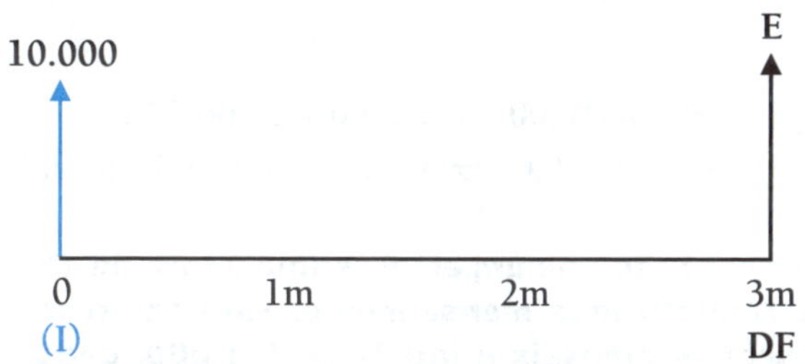

$$\rightarrow \mathbf{E = 10.000\ (1 + 0{,}10)^3}$$

Consultando a Tabela Financeira, acharemos que o parêntese famoso acima terá o valor de 1,331.

→ Daí: **E = 10000 × 1,3310 → E = 13.310,00**

2º Passo – Levar para a data focal os valores da segunda obrigação.

Começando pela parcela \$ 6.000, que está na data um mês, teremos:

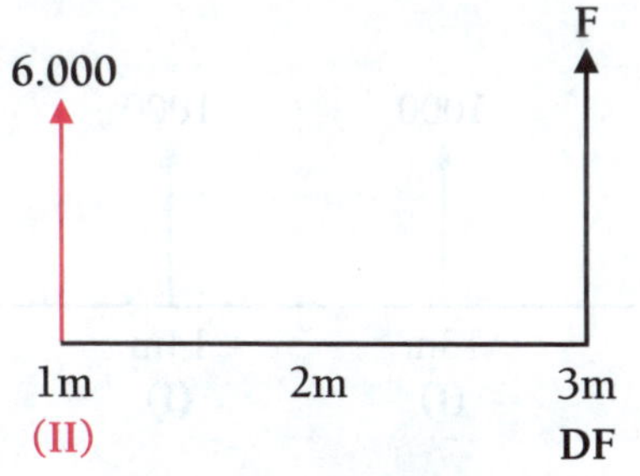

$$\rightarrow \mathbf{F = 6.000\ (1 + 0{,}10)^2}$$

Na Tabela Financeira, acharemos que o parêntese famoso acima vale 1,21. Daí:

→ $\mathbf{F = 6.000\ (1+0{,}10)^2}$ → F = 6000 × 1,21 → E: **F = 7.260,00**

Levando agora a parcela $ 3000 para a data focal, teremos:

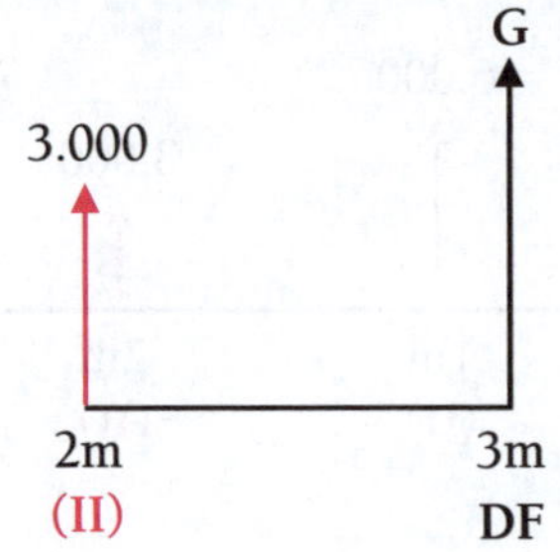

→ **G = 3.000 (1 + 0,10)^1** → G = 3000 × 1,10 → E: **G = 3.300,00**

Acabou-se o segundo passo. Adiante!

3º **Passo** – Aplicar a Equação de Equivalência. Teremos:

$$\Sigma(I)_{DF} = \Sigma(II)_{DF}$$

→ **13.310,00 = 7.260,00 + 3.300,00 + X**

→ Daí: **X = 13.310,00 – 10.560,00** → **X = 2.750,00 → Resposta!**

4. (ESAF) Uma pessoa tomou um empréstimo à taxa de 4% ao mês, com juros compostos capitalizados mensalmente. Este empréstimo deve ser pago em duas parcelas mensais e iguais de $ 1.000, daqui a 13 e 14 meses respectivamente. O valor que mais se aproxima do valor de um único pagamento, no décimo quinto mês que substitui estes dois pagamentos é:

a) $ 2.012,00;
b) $ 2.121,00;
c) $ 2.333,33;
d) $ 2.484,84;
e) $ 2.516,16.

Solução: O desenho completo com os passos preliminares é o seguinte:

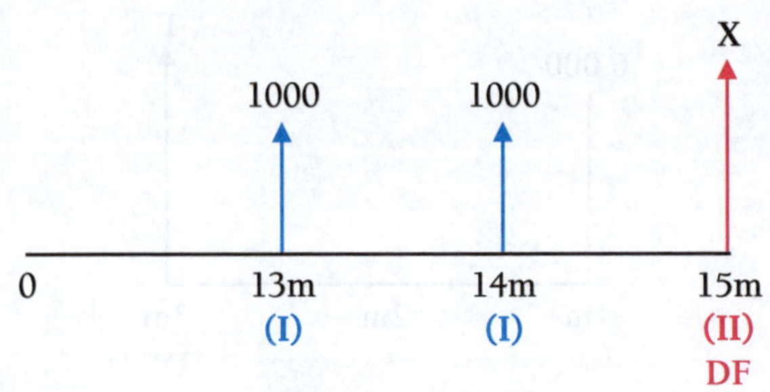

Daí, iniciemos os passos efetivos de resolução. Teremos:

1º **Passo** – Levar para a data focal os valores da primeira obrigação.

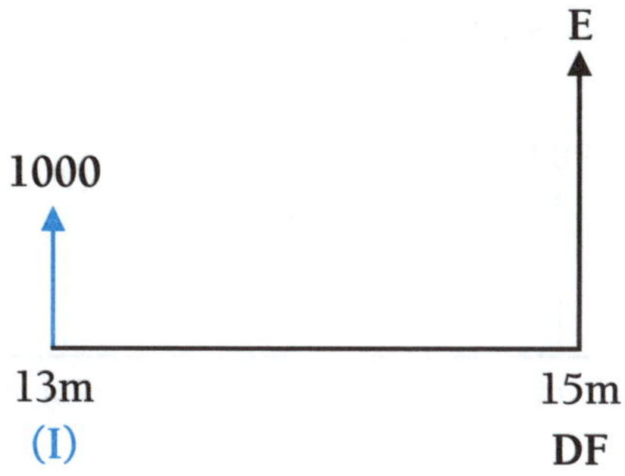

→ Daí: **E = 1.000 (1 + 0,04)²** → E = 1000 × 1,0816 → **E = 1.081,60**

Agora, trabalhando com a segunda parcela de $ 1.000, teremos:

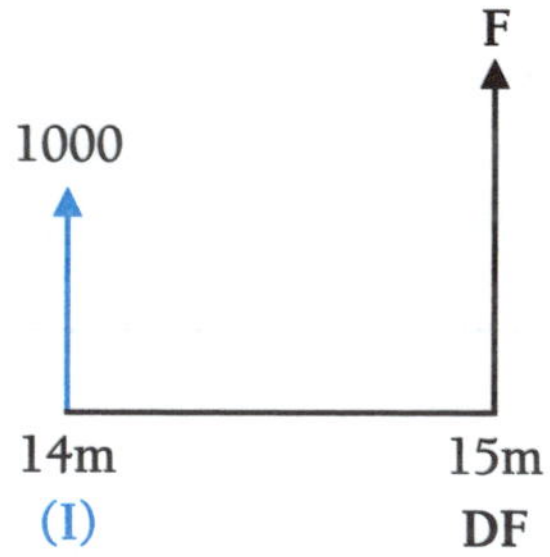

→ Daí: **F = 1.000 (1 + 0,04)¹** → F = 1000 × 1,04 → **F = 1.040,00**

O **segundo passo** já está feito por si, uma vez que a parcela **X** já se encontra sobre a data focal. Passemos ao arremate da questão.

3º **Passo** – Aplicar a Equação de Equivalência. Teremos:

$$\Sigma(I)_{DF} = \Sigma(II)_{DF}$$

→ 1.081,60 + 1.040,00 = X → X = 2.121,60 → Resposta!

5. **(ESAF) José tem uma dívida a ser paga em três prestações. A primeira prestação é de R$ 980,00 e deve ser paga ao final do terceiro mês; a segunda é de R$ 320,00 e deve ser paga ao término do sétimo mês; a terceira é de R$ 420,00 e deve ser paga ao final do nono mês. O credor cobra juros compostos com taxa igual a 5% ao mês. José, contudo, propõe ao credor saldar a dívida, em uma única prestação ao final do décimo segundo mês e mantendo a mesma taxa de juros contratada de 5%. Se o credor aceitar a proposta, então José pagará nesta única prestação o valor de:**

a) R$ 1.214,91;
b) R$ 2.114,05;
c) R$ 2.252,05;
d) R$ 2.352,25;
e) R$ 2.414,91.

Solução: Nosso desenho será o seguinte:

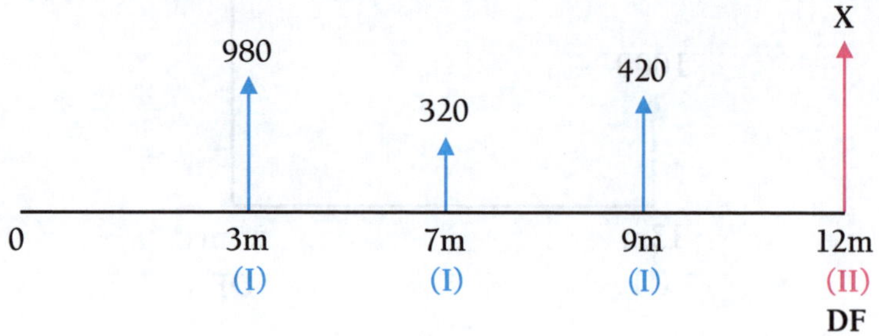

1º Passo – Levar para a data focal os valores da primeira obrigação.

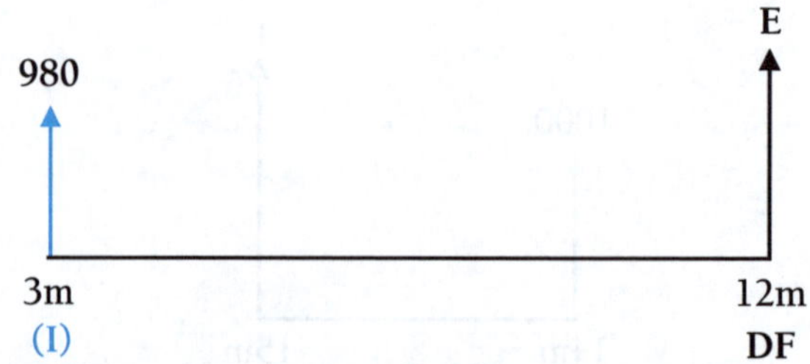

→ Daí: $\mathbf{E = 980\ (1+0,05)^9}$ → $E = 980 \times 1{,}551328$ → $\mathbf{E = 1.520{,}30}$

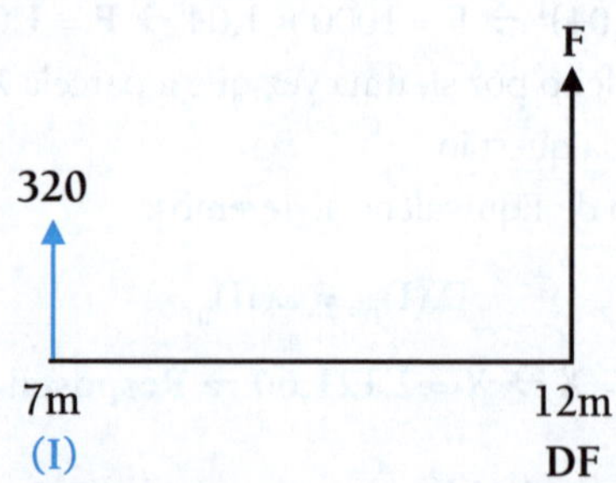

→ Daí: $\mathbf{F = 320\ (1 + 0,05)^5}$ → $F = 320 \times 1{,}276281$ → $\mathbf{F = 408{,}41}$

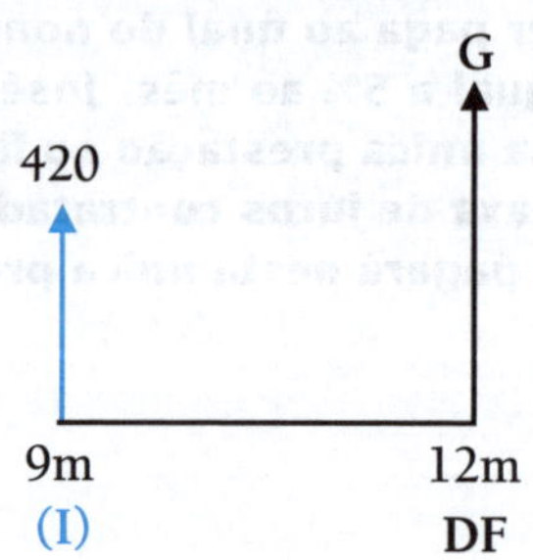

→ Daí: $\mathbf{G = 420\ (1 + 0,05)^3}$ → $G = 420 \times 1{,}157625$ → $\mathbf{G = 486{,}20}$

Acabou-se o primeiro passo e o **segundo** já está feito por si! Daí, passamos ao arremate da questão.

3º **Passo –** Aplicar a Equação de Equivalência. Teremos:

$$\Sigma(I)_{DF} = \Sigma(II)_{DF}$$

→ 1.520,30 + 408,41 + 486,20 = X → X = 2.414,91 → Resposta!

6. (ESAF) Qual o capital hoje que é equivalente, a uma taxa de juros compostos de 10% ao semestre, a um capital de R$ 100.000,00 que venceu há um ano mais um capital de R$ 110.000,00 que vai vencer daqui a seis meses?

a) R$ 210.000,00.
b) R$ 220.000,00.
c) R$ 221.000,00.
d) R$ 230.000,00.
e) R$ 231.000,00.

Solução: Fazendo o desenho da questão, teremos:

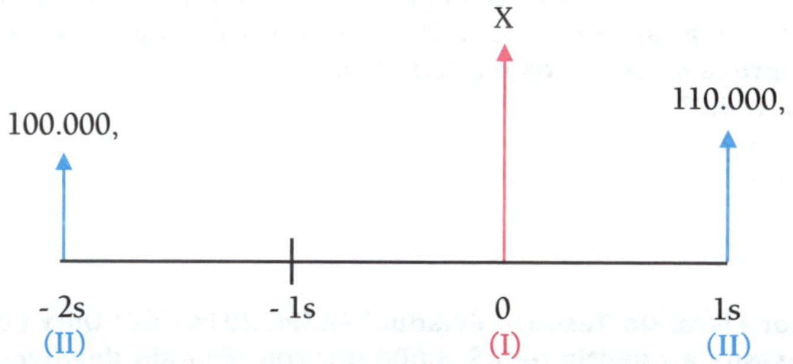

Com o desenho acima, já cumprimos praticamente todos os passos preliminares de resolução de uma questão de Equivalência de Capitais. Só nos resta escolhermos a data focal. Sabemos que essa escolha é livre, pois estamos no regime composto.

Escolhendo a data zero (que é o dia de hoje) como sendo a data focal, teremos que o primeiro passo efetivo de resolução já estará feito por si próprio, uma vez que o único valor de primeira obrigação, que é o **X**, já está sobre a data focal e não vai precisar ser levado para lugar nenhum.

Passando, pois, ao segundo passo efetivo, levaremos os valores de segunda obrigação para a data focal. Começando pela parcela R$ 100.000 que está na data dois semestres antes de hoje, teremos:

→ **E = 100000. (1 + 0,10)²**

→ E = 100000 × 1,21 → E = 121.000,00

Agora, trazendo a parcela R$ 110.000 para a data focal, teremos:

→ F = 110.000/(1 + 0,10)¹ → F = 110.000/1,1 → F = 100.000,00

Só falta agora aplicar a equação de equivalência, que consiste no terceiro passo efetivo de resolução. Encontraremos que:

→ **X = 121.000 + 100.000** → X = 221.000 → Resposta!

EQUIVALÊNCIA COMPOSTA DE CAPITAIS – EXERCÍCIOS PROPOSTOS

01. (Analista do Tesouro Estadual SEFPI 2015 FCC) Para quitar uma dívida que apresenta na data de hoje o valor de R$ 77.000,00, um empresário deverá efetuar um pagamento de P reais daqui a um ano e outro de 2P reais daqui a 2 anos. Considerando o critério do desconto racional composto a uma taxa de 8% ao ano, obtém-se que P é igual a

a) R$ 27.000,00
b) R$ 29.160,00
c) R$ 30.326,40
d) R$ 31.492,80
e) R$ 32.659,20

02. (Fiscal de Rendas SEFAZ-RJ 2008 FGV) Uma dívida é composta de duas parcelas de R$ 2.000,00 cada, com vencimentos daqui a 1 e 4 meses. Desejando-se substituir essas parcelas por um pagamento único daqui a 3 meses, se a taxa de juros é 2% ao mês, o valor desse pagamento único é: (Despreze os centavos na resposta.)

a) R$ 2.122,00.
b) R$ 1.922,00.
c) R$ 4.041,00.
d) R$ 3.962,00.
e) R$ 4.880,00.

03. (Auditor Fiscal do Tesouro Estadual FAZPE 2014 FCC) Uma pessoa tomou emprestada a quantia de R$ 5.000,00, combinando devolvê-la ao fim de 4 meses, acrescida de seus juros compostos, à taxa de 3% ao mês. Ao completar 3 meses da data do empréstimo, propõe ao credor liquidar a dívida por meio de dois pagamentos iguais, de P reais cada, um a vencer imediatamente e o outro daí a 3 meses. Se, na nova transação, vão utilizar o critério do desconto composto racional, mantendo a taxa de 3% ao mês, o valor de P será igual ao produto de 5000 por

a) $\frac{1+(1,03)^2}{(1,03)^3}$

b) $\frac{1+(1,03)^3}{(1,03)^6}$

c) $\frac{(1,03)^6}{1+(1,03)^3}$

d) $\frac{(1,03)^3}{2,03}$

e) $\frac{(1,03)^6}{1+(1,03)^2}$

04. (PGE/BA 2013 FCC) Uma pessoa deverá quitar uma dívida no valor atual de R$ 55.000,00 por meio de duas prestações anuais, iguais e consecutivas, no valor de R$ 36.000,00 cada uma, vencendo a primeira daqui a 1 ano. Esta pessoa se propõe a quitar esta dívida de uma só vez daqui a 3 anos, concordando com a utilização da mesma taxa de juros compostos positiva considerada para obtenção dos valores das duas prestações acima, segundo o critério do desconto racional composto. O valor desta parcela única terá de ser

a) R$ 95.040,00.
b) R$ 90.720,00.
c) R$ 88.560,00.
d) R$ 86.400,00.
e) R$ 79.200,00.

05. (Auditor Fiscal da Receita Estadual SFARJ 2014 FCC) Uma dívida deverá ser quitada por meio de 3 prestações anuais e consecutivas. O valor da primeira prestação, que vence daqui a 1 ano, é igual a R$ 9.240,00, o da segunda é R$ 12.705,00 e o da terceira é R$ 16.770,60. Utilizando o critério do desconto racional composto, a uma taxa de 10% ao ano, esta dívida poderá ser quitada por meio de duas prestações de valores iguais, vencíveis a primeira daqui a 1 ano e a segunda daqui a 2 anos. O valor de cada prestação, nesta segunda opção, é

a) R$ 15.750,00
b) R$ 18.150,00
c) R$ 17.325,00
d) R$ 16.500,00
e) R$ 16.125,00

06. (Auditor Fiscal da Fazenda Estadual SEFPI 2015 FCC) Uma pessoa deve a um credor três parcelas mensais consecutivas de mesmo valor nominal R$ 1.000,00 cada, a primeira a vencer daqui a 30 dias. Deseja hoje substituí-las por dois pagamentos iguais entre si, um com vencimento para daqui a 2 meses e outro para daqui a 4 meses. Utilizando o critério do desconto racional composto, com taxa de 5% ao mês, o valor X de cada uma dessas duas prestações, em reais, é tal que

a) $1\,585 < X < 1\,590$
b) $1\,570 < X < 1\,575$
c) $1\,590 < X < 1\,595$
d) $1\,575 < X < 1\,580$
e) $1\,580 < X < 1\,585$

07. **(Auditor Fiscal de Tributos Estaduais de Rondônia 2010 FCC) A compra de um equipamento por uma indústria poderá ser feita por uma das duas opções seguintes: à vista por R$ 41.600,00 ou em duas prestações anuais e consecutivas de valores iguais, vencendo a primeira um ano após a data da compra. Considerando-se uma taxa de juros compostos de 8% ao ano e o critério do desconto composto real, tem-se que o valor de cada prestação referente à segunda opção que torna equivalentes, na data da compra, as duas opções é**

a) R$ 23.328,00
b) R$ 22.064,00
c) R$ 21.600,00
d) R$ 20.800,00
e) R$ 20.400,00

08. **(Analista Bancário BNB 2014 FGV) Uma loja cobra, nas compras financiadas, 10% de juros ao mês. Nessa loja um forno de micro-ondas estava anunciado da seguinte forma: entrega na hora com zero de entrada, R$ 264,00 um mês após a compra e R$ 302,50 dois meses após a compra. O preço à vista equivalente para esse forno é de:**

a) R$ 453,20
b) R$ 467,00
c) R$ 490,00
d) R$ 509,85
e) R$ 566,50

09. **(Auditor do Estado do Maranhão 2013 FGV) Um terreno foi vendido em três parcelas sendo a primeira de R$ 9.000,00 no ato da compra, a segunda de R$ 12.000,00 um ano após a compra e a terceira de R$ 28.800,00 dois anos após a compra. A taxa de juros praticada foi de 20% ao ano. O valor total à vista no momento da compra de tal mercadoria é**

a) R$ 49.800,00.
b) R$ 41.862,72.
c) R$ 41.448,00.
d) R$ 39.000,00.
e) R$ 38.565,12.

10. **(AFC/STN 2005 ESAF) Uma pessoa contraiu uma dívida no regime de juros compostos que deverá ser quitada em três parcelas. Uma parcela de R$ 500,00 vencível no final do terceiro mês; outra de R$ 1.000,00 vencível no final do oitavo mês e a última, de R$ 600,00 vencível no final do décimo segundo mês. A taxa de juros cobrada pelo credor é de 5% ao mês. No final do sexto mês, o cliente decidiu pagar a dívida em uma única parcela. Assim, desconsiderando os centavos, o valor equivalente a ser pago será igual a: (Vide tabelas financeiras I e IV ao final do livro.)**

a) R$ 2.535,00;
b) R$ 2.100,00;
c) R$ 2.153,00;
d) R$ 1.957,00;
e) R$ 1.933,00.

11. (AFC/STN 2005 ESAF) Um carro pode ser financiado no regime de juros compostos em dois pagamentos. Uma entrada de R$ 20.000,00 e uma parcela de R$ 20.000,00 seis meses após a entrada. Um comprador propõe como segunda parcela o valor de R$ 17.000,00, que deverá ser pago oito meses após a entrada. Sabendo-se que a taxa contratada é de 2 % ao mês, então, sem considerar os centavos, o valor da entrada deverá ser igual a: (Vide tabelas financeiras I e IV ao final do livro.)

a) R$ 23.455,00;
b) R$ 23.250,00;
c) R$ 24.580,00;
d) R$ 25.455,00;
e) R$ 26.580,00.

12. (AFC/STN 2005 ESAF) Em janeiro de 2005, uma empresa assumiu uma dívida, comprometendo liquidá-la em dois pagamentos. O primeiro, de R$ 2.500,00, com vencimento para o final de fevereiro. O segundo, de R$ 3.500,00, com vencimento para o final de junho. Contudo, no vencimento da primeira parcela, não dispondo de recursos para honrá-la, o devedor propôs um novo esquema de pagamento. Um pagamento de R$ 4.000,00 no final de setembro e o saldo em dezembro do corrente ano. Sabendo que a taxa de juros compostos da operação é de 3% ao mês, então, sem considerar os centavos, o saldo a pagar em dezembro será igual a: (Vide tabelas financeiras I e IV ao final do livro.)

a) R$ 2.168,00;
b) R$ 2.288,00;
c) R$ 2.000,00;
d) R$ 3.168,00;
e) R$ 3.288,00.

13. (AFC/STN 2005 ESAF) Uma imobiliária coloca à venda um apartamento por R$ 85.000,00 a vista. Como alternativa, um comprador propõe uma entrada de R$ 15.000,00 e mais três parcelas: duas iguais e uma de R$ 30.000,00. Cada uma das parcelas vencerá em um prazo a contar do dia da compra. A primeira parcela vencerá no final do sexto mês. A segunda, cujo valor é de R$ 30.000,00, vencerá no final do décimo segundo mês, e a terceira no final do décimo oitavo mês. A transação será realizada no regime de juros compostos a uma taxa de 4% ao mês. Se a imobiliária aceitar essa proposta, então o valor de cada uma das parcelas iguais, desconsiderando os centavos, será igual a: (Vide tabelas financeiras I e IV ao final do livro.)

a) R$ 35.000,00;
b) R$ 27.925,00;
c) R$ 32.500,00;
d) R$ 39.925,00;
e) R$ 35.500,00.

14. Uma pessoa deve pagar oito prestações de R$ 1.000,00 cada uma. A primeira prestação a vencer daqui a um mês; a segunda, ao fim de dois meses e assim por diante. Se resolvesse pagar a dívida por meio de um único pagamento daqui a oito meses, qual seria o valor desse pagamento, considerando-se urna taxa de juros composta de 10% ao mês? (Sugestão: utilize a fórmula do Montante de Rendas Certas do próximo capítulo).

a) R$ 10.500,00.
b) R$ 11.350,50.
c) R$ 11.435,90.
d) R$ 11.511,20.
e) R$ 11.870,30.

15. Uma pessoa deve pagar oito prestações de R$ 1.000,00 cada uma, a primeira prestação a vencer daqui a um mês, a segunda ao fim de dois meses e assim por diante. Se resolvesse pagar a dívida hoje por meio de um único pagamento, qual seria o valor desse pagamento, considerando-se urna taxa de juros composta de 10% ao mês? (Sugestão: utilize a fórmula do Valor Atual de Rendas Certas do próximo capítulo).

a) R$ 5.334,90.
b) R$ 5.600,00.
c) R$ 5.708,50.
d) R$ 5.811,40.
e) R$ 5.870,00.

Capítulo 8

Rendas Certas

8.1. Introdução

Suponhamos a seguinte situação: você, que nunca foi afeito a jogos de azar, resolveu, num belo dia, apostar na loteria. E, sorte de principiante, conseguiu formar um terno e ganhou R$ 1.000,00. Todo contente, sua primeira idéia foi a de economizar aquele dinheiro. Além do que, era um valor que não estava previsto em seu orçamento. Daí, você se dirigiu a um banco, abriu uma conta de poupança, e deixou aquele dinheiro lá, *guardado*, rendendo juros. Compostos, naturalmente! Quando isso ocorreu, era o dia 13 de agosto. Essa data virou o seu *dia da sorte*.

Tanto é assim, que você acabou por se tornar uma pessoa supersticiosa, de modo que no dia 13 do mês seguinte, retornou àquela mesma casa lotérica, apostou novamente e (adivinhem!) ganhou de novo! Quanto? R$ 1.000,00 outra vez. Quando isso aconteceu, imediatamente você voltou ao banco (aquele mesmo) e naquela mesma *conta da sorte* aplicou a nova quantia que acabara de ganhar.

Ora, você quase nem acreditava que a sorte pudesse estar assim tão favorável. Mas acreditou! Prova disso que no dia 13 do mês seguinte, outra vez estava você lá, apostando de novo na loteria, e ganhando de novo mais R$ 1.000,00.

Para encurtar a história, essa sua *onda de sorte* prolongou-se durante seis meses! Ou seja, por seis vezes consecutivas, você ganhou uma mesma quantia (R$ 1.000,00) e sempre na mesma data foi ao banco e aplicou o valor integral desse prêmio.

Ilustrativamente, poderíamos descrever essa situação da seguinte forma:

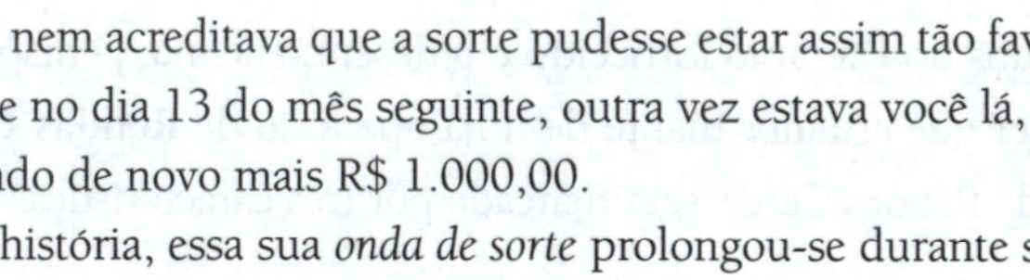

Ou seja, foram feitas seis aplicações, de parcelas de *mesmo valor*, e em *intervalos de tempo iguais*. E a respeito da taxa que envolvia tais aplicações? Trata-se de uma **taxa de juros compostos**.

Pois bem! Voltando à nossa situação, se a questão perguntasse, para essa dada situação, qual seria o valor a ser resgatado (referente às seis parcelas) na data da última aplicação, nosso desenho seria o seguinte:

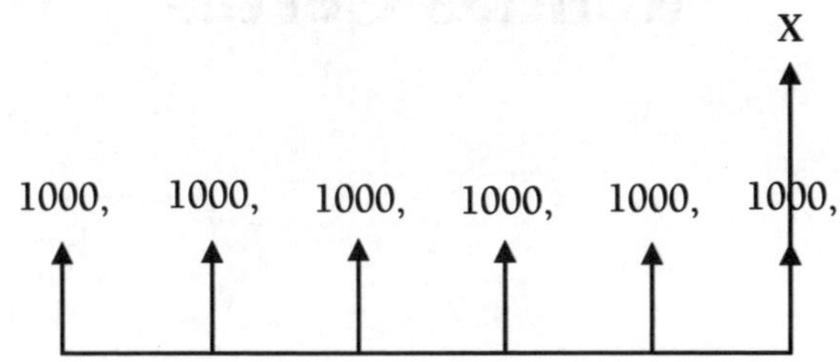

Somente para efeitos didáticos, e para não dificultar a visualização do desenho (com uma seta sobreposta à outra), vamos colocar as setas das aplicações voltadas para baixo, *ok*? Teremos, pois, o seguinte:

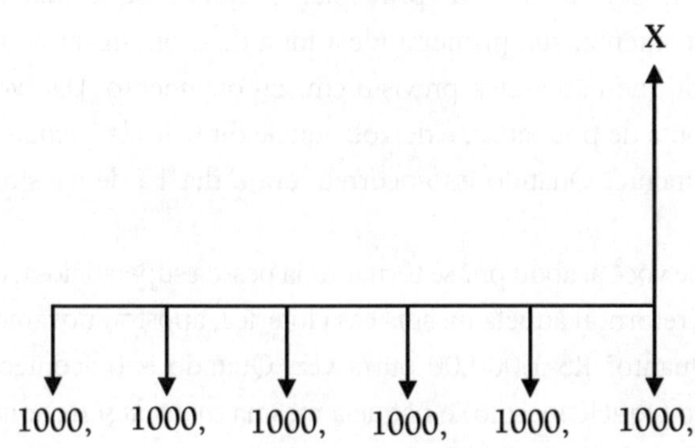

Ora, com os dados do exemplo fornecido e o desenho acima, já dispomos de elementos suficientes para dizer que estamos diante de uma operação de **Rendas Certas**. Senão, vejamos: toda questão de Rendas Certas será marcada por três características específicas, que são as seguintes:

1ª) Presença de **parcelas de mesmo valor**.

2ª) Estas parcelas aparecem em **intervalos de tempo iguais**.

3ª) Tudo isso sujeito a uma **taxa no regime composto**.

Daí, se estiverem presentes essas três características, e o nosso *objetivo* for aplicar, aplicar, aplicar para resgatar no final, então não teremos mais dúvidas: nossa questão será de Rendas Certas.

Além da situação apresentada acima, que tem como objetivo o cálculo do *montante de várias parcelas iguais e consecutivas no regime composto*, o assunto de Rendas Certas pode envolver também o cálculo do *Valor Atual (ou Valor Descontado) de várias parcelas iguais e consecutivas no regime composto*. Assim, dividimos o assunto de Rendas Certas em duas partes:

1ª) Cálculo do Montante para uma série de parcelas iguais

2ª) Cálculo do Valor Atual para uma série de parcelas iguais

Estudaremos, portanto, neste capítulo, maneiras práticas e eficazes para o cálculo do Montante e do Valor Atual de uma série de parcelas iguais e consecutivas no regime composto.

Passemos agora a conhecer a primeira parte de Rendas Certas.

8.2. Cálculo do Montante para uma Série de Parcelas Iguais

O estudo desta situação poderia ter sido abordado no capítulo de Juros Compostos, já que uma operação de Rendas Certas se trata, na verdade, do cálculo do montante de uma seqüência de capitais, no regime composto. Porém, devido à importância desse assunto, é natural que o coloquemos em um capítulo em separado.

Para o cálculo do montante de uma série de parcelas iguais usaremos uma fórmula, que veremos adiante. Daí, *para efeito de aplicação desta fórmula*, o nosso desenho da questão (o desenho formado com os dados fornecidos pelo enunciado) terá que está de acordo com o seguinte **desenho modelo**:

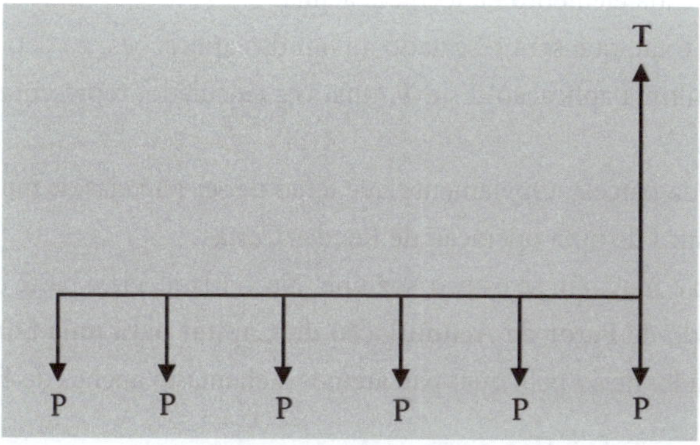

É importante memorizarmos esse *desenho modelo*? Sim, e por um motivo muito simples: olhando para ele, seremos capazes de extrair a informação crucial do assunto! E é a seguinte:

"Lei do Montante de Rendas Certas"

***Para efeito de utilização da fórmula* das Rendas Certas, a data do resgate terá de coincidir com a data da última aplicação!**

É disto que não podemos nos esquecer! Ora, se pensarmos um pouquinho a respeito dessa lei acima, veremos que até parece algo meio sem lógica, ou seja, conforme o *desenho modelo*, é como se alguém fosse a um banco, no dia da última aplicação, se dirigisse à boca do caixa, fizesse o depósito da última parcela e, no mesmo instante, pedisse para resgatar tudo o que havia aplicado, inclusive a última parcela que acabara de depositar!

Isso não faria sentido, uma vez que, na realidade, se eu sei que vou resgatar hoje, a lógica é não aplicar nada hoje, pois uma aplicação feita e resgatada na mesma data não renderia juros algum!

Contudo, não podemos esquecer o que vem dito logo no início da *Lei* acima: "*Para efeito de aplicação da fórmula...*" Ou seja, somente na hora de aplicarmos a fórmula, teremos que observar essa regra. Como já foi dito, o desenho da questão deverá *adequar-se* ao *desenho modelo*.

- **A Fórmula das Rendas Certas:**

É a seguinte:

$$T = P. s_{n \neg i}$$

O símbolo $s_{n \neg i}$ lê-se: **s de "n" cantoneira "i"**.

Vamos analisar cada elemento da fórmula acima:

→ **T**: é o valor **t**otal, que será resgatado ao fim das aplicações, na data que coincide *exatamente* com a da última aplicação! Este **T**, uma vez calculado, representará (sozinho) todas aquelas parcelas **P**.

→ **P**: é o valor da parcela. Obviamente que terão de ser parcelas de mesmo valor. Esta é a primeira característica de uma operação de Rendas Certas.

→ **s**: este **s** não é ninguém se estiver sozinho. Na verdade, ele é parte de um **fator**, que é o fator $s_{n \neg i}$, chamado de **Fator de Acumulação de Capital para uma Série de Parcelas**. O nome é muito grande, razão pela qual passaremos a chamá-lo apenas de **Fator S de Rendas Certas**! *Ok*?

→ **n**: este sim, terá um significado. Atenção aqui: em todos os assuntos anteriores, vimos que o **n** significava sempr'e **tempo**, não é verdade? Agora teremos uma mudança. Se o assunto é Rendas Certas, esse **n** da fórmula significará, tão-somente, o **número de parcelas** que estão sendo aplicadas! Portanto, **n** aqui não é tempo.

→ **i**: essa já é nossa velha conhecida: é a taxa da operação. E será, conforme já foi dito, uma taxa de **juros compostos**. Isso também é essencial! Vejamos que essa exigência – *taxa no regime composto* – é uma das características da questão de Rendas Certas!

Resta-nos conhecer alguns *detalhes* de resolução, os quais serão aprendidos, sem muito esforço, por meio dos exemplos que passaremos a resolver agora.

- **Primeiras Questões de Rendas Certas:**

Iniciemos com aquela situação hipotética que criamos no início deste capítulo para apresentar as Rendas Certas. Vamos reescrevê-la, só que em *linguagem de prova*. Vejamos:

Exemplo 1 – José resolveu aplicar no Banco X, sempre no dia 13 de cada mês, uma quantia de R$ 1.000,00, durante um prazo de 6 meses. Qual o valor total a ser resgatado por ele, na data da última aplicação, sabendo que o Banco X opera com uma taxa de juros compostos de 3% ao mês?

Solução: Vamos lá! O mais importante, no início, é tentar descobrir do que se trata a questão. Desenhando este enunciado, teremos:

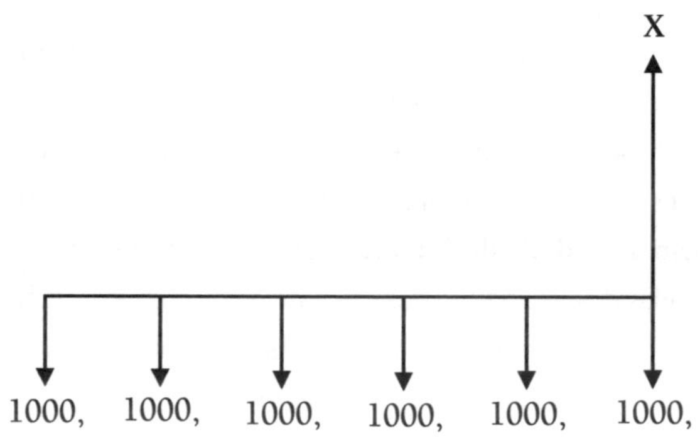

Daí, como nosso desenho da questão traz várias parcelas de mesmo valor, começamos a *desconfiar* que possa ser uma operação de Rendas Certas. Para confirmar nossa idéia inicial, teremos que identificar as três características das Rendas Certas. Vejamos:

→ 1ª) As parcelas são de mesmo valor? **Sim**!

→ 2ª) As parcelas estão aplicadas em intervalos de tempo iguais? **Sim**!

→ 3ª) A taxa da operação é de juros compostos? **Sim**!

E, para fechar: nosso objetivo aqui qual é? É calcular o montante das parcelas, ou seja, o resultado das aplicações numa data futura. Pronto! Não resta qualquer dúvida: trata-se de uma questão de Rendas Certas.

Feita a identificação do assunto, lembraremos que as Rendas Certas têm um *desenho modelo*, ao qual deverá estar compatível o desenho de nossa questão, para efeito de aplicação da fórmula.

Para que serve mesmo esse *desenho modelo*? Serve para nos lembrar que, para efeito de utilização da fórmula das Rendas Certas, a data do resgate (a data do **T**) deve ser a mesma data da última aplicação.

E quanto ao desenho do nosso enunciado, já está de acordo com a exigência do *desenho modelo*? **Sim**! A data do resgate (a data do **X**) coincide com a data da última parcela de R$ 1.000,00.

Daí, uma vez observada a **exigência** do *desenho modelo*, já poderemos aplicar diretamente a fórmula das Rendas Certas, na qual passaremos a chamar esse valor **X** de valor **T**.

Teremos:

$$\mathbf{T = P.\ s_{n\neg i}}$$

Nossos dados serão:

→ **T** =?

→ **P** = 1000,00

→ **n** = 6 (são 6 parcelas **mensais**)

→ **i** = 3% ao mês (juros compostos)

Observem que frisamos acima a palavra *mensais*, com o intuito de chamar-lhes a atenção para uma observação importantíssima: além de termos que verificar, na hora de aplicar a fórmula das rendas certas, se o desenho da questão está de acordo com o *desenho modelo*, haverá ainda uma outra exigência a ser cumprida: **é preciso que a taxa de juros compostos das Rendas Certas esteja na mesma unidade do intervalo que há entre as parcelas**!

Ou seja, se as parcelas das Rendas Certas são parcelas mensais, teremos que trabalhar com uma taxa de juros compostos ao mês; se as parcelas são bimestrais, taxa ao bimestre; se as parcelas são trimestrais, taxa ao trimestre; e assim por diante.

Já lhes adiantamos que, na maioria das vezes, os enunciados já costumam trazer essa exigência observada! Não que sejam obrigados a fazê-lo, mas costuma ser assim.

Todavia, supondo a pior hipótese, ou seja, supondo que as parcelas fossem mensais e a taxa de juros compostos da operação fosse uma taxa anual, o que faríamos nesse caso? Ora, não teríamos outra alternativa, senão alterar a unidade da taxa, transformando-a numa taxa ao mês! E como alteraríamos a unidade dessa taxa de juros compostos? Daquela forma que já aprendemos, trabalhando com o conceito de **Taxas Equivalentes**!

Só precisaremos fazer a alteração da taxa das Rendas Certas pelo conceito de Taxas Equivalentes quando a unidade da taxa for uma e a unidade do intervalo entre as parcelas for outra.

Voltando ao nosso exemplo, vemos que a unidade da taxa composta é mensal e que as parcelas também são mensais. Ou seja, não precisaremos alterar a unidade da taxa. Usando os dados do enunciado e aplicando a fórmula das Rendas Certas, teremos:

$$\mathbf{\rightarrow T = P.\ s_{n\neg i} \rightarrow T = 1000.\ s_{6\neg 3\%}}$$

Estamos quase no resultado! Só que surgiu uma dúvida: como é que se calcula esse tal *fator S de Rendas Certas*?

De uma forma surpreendentemente fácil: recorrendo à Tabela Financeira.

Atenção: percebamos que nossa resolução *esbarrou* no fator S de Rendas Certas, **e não no parêntese famoso**! Daí, neste momento, não iremos consultar a Tabela Financeira do Parêntese Famoso, mas a **Tabela Financeira do fator S de Rendas Certas**! Na prova, ela deverá vir apresentada exatamente da seguinte forma:

TABELA FATOR DE ACUMULAÇÃO DE CAPITAL DE UMA SÉRIE DE PAGAMENTOS $s_{n\neg i} = \dfrac{(1+i)^n - 1}{i}$

n \ i	1%	2%	3%	4%	...	9%	10%
1	1,000000	1,000000	1,000000	1,000000		1,000000	1,000000
2	2,010000	2,020000	2,030000	2,040000		2,090000	2,100000
3	3,030100	3,060400	3,090900	3,121600		3,278100	3,310000
4	4,060401	4,121608	4,183627	4,246464		4,573129	4,641000
5	5,101005	5,204040	5,309136	5,416322		5,984710	6,105100
6	6,152015	6,308121	6,468410	6,632975		7,523334	7,715610
7	7,213535	7,434283	7,662462	7,898294		9,200434	9,487171
8	8,285670	8,582969	8,892336	9,214226		11,028474	11,435888
9	9,368527	9,754628	10,159106	10,582795		13,021036	13,579477
10	10,462212	10,949721	11,463879	12,006107		15,192930	15,937424
...	...	...	...	...		...	...
18	19,614747	21,412312	23,414435	25,645413		41,301338	45,599173

Quem for fazer concurso elaborado pela ESAF (AFRF, por exemplo), deve esperar uma tabela dessas na prova!

Resumindo, quando é que utilizaremos essa Tabela do fator S de Rendas Certas? Somente quando precisarmos encontrar o fator $\mathbf{s_{n\neg i}}$. E quando é que este fator aparece numa questão de Matemática Financeira? Quando estivermos numa operação de Rendas Certas.

Vejamos que a estrutura da Tabela do fator S de Rendas Certas é semelhante à do Parêntese Famoso: na linha de cima, as taxas, começando da esquerda para a direita (1%, 2%, 3%,...), e, na coluna da esquerda, estão os valores de **n** (que agora significarão número de parcelas).

A cada vez que consultarmos a Tabela do fator S de Rendas Certas, estaremos trabalhando com três elementos: o valor da taxa de juros compostos (**i**), o número de parcelas (**n**), e o resultado do fator $\mathbf{s_{n\neg i}}$. Para fazer a consulta, teremos que ter **dois** desses elementos **conhecidos**, para podermos chegar ao elemento **desconhecido**! (Ou seja, é do mesmo jeito que aprendemos a consultar a tabela do *parêntese famoso*).

Neste caso, nossos elementos conhecidos são a taxa (**i = 3%**) e o número de parcelas (**n = 6**). Daí, correremos nossa vista, na tabela do fator S de Rendas Certas, pela coluna da taxa 3% e pela linha do n = 6 parcelas. Do seguinte modo:

TABELA III FATOR DE ACUMULAÇÃO DE CAPITAL DE UMA SÉRIE DE PAGAMENTOS $s_{n\neg i} = \dfrac{(1+i)^n - 1}{i}$

$n \backslash i$	1%	2%	3%	4%	...	9%	10%
1	1,000000	1,000000	1,000000	1,000000		1,000000	1,000000
2	2,010000	2,020000	2,030000	2,040000		2,090000	2,100000
3	3,030100	3,060400	3,090900	3,121600		3,278100	3,310000
4	4,060401	4,121608	4,183627	4,246464		4,573129	4,641000
5	5,101005	5,204040	5,309136	5,416322		5,984710	6,105100
6	6,152015	6,308121	**6,468410**	6,632975		7,523334	7,715610
...	...	...	...	...		...	...
9	9,368527	9,754628	10,159106	10,582795		13,021036	13,579477
10	10,462212	10,949721	11,463879	12,006107		15,192930	15,937424

Daí: → T = P. $s_{n\neg i}$ → T = 1000. $s_{6\neg 3\%}$

→ T = 1000 x 6,468410 → E: **T = 6.468,41 → Resposta!**

Compreendido o exemplo acima, só teremos que conhecer mais uma variação desse enunciado que trabalhamos, e estaremos aptos a resolver qualquer problema de Montante de Rendas Certas.

Passemos a explicar esta referida variação da questão das Rendas Certas.

Exemplo 2 – José resolveu aplicar no Banco X, sempre no dia 13 de cada mês, uma quantia de R$ 1.000,00, durante um prazo de 6 meses. Qual o valor total a ser resgatado por ele, três meses após a data da última aplicação, sabendo que o Banco X opera com uma taxa de juros compostos de 3% ao mês?

Solução: Percebamos aqui que o enunciado acima é quase igual ao do exemplo anterior. A única mudança diz respeito à data do resgate.

Fazendo o desenho deste enunciado, teremos:

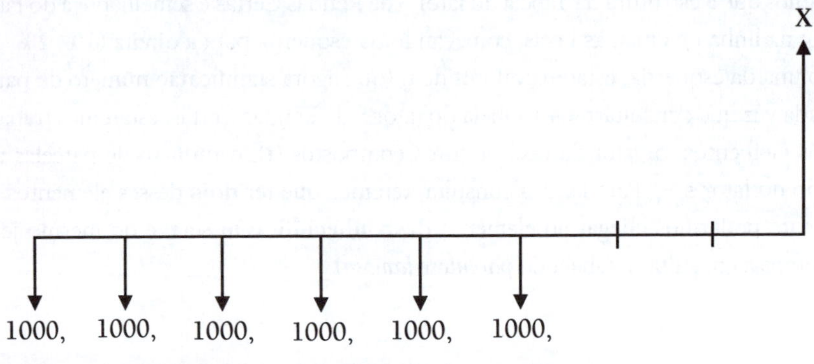

Vamos logo tentar identificar o assunto da questão. Ora, como aparecem várias parcelas de mesmo valor, nós ficamos *desconfiados* de que pode ser uma operação de Rendas Certas. Para confirmar essa nossa suspeita, teremos que verificar se estão presentes aquelas três características que já conhecemos:

→ 1ª) As parcelas são de mesmo valor? **Sim**!

→ 2ª) As parcelas estão aplicadas em intervalos de tempo iguais? **Sim**!

→ 3ª) A taxa da operação é de juros compostos? **Sim**!

E para que estamos aplicando sucessivamente? É para resgatar numa data futura? **Sim**! Então, não há dúvida: a questão é de Rendas Certas.

Quem for um bom observador já deve estar fazendo a seguinte verificação: o desenho da nossa questão (esse aí acima) **não** está de acordo com o *desenho modelo* das Rendas Certas.

Muito bem observado! O *desenho modelo* nos faz recordar a lei das Rendas Certas, segundo a qual o valor **T** da fórmula das Rendas Certas deverá estar exatamente sobre a data da última parcela.

E neste exemplo, a data em que está sendo pedido o resgate **não** coincide com o da última aplicação. Neste caso, nossa questão será resolvida em dois passos.

→ **1º Passo –** Completaremos o desenho da questão, acrescentando a seta que corresponde ao **T** da fórmula das Rendas Certas exatamente no local que lhe é devido, ou seja, na mesma data da última parcela aplicada. Teremos:

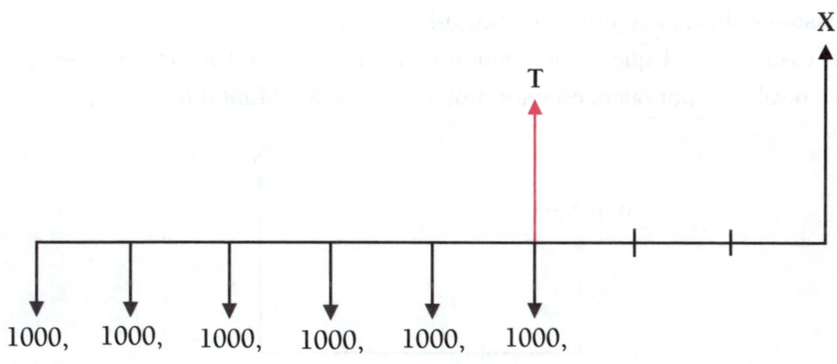

Sabendo onde está o **T** da fórmula das Rendas Certas, aplicaremos esta fórmula e calcularemos o **T**. Teremos:

$$\rightarrow \mathbf{T = P.\ s_{n\neg i} \rightarrow T = 1000.\ s_{6\neg 3\%}}$$

Para não perder o costume, teremos que fazer aqui nova consulta à Tabela Financeira. A qual delas? A do *parêntese famoso*? **Não**! Nosso *obstáculo* agora não foi o *parêntese famoso*, e sim o fator S das Rendas Certas. Então, nosso auxílio estará ali, na Tabela do fator S de Rendas Certas.

Daí: $\rightarrow \mathbf{T = P.\ s_{n\neg i} \rightarrow T = 1000.\ s_{6\neg 3\%}}$

$\rightarrow$ **T = 1000 x 6,468410** $\rightarrow$ E: **T = 6.468,41**

E agora, será que podemos dizer que a questão está encerrada? Claro que não! Estaria se nos interessasse apenas saber o valor do resgate na data da última aplicação. Mas não é este o caso! Depois que encontrarmos o valor **T**, percebamos que ele representará **todas as parcelas P**. Desse modo, uma vez calculado o **T**, nosso desenho da questão transforma-se apenas no seguinte:

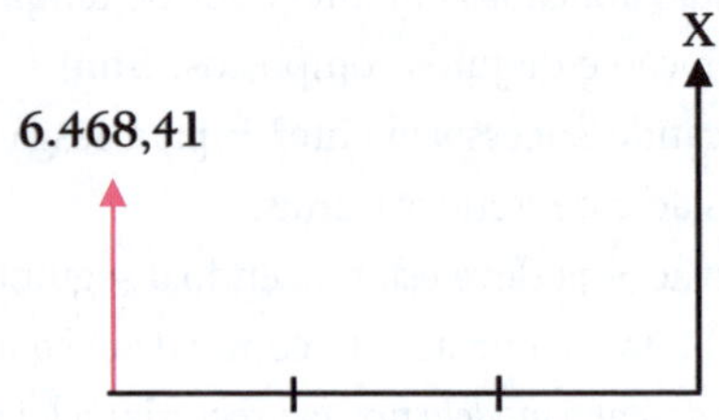

Alguém pode perguntar: "desapareceram as parcelas P?" Não, não desapareceram: todas elas estão representadas pelo valor **T**, que acabamos de calcular.

Nossa situação agora é a seguinte: temos um valor conhecido numa data anterior (R$ 6.468,41) e queremos saber quanto ele valerá numa data posterior (**X**). O intervalo de tempo é de três meses e a taxa da operação é 3% ao mês (uma taxa de juros compostos).

Ficou muito fácil perceber que o nosso segundo passo será uma operação de **Juros Compostos**. Então, teremos:

→ 2º **Passo** – Aplicação de Juros Compostos!

Neste caso, o valor **T** que encontramos no primeiro passo funcionará como sendo o nosso **Capital** e o valor **X**, por quem estamos procurando, será o **Montante**! Ou seja:

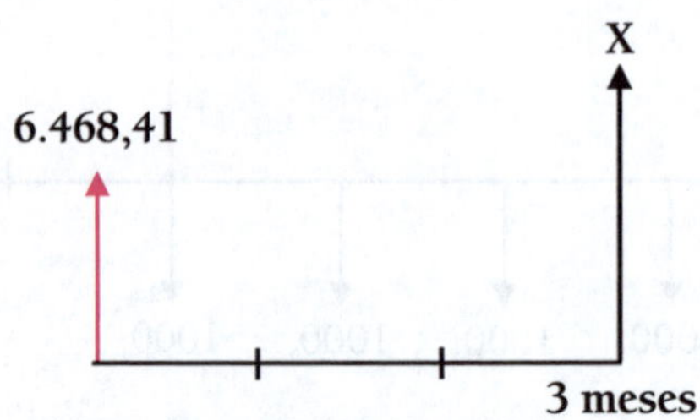

Como a taxa composta é mensal (i = 3% ao mês) e o tempo também está em meses (n = 3 meses), só nos resta aplicar a *equação fundamental* dos Juros Compostos. Teremos:

$$\rightarrow \mathbf{M = C.(1 + i)^n}$$

Atenção: percebamos que no primeiro passo da resolução, ao aplicarmos a fórmula das Rendas Certas (**T = P. $s_{n\neg i}$**), estava presente um **n**. Atentemos para o fato de que este **n** significava **número de parcelas das Rendas Certas**! Agora, estando no segundo passo e realizando uma operação de Juros Compostos, novamente nos deparamos com um **n** na *equação fundamental* dos juros compostos. Só que este **n** vai significar **tempo de aplicação do Capital**.

Em suma: o **n** das Rendas Certas (1º passo) não se confunde com o **n** dos Juros Compostos (2º passo)! Isso é um detalhe, mas é muito importante. Na pressa, corre-se o risco de usar o **n** das duas fórmulas como se fossem uma mesma coisa! **Cuidado** com isso!

Então, concluindo nosso segundo passo, para esta operação de Juros Compostos, os dados da operação são os seguintes:

→ C = 6.468,41

→ i = 3% ao mês (juros compostos)

→ n = 3 meses

→ Montante: X = **M** =?

Daí, faremos:

$$\rightarrow \mathbf{M = C.(1 + i)^n} \rightarrow M = 6.468{,}41 \times (1 + 0{,}03)^3$$

Aqui, recorreremos à Tabela Financeira. Pergunta: em qual Tabela Financeira faremos essa nossa consulta? Na das Rendas Certas? **Não**! Aqui, consultaremos a Tabela do *Parêntese Famoso*! Porque foi nele que nos esbarramos em nossa conta.

Recorrendo a Tabela do Parêntese Famoso, obteremos:

$$\mathbf{(1 + 0{,}03)^3} = 1{,}092727$$

Daí: $\rightarrow \mathbf{M = C.(1 + i)^n} \rightarrow M = 6.468{,}41 \times (1 + 0{,}03)^3$

$\rightarrow M = 6.468{,}41 \times 1{,}092727$ E: → **M = 7.068,20 → Resposta!**

Todos devem ter percebido que a solução desta questão deu um pouquinho mais de trabalho do que a questão anterior. Todavia, existe ainda uma maneira mais rápida e com menos cálculos para resolver questões de Rendas Certas em que a data de resgate não coincide com a data do último depósito.

Utilizaremos o mesmo exemplo acima para apresentar esta solução mais rápida. O segredo é imaginar *parcelas fictícias* de mesmo valor dos depósitos, de forma que o desenho da questão fique *adequado* ao *desenho modelo* das Rendas Certas. Acrescentando as parcelas fictícias (em vermelho), o nosso desenho passa a ser o seguinte:

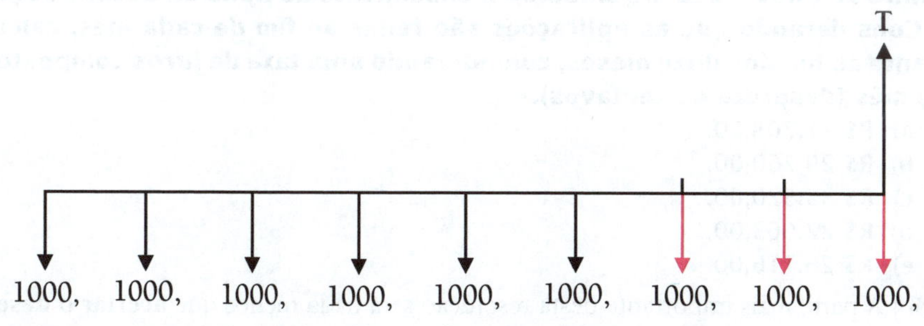

A fórmula do Montante de Rendas Certas é a seguinte: $\mathbf{T = P.\ s_{n\neg i}}$

Porém, quando estamos diante de situação semelhante a esta, em que a data do resgate não coincide com a data do último depósito, e em cuja resolução usamos esse artifício de *imaginar parcelas fictícias*, aplicaremos a seguinte variação de nossa fórmula:

$$T = P.\ (s_{\overline{TODAS}|i} - s_{\overline{FICTÍCIAS}|i})$$

Onde: ***todas*** representa o número total de parcelas, somadas as reais e as fictícias; e ***fictícias*** representa tão-somente o número das parcelas que foram *imaginadas*!

Se raciocinarmos um pouco, não decoraremos essa última fórmula, mas sim compreenderemos a sua existência. Ela simplesmente calcula o montante de todas as parcelas (reais e fictícias) e depois retira o montante das parcelas fictícias, que não interessam ao enunciado da questão. Só isso!

Substituindo os dados na fórmula, teremos que:

→ $T = 1000.\ (s_{\overline{9}|3\%} - s_{\overline{3}|3\%})$

Recorrendo à tabela do fator S de rendas certas, obteremos:

→ $s_{\overline{9}|3\%} = 10{,}159106$

→ $s_{\overline{3}|3\%} = 3{,}090900$

Daí: → $T = 1000.\ (10{,}159106 - 3{,}090900)$

→ $T = 1000.\ (7{,}068206)$

→ E: **T = 7068,20 → (Resposta igual à anterior!)**

Uma curiosidade: mais ou menos a partir de 2000 ou 2001, a ESAF criou um estilo novo de questões de *Rendas Certas*. E, desde então, este estilo tem-se repetido continuamente nas questões de prova. Ano após ano, concurso após concurso, as questões de Rendas Certas têm sido praticamente repetidas.

Ora, sabendo disso, passaremos a tratar desse tipo **principal** de questões de Rendas Certas. Só adiantamos que se trata de uma das questões de resolução mais fácil e mais rápida de toda a prova! Passemos logo a uma dessas questões, que caiu numa prova do AFRF.

Exemplo 3 – (ESAF) Um indivíduo faz um contrato com um banco para aplicar mensalmente R$ 1.000,00 do primeiro ao quarto mês, R$ 2.000,00 mensalmente do quinto ao oitavo mês, R$ 3.000,00 mensalmente do nono ao décimo segundo mês. Considerando que as aplicações são feitas ao fim de cada mês, calcule o montante ao fim dos doze meses, considerando uma taxa de juros compostos de 2% ao mês (despreze os centavos).

a) R$ 21.708,00.
b) R$ 29.760,00.
c) R$ 35.520,00.
d) R$ 22.663,00.
e) R$ 26.116,00.

Solução: A parte mais importante desta resolução será nada menos que **acertar o desenho**! Se desenharmos a questão corretamente, o resto será uma tranqüilidade.

Para acertamos o desenho, convém que você releia o enunciado, e procure saber qual é o período de tempo **total** em que serão feitas as diversas aplicações.

Pois bem! Qual é o tempo total? É um prazo total de um ano. Daí, desenharemos logo este período de doze meses. Teremos:

Observemos que um mês não é um *tracinho*. Um mês é o espaço entre dois tracinhos. Confere? Vejamos:

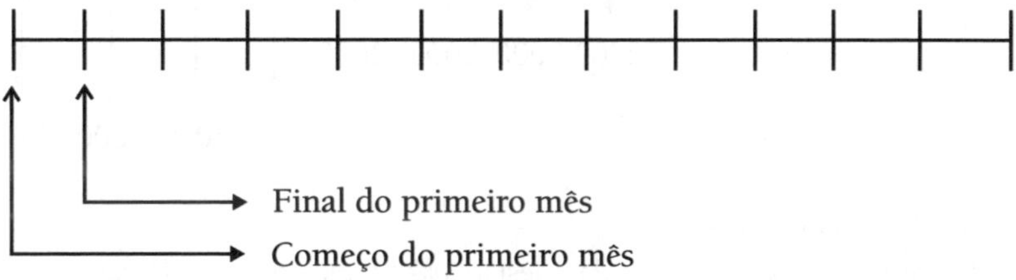

Pela leitura do enunciado, você percebeu que haverá não apenas um, mas três **grupos de aplicação**. É dito que, entre o primeiro e o quarto mês, haverá parcelas de R$ 1.000,00. E ainda que, entre o quinto e o oitavo mês, as aplicações serão de R$ 2.000,00. Por fim, entre o nono e o décimo segundo mês, as parcelas serão no valor de R$ 3.000,00.

Dito isto, podemos agora dividir o nosso desenho, que temos até aqui, em três partes, de acordo com o que acabamos de ler. Fazendo isso, teremos:

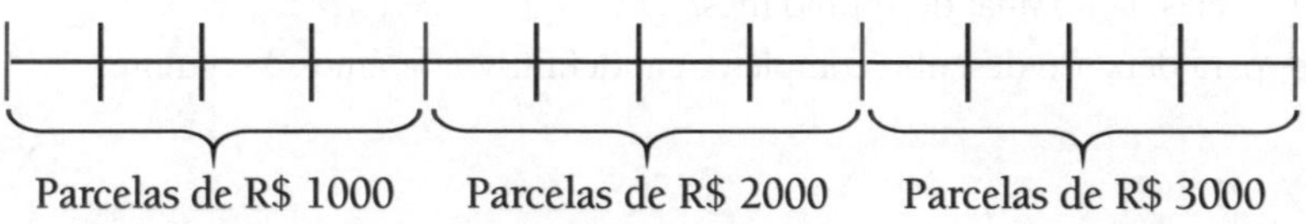

Agora, só temos que atentar para mais um detalhe fundamental: as aplicações das parcelas (de R$ 1000, R$ 2000 e R$ 3000) serão feitas quando? No início ou no final de cada mês?

O enunciado responde: "... as aplicações são feitas ao fim de cada mês..." Agora é só obedecer ao que manda a questão. Desenhemos logo as parcelas de R$ 1000. Teremos:

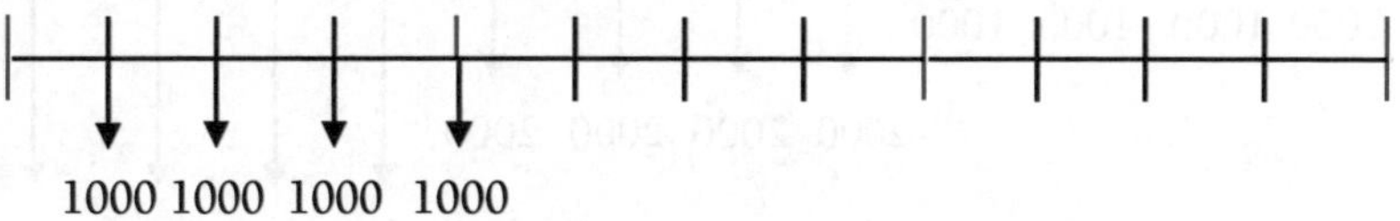

Percebamos que a primeira parcela de R$ 1.000 está ao final do primeiro mês; a segunda está ao final do terceiro mês; a terceira ao final do terceiro mês e finalmente a quarta parcela de R$ 1.000 está ao final do quarto mês. Tudo isso está absolutamente de acordo com o que prevê o enunciado: as parcelas de R$ 1.000 estarão entre o primeiro e o quarto mês, sempre ao fim de cada mês.

Desenhemos agora as parcelas de R$ 2.000 e R$ 3.000. Teremos:

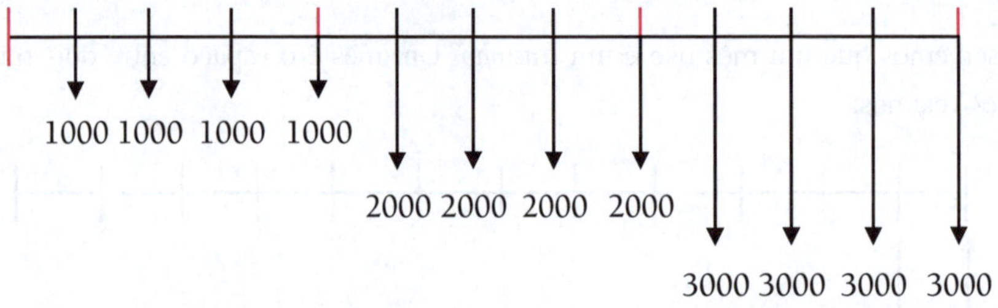

Está quase concluído o desenho!

Vamos tentar identificar o assunto da questão, *ok*? O que você vê? Há parcelas de mesmo valor? Sim! Se olharmos apenas para as parcelas de R$ 1.000, então há parcelas de mesmo valor. Se olharmos só para as de R$ 2.000, também. E se olharmos só para as de R$ 3.000, idem.

Outra coisa: o intervalo entre as parcelas é o mesmo? Sim! São todas elas parcelas mensais.

Terceiro: a taxa da operação é de juros compostos? Sim! O enunciado disse isso expressamente: "... taxa de juros compostos de 2% ao mês..."

O que a questão quer que nós calculemos? Ela diz assim: "... calcule o Montante ao fim dos doze meses". Ou seja, o enunciado pede que nós calculemos o valor que irá representar todas as parcelas, lá no final do último mês.

Então, para deixar o desenho completo, em definitivo, faremos o seguinte:

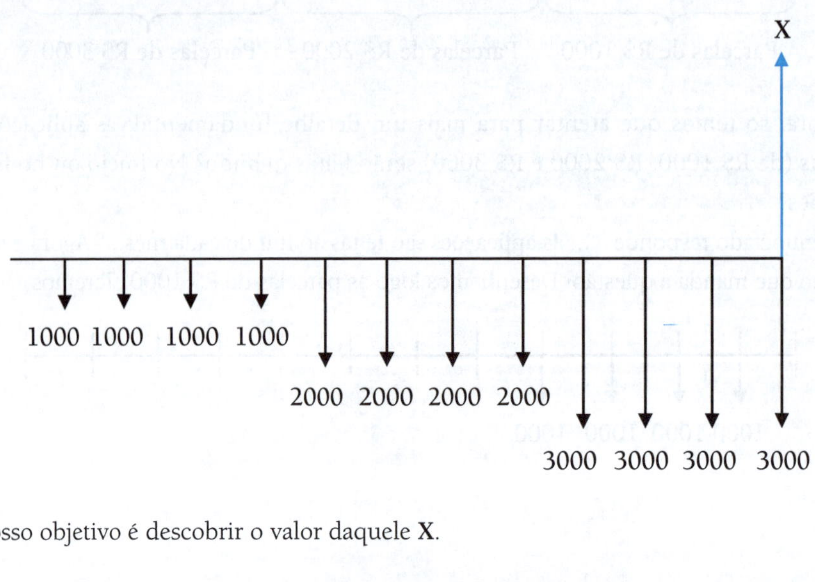

Nosso objetivo é descobrir o valor daquele **X**.

Já vimos acima que estão presentes nesta questão aquelas três características da operação de Rendas Certas, desde que nós consideremos, em separado, só as parcelas de R$ 1.000, ou só as parcelas de R$ 2.000 ou só as de R$ 3.000. Daí, já percebemos que não vai ser possível trabalhar a questão em um único passo. Em vez disso, utilizaremos um **artifício**, que nos fará resolvê-la facilmente.

O artifício é o seguinte: faremos no desenho acima alguns **tracejados**, que irão dividir as parcelas em diferentes **níveis**! Ora, se temos parcelas de três valores distintos, então haverá três níveis de parcelas, sendo que o **primeiro** deles corresponde às parcelas de menor valor, ou seja, às parcelas de R$ 1.000,00.

Daí, esse primeiro **tracejado** será feito começando da primeira parcela de R$ 1.000 e se estenderá até chegarmos à data do resgate.

O segundo tracejado começará pela primeira parcela do segundo *bloco*, ou seja, começará pela primeira parcela de R$ 2.000 e se estenderá até a data do resgate.

Finalmente, o terceiro e último tracejado, começando da primeira parcela de R$ 3.000 e se estendendo até a data do resgate!

Desenhando esses três tracejados, teremos:

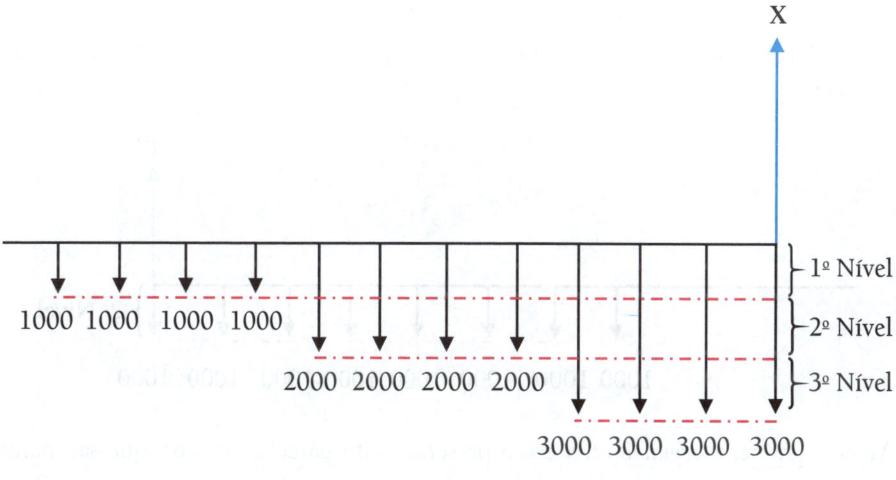

Agora que já fizemos os tracejados e dividimos nosso desenho em três níveis, nossa resolução será quase que imediata.

Trabalharemos cada nível separadamente!

Vamos fazer um esforço visual e tentar enxergar **apenas as parcelas do primeiro nível**. Enxergaram? Quantas são? São 12. E todas no mesmo valor? Sim! Todas as doze no valor de R$ 1.000. Daí, se nós *esquecermos* que existem o 2º e o 3º níveis, ou seja, considerando **apenas o primeiro nível**, nosso desenho seria o seguinte:

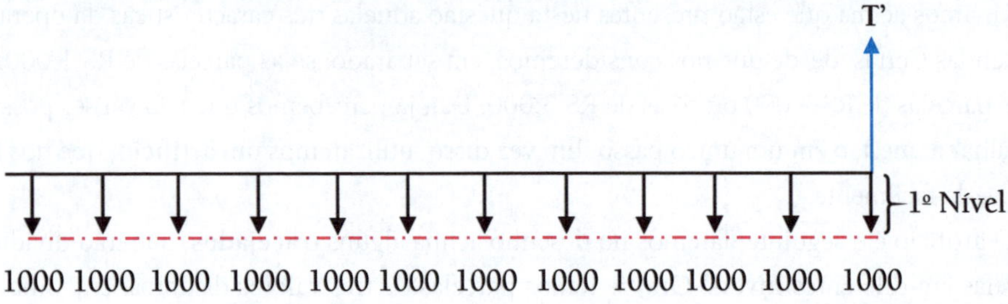

Ou seja, considerando apenas o primeiro nível, enxergamos que há **doze** parcelas (n = 12), todas no valor de R$ 1.000,00 (P = 1000), aplicadas em intervalos de tempo iguais (parcelas mensais), tudo isso sujeito a uma taxa de juros compostos (2% ao mês).

Vemos ainda que a data do resgate coincide com a data da última parcela de R$ 1.000. Daí, se aplicarmos diretamente a fórmula das Rendas Certas, encontraremos o valor que iremos chamar **T'**, que irá representar todas as parcelas do *primeiro nível*. Teremos que:

$$\rightarrow \mathbf{T = P.\ s_{n\neg i}} \rightarrow \mathrm{T'=1000.\ s_{12\neg 2\%}} \rightarrow \text{1º Nível}$$

Esse resultado ficará guardado para o final da questão.

Vamos trabalhar agora **somente** com as parcelas do *segundo nível*. Aqui, faremos novo esforço visual, para enxergarmos apenas os *tracinhos* que compõem o segundo nível. Teremos, então, que:

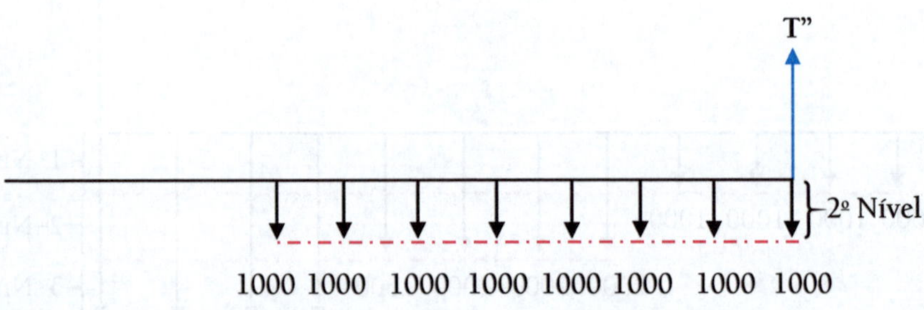

Vemos que nesse *segundo nível* estão presentes oito parcelas (n = 8), que são parcelas mensais, que a taxa é composta (i = 2% ao mês) e que o resgate coincide com a data da última parcela?

Então, resta-nos calcular o valor de **T"**, o qual será o resultado deste segundo nível. Apliquemos novamente as Rendas Certas. Teremos:

$$\rightarrow \mathbf{T = P.\ s_{n\neg i}} \rightarrow \mathrm{T"=1000.\ s_{8\neg 2\%}} \rightarrow \text{2º Nível}$$

Esse resultado **também** ficará guardado para o final da questão.

Lembremos que já havia um resultado aguardando o final da questão (o T').

Para finalizar, trabalharemos com as parcelas do terceiro nível. Se enxergarmos só as parcelas (os pedaços) que compõem esse terceiro nível, teremos o seguinte:

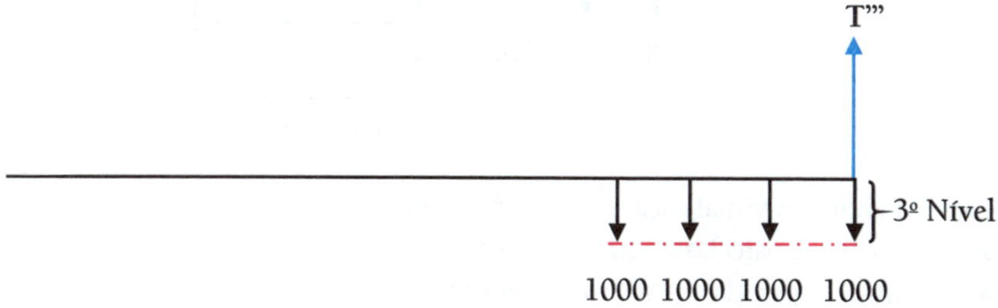

Ou seja, neste *terceiro nível*, nós temos quatro parcelas (n = 4) de R$ 1000 cada uma (P = 1000), que são parcelas mensais sujeitas a uma taxa composta (i = 2% ao mês). Ademais, a data do resgate coincide com a data da última parcela. Então, para calcular o T''', que será o resultado do terceiro nível, aplicaremos mais uma vez a fórmula das Rendas Certas. Teremos:

→ $T = P. s_{\overline{n}|i}$ → T'''=1000. $s_{\overline{4}|2\%}$ → 3º Nível

Ora, vimos que, ao dividirmos as parcelas em três níveis, não restou nenhum *pedaço* (de nenhuma delas) que tenha deixado de estar presente nesses níveis. Dessa forma, se somarmos os resultados finais dos três níveis (T', T'' e T'''), chegaremos à resposta da questão!

Faremos, portanto:

→ $X = T'+T''+T''' = 1000.\ s_{\overline{12}|2\%} + 1000.\ s_{\overline{8}|2\%} + 1000.\ s_{\overline{4}|2\%}$

Vamos colocar o valor 1000 em evidência:

→ $X = 1000\ (s_{\overline{12}|2\%} + s_{\overline{8}|2\%} + s_{\overline{4}|2\%})$

Consultando a Tabela Financeira das Rendas Certas, encontraremos:

$s_{\overline{12}|2\%} = 13{,}41209$

$s_{\overline{8}|2\%} = 8{,}582969$

$s_{\overline{4}|2\%} = 4{,}121608$

→ Daí: **X = 1000 (13,41209 + 8,582969 + 4,121608)**

→ E, finalmente: **X = 26.116,00 → Resposta!**

A resolução pode ter parecido demorada, porque a fizemos *passo a passo*, tudo muito detalhadamente. Mas, na hora da prova, essa questão será resolvida num piscar de olhos!

Ficou esclarecida a razão de, ao dividirmos as parcelas em três níveis, cada um desses níveis ter passado a ter parcelas apenas de R$ 1.000? Ora, é só uma questão de visualização! Vamos tentar fazer uma *mágica* no desenho abaixo, para tentar dirimir toda e qualquer dúvida. Vejamos:

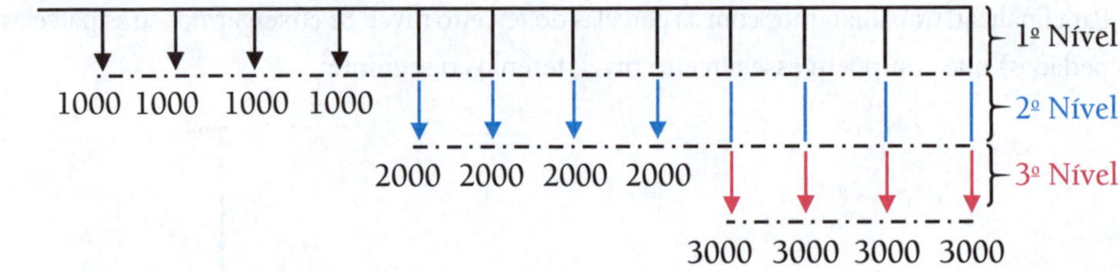

E agora? Melhorou a visualização? Temos, nesse desenho:

→ 1º nível: 12 parcelas de R$ 1.000 (em preto);

→ 2º nível: 8 parcelas de R$ 1.000 (em azul);

→ 3º nível: 4 parcelas de R$ 1.000 (em vermelho).

Aproveitando o ensejo, veremos outra questão do mesmo estilo presente numa prova do AFRF.

Exemplo 4 – (ESAF) Calcule o valor mais próximo do montante ao fim de dezoito meses do seguinte fluxo de aplicações realizadas ao fim de cada mês: dos meses 1 a 6, cada aplicação é de R$ 2.000,00; dos meses 7 a 12, cada aplicação é de R$ 4.000,00 e dos meses 13 a 18, cada aplicação é de R$ 6.000,00. Considere juros compostos e que a taxa de remuneração das aplicações é de 3% ao mês.

a) R$ 94.608,00.
b) R$ 88.149,00.
c) R$ 82.265,00.
d) R$ 72.000,00.
e) R$ 58.249,00.

Solução: Nesta questão, o período total de aplicação é de 18 meses. Segundo a leitura do enunciado, esse período total será dividido em três partes de seis meses cada. A divisão da linha do tempo, portanto, será a seguinte:

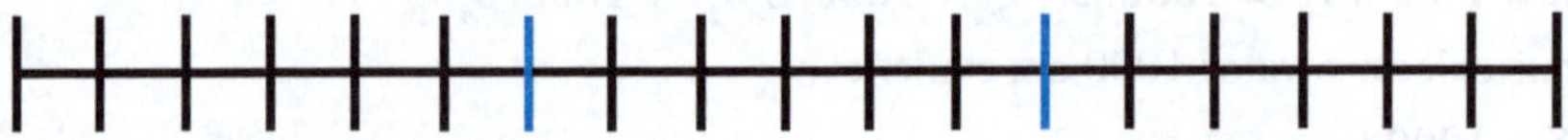

Aqui, a taxa da operação é de juros compostos. Existem três grupos de parcelas, nos valores de R$ 2.000, R$ 4.000 e R$ 6.000. E, além disso, todas as aplicações serão feitas ao fim de cada mês, conforme dispõe o próprio enunciado. Sabendo disso tudo, o desenho final de nossa questão será o seguinte:

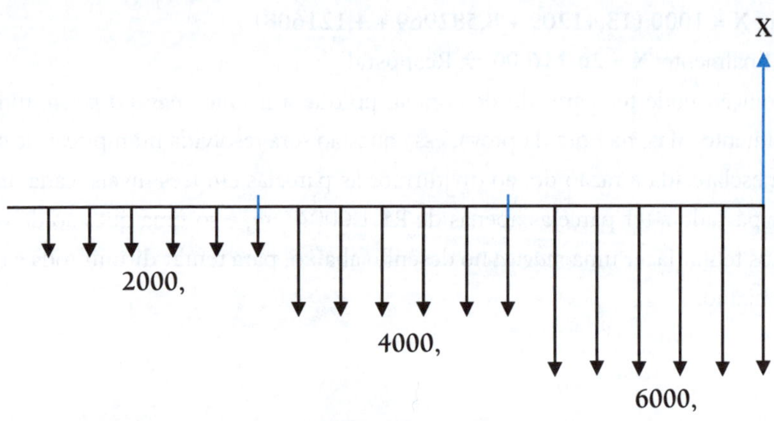

Usando o artifício de dividir as parcelas em **níveis**, fazendo três tracejados (uma vez que são três grupos de parcelas), teremos o seguinte:

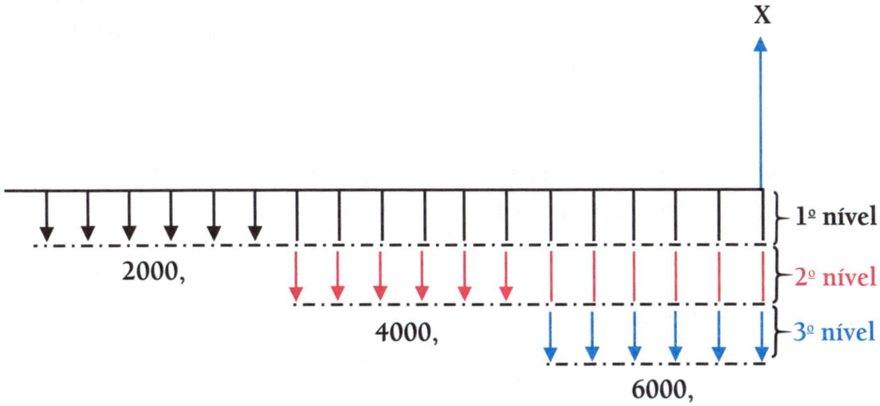

Ora, pelo desenho acima, fica evidenciado que as parcelas de cada nível são de R$ 2.000,00. De modo que:

→ 1º nível: 18 parcelas de R$ 2.000,00;

→ 2º nível: 12 parcelas de R$ 2.000,00;

→ 3º nível: 6 parcelas de R$ 2.000,00.

A taxa da questão é uma taxa composta de 3% ao mês. Trabalharemos cada nível, fazendo uma operação de Rendas Certas. Teremos:

→ 1º nível: → $T = P.\ s_{n\neg i}$ → $T' = 2000.\ s_{18\neg 3\%}$

→ 2º nível: → $T = P.\ s_{n\neg i}$ → $T'' = 2000.\ s_{12\neg 3\%}$

→ 3º nível: → $T = P.\ s_{n\neg i}$ → $T''' = 2000.\ s_{6\neg 3\%}$

Ora, o **X** da questão será dada pela soma **T' + T'' + T'''**. Fazendo essa soma, vemos que o valor 2000 é um fator comum! Daí, podemos fazer o seguinte:

$$\rightarrow X = 2000.(s_{18\neg 3\%} + s_{12\neg 3\%} + s_{6\neg 3\%})$$

Consultando a Tabela Financeira das Rendas Certas, encontraremos:

$s_{18\neg 3\%} = 23{,}414435$

$s_{12\neg 3\%} = 14{,}192029$

$s_{6\neg 3\%} = 6{,}468410$

→ Daí: **X** = 2000.(6,468410 + 14,192029 + 23,414435)

→ **X** = 2000 × 44,074874

Daí, chegamos a: X = 88.149,74 → **Resposta!**

8.2.1. Fórmula do Fator S de Rendas Certas

Vamos agora trabalhar como pessoas prevenidas que somos, e considerar uma situação que não se espera que ocorra na prova, mas que pode ocorrer: e se, por infelicidade, a elaboradora da prova *esquecer* de nos trazer as Tabelas Financeiras, o que faremos?

Neste caso, não resta alternativa: teremos que conhecer a fórmula do Fator S de Rendas Certas, o $s_{n\neg i}$.

Há um caminho *mnemônico* muito fácil para nos lembrarmos dessa fórmula. O Fator $s_{n\neg i}$ é uma fração. E ele começa, no numerador, com o mais famoso dos parênteses da Matemática Financeira! Ele mesmo: o *parêntese famoso*. Teremos:

$$s_{n\neg i} = \frac{(1+i)^n}{}$$

Feito isto, só nos resta completar a fórmula da seguinte forma:

1º) subtraindo o *parêntese famoso* por 1.

$$s_{n\neg i} = \frac{(1+i)^n - 1}{}$$

2º) dividindo tudo pela taxa **i**.

$$s_{n\neg i} = \frac{(1+i)^n - 1}{i}$$

Pronto, eis a fórmula! Recapitulando: para achar o Fator S de Rendas Certas ($s_{n\neg i}$), faremos uma fração, que começa pelo parêntese famoso no numerador. Daí, com esse parêntese famoso, faremos: menos 1, sobre i. Só isso!

Suponhamos que nossa questão chegou ao ponto seguinte:

$$\rightarrow \mathbf{T = 1000 \times s_{3\neg 10\%}}$$

Imaginemos que a prova não forneceu nenhuma Tabela Financeira! Resta que teríamos que calcular este fator, ou seja, teríamos que conhecer a fórmula.

Existe alguma exigência para a aplicação desta fórmula do Fator S de Rendas Certas? Claro, a mesma exigência que já conhecemos para qualquer operação de Rendas Certas: a unidade da taxa tem que ser a mesma do intervalo entre as parcelas. Daí, faremos:

$$\rightarrow s_{n\neg i} = \frac{(1+i)^n - 1}{i} \qquad \rightarrow s_{3\neg 10\%} = \frac{(1+0{,}10)^3 - 1}{0{,}10}$$

Teremos que resolver esses cálculos sem tabela e sem calculadora:

$$\rightarrow s_{3\neg 10\%} = \frac{(1{,}10)^3 - 1}{0{,}10} \rightarrow s_{3\neg 10\%} = \frac{1{,}331 - 1}{0{,}10}$$

$$\rightarrow s_{3\neg 10\%} = \frac{0{,}331}{0{,}10} \qquad \rightarrow s_{3\neg 10\%} = \mathbf{3{,}31}$$

Resultado: $s_{3\neg 10\%} = 3{,}31$

Daí: $T = 1000 \times s_{3\neg 10\%} = 1000 \times 3{,}31 = 3.310{,}00$

Quando a elaboradora não fornece nenhuma tabela financeira, como o exemplo que fizemos acima, geralmente haverá duas alternativas: 1ª) a questão trará um valor baixo para **n**, de modo que será viável fazer as contas na mão; 2ª) a questão trará um valor elevado para **n**, com os quais se tornem inviáveis os cálculos sem auxílio da calculadora. Neste último caso, é esperado que o elaborador forneça **dados adicionais**, que serão, por assim dizer, o resultado das contas que não teríamos como realizar.

8.3. Cálculo do Valor Atual para uma Série de Parcelas Iguais

Suponhamos que você tenha uma série de parcelas de mesmo valor que deverão ser pagas ao fim de cada mês durante os próximos seis meses. Todavia, num belo dia, alguém lhe dá a boa notícia de que você acabou de ganhar uma herança de um tio muito rico e resolve, por isso, liquidar a sua dívida de imediato. Obviamente que você pedirá um desconto no pagamento total das parcelas, em decorrência da antecipação no pagamento, não é verdade? Você ficou rico, mas não bobo.

Vejamos abaixo um desenho ilustrativo da situação apresentada, considerando que a data do pagamento dessas seis parcelas ocorra exatamente um mês antes do vencimento da primeira parcela. Teremos:

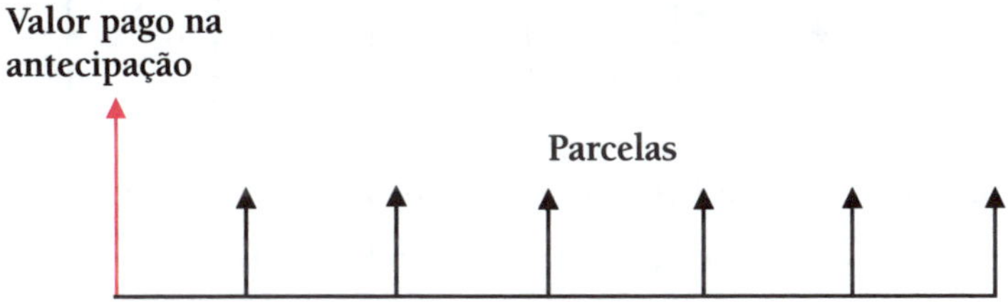

Também podemos utilizar uma representação alternativa para os pagamentos, colocando-os com a seta para baixo, no intuito de diferenciá-las do valor pago na antecipação, que está com a seta para cima. Teremos, pois, o seguinte:

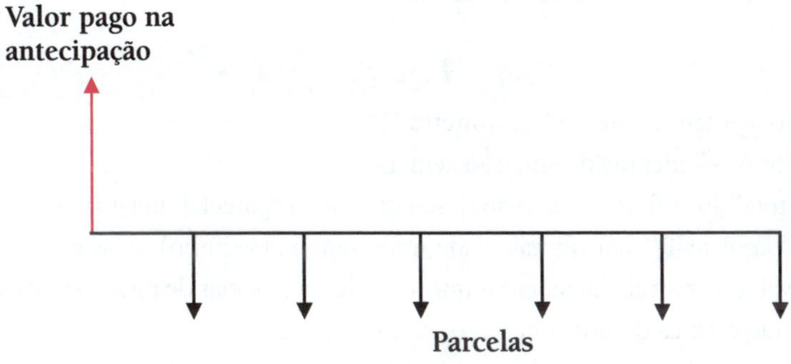

O valor a ser pago na antecipação dos pagamentos será sempre *menor* que a soma das parcelas, devido ao desconto que será concedido para cada uma delas.

O cálculo do valor a ser pago para saldar a dívida é igual à soma dos valores atuais (ou descontados) de cada parcela na data da antecipação, utilizando operações de *desconto composto racional*. Porém, seria deveras demorado trabalhar com cada uma das parcelas do desenho, projetando-as individualmente para a data anterior. Se assim fosse, faríamos várias operações de desconto e perderíamos muito tempo, sobretudo se fossem muitas parcelas.

A boa notícia, então, é que usaremos uma única fórmula, a qual irá determinar, *de uma só vez*, a soma dos valores atuais de todas aquelas parcelas.

Para efeito de aplicação desta fórmula que aprenderemos adiante, o desenho da questão (aquele formado com os dados fornecidos pelo enunciado) deverá estar de acordo com o seguinte ***desenho modelo***:

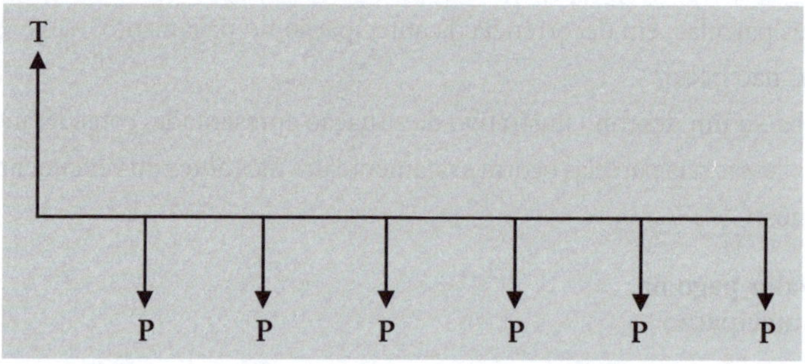

Olhando para o *desenho modelo* acima, extrairemos a informação crucial deste tópico:

"Lei do Valor Atual de Rendas Certas"

Para efeito de utilização da fórmula do Valor Atual de Rendas Certas, a data do valor atual deve estar um período antes da data da primeira parcela.

Passemos agora a conhecer a fórmula citada.

- **Fórmula do Valor Atual de Rendas Certas:**

É a seguinte:

$$T = P.\ a_{\overline{n}|i}$$

O símbolo $a_{\overline{n}|i}$ lê-se: **a de "n" cantoneira "i"**.

Analisemos os elementos da equação acima:

→ **T**: é o total dos valores atuais (**ou** descontados) das parcelas, *um período antes da data da primeira parcela*. Este **T**, uma vez calculado, representará (sozinho) todas aquelas parcelas **P**.

→ **P**: é o valor da parcela. Já sabemos que terão de ser parcelas de mesmo valor, obedecendo à primeira característica de uma operação das Rendas Certas.

→ **a**: este **a** não representa nada se estiver sozinho! Ele é parte de um **fator**. O fator $a_{\overline{n}|i}$ que é chamado **Fator de Valor Atual de uma Série de Parcelas**. O nome é muito grande, razão pela qual passaremos a chamá-lo apenas de **Fator A de Rendas Certas**.

→ **n**: este **n** da fórmula significará também o **número de parcelas**.

→ **i**: é a taxa da operação. Neste caso, conforme sabemos, uma taxa de **juros compostos**: terceira característica das Rendas Certas.

Passaremos a resolver algumas questões de cálculo do valor atual para uma série de parcelas iguais.

Exemplo 5 – Considerando uma série de cinco pagamentos bimestrais no valor de R$ 2.000 cada, calcule o valor atual total destes pagamentos um bimestre antes da data do primeiro pagamento, a uma taxa de desconto racional de 4% ao bimestre, juros compostos.

Solução: O mais importante, no início, é tentar descobrir do que se trata a questão. Desenhando este enunciado, teremos:

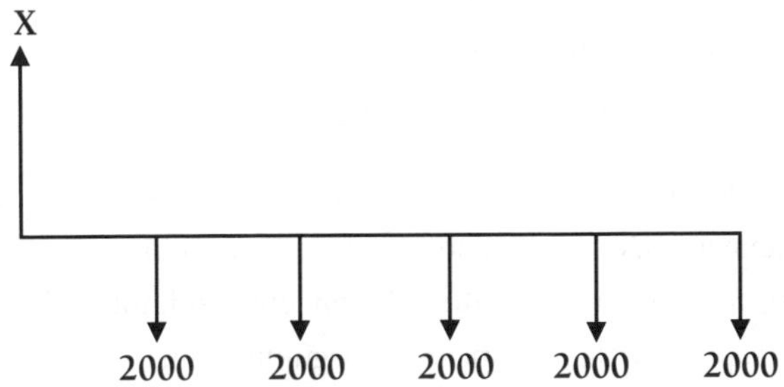

Daí, como o desenho da questão traz várias parcelas de mesmo valor, começamos a *desconfiar* que possa ser uma operação de Rendas Certas. Para confirmar nossa idéia inicial, teremos que identificar as três características das Rendas Certas. Vejamos:

→ 1ª) As parcelas são de mesmo valor? **Sim**!

→ 2ª) As parcelas estão em intervalos de tempo iguais? **Sim**!

→ 3ª) A taxa da operação é de juros compostos? **Sim**!

E qual é o nosso objetivo agora? É calcular o *valor atual* das parcelas. Não resta qualquer dúvida que se trata de uma questão de Rendas Certas, mais precisamente do ***Valor Atual de Rendas Certas***!

Feita a identificação do assunto, lembraremos que o Valor Atual de Rendas Certas possui um *desenho modelo*, o qual deverá estar compatível com o desenho de nossa questão, para efeito de aplicação da fórmula.

Sabemos que esse *desenho modelo* servirá para nos lembrar que, para efeito de utilização da fórmula do *Valor Atual de Rendas Certas*, a data do valor atual é um período antes da data da primeira parcela.

E quanto ao desenho do nosso enunciado, já está de acordo com a exigência do *desenho modelo*? **Sim**! A data do valor atual (a data do **X**) é um período antes da data do primeiro pagamento. Daí, uma vez observada a **exigência** do *desenho modelo*, já poderemos aplicar diretamente a fórmula, na qual passaremos a chamar esse valor **X** de valor **T**.

Teremos:

$$\mathbf{T = P.\ a_{\overline{n}|i}}$$

Nossos dados serão:

→ **T** =?

→ **P** = 2000,00

→ **n** = 5 (são 5 parcelas **bimestrais**)

→ **i** = 4% ao bimestre (juros compostos)

Frisamos acima a palavra *bimestrais*, para lembrar que, além de termos que observar se o desenho da questão está de acordo com o *desenho modelo*, haverá ainda uma outra exigência a ser verificada: **é preciso que a taxa de juros compostos das Rendas Certas esteja na mesma unidade do intervalo que há entre as parcelas**.

No nosso exemplo, vemos que a unidade da taxa composta é bimestral, e que as parcelas são bimestrais. Ou seja, não precisaremos alterar a unidade da taxa. Usando os dados do enunciado e aplicando a fórmula, teremos:

$$\rightarrow \mathbf{T = P.\ a_{n \neg i} \rightarrow T = 2000.\ a_{5 \neg 4\%}}$$

Como é que se calcula esse tal *fator A de Rendas Certas*, essa tal de *cantoneira*? De uma forma surpreendentemente fácil: recorrendo à Tabela Financeira.

Neste momento, consultaremos a **Tabela Financeira do fator A de Rendas Certas**. Na prova, ela deverá vir apresentada exatamente da seguinte forma:

TABELA II FATOR DE VALOR ATUAL DE UMA SÉRIE DE PAGAMENTOS

$$a_{n \neg i} = \frac{(1+i)^n - 1}{i.(1+i)^n}$$

n \ i	1%	2%	3%	4%	5%	...	10%
1	0,990099	0,980392	0,970874	0,961538	0,952381		0,909091
2	1,970395	1,941561	1,913469	1,886094	1,859410		1,735537
3	2,940985	2,883883	2,828611	2,775091	2,723248		2,486852
4	3,091965	3,807728	3,717098	3,629895	3,545951		3,169865
5	4,853431	4,713459	4,579707	4,451822	4,329476		3,790787
6	5,795476	5,601431	5,417191	5,242137	5,075692		4,355261
7	6,728194	6,471991	6,230283	6,002054	5,786373		4,868419
...	...	...	...	...	...		...
18	16,398268	14,992031	13,753513	12,659297	11,689587		8,201412

A forma de consultar essa Tabela é exatamente a mesma com a qual já estamos acostumados. Conhecendo dois elementos, encontraremos um terceiro, desconhecido.

Neste caso, nossos elementos conhecidos são a taxa (**i = 4%**) e o número de parcelas (**n = 5**). Daí, correremos nossa vista, na **tabela do fator A de Rendas Certas**, pela coluna da taxa 4% e pela linha do n = 5 parcelas. E assim, obteremos: $\mathbf{a_{5 \neg 4\%}}$= 4,451822

Retomamos o cálculo do T:

→ **T = 2000 × 4,451822 →** E: **T = 8.903,64 → Resposta!**

Tendo compreendido o exemplo acima, resta-nos conhecer mais uma variação desse enunciado que trabalhamos, e estaremos aptos a resolver qualquer problema de cálculo do *Valor Atual de Rendas Certas*. Usaremos, para tanto, o exemplo que se segue.

Exemplo 6 – Considerando uma série de cinco pagamentos bimestrais no valor de R$ 2.000 cada, calcule o valor atual total destes pagamentos três bimestres antes da data do primeiro pagamento, a uma taxa de desconto racional de 4% ao bimestre, juros compostos.

Solução: Percebamos aqui que o enunciado acima é quase igual ao do exemplo anterior. A única mudança diz respeito à data do valor atual.

Fazendo o desenho deste enunciado, teremos:

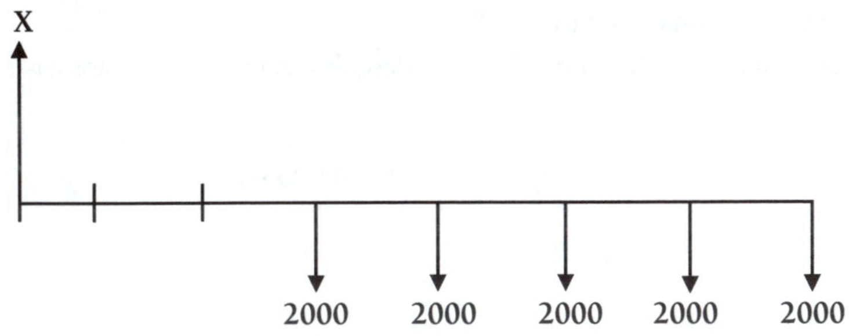

Verificamos prontamente que o desenho da questão **não** está de acordo com o *desenho modelo* do Valor Atual de Rendas Certas (para efeito de aplicação da fórmula).

O *desenho modelo* nos lembra de uma *lei*, segundo a qual, se aplicarmos a fórmula do **Valor Atual de Rendas Certas**, o valor **T** da fórmula deve estar exatamente um período antes da data da primeira parcela.

E neste exemplo, a data em que está sendo pedido o valor atual **não** corresponde com a data do valor atual do modelo. Neste caso, nossa questão será resolvida em dois passos.

→ **1º Passo** – Completaremos o desenho da questão, acrescentando-lhe a seta do **T** da fórmula das Rendas Certas, exatamente no local devido, ou seja, um período antes da primeira parcela. Teremos:

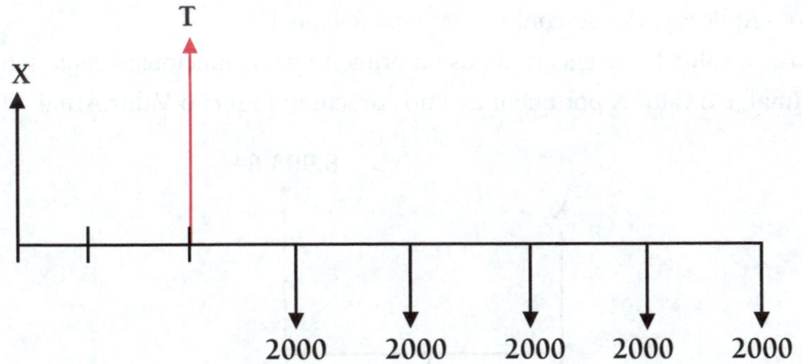

Sabendo onde está o **T** da fórmula do Valor Atual de Rendas Certas, aplicaremos esta fórmula e calcularemos esse **T**. Teremos:

$$\rightarrow \mathbf{T = P.\ a_{n\neg i} \rightarrow T = 2000.\ a_{5\neg 4\%}}$$

Recorrendo à tabela financeira do fator A de Rendas Certas, obteremos: $\mathbf{a_{5\neg 4\%}}$ = 4,451822.

Daí: → **T = 2000.** $\mathbf{a_{5\neg 4\%}}$ → **T = 2000 × 4,451822**

→ E: **T = 8.903,64**

E agora? Será que podemos dizer que a questão está encerrada? Claro que não! Estaria se nos interessasse apenas saber o valor atual um bimestre antes da data do primeiro pagamento. Mas não é este o caso!

Depois que encontrarmos o valor **T**, percebamos que ele representa, na sua data, nada mais nada menos que **todas as parcelas P**!

Desse modo, uma vez calculado o **T**, nosso desenho da questão transforma-se apenas no seguinte:

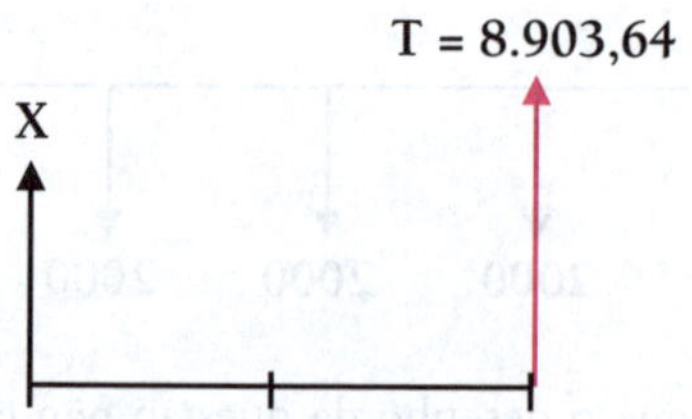

Será que desapareceram as parcelas P? Não desapareceram: elas estão todas agora representadas pelo valor **T**, que acabamos de calcular.

Nossa situação presente é a seguinte: conhecemos um valor numa data posterior (R$ 8.903,64) e queremos saber quanto ele valerá (**X**) numa data anterior. O intervalo de tempo é de dois bimestres, e a taxa da operação é 4% ao bimestre (taxa de juros compostos).

Nosso segundo passo de resolução consistirá, portanto, numa operação de **Desconto Composto por Dentro**, conforme já estamos percebendo pelo desenho. Se fizermos uma operação de **Juros Compostos**, o resultado será o mesmo, já que Juros Compostos e Desconto Composto Racional são *operações irmãs*. Vejamos.

→ **2º Passo** – Aplicação do Desconto Composto Racional.

Neste caso, o valor **T** que encontramos no primeiro passo funcionará como sendo o nosso **Valor Nominal**, e o valor **X** por quem estamos procurando será o **Valor Atual**. Ou seja:

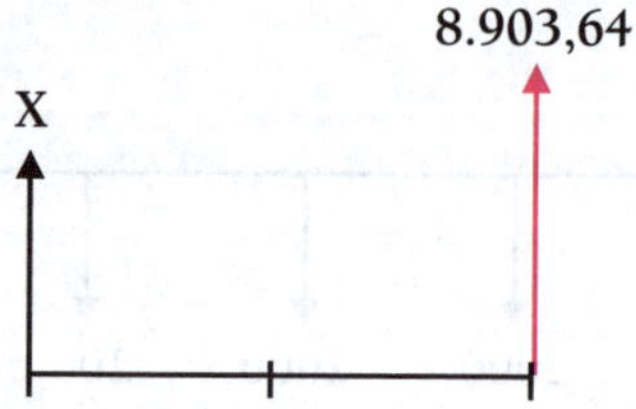

Como a taxa composta é bimestral (i = 4% ao bimestre) e o tempo também está em bimestres (n = 2 bimestres), só nos resta aplicar a fórmula fundamental do Desconto Composto Racional. Teremos:

$$\rightarrow \mathbf{N = A.(1+i)^n}$$

Aqui, uma observação importante: percebamos que, no primeiro passo da resolução, ao aplicarmos a fórmula do Valor Atual de Rendas Certas, estava presente um **n**. Percebamos que aquele **n** significava o **número de parcelas das Rendas Certas**.

Agora, estando no segundo passo e realizando uma operação de Desconto Composto Racional, novamente nos deparamos com um **n** na fórmula do Desconto. Só que este **n** vai significar **tempo de antecipação**.

Em suma: o **n** das Rendas Certas (1º passo) não se confunde com o **n** do Desconto Composto Racional (2º passo). Na hora da prova, devemos estar atentos a isso!

Finalmente, concluindo o segundo passo para esta operação de Desconto Composto Racional, os dados serão os seguintes:

- → N = **8.903,64**
- → i = 4% ao bimestre (juros compostos)
- → n = 2 bimestres
- → Valor Atual: X = **A** =?

Daí, faremos:

→ $\mathbf{N = A \times (1 + i)^n}$ → $8.903{,}64 = A \times (1 + 4\%)^2$

→ $A = 8.903{,}64 / (1 + 4\%)^2$

Aqui, recorreremos à Tabela Financeira. A qual delas? À das Rendas Certas? **Não**! Aqui, consultaremos a Tabela do Parêntese Famoso. E obteremos que:

$$\mathbf{(1 + 4\%)^2} = 1{,}0816$$

Daí: → **A = 8.903,64 / 1,0816**

E, finalmente: à A = 8.231,92 à **Resposta!**

Da mesma forma que fizemos no tópico de cálculo do Montante de Rendas Certas, apresentaremos uma **Solução Alternativa** que diminui bastante as contas para obtenção do Valor Atual nas questões em que a data do Valor Atual não está conforme o modelo. Ou seja, no caso em que a data do valor atual pedido na questão está a uma distância de mais de um período da data do primeiro pagamento.

Imaginaremos, novamente, *parcelas fictícias* de mesmo valor das existentes, de forma que o desenho da questão fique igual ao modelo do Valor Atual de Rendas Certas.

Acrescentando as parcelas fictícias (em destaque), o nosso desenho original passa a ser o seguinte:

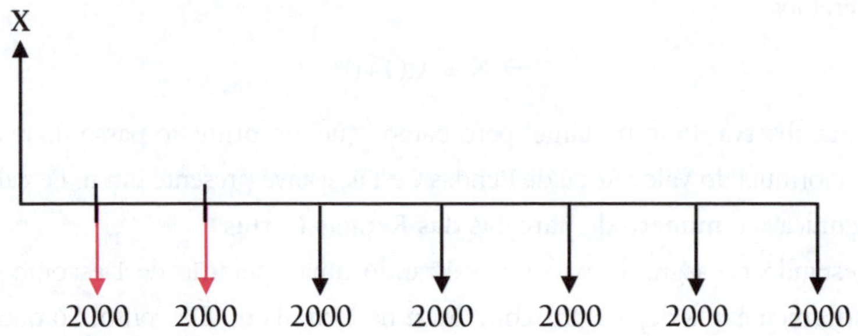

A fórmula do Valor Atual de Rendas Certas é a seguinte:

$$T = P.\ a_{n\neg i}$$

Porém, quando estivermos diante de situação semelhante a esta, em que a data do Valor Atual não está um período antes da data do primeiro pagamento, usaremos esse artifício de *imaginar parcelas fictícias* e aplicaremos a seguinte variação de nossa fórmula:

$$T = P.\ (a_{TODAS\neg i} - a_{FICTÍCIAS\neg i})$$

Onde ***todas*** representa o número total de parcelas, somadas as reais e as fictícias, e ***fictícias*** representa tão-somente o número de parcelas que foram imaginadas.

Esta última fórmula simplesmente calcula o Valor Atual de todas as parcelas (reais e fictícias) e depois retira deste total o Valor Atual das parcelas fictícias, que não interessa ao enunciado da questão.

Substituindo os dados na fórmula, teremos que:

→ $T = 2000.\ (a_{7\neg 4\%} - a_{2\neg 4\%})$

Recorrendo à tabela do fator A de rendas certas, obteremos:

→ $a_{7\neg 4\%}$ = **6,002054**

→ $a_{2\neg 4\%}$ = **1,886094**

Daí: → T = 2000. (6,002054 – 1,886094)

→ T = 2000. (4,11596)

→ E: **T = 8.231,92 → (Resposta igual a anterior!)**

Certamente que esta segunda solução é melhor que a primeira, porquanto de realização mais rápida. Como o tempo da prova é sempre exíguo, parece-nos ser o caminho mais indicado.

8.3.1. Fórmula do Fator A de Rendas Certas

Se a prova de Matemática Financeira não trouxer as tabelas financeiras, com faremos para obter o fator $\mathbf{a_{n\neg i}}$ de Rendas Certas?

A exemplo do que vimos no tópico de Montante de Rendas Certas, aqui também há uma fórmula para se obter o valor do fator A de Rendas Certas, o $\mathbf{a_{n\neg i}}$.

Quando apresentamos a fórmula do fator $s_{n\neg i}$ ensinamos um caminho mnemônico para ajudá-los a lembrar-se dela. A partir da fórmula do fator $s_{n\neg i}$ podemos chegar à do fator $a_{n\neg i}$. Vejamos novamente a fórmula do fator $s_{n\neg i}$:

$$s_{n\neg i} = \frac{(1+i)^n - 1}{i}$$

Para chegarmos à fórmula do fator $\mathbf{a}_{n\neg i}$ basta acrescentar no denominador da equação acima um pequeno termo: o *parêntese famoso* $(1+i)^n$. Daí, teremos que a fórmula do $\mathbf{a}_{n\neg i}$ será dada por:

$$a_{n\neg i} = \frac{(1+i)^n - 1}{(1+i)^n \cdot i}$$

Passemos a um exemplo com a fórmula do fator $\mathbf{a}_{n\neg i}$.

Suponhamos que nossa questão de cálculo do valor atual de Rendas Certas chegou ao ponto seguinte:

$$\rightarrow \mathbf{T = 1000x\ a_{3\neg 10\%}}$$

Imaginemos que a prova não forneceu nenhuma Tabela Financeira! Resta que teríamos que calcular este fator, ou seja, teríamos que conhecer a fórmula.

Daí, faremos:

$$\rightarrow a_{n\neg i} = \frac{(1+i)^n - 1}{(1+i)^n \cdot i} \qquad \rightarrow a_{3\neg 10\%} = \frac{(1+0{,}10)^3 - 1}{(1+0{,}10)^3 \cdot 0{,}10}$$

Teremos que resolver esses cálculos sem tabela e sem calculadora:

$$\rightarrow a_{3\neg 10\%} = \frac{(1{,}10)^3 - 1}{(1{,}10)^3 \cdot 0{,}10} \qquad \rightarrow a_{3\neg 10\%} = \frac{1{,}331 - 1}{1{,}331 \cdot 0{,}10}$$

$$\rightarrow a_{3\neg 10\%} = \frac{0{,}331}{0{,}1331} \qquad \rightarrow a_{3\neg 10\%} = \frac{3310}{1331}$$

$\rightarrow a_{3\neg 10\%} = 2{,}48685$

Resultado: $a_{3\neg 10\%} = 2{,}48685$

Daí: $T = 1000 \times a_{3\neg 10\%} = 1000 \times 2{,}48685 = 2.486{,}85$

Quando a elaboradora não fornece nenhuma tabela financeira, como no exemplo acima, geralmente haverá duas alternativas: 1ª) a questão trará um valor baixo para **n**, de modo que será viável fazer as contas à mão; 2ª) a questão trará um valor elevado para **n**, com os quais se tornem inviáveis os cálculos sem auxílio da calculadora. Neste último caso, é esperado que o elaborador forneça **dados adicionais**, que serão, por assim dizer, o resultado das contas que não teríamos condições de realizar.

Há uma outra forma de apresentação para a fórmula do fator A de Rendas Certas. Esta nova maneira costuma ser requisitada em provas elaboradas pelo CESPE. Na verdade, não se trata de uma outra fórmula, mas simplesmente um outro *formato* daquela que já conhecemos. É a seguinte:

$$a_{n\neg i} = \frac{1-(1+i)^{-n}}{i}$$

Para chegarmos ao formato acima, partiremos do *original* e dividiremos o numerador e o denominador da fórmula apresentada anteriormente pelo termo $(1+i)^n$, ou seja, pelo *parêntese famoso*.

Vejamos um exemplo utilizando esta última fórmula.

Exemplo 7 – Um fluxo de caixa tem dez pagamentos mensais e consecutivos de R$ 10.000,00, a partir do fim do primeiro mês, inclusive. Calcule o valor atual na data zero deste fluxo de caixa, a uma taxa de desconto racional de 2% a.m. (considere que: $(1,02)^{-10}=0,82035$).

Solução: Vamos ser diretos na resolução desse exemplo.

Aplicaremos a fórmula do valor atual de uma série de parcelas iguais, que é dada por:

$$\rightarrow T = P. a_{n \neg i}$$

Usando os dados trazidos pelo enunciado, teremos:

$$\rightarrow T = 10000 \times a_{10 \neg 2\%}$$

Como não dispomos das tabelas financeiras, resta-nos partir para a fórmula do fator $a_{n \neg i}$. Mas em qual dos dois *formatos*? A que tem o expoente positivo ou a que tem o expoente negativo? Como a questão forneceu um dado adicional que contém o expoente negativo, já temos um indicativo mais que suficiente para concluir que deveremos usar a equação que aprendemos por último. E é a seguinte:

$$a_{n \neg i} = \frac{1-(1+i)^{-n}}{i}$$

Substituindo o valor da taxa (i = 2% = 0,02) e o valor do número de parcelas (n = 10), teremos:

$$\rightarrow a_{10 \neg 2\%} = \frac{1-(1+0,02)^{-10}}{0,02}$$

$$\rightarrow a_{10 \neg 2\%} = \frac{1-(1,02)^{-10}}{0,02}$$

Foi dado no enunciado da questão que: $(1,02)^{-10} = 0,82035$, daí:

$$\rightarrow a_{10 \neg 2\%} = \frac{1-0,82035}{0,02} \rightarrow a_{10 \neg 2\%} = \frac{0,17965}{0,02} \rightarrow a_{10 \neg 2\%} = \frac{17965}{2000}$$

→ E: $a_{10 \neg 2\%} = 8,9825$

Calculado o valor do fator $a_{10 \neg 2\%}$, voltaremos a fórmula obtida anteriormente para o cálculo do valor atual T, que é a seguinte:

$$\rightarrow T = 10000 \times a_{10 \neg 2\%}$$

Substituindo o valor do fator, teremos:

→ $T = 10000 \times 8,9825$

→ E, finalmente: **T = 8.982,50 (Resposta!)**

8.4. Cálculo do Valor Atual para Rendas Perpétuas

Rendas perpétuas sugere uma série infinita de parcelas. Contudo, é mais apropriado dizer que rendas perpétuas constituem uma série de parcelas cuja quantidade não pode ser determinada exatamente, pois é muito grande e tende ao infinito, como sucede, por exemplo, nos rendimentos obtidos no aluguel de um imóvel, nos dividendos pagos por uma empresa e nos resgates periódicos de uma aplicação financeira.

Temos a seguir uma ilustração do valor atual de rendas perpétuas postecipadas:

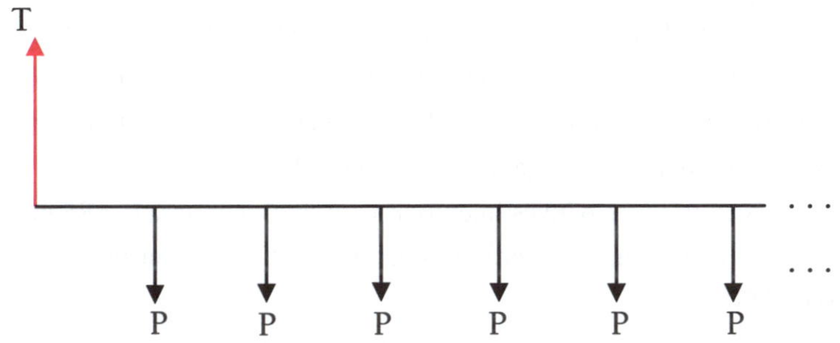

Portanto, T é o valor atual da série perpétua de parcelas P. Para a determinação de T, não podemos utilizar a fórmula do Valor Atual de uma Série de Parcelas Iguais, vista anteriormente, uma vez que nas rendas perpétuas o valor de "n" não está definido.

Sem demonstrações, se fizermos o "n" tender a infinito na fórmula supracitada, obteremos a seguinte fórmula para rendas perpétuas:

$$T = \frac{P}{i}$$

Se quisermos obter P a partir de T, basta fazer $P = i \cdot T$.

Por exemplo, se um imóvel é avaliado em R$ 300.000,00 e a taxa de juros do mercado financeiro é de 1% a.m., então o valor do aluguel mensal (parcelas perpétuas P) deveria ser igual a:

$P = i \cdot T = 1\% \cdot 300000 = 3.000{,}00$ reais

Veja o exemplo resolvido a seguir:

Exemplo 01: (ESAF) Um empresário comprou, por R$ 40.000.000,00 uma empresa que fatura R$ 10.000.000,00 por mês, com lucro líquido de 10% do faturamento. Considerando que o faturamento e o lucro líquido dessa empresa ficarão imutáveis durante um tempo muito longo, a taxa interna de retorno desse investimento do empresário está entre?

a) 2% e 3%
b) 3% e 4%
c) 4% e 5%
d) 5% e 6%
e) 6% e 7%

Solução:

Primeiramente, lembremos o conceito de Taxa Interna de Retorno: "É a taxa de juros que iguala o valor atual das entradas ao valor atual das saídas do fluxo de caixa".

As entradas são os valores recebidos, resgates, receitas, ganhos etc. E as saídas são os valores pagos, investidos, gastos, desembolsados etc.

Vamos identificar nesta questão quem são as entradas e as saídas:

- Saídas de dinheiro: somente uma, de R$ 40.000.000,00 (valor pago pela compra da empresa).
- Entradas de dinheiro: a questão diz que a empresa fatura R$ 10.000.000,00 por mês, com lucro de 10% do faturamento. Nesse caso, o dinheiro líquido que entra no caixa do empresário é dado pelo lucro mensal, e este equivale a 10% de R$ 10.000.000,00, ou seja, R$ 1.000.000,00 por mês.

O fluxo de caixa inicia com o investimento na compra da empresa por R$ 40.000.000,00. Portanto, este valor é posto na data zero. Assim, o valor atual na data zero das saídas é igual a R$ 40.000.000,00.

O fluxo de entrada de dinheiro é composto por uma série de valores mensais de R$ 1.000.000,00. Na questão não foi definido um limite de tempo para o fim das entradas. Assim, chamamos essa série de Rendas Perpétuas.

A fórmula para o cálculo do valor atual de uma Renda Perpétua é dada por: **T = P/i**. Onde: T é o valor atual da série de parcelas, P é o valor da parcela e i é a taxa de juros.

Voltando a questão, temos que o Valor Atual das entradas na data zero é igual a:

T = 1.000.000 / i

Para encontrar a taxa interna de retorno, temos que igualar os valores atuais de entrada e saída. Daí, teremos:

40.000.000 = 1.000.000 / i

Resolvendo, vem:

i = 1/40 = **2,5 % a.m.** (Resposta!)

8.4.1. Rendas Perpétuas com Parcelas Reajustadas

Se as parcelas P de uma renda perpétua crescem a uma taxa constante g, o valor atual T da série de parcelas será calculada pela fórmula:

$$T = \frac{P}{i - g}$$

Exemplo 02: (Fiscal de Tributos de Niterói-RJ 2015 FGV) Para usufruir perpetuamente R$ 2.000,00 por mês, reajustados mensalmente a uma taxa de 6%, o valor da renda um mês antes do primeiro pagamento, supondo taxa de juros de 10% ao mês, é, em reais:

a) 12.500
b) 20.000
c) 22.000
d) 50.000
e) 55.000

Solução:

Estamos diante de uma questão de rendas perpétuas onde as parcelas crescem a uma taxa de 6%. Nesse caso, utilizaremos a fórmula: $T = \frac{P}{i-g}$.

Temos que:

P = 2.000,

i = 10% = 0,1

g = 6% = 0,06

T = valor atual da série de parcelas perpétuas = ?

Lançando esses valores na fórmula acima, teremos:

$$T = \frac{2000}{0{,}1 - 0{,}06} = \frac{2000}{0{,}04} = 50.000{,}00 \text{ (Resposta!)}$$

EXERCÍCIOS RESOLVIDOS DE RENDAS CERTAS

1. (ESAF) A quantia de R$ 1.000,00 é aplicada mensalmente durante seis meses; a quantia de R$ 2.000,00 é aplicada mensalmente durante os seis meses seguintes e, finalmente, a quantia de R$ 3.000,00 é aplicada mensalmente durante mais seis meses. Qual o valor mais próximo do montante das aplicações ao fim dos dezoito meses de prazo, considerando que as aplicações foram sempre realizadas ao fim de cada mês e renderam uma taxa de juros compostos de 4% ao mês?

a) R$ 41.040,00.
b) R$ 47.304,00.
c) R$ 51.291,00.
d) R$ 60.000,00.
e) R$ 72.000,00.

Solução: O prazo total em que ocorrerão as aplicações é de 18 meses, conforme dispõe o enunciado. Vemos que aqui haverá três *blocos* de parcelas, cada um deles inserido dentro de um prazo de seis meses. É dito ainda que essas parcelas são aplicadas ao fim de cada mês. A taxa da operação é composta, e a questão pergunta quanto será resgatado ao final desse prazo total. Não resta dúvida: estamos diante de uma questão de Rendas Certas.

Fazendo o desenho completo, nos termos do enunciado e já dividindo as parcelas em níveis (que serão três, porque são três blocos de parcelas), teremos o seguinte:

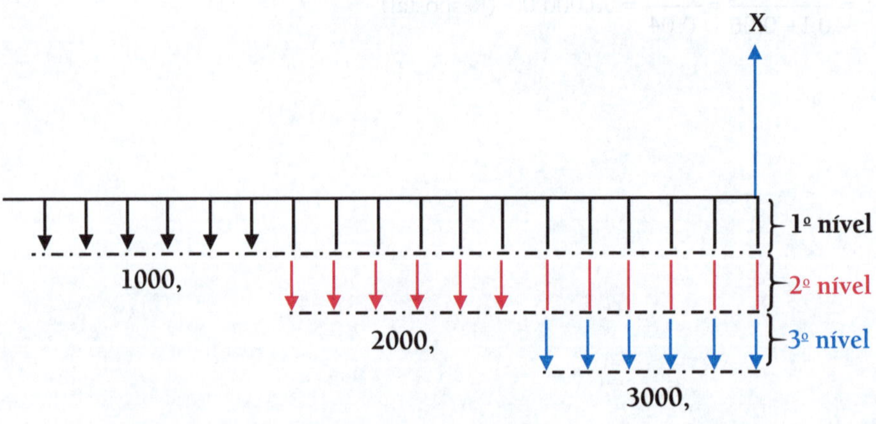

O desenho acima não deixa qualquer dúvida: cada um dos três níveis apresenta parcelas de R$ 1.000,00 cada um, de modo que:

→ 1º nível: 18 parcelas de R$ 1.000,00;
→ 2º nível: 12 parcelas de R$ 1.000,00;
→ 3º nível: 6 parcelas de R$ 1.000,00.

A taxa da questão é uma taxa composta de 4% ao mês. Trabalharemos cada nível, fazendo uma operação de Rendas Certas. Teremos:

→ 1º nível: à $T = P.\ s_{n\urcorner i}$ → $T' = 1000.\ s_{18\urcorner 4\%}$
→ 2º nível: à $T = P.\ s_{n\urcorner i}$ → $T'' = 1000.\ s_{12\urcorner 4\%}$
→ 3º nível: à $T = P.\ s_{n\urcorner i}$ → $T''' = 1000.\ s_{6\urcorner 4\%}$

Ora, o **X** da questão será dada pela soma **T' + T" + T'"**. Fazendo essa soma, vemos que o valor 1000 é um fator comum! Daí, podemos fazer o seguinte:

$$\rightarrow X = 1000.(s_{18}\neg_{4\%} + s_{12}\neg_{4\%} + s_{6}\neg_{4\%})$$

Consultando a Tabela Financeira das Rendas Certas, encontraremos:

$s_{18}\neg_{4\%} = 25,645413$

$s_{12}\neg_{4\%} = 15,025805$

$s_{6}\neg_{4\%} = 6,632975$

→ Daí: **X** = 1000.(25,645413 + 15,025805 + 6,632975)

→ **X** = 1000 x 47,304193

Daí, chegamos a: X = 47.304,19 → **Resposta!**

2. (ESAF) Uma pessoa, no dia 1º de agosto, contratou com um banco aplicar mensalmente R$ 1.000,00 durante seis meses, R$ 2.000,00 mensalmente durante os seis meses seguintes e R$ 3.000,00 mensalmente durante mais seis meses. Considerando que a primeira aplicação seria feita em 1º de setembro e as seguintes sempre no dia primeiro de cada mês e que elas renderiam juros compostos de 2% ao mês, indique qual o valor mais próximo do montante que a pessoa teria dezoito meses depois, no dia 1º de fevereiro.

a) R$ 36.000,00.
b) R$ 38.449,00.
c) R$ 40.000,00.
d) R$ 41.132,00.
e) R$ 44.074,00.

Solução: Este enunciado é a prova viva de que vale a pena estudar em casa resolvendo as provas passadas! E por que estamos dizendo isso? Porque esta questão é simplesmente um *retrato* da anterior, que havia sido cobrada em um concurso havido um ano antes. O desenho dessa questão é idêntico. A única diferença é que a taxa cobrada aqui foi de 2% ao mês, enquanto na questão passada havia sido 4% ao mês.

Portanto, dada a semelhança, sem maiores explicações, teremos:

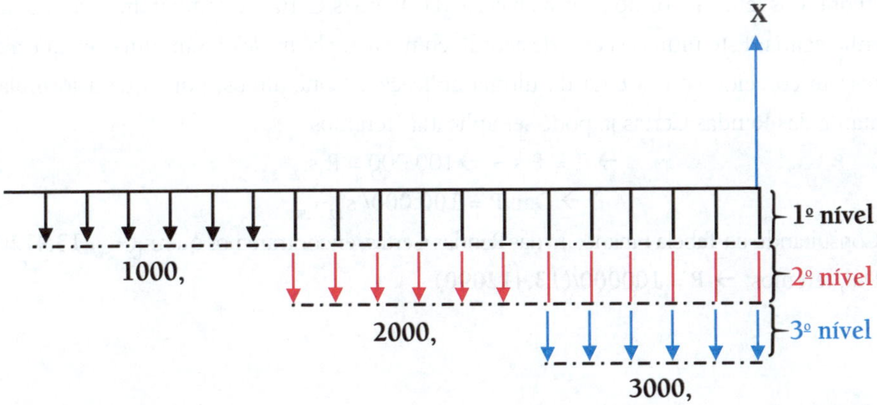

Teremos:

→ 1º nível: à $T = P. s_{n}\neg_{i}$ → $T' = 1000. s_{18}\neg_{2\%}$

→ 2º nível: à $T = P. s_{n}\neg_{i}$ → $T'' = 1000. s_{12}\neg_{2\%}$

→ 3º nível: à $T = P. s_{n}\neg_{i}$ → $T''' = 1000. s_{6}\neg_{2\%}$

Daí: → $X = 1000.(s_{18}\neg_{2\%} + s_{12}\neg_{2\%} + s_{6}\neg_{2\%})$

E chegamos a: X = 41.132, → Resposta!

3. (ESAF) Um contrato prevê que aplicações iguais sejam feitas mensalmente em uma conta durante doze meses com o objetivo de atingir o montante de R$ 100.000,00 ao fim deste prazo. Quanto deve ser aplicado ao fim de cada mês, considerando rendimentos de juros compostos de 2% ao mês?

a) R$ 7.455,96.
b) R$ 7.600,00.
c) R$ 7.982,12.
d) R$ 8.270,45.
e) R$ 9.000,00.

Solução: Neste enunciado, haverá apenas um *bloco* de aplicações, com parcelas de mesmo valor (1ª característica), que estarão dispostas em intervalos mensais, durante um prazo de um ano, de modo que a distância de tempo entre duas parcelas consecutivas será sempre igual (2ª característica). É dito ainda que o total resgatado ao final das aplicações é de R$ 100.000,00 e que a taxa da operação é composta (3ª característica).

Não resta dúvida: a questão é de Montante de Rendas Certas. Fazendo o desenho da questão, observando que as aplicações serão feitas ao final de cada mês, teremos que:

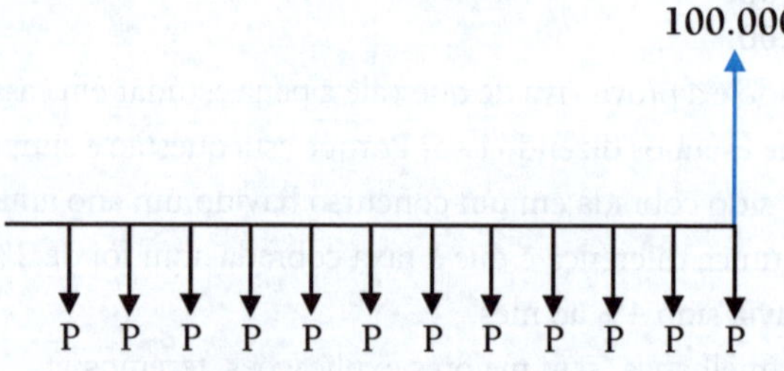

Agora, nos lembremos do *desenho modelo* das Rendas Certas, e comparemos com o nosso desenho acima. Este último já está de acordo com o *desenho modelo*? Sim, uma vez que a data do resgate coincide com a data da última aplicação. Concluímos, pois, que a fórmula do Montante das Rendas Certas já pode ser aplicada. Teremos:

→ $T = P. s_{n}\neg_{i}$ → $100.000 = P. s_{12}\neg_{2\%}$

→ Daí: $\mathbf{P = 100.000/ s_{12}\neg_{2\%}}$

Consultando na Tabela Financeira das Rendas Certas, encontraremos que: $s_{12}\neg_{2\%}$=13,412090.

Daí, teremos: → **P = 100000/(13,412090)**

Aqui, novamente, temos que realizar a divisão final, para chegarmos à resposta da questão. Já aprendemos como se faz essa operação, não é mesmo? Com um olho na conta e outro nas opções de resposta.

Façamos juntos:

100000	13,412090

A primeira coisa será eliminar a vírgula. Para isso, igualaremos o número de casas decimais. Que tal trabalharmos com duas casas decimais? Pode ser? Então fica acertado assim. Acrescentamos, daí, duas casas decimais ao 100.000. Teremos:

100000,**00**	13,**41**

Agora sim! Duas casas decimais para cada lado. Tiramos as vírgulas. Nossa conta será, pois, a seguinte:

10.000.000	**1.341**

Começaremos dividindo 10.000 pelos 1.341. Cabe o quê? Cabe um sete! Teremos:

10000'.000	1.341
9387	7
613	

Desce um zero! Teremos:

10000'.0'00	1.341
9387	7
613 0	

Agora, vamos dar uma olhada nas opções de resposta:

a) R$ 7.455,96.
b) R$ 7.600,00.
c) R$ 7.982,12.
d) R$ 8.270,45.
e) R$ 9.000,00.

Ora, só pela primeira conta que fizemos, já sabemos que estão descartadas as opções D e E, uma vez que não se iniciam por um 7. Só restam três opções *no páreo*. Prestemos bem atenção nelas:

a) R$ 7.455,96   b) R$ 7.600,00   c) R$ 7.982,12

Aqui percebemos que bastará que nós façamos mais uma única conta, e já chegaremos à resposta. Isso porque o segundo algarismo destas três opções são diferentes entre si! Se o próximo valor do nosso quociente for um 4, diremos que a resposta é a letra A; se for um 6, diremos que é a B; se for um 9, diremos que é a C.

a) R$ 7.455,96 b) R$ 7.600,00 c) R$ 7.982,12

Passemos à conta. Para dividir agora 6130 por 1341, é evidente que não vai caber nem um 6 e nem um 9. Pois 1341 multiplicado por um 6 ou por um 9 resultaria um valor acima de 6130.

Conclusão: vai caber um 4.

Daí, sem perder mais um segundo sequer, afirmaremos peremptoriamente que nossa resposta é a letra **A**.

→ P = 7.455,96 → Resposta!

4. (ESAF) Obtenha o valor mais próximo da quantia que deve ser depositada ao fim de cada mês, considerando uma taxa de rendimento de 2% ao mês, juros compostos, com o objetivo de se obter R$ 50.000,00 ao fim de dez meses.

a) R$ 5.825,00.
b) R$ 5.000,00.
c) R$ 4.782,00.
d) R$ 4.566,00.
e) R$ 3.727,00.

Solução: Questão semelhante à anterior. Aqui, em vez de doze parcelas, teremos apenas dez. Mas são parcelas de mesmo valor (1ª característica), aplicadas em intervalos de tempo iguais (2ª característica) e tudo isso sujeito a uma taxa de juros compostos (3ª característica). Uma vez que essas parcelas servem para nós acumularmos e resgatarmos ao final, temos a certeza de estar diante de uma operação de Rendas Certas, mais precisamente de Montante de Rendas Certas. O desenho da questão será o seguinte:

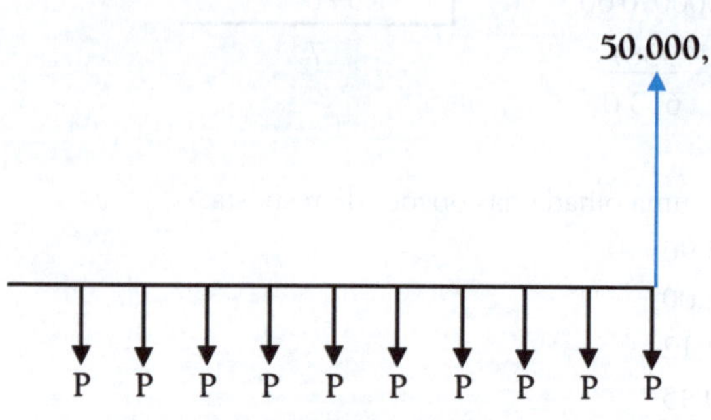

Aqui também o desenho da questão já está compatível com o *desenho modelo* das Rendas Certas, de modo que a data do resgate coincide com a data da última aplicação.

Uma última observação antes de aplicarmos a fórmula do Montante das Rendas Certas: percebamos que, neste exemplo, a taxa é mensal e o intervalo entre as parcelas também o é. E sabemos que o fato de a taxa e o tempo entre as parcelas estarem na mesma unidade é uma condição *sine qua non* para a aplicação da fórmula! Dito de outra forma: só poderemos aplicar a fórmula das Rendas Certas (seja a do Montante ou a do Valor Atual) quando observarmos essa exigência: a taxa deve estar na mesma unidade que o intervalo entre as parcelas.

Aplicando as Rendas Certas, teremos:

$\rightarrow T = P.\ s_{n\neg i} \rightarrow 50.000 = P.\ s_{10\neg 2\%}$

$\rightarrow$ Daí: $\mathbf{P = 50000/\ s_{10\neg 2\%}}$

Consultando na Tabela Financeira das Rendas Certas, encontraremos que: $\mathbf{s_{10\neg 2\%}}$ = **10,94972**.

Daí, teremos: $\rightarrow$ Daí: **P = 50000/(10,94972)**

Nova divisão! Ainda bem que as divisões não nos assustam mais!

Vamos juntos de novo. Teremos:

50000	10,94972

Aqui, se quisermos trabalhar com duas casas decimais, atentemos para o seguinte: como temos 10,9497, é fácil perceber que nossa aproximação será mais confiável se arredondarmos para 10,95. Viram?

Trabalhando, pois, com duas casas decimais e eliminando a vírgula, teremos:

50000,00	10,95

Agora temos duas casas decimais para cada lado. Tiramos as vírgulas e nossa conta será, pois, a seguinte:

5.000.000	**1.095**

Começaremos dividindo 5.000 pelos 1.095. É evidente que se multiplicarmos 1095 por 5, passaremos dos 5000. Logo, caberá um quatro. Teremos:

5000'.000	1.095
4380	4
620	

Desce o primeiro zero, e passamos a ter o seguinte:

5000'.0'00	1.095
4380	4
6200	

Agora é a hora de mirarmos nas opções de resposta! Vamos dar uma olhada nelas:

a) R$ 5.825,00.
b) R$ 5.000,00.
c) R$ 4.782,00.
d) R$ 4.566,00.
e) R$ 3.727,00.

Só há duas opções *no páreo*: as letras **C** e **D**. Olhando só para essas duas, percebemos (com alegria) que nossa conta está praticamente terminada, uma vez que os algarismos que ocupam a segunda *casa* destas duas opções são diferentes entre si. Senão, vejamos:

c) R$ 4.782,00 d) R$ 4.566,00

De modo que se a próxima conta que vamos fazer der um 7, a resposta será a letra **C**; se der um 5, será a letra **D**.

E agora ficou muito fácil, uma vez que é evidente que se multiplicarmos 1095 por 7, passaremos bastante de 6200. Logo, o valor que caberá agora no quociente é um **5**.

Daí: **→ P = 4.566,00 → Resposta!**

5. (ESAF) Considerando a série abaixo de pagamentos no fim de cada ano, obtenha o número que mais se aproxima do valor atual total destes pagamentos no início do ano 1, a uma taxa de desconto racional de 10% ao ano, juros compostos.

Ano	1	2	3	4	5	6	7	8	9	10
Valor	400	400	400	400	200	200	200	200	200	1200

a) 2.208,97.
b) 2.227,91.
c) 2.248,43.
d) 2.273,33.
e) 2.300,25.

Solução: O negócio aqui é desenhar a questão. Se fizermos o desenho corretamente, então não vai haver nenhum problema na resolução. O enunciado nos revela que essas parcelas estarão dispostas *no fim de cada ano*. Assim, teremos:

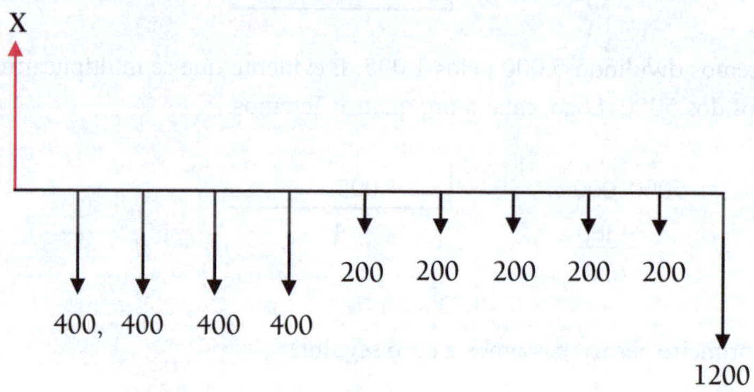

A questão diz que a taxa é composta e quer que descubramos o valor atual desse *fluxo de caixa* na data zero, que corresponde ao início do primeiro ano. Vamos ver se é possível criar tracejados e dividir essas parcelas em diferentes níveis? Comecemos com um tracejado no valor de 200, que é a menor parcela. Teremos:

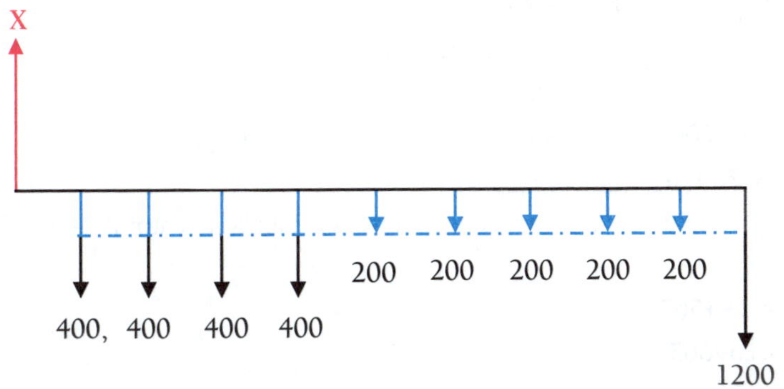

Agora façamos mais um tracejado, pegando as parcelas de R$ 400,00. Teremos:

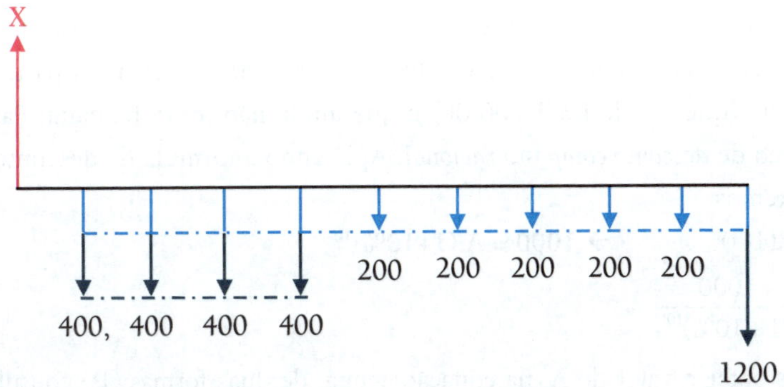

Assim, criamos dois níveis de parcelas:

→ 1º nível) 10 parcelas (n=10) de R$ 200,00 cada;

→ 2º nível) 4 parcelas (n=4) de R$ 200,00 também!

Verificamos, todavia, que esses dois níveis ainda não abrangem todas as parcelas do desenho. A última parcela, no valor original de R$ 1.200,00, só foi tocada pelo primeiro tracejado. Dessa forma, após trabalharmos com as parcelas do primeiro e segundo níveis, ainda teremos que pegar o *restante* da última parcela, que corresponde exatamente **R$ 1.000,00**, e transportá-lo para a data zero.

Por que a última parcela, que era de R$ 1.200,00, vai ser trabalhada como se fosse apenas de R$ 1.000,00? Porque uma parte dela (R$ 200,00) já está sendo trabalhada no primeiro nível.

As parcelas que compõem ambos os níveis, conforme já fizemos em soluções anteriores, serão trabalhadas em operações de Valor Atual de Rendas Certas. Chamando T' o resultado do primeiro nível, e T" o resultado do segundo, teremos:

→ **T' = P. $a_{n\neg i}$** → **T' = 200. $a_{10\neg 10\%}$**

→ **T" = P. $a_{n\neg i}$** → **T" = 200. $a_{4\neg 10\%}$**

Fazendo logo a soma de T' e T", teremos que:

→ T'+T" = (200. $a_{10\neg 10\%}$) + (200. $a_{4\neg 10\%}$)

Colocando os 200 (fator comum) em evidência, teremos que:

→ **T'+T" = 200 ($a_{10\neg 10\%}$ + $a_{4\neg 10\%}$)**

Resolvendo tudo de uma só vez, consultaremos a Tabela do Fator A de Rendas Certas. E obteremos:

$a_{10\neg 10\%}$ = 6,144567

$a_{4\neg 10\%}$ = 3,169865

Daí, teremos que:

→ **T' + T" = 200 (6,144567 + 3,169865)**

→ T' + T" = 1.862,89

Só que ainda não acabou, porque temos que levar R$ 1.000,00 da data dez anos para a data zero. Lembrando que esse valor R$ 1.000,00 é referente à parte *restante* da última parcela (que era de R$ 1.200,00) e que ainda não foi trabalhada. Faremos aqui uma operação de *desconto composto racional*. Aplicando a fórmula de desconto composto racional, teremos:

→ $N = A(1+i)^n$ → **$1000 = A.(1+10\%)^{10}$**

→ $A = \dfrac{1000}{(1+10\%)^{10}}$

Podemos obter o valor do A, na equação acima, de duas formas: 1ª) consultar a tabela financeira do parêntese famoso e depois efetuarmos a divisão; ou 2ª) aplicar a fórmula apresentada no capítulo de desconto composto que evita a divisão.

Adotaremos a segunda forma.

Para obtermos o valor do A sem dividir, aplicaremos a fórmula:

$$\frac{1}{(1+i)^n} = (a_{n\neg i} - a_{n-1\neg i}).$$

Do termo $\dfrac{1}{(1+10\%)^{10}}$, o valor da taxa ***i*** é de 10% e o ***n*** é 10. Então, este termo pode ser substituído por: ($a_{10\neg 10\%}$ - $a_{9\neg 10\%}$)

Daí, a expressão $A = \dfrac{1000}{(1+10\%)^{10}}$ pode ser substituída por:

A = 1000 × ($a_{10\neg 10\%}$ - $a_{9\neg 10\%}$)

Consultando a segunda tabela financeira (a tabela do fator A de Rendas Certas), obtemos:

$a_{10}\neg_{10\%}$ = **6,144567**

$a_{9}\neg_{10\%}$ = **5,759024**

Substituindo estes fatores, teremos:

A = 1000 × ($a_{10}\neg_{10\%}$ - $a_{9}\neg_{10\%}$) = 1000 × (6,144567 - 5,759024)

→ A = 1000 × (0,385543) → A = 385,54

Agora, sim, somos capazes de compor o resultado final da nossa questão:

→ Resultado dos dois níveis de parcelas: **R$ 1.862,89**

→ Resultado da última parcela de 1000: **R$ 385,54**

Daí: **X = 1862,88 + 385,54** → X = 2.248,43 → Resposta!

6. (ESAF) Calcular a soma dos valores atuais, no momento zero, das quantias que compõem o seguinte fluxo de valores: um desembolso de $ 2.000,00 em zero, uma despesa no momento um de $ 3.000,00 e nove receitas iguais de $ 1.000,00 do momento dois ao dez, considerando que o intervalo de tempo decorrido entre momentos consecutivos é o mês e que a taxa de juros compostos é de 3% ao mês. Usar ainda a convenção de despesa negativa e receita positiva, e desprezar os centavos.

a) $ 2.646,00.
b) $ 0,00.
c) $ 2.511,00.
d) $ 3.617,00.
e) $ 2.873,00.

Solução: Vamos logo tentar identificar a questão.

O enunciado vem nos falar em **fluxo de valores**. Antes de mais nada, aprendamos o que vem a ser isto.

Fluxo de valores nada mais é do que uma linha do tempo, sobre a qual, em diferentes datas, estarão dispostos valores positivos e valores negativos.

Valor positivo é qualquer quantia que se entenda estar entrando no nosso bolso, no nosso caixa. É qualquer valor monetário que estamos recebendo. Nas provas, podem vir com o nome **receitas**, **entradas**, **ganhos** etc. Pode ser também qualquer outro nome, contanto que nos faça entender que é um dinheiro que está chegando (e não saindo) do nosso bolso.

Valor negativo, ao contrário, é toda quantia que esteja sendo retirada do nosso bolso, ou seja, que esteja saindo de nossa mão. As questões podem chamar esses valores negativos de **desembolsos**, **saídas**, **retiradas**, **despesas**, **investimentos** ou qualquer outro que traga o mesmo entendimento.

Daí, via de regra, uma questão de **Fluxo de Valores**, que é o mesmo que **Fluxo de Caixa**, dirá exatamente quais são os valores positivos e negativos, e onde eles se localizam na linha do tempo. Daí, quando tivermos condição de desenhar a questão, o enunciado irá pedir o quanto valem todas aquelas parcelas (positivas e negativas) em uma determinada data que o próprio enunciado vai estabelecer.

Ou seja, teremos que *transportar* todas as parcelas que compõem o **fluxo de caixa** para uma mesma data, que será dita pela questão.

Uma coisa importante é a seguinte: quando formos desenhar o fluxo de caixa, seguiremos a seguinte regra, para melhorar a visualização dos valores e assim facilitar na solução:

→ Os valores positivos (receitas, entradas, ganhos) serão todos desenhados com uma seta para cima;

→ Os valores negativos (despesas, desembolsos, saídas, retiradas) serão todos desenhados com uma seta para baixo.

De posse dessas informações, vamos reler o nosso enunciado, e tentar desenhar o fluxo de caixa (fluxo de valores) que ele apresenta:

"... o seguinte fluxo de valores: um desembolso de $ 2.000,00 em zero, uma despesa no momento um de $ 3.000,00 e nove receitas iguais de $ 1.000,00 do momento dois ao dez, considerando que o intervalo de tempo decorrido entre momentos consecutivos é o mês..."

Vamos lá, façamos o desenho. Ora, o enunciado falou que são dez *momentos*, e depois disse que esse *momento* é o mês. Tracemos logo esse prazo total de 10 meses. Teremos:

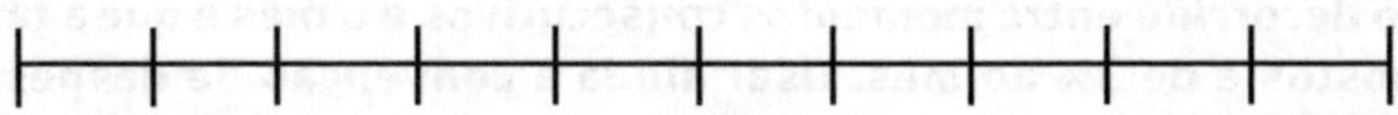

Daí, o enunciado começou logo falando em **desembolso** de R$ 2.000 na data zero. A data zero, conforme já sabemos, é onde começa a linha do tempo. E desembolso é uma palavra inequívoca: trata-se de um valor negativo, de modo que o desenharemos com uma seta para baixo. Teremos:

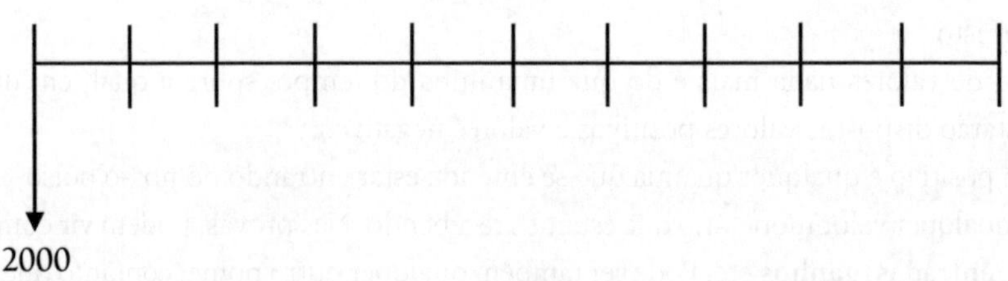

Na seqüência, a questão fala de uma **despesa** de R$ 3.000 no momento um. Despesa também é uma palavra que não deixa qualquer margem de dúvida: é um valor negativo e ganhará uma seta para baixo.

Teremos:

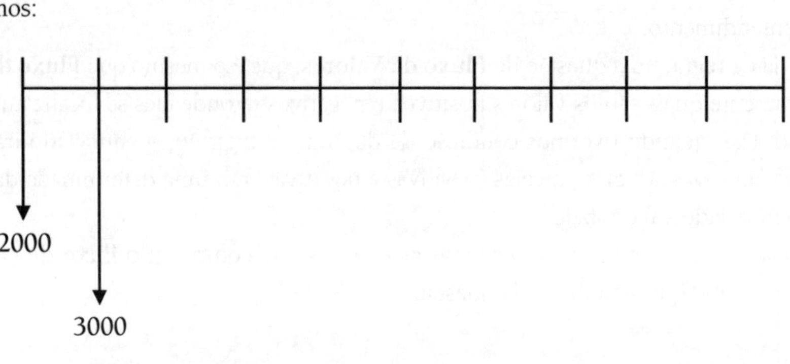

Após isso, vem-se falando em nove **receitas**. Ora, receita é um valor positivo, e por isso, receberá sempre uma seta para cima. Neste caso, serão nove receitas, todas no mesmo valor de R$ 1.000, do momento dois ao momento dez. Teremos:

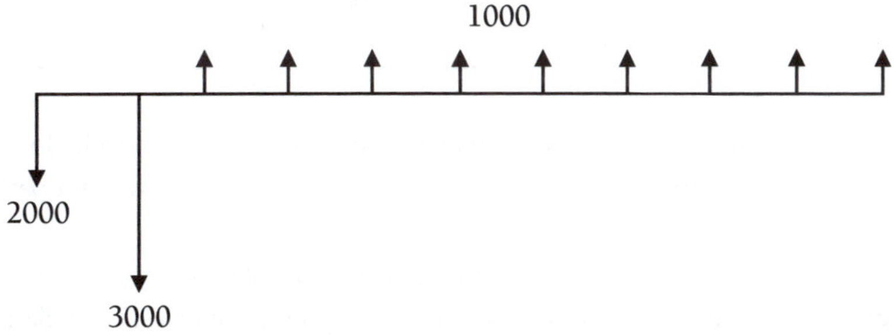

Eis o nosso primeiro **fluxo de caixa**. Uma vez desenhado, resta-nos saber para qual data o enunciado quer que nós transportemos todos os valores positivos e negativos. E isso foi dito logo no início da questão: **"Calcular a soma dos valores atuais, no momento zero, das quantias que compõem o seguinte fluxo de valores..."**

Ou seja, a nossa **data de interesse** da questão será a **data zero**. Essa *data de interesse* é como se fosse uma **data focal**, nas questões de equivalência de capitais. A rigor, uma questão de **fluxo de caixa** é uma questão de Equivalência, em que se pretende calcular uma única parcela, que é equivalente a todas as outras que formam o fluxo de caixa.

A informação que nos falta é a que fala da taxa da operação. Disse o enunciado que "**... a taxa de juros compostos é de 3% ao mês**".

Com isso, estamos preparados para iniciar a questão! Demos logo uma rápida olhada nas parcelas que compõem os valores positivos do fluxo:

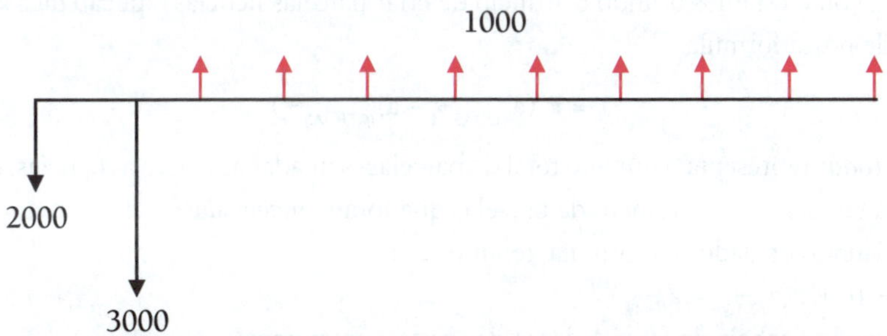

O que vemos aí? São parcelas de mesmo valor? Sim! Estão dispostas em intervalos de tempo iguais? Sim! Estão sujeitas a uma taxa de juros compostos? Sim novamente! E a questão solicita o valor atual das parcelas! Não resta dúvida que devemos aplicar a fórmula do Valor Atual de Rendas Certas.

Refaremos o desenho colocando na data zero o valor **X** que representa o valor atual na data zero das nove parcelas de 1.000,00, e esqueceremos, por enquanto, as parcelas negativas.

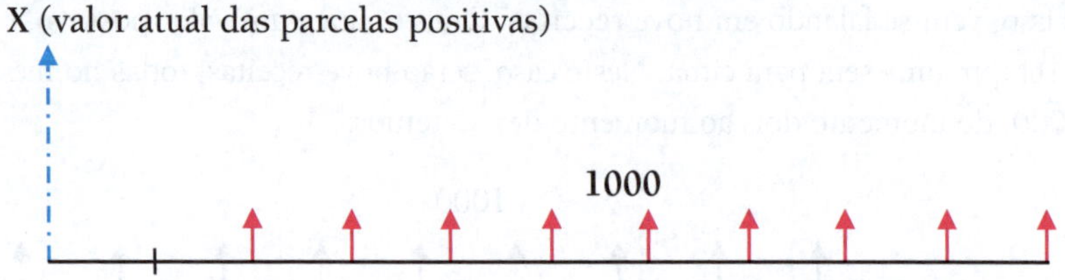

Logo percebemos que o desenho acima não está compatível com o modelo do Valor Atual de Rendas Certas. Lembrados? No modelo, a primeira parcela está apenas um período após o valor atual.

Usaremos a imaginação! Vamos imaginar uma parcela de 1.000,00 no momento um, para que o desenho acima fique adequado ao do modelo. Desenharemos esta parcela fictícia em preto. O nosso desenho passa a ser o seguinte:

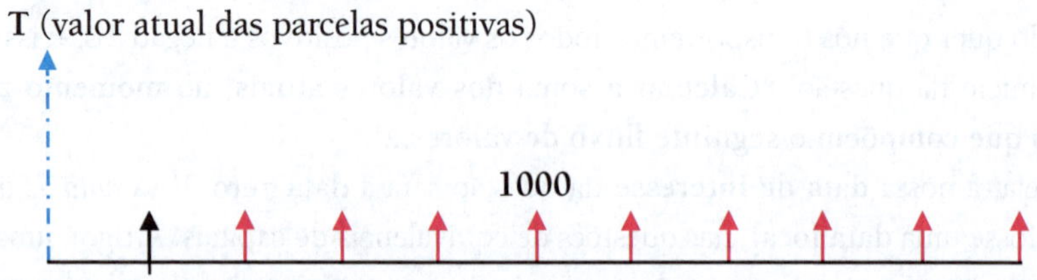

Após acrescentar a parcela fictícia, o desenho tornou-se igual ao modelo, de modo que podemos trocar o **X** pelo **T**.

A fórmula original do Valor Atual de Rendas Certas é a seguinte:

$$\mathbf{T = P.\ a_{n}\neg_{i}}$$

Porém, como estamos usando o artifício de criar parcelas fictícias, aplicaremos a seguinte variação de nossa fórmula:

$$\mathbf{T = P.\ (a_{TODAS}\neg_{i} - a_{FICTÍCIAS}\neg_{i})}$$

Onde ***todas*** representa o número total de parcelas, somadas as reais e as fictícias, e ***fictícias*** representa tão-somente o número de parcelas que foram *imaginadas*.

Substituindo os dados na fórmula, teremos que:

→ $T = 1000.\ (a_{10}\neg_{3\%} - a_{1}\neg_{3\%})$

Recorrendo à tabela do fator A de rendas certas, obteremos:

→ $a_{10}\neg_{3\%}$ = **8,530203**

→ $a_{1}\neg_{3\%}$ = **0,970874**

Daí: → T = 1000. (8,530203 – 0,970874)

→ T = 1000. (7,559329)

→ E: T = 7.559,33 → (Valor Atual das parcelas positivas)

Passaremos a calcular o valor atual na data zero das parcelas negativas. O desenho inicial somente com as parcelas negativas é o seguinte:

A parcela de 2.000,00 já se encontra na data zero, de sorte que para obtermos o valor atual das parcelas negativas precisaremos apenas calcular o valor atual da parcela de 3.000,00 na data zero, e a este resultado somar o valor de 2.000,00.

Podemos calcular o valor atual da parcela de 3.000,00 de duas maneiras: 1ª) aplicar a fórmula de desconto composto racional; e 2ª) aplicar a fórmula do valor atual de rendas certas. Este último caminho é possível porque a fórmula do valor atual de rendas certas não proíbe o seu uso para n = 1 (uma parcela).

Optaremos, por uma questão de praticidade, pela fórmula do valor atual de Rendas Certas. Teremos:

$$\mathbf{T = P.\ a_{n\neg i}}$$

Onde: T = o valor atual na data zero da parcela de 3000.
P = 3000
n = 1 (uma parcela um mês após o valor atual)
i = 3% a.m.

Substituindo estes valores: $\mathbf{T = 3000.\ a_{1\neg 3\%}}$

Recorrendo a tabela financeira: $\mathbf{a_{1\neg 3\%} = 0{,}970874}$

Daí: T = 3000 × 0,970874

→ E: **T = 2912,62 (valor atual da parcela de 3.000,00)**

Portanto, o valor atual das parcelas negativas na data zero será dado por:

valor atual das parcelas negativas = 2000 + 2912,62 = **4912,62**

Para se obter a soma dos valores atuais, no momento zero, das quantias que compõem o fluxo de valores, conforme o pedido da questão, faremos uma subtração dos resultados dos valores atuais das parcelas positivas e negativas:

valor atual das parcelas positivas = 7.559,33

valor atual das parcelas negativas = 4.912,62

Resposta = 7.559,33 – 4.912,62 = 2.646,71 (resposta: opção A)

7. (ESAF) Calcule o valor mais próximo do valor atual no início do primeiro período do seguinte fluxo de pagamentos vencíveis ao fim de cada período: do período 1 a 6, cada pagamento é de R$ 3.000,00, do período 7 a 12, cada pagamento é de R$ 2.000,00, e do período 13 a 18, cada pagamento é de R$ 1.000,00. Considere juros compostos e que a taxa de desconto racional é de 4% ao período.

a) R$ 33.448,00.
b) R$ 31.168,00.
c) R$ 29.124,00.
d) R$ 27.286,00.
e) R$ 25.628,00.

Solução: A questão aqui falou em **fluxo de pagamentos**. Já sabemos o que é isso, só que com outros nomes: **fluxo de valores** e **fluxo de caixa**. São todos sinônimos.

Antes de desenharmos a questão, verifiquemos qual é o prazo total em que estarão dispostas as parcelas. Quanto tempo? 18 períodos. Ora, a questão não especificou o que é um *período*, de modo que podemos adotar qualquer um. Ou seja, podemos, se quisermos, dizer que são 18 meses. Foi dito ainda pelo enunciado que as parcelas desse pagamento serão dividas em três *blocos*, dispostos de seis em seis períodos. Assim, desenhando esse prazo total, com as respectivas divisões, teremos:

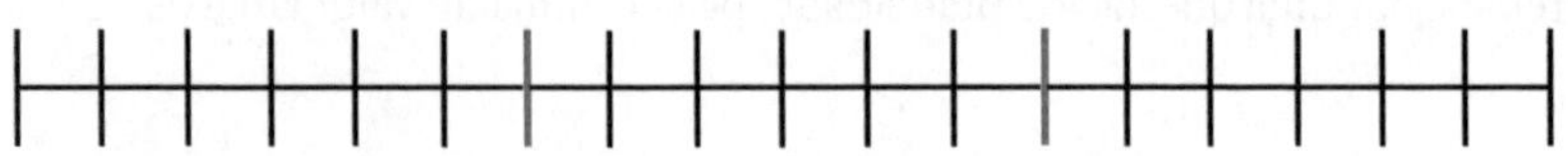

No primeiro *bloco*, os pagamentos são feitos ao fim de cada período, dentro dos meses de 1 a 6, todos no valor de R$ 3.000,00.

O segundo *bloco* é o das parcelas dispostas do sétimo ao décimo segundo mês. São todas elas no valor de R$ 2.000, pagas também ao fim de cada período.

Por fim, o terceiro *bloco* traz as parcelas de R$ 1.000, pagas entre o décimo terceiro e o décimo oitavo mês, igualmente ao fim de cada período.

Desenhando a questão, teremos:

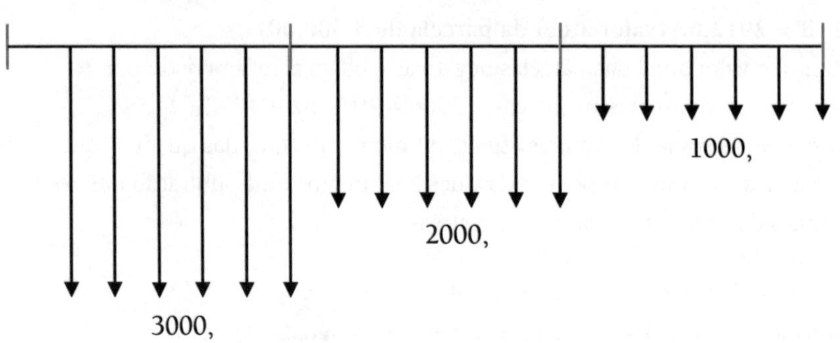

Ora, esse desenho acima é um **fluxo de caixa**. Já o desenhamos. Resta saber qual é a data de interesse da questão, ou seja, qual é aquela data para a qual teremos que *transportar* todos os valores desse fluxo.

O enunciado disse isso logo em seu início: "**Calcule o valor mais próximo do valor atual no início do primeiro período...**" Ou seja, teremos que levar todas as parcelas para a data zero. Desenharemos o valor atual na data zero, e também usaremos o artifício de criar diferentes níveis de parcelas.

Logo, o desenho completo desta questão é o seguinte:

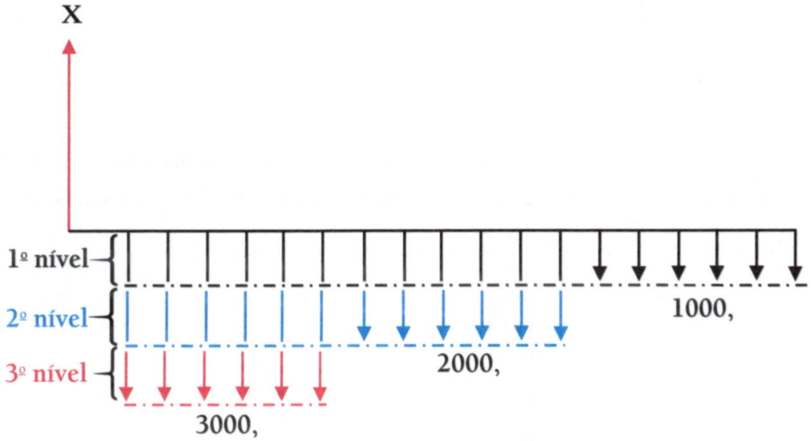

O desenho acima não deixa qualquer dúvida: cada um dos três níveis apresenta parcelas de R$ 1.000,00 cada um, de modo que:

→ 1º nível: 18 parcelas de R$ 1.000,00;

→ 2º nível: 12 parcelas de R$ 1.000,00;

→ 3º nível: 6 parcelas de R$ 1.000,00.

A taxa da questão é uma taxa composta de 4% ao período. Trabalharemos cada nível, fazendo uma operação de cálculo do valor atual de rendas certas. Teremos:

→ 1º nível: → $T = P.\ a_{n\neg i}$ → $T' = 1000.\ a_{18\neg 4\%}$

→ 2º nível: → $T = P.\ a_{n\neg i}$ → $T'' = 1000.\ a_{12\neg 4\%}$

→ 3º nível: → $T = P.\ a_{n\neg i}$ → $T''' = 1000.\ a_{6\neg 4\%}$

O **X** da questão será dada pela soma **T' + T" + T'"**. Fazendo essa soma, vemos que o valor 1000 é um fator comum. Daí, podemos fazer o seguinte:

$$\rightarrow X = 1000.(a_{18\neg 4\%} + a_{12\neg 4\%} + a_{6\neg 4\%})$$

Consultando a Tabela Financeira do fator A, encontraremos:

$a_{18\neg 4\%} = 12{,}659297$

$a_{12\neg 4\%} = 9{,}385074$

$a_{6\neg 4\%} = 5{,}242137$

→ Daí: **X** = 1000. (12,659297 + 9,385074 + 5,242137)

→ **X** = 1000 x 27,28650

Daí, chegamos a: X = 27.286,50 → **Resposta!**

8. **(FCC) José vai receber os R$ 10.000,00 da venda de seu carro em duas parcelas de R$ 5.000,00, sendo a primeira dentro de 30 dias e a segunda, dentro de 60 dias. Considerando uma taxa de desconto de 2% ao mês, o valor atual, em reais, que José deveria receber hoje, com a certeza de estar recebendo o mesmo valor que irá receber no parcelamento, é de:**

a) R$ 9.708,00;
b) R$ 9.719,65;
c) R$ 9.729,65;
d) R$ 9.739,65;
e) R$ 9.749,65.

Solução:

A questão solicita o valor atual de duas parcelas na data zero. São elas: 5.000,00 (em 1 mês) e 5.000,00 (em 2 meses). E a taxa de desconto composto é de 2% ao mês. O desenho é o seguinte:

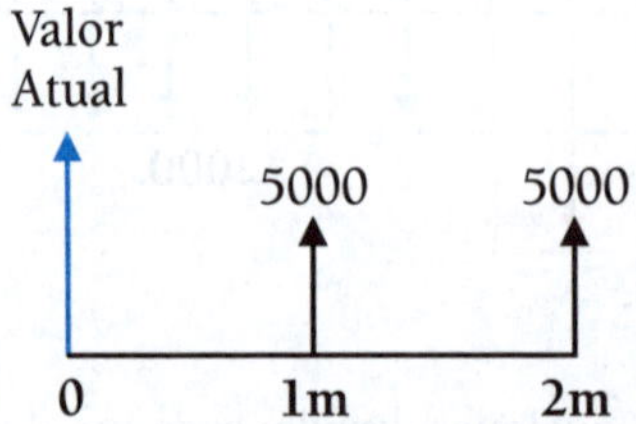

Para o cálculo do valor atual de parcelas iguais devemos usar a fórmula: T = P x $a_{\overline{n|}i}$

Daí, T = 5000 x $a_{\overline{2|}2\%}$

Recorrendo a tabela financeira do Fator A, encontraremos:

$$a_{\overline{2|}2\%} = 1{,}941561$$

Daí: → T = 5000 x 1,941561

→ T = 5 x 1941,561 → **T = 9707,805**

Valor Atual = **9707,805 (Resposta!)**

Na verdade, esta prova não forneceu tabela financeira, então para obtermos a resposta, tínhamos que usar a fórmula do $a_{\overline{n|}i}$. Faremos esses cálculos.

Fórmula do $a_{\overline{n|}i} = \dfrac{(1+i)^n - 1}{(1+i)^n \cdot i}$

Fórmula do valor atual: $T = P \times a_{\overline{n|}i} = P \times \dfrac{(1+i)^n - 1}{(1+i)^n \cdot i}$

→ $T = 5000 \cdot \dfrac{(1+0{,}02)^2 - 1}{(1+0{,}02)^2 \cdot 0{,}02}$ → $T = 5000 \cdot \dfrac{(1{,}02)^2 - 1}{(1{,}02)^2 \cdot 0{,}02}$

→ $T = 5000 \cdot \dfrac{1{,}0404 - 1}{1{,}0404 \cdot 0{,}02}$ → $T = 5000 \cdot \dfrac{0{,}0404}{0{,}020808}$

$\rightarrow T = 5000 \cdot \frac{404}{208,08}$ $\rightarrow T = 5000 \cdot \frac{101}{52,02}$ $\rightarrow T = \frac{505000}{52,02}$

$\rightarrow T \cong \frac{505000}{52}$ $\rightarrow T \cong 9711,5$

O valor atual é aproximadamente 9.711,5. Para marcarmos a alternativa correta é importante que saibamos se este valor encontrado (9.711,5) é maior ou menor que a resposta buscada.

Em que momento fizemos uma aproximação nos cálculos? Foi no arredondamento do denominador de 52,02 para 52. E quando se diminui o denominador, o resultado da divisão fica maior que a resposta correta. Portanto, a resposta que procuramos deverá ser ligeiramente menor que 9711,5. Seguindo esta conclusão, a única alternativa que podemos marcar é alternativa A.

9. (ESAF) Considere os fluxos de caixas mostrados na tabela abaixo, para resolução da questão seguinte. Os valores constantes desta tabela ocorrem no final dos meses ali indicados.

TABELA DE FLUXOS DE CAIXA:

	Meses							
Fluxos	1	2	3	4	5	6	7	8
Um	1000	1000	500	500	500	500	250	50
Dois	1000	500	500	500	500	500	500	300
Três	1000	1000	1000	500	500	100	150	50
Quatro	1000	1000	800	600	400	200	200	100
Cinco	1000	1000	800	400	400	400	200	100

Considere uma taxa efetiva (juros compostos) de 4% a.m. O fluxo de caixa, da tabela acima, que apresenta o maior valor atual (valor no mês zero) é:

a) Fluxo Um;
b) Fluxo Dois;
c) Fluxo Três;
d) Fluxo Quatro;
e) Fluxo Cinco.

Solução:

Trata-se de uma questão de cálculo do valor atual de várias parcelas. Mas observe que as parcelas para cada fluxo não são todas iguais.

Poderíamos usar o artifício, já apresentado na solução de algumas questões de valor atual, de dividir cada fluxo em *níveis*, de modo que possamos aplicar a fórmula do valor atual de rendas certas. Porém, isto será muito trabalhoso, pois são cinco fluxos de caixa. Certamente que a elaboradora não queria que resolvêssemos desta maneira. Ela queria, sim, testar o nosso raciocínio e conhecimento.

Não sei se vocês já perceberam que somando as parcelas de cada fluxo de caixa teremos o mesmo resultado de 4.300. Ou seja, as parcelas de cada fluxo de caixa só estão distribuídas de maneira diferente ao longo dos meses.

Ao calcular o valor atual na data zero de um capital, vocês já sabem que quanto mais distante estiver este capital da data zero maior será o desconto sofrido e, portanto, menor será o seu valor atual. Por exemplo, usando a taxa de 4% a.m., fornecida no enunciado, o valor de 1.000 que está na data 1 mês, terá um valor atual na data zero de 961,54, já um capital de 1.000 que está na data 2 meses, terá um valor atual na data zero de 926. Ou seja, o capital de 1.000, que está na data 2, está sofrendo um desconto maior.

Então, para descobrirmos qual é o fluxo de caixa que tem o maior valor atual na data zero, basta que observemos qual é o fluxo de caixa que apresenta valores maiores nos meses iniciais, pois estes valores sofrerão descontos menores e conseqüentemente apresentarão valor atual maior.

O fluxo de caixa que apresenta os maiores valores nos meses iniciais é o **fluxo 3**. Portanto, este fluxo terá um valor atual maior na data zero.

RENDAS CERTAS – EXERCÍCIOS PROPOSTOS

01. (Auditor do Tesouro Municipal de Natal/RN 2008 ESAF) Apontando por V – Verdadeiro e F – Falso, indique a opção correta para as seguintes sentenças:

I. Um fluxo de caixa é uma série de capitais (valores) dispostos numa sequência histórica (de datas).

II. Dois (2) fluxos de caixa são equivalentes, segundo uma determinada taxa de juros, se tiverem o mesmo valor em determinada data (valor atual, por exemplo).

III. A taxa interna de retorno de um determinado fluxo de caixa é a taxa para a qual o valor atual do fluxo é nulo (igual a zero).

a) V, F, V
b) F, V, F
c) V, V, V
d) F, F, F
e) V, V, F

02. (DNOCS 2010 FCC) Um investidor deposita R$ 12.000,00 no início de cada ano em um banco que remunera os depósitos de seus clientes a uma taxa de juros compostos de 10% ao ano. Quando ele realizar o quarto depósito, tem-se que a soma dos montantes referentes aos depósitos realizados é igual a

a) R$ 52.800,00.
b) R$ 54.246,00.
c) R$ 55.692,00.
d) R$ 61.261,20.
e) R$ 63.888,00.

03. (Banco do Brasil Escriturário 2008 Cespe) Julgue o item a seguir, considerando que o regime de juros praticado é o de juros compostos, à taxa mensal de 2%, e tomando 1,3 como valor aproximado para $1,02^{12}$.

1. Se o pagamento de um financiamento tiver de ser feito em 24 prestações mensais, consecutivas e iguais a R$ 1.200,00, nesse caso, o montante dessa série de pagamentos, por ocasião do pagamento da última prestação, será superior a R$ 42.000,00.

04. Um investidor aplicou 10 parcelas trimestrais, iguais e sucessivas, no valor de $ 200 em um banco que paga juros compostos à taxa de 5% ao trimestre. Qual o valor resgatado três meses após a data da última aplicação? (Vide tabelas financeiras ao final do livro.)

a) $ 2728.
b) $ 2641.
c) $ 2400.
d) $ 2536.
e) $ 2800.

05. (ANEEL 2004 ESAF) Uma empresa pretende dispor de R$ 100.000,00 ao fim de 12 meses e para isso pretende aplicar uma mesma quantia ao fim de cada mês em uma conta remunerada com o objetivo de atingir esse montante ao fim do prazo. Calcule quanto deve ser aplicado ao fim de cada mês, considerando rendimentos brutos de juros compostos de 4% ao mês e uma dedução de 25% de imposto incidente sobre cada recebimento dos juros (despreze os centavos). (Vide tabelas financeiras ao final do livro.)

a) R$ 8.333,00.
b) R$ 8.129,00.
c) R$ 7.046,00.
d) R$ 7.000,00.
e) R$ 6.655,00.

06. (CEF Nordeste 2004 FCC) Uma pessoa está saldando uma dívida com pagamentos mensais, iguais e consecutivos de R$ 240,00 cada. Ela deixou de pagar nas datas devidas as prestações dos meses de março, abril e maio, pagando-as, com juros compostos de 3% ao mês, junto com a prestação do mês de junho. Se não houve multas pelo atraso dos pagamentos, o valor total pago em junho foi, em reais:

a) $8000.[(1{,}03)^4 - 1]$;

b) $250.\dfrac{(1{,}03)^3 - 1}{(1{,}03)^3}$;

c) $8000.\dfrac{(1{,}03)^3 - 1}{(1{,}03)^3}$;

d) $8000.(1{,}03)^4$;

e) $8000.[(1{,}03)^3 - 1]$.

07. (Técnico da Receita Federal 2006 ESAF) Calcule o valor mais próximo do valor atual no início do primeiro período da seguinte série de pagamentos, cada um relativo ao fim de cada período, à taxa de juros compostos de 10% ao período. (Vide tabelas financeiras ao final do livro.)

Período	1	2	3	4	5	6	7	8
Valor	3000	2000	2000	2000	1000	1000	1000	1000

a) 11.700.
b) 10.321.
c) 10.094.
d) 9.715.
e) 9.414.

08. (Técnico da Receita Federal 2006 ESAF) Desejo trocar uma anuidade de oito pagamentos mensais de R$ 1.000,00 vencendo o primeiro pagamento ao fim de um mês por outra anuidade equivalente de dezesseis pagamentos vencendo também o primeiro pagamento ao fim de um mês. Calcule o valor mais próximo do valor do pagamento mensal da segunda anuidade considerando a taxa de juros compostos de 3% ao mês. (Vide tabelas financeiras ao final do livro.)

a) R$ 500,00.
b) R$ 535,00.
c) R$ 542,00.
d) R$ 559,00.
e) R$ 588,00.

09. (Técnico da Receita Federal 2006 ESAF) Uma pessoa aplica um capital unitário recebendo a devolução por meio de uma anuidade formada por doze pagamentos semestrais, com o primeiro pagamento sendo recebido ao fim de seis meses, a uma taxa de juros compostos de 10% ao semestre. Admitindo que ela consiga aplicar cada parcela recebida semestralmente a uma taxa de juros compostos de 12% ao semestre, qual o valor mais próximo do montante que ela terá disponível ao fim dos doze semestres? (Vide tabelas financeiras ao final do livro.)

a) 2,44.
b) 2,89.
c) 3,25.
d) 3,54.
e) 3,89.

10. (IRB 2004 ESAF) Uma série de doze valores monetários relativos ao fim de cada um de doze períodos de tempo representa o fluxo de caixa esperado de uma alternativa de investimento. Considerando que o valor atual desse fluxo de caixa no início do primeiro período é de R$ 30.000,00, calcule o valor futuro desse fluxo ao fim do décimo segundo período, considerando uma taxa de juros compostos de 10% ao período (despreze os centavos). (Vide tabelas financeiras ao final do livro.)

a) R$ 94.152,00.
b) R$ 85.593,00.
c) R$ 77.812,00.
d) R$ 70.738,00.
e) R$ 66.000,00.

11. (Fiscal de Rendas SEFAZ-RJ 2009 FGV) Uma empresa deve pagar duas prestações, iguais e sucessivas, de R$ 10.000,00. A primeira deve ser paga no ato e a segunda prestação será paga ao final de 6 meses. O valor atual dessa dívida, dada uma taxa de juros de 60% ao semestre, é de:

a) R$ 10.156,25.
b) R$ 16.250,00.
c) R$ 16.750,00.
d) R$ 18.133,57.
e) R$ 20.000,00.

12. (TRT13 Analista Judiciário – Contabilidade 2014 FCC) Um investimento resulta em três recebimentos parciais: R$ 3.373,40 ao final do primeiro mês, R$ 3.407,14 ao final do segundo mês e R$ 3.441,20 ao final do terceiro mês. Dada a taxa de desconto de 1,00% ao mês, e considerando o critério do desconto racional composto, o valor presente aproximado desse fluxo de caixa é, em reais,

a) 10.222,00.
b) 10.426,00.
c) 9.915,00.
d) 10.020,00.
e) 9.728,00.

13. (Fiscal de Rendas SEFAZ-RJ 2008 FGV) Considerando uma taxa de juros de 0,5% ao mês, quanto, aproximadamente, uma família deve investir mensalmente, durante 18 anos, para obter a partir daí uma renda mensal de R$ 1.000,00, por um período de 5 anos? (Utilize, se necessário: $1{,}005^{-60}$ = 0,74, $1{,}005^{-216}$ = 0,34 e $1{,}005^{216}$ = 2,94.)

a) R$ 260,00.
b) R$ 740,00.
c) R$ 218,00.
d) R$ 252,00.
e) R$ 134,00.

14. (Auditor Fiscal Tributário da Receita Municipal de Cuiabá 2014 FGV) Assuma as seguintes siglas: VP = Valor Presente, VF = Valor Futuro e PMT = valor das prestações iguais de uma série uniforme.
Considerando uma taxa de juros *i* sob o regime de juros compostos, o PMT pode ser obtido por meio de

a) $\{VF\,[(1+i)^n - 1]\} / i$
b) $\{VP\,[i(1+i)^n]\} / (1+i)^n$
c) $\{VP\,[(1+i)^n - 1]\} / [i(1+i)^n]$
d) $\{VP\,[i(1+i)^n]\} / [(VF/VP) - 1]$
e) $\{VP\,[i(1+i)^n - 1]\} / [(VF/VP)]$

15. (Auditor Fiscal da Fazenda Estadual SEFPI 2015 FCC) Na tabela abaixo, têm-se os fluxos de caixa de dois projetos, A e B.

Ano	Projeto A (em reais)	Projeto B (em reais)
0	– 8.000	– 6.000
1	+ 4.998	+ 4.020
2	+ 6.192	+ E

Sabe-se que a taxa mínima de atratividade é de 20% e os valores presentes líquidos dos dois projetos são iguais. Nessas condições, o valor de E é, em reais,

a) 5.170,00
b) 5.832,17
c) 4.485,60
d) 4.533,00
e) 4.965,00

16. (Especialista em Finanças Públicas SEFAZ-RJ 2011 CEPERJ) Um imóvel é financiado em 18 prestações mensais iguais e sucessivas de R$ 325.000,00 e mais 3 prestações semestrais (prestação-reforço ou prestação-balão) de R$ 775.000,00, R$ 875.000,00 e R$ 975.000,00, respectivamente. Sabendo-se que a taxa cobrada pela financeira foi de 8,7% ao mês, o valor financiado é: (Dados: $(1{,}087)^{18} = 4{,}4888159$ e $(1{,}087)^{6} = 1{,}64959475$.)

a) R$ 3.891.899,23
b) R$ 4.391.009,99
c) R$ 4.111.999,93
d) R$ 3.911.995,93
e) R$ 3.811.885,93

17. (Analista de Tecnologia da Informação SEFAZ/CE 2007 ESAF) Uma anuidade é composta por dezoito pagamentos mensais de R$ 8 530,20, vencendo o primeiro pagamento ao fim de um mês e uma outra anuidade é composta por dez pagamentos mensais de R$ 13 753,51, vencendo o primeiro pagamento também ao fim de um mês. Calcule o valor mais próximo da taxa de juros mensal em que estas duas anuidades seriam equivalentes. (Vide tabela financeira II ao final do livro.)

a) 1%
b) 2%
c) 3%
d) 4%
e) 5%

18. (TRT18 Analista Judiciário – Contadoria 2013 FCC) Em uma empresa adota-se para o cálculo do índice de lucratividade (IL) de um investimento como sendo o resultado da divisão do valor da soma dos valores presentes dos retornos na data inicial (S) pelo valor do desembolso inicial (D), ou seja: IL = S/D. Seja o fluxo de caixa abaixo correspondente a um projeto com um desembolso inicial de R$ 9.600,00, considerando-se a taxa requerida de 8% ao ano.

Anos	PROJETO (R$)
0	– 9.600,00
1	R_1
2	6.998,40

Se o índice de lucratividade deste projeto é de 1,25, então, o valor do retorno R_1, correspondente ao primeiro ano, é de

a) R$ 6.000,00.
b) R$ 6.480,00.
c) R$ 6.998,40.
d) R$ 7.020,00.
e) R$ 7.200,00.

19. (Auditor Fiscal de Tributos Estaduais de Rondônia 2010 FCC) Considere o fluxo de caixa abaixo referente a um projeto em que o desembolso inicial foi de R$ 25.000,00. A uma taxa de atratividade de 20% ao ano, o índice de lucratividade do projeto apresenta um valor de 1,176.

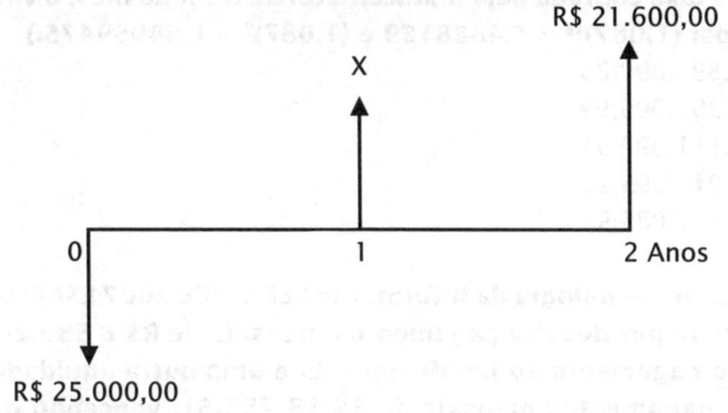

O valor de X é igual a

a) R$ 17.280,00
b) R$ 15.000,00
c) R$ 14.400,00
d) R$ 13.200,00
e) R$ 12.000,00

20. (Auditor-Fiscal Tributário Municipal de SP 2007 FCC) Considere a tabela abaixo, que apresenta valores de:

$(1+i)^n$ **e** $a_{\overline{n}|i} = \frac{(1+i)^n - 1}{i.(1+i)^n}$**, para i = 0,30.**

n	$(1 + i)^n$	$a_{\overline{n}|i}$
1	1,3	0,7692
2	1,69	1,3609
3	2,197	1,8161
4	2,8561	2,1662
5	3,7129	2,4356
6	4,8268	2,6427
7	6,2749	2,8021
8	8,1573	2,9247
9	10,6045	3,0190
10	13,7858	3,0915

Uma determinada peça pode ser produzida indistintamente pela máquina A ou pela máquina B. Uma empresa deseja produzir essa peça e tem hoje duas opções:

Opção I) Adquirir a máquina A pelo preço à vista de R$ 10.000,00, com custo de manutenção anual de R$ 1.800,00, vida útil de 8 anos e valor residual de R$ 2.691,91, representada pelo fluxo de caixa abaixo (valores em reais):

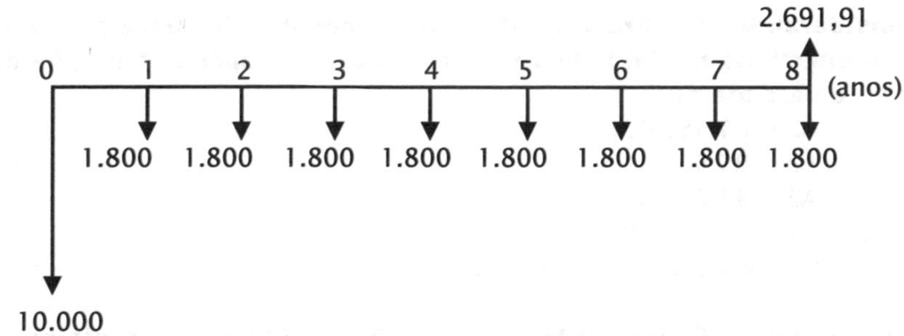

Opção II) Adquirir a máquina B pelo preço à vista de R$ 8.500,00, com custo de manutenção anual de R$ 2.000,00, vida útil de 8 anos e valor residual de R$ 1.631,46, representada pelo fluxo de caixa abaixo (valores em reais):

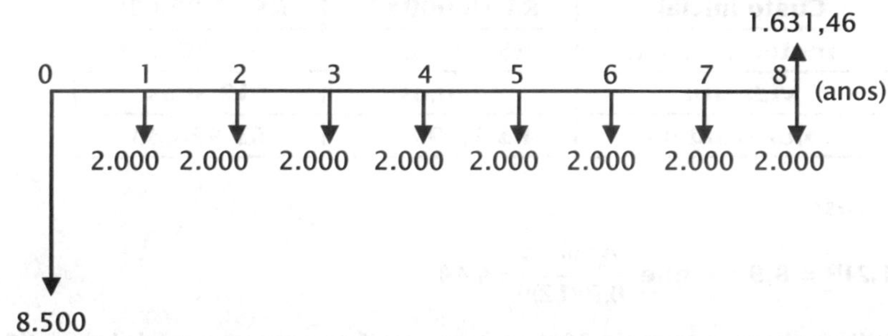

Se A_I e A_{II} são respectivamente os módulos dos valores atuais dos fluxos das opções I e II, na data de hoje, com uma taxa mínima de atratividade de 30% ao ano, então

a) $A_{II} - A_I$ = R$ 785,06
b) $A_{II} - A_I$ = R$ 1.045,06
c) $A_{II} - A_I$ = R$ 2.030,04
d) $A_I - A_{II}$ = R$ 785,06
e) $A_I - A_{II}$ = R$ 1.045,06

21. (Agente Fiscal de Rendas SEFAZ/SP 2013 FCC) O dono de uma empresa deseja adquirir um equipamento e tem duas opções, mostradas na tabela abaixo.

	Opção 1	**Opção 2**
Vida útil	**10 anos**	**10 anos**
Custo inicial	**R$ 10.000,00**	**R$ 7.000,00**
Manutenção anual	**R$ 1.000,00**	**R$ 2.000,00**
Valor residual	**R$ 3.181,20**	**R$ 2.024,40**

Dados:

$(1,4)^{10} = 28,92$ e $\dfrac{(1,4)^{10}-1}{0,4.(1,4)^{10}} = 2,41$

Considerando-se a taxa anual de juros compostos de 40% e sendo A1 e A2 os respectivos módulos dos valores atuais das opções 1 e 2, na data de hoje, é verdade que

a) A1 – A2 = R$ 550,00
b) A1 – A2 = R$ 566,80
c) A1 – A2 = R$ 630,00
d) A2 – A1 = R$ 960,00
e) as duas opções são equivalentes.

22. **(Auditor-Fiscal Tributário Municipal SP 2012 FCC) Para a aquisição de um equipamento, uma empresa tem duas opções, apresentadas na tabela abaixo.**

	Opção X	Opção Y
Custo inicial	R$ 15.000,00	R$ 12.000,00
Manutenção anual	R$ 1.000,00	R$ 1.200,00
Vida útil	12 anos	12 anos
Valor residual	R$ 1.495,20	R$ 996,80

Dados:

$(1,2)^{12} = 8,9$ e que $\dfrac{(1,2)^{12}-1}{0,2.(1,2)^{12}} = 4,44$

Utilizando-se a taxa de 20% ao ano, verifica-se que o módulo da diferença entre os valores atuais das opções X e Y, na data de hoje, é

a) zero.
b) R$ 1.041,00.
c) R$ 2.056,00.
d) R$ 2.085,00.
e) R$ 2.154,00.

23. **(Fiscal de Tributos de Niterói-RJ 2015 FGV) Um equipamento agrícola pode ser alugado anualmente ou comprado. Esse equipamento custa R$ 40.400,00, tem vida útil de 5 anos e, ao final desse período, tem valor residual de R$ 16.100. O custo anual com a manutenção é de R$ 2.000,00. Se o equipamento for alugado, o custo com manutenção é do locador. Considerando a taxa mínima de atratividade de 10% ao ano, o valor do aluguel que torna indiferente comprar ou alugar o equipamento é, aproximadamente, em reais:**
(Utilize: $1,10^{-5}=0,62$ e $1,10^{5}=1,61$.)

a) 8.000
b) 10.000
c) 12.000
d) 14.000
e) 16.000

RENDAS PERPÉTUAS

24. (Auditor Fiscal do Estado do RJ 2011 FGV) Um indivíduo possui um título cujo valor presente é de R$ 100.000,00. Sabendo-se que a taxa de juros é de 10,25% ao ano, juros compostos, o fluxo de pagamentos semestral perpétuo equivalente ao valor presente do título é

a) R$ 4.878,00.
b) R$ 5.000,00.
c) R$ 6.287,00.
d) R$ 10.250,00.
e) R$ 10.000,00.

25. (Auditor da Receita Estadual do Amapá 2010 FGV) Antônio possui um investimento que dá uma renda líquida de 0,6% ao mês (no sistema de juros compostos) e deseja dar à sua filha uma renda mensal perpétua de R$ 450,00. A quantia que Antônio deve investir para que sua filha tenha essa renda é de:

a) R$ 45.000,00
b) R$ 27.000,00
c) R$ 54.000,00
d) R$ 72.000,00
e) R$ 75.000,00

26. (Auditor Fiscal da Receita Estadual SFARJ 2014 FCC) Uma instituição de ensino receberá R$ 10.000,00 por ano, como uma doação à perpetuidade. Considerando os juros efetivos de 12,5% ao ano, então o valor atual desta doação será igual a

a) R$ 90.000,00 caso a doação seja antecipada.
b) R$ 77.500,00 caso a doação seja postecipada.
c) R$ 80.000,00 caso a doação seja antecipada.
d) R$ 82.500,00 caso a doação seja postecipada.
e) R$ 87.500,00 caso a doação seja antecipada.

27. (Analista de Controle Interno SEFAZ/RJ 2011 FGV) Um indivíduo comprou por R$ 200.000 um título que rende uma anuidade de R$ 10.000. A taxa de juros muda para 10% ao ano e, assim, o valor do título agora é

a) R$ 100.000.
b) R$ 150.000.
c) R$ 400.000.
d) R$ 300.000.
e) R$ 250.000.

28. (Auditor do Tesouro Municipal de Recife 2014 FGV) Uma pessoa investe um montante de *x* reais para garantir um recebimento anual perpétuo de 100 reais. Sabendo que esse montante é remunerado à taxa de 1% ao ano, o valor de *x* é igual a:

a) 10.
b) 100.
c) 1000.
d) 10000.
e) 100000.

29. (Analista Bancário BNB 2014 FGV) Fernando possui um título que tem taxa de desconto de 0,75% ao mês e que paga mensalmente a quantia de R$ 900,00, perpetuamente. Se Fernando quiser vender esse título, o seu preço justo é de:

a) R$ 12.000,00
b) R$ 67.500,00
c) R$ 90.000,00
d) R$ 120.000,00
e) R$ 675.000,00

30. (Oficial de Fazenda SEFAZ-RJ 2011 CEPERJ) Uma ação promete pagar dividendos no valor de $ 4,0/ação. Estima-se que, nos anos posteriores, os dividendos cresçam à taxa constante de 5% ao ano. Se o custo de oportunidade do capital é de 14% ao ano e os dividendos são considerados uma perpetuidade, o valor presente dos dividendos será:

a) $ 44,44
b) $ 80,00
c) $ 28,57
d) $ 31,25
e) $ 50,44

Capítulo 9

Amortização

9.1. Conceito

Amortização é o pagamento de uma dívida por meio de parcelas sucessivas. A dívida pode ser originada, por exemplo, de um empréstimo ou de uma compra a prazo.

Suponha que você agora é um Auditor-Fiscal da Receita Federal. Acabou de passar no concurso, depois de meses contínuos de preparação intensiva e desgastante! Importa que o sucesso foi alcançado e, com ele, a recompensa dos justos: o primeiro contracheque!

Daí você pensa: agora vou realizar um antigo sonho de consumo, que é o de comprar um computador portátil, um *notebook*. Pode ser? Então, que seja! Qual não foi a sua decepção, ao chegar à loja e perceber (com espanto) que o salário inicial do AFRF não é aquelas coisas todas que você imaginava, de modo que não dá para você fazer a sua compra **à vista**!

Mas não se desespere! Ainda existe o bom e velho **crediário**! Claro! Vou levar o computador para casa hoje mesmo e ficar pagando por ele em várias prestações.

Daí, o vendedor se aproxima e pergunta: "**Vai ser à vista?**" Ao que você responde: "**Não! Vai ser a perder de vista**!" (Vá se acostumando com essa resposta...). E de quebra, você decide ainda que não vai pagar nada de entrada, de modo que o valor da sua compra será paga, será liquidada, será **amortizada**, em seis *suaves* prestações mensais, a primeira daqui a um mês.

Supondo que o valor do seu *notebook* seja, à vista, de R$ 5.000,00, teremos que o desenho desta situação será exatamente o seguinte:

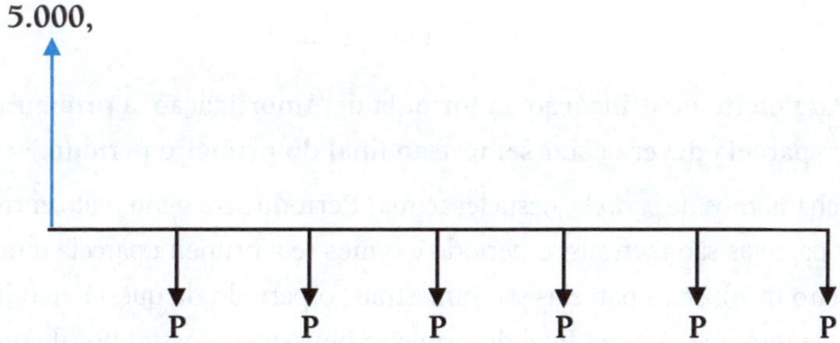

A respeito da taxa dessa operação, vocês acham que o comércio trabalha com taxas simples ou compostas? Ora, obviamente que com taxas compostas.

Olhando para a situação acima, identificamos três características, que irão marcar uma operação de Amortização. São elas:

1ª) Parcelas (prestações) de mesmo valor.

2ª) Parcelas em intervalos de tempo iguais.

3ª) Taxa no Regime Composto (taxa de juros compostos).

Ora, se bem nos lembrarmos, são essas as mesmas três características presentes em uma operação de Rendas Certas. Não é isso? Exatamente! E a razão disso é a seguinte: a Amortização é uma situação particular de Rendas Certas.

É fácil notar, portanto, que não haverá nenhuma dificuldade em identificarmos uma questão de Amortização. Serão várias parcelas, de mesmo valor, mesma periodicidade e no regime composto, servindo para liquidar um valor anterior.

9.2. Desenho Modelo da Questão de Amortização

Da mesma forma que aprendemos um *desenho modelo* para as Rendas Certas, também haverá um para as operações de Amortização. É o seguinte:

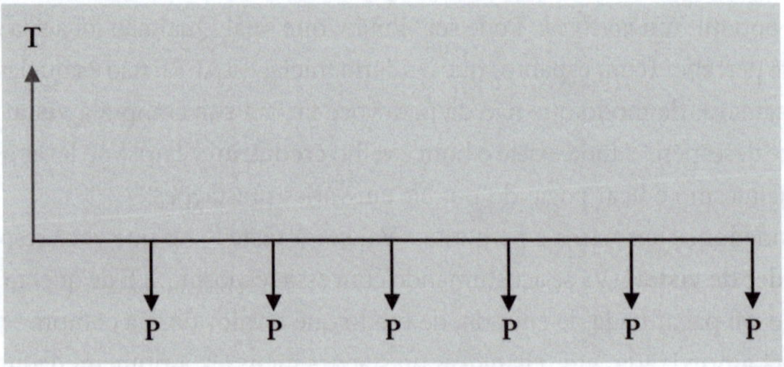

Para que serve esse *desenho modelo*? Para nos lembrarmos de uma **lei**, que será usada por nós sempre que formos aplicar a **Fórmula da Amortização.**

"Lei da Amortização"

Para efeito de utilização da fórmula de Amortização, a primeira parcela deverá estar sempre ao final do primeiro período.

E a quem chamamos de *período*, nesta lei acima? **Período** será o intervalo entre as parcelas. Ou seja: se as parcelas são mensais, o período é o **mês** (e a primeira parcela terá que estar ao final do primeiro mês); se as parcelas são bimestrais, o período da questão é o **bimestre** (e a primeira parcela terá que estar ao final do primeiro bimestre); e assim por diante.

Esta **Lei** é a informação crucial do assunto Amortização. Não podemos esquecê-la sob hipótese alguma!

Quando dissemos *para efeito de aplicação **da fórmula*** é porque só haverá uma única fórmula para resolvermos as questões de Amortização. Vejamos.

9.3. Fórmula da Amortização

É a seguinte:

$$T = P. a_{\overline{n}|i}$$

Notaram a semelhança da fórmula da Amortização com a fórmula do Valor Atual de Rendas Certas? Comparem! Na verdade, não são semelhantes: são iguais! Isso ocorre porque o valor financiado deve ser exatamente igual ao valor descontado (ou valor atual) dos pagamentos, para que se verifique a equivalência financeira entre estes últimos e o valor que foi *diluído* nas parcelas.

Analisemos cada elemento da fórmula da Amortização:

→ **T**: é o valor **T**otal, que será financiado (ou **amortizado**), ou seja, é aquele valor cujo pagamento será **diluído** em várias prestações. Caso a questão forneça o valor das prestações e pergunte o valor que foi amortizado, então esse valor **T**, uma vez calculado, representará sozinho todas aquelas parcelas P.

→ **P**: é o valor das parcelas (ou prestações), com as quais amortizaremos um valor anterior. Da mesma forma que nas Rendas Certas, aqui também terão de ser parcelas de mesmo valor. Esta é a primeira característica de uma operação de Amortização.

→ **a**: este **a** participa de um **fator**. Sozinho, ele não representa ninguém, mas quando está no formato $a_{\overline{n}|i}$, então ele passa a significar o que chamamos de **Fator de Valor Atual de uma Série de Parcelas**, que simplificamos para **Fator A de Rendas Certas**, ou mais ainda para **Fator A**. Daqui a pouco falaremos mais acerca deste Fator.

→ **n**: o significado deste **n** na Amortização será o mesmíssimo que lhe atribuímos no estudo das Rendas Certas, ou seja, aqui também **n** será o número de parcelas.

→ **i**: taxa de **juros compostos**.

→ $a_{\overline{n}|i}$: este é o fator de Valor Atual para uma Série de Parcelas. É o mesmo fator que vimos no capítulo de Rendas Certas, exatamente no cálculo do Valor Atual. Portanto, já sabemos que ele é obtido por meio da tabela financeira ou com o uso das seguintes fórmulas:

$$a_{\overline{n}|i} = \frac{(1+i)^n - 1}{(1+i)^n \cdot i} \quad \text{ou} \quad a_{\overline{n}|i} = \frac{1-(1+i)^{-n}}{i}$$

Quando identificarmos que a questão é de Amortização, lembraremos que a fórmula da Amortização faz uma exigência a ser cumprida antes de ser aplicada. Trata-se da mesma exigência da fórmula de Rendas Certas: é preciso que a unidade da taxa seja a mesma que há entre o intervalo das parcelas. Se as parcelas da amortização são mensais, então teremos que trabalhar com uma taxa ao mês; se as parcelas da amortização são trimestrais, teremos que trabalhar com uma taxa ao trimestre, e assim por diante.

Caso essa exigência já não venha observada no enunciado, teremos que alterar a unidade da taxa, aplicando o conceito de Taxas Equivalentes.

Na maioria das vezes as questões já trazem cumprida essa exigência. O que não quer dizer que isso seja uma regra. É possível que na próxima prova a questão apresente essa incompatibilidade, e nos obrigue a alterar a unidade da taxa composta.

- Primeiras Questões de Amortização:

Exemplo 1 – Uma loja vende um determinado *notebook* por R$ 5.000,00. Uma pessoa resolve comprá-lo, pagando por ele seis prestações mensais e iguais, a primeira delas com vencimento em um mês. Considerando uma taxa de juros compostos de 3% ao mês, qual será o valor da prestação?

Solução: Vamos tentar identificar o assunto da questão. 1º) Existem várias prestações de mesmo valor? Sim! 2º) O intervalo entre as parcelas é sempre o mesmo? Sim! 3º) A taxa da operação é de juros compostos? Sim! Daí, já sabemos que podemos estar diante (eventualmente) de uma questão de Rendas Certas ou de Amortização.

A questão não nos pede para calcular o Valor Atual nem o Montante das parcelas, mas sim o valor das seis prestações que liquidarão o financiamento de R$ 5.000,00. Isso significa que estamos diante de uma questão de Amortização.

Desenhando a questão, conforme dispõe o enunciado, teremos:

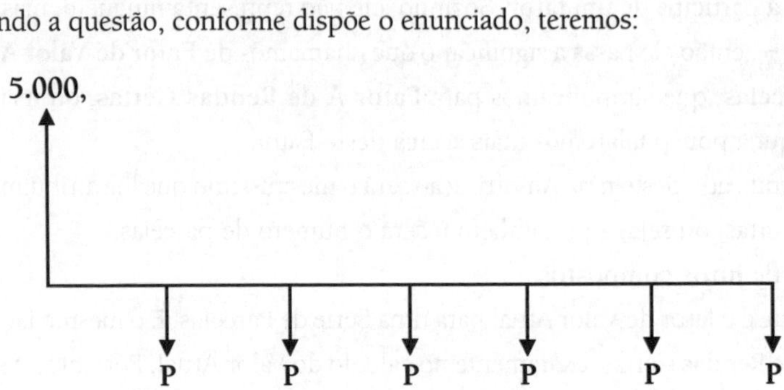

Agora, nos perguntamos: esse desenho acima já está de acordo com o *desenho modelo* da Amortização? Em outras palavras: a primeira parcela está ao final do primeiro período? Sim! Observemos que o período é o mês, porque as parcelas são mensais; e a primeira parcela está ao final do primeiro mês, logo, ao final do primeiro período.

Constatado isso, a fórmula está pronta para ser empregada. Teremos:

$$\mathbf{T = P.\ a_{n}\neg_{i}}$$

Onde:

→ **T** = 5000 (o valor a ser amortizado);

→ **P** =? (o valor da prestação, que estamos procurando);

→ **n** = 6 (são 6 parcelas **mensais**);

→ **i** = 3% ao mês (juros compostos).

Aqui já temos cumprida a exigência da fórmula: a taxa é mensal e as parcelas são mensais. Lançando os dados na fórmula, teremos que:

$$\rightarrow T = P.\ a_{n}\neg_{i} \rightarrow 5000 = P.\ a_{6}\neg_{3\%}$$

E agora, como faremos para calcular o fator $\mathbf{a_{6}\neg_{3\%}}$? Recorrendo à Tabela Financeira. A qual delas? À **Tabela do Fator de Valor Atual de uma Série de Parcelas**, que simplificaremos o nome para **Tabela do Fator A**, que já usamos no capítulo de Rendas Certas.

Novamente apresentamos a tabela do Fator A:

TABELA II FATOR DE VALOR ATUAL DE UMA SÉRIE DE PAGAMENTOS

$$a_{n}\neg_{i} = \frac{(1+i)^{n}-1}{i.(1+i)^{n}}$$

n \ i	1%	2%	3%	4%	5%	...	10%
1	0,990099	0,980392	0,970874	0,961538	0,952381		0,909091
2	1,970395	1,941561	1,913469	1,886094	1,859410		1,735537
3	2,940985	2,883883	2,828611	2,775091	2,723248		2,486852
4	3,091965	3,807728	3,717098	3,629895	3,545951		3,169865
5	4,853431	4,713459	4,579707	4,451822	4,329476		3,790787
6	5,795476	5,601431	5,417191	5,242137	5,075692		4,355261
7	6,728194	6,471991	6,230283	6,002054	5,786373		4,868419
...	...	...	...	...	...		...
18	16,398268	14,992031	13,753513	12,659297	11,689587		8,201412

A Tabela tem três elementos: taxa (i), número de parcelas (n) e o fator ($a_{n}\neg_{i}$) que está no *miolo* da tabela. Conhecendo dois elementos, encontraremos um terceiro elemento, desconhecido.

Neste caso, descobriremos o fator $\mathbf{a_{6}\neg_{3\%}}$, que será igual ao valor que está no cruzamento da coluna i=3% com a linha n=6. Ou seja:

$$\mathbf{a_{6}\neg_{3\%} = 5{,}417191}$$

Daí, teremos que:

→ $5000 = P.\ a_{6}\neg_{3\%}$ → $5000 = P.\ 5{,}417191$ → $P = 5000/5{,}417191$

→ Fazendo a divisão, teremos: P = 922,98 → Resposta!

Será esse o valor das prestações. Agora, se quiséssemos saber o quanto de Juros iremos pagar nessa compra a prazo, teremos que fazer o seguinte:

1º) Somar as prestações:

Foram 6 parcelas, cada uma a R$ 922,98. Daí:

→ Total das Parcelas = ΣP = 6 × 922,28 → E: **ΣP = 5.533,68**

2º) Subtrair esse total das parcelas pelo valor do bem à vista:

→ 5.533,68 – 5000 = **R$ 533,68 = Juros!**

É esse o valor adicional que teremos que desembolsar, por estarmos financiando a nossa compra. É esse o valor dos Juros.

Passemos a outro exemplo.

Exemplo 2 – (ESAF) Uma compra no valor de $ 10.000,00 deve ser paga com uma entrada de 20% e o saldo devedor financiado em doze prestações mensais iguais, vencendo a primeira prestação ao fim de um mês, a uma taxa de 4% ao mês. Considerando que este sistema de amortização corresponde a uma anuidade ou renda certa, em que o valor atual da anuidade corresponde ao saldo devedor e que os termos da anuidade correspondem às prestações, calcule a prestação mensal, desprezando os centavos.

a) $ 900,00.
b) $ 986,00.
c) $ 923,00.
d) $ 852,00.
e) $ 1.065,00.

Solução: O enunciado vem nos falar de uma compra a prazo, que será feita com o pagamento de doze prestações. Ainda diz: **"... este sistema de amortização..."** Com estas informações, já podemos afirmar que se trata de uma questão de Amortização.

Antes de passarmos ao desenho da questão, uma última consideração: percebamos que o enunciado falou no pagamento de uma **entrada**. Ora, em que data se paga uma entrada qualquer? Na data da compra, obviamente. Neste exemplo, foi dito que o valor do bem é de R$ 10.000 e que a entrada foi de 20% deste valor. Logo: 10.000 × (20/100) = 2.000. Encontramos o valor da entrada.

Daí, o desenho de nossa questão será o seguinte:

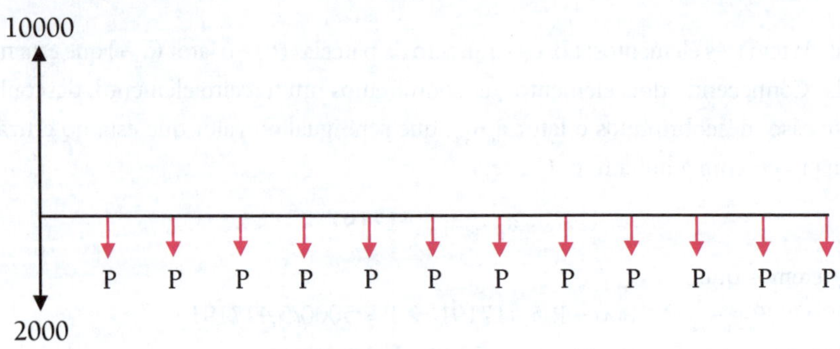

Ora, se pensarmos no *desenho modelo* da Amortização, lembraremos que ele não admite parcela de *entrada*. A lei da Amortização diz que, para efeito de aplicação da fórmula, o valor a ser amortizado terá que estar um período antes da primeira parcela.

Conclusão: sempre que a questão de Amortização apresentar um pagamento de uma **entrada** (pagamento feito no dia da compra), teremos que **desaparecer** com ela! E como faremos isso? Por meio de uma operação algébrica: *valor do bem à vista* menos *valor da entrada*.

Teremos, pois, o seguinte:

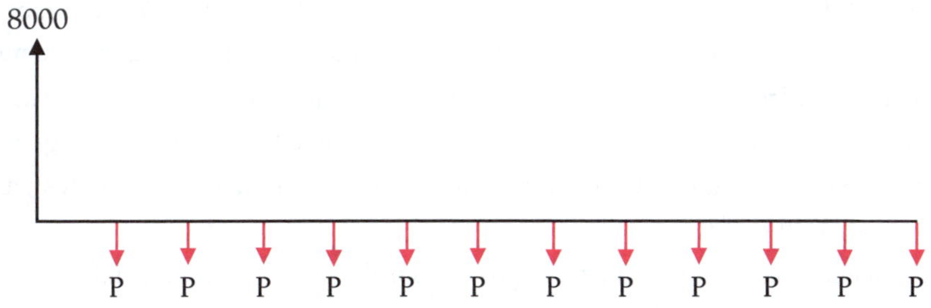

Agora, sim! O desenho da nossa questão assumiu o mesmo formato do *desenho modelo* da Amortização. Ou seja, a primeira parcela agora está um período após a compra.

Feito isso, só nos resta aplicar a fórmula da Amortização. Teremos:

$$\rightarrow T = P.\ a_{n\neg i} \rightarrow 8000 = P.\ a_{12\neg 4\%}$$

Recorrendo à tabela financeira, encontraremos: $\mathbf{a_{12\neg 4\%} = 9{,}385074}$

Daí: $\rightarrow \mathbf{8000 = P.\ a_{12\neg 4\%} \rightarrow P = 8000/9{,}385074}$

Fazendo a divisão, chegaremos a: $\rightarrow$ **P = 852,42 → Resposta!**

9.4. Sistema Francês de Amortização

A maneira de trabalhar as questões de Amortização que estamos vendo até o presente momento representa apenas um tipo específico de **Sistema de Amortização**. Quer dizer que existem outros sistemas? Há outras formas de se trabalhar uma operação de amortização, diferentes desta que aprendemos? Sim! Existem **vários** e distintos sistemas de amortização, cada um deles com suas características próprias.

Este sistema de amortização que aprendemos a trabalhar, no qual todas as parcelas de amortização têm o mesmo valor, é chamado de **Sistema Francês ou Sistema *Price***.

É este Sistema Francês que é amplamente cobrado em provas de concursos fiscais.

Muitos de vocês possivelmente já ouviram falar na Amortização pela **Tabela *Price***, não é verdade? Vamos falar agora mesmo sobre isso.

9.4.1. Tabela Price

Para que fiquemos tranqüilos, adiantamos que a Amortização pela **Tabela *Price*** não é um sistema diverso de amortização. Trata-se apenas de um caso particular do próprio Sistema Francês.

Este caso particular será, na verdade, uma operação de amortização com certas características específicas, mediante as quais se tornou usual falar em *Sistema Price*! Não é uma denominação muito adequada, uma vez que não se trata, repetimos, de um novo sistema de amortização.

A essência do que temos que saber sobre uma questão de *amortização Price* é a informação seguinte: a taxa de juros compostos fornecida pelo enunciado será uma taxa nominal.

Estamos recordados que Taxa Nominal é aquela em que consta a palavra *capitalização* e em que a unidade da taxa é diferente da unidade da capitalização. Só que na questão de amortização ***Price***, o enunciado fornecerá a taxa, por exemplo, com as seguintes palavras: "36% ao ano, Tabela *Price*".

Daí, a mera inscrição "Tabela *Price*" após o valor da taxa, já estará nos informando que se trata de uma **taxa nominal**. De modo que iremos ler essa taxa assim: "36% ao ano, com capitalização..."

Com capitalização o quê? Ora, na questão de amortização haverá, e já sabemos disso, uma série de parcelas de mesmo valor e de mesma periodicidade. Daí, o tempo de capitalização da taxa *Price* será o mesmo tempo que se verifica entre as parcelas de amortização.

Ou seja, em palavras mais fáceis, se as parcelas de amortização são parcelas mensais, a taxa *Price* vai ter capitalização mensal; se as parcelas de amortização são semestrais, a taxa *Price* vai ter capitalização semestral; e assim por diante.

Quer dizer que, se encontrarmos um enunciado em que se diga que um determinado bem será amortizado em 10 **parcelas mensais**, a uma taxa de "36% ao ano, Tabela *Price*". Essa taxa será lida por nós da seguinte forma: "36% ao ano, com capitalização mensal".

Se outra questão disser que uma mercadoria vai ser comprada em 15 **parcelas trimestrais**, a uma taxa de "48% ao ano, Tabela *Price*", então entenderemos essa taxa como sendo: "48% ao ano, com capitalização trimestral".

Em suma: a taxa Price será sempre uma taxa nominal.

Uma vez que nós *traduzirmos* a taxa *Price* para uma taxa nominal, trabalharemos o restante da questão normalmente, sem qualquer diferença com o que já foi aprendido. Obviamente que essa taxa nominal terá que ser, de imediato, transformada numa taxa efetiva, por meio do conceito de taxas proporcionais. Mas isso já não é nenhuma novidade para nós.

A ESAF praticamente nunca usa essa nomenclatura de *taxa Price*, mas se o fizer, não vai haver mais nenhum problema. Passemos a um exemplo.

Exemplo 3 – Um automóvel importado no valor de R$ 100.000,00 deverá ser pago em 18 prestações mensais, a uma taxa de juros de 48% ao ano, tabela *Price*. Determine o valor da prestação.

Solução: A leitura que faremos da taxa *Price* fornecida acima será a seguinte: *48% ao ano, com capitalização mensal*. Isso porque as parcelas de amortização são mensais. Daí, nossos dados da questão são os seguintes:

→ **T = 80.000**

→ **n = 18** (são 18 parcelas!)

→ **i = 48% a.a., com capitalização mensal**

→ **P =?**

Logo de início, transformaremos a Taxa Nominal numa Taxa Efetiva. Aplicando o conceito de Taxas Proporcionais, teremos que:

→ 48% ao ano = (48/12) = 4% ao mês = Taxa Efetiva!

Agora resta aplicar a fórmula da Amortização. Teremos:

$$T = P.\ a_{n\neg i} \rightarrow P = T / a_{n\neg i}$$

$$\text{Daí: } P = 100.000 / A_{18\neg 4\%}$$

Recorrendo à tabela financeira, encontraremos que:

$$a_{18\neg 4\%} = 12{,}659297$$

Daí: → **P = 100.000/12,659297**

→ **E: P = 7.899,33**

9.4.2. A Composição das Parcelas de Amortização no Sistema Francês

Outra coisa interessante para aprendermos: as parcelas de amortização do Sistema Francês (que são sempre iguais) são formadas por duas partes: **cota de amortização** e **juros**.

Ou seja: **Parcela (P) = Cota de Amortização (A) + Juros (J)**

Embora neste sistema todas as parcelas de amortização sejam iguais, cada parcela tem uma **composição** diferente da outra. Vejamos o desenho abaixo, para elucidar um pouco mais a questão:

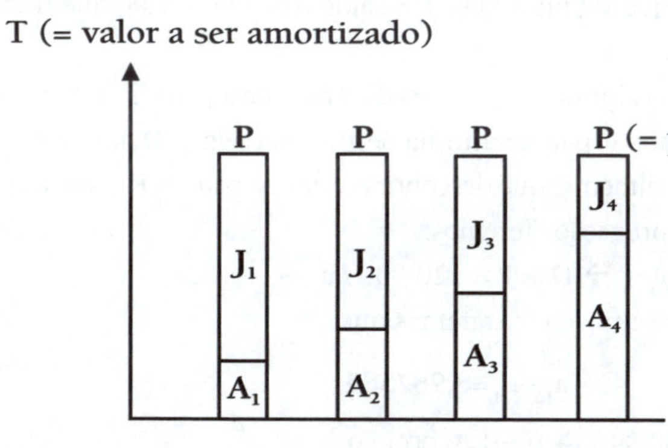

Pelo desenho acima, vemos que, à medida que avançam os pagamentos das parcelas, para cada nova parcela diminui o valor dos Juros e aumenta o valor da Cota de Amortização.

Qual o nosso interesse em saber disso? Vejamos a questão abaixo:

Exemplo 4 – (ESAF) Uma pessoa obteve um empréstimo de $ 120.000,00, a uma taxa de juros compostos de 2% a.m., que deverá ser pago em 10 parcelas iguais. O valor dos juros a ser pago na 8ª (oitava) parcela é de:

a) $ 5,00;
b) $ 51,00;
c) $ 518,00;
d) $ 5.187,00;
e) $ 770,00.

Solução: Trata-se de uma questão um tanto quanto rara. Mas foi cobrada em 1985 e já caiu em uma ou outra ocasião, em provas posteriores a essa. Então o melhor mesmo é conhecermos esse cálculo.

Aprendamos, pois, que **os juros de uma dada prestação serão sempre calculados sobre o *saldo devedor* do período imediatamente anterior**.

Vamos conhecer mais detalhes sobre o saldo devedor.

À proporção que pagamos as prestações, o saldo devedor (a dívida) vai diminuindo, e iguala-se a zero quando pagamos a última prestação. Mostraremos a variação do saldo devedor no desenho dessa questão.

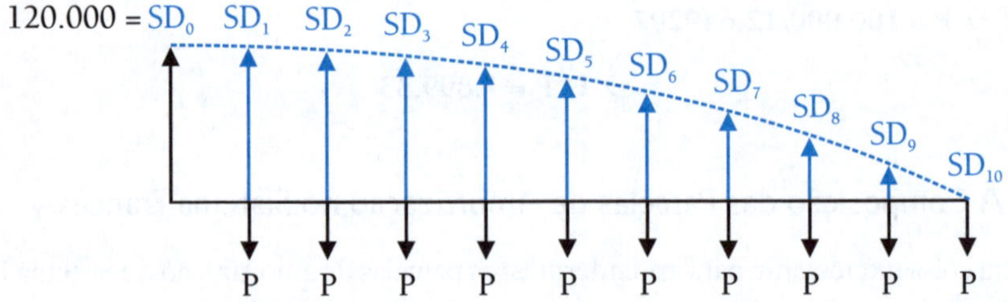

No desenho acima, as setas azuis representam o saldo devedor após o pagamento da cada prestação. O que significa SD_1? É o saldo devedor após o pagamento da primeira prestação. O que significa SD_2? É o saldo devedor após o pagamento da segunda prestação. E assim por diante, até chegarmos ao SD_{10} que é o saldo devedor após o pagamento da última prestação, e, portanto, igual a zero. E o que significa SD_0? É o saldo devedor inicial, que neste caso é o valor tomado no empréstimo.

Se o objetivo é descobrir o valor dos juros presentes na oitava parcela, começaremos descobrindo o **saldo devedor após o pagamento da sétima parcela** (SD_7), que é a anterior à oitava. Para isso, teremos, inicialmente, que descobrir o valor da parcela **P**. Assim, aplicaremos diretamente a fórmula da Amortização. Teremos:

→ $\mathbf{T = P.\, a_{n\neg i}}$ → $\mathbf{P = T / a_{n\neg i}}$ → Daí: $P = 120.000 / a_{10\neg 2\%}$

Recorrendo à Tabela Financeira, encontraremos que:

$$\mathbf{a_{10\neg 2\%} = 8,982585}$$

→ Daí: $P = 120.000 / 8,982585$ → $P \cong 120.000 / 9$

→ $\mathbf{P \cong 13.333,00}$

Retomando nosso raciocínio: queremos descobrir o valor dos juros presentes na oitava parcela. Descobrimos o valor de **P**, e vamos agora saber o **saldo devedor** após o pagamento da **sétima parcela**. Vamos visualizar o desenho da questão quando tivermos terminado de pagar a sétima parcela:

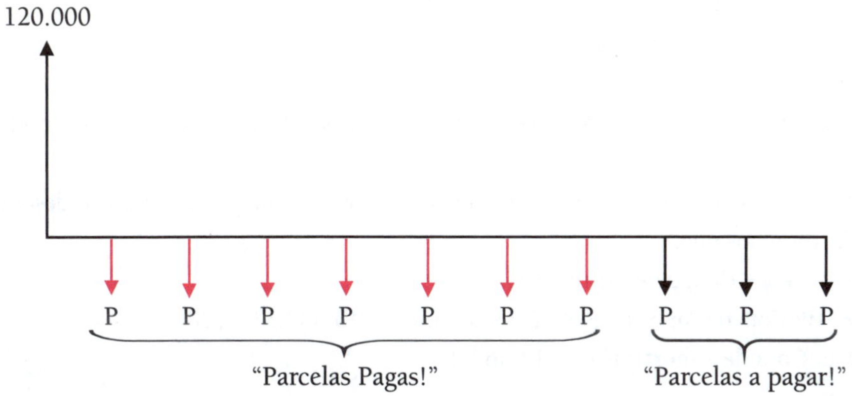

Ora, se queremos achar o saldo devedor após o pagamento da sétima parcela (SD_7), vamos simplesmente ignorar aquelas prestações já pagas e tentar descobrir o quanto falta ser pago ainda. Teremos:

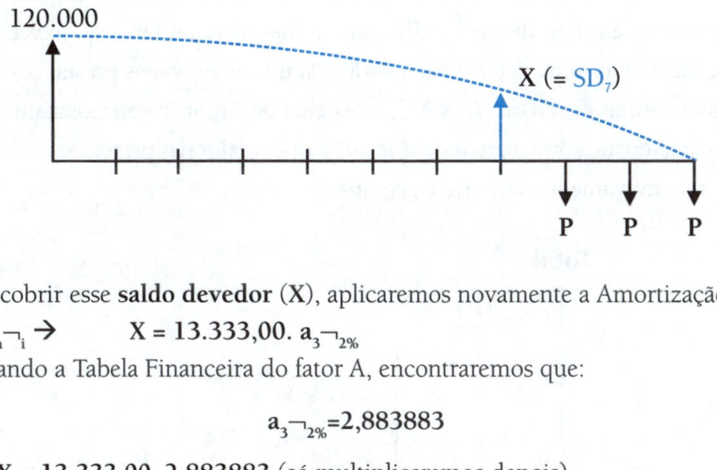

Para descobrir esse **saldo devedor** (X), aplicaremos novamente a Amortização. Teremos:

$X = P.\ a_{n \neg i}$ → $\mathbf{X = 13.333{,}00.\ a_{3 \neg 2\%}}$

Consultando a Tabela Financeira do fator A, encontraremos que:

$$a_{3 \neg 2\%} = 2{,}883883$$

Daí: → **X = 13.333,00. 2,883883** (só multiplicaremos depois)

Feito isso, o cálculo dos Juros da oitava parcela já pode ser calculado. Da seguinte forma:

Juros de uma determinada prestação = **taxa de juros** × **Saldo Devedor após o pagamento da prestação anterior**

Daí, teremos:

→ Juros da 8ª Parcela = Taxa × (saldo devedor após a 7ª parcela)

→ Juros da 8ª Parcela = 0,02 × (13.333,00 × 2,883883)

→ Juros da 8ª Parcela = 266,66 × 2,883883

→ Juros da 8ª Parcela ≅ 266,66 × 2,88

→ Juros da 8ª Parcela ≅ 768,00

Resposta → Alternativa A – 770,00

A diferença entre o valor encontrado e a resposta é devida às aproximações realizadas nos cálculos.

Se esta mesma questão tivesse perguntado o valor da Cota de Amortização desta oitava parcela, diríamos que:

→ Parcela = Cota de Amortização + Juros

→ Daí: Cota de Amortização = Parcela – Juros ≅ 13.333,33 – 770

→ E: **Cota de Amortização ≅ 12.563,33**

9.5. Sistema de Amortização Constante – SAC

Passaremos a estudar um assunto que é normalmente cobrado em concursos bancários (Caixa Econômica Federal, Banco do Brasil etc) e, mais raramente, para cargos fiscais.

Como sabemos, existem diferentes *Sistemas de Amortização*! Ou seja, existem diferentes formas de se fazer *diluir* uma determinada *obrigação* inicial em várias prestações.

Uma dessas formas é o chamado S.A.C. – Sistema de Amortização Constante.

Qual é a característica principal deste *sistema*? É que o valor das prestações irá decrescendo, uma a uma. Ilustrativamente, teremos o seguinte:

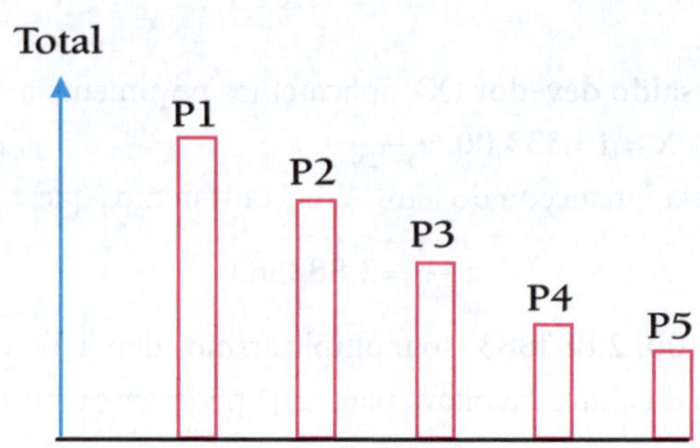

No desenho acima, há um valor **Total** que será *amortizado*, ou seja, será *diluído* naquelas cinco prestações. Como tal amortização se dará mediante o SAC, percebamos que as prestações têm valores decrescentes, a partir da primeira.

Ora, como se trata de prestações de diferente valor, jamais uma questão de SAC poderia perguntar apenas: *Indique o valor da prestação.* Estaria incompleta a pergunta! O que ele teria que dizer a mais? Teria, obviamente, que especificar qual a parcela que pretende descobrir o valor.

Entendido? Passemos a um exemplo.

Exemplo 5 – João pretende pagar uma quantia de R$ 10.000, por meio de cinco parcelas mensais, usando o Sistema de Amortização Constante. Considerando uma taxa de juros compostos de 3% ao mês, obtenha o valor da quarta prestação.

Solução: Trabalharemos a questão de SAC com base nos três seguintes dados:

→ **Total a ser amortizado: T**

→ Número de parcelas: n

→ Taxa da operação: i

De posse desses três elementos, faremos o seguinte:

PASSO A PASSO DO SAC:

1º Passo – Dividiremos o Total a ser amortizado (**T**) pelo número de parcelas (**n**), e chamaremos esse resultado de **A** (quota de **A**mortização).

2º Passo – Multiplicaremos o Total (**T**) a ser amortizado pela taxa (**i**).

3º Passo – Somaremos os resultados dos dois passos acima, e chegaremos ao valor da primeira parcela **P1**.

4º Passo – Multiplicaremos a taxa (**i**) pelo resultado do primeiro passo (quota de amortização **A**).

5º Passo – Calcularemos os valores das demais parcelas, tomando-se sempre o valor da parcela anterior e subtraindo-se dela o valor encontrado no quarto passo.

Voltemos ao nosso exemplo. Tínhamos que:

→ T = 10.000,00

→ n = 5 parcelas

→ i = 3% ao mês

Daí, faremos:

1º) 10.000/5 = 2.000,00 → A = 2000

2º) 10.000 × 0,03 = 300,00

3º) P1= 2.000 + 300 → **P1 = 2.300,00**

4º) 2.000,00 × 0,03 = **60,00**

5º) Cálculo das demais prestações:

P2 = 2.300–60 → P2 = 2.240,00

P3 = 2.240–60 → P3 = 2.180,00

P4 = 2.180–60 → P4 = 2.120,00

P5 = 2.120–60 → P5 = 2.060,00

Para termos certeza de que acertamos as contas, basta reparar que o valor da última parcela será sempre a soma do resultados do primeiro e do quarto passos. Vejamos:

Resultado do 1º Passo: 2.000,00

Resultado do 4º Passo: 60,00

Valor da última parcela: 2.060,00

Uma questão pode perguntar ainda outra coisa, além do valor de uma das parcelas. Ela pode perguntar o valor dos Juros presente em uma parcela qualquer.

Precisamos saber que cada parcela é composta por duas partes: quota de amortização e juros.

Ou seja: **Parcela = Cota de Amortização + Juros**

Com os passos que aprendemos acima, vimos como se calculam a Cota de Amortização e o valor da parcela. Daí, basta agora dizer que:

Juros = Parcela – Cota de Amortização

Passemos a mais exemplos.

Exemplo 6 – Maria pretende pagar uma quantia de R$ 20.000, por meio de dez parcelas mensais, usando o Sistema de Amortização Constante. Considerando uma taxa de juros compostos de 5% ao mês, obtenha o valor da sétima prestação.

Solução: Nossos dados agora são os seguintes:

→ T = 20.000,00

→ n = 10 parcelas

→ i = 5% a.m.

Iniciemos nossos passos de resolução:

1º) 20.000/10 = 2.000,00 → A = 2000

2º) 20.000 × 0,05 = 1000,00

3º) P1 = 2.000 + 1000 → **P1 = 3.000,00**

4º) 2.000,00 × 0,05 = **100,00**

5º) Cálculo das demais prestações:

P2 = 3.000 – 100 → P2 = 2.900,00

P3 = 2.900 – 100 → P3 = 2.800,00

P4 = 2.800 – 100 → P4 = 2.700,00

P5 = 2.700 – 100 → P5 = 2.600,00

P6 = 2.600 – 100 → P6 = 2.500,00

P7 = 2.500 – 100 → P7 = 2.400,00 → RESPOSTA!

Caso queiramos chegar ao valor das demais parcelas (o que não será necessário na hora da prova), faremos:

P8 = 2.400 – 100 → P8 = 2.300,00

P9 = 2.300 – 100 → P9 = 2.200,00

P10 = 2.200 – 100 → P10 = 2.100,00

Não é preciso ser assim tão observador para reparar que as parcelas de amortização do SAC formam uma seqüência numérica que se identifica com a chamada Progressão Aritmética (P.A.). Para quem está mais esquecido, a P.A. é aquela seqüência de valores numéricos em que o próximo valor será sempre o anterior somado a uma constante (chamada *razão*).

Tomemos as parcelas deste nosso exemplo:

{3000, 2900, 2800, 2700, 2600, 2500, 2400, 2300, 2200, 2100}

É uma P.A.? Claro! Trata-se de uma P.A. *decrescente*, uma vez que a *razão* é negativa. Ora, no caso da Amortização pelo SAC, ocorrerá sempre esta situação: as parcelas formarão uma P.A. decrescente.

Se quiséssemos descobrir o valor da segunda parcela, conhecendo o valor da primeira e o valor da razão, faríamos assim:

→ **P2 = P1 + razão**

Teríamos: **P2 = 3000 + (-100) → P2 = 2900**

Se quiséssemos calcular a terceira parcela, faríamos:

→ **P3 = P1 + 2 (razão)**

Teríamos: **P3 = 3000 + 2 (-100) → P3 = 2800**

Se quiséssemos calcular a quarta parcela, faríamos:

→ P4 = P1 + 3 (razão)

Teríamos: **P4 = 3000 + 3 (-100) → P4 = 2700**

Enfim, generalizando, para descobrirmos o valor da **k-ésima** prestação, faremos assim:

→ Pk = P1 + (k-1).razão

Sabendo disso, para chegarmos ao valor da sétima parcela, nem seria preciso calcular os valores da segunda, terceira, quarta etc. Já seria possível ir direto à sétima! Como? Assim:

→ **Pk = P1 + (k-1).razão**

→ **P7 = P1 + (7-1).razão → P7 = 3000 + 6.(-100)**

→ P7 = 2.400,00 → RESPOSTA!

Se esta mesma questão estivesse perguntando o valor dos Juros presentes na sétima parcela, diríamos que:

Parcela = Cota de Amortização + Juros

Logo:

Juros = Parcela – Cota de Amortização

Juros = 2400 – 2000 → J = 400,00 → Resposta!

Exemplo 7 – Pedro pretende pagar uma quantia de R$ 100.000, por meio de cem parcelas mensais, usando o Sistema de Amortização Constante. Considerando uma taxa de juros compostos de 2% ao mês, obtenha o valor da nonagésima prestação.

Solução: Temos aqui os seguintes dados:

→ T = 100.000,00

→ n = 100 parcelas

→ i = 2% a.m.

Iniciemos nossos passos de resolução:

1º) 100.000/100 = 1.000,00 → A=1.000

2º) 100.000 × 0,02 = 2.000,00

3º) P1 = 1.000 + 2.000 → **P1 = 3.000,00**

4º) 1.000,00 × 0,02 = **20,00**

Aqui fica claro que não convém calcularmos o valor de todas as parcelas, até chegarmos à nonagésima! Não é óbvio isso? Acabaria o tempo da prova e não teríamos saído desta questão...

Vamos ter que trabalhar com a Progressão Aritmética.

Para tanto, basta lembrarmos que a *razão* será o resultado do quarto passo, e que terá sempre que ser considerada negativa.

Neste caso, temos que: **razão = -20**

Finalmente, para cálculo da **P90**, faremos:

→ **Pk = P1 + (k – 1).razão**

→ **P90 = P1 + (90 – 1).razão → P90 = 3000 + 89.(-20)**

P90 = 1.220,00 → RESPOSTA!

E se a mesma questão estivesse perguntando o valor dos Juros presentes nesta nonagésima parcela, diríamos que:

Parcela = Cota de Amortização + Juros

Logo: **Juros = Parcela – Cota de Amortização**

Juros = 1.220 – 1000 → J = 220,00 → Resposta!

EXERCÍCIOS RESOLVIDOS DE AMORTIZAÇÃO

1. (ESAF) Uma pessoa faz uma compra financiada em doze prestações mensais e iguais de R$ 210,00. Obtenha o valor financiado, desprezando os centavos, a uma taxa de juros compostos de 4% ao mês, considerando que o financiamento equivale a uma anuidade e que a primeira prestação vence um mês depois de efetuada a compra.

a) R$ 3.155,00.
b) R$ 2.048,00.
c) R$ 1.970,00.
d) R$ 2.530,00.
e) R$ 2.423,00.

Solução: Esta é bem simples! Façamos logo um desenho da questão:

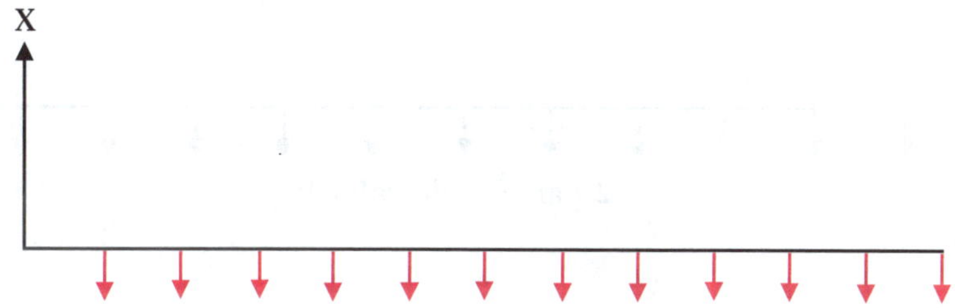

Temos que as parcelas são de mesmo valor; as parcelas são mensais (intervalos de tempo iguais entre elas); a taxa é de juros compostos; as parcelas servem para liquidar (amortizar) um valor anterior; a primeira parcela já está ao final do primeiro período; e a unidade da taxa é a mesma do intervalo entre as parcelas.

Enfim, aplicação direta da fórmula da Amortização. Teremos:

$$\rightarrow T = P.\ a_{\overline{n|}\,i} \rightarrow T = 210.\ a_{\overline{12|}\,4\%}$$

Recorrendo à tabela financeira do fator A, encontraremos que:

$$a_{\overline{12|}\,4\%} = 9{,}385074$$

Daí: $\rightarrow T = 210 \times 9{,}385074 \rightarrow$ **T = 1.970, → Resposta!**

2. (ESAF) Na compra de um carro em uma concessionária no valor de R$ 25.000,00, uma pessoa dá uma entrada de 50% e financia o saldo devedor em doze prestações mensais a uma taxa de 2% ao mês. Considerando que a pessoa consegue financiar ainda o valor total do seguro do carro e da taxa de abertura de crédito, que custam R$ 2.300,00 e R$ 200,00, respectivamente, nas mesmas condições, isto é, em doze meses e a 2% ao mês, indique o valor que mais se aproxima da prestação mensal do financiamento global.

a) R$ 1.405,51;
b) R$ 1.418,39;
c) R$ 1.500,00;
d) R$ 1.512,44;
e) R$ 1.550,00.

Solução: Vamos dividir nossa leitura dessa questão em duas partes. A primeira parte é formada exatamente pelas três primeiras linhas do enunciado. Façamos, pois, de conta que a questão fosse somente até ali. Teríamos, portanto, um bem (um veículo), que vale à vista R$ 25.000, mas que não será pago de uma só vez. Haverá uma **entrada** de 50% do valor à vista, e o restante será **pago**, **diluído**, **liquidado**, **amortizado**, em doze prestações mensais. Se fosse só isso, teríamos o seguinte desenho:

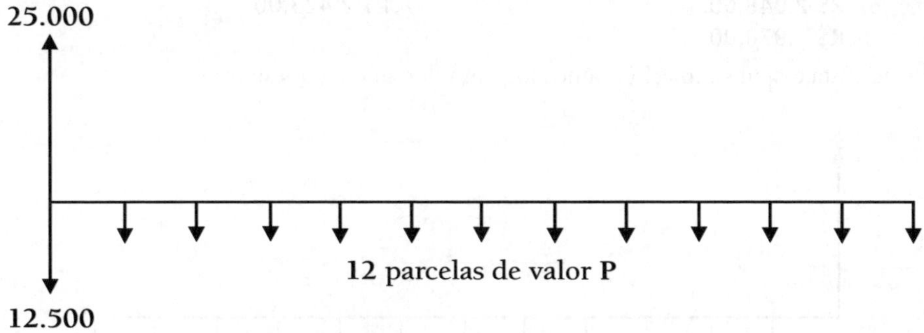

Estes 12.500 correspondem à entrada, que vale exatamente a metade (50%) do bem à vista! Ora, aqui encontramos o quê? Parcelas de mesmo valor, dispostas em intervalos de tempo iguais, e sujeitas a uma taxa de juros compostos. E elas servem para quê? Para pagar, **amortizar**, um valor anterior.

Estamos diante de uma questão de Amortização. Contudo, sabemos que o *desenho modelo* da Amortização não admite que exista parcela de entrada. Logo, fazendo a soma algébrica, desapareceremos com a entrada. Teremos:

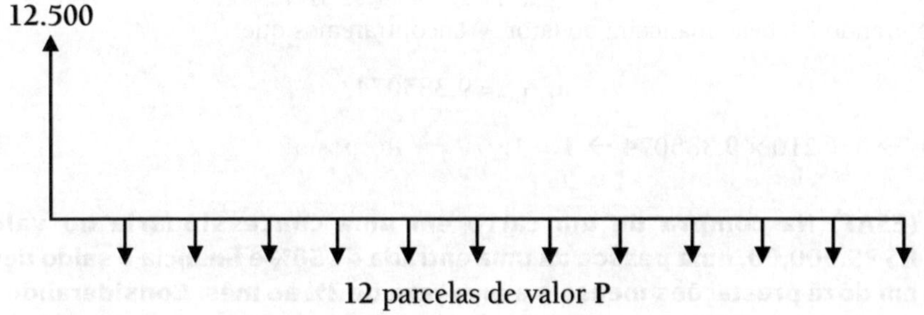

Estaria quase tudo terminado, se fosse só isso! Ocorre que o enunciado complementou os dados iniciais, afirmando que a pessoa que está fazendo a compra a prazo (o financiamento) conseguiu também financiar dois outros valores (R$ 2.300,00 e R$ 200,00), referentes a pagamentos de seguro e de taxa de abertura de crédito.

Ora, quando a questão afirma que ele conseguiu também financiar estes valores, está querendo dizer que essas duas quantias adicionais (seguro e taxa de abertura de crédito) vão ser também **diluídas**, **amortizadas**, nas várias prestações, juntamente com o valor do veículo que ainda resta ser pago.

Então, já compreendemos tudo: se o valor do carro que será amortizado é de R$ 12.500,00 e as duas outras quantias que serão também amortizadas são de R$ 2.300,00 e de R$ 200,00 se somarmos tudo, teremos o enunciado chamou de valor do **financiamento global**.

→ Total a ser amortizado: 12500 + 2300 + 200 = **15.000,00**

Daí, o desenho final da nossa questão será o seguinte:

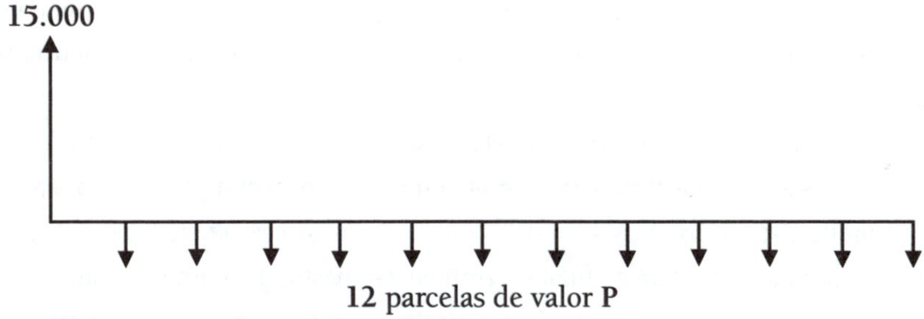

Vejamos que o desenho já está favorável para que façamos a operação de Amortização. Teremos, pois, que:

$$\rightarrow T = P.\ a_{n\neg i} \rightarrow 15000 = P.\ a_{12\neg 2\%}$$

Consultando a Tabela Financeira do Fator A, acharemos que:

$$a_{12\neg 2\%} = 10{,}575341$$

Daí, teremos que:

→ $P = 15000 / a_{12\neg 2\%}$ → $P = 15000 / 10{,}575341$

Daí: P = 1.418,39 → Resposta!

3. (ESAF) Uma empresa recebe um financiamento para pagar por meio de uma anuidade "postecipada" constituída por vinte prestações semestrais iguais no valor de R$ 200.000,00 cada. Imediatamente após o pagamento da décima prestação, por estar em dificuldades financeiras, a empresa consegue com o financiador uma redução da taxa de juros de 15% para 12% ao semestre e um aumento no prazo restante da anuidade de dez para quinze semestres. Calcule o valor mais próximo da nova prestação do financiamento.

a) R$ 136.982,00.
b) R$ 147.375,00.
c) R$ 151.342,00.
d) R$ 165.917,00.
e) R$ 182.435,00.

Solução: Uma questão muito *bonita*! E muito fácil, sobretudo depois que a vermos resolvida! Existe uma situação original: um valor inicial, que será financiado (leia-se: pago em parcelas). O enunciado diz que serão vinte prestações semestrais e de mesmo valor, que irão formar uma **anuidade postecipada**.

Vamos por partes: quando a questão falar em **anuidade**, iremos *traduzir* que essas parcelas tanto podem fazer parte de uma operação de Rendas Certas, quanto uma de Amortização. Em suma: se o enunciado trouxer essa palavra **anuidade**, já saberemos automaticamente que estamos no **Regime Composto**. Nem precisa ser dito isso expressamente!

E quanto a esta palavra ***postecipada***, o que significa isso? Muito fácil. Quando estivermos diante de uma série de parcelas, e o enunciado disser que se trata de aplicações **postecipadas**, estará apenas informando que a primeira dessas parcelas será desenhada **no final do primeiro período**. Só isso!

Portanto, se são parcelas mensais e **postecipadas**, a primeira parcela estará ao final do primeiro mês; se são parcelas trimestrais e **postecipadas**, a primeira parcela estará ao final do primeiro trimestre; se são parcelas semestrais (como é o nosso caso nessa questão) e **postecipadas**, a primeira parcela estará ao final do primeiro semestre. E assim por diante.

Contrapondo-se à palavra **postecipada**, haverá uma outra palavra chave: **antecipada**. Então, se estivermos numa situação em que há várias parcelas de mesmo valor, e o enunciado disser que se trata de aplicações **antecipadas**, estará com isso informando que a primeira parcela deverá ser desenhada **no início do primeiro período**.

Ou seja, se forem parcelas mensais e antecipadas, a primeira parcela estará no início do primeiro mês; se forem parcelas bimestrais e antecipadas, a primeira parcela surgirá no início do primeiro bimestre; e assim por diante.

Portanto, essas palavras – **Antecipada** e **Postecipada** – irão apenas nos informar onde estará localizada a primeira parcela da série, de modo que:

→ Parcelas Antecipadas: primeira parcela no início do primeiro período;

→ Parcelas "Postecipadas": primeira parcela ao final do primeiro período.

São importantes essas palavras que aprendemos acima? Sim, naturalmente! E por um único motivo: por meio delas, saberemos como desenhar a questão da forma correta. E se desenharmos corretamente, então não há como errarmos a resolução. Voltemos ao nosso enunciado.

A situação original é essa: são vinte parcelas semestrais e "postecipadas", no valor de R$ 200.000,00 cada uma. Desenhemos:

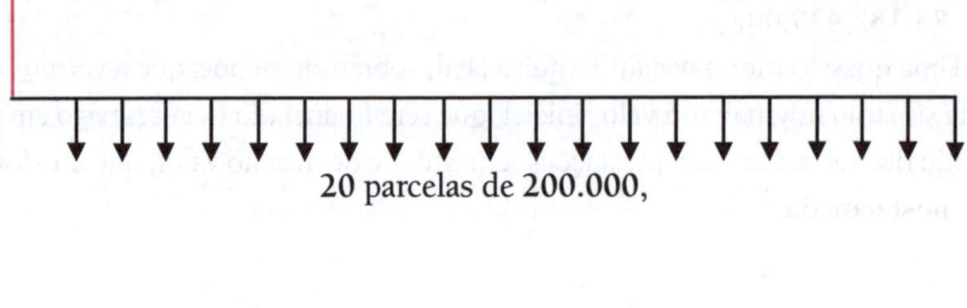

Esta é a situação original. Reparemos que as parcelas são **postecipadas**, conforme nos disse o enunciado. Ocorre que logo após expor a situação original, passa-se a falar em uma *mudança*. E esta ocorrerá, conforme visto na leitura, **"imediatamente após o pagamento da décima prestação"**.

Ora, quantas prestações foram pagas antes que houvesse a *mudança*? Foram pagas dez prestações! Certo? Pois bem! Se foram pagas dez prestações, quantas faltariam por pagar, tendo por base a situação original? Dez, naturalmente! Se eram vinte parcelas, e já pagamos dez, restam dez a serem pagas. Vamos, portanto, redesenhar a questão, para saber exatamente o valor que resta ainda ser pago. Teremos:

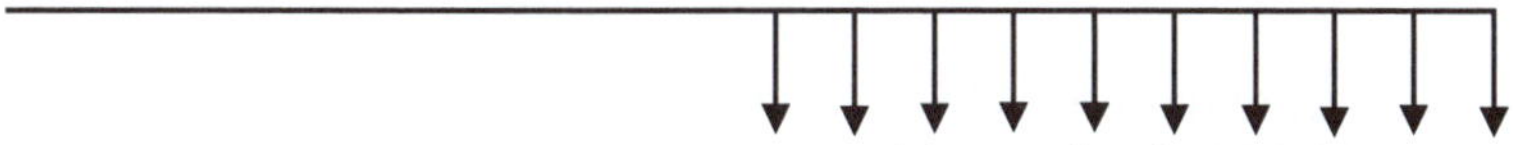

São essas dez últimas prestações que restam ser pagas. Mas o quanto elas representam? Qual é o total que corresponde a essas dez prestações? Para responder a isso, teremos que fazer uma operação de Amortização. Assim:

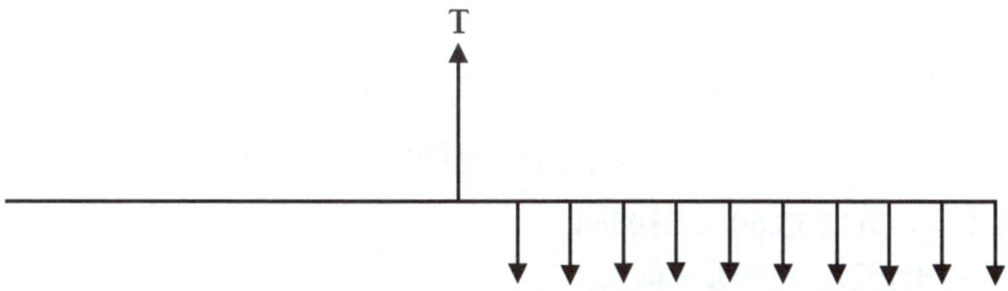

Teremos que:

→ $T = P.\, a_{n\neg i}$ → $T = 200000.\, a_{10\neg 15\%}$

Observemos que nesta situação original (antes da mudança), o valor da taxa da operação era de 15% ao semestre. Consultando a Tabela Financeira da Amortização, encontraremos que: $a_{10\neg 15\%}=5{,}018768$.

Daí: → $T = 200000.\ 5{,}018768$ → $T = 1.003.753{,}60$

Ou seja, esse valor que acabamos de achar representa justamente o quanto ainda teria que ser pago, se fosse mantida aquela situação original.

Ocorre que houve mudanças! Quais:

1ª) O número restante de parcelas foi ampliado: em vez de pagar somente mais dez parcelas, pagaremos quinze.

2ª) O valor da taxa da operação passou de 15% agora para 12% ao semestre.

Ou seja, um *aumento no número de parcelas* e uma *redução na taxa*. Tomando por base a **nova situação**, desenhemos mais uma vez a questão. Teremos:

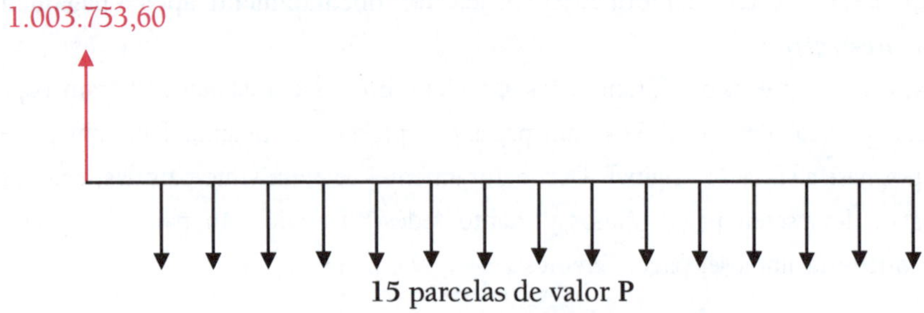

Nossos dados nessa nova situação são os seguintes:

→ **T = 1.003.753,60** (valor que será amortizado)

→ **n = 15** (número de parcelas)

→ **i = 12% ao semestre** (taxa reduzida pela negociação!)

→ **P = ?**

Aplicando diretamente a fórmula da Amortização, teremos o seguinte:

→ **$T = P.\ a_{n}\neg_{i}$** → **$1.003.753{,}60 = P.\ a_{15}\neg_{12\%}$**

→ Daí: **$P = 1.003.753{,}60 / a_{15}\neg_{12\%}$**

Consultando a Tabela Financeira do Fator A, encontraremos que:

$$a_{15}\neg_{12\%}=6{,}810864$$

→ Daí: **P = 1.003.753,60/ 6,810864**

→ E: **P = 147.375, → Resposta!**

4. (ESAF) Um microcomputador é vendido pelo preço à vista de \$ 2.000.000, mas pode ser financiado com 20% de entrada e a uma taxa de juros de 96% a.a., com capitalização mensal. Sabendo-se que o financiamento deve ser amortizado em 5 meses, o total de juros pagos pelo comprador é de, aproximadamente:

a) \$ 403.652;
b) \$ 408.239;
c) \$ 410.737;
d) \$ 412.898;
e) \$ 420.225.

Solução: Desenhemos a questão. Teremos:

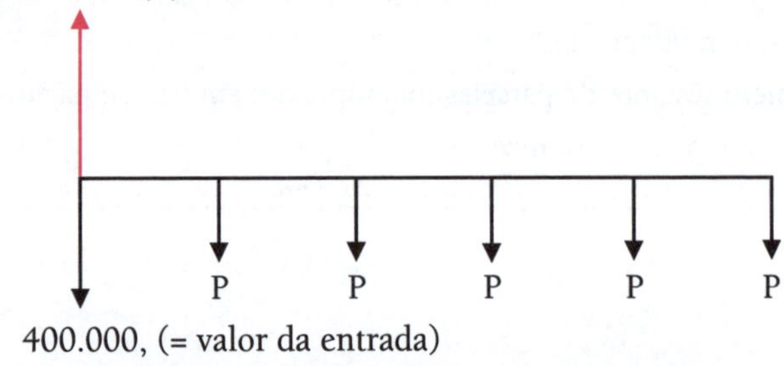

Já sabemos que pagamento de entrada *não serve para nós*. Daí, *desaparecendo* com ela, teremos:

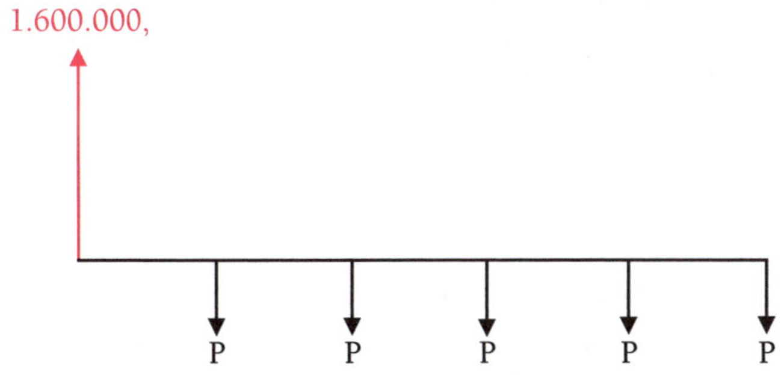

Por fim, teremos que transformar a taxa nominal em efetiva, de modo que teremos:

→ Taxa Nominal: 96% ao ano, c/ capit. mensal

→ Taxa efetiva mensal: i = (96/12) = 8% ao mês

Daí, nossos dados para a operação de Amortização são os seguintes:

→ **T = 1.600.000,**

→ n = 5

→ i = 8% a.m.

→ P =?

Aplicando a fórmula, encontraremos que:

→ **$T = P.\ a_{n\neg i}$** → **$1.600.000 = P.\ a_{5\neg 8\%}$**

Consultando a Tabela Financeira do Fator A, teremos que:

$$a_{5\neg 8\%} = 3{,}992710$$

→ Daí: **P = 1.600.000 / 3,992710** → E: **P=400.730,33**

Aqui a questão vem nos perguntar o valor que foi pago de **Juros** nessa operação. Ora, o valor do bem à vista era de R$ 2.000.000. E o quanto nós pagamos por ele, no total? Pagamos uma entrada de R$ 400.000 além de cinco parcelas de R$ 400.730,33. Ou seja, pagamos no total uma quantia de:

→ 400.000 + (5 × 400.730,33) = 2.403.651,65

Os juros embutidos na compra a prazo é justamente a diferença entre o total que pagamos e o valor à vista do bem. Logo, concluiremos que:

→ **Juros = 2.403.651,65 – 2.000.000 = 403.651,65**

→ **Juros = 403.652, → Resposta!**

5. (ESAF) Uma pessoa paga uma entrada no valor de $ 23,60 na compra de um equipamento, e paga mais 4 prestações mensais, iguais e sucessivas no valor de $ 14,64 cada uma. A instituição financiadora cobra uma taxa de juros de 120% aa, capitalizados mensalmente (juros compostos). Com base nestas informações podemos afirmar que o valor que mais se aproxima do valor à vista do equipamento adquirido é:

a) $ 70,00;
b) $ 76,83;
c) $ 86,42;
d) $ 88,00;
e) $ 95,23.

Solução: Antes de fazermos o desenho dessa questão, que por sinal é bem simples, percebemos, já na leitura do enunciado, a presença de uma **taxa nominal**. Esta deverá, conforme sabemos, ser convertida em **taxa efetiva**, por meio do conceito de **taxas proporcionais**. Fazendo isso, teremos:

→ 120% a.a., c/ capit. mensal = (120/12) = **10% ao mês = taxa efetiva.**

Agora, passemos ao desenho da questão. Teremos:

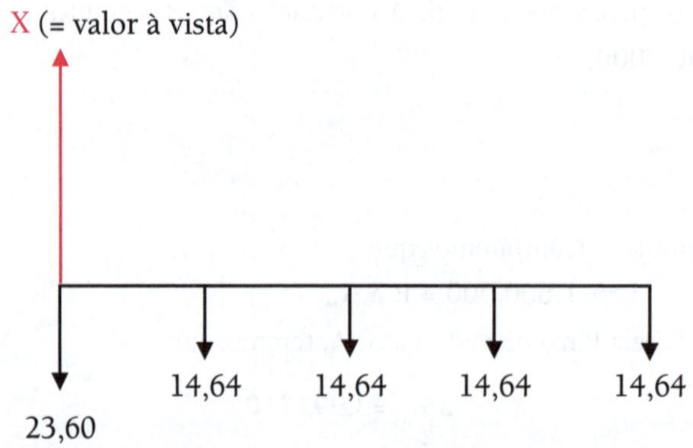

O que vemos? Uma compra a prazo, sujeita a uma taxa composta. É amortização? Sem dúvidas! Só que o valor de uma entrada não nos interessa. Basta nos lembrarmos do *desenho modelo* da Amortização.

Daí, para fazermos essa entrada **desaparecer**, só precisamos efetuar uma subtração. Teremos, pois, que:

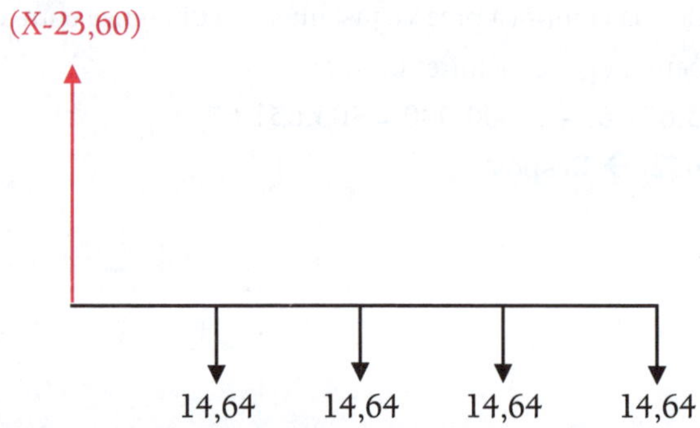

Agora, uma vez que o desenho da questão já está de acordo com o *desenho modelo* da Amortização, só nos resta aplicar a fórmula. Teremos:

→ **T = P. $a_{\overline{n}|i}$** → **(X-23,60) = 14,64. $a_{\overline{4}|10\%}$**

Consultando a Tabela Financeira do Fator A, encontraremos que:

$$a_{\overline{4}|10\%}=3,169865$$

Daí, teremos que:

→ T = P. $a_{\overline{n}|i}$ → (X-23,60) = 14,64 × 3,169865

→ Daí: **X-23,60 = 46,40** → E: X=70,00 → **Resposta!**

6. (ESAF) Um empréstimo de $ 20.900,00 foi realizado com uma taxa de juros de 36% ao ano, capitalizados trimestralmente, e deverá ser liquidado através do pagamento de duas prestações trimestrais, iguais e consecutivas (primeiro vencimento ao final do primeiro trimestre). O valor que mais se aproxima do valor unitário de cada prestação é:

a) $ 10.350,00;
b) $ 10.800,00;
c) $ 11.881,00;
d) $ 12.433,33;
e) $ 12.600,00.

Solução: Neste enunciado também surgiu uma *taxa nominal*. Transformando-a em taxa efetiva, por uso do conceito de taxas proporcionais, teremos que:

→ 36% a.a., com capit. trimestral = (36/4)= **9% a.t. (taxa efetiva)**

O enunciado nos fala de um empréstimo. Quando é que pegamos o valor de um empréstimo? Hoje, obviamente. Pegamos hoje para devolver no futuro. Daí, o desenho de nossa questão será o seguinte:

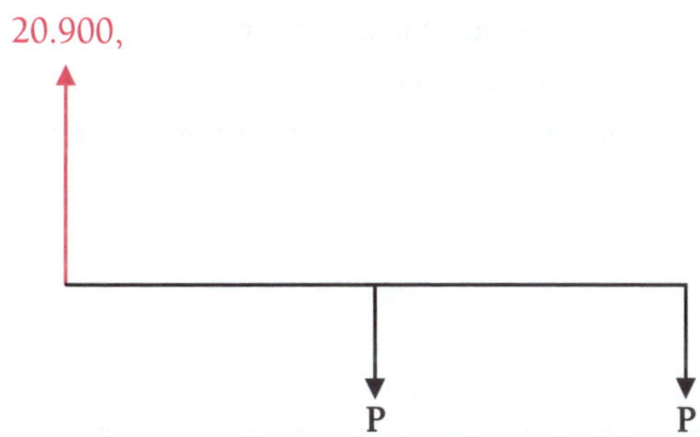

Observemos que a taxa composta é trimestral e o intervalo entre as parcelas também é o trimestre. Tudo compatível, portanto.

O que nos resta? Aplicarmos, diretamente, a fórmula da Amortização. Teremos:

→ T = P. $a_{\overline{n}|i}$ → 20.900 = P. $a_{\overline{2}|9\%}$

Consultando a Tabela Financeira do Fator A, encontraremos que:

$$a_{\overline{2}|9\%}=1,759111$$

Daí, teremos que:

→ 20.900 = P. 1,759111 → P = 20.900 / 1,759111

→ Daí: P = 11.881,00 → **Resposta!**

7. (ESAF) Uma máquina tem preço de $ 2.000.000, podendo ser financiada com 10% de entrada e o restante em prestações trimestrais, iguais e sucessivas. Sabendo-se que a financiadora cobra juros compostos de 28% a.a., capitalizados trimestralmente, e que o comprador está pagando $ 205.821 por trimestre, a última prestação vencerá em:

a) 3 anos e 2 meses;
b) 3 anos e 6 meses;
c) 3 anos e 9 meses;
d) 4 anos;
e) 4 anos e 3 meses.

Solução: Mais uma vez foi fornecida pela questão uma taxa nominal. Transformando-a em taxa efetiva, encontraremos que:

→ 28% a.a., com capit. trimestral = (28/4) = **7% a.t. = taxa efetiva.**

Faremos agora o desenho da questão, observando a existência de uma **entrada de 10%**. Logo, nosso desenho será o seguinte:

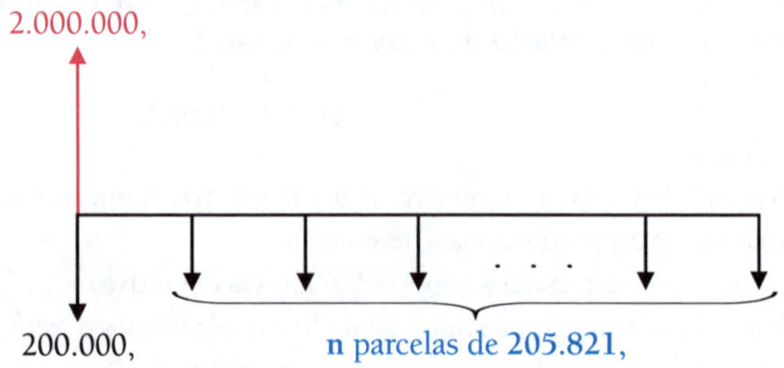

Observemos que essa questão foi diferente de todas as demais: aqui não foi revelado qual o número de parcelas. Isso nós teremos que descobrir.

Antes de mais nada, para adequar o desenho da questão ao *desenho modelo* das amortizações, teremos que **desaparecer** com essa entrada. E isso é facílimo! Teremos:

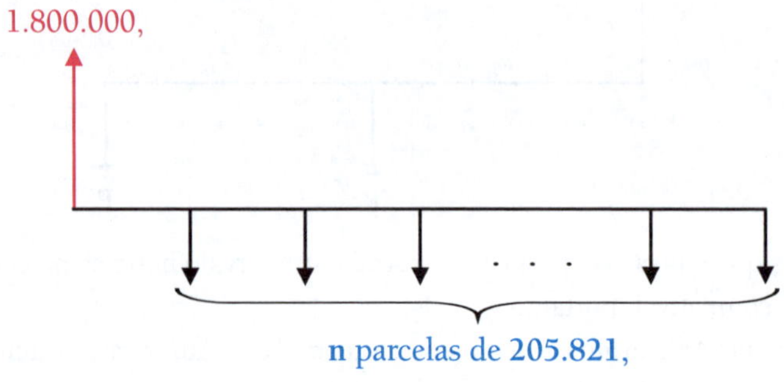

Agora, sim, estando de acordo com o *desenho modelo*, resta-nos aplicar a fórmula da Amortização. Teremos que:

→ $T = P.\ a_{n\neg i}$ → $1.800.000 = 205.821 \times a_{n\neg 7\%}$

Daí, isolando o Fator A, teremos o seguinte:

→ $\mathbf{a_{n\neg 7\%} = 1.800.000 / 205.821}$ → Daí: $a_{n\neg 7\%} = 8{,}745468$

Foi dito repetidas vezes neste curso que para consultarmos uma Tabela Financeira trabalharemos com três elementos, dos quais dois são conhecidos e um terceiro é desconhecido.

Neste nosso caso, o elemento desconhecido é o **n**, que significa número de parcelas, enquanto que os elementos conhecidos são a taxa (**i = 7%**) e o resultado do fator (**8,745468**).

Nossa consulta à Tabela Financeira do Fator A será feita assim: correremos nossa vista pela coluna da taxa **7%**, procurando nela (no *miolo* da tabela) por um valor igual ou mais próximo possível de **8,745468**. Quando encontrarmos esse valor, correremos nossa vista pela linha correspondente, nos dirigindo para a esquerda, até chegarmos ao valor do **n**.

Fazendo isso, acharemos: n = 14

Mas 14 o quê? 14 parcelas.

Uma vez que sabemos que as parcelas são **trimestrais**, então concluímos que as aplicações terão duração de exatamente **14 trimestres**.

As opções de resposta não vêm em termos de trimestres. Então, façamos o seguinte: transformemos logo tudo para **meses**. Teremos:

→ 14 trimestres = 14 x 3 = 42 meses

Agora vamos passar para anos e meses: 1 ano são 12 meses; 2 anos são 24 meses; **3 anos são 36 meses.** 36 para chegar a 42 faltam 6 meses.

Logo: 42 meses = 3 anos e 6 meses → Resposta!

8. (ESAF) O preço a vista de um imóvel é R$ 180.000,00. Um comprador propõe pagar 50% do preço a vista em 18 prestações mensais iguais, vencíveis a partir do final do primeiro mês após a compra, a uma taxa de 3% ao mês. Os 50% restantes do valor a vista ele propõe pagar em 4 parcelas trimestrais iguais, vencíveis a partir do final do primeiro trimestre após a compra, a uma taxa de 9% ao trimestre. Desse modo, o valor que o comprador desembolsará no final do segundo trimestre, sem considerar os centavos, será igual a:

a) R$ 34.323,00;
b) R$ 32.253,00;
c) R$ 35.000,00;
d) R$ 37.000,00;
e) R$ 57.000,00.

Solução:

A questão trata do financiamento de um imóvel em parcelas iguais e consecutivas e, portanto, é uma questão de amortização.

Temos que:

- O valor do imóvel é de 180.000,00.
- O pagamento do imóvel será liquidado da seguinte maneira:
  1) Metade do valor do imóvel será paga em 18 prestações mensais e iguais, a uma taxa de 3% ao mês.
  2) A outra metade do valor do imóvel será paga em 4 prestações trimestrais e iguais, a uma taxa de 9% ao trimestre.

Vamos fazer o desenho para cada uma das formas de pagamento.

→ Desenho das **18 prestações mensais e iguais**:

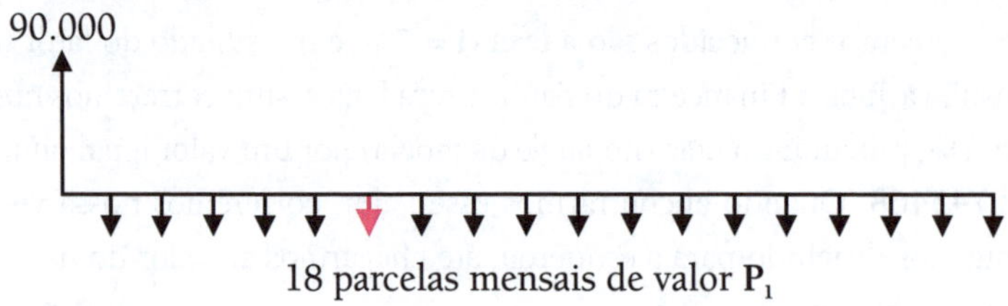

→ Desenho das **4 prestações mensais e trimestrais**:

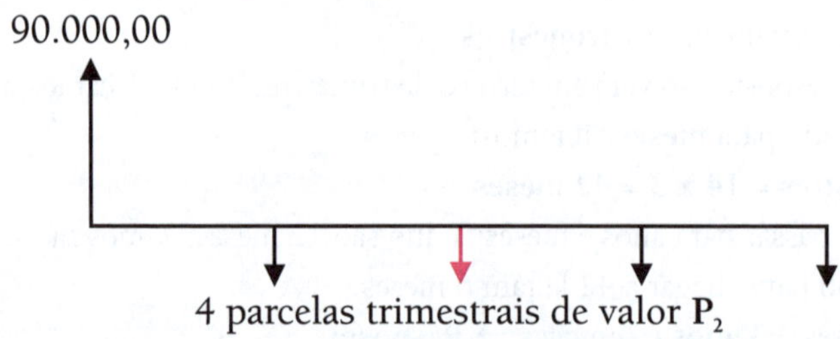

A questão solicita o valor que o comprador desembolsará (pagará) no final do segundo trimestre. Destacamos em vermelho, nos desenhos acima, as parcelas que serão pagas nesta data específica (no final do primeiro trimestre). Concluímos que o valor que será pago é igual apenas à soma das duas parcelas, ou seja: ($\mathbf{P_1} + \mathbf{P_2}$).

1) Cálculo de P_1

O desenho da primeira forma de pagamento (com 18 prestações mensais) já está de acordo com o *desenho modelo* da amortização, de sorte que o valor de P_1 será obtido pela aplicação direta da fórmula.

Fórmula do Sistema Francês de Amortização: $T = P \times a_{n \neg i}$

$$\rightarrow 90000 = P_1 \times a_{18 \neg 3\%} \rightarrow P_1 = \frac{90000}{a_{18 \neg 3\%}} \rightarrow P_1 = \frac{90000}{13{,}753513}$$

$$\rightarrow P_1 \cong \frac{90000}{13{,}75} \qquad \rightarrow P_1 \cong 6.545{,}00$$

2) Cálculo de P_2:

O desenho da segunda forma de pagamento (com 4 prestações trimestrais) também está de acordo com o *desenho modelo* da amortização, de maneira que calcularemos o valor de P_2 mediante a aplicação direta da fórmula.

Fórmula do Sistema Francês: $T = P \times a_{\overline{n}|i}$

$$\rightarrow 90000 = P_2 \times a_{\overline{4}|9\%} \rightarrow P_2 = \frac{90000}{a_{\overline{4}|9\%}} \rightarrow P_2 = \frac{90000}{3{,}239720}$$

$$\rightarrow P_2 \cong \frac{90000}{3{,}24} \qquad \rightarrow P_2 \cong 27.777{,}00$$

Daí, $\mathbf{P_1} + \mathbf{P_2}$ = 6.545,00 + 27.777,00 = **34.323,00 (Resposta!)**

9. (ESAF) Um financiamento no valor de R$ 100.000,00 é obtido a uma taxa nominal de 12% ao ano para ser amortizado em oito prestações semestrais iguais, vencendo a primeira prestação seis meses após o fim de um período de carência de dois anos de duração, no qual os juros devidos não são pagos mas se acumulam ao saldo devedor. Calcule a prestação semestral do financiamento, desprezando os centavos.

a) R$ 20.330,00
b) R$ 18.093,00
c) R$ 16.104,00
d) R$ 15.431,00
e) R$ 14.000,00

Solução: Dados fornecidos no enunciado:

→ Financiamento no valor de 100.000,00.
→ Taxa nominal de 12% ao ano.
→ Amortização em oito prestações semestrais iguais.
→ A primeira prestação é paga seis meses (1 semestre) após o fim de um período de carência de dois anos (4 semestres) de duração.

Primeiramente, temos que nos livrar da taxa nominal, transformando-a para a Taxa efetiva. Mas qual é será a unidade da capitalização? O período da capitalização será semestral, uma vez que as prestações são semestrais.

Usando o conceito de taxas proporcionais, teremos:

i = 12% / 2 = 6% a.s. (taxa efetiva semestral)

O desenho da questão é o seguinte:

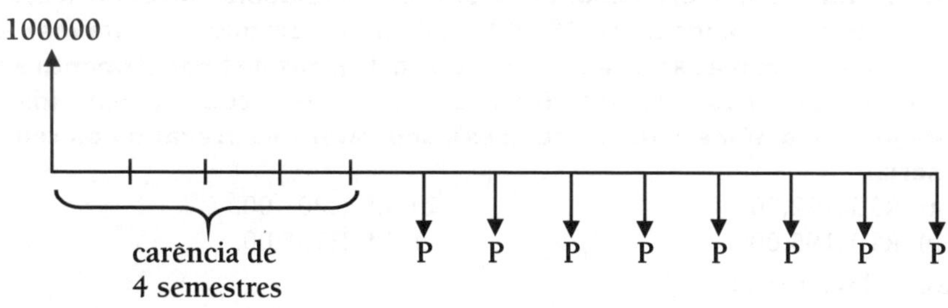

Logo percebemos que o desenho acima não está compatível com o *desenho modelo* da amortização. Neste último, a primeira parcela está sempre um período após o valor a ser amortizado.

Usaremos a imaginação e criaremos quatro parcelas de valor P, para que o desenho acima fique adequado ao do modelo. Desenharemos estas *parcelas fictícias* em destaque, e teremos:

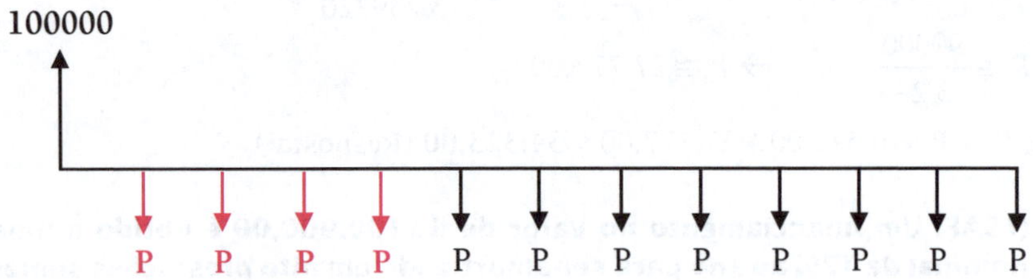

Após acrescentar as *parcelas fictícias*, compatibilizamos o desenho da questão com o desenho-modelo da amortização.

A fórmula original da Amortização é a seguinte:

$$T = P.\ a_{n\neg i}$$

Porém, como estamos usando o artifício de criar parcelas fictícias, aplicaremos a seguinte variação da fórmula:

$$T = P.\ (a_{TODAS\neg i} - a_{FICTÍCIAS\neg i})$$

Substituindo os dados na fórmula, teremos que:

→ $100000 = P.\ (a_{12\neg 6\%} - a_{4\neg 6\%})$

Recorrendo à tabela financeira do fator A, obteremos:

→ $a_{12\neg 6\%}$ = **8,383844**

→ $a_{4\neg 6\%}$ = **3,465105**

Daí: → 100000= P. (8,383844 – 3,465105)

→ 100000 = P. (4,918739)

→ P = 100000 / 4,918739

→ E: **T = 20.330,00** → **Resposta**

10. (FGV) Um automóvel é vendido à vista por R$ 15.000,00 ou então a prazo em 24 prestações mensais de R$ 1087 cada (desprezando os centavos), sendo a primeira um mês após a compra; a taxa de juros de financiamento é de 5% am. Se a primeira prestação fosse 3 meses após a compra (mantida a taxa de juros e o número de prestações), seu valor (desprezando os centavos) seria:

a) R$ 1.192,00;
b) R$ 1.195,00;
d) R$ 1.201,00.
c) R$ 1.198,00;

Solução: Dados fornecidos:

→ valor à vista = 15.000,00

→ a prazo: 24 prestações mensais de 1087,00 (1ª prestação paga 1 mês após a compra)

→ i = 5% a.m.

→ Valor da 1ª prestação quando esta é paga 3 meses após a compra =?

A prova que contém esta questão **não forneceu tabela financeira**, daí devemos usar o seguinte procedimento:

1) **Situação inicial (1ª prestação paga 1 mês após a compra):**

Valor financiado: T = 15.000,00

Prestação: P = 1087,00

n = 24 (mensais)

i = 5% a.m.

Aplicando a fórmula do sistema francês de amortização: $T = P \times a_{n\neg i}$

$$15000 = 1087 \times a_{24\neg 5\%} \rightarrow a_{24\neg 5\%} = \frac{15000}{1087} \rightarrow a_{24\neg 5\%} = 13{,}80$$

2) **Segunda situação (1ª prestação paga 3 meses após a compra):**

Valor financiado: T = 15.000,00

Prestação: P = ?

n = 24 (mensais)

i = 5% a.m.

– **Desenho da amortização:**

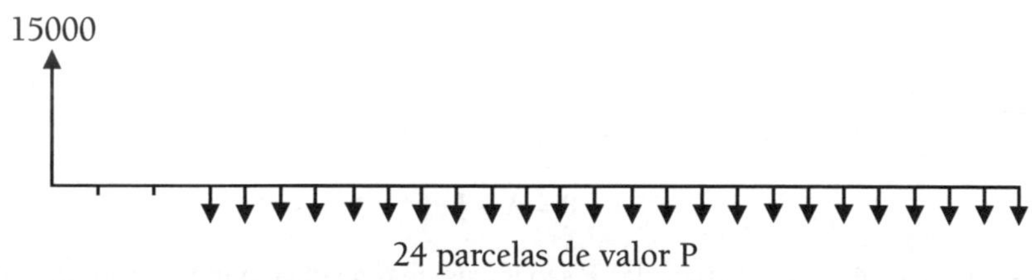

– **Desenho da amortização após capitalizar o valor financiado (15.000,00) por 2 meses:**

$M = C(1+i)^n \rightarrow M = 15000(1+5\%)^2 \rightarrow M = 15000 \times 1{,}1025$

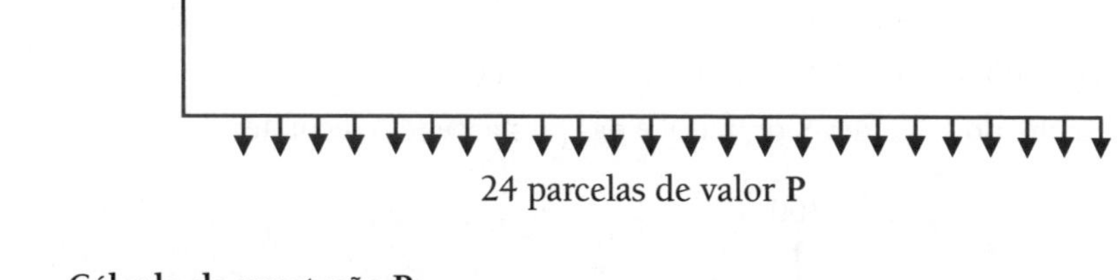

– **Cálculo da prestação P:**

$$T = P \times a_{n\neg i} \rightarrow 15000 \times 1{,}1025 = P \times a_{24\neg 5\%} \rightarrow P = \frac{15000 \times 1{,}1025}{a_{24\neg 5\%}}$$

$$\rightarrow P = \frac{15000 \times 1{,}1025}{\frac{15000}{1087}} \rightarrow P = 1087 \times 1{,}1025$$

P = 1.198,42 (Resposta: alternativa C)

Poderíamos ter utilizado a seguinte fórmula: $P_2 = P_1 \times (1+i)^{t_2 - t_1}$, onde:

P_1 = valor da prestação na 1ª situação.

t_1 = tempo entre a compra e a 1ª prestação de valor P_1.

P_2 = valor da prestação na 2ª situação.

t_2 = tempo entre a compra e a 1ª prestação de valor P_2.

11. (ESAF) Uma compra no valor de R$ 500,00 deve ser paga com uma entrada à vista de 20% e o saldo devedor restante em 5 prestações mensais iguais, a uma taxa de 5% ao mês, vencendo a primeira prestação em 30 dias. Embutida nesta primeira prestação mensal, existe uma amortização do saldo devedor, aproximada em reais, de:

a) R$ 72,00;
b) R$ 75,00;
c) R$ 77,00;
d) R$ 78,00;
e) R$ 80,00.

Solução: Dados fornecidos:

- Compra no valor de R$ 500,00.
- Forma de pagamento: entrada de 20% e o restante pago em 5 parcelas mensais e iguais, a uma taxa de 5% a.m.
- Valor da amortização (ou cota de amortização) embutida na 1ª prestação = ?

Toda prestação é formada por duas partes. Uma é a cota de amortização (A) e a outra é o juro (J). Assim, podemos escrever a prestação P da seguinte maneira:

$$P = A + J$$

No sistema francês todas as parcelas **P** são iguais, mas a cota e o juro embutido variam de uma parcela para outra.

Para o cálculo da cota de amortização, devemos primeiramente obter o valor da prestação P.

1) Cálculo da prestação P

O valor que resta ser pago após o pagamento da entrada é chamado de saldo devedor inicial (SD_0).

→ SD_0= valor da compra – entrada

→ SD_0= 500 – 20% × 500 = 500 – 100 = 400,00

O desenho do saldo devedor inicial e das prestações é o seguinte:

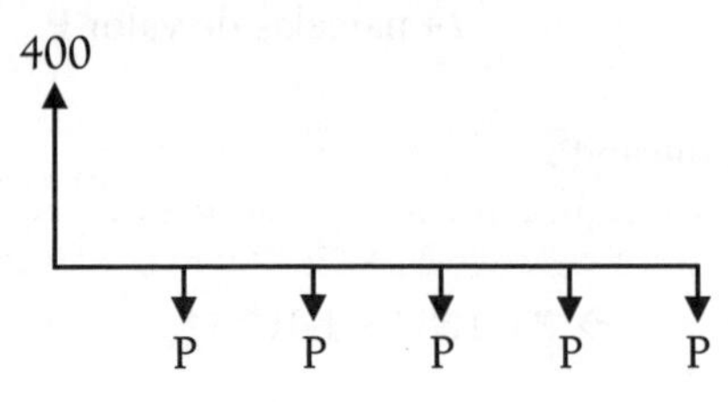

Agora, devemos aplicar a fórmula do sistema francês de amortização: $T = P \times a_{n\neg i}$

Onde:

T = 400,00 i = 5% a.m.

n = 5 (mensais) P =?

$\rightarrow 400 = P \times a_{5\neg 5\%} \rightarrow 400 = P \times 4{,}329476 \rightarrow P = \dfrac{400}{4{,}329476}$

$\rightarrow P \cong \dfrac{400}{4{,}33} \quad \rightarrow P \cong 92{,}4$

O valor que acabamos de obter para a prestação é um valor aproximado, pois passamos o denominador de 4,329476 para 4,33 (valor aproximado).

2) **Cálculo do juro J da 1ª prestação, ou seja, o J_1.**

A fórmula para calcular os juros embutidos em uma determinada prestação é dada por:

J = *i*. (saldo devedor após o pagamento da prestação anterior)

Como queremos calcular o juro da 1ª prestação (J_1), então o período anterior é zero, daí a fórmula será dada por:

$$J_1 = i.\ SD_0$$

SD_0 é o saldo devedor na data zero, ou seja, é a dívida inicial de 400,00.

Cálculo do J_1:

$\rightarrow J_1 = i.\ SD_0 \qquad \rightarrow J_1 = 0{,}05 \times 400 \qquad \rightarrow \mathbf{J_1 = 20{,}00}$

3) **Cálculo da cota de amortização A_1:**

A relação entre o valor da prestação, a cota e o juro, como já foi visto, é dada por:

$$\mathbf{P = A + J}$$

Já sabemos que: $P \cong 92{,}4$ e J = 20

Daí, já podemos calcular o valor da cota embutida na 1ª prestação:

$\rightarrow A = P - J \rightarrow A = 92{,}4 - 20$

$\rightarrow A = 72{,}4$ (Resposta: alternativa **A**)

Calculamos um valor aproximado para a prestação, por isso que também obtemos um valor aproximado para a cota.

12. (ESAF) Um financiamento no valor de R$ 19.908,00, deve ser amortizado em 12 prestações mensais iguais, vencendo a primeira ao fim de 30 dias, e assim sucessivamente, a uma taxa de 3% ao mês. Calcule o valor do saldo devedor do financiamento imediatamente após o pagamento da sexta prestação.

a) R$ 9.954,00.
b) R$ 10.834,38.
c) R$ 10.252,62.
d) R$ 10.000,00.
e) R$ 12.000,00.

Solução: Essa questão se resolve facilmente, desde que estejamos atentos e que façamos corretamente o seu desenho. A primeira coisa a fazer é descobrir o valor da prestação **P**. Teremos:

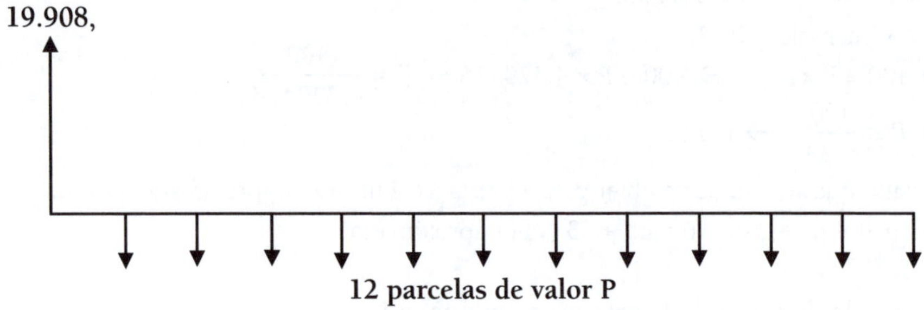

Aplicando a formula da Amortização, teremos:

→ $T = P.\ a_{\overline{n}|i}$ → $19.908 = P.\ a_{\overline{12}|3\%}$

→ P = 19908 / 9,954004

→ Daí: **P ≅ 2.000,00**

Agora, vejamos o que a questão está perguntando: qual o saldo devedor após o pagamento da sexta parcela? Ora, quando tivermos terminado de pagar a sexta parcela, então quantas ainda faltarão pagar? Seis, obviamente. Se eram doze e já pagamos seis, restam seis para serem pagas. Vamos desenhar, portanto, somente aquelas parcelas que ainda restam ser pagas. Teremos:

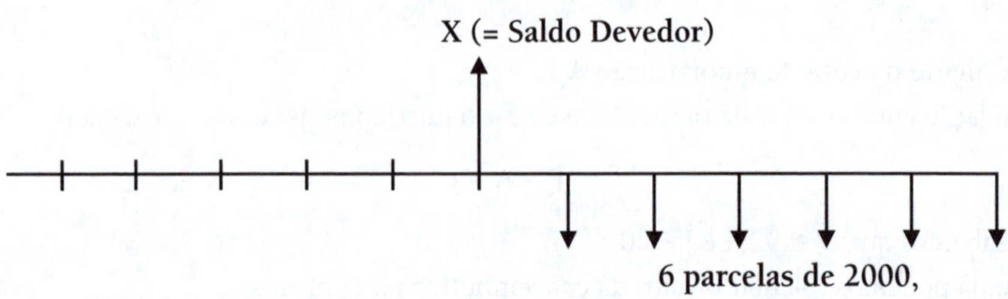

Aplicando a Amortização, teremos:

→ $T = P.\ a_{\overline{n}|i}$ → $X = 2000.\ a_{\overline{6}|3\%}$ → X = 2000. 5,417191

Daí: X = 10.834,38 → Resposta!

13. Artur contraiu um empréstimo em um banco a uma taxa composta de juros de 5% ao mês. Artur amortizará o pagamento do empréstimo em seis parcelas mensais e iguais no valor de R$ 200,00 cada, vencendo a primeira após um ano da data do empréstimo e assim sucessivamente até o sexto mês, quando Artur deve pagar a última parcela juntamente com um pagamento adicional de R$ 4.000,00. Obtenha o valor que Artur tomou emprestado.

Solução:

Faremos uma solução usando as fórmulas que já aprendemos até o momento, e depois apresentaremos uma solução *bizurada*, com a qual chegaremos mais rapidamente à resposta da questão.

Faremos o desenho da questão incluindo o valor emprestado, que chamaremos de X, e os seguintes pagamentos: seis parcelas mensais de R$ 200,00 e o pagamento de R$ 4.000,00 nas suas respectivas datas. Teremos:

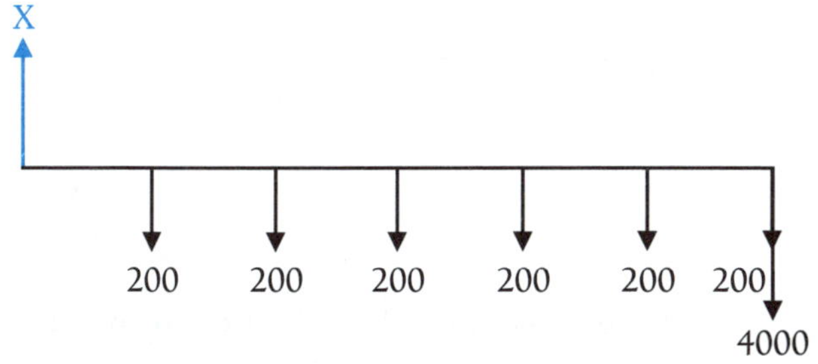

O desenho acima não está adequado ao *desenho modelo* da amortização, por causa do pagamento de R$ 4.000,00 que aparece na última data da liquidação do empréstimo. Porém, podemos utilizar a fórmula da Amortização para calcular o valor financiado referente ao pagamento das seis parcelas iguais, que chamaremos de X'.

Chamaremos de X", o valor financiado referente ao pagamento da parcela de R$ 4.000,00 que pode ser obtido por meio da fórmula do desconto composto racional.

Obtidos os dois resultados acima, basta somá-los para encontrar o valor X do empréstimo.

1º) Cálculo do valor financiado X' referente as 6 parcelas mensais de 200.

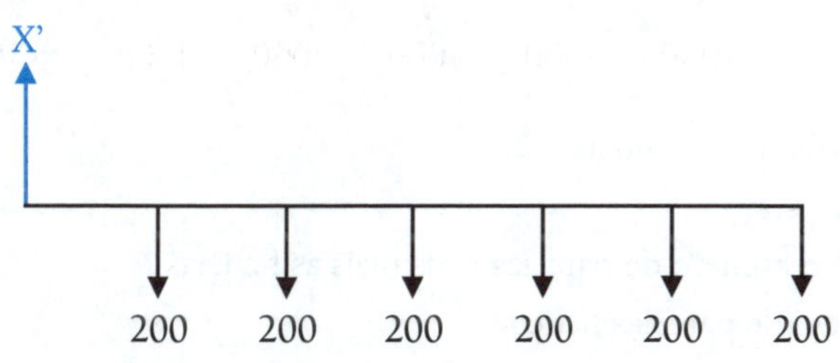

A fórmula da Amortização, conforme sabemos, é a seguinte:

→ $T = P.\ a_{\overline{n}|i}$

Os dados da operação são os seguintes:

→ T = X', P = 200, n = 6 e i = 5%.

Daí, substituindo os valores na fórmula, teremos:

→ $X' = 200.\ a_{\overline{6}|5\%}$

Recorrendo à tabela financeira, encontraremos: $a_{\overline{6}|5\%} = 5{,}075692$

Daí: → X' = 200. 5,075692

E: → **X' = 1.015,14**

2º) Cálculo do valor financiado X" referente a parcela única de 4000.

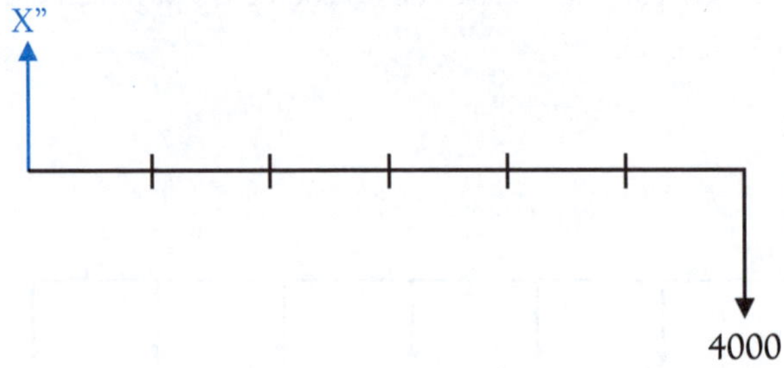

Para calcular o valor de X", podemos usar a fórmula de desconto racional composto, mas também podemos usar o artifício de *imaginar parcelas fictícias*, de maneira que o desenho acima fique adequado ao *desenho modelo* da amortização.

Imaginando as parcelas, teremos:

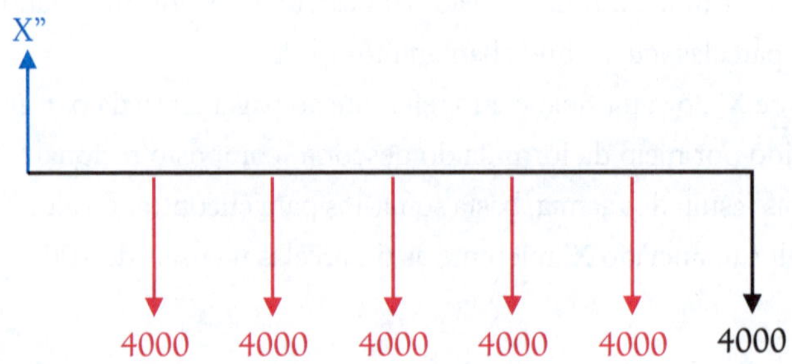

Aplicaremos a seguinte fórmula:

→ $T = P.\ (a_{TODAS}\urcorner_i - a_{FICTÍCIAS}\urcorner_i)$

Onde: *todas* = é o número de parcelas reais mais as fictícias.

f = número de parcelas fictícias.

E temos que: T = X", P = 4000, *todas* = 6, *f* = 5

Substituindo os dados na fórmula, teremos:

→ $X" = 4000.\ (a_6\urcorner_{5\%} - a_5\urcorner_{5\%})$

Recorrendo à tabela financeira, encontraremos: $a_6\urcorner_{5\%} = 5{,}075692$ e $a_5\urcorner_{5\%} = 4{,}329476$

→ X" = 4000 × (5,075692 – 4,329476)

→ X" = 4000 × (0,746216)

→ **X" = 2.984,86**

O valor de X é igual a soma de X' e X". Portanto, obteremos:

→ **X = X' + X" = 1.015,14 + 2.984,86**

→ X = 4.000,00 (valor que Artur tomou emprestado)

Solução Alternativa:

Observem que o resultado obtido no cálculo do valor do empréstimo é exatamente igual ao pagamento de 4000,00 feito na última data. Isso já era previsível! Vejamos o porquê!

Qual é a razão entre a parcela mensal e a parcela única?

$$\frac{\text{parcela mensal}}{\text{parcela única}} = \frac{200}{4000} = \frac{1}{20} = 0{,}05 = 5\%$$

Esse resultado de 5% é exatamente igual à taxa composta fornecida na questão. E quando isso ocorre, o valor financiado sempre será igual ao valor da parcela única paga concomitantemente com a última parcela de uma série de pagamentos.

Portanto, sem fazer praticamente nenhuma conta, já poderíamos afirmar que o valor que Artur tomou emprestado era de **R$ 4.000,00**. Esse é o *bizú*!

Vamos a uma outra questão em que usaremos de maneira direta esse *bizú*.

14. Filipe, necessitando de capital para ampliar os seus negócios, recorreu a um banco que lhe emprestou a quantia de R$ 5.000,00. O pagamento do empréstimo será realizado em cinco parcelas trimestrais e iguais, no valor de R$ 100,00 cada, vencendo a primeira um trimestre após a data do empréstimo e assim sucessivamente até o quinto trimestre, quando Filipe deverá pagar a última parcela juntamente com um pagamento adicional de R$ 5.000,00. Obtenha a taxa de juros compostos do empréstimo que Filipe tomou junto ao banco.

Solução: Faremos o desenho da questão incluindo o valor do empréstimo e os seguintes pagamentos: cinco parcelas trimestrais de 100 reais e o pagamento de R$ 5.000,00, nas suas respectivas datas.

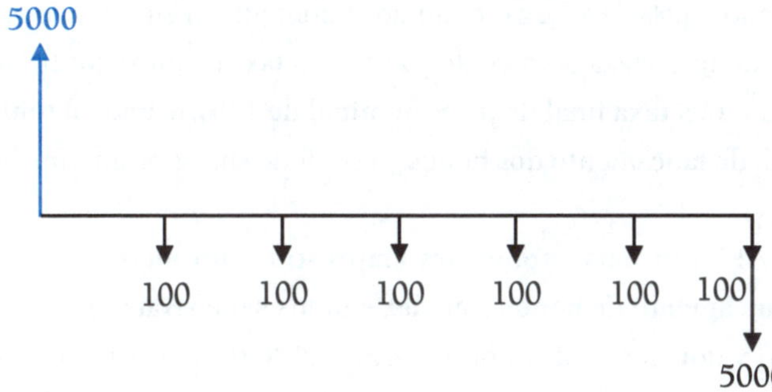

O desenho da questão é parecido com o da anterior, só que agora estamos à procura da taxa de juros.

O segredo aqui é o seguinte: esse desenho acima é, na verdade, um *modelo*! Verifiquemos bem as características desse modelo. São as seguintes:

→ Existe um valor de empréstimo e existem, obviamente, as parcelas de devolução.

→ Tal devolução será feita da seguinte maneira: por meio de várias parcelas menores, periódicas e de mesmo valor. Além disso, na data desta última parcela menor, será devolvida também uma quantia *exatamente igual* ao valor do empréstimo.

Perceberam as características da situação descrita acima?

Pois bem! Sempre que tivermos o desenho de uma questão apresentando as mesmas características desse *modelo*, teremos que a taxa composta dessa operação de empréstimo poderá obtida simplesmente pela razão entre a parcela periódica e a parcela única.

$$\frac{\text{parcela periódica}}{\text{parcela única}} = \frac{100}{5000} = \frac{1}{50} = 2\%$$

Daí, a taxa de juros deste empréstimo é de **2% ao trimestre**. É *ao trimestre* porque as parcelas periódicas são trimestrais.

Já terminamos a solução!

Alguém pode perguntar se essa informação acima poder ser útil para resolvermos questões das provas de concurso? Sim! Várias questões extraídas de provas de concursos podem ser trabalhadas com o uso desse artifício que acabamos de ver.

Têm aparecido freqüentemente nas provas da ESAF questões relacionadas com a captação de recursos por meio do lançamento de uma certa quantidade de bônus no mercado internacional. E como veremos adiante, o desenho dessas questões se assemelham em muito ao do modelo que verificamos nos dois últimos exemplos resolvidos.

Vejam os enunciados de duas questões de "*Países, Bônus e Cupons*" elaboradas pela ESAF. Depois, faremos a análise dos elementos presentes nos enunciados.

(AFRF 2002.2 ESAF) **Um país captou um empréstimo por intermédio do lançamento de uma certa quantidade de bônus no mercado internacional** com **valor nominal de US$ 1.000,00 cada bônus** e com **doze cupons semestrais** no valor de **US$ 60,00 cada cupom**, vencendo o primeiro ao fim do primeiro semestre e assim sucessivamente até o décimo segundo semestre, quando o país deve pagar o último cupom juntamente com o valor nominal do título. Considerando que a taxa de risco do país mais a taxa de juros dos títulos de referência levou o país a pagar uma **taxa final de juros nominal de 14% ao ano, obtenha o valor mais próximo do preço de lançamento dos bônus**, abstraindo custos de intermediação financeira, de registro etc.

(AFRF 2003 ESAF) **Um país captou um empréstimo no mercado internacional por intermédio do lançamento de bônus** com **dez cupons semestrais** vencíveis ao fim de cada semestre, sendo o **valor nominal do bônus US$ 1.000,00** e de cada **cupom US$ 60,00**. Assim, ao fim do quinto ano o país deve pagar o último cupom mais o valor nominal do bônus. Considerando que os bônus foram lançados com um **ágio de 7,72%** sobre o seu valor nominal, **obtenha o valor mais próximo da taxa nominal anual** cobrada no empréstimo, desprezando custos de registro da operação, de intermediação, etc.

Nas questões de *Países, Bônus e Cupons* os seguintes elementos estão presentes:

1) **Valor de lançamento do Bônus (X)** – é o valor de venda do bônus no mercado internacional, ou seja, é o recurso captado (o valor que o país pega emprestado) no mercado internacional. O Bônus é um título de crédito, e o comprador desse Bônus terá direito de receber pagamentos futuros referentes à sua compra.
Quando o valor de venda do Bônus é maior que o seu valor nominal, diremos que ocorre um **ágio**, e quando menor, ocorre um **deságio**.
2) **Valor nominal do Bônus (N)** – é o valor de face do Bônus. Ou seja, é o valor *escrito no papel*, indicando quanto vale o título. Nas duas questões acima e em outras elaboradas pela ESAF, este valor sempre é pago juntamente com o último cupom.
3) **Cupons (P)** – parcelas periódicas pagas ao comprador do Bônus. Já são parte da *devolução* que o país está realizando.
4) **Taxa de juros da operação (i)** – taxa de empréstimo (do ponto de vista do país que captou os recursos) ou taxa de aplicação (do ponto de vista de quem comprou os bônus, ou seja, de quem emprestou os recursos). Será, obviamente, uma taxa de juros compostos.

Passemos, agora, a algumas resoluções.

15. (ESAF) Um bônus no valor nominal de US$ 1.000,00 e contendo doze cupons semestrais de US$ 50.00, vencendo o primeiro seis meses após o lançamento, é lançado no mercado internacional. O lançamento de uma determinada quantidade desses bônus ensejou um deságio de zero sobre o valor nominal do bônus. Abstraindo custos administrativos da operação, qual a taxa de juros em que os compradores dos bônus aplicaram o seu capital, considerando que junto com o último cupom o comprador recebe o valor nominal do bônus de volta?

a) 0%.
b) 5% ao semestre.
c) 7,5% ao semestre.
d) 11% ao ano.
e) 12% ao ano.

Solução: O enunciado fala em lançamento de bônus no mercado internacional, e fornece os seguintes elementos:

→ Valor nominal do Bônus = **US$ 1.000,00**

→ Cupons: **12** cupons **semestrais** de **US$ 50.00** (vencendo o 1º cupom 6 meses após o lançamento)

→ **deságio de zero:** significa que o *valor de lançamento* do bônus é **igual** ao seu *valor nominal*. Daí, o **preço de lançamento é igual a 1.000,00**.

→ Juntamente com o último cupom, o comprador recebe o *valor nominal* do bônus de volta.

A história que o enunciado conta é que houve uma compra de bônus, e o comprador terá o direito de receber uma série de doze cupons (que serão semestrais), todos no mesmo valor de US$ 50,00, além de mais uma quantia de US$ 1.000,00 que será paga na mesma data do pagamento do último cupom.

Dito isso, já somos capazes de criar o desenho da questão, que será exatamente o seguinte:

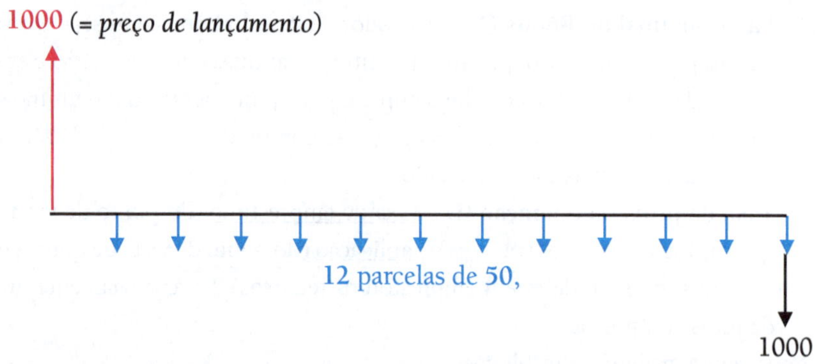

O desenho dessa questão tem a mesma *feição* que a do desenho do exemplo anterior, daí já sabemos que a taxa de juros pode ser obtida, simplesmente, pela razão entre a parcela semestral de US$ 50,00 e a parcela única, paga na última data, de US$ 1.000,00. Teremos:

$$\frac{\text{parcela semestral}}{\text{parcela única}} = \frac{50}{1000} = \frac{5}{100} = 5\%$$

Daí, a taxa de juros é de 5% ao semestre. É uma taxa semestral porque as parcelas periódicas são semestrais.

Resposta: **alternativa B**.

16. (ESAF) Um país captou um empréstimo no mercado internacional por intermédio do lançamento de bônus com dez cupons semestrais vencíveis ao fim de cada semestre, sendo o valor nominal do bônus US$ 1.000,00 e de cada cupom US$ 60,00. Assim, ao fim do quinto ano o país deve pagar o último cupom mais o valor nominal do bônus. Considerando que os bônus foram lançados com um ágio de 7,72% sobre o seu valor nominal, obtenha o valor mais próximo da taxa nominal anual cobrada no empréstimo, desprezando custos de registro da operação, de intermediação etc.

a) 16%.
b) 14%.
c) 12%.
d) 10%.
e) 8%.

Solução: O enunciado diz que um país captou um empréstimo no mercado internacional por intermédio do lançamento de bônus, e ainda fornece os seguintes elementos:

→ dez cupons semestrais de US$ 60,00

→ valor nominal do bônus US$ 1.000,00

→ ao fim do quinto ano o país deve pagar o último cupom mais o *valor nominal* do bônus.

→ os bônus foram lançados com um **ágio de** 7,72% sobre o seu valor nominal.

O desenho da questão é o seguinte:

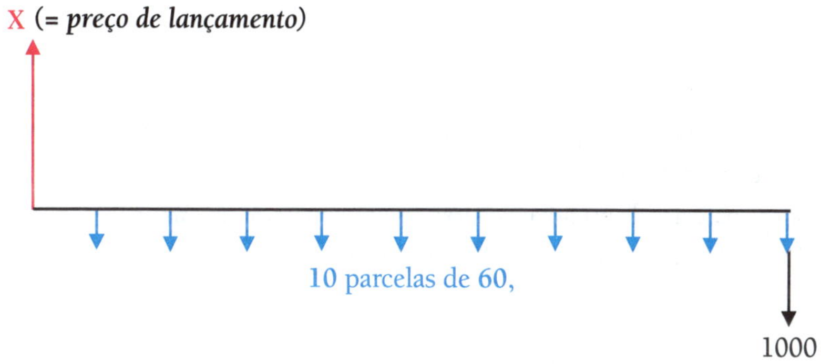

Foram fornecidos por este enunciado o valor dos pagamentos (de devolução) e o valor do **X** (que foi tomado de empréstimo). E teremos que encontrar o valor da taxa da operação.

Onde está dito na questão qual será o valor do **X**? Nas seguintes palavras: **"os bônus foram lançados com um ágio de 7,72% sobre o seu valor nominal"**.

Sabemos que **X** é o *preço de lançamento*. Daí, uma releitura dessa frase destacada acima seria: "o preço de **X** é igual ao valor nominal do bônus, com mais um ágio de 7,72%".

Pois bem! Vamos, de posse desse entendimento, calcular o valor do *preço de lançamento*. Podemos imediatamente determinar o quanto será o valor do **ágio**. Teremos:

→ $\text{Ágio} = 7{,}72\% \text{ de } 1000 = \left(\dfrac{7{,}72}{100}\right) \times 1000 = 77{,}20$

Daí, o valor do **X** será: → **X = 1000 + 77,20** → **X = 1077,20**

Todos entenderam o motivo de termos somado aos US$ 1.000,00 aquele valor US$ 77,20? Somamos porque foi dito que ele (77,20) representa um ágio. E ágio é um valor *a maior*! Terá sempre que ser somado.

Contrariamente, se o enunciado houvesse falado em **deságio**, ao invés de somar, teríamos que subtrair para obter o valor do X.

Daí, calculado o valor do **X**, o desenho definitivo dessa questão será:

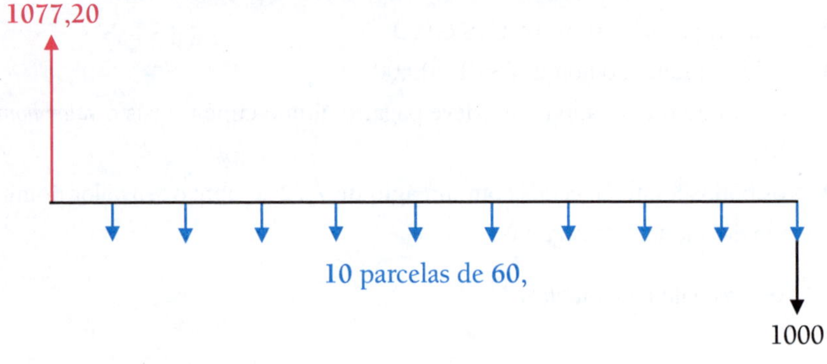

Nossa *missão* agora será a seguinte: teremos que descobrir a taxa composta que sujeita toda essa operação de empréstimo.

Ora, com as parcelas de 60 dólares, faremos uma operação de Amortização, concordam? Esquecendo por hora o bônus de 1000 dólares, e trabalhando só com os cupons de 60, teremos:

$$\rightarrow T' = 60 \cdot a_{10}\neg_i \text{ (= Resultado dos cupons de 60)}$$

Considerando agora somente o bônus de US$ 1.000,00. O valor na data zero referente a este valor, pode ser obtido utilizando uma operação de desconto composto por dentro ou pela fórmula da amortização (imaginando as parcelas fictícias). Usaremos esta última, e vamos relembrar como a utilizamos.

A fórmula da Amortização com o uso do artifício de criar parcelas fictícias é dada por:

$$T = P \cdot (a_{TODAS}\neg_i - a_{FICTÍCIAS}\neg_i)$$

Neste caso: *todas*=10 (= 9 fictícias + 1 real) e *f*=9 (= 9 fictícias).

Substituindo os dados na fórmula, teremos que:

$$\rightarrow T'' = 1000 \cdot (a_{10}\neg_i - a_9\neg_i) \text{ (= Resultado do bônus de 1000)}$$

Daí, ao somarmos os dois resultados encontrados acima, o valor desta soma terá que ser igual ao **X** que já é nosso conhecido. Ou seja:

$$60a_{10}\neg_i + 1000(a_{10}\neg_i - a_9\neg_i) = 1.077,20$$

Enfim, chegamos ao seguinte: uma equação e uma variável. Esta variável (esse elemento desconhecido da equação) é justamente o valor da taxa **i**.

E agora, o que fazer? Só nos resta uma coisa: olharmos para as opções de resposta. São as seguintes:

a) 16%. b) 14%. c) 12%. d) 10%. e) 8%.

Mas não basta olhar para essas taxas. Temos ainda que observar o fato de que elas (as taxas das alternativas) são **taxas nominais anuais**, conforme disse expressamente o enunciado.

Se são taxas nominais anuais, então deve haver um período de capitalização! Qual? Ora, isso já aprendemos: se as parcelas são semestrais, então a capitalização também o será. Daí, quando formos ler as opções de resposta, teremos que fazê-lo da seguinte forma:

a) 16% ao ano com capitalização semestral.
b) 14% ao ano com capitalização semestral.
c) 12% ao ano com capitalização semestral.
d) 10% ao ano com capitalização semestral.
e) 8% ao ano com capitalização semestral.

Mas ocorre que taxa nominal não serve para ser utilizada nas contas.

Transformando-as, portanto, em *taxas efetivas*, teremos que nossas opções de resposta são as seguintes:

a) 8% ao semestre.
b) 7% ao semestre.
c) 6% ao semestre.
d) 5% ao semestre.
e) 4% ao semestre.

Daí, naquela equação final a que havíamos chegado,...

$$\mathbf{60a_{10\neg i} + 1000(a_{10\neg i} - a_{9\neg i}) = 1.077{,}20}$$

... iremos **testar** as taxas efetivas das opções de resposta. Onde houver o **i** da equação, substituiremos pelas taxas das respostas (8%, 7%, 6%, 5%, 4%).

Vai ser na base do teste? Vai! Não tem outro jeito.

Porém, podemos utilizar o artifício apresentado nos últimos exemplos resolvidos, para ganharmos tempos e não precisarmos testar todas as taxas. Vamos ao artifício!

Se o preço de lançamento (valor do X) fosse 1.000,00, esta questão estaria resolvida: bastaria dividir o valor da parcela semestral (60,00) pelo valor do pagamento único feito na última data (1.000,00) para obter a taxa da operação. Quanto é que daria se fosse assim?

$$\frac{\text{parcela semestral}}{\text{parcela única}} = \frac{60}{1000} = \frac{6}{100} = 6\%$$

Daí, a taxa de juros *seria* de **6% ao semestre**.

A resposta que procuramos nessa questão é 6% ao semestre? Claro que não! Só seria esse valor se o *preço de lançamento* fosse igual ao *valor nominal* do bônus, que é de 1.000,00.

Porém, com os dados que dispomos desse enunciado, a taxa da operação será **maior que 6%** ou **menor que 6%**? Se soubermos essa resposta, já poderemos eliminar algumas alternativas.

Como já dissemos, se o preço de lançamento fosse igual a 1.000,00, a taxa seria de 6% a.s., e o que acontece com a taxa quando aumentamos o preço de lançamento?

O preço de lançamento é o valor a ser amortizado, e, portanto, é igual ao valor descontado (ou valor atual) dos pagamentos.

Assim, quando aumentamos o preço de lançamento, estamos aumentando o valor atual, e considerando que os pagamentos não se alteram, então a taxa terá que diminuir para que haja descontos menores sobre os pagamentos.

Por outro lado, quando diminuímos o preço de lançamento, estamos diminuindo o valor atual, e considerando que os pagamentos não se alteram, então a taxa terá que aumentar para que haja descontos maiores sobre os pagamentos.

Em suma:

→ Se o **ágio (ou deságio) é zero** (preço de lançamento igual ao valor nominal), a taxa de juros da operação será obtida pela razão entre o valor do cupom e o valor nominal do bônus.

→ Se ocorre **ágio** (preço de lançamento maior que valor nominal), a taxa de juros da operação será ***menor*** que a que seria obtida pela razão entre o valor do cupom e o valor nominal do bônus.

→ Se ocorre **deságio** (preço de lançamento menor que valor nominal), a taxa de juros da operação será ***maior*** que a que seria obtida pela razão entre o valor do cupom e o valor nominal do bônus.

Voltando à resolução desse enunciado, sabemos que o preço de lançamento do bônus é maior que o valor nominal de 1.000,00, daí **a taxa de operação será menor que 6% a.s.**

Sabendo disso, já podemos eliminar as alternativas A, B e C. Como nos resta somente as alternativas D e E, teremos, então, que fazer somente um teste! Claro! Pois se o primeiro teste falhar, a resposta será a outra taxa. *Ok*?

Testaremos, neste momento, a alternativa D. Vejamos:

a) 8% ao semestre.

b) 7% ao semestre.

c) 6% ao semestre.

d) 5% ao semestre.

e) 4% ao semestre.

Se usarmos a taxa da **letra D** (5% a.s.) e constatarmos que a igualdade da equação se verificou, então concluiremos que essa será a taxa que estamos procurando.

Vamos ver se é isso que acontece? Substituamos, pois, a taxa **i** por **5%**. Teremos:

$$60a_{\overline{10}|i} + 1000(a_{\overline{10}|i} - a_{\overline{9}|i}) = 1.077,20$$

→ $60a_{\overline{10}|5\%} = 60 \times 7,721735 = 463,3$ &

→ $1000(a_{\overline{10}|5\%} - a_{\overline{9}|5\%}) = 1000(7,721735 - 7,107821) = 613,9$

Compondo nossa equação, teremos que:

$60a_{\overline{10}|5\%} + 1000(a_{\overline{10}|5\%} - a_{\overline{9}|5\%}) = 463,3 + 613,9 = 1077,20$

Daí:

$$1077,20 = 1077,20$$

Ou seja, **verificou-se a igualdade**!

Então, concluímos: a **taxa efetiva** dessa operação é **5% ao semestre**.

Só que as opções de resposta não trazem **taxas efetivas**. Trazem **taxas nominais anuais**.

Daí, como vimos acima, a resposta que procuramos será:

d) 10% ao ano (com capitalização semestral) → Resposta!

17. (ESAF) Um país captou um empréstimo por intermédio do lançamento de uma certa quantidade de bônus no mercado internacional com valor nominal de US$ 1,000.00 cada bônus e com doze cupons semestrais no valor de US$ 60.00 cada cupom, vencendo o primeiro ao fim do primeiro semestre e assim sucessivamente até o décimo segundo semestre, quando o país deve pagar o último cupom juntamente com o valor nominal do título. Considerando que a taxa de risco do país mais a taxa de juros dos títulos de referência levou o país a pagar uma taxa final de juros nominal de 14% ao ano, obtenha o valor mais próximo do preço de lançamento dos bônus, abstraindo custos de intermediação financeira, de registro etc.

a) US$ 1,000.00.
b) US$ 953.53.
c) US$ 930.00.
d) US$ 920.57.
e) US$ 860.00.

Solução: O enunciado fala em um país que captou um empréstimo por meio do lançamento de uma certa quantidade de bônus no mercado internacional.

O valor que o país vai pegar emprestado hoje será chamado de **preço de lançamento**. É justamente o que está sendo questionado. E para pagar por esse empréstimo, o país vai se utilizar de uma série de doze cupons (que serão semestrais), todos no mesmo valor de US$ 60,00 e mais um valor (que foi chamado de **bônus**), que vale US$ 1.000 e que será pago na mesma data do pagamento do último cupon.

Dito isso, já somos capazes de criar o desenho da nossa questão, que será exatamente o seguinte:

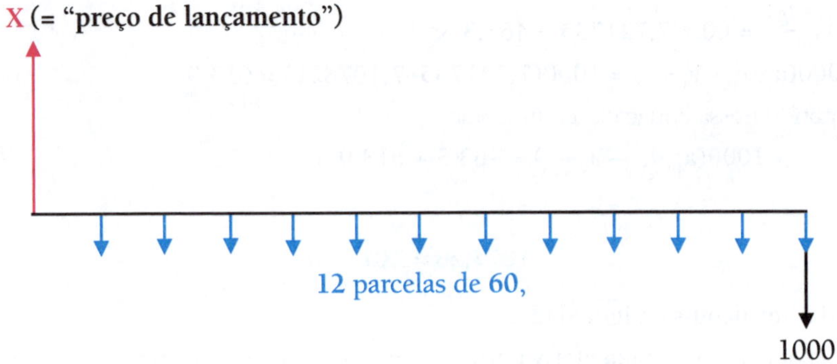

Agora só nos resta descobrir o valor do **X** (preço de lançamento).

Olhemos somente para as parcelas de 60 dólares, como se o bônus de 1000 não existisse, *ok*? Teremos:

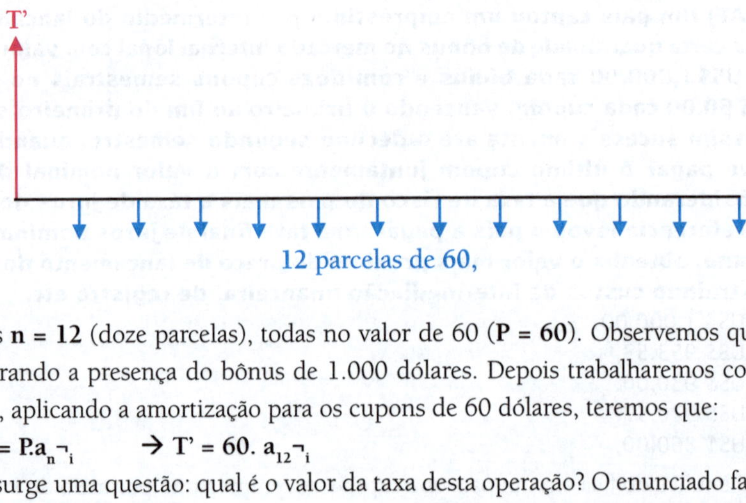

Temos **n = 12** (doze parcelas), todas no valor de 60 (**P = 60**). Observemos que estamos aqui ignorando a presença do bônus de 1.000 dólares. Depois trabalharemos com ele. Por enquanto, aplicando a amortização para os cupons de 60 dólares, teremos que:

→ T' = P.$a_{n\neg i}$ **→ T' = 60. $a_{12\neg i}$**

Aqui surge uma questão: qual é o valor da taxa desta operação? O enunciado fala em uma "taxa final de juros nominal de 14% ao ano". Ora se a taxa é nominal, então haverá um período de capitalização. E qual será esse, uma vez que foi omitido pelo enunciado?

Sempre que uma questão trouxer uma seqüência de parcelas de mesmo valor **e mesma periodicidade** (parcelas mensais, ou bimestrais, ou trimestrais, ou quadrimestrais, ou semestrais, ou anuais etc), e disser que a operação está sujeita a uma **taxa nominal**, então entenderemos que o período de capitalização desta taxa nominal será justamente o tempo do intervalo entre as parcelas.

Ou seja, se as parcelas são mensais, a taxa terá capitalização mensal; se as parcelas são semestrais (nosso caso), a taxa terá capitalização semestral; e assim por diante.

Sendo assim, nossa taxa aqui será **14% ao ano, com capitalização semestral**.

Ora, taxa nominal precisa ser transformada em efetiva, imediatamente. Usando o conceito de taxas proporcionais, e lembrando que a unidade da taxa efetiva é sempre igual à da capitalização, teremos que:

→ 14% ao ano, com capitalização semestral = **7% a.s.** (= taxa efetiva)

Daí, retornando à resolução, teremos que:

→ $T' = P \cdot a_{n \neg i}$ → $T' = 60 \cdot a_{12 \neg 7\%}$

Consultando a Tabela Financeira, teremos que:

→ $T' = 60 \cdot a_{12 \neg 7\%}$ → $T' = 60 \times 7{,}942686$

→ T' = 476,56 (= Resultado dos cupons de 60)

Consideremos agora somente o bônus de 1.000 dólares. O valor na data zero referente a este valor pode ser obtido utilizando-se uma operação de desconto composto por dentro ou pela fórmula da amortização com *parcelas fictícias*. Usaremos este último caminho, e teremos:

$$T = P \cdot (a_{TODAS \neg i} - a_{FICTÍCIAS \neg i})$$

Neste caso, *todas* = 12 (= 11 fictícias + 1 real) e *f*=11 (= 11 fictícias).

$$\rightarrow T'' = 1000 \cdot (a_{12 \neg 7\%} - a_{11 \neg 7\%})$$

Consultando a Tabela Financeira, encontraremos que:

→ T" = 1000 . (7,942686 – 7,498674)

→ T" = 1000 . (0,444012)

→ T" = 444,01 (=Resultado do bônus de 1000)

Novamente aqui estamos aptos a compor o resultado final da nossa questão:

→ Resultado do nível dos cupons de 60: US$ 476,56

→ Resultado do bônus de 1000: US$ 444,01

Daí: X = 476,56 + 444,01 → X = 920,57 → Resposta!

18. (ESAF) Um bônus possui valor nominal de US$ 1,000.00 e contém quatro cupons semestrais de US$ 50.00 cada, sendo que o primeiro cupom vence ao fim de seis meses, e assim sucessivamente, até que, junto com o quarto cupom, o comprador do bônus recebe o valor nominal do bônus de volta, obtendo assim uma remuneração nominal de 5% ao semestre em sua aplicação de capital. Abstraindo custos administrativos e comissões, calcule o deságio necessário sobre o valor nominal do bônus para que a aplicação de compra do bônus produza um ganho real de 6% ao semestre.

a) 3%.
b) 3,196%.
c) 3,465%.
d) 5%.
e) 6,21%.

Solução:

Mais uma questão de *Países, Bônus e Cupons*! Vejamos os dados trazidos pelo enunciado:

→ Valor nominal do bônus = 1.000,00

→ Quatro cupons semestrais de 50,00

→ Junto com o quarto cupom, o comprador do bônus recebe o valor nominal do bônus de volta.

→ Ganho real de 6% a.s. ⇒ i = 6% a.s.

→ A remuneração nominal de 5% a.s. é a taxa de juros quando o preço de lançamento do Bônus é igual ao valor nominal do Bônus (deságio zero), sendo obtida, simplesmente, pela divisão do valor do cupom (50,00) pelo valor nominal do bônus (1.000). Mas nesta questão o deságio não é zero, inclusive o enunciado solicita o valor do deságio na questão. Sabendo disso, não usaremos essa taxa na resolução da questão.

Pede-se: **Valor do deságio (em %) =?**

– **Desenho da questão:**

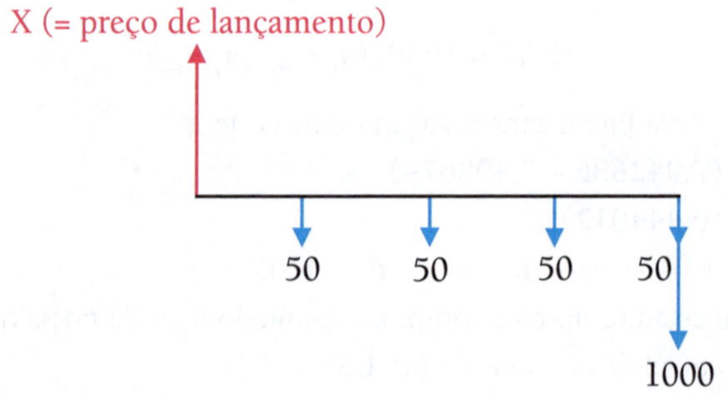

– **Deságio**

O deságio ocorre quando o valor de venda do bônus (ou preço de lançamento) for menor que o seu valor nominal. O deságio (em %) é obtido pela seguinte fórmula:

$$\text{deságio (em \%)} = \frac{\text{Valor Nominal do Bônus} - \text{Valor de Venda do Bônus}}{\text{Valor Nominal do Bônus}}$$

$$\text{deságio (em \%)} = \frac{1000 - \text{Valor de Venda do Bônus}}{1000}$$

– **Cálculo do valor de venda do bônus:**

O valor de venda do bônus é igual ao valor transportado para a data zero das quatro parcelas (cupons) de US$ 50,00 e da parcela (valor nominal do bônus) de US$ 1.000,00.

Esquecendo por hora o bônus de 1.000 dólares, calcularemos o valor na data zero referente às quatro parcelas de 50 dólares por meio da fórmula de Amortização. Teremos:

→ **T' = 50 . $a_{4\urcorner 6\%}$**

Recorrendo à tabela financeira, encontraremos: $a_{4\urcorner 6\%}$. = 3,465105

Daí: → **T' = 50 . 3,465105 ≅ 50. 3,465**

E: → **T' = 173,25 (= Resultado dos quatro cupons de 50)**

Consideramos agora somente o bônus de 1.000 dólares. O valor na data zero referente a este valor poderá ser obtido utilizando uma operação de desconto composto por dentro ou pela fórmula da amortização (imaginando as parcelas fictícias). Usaremos esta última.

A fórmula da Amortização com o uso do artifício de criar parcelas fictícias é dada por:

$$T = P \cdot (a_{\text{TODAS}}\neg_i - a_{\textit{FICTÍCIAS}}\neg_i)$$

Neste exercício, temos:

Todas **= 4 (= 3 fictícias + 1 real) e *f* = 3 (= 3 fictícias).**

Substituindo os dados na fórmula, teremos que:

→ $T'' = 1000 \cdot (a_4\neg_{6\%} - a_3\neg_{6\%})$

Recorrendo à tabela financeira, encontraremos:

$$a_4\neg_{6\%} = 3{,}465105 \text{ e } a_3\neg_{6\%} = 2{,}673012$$

Daí: **→ T" = 1000 . (3,465105 – 2,673012)**

E: **→ T" = 792,09 (=Resultado do bônus de 1000)**

Ao somarmos os dois resultados encontrados acima, chegaremos ao valor do **X**. Ou seja:

→ X = T' + T" = 173,25 + 792,09

→ X = 965,34

Já podemos calcular o deságio solicitado na questão:

$$\text{Deságio (em \%)} = \frac{1000 - 965{,}34}{1000} = \frac{34{,}66}{1000}$$

Deságio (em %) = **3,466% a.s. (Resposta: alternativa C)**

AMORTIZAÇÃO – EXERCÍCIOS PROPOSTOS

SISTEMA FRANCÊS DE AMORTIZAÇÃO

01. (Auditor Fiscal do Estado do RJ 2011 FGV) A respeito do Sistema de Amortização Francês, é correto afirmar que

a) as parcelas a serem pagas têm valor decrescente.
b) o cálculo da prestação é dado pela divisão do montante pelo número de prestações.
c) o montante amortizado é crescente.
d) os juros de cada parcela são constantes.
e) as parcelas a serem pagas têm valor crescente.

02. (APOFP SEFAZ-SP 2013 VUNESP) Uma loja cobra 5% ao mês de juros nas vendas à prazo. Um eletrodoméstico é vendido em 3 prestações de R$ 420,00, sendo a primeira parcela paga no ato da compra. Isso significa que seu preço à vista é de, aproximadamente,

a) R$ 1.184,00.
b) R$ 1.260,00.
c) R$ 1.140,00.
d) R$ 1.200,00.
e) R$ 840,00.

03. (AFC/STN 2005 ESAF) No dia 10 de setembro, Ana adquiriu um imóvel financiado em 10 parcelas mensais e iguais a R$ 20.000,00. A primeira parcela vence no dia 10 de novembro do mesmo ano e as demais no dia 10 dos meses subsequentes. A taxa de juros compostos contratada foi de 60,1032% ao ano. Assim, o valor financiado no dia 10 de setembro, sem considerar os centavos, foi de: (Vide tabelas financeiras I e II ao final do livro.)

a) R$ 155.978,00;
b) R$ 155.897,00;
c) R$ 162.217,00;
d) R$ 189.250,00;
e) R$ 178.150,00.

04. (Analista de Tecnologia da Informação SEFAZ/CE 2007 ESAF) Uma pessoa compra um carro usado por R$ 25 000,00, dá R$ 5 000,00 de entrada e financia o restante em doze prestações mensais iguais, vencendo a primeira dentro de um mês e assim sucessivamente. Considerando uma taxa nominal de 24% ao ano com capitalização mensal, calcule o valor mais próximo da prestação. (Vide tabela financeira II ao final do livro.)

a) R$ 1 667,00
b) R$ 1 700,00
c) R$ 1 822,00
d) R$ 1 891,00
e) R$ 1 915,00

05. (Auditor Fiscal SEFAZ-RS 2014 Fundatec) Romildo Pedroza é plantador de soja e pretende aproveitar uma promoção de uma máquina agrícola, que está sendo oferecida por R$ 120.000,00 para pagamento à vista. O Banco do Agrícola S.A. possui uma linha de financiamento para a máquina nas seguintes condições: entrada de R$ 20.000,00 e o restante do valor pago em 10 parcelas iguais e consecutivas, a uma taxa de juros compostos de 1,0% ao mês, capitalizada mensalmente. Qual o valor da prestação? (Vide tabela financeira II ao final do livro.)

a) R$ 10.558,21.
b) R$ 10.585,21.
c) R$ 10.966,85.
d) R$ 12.669,85.
e) R$ 12.696,85.

06. (Fiscal de Rendas SEFAZ/RJ 2010 FGV) Uma empresa parcela a venda de seus produtos que podem ser financiados em duas vezes, por meio de uma série uniforme de pagamentos postecipada. A taxa de juros efetiva cobrada é de 10% ao mês no regime de juros compostos e o cálculo das parcelas é feito considerando-se os meses com 30 dias. Se um indivíduo comprar um produto por R$ 1.000,00, o valor de cada prestação mensal será:

a) R$ 525,68.
b) R$ 545,34.
c) R$ 568,24.
d) R$ 576,19.
e) R$ 605,00.

07. (Fiscal ICMS-SP 2009 FCC) A tabela abaixo apresenta os valores dos Fatores de Recuperação de Capital (FRC) para a taxa de juros compostos de 2% ao período:

Número de períodos (n)	10	11	12	13
FRC	0,111	0,102	0,095	0,088

$$FRC = \frac{(1{,}02)^n \times 0{,}02}{(1{,}02)^n - 1}$$

O preço de venda de um equipamento é igual a R$ 100.000,00. Ele pode ser adquirido por uma das seguintes opções:

I. À vista, com 10% de desconto sobre o preço de venda.

II. Em 12 prestações mensais, iguais e consecutivas, com a primeira prestação sendo paga no ato da compra.

Utilizando o critério do desconto racional composto a uma taxa de juros compostos de 2% ao mês, tem-se que o valor de cada prestação da opção II que torna equivalentes, no ato da compra, os pagamentos efetuados pelas duas opções é, desprezando os centavos, igual a

a) R$ 9.500,00
b) R$ 9.180,00
c) R$ 8.550,00
d) R$ 8.330,00
e) R$ 8.150,00

08. (Fiscal de Fortaleza 2003 ESAF) Um financiamento no valor de R$ 10.000,00 é obtido a uma taxa nominal de 24% ao ano para ser amortizado em doze prestações semestrais iguais vencendo a primeira prestação seis meses após o fim de um período de carência de dois anos de duração, no qual os juros semestrais devidos não são pagos, mas se acumulam ao saldo devedor. Desprezando os centavos, calcule a prestação semestral do financiamento. (Vide tabelas financeiras ao final do livro.)

a) R$ 1.614,00.
b) R$ 2.540,00.
c) R$ 3.210,00.
d) R$ 3.176,00.
e) R$ 3.827,00.

09. (Analista de Controle Interno SEFAZ-RJ 2012 CEPERJ) Compre hoje (01/12/2011) o seu bilhete RIO-PARIS-RIO e comece a pagar somente em 01/03/2012. O preço à vista é US$850,00, cobram-se juros de 3% a.m. e são 8 prestações mensais iguais. O valor das prestações é de: (Dados: $(1,03)^2 = 1,06090$ e $(1,03)^8 = 1,26677$.)

a) US$ 128,46
b) US$ 138,40
c) US$ 129,46
d) US$ 135,23
e) US$ 1278,36

10. (Auditor Fiscal da Fazenda Estadual SEFPI 2015 FCC) Em uma loja, um computador está sendo vendido de duas formas:

- **à vista, por um preço P igual a R$ 4.500,00 ou**
- **a prazo, sem juros, com pagamento em 3 parcelas de R$ 1.500,00 cada, sendo a primeira dada como entrada e as outras vencendo daí a 30 e 60 dias da data da compra.**

O proprietário da loja consegue aplicar seu dinheiro a juros compostos, à taxa de 5% ao mês. Ele deseja oferecer um desconto no preço à vista desse computador, mas não quer ter prejuízos. Dessa forma, o valor mais próximo da taxa de desconto máximo que ele pode oferecer sobre o preço P é de

a) 5,25%
b) 9,23%
c) 4,68%
d) 4,70%
e) 4,96%

11. (Fiscal de Tributos de Niterói-RJ 2015 FGV) Um comerciante vende seus produtos em duas parcelas mensais e iguais, sendo a primeira com vencimento em 30 dias após a compra. Os clientes se recusam a pagar à vista sem desconto. Se para o comerciante o dinheiro rende 25% ao mês, o máximo de desconto que pode ser oferecido, de modo a tornar financeiramente indiferente para ele a alternativa escolhida pelos clientes é, aproximadamente:

a) 25%
b) 26%
c) 27%
d) 28%
e) 29%

12. (Fiscal da Receita do Amapá 2010 FGV) Em certa loja, um artigo que é vendido por R$ 100,00 à vista pode ser comprado em duas parcelas de R$ 60,00, com vencimentos em 30 e 60 dias da compra. A taxa de juros ao mês (no regime de juros compostos) que a loja cobra é de, aproximadamente: (Obs: use $\sqrt{69} = 8{,}3$.)

a) 9%.
b) 11%.
c) 13%.
d) 15%.
e) 17%.

13. (Fiscal de Rendas SEFAZ-RJ 2008 FGV) Uma rede de lojas, que atua na venda de eletroeletrônicos, anuncia a venda de notebook da seguinte forma:

- **R$ 1.125,00 à vista em boleto bancário; ou**
- **3 prestações mensais iguais, sem juros, de R$ 450,00, vencendo a primeira prestação no ato da compra.**

Embora na propaganda seja utilizada a expressão "sem juros", os clientes que escolhem a segunda opção pagam juros ao mês de, aproximadamente: (Utilize, se necessário: $\sqrt{7} = 2{,}646$)

a) 13,5%.
b) 20,0%.
c) 21,5%.
d) 19,0%.
e) 9,5%.

14. (Analista de Controle Interno SEFAZ-RJ 2012 CEPERJ) Uma moto pode ser adquirida em prestações mensais de R$ 885,71, a juros de 3% ao mês, ou à vista, por R$15.000,00. Sabendo que as prestações vencem a partir do mês seguinte ao da compra, o número de prestações é aproximadamente: (Dados: $1{,}03^2=1{,}06090$; $1{,}03^8=1{,}26677$; $\log(0{,}491933) = -0{,}308094$.)

a) 23
b) 27
c) 25
d) 24
e) 14

15. (Auditor Fiscal do Tesouro Estadual FAZPE 2014 FCC) No quadro abaixo tem-se o plano de amortização de uma dívida de R$ 4.800,00, pelo Sistema Francês, com taxa de 4% ao mês. Ela vai ser paga em 7 parcelas mensais consecutivas, vencendo a primeira delas ao completar um mês da data do empréstimo.

Data	Valor da prestação	Valor da cota de juros	Valor da cota de amortização	Saldo devedor
0				4.800,00
1	799,72	W	607,72	4.192,28
2	799,72	167,69	632,03	X
3	799,72	142,41	657,31	2.902,94
4	799,72	Y	Z	2.219,34
5	799,72	88,77	710,95	1.508,39
6	799,72	60,34	739,38	769,02
7	799,72	30,76	768,96	0,06

Na tabela, o saldo devedor não ficou zerado porque os cálculos foram feitos com valores aproximados, usando-se somente duas casas decimais. Nestas condições, é verdade que W + X + Z é igual a

a) R$ 4.102,75
b) R$ 4.435,85
c) R$ 4.042,25
d) R$ 4.324,95
e) R$ 4.294,85

16. (Auditor Fiscal Tributário Municipal de Campinas 2012 CETRO) Uma instituição financeira fez um empréstimo de R$30.000,00 para ser pago pelo SFA (Sistema Francês de Amortização) em 10 prestações mensais, à taxa de 3% ao mês. Observe abaixo a planilha de amortização para os 3 primeiros meses.

Período	Prestação	Juro	Amortização	Saldo Devedor
0				R$ 30.000,00
1	R$ 3.516,92	R$ 900,00	R$ 2.616,92	R$ 27.383,08
2	R$ 3.516,92	R$ 821,49	R$ 2.695,43	R$ 24.687,65
3	R$ 3.516,92	R$ 740,63	R$ 2.776,29	R$ 21.911,36

É correto afirmar que, no 5º mês, o saldo devedor será de

a) R$19.051,78.
b) R$18.852,47.
c) R$17.347,23.
d) R$16.106,42.
e) R$13.072,69.

17. (Auditor-Fiscal do Trabalho 2010 ESAF) Um financiamento no valor de R$ 82.000,00 deve ser pago em 18 prestações trimestrais iguais, a uma taxa de 10% ao trimestre, vencendo a primeira prestação ao fim do primeiro trimestre. Calcule o valor mais próximo do saldo devedor imediatamente após o pagamento da segunda prestação. (Vide tabela financeira II ao final do livro.)

a) R$ 75.560,00.
b) R$ 76.120,00.
c) R$ 78.220,00.
d) R$ 77.440,00.
e) R$ 76.400,00.

18. (PGE/BA 2013 FCC) Uma dívida foi contratada para ser paga por meio de 100 prestações mensais, iguais e consecutivas, com a primeira prestação vencendo um mês após a data da contração da dívida. Utilizou-se o sistema francês de amortização, a uma taxa de juros compostos de 2% ao mês, com o valor de cada prestação igual a R$ 2.900,00. Se o valor da amortização incluído no valor da primeira prestação é igual a R$ 400,00, então, o saldo devedor da dívida, imediatamente após o pagamento da segunda prestação, é igual a

a) R$ 124.400,00.
b) R$ 124.306,00.
c) R$ 124.232,00.
d) R$ 124.200,00.
e) R$ 124.192,00.

19. (APOFP SEFAZ-SP 2010 FCC) Uma dívida no valor de R$ 40.000,00 deverá ser liquidada em 20 prestações mensais, iguais e consecutivas, vencendo a primeira um mês após a data da contração da dívida. Utilizou-se o Sistema Francês de Amortização (Tabela Price), a uma taxa de juros compostos de 2,5% ao mês, considerando o valor do Fator de Recuperação de Capital (FRC) correspondente igual a 0,06415 (20 períodos). Pelo plano de amortização, o saldo devedor da dívida, imediatamente após o pagamento da 2ª prestação, apresenta um valor de

a) R$ 34.868,15
b) R$ 35.045,85
c) R$ 35.223,70
d) R$ 36.828,85
e) R$ 37.473,15

20. (Fiscal de Rendas SEFAZ/RJ 2010 FGV) Um indivíduo adquiriu uma moto, no valor de R$ 19.804,84 a ser pago em 36 prestações pelo Sistema Price de Amortização. Ao final do 12º mês ele ainda deve R$ 14.696,13. Sabendo-se que a taxa de juros do empréstimo é de 2% ao mês e que a prestação tem o valor de R$ 777,00, o saldo devedor, após o pagamento da próxima prestação, será de:

a) R$ 14.000,00.
b) R$ 14.147,53.
c) R$ 14.198,84.
d) R$ 14.213,05.
e) R$ 14.322,01.

21. (Fiscal de Tributos de Niterói-RJ 2015 FGV) Um empréstimo no valor de R$ 163.982,69 deve ser pago em 18 prestações iguais de R$ 10.000,00, vencendo a primeira um período após a liberação dos recursos seguindo o Sistema francês de amortização – tabela Price. Os juros são de 1% ao período. Após o pagamento da 9ª prestação, o estado da dívida é, em reais, de: (Utilize: $1{,}01^{-9} = 0{,}914$)

a) 81.000
b) 81.990
c) 86.000
d) 90.000
e) 94.710

22. (AFRE MG 2005 ESAF) Um empréstimo contraído no início de abril, no valor de R$ 15.000,00 deve ser pago em dezoito prestações mensais iguais, a uma taxa de juros compostos de 2% ao mês, vencendo a primeira prestação no fim de abril, a segunda no fim de maio e assim sucessivamente. Calcule quanto está sendo pago de juros na décima prestação, desprezando os centavos. (Vide tabelas financeiras ao final do livro.)

a) R$ 300,00.
b) R$ 240,00.
c) R$ 163,00.
d) R$ 181,00.
e) R$ 200,00.

23. (Auditor do Tesouro Municipal de Recife 2014 FGV) Suponha que um crédito pessoal de R$ 500,00 seja tomado junto ao banco, à taxa de juros mensal de 50%, cujo prazo de pagamento seja de dois meses. Considerando o modelo *Price* de pagamento, a parcela a ser paga no último mês e a amortização são, respectivamente, iguais a

a) R$ 450,00 e R$ 300,00.
b) R$ 500,00 e R$ 500,00.
c) R$ 375,00 e R$ 250,00.
d) R$ 1125,00 e R$ 500,00.
e) R$ 750,00 e R$ 500,00.

24. (Analista de Controle Interno SEFAZ-RJ 2012 CEPERJ) Um imóvel no valor de R$ 300.000,00 será financiado em 2 anos pela Tabela Price, a 78% a.a.. Os valores da prestação, da amortização e dos juros contidos na 16ª prestação, respectivamente, são: (Dados: $1{,}065^{24} = 4{,}533050$.)

a) R$26.011,00; R$14.094,78; R$10.834,86
b) R$25.000,10; R$14.789,77; R$10.988,99
c) R$35.019,10; R$15.194,34; R$11.824,76
d) R$25.119,19; R$14.294,94; R$10.800,00
e) R$25.019,10; R$14.194,24; R$10.824,86

25. (Auditor do Estado do Maranhão 2013 FGV) Uma loja de eletrodomésticos cobra 5% de juros ao mês em qualquer financiamento. Nessa loja, uma geladeira pode ser comprada em três parcelas iguais de R$ 420,00 cada uma, sendo a primeira no ato da compra, a segunda um mês após a compra, e a terceira, dois meses após a compra. O valor dos juros incluídos na terceira parcela de R$ 420,00 desprezando os centavos é de

a) R$ 38,00.
b) R$ 39,00.
c) R$ 40,00.
d) R$ 41,00.
e) R$ 42,00.

26. (Analista de Tecnologia da Informação SEFAZ/CE 2007 ESAF) Um financiamento deve ser pago em dezoito prestações mensais de R$ 1 000,00, vencendo a primeira prestação ao fim de trinta dias e assim sucessivamente. Dado que a taxa de juros do financiamento é de 1% ao mês, calcule o valor mais próximo dos juros pagos na primeira prestação. (Vide tabela financeira II ao final do livro.)

a) R$ 164,00
b) R$ 214,00
c) R$ 260,00
d) R$ 300,00
e) R$ 328,00

27. (Analista de Controle Interno SEFAZ/RJ 2011 FGV) No sistema de amortização francês, para um valor presente de R$ 10.000, uma taxa de juros de 10% ao ano e um período de 10 anos, o valor da prestação anual é de R$ 1.627,45. Assim, o valor amortizado da segunda parcela é

a) R$ 627,45.
b) R$ 690,20.
c) R$ 704,56.
d) R$ 759,22.
e) R$ 720,65.

28. (Analista do Tesouro Estadual SEFPI 2015 FCC) Uma dívida no valor de R$ 20.000,00 vai ser paga em 30 prestações mensais, iguais e consecutivas, vencendo a primeira prestação 1 mês após a data de formação da dívida. Utilizou-se o sistema de amortização francês com uma taxa de 2% ao mês. Pelo quadro de amortização, obtém-se que o saldo devedor imediatamente após o pagamento da primeira prestação é de R$ 19.507,00. O valor da cota de amortização incluído no valor da segunda prestação é de

a) R$ 502,86
b) R$ 512,72
c) R$ 522,58
d) R$ 532,44
e) R$ 542,30

29. (SEFAZ-SP APOFP 2009 ESAF) Um financiamento no valor de R$76.060,80 deve ser pago em 15 prestações semestrais iguais de R$10.000,00, vencendo as prestações ao fim de cada semestre. Qual o valor mais próximo da parcela que corresponde à amortização do saldo devedor, na segunda prestação? (Vide tabela financeira II ao final do livro.)

a) R$ 2.394,00
b) R$ 7.606,00
c) R$ 2.897,00
d) R$ 7.103,00
e) R$ 2.633,00

30. (Auditor-Fiscal Tributário Municipal SP 2012 FCC) Uma dívida, no valor de R$ 91.600,00, foi paga em 5 parcelas mensais, a primeira delas vencendo ao completar um mês da data do empréstimo. Sabe-se que foi utilizado o Sistema de Amortização Francês com taxa de 3% ao mês e que o fator de valor atual correspondente é 4,58. A cota de amortização da segunda prestação foi

a) R$ 17.900,60.
b) R$ 17.769,56.
c) R$ 17.512,53.
d) R$ 17.315,45.
e) R$ 17.117,82.

31. (Auditor Fiscal da Fazenda Estadual SEFPI 2015 FCC) Considere a tabela abaixo, com taxa de 4% ao período. Use somente duas casas decimais em seus cálculos.

n	24	36	48
Fator de acumulação de capital para pagamento único	2,56	4,10	6,57
Fator de valor atual de uma série de pagamentos	15,25	18,91	21,20
Fator de acumulação de capital de uma série de pagamentos	39,08	77,60	139,26

Nessa tabela, tem-se que o fator de acumulação de capital para pagamento único é dado por $(1 + i)^n$, o fator de valor atual de uma série de pagamentos é dado por $\frac{(1+i)^n - 1}{(1+i)^n \cdot i}$ e o fator de acumulação de capital de uma série de pagamentos é dado por $\frac{(1+i)^n - 1}{i}$.

Um empresário tomou em um banco um empréstimo no valor de R$ 94.550,00, a ser pago em 36 meses. Será utilizado o Sistema Francês de Amortização, à taxa de 4% ao mês, com parcelas mensais e consecutivas, a primeira vencendo um mês após a data do contrato. Sobre a terceira prestação desse empréstimo, é verdade que

a) ela difere de R$ 100,00 da segunda prestação.
b) ao ser paga, ela deixa um saldo devedor de R$ 93.500,00.
c) seu valor é de R$ 5.200,00.
d) sua cota de amortização é R$ 1.266,22.
e) sua parcela de juros é R$ 3.682,61.

Instruções: Para as duas próximas questões considere as informações a seguir:
A tabela abaixo corresponde a uma taxa de juros compostos de 2% ao mês para ser utilizada em um empréstimo no valor de R$ 100.000,00, que deverá ser quitado por meio de 48 prestações mensais, iguais e consecutivas, vencendo a primeira prestação 1 mês após a data da concessão do empréstimo. Considere também que deve ser utilizado o Sistema Francês de amortização com uma taxa de juros compostos de 2% ao mês.

Tabela

n	12	24	36	48	60
FAC (U)	1,26824	1,60844	2,03989	2,58707	3,28103
FAC (S)	13,41209	30,42186	51,99437	79,35352	114,05154
FRC	0,09456	0,05287	0,03923	0,03260	0,02877

Observação: FAC (U) = $(1,02)^n$; FAC (S) = $\frac{(1,02)^n - 1}{0,02}$; FRC = $\frac{(1,02)^n \times 0,02}{(1,02)^n - 1}$

sendo que n corresponde ao número de meses, FAC (U) corresponde ao fator de acumulação de capital para um pagamento único, FAC (S) corresponde ao fator de acumulação de capital para uma série de pagamentos iguais e FRC corresponde ao fator de recuperação de capital.

32. (Auditor Fiscal da Receita Estadual SFARJ 2014 FCC) O valor da cota de amortização incluída no valor da 2ª prestação é igual a

a) R$ 1.974,80
b) R$ 1.260,00
c) R$ 1.272,60
d) R$ 1.285,20
e) R$ 1.630,00

33. (Auditor Fiscal da Receita Estadual SFARJ 2014 FCC) Em 15/10/2013, imediatamente após quitar a 12ª prestação, o devedor conseguiu renegociar a dívida pagando o correspondente saldo devedor com 10% de desconto em 15/10/2013. O valor deste pagamento (P), em reais, é tal que

a) $P > 75.000$
b) $P \leq 72.000$
c) $72.000 < P \leq 73.000$
d) $73.000 < P \leq 74.000$
e) $74.000 < P \leq 75.000$

34. (Auditor do Tesouro Municipal de Natal/RN 2008 ESAF) Uma pessoa faz a aquisição de um imóvel ao valor global de R$ 200.000,00 e pagará esta dívida com uma taxa de juros de 10% a. a., num prazo determinado. A parcela mensal prevista é de R$ 150,00. Caso haja saldo residual, efetuará o devido pagamento ao final deste período. Desprezando a figura da correção monetária, podemos afirmar que neste caso:

a) se o prazo de pagamento for superior a 100 (cem) meses, não haverá saldo devedor.
b) independente do prazo, sempre haverá saldo devedor e este é crescente.
c) ao final de 100 (cem) meses, o saldo devedor é de R$ 50.000,00 (valor arredondado na unidade de milhar - critério de arredondamento universal).
d) se a capitalização dos juros for mensal, o saldo devedor ficará zerado após 240 meses de pagamento.
e) se a capitalização dos juros for anual, o saldo devedor ficará zerado após 240 meses de pagamento.

35. (Banco do Brasil Escriturário 2008 Cespe) Para a venda de notebooks, uma loja de informática oferece vários planos de financiamento e, em todos eles, a taxa básica de juros é de 3% compostos ao mês. Nessa situação, julgue os itens seguintes, considerando 1,2 como valor aproximando para $1,03^6$.

1. Considerando-se que, na compra de um notebook, o cliente opte por um plano de financiamento que consista em prestações consecutivas, mensais e iguais a R$ 420,00 e que o montante desta série de pagamentos, após o pagamento da última prestação seja igual a R$ 7.000,00, nessa situação, se T representar o número de prestações desse financiamento, então T será aproximadamente igual a log1,5/log1,03.
2. Se, em uma venda, ficar acordado que o pagamento será feito de uma única vez, ao final do 6º mês após a compra do notebook, cujo valor à vista é de R$ 3.600,00, nesse caso, no pagamento, o cliente desembolsará mais de R$ 4.200,00.

3. Se o financiamento for feito em 6 prestações mensais, consecutivas e iguais a R$ 720,00, com a primeira vencendo um mês após a compra, então o montante dessa série de pagamentos, logo após a quitação da 6ª prestação, será superior a R$ 4.500,00.
4. Caso um cliente escolha financiar a compra de um notebook em 12 prestações postecipadas, mensais, consecutivas e iguais a R$ 360,00, nesse caso, considerando 0,70 como valor aproximado para $1{,}03^{-12}$, é correto concluir que o preço do notebook, à vista, é inferior a R$ 3.800,00.
5. Se, na compra de um notebook, o financiamento for feito com base no sistema francês de amortização, em 6 prestações postecipadas, mensais, consecutivas e iguais a R$ 900,00, e a taxa de juros compostos cobrados nesse financiamento for de 3% ao mês, nesse caso, se a amortização no pagamento da 1ª prestação for igual a R$ 756,00, então a amortização no pagamento da 2ª prestação será superior a R$ 785,00.
6. Para o desenvolvimento de projetos, um escritório de arquitetura utilizará um notebook por 3 anos e está avaliando a melhor opção entre alugar ou comprar o equipamento. Na pesquisa, o escritório obteve as seguintes propostas:
   I. alugar o equipamento por R$ 1.500,00 ao ano, incluídas eventuais manutenções, com pagamento no início de cada ano.
   II. comprar o equipamento, à vista, por R$ 5.000,00 e mais R$ 300,00, no 2º ano, e R$ 500,00 no 3º ano, correspondentes à taxa de manutenção; nesse caso, no final do 3º ano, o vendedor se compromete a readquirir o equipamento por R$ 1.600,00.

   Considerando que a taxa de juros compostos do mercado seja de 3% ao mês e que 0,97, 0,94 e 0,92 sejam valores aproximados para $1{,}03^{-1}$, $1{,}03^{-2}$ e $1{,}03^{-3}$, respectivamente, é correto afirmar que a melhor opção para o escritório de arquitetura será alugar o notebook.
7. Se, em determinado mês, a taxa de inflação foi de 1%, então, nesse mês, a taxa real de juros de um financiamento foi superior a 2%.

SISTEMA DE AMORTIZAÇÃO CONSTANTE (SAC)

36. (Auditor do Tesouro Municipal de Recife 2014 FGV) Com relação à equivalência de fluxos de caixa, assinale V para a afirmativa verdadeira e F para a falsa.

( ) No sistema de amortizações constantes, os juros decrescem com o tempo, para taxas de juros não nulas e para um prazo maior do que um período.

( ) As parcelas de um financiamento no sistema *Price* e SAC são iguais no último período.

( ) No sistema *Price*, a amortização é crescente com o tempo para taxas de juros não nulas e para um prazo maior do que um período.

As afirmativas são, respectivamente,

a) V, V e V.
b) V, F e V.
c) V, F e F.
d) F, V e V.
e) F, F e F.

37. (Analista de Controle Interno SEFAZ/RJ 2011 FGV) A respeito dos sistemas de amortização, analise as afirmativas a seguir:

I. As prestações do Sistema Francês são maiores que aquelas do SAC, dados os mesmos juros, valor inicial e período de amortização.

II. As prestações do Sistema Francês são decrescentes e, portanto, iniciam-se maiores que aquelas do SAC, dados os mesmos juros, valor inicial e período de amortização.

III. As prestações do Sistema Francês são constantes e, portanto, iniciam-se menores que aquelas do SAC, dados os mesmos valor inicial, taxa de juros e período de amortização.

Assinale

a) se apenas a afirmativa I estiver correta.
b) se apenas as afirmativas I e II estiverem corretas.
c) se apenas as afirmativas I e III estiverem corretas.
d) se apenas a afirmativa III estiver correta.
e) se apenas a afirmativa II estiver correta.

38. (Fiscal de Rendas SEFAZ-RJ 2008 FGV) Analise as afirmativas a seguir, a respeito de sistemas de amortização de empréstimos:

I. No sistema francês, as prestações são constantes; os juros, decrescentes; e as amortizações, crescentes.

II. No sistema de amortização constante (SAC), as amortizações são constantes; as prestações, crescentes; e os juros, decrescentes.

III. No sistema americano de amortização, apenas os juros são pagos durante o financiamento, e, ao final do prazo, a dívida é amortizada de uma só vez.

Assinale:

a) se somente a afirmativa I estiver correta.
b) se somente as afirmativas I e II estiverem corretas.
c) se somente as afirmativas I e III estiverem corretas.
d) se somente as afirmativas II e III estiverem corretas.
e) se todas as afirmativas estiverem corretas.

39. (Ministério da Fazenda – Contador 2013 ESAF) Um empréstimo de R$ 80.000,00 será pago em 20 parcelas mensais, sendo a primeira 30 dias após o empréstimo, com juros de 2% ao mês, pelo Sistema de Amortização Constante (SAC). O valor da segunda parcela será:

a) R$ 5.520,00.
b) R$ 5.450,00.
c) R$ 5.180,00.
d) R$ 5.230,00.
e) R$ 5.360,00.

40. (Fiscal de Rendas SMF-RJ 2010 ESAF) Um financiamento no valor de R$ 360.000,00 deve ser pago em 180 prestações mensais, pelo Sistema de Amortizações Constantes – SAC, a uma taxa nominal de 12% ao ano, vencendo a primeira prestação ao fim do primeiro mês, a segunda ao fim do segundo mês e assim sucessivamente. Calcule o valor mais próximo da décima prestação.

a) R$ 5.600,00
b) R$ 5.420,00
c) R$ 5.400,00
d) R$ 5.380,00
e) R$ 5.500,00

41. (Fiscal de Tributos de Niterói-RJ 2015 FGV) Um empréstimo de R$ 120.000,00 a ser amortizado pelo Sistema de Amortização Constante – SAC – foi contratado nas seguintes condições: prazo de três anos, pagamentos semestrais, vencendo a primeira parcela a 180 dias da liberação dos recursos, e taxa de juros de 5% ao semestre. O valor da quarta prestação é, em reais:

a) 20.000
b) 21.000
c) 22.000
d) 23.000
e) 24.000

42. (Banco do Brasil – Escriturário 2013 FCC) Um empréstimo de R$ 800.000,00 deve ser devolvido em 5 prestações semestrais pelo Sistema de Amortizações Constantes (SAC) à taxa de 4% ao semestre. O quadro demonstrativo abaixo contém, em cada instante do tempo (semestre), informações sobre o saldo devedor (SD), a amortização (A), o juro (J) e a prestação (P) referentes a esse empréstimo. Observe que o quadro apresenta dois valores ilegíveis.

Semestre	SD (em R$)	A (em R$)	J (em R$)	P (em R$)
0	800.000,00	–	–	–
1	640.000,00	160.000,00	32.000,00	192.000,00
2	480.000,00	160.000,00	25.600,00	185.600,00
3	320.000,00	160.000,00	19.200,00	179.200,00
4	160.000,00	160.000,00	12.800,00	172.800,00
5	–	160.000,00	########	########

Se o quadro estivesse com todos os valores legíveis, o valor correto da prestação P, no último campo à direita, na linha correspondente ao semestre 5, da tabela, seria de

a) 167.500,00.
b) 166.400,00.
c) 162.600,00.
d) 168.100,00.
e) 170.300,00.

43. (PGE/BA 2013 FCC) Um empréstimo no valor de R$ 150.000,00 foi concedido a uma pessoa para adquirir um imóvel. Ela deverá quitar a correspondente dívida por meio de 60 prestações mensais e consecutivas, vencendo a primeira um mês após a data da concessão do empréstimo. Sabe-se que deverá ser utilizado o sistema de amortização constante (SAC) e o valor da última prestação será igual a R$ 2.560,00. O valor da 10ª prestação apresentará um valor igual a

a) R$ 5.440,00.
b) R$ 5.500,00.
c) R$ 5.560,00.
d) R$ 5.620,00.
e) R$ 5.680,00.

44. (Agente Fiscal de Rendas SEFAZ/SP 2013 FCC) Uma dívida no valor de R$ 10.000,00 foi liquidada pelo Sistema de Amortização Constante (SAC) por meio de 50 prestações mensais consecutivas, vencendo a primeira delas um mês após a data do empréstimo. Se a taxa foi de 2% ao mês, é verdade que

a) a cota de amortização paga na 5ª prestação foi de R$ 250,00.
b) a cota de juro paga na 10ª prestação foi de R$ 164,00.
c) o valor da 15ª prestação foi R$ 340,00.
d) o saldo devedor após ser paga a 20ª prestação foi de R$ 6.200,00.
e) a cota de juro paga na última prestação foi de R$ 5,00.

45. (Auditor Fiscal da Receita Estadual SFARJ 2014 FCC) Carlos obtém de um banco um empréstimo para adquirir um imóvel. O empréstimo deverá ser liquidado por meio de 60 prestações mensais e consecutivas e com a utilização do Sistema de Amortização Constante (SAC), vencendo a primeira prestação 1 mês após a data da concessão do empréstimo. Se os valores da primeira prestação e da última são iguais a R$ 4.000,00 e R$ 2.525,00, respectivamente, então o valor da 30ª prestação é igual a

a) R$ 3.350,00
b) R$ 3.250,00
c) R$ 3.275,00
d) R$ 3.300,00
e) R$ 3.325,00

46. (Auditor Fiscal da Fazenda Estadual SEFPI 2015 FCC) Uma pessoa contraiu uma dívida a ser paga pelo Sistema de Amortização Constante – SAC em 40 prestações mensais e consecutivas. Se a primeira prestação, que vence ao completar um mês da data do empréstimo, é de R$ 3.000,00 e a décima é igual a R$ 2.550,00, então a última prestação é de

a) R$ 1.150,00
b) R$ 1.200,00
c) R$ 1.000,00
d) R$ 1.050,00
e) R$ 1.100,00

47. (Analista do Tesouro Estadual SEFPI 2015 FCC) O adquirente de um imóvel deverá quitar a respectiva dívida por meio de 60 prestações mensais e consecutivas, com a primeira prestação vencendo 1 mês após a data de aquisição do imóvel. Sabe-se que foi adotado o sistema de amortização constante a uma taxa de 1,2% ao mês com o valor da décima prestação igual a R$ 4.030,00. O valor da vigésima prestação é igual a

a) R$ 3.640,00
b) R$ 3.670,00
c) R$ 3.700,00
d) R$ 3.730,00
e) R$ 3.760,00

48. (Analista de Controle Interno SEFAZ-RJ 2013 CEPERJ) Um financiamento no valor de R$ 60.000,00 será quitado em um ano, à taxa de juros de 7% ao mês. O valor da 12ª prestação pelo Sistema Francês (SF) e o valor pelo Sistema de Amortização Constante (SAC) são: (Dados: $1,07^{12}=2,25219159$.)

a) SF p12ª = R$ 7.500,00; SAC p12ª = R$ 5.890,00
b) SF p12ª = R$ 7.900,05; SAC p12ª = R$ 5.980,76
c) SF p12ª = R$ 7.370,13; SAC p12ª = R$ 6.101,00
d) SF p12ª = R$ 6.980,09; SAC p12ª = R$ 6.050,00
e) SF p12ª = R$ 7.554,12; SAC p12ª = R$ 5.350,00

49. (APOFP SEFAZ-SP 2013 VUNESP) A tabela seguinte descreve o plano de amortização das quatro primeiras prestações de uma dívida de R$ 42.800,00 pelo Sistema de Amortização Constante (SAC):

Parcela	Prestação	Juros	Amortização	Saldo devedor
0				**R$ 42.800,00**
1	**R$ 2.782,00**	**R$ 642,00**	**R$ 2.140,00**	**R$ 40.660,00**
2	**R$ 2.749,90**	**R$ 609,90**	**R$ 2.140,00**	**R$ 38.520,00**
3	**R$ 2.717,80**	**R$ 577,80**	**R$ 2.140,00**	**R$ 36.380,00**
4	**R$ 2.685,70**	**R$ 545,70**	**R$ 2.140,00**	**R$ 34.240,00**

O prazo de liquidação e a taxa de juros mensal que corrige cada prestação são, respectivamente,

a) 20 meses e 2% ao mês.
b) 10 meses e 2% ao mês.
c) 40 meses e 1,5% ao mês.
d) 20 meses e 1% ao mês.
e) 20 meses e 1,5% ao mês.

50. (Auditor Fiscal Tributário Municipal de SP 2014 CETRO) Um cidadão fez um empréstimo de R$2.000.000,00 à taxa de juros compostos de 10% ao ano, a ser reembolsado em 5 anos, de acordo com o SAC. Após a quitação do empréstimo, o cidadão terá pago

a) R$2.900.000,00.
b) R$2.800.000,00.
c) R$2.700.000,00.
d) R$2.600.000,00.
e) R$2.500.000,00.

51. (Auditor Fiscal Tributário da Receita Municipal de Cuiabá 2014 FGV) Um financiamento de R$ 100.000,00 foi obtido no final do ano de 2014, à taxa de juros reais de 5% ao ano e com prazo de 4 anos. As prestações foram calculadas pelo sistema SAC. Assumindo que a taxa de inflação seja igual e constante a 10% ao ano, a taxa interna de juros nominal do fluxo de caixa dessa operação de financiamento será igual a

a) 12,5%.
b) 15%.
c) 15,5%.
d) 20,5%.
e) 0,15%.

SISTEMA DE AMORTIZAÇÃO MISTO (SAM)

52. (Agente Fiscal de Rendas SEFAZ-SP 2006 FCC) Um plano de pagamentos referente à aquisição de um imóvel foi elaborado com base no sistema de amortização misto (SAM) e corresponde a um empréstimo no valor de R$ 120.000,00, a uma taxa de 2% ao mês, a ser liquidado em 60 prestações mensais, vencendo a primeira um mês após a data do empréstimo.

Número de períodos	FRC
10	0,111
20	0,061
30	0,045
40	0,037
50	0,032
60	0,029

Dados: Fator de Recuperação de Capital (FRC) para a taxa de juros compostos de 2% ao período.

O valor da 30ª (trigésima) prestação é igual a

a) R$ 3.320,00
b) R$ 3.360,00
c) R$ 3.480,00
d) R$ 4.140,00
e) R$ 4.280,00

SISTEMA AMERICANO DE AMORTIZAÇÃO

53. (Fiscal de Rendas SEFAZ/RJ 2010 FGV) Com relação aos diferentes sistemas de amortização, analise as afirmativas a seguir:

I. Segundo o Sistema de Amortização Constante, para um empréstimo de R$ 50.000,00, a ser amortizado em 25 vezes a uma taxa de juros de 5% ao mês, o valor acumulado das três primeiras prestações é de R$ 12.700,00.

II. No Sistema Francês de Amortização as prestações são crescentes, com juros decrescentes.

III. No Sistema Americano de Amortização, para um empréstimo de R$ 50.000,00, a ser amortizado em 25 vezes a uma taxa de juros de 5% ao mês, o valor acumulado das três primeiras prestações é de R$ 7.500,00.

Assinale:

a) se somente as afirmativas I e II estiverem corretas.
b) se somente as afirmativas I e III estiverem corretas.
c) se somente a afirmativa III estiver correta.
d) se somente as afirmativas II e III estiverem corretas.
e) se todas as afirmativas estiverem corretas.

54. (Auditor Fiscal Tributário da Receita Municipal de Cuiabá 2014 FGV) Considere um financiamento de quatro anos cujo valor do principal seja de R$ 100,00 e a taxa de juros, igual a 4% ao ano. Considere quatro planos de amortização para esse financiamento:

- **No plano 1, o financiamento é quitado com um único pagamento apenas no final do quarto ano, com capitalização dos juros no final de cada ano;**
- **No plano 2, no final de cada ano são pagos apenas os juros, com exceção do último ano, no qual, além dos juros, é efetuado o pagamento integral do principal;**
- **No plano 3, a liquidação do financiamento segue o modelo Price;**
- **No plano 4, a liquidação do financiamento segue o modelo SAC.**

No final do quarto ano, nos planos 1, 2, 3 e 4, os valores da amortização do principal serão (em reais), respectivamente, de

a) 100, 100, maior do que 25 e 25.
b) maior que 116, 100, maior do que 25 e 25.
c) 100, 100, 25 e menor do que 25.
d) menor do que 100, maior do que 100, maior do que 25 e 25.
e) 100, 100, 25 e maior do que 24.

55. (Oficial de Fazenda SEFAZ-RJ 2011 CEPERJ) Um consumidor adquiriu um empréstimo no valor de $ 100.000,00 para comprar um bem. A taxa de juros cobrada foi de 10% ao mês, e o prazo do empréstimo, três meses. O reembolso será feito conforme o Sistema de Amortização Americano da seguinte forma: os juros são capitalizados e pagos no fim da operação junto com o principal. O valor do principal a ser pago no final do empréstimo é:

a) $ 130.00,00
b) $ 133.100,00
c) $ 140.000,00
d) $ 135.000,00
e) $ 142.000,00

56. (BACEN Infra e Logística 2013 CESPE) Considere-se que uma empresa, para ampliar sua área de estocagem, tenha contraído um empréstimo bancário de R$ 120.000,00 à taxa de juros nominal de 40% ao ano, por 8 meses e 3 dias. Considere-se, também, que os juros sejam pagos mensalmente e o capital emprestado seja devolvido apenas no encerramento do prazo. Considere-se, finalmente, que, para efeito dos cálculos de juros desse empréstimo, o banco adote o ano comercial de 360 dias. Com base nessa situação hipotética, julgue os seguintes itens.

1. A taxa de juros mensal é superior a 3,3%.
2. A empresa pagará mais de R$ 33.000 a título de juros durante a operação.

QUESTÕES DOS BÔNUS

57. (ANEEL 2004 ESAF) Um bônus possui valor nominal de US$ 1,000.00 e contém doze cupons semestrais de US$ 50.00 cada, sendo que o primeiro cupom vence ao fim de seis meses e assim sucessivamente até que, junto com o último cupom, o comprador do bônus recebe o valor nominal do bônus de volta. Abstraindo custos administrativos e comissões, calcule o preço de venda do bônus para que a sua compra produza uma aplicação com taxa interna de retorno de 6% ao semestre. (Vide tabelas financeiras ao final do livro.)

a) US$ 1,112.55.
b) US$ 1,000.00.
c) US$ 976.34.
d) US$ 948.88.
e) US$ 916.16.

58. (Analista Rec. Financeiros SERPRO 2001) Um país lançou bônus no mercado internacional de valor nominal, cada bônus, de US$ 1.000,00, com dez cupons semestrais no valor de US$ 50,00 cada, vencendo o primeiro cupom ao fim do primeiro semestre e assim sucessivamente até o décimo semestre, quando o país deve pagar o último cupom juntamente com o valor nominal do título. Considerando que a taxa de risco do país mais a taxa de juros dos títulos de referência levou o país a pagar uma taxa final de juros nominal de 12% ao ano, calcule o deságio sobre o valor nominal ocorrido no lançamento dos bônus, abstraindo custos de intermediação financeira, de registro etc. (Vide tabelas financeiras I e II ao final do livro.)

a) Não houve deságio.
b) US$ 52,00 por bônus.
c) 8,43%.
d) US$ 73,60 por bônus.
e) 5,94%.

59. (Anal. Comércio Exterior MDIC 2002) Um bônus possui valor nominal de US$ 1.000,00 e contém doze cupons semestrais de US$ 50,00 cada, sendo que o primeiro cupom vence seis meses após o lançamento e, junto com o último cupom, o comprador recebe o valor nominal do bônus de volta. Abstraindo custos administrativos da operação, calcule o deságio sobre o valor nominal com que este bônus é lançado no mercado internacional, considerando que compradores desses bônus aplicaram o seu capital nesta operação à taxa nominal de 12% ao ano. (Vide tabelas financeiras I e II ao final do livro.)

a) 0%.
b) 5%.
c) 6%.
d) 8,384%.
e) 10,125%.

60. (Analista IRB 2006 ESAF) Um bônus é colocado no mercado internacional com as seguintes características: US$ 1,000.00 de valor de face, dez cupons semestrais de US$ 80.00 vencendo o primeiro ao fim de seis meses após a colocação do bônus e resgate ao fim de cinco anos pelo valor de face mais o pagamento do último bônus. Indique o valor mais próximo do retorno esperado para o comprador considerando que ele pagou US$ 935.82 por cada bônus. (Vide tabelas financeiras I e II ao final do livro.)

a) 6% ao semestre.
b) 7% ao semestre.
c) 8% ao semestre.
d) 9% ao semestre.
e) 10% ao semestre.

Capítulo 10

Taxa Interna de Retorno, Payback e Valor Presente Líquido

Apresentaremos neste anexo as seguintes técnicas de *análise de investimento*: Taxa Interna de Retorno, Payback e Valor Presente Líquido. É importante saber que essas técnicas têm aparecido nos editais dos últimos certames, inclusive os elaborados pela ESAF.

10.1. Taxa Interna de Retorno

A Taxa Interna de Retorno de um investimento é a taxa de juros para a qual o Valor Atual (ou Valor Presente) do fluxo de caixa é zero, ou seja, é a taxa que iguala o Valor Atual das entradas (dinheiro entrando: receitas, ganhos etc.) ao Valor Atual das saídas (dinheiro saindo: pagamentos, investimentos, desembolsos etc.).

A taxa interna de retorno caracteriza assim a taxa de remuneração do capital investido, sendo um parâmetro de grande importância na avaliação do risco de um projeto de investimento. Se a taxa interna de retorno for maior que a taxa de aplicação do mercado financeiro, então o investimento é aceitável.

Como a taxa interna de retorno é usada na avaliação de investimentos é natural que o regime de juros exigido seja o regime de Juros Compostos. E, portanto, usaremos a fórmula do desconto composto racional no cálculo do valor atual de um capital. Quando houver uma série de capitais iguais, poderemos utilizar a fórmula de rendas certas do valor atual.

Passemos a alguns exemplos de questões envolvendo a taxa interna de retorno.

Exemplo 01: Considere o fluxo de caixa: um capital investido de R$ 2.000,00 no início de um mês e uma receita no início do mês seguinte de R$ 2.400,00. Calcule o valor da taxa interna de retorno.

Solução:

Representaremos a saída de dinheiro (capital investido de R$ 2.000,00) com uma flecha para baixo, e a entrada de dinheiro (receita de R$ 2.400,00) com uma flecha para cima. O desenho do fluxo de caixa é mostrado abaixo:

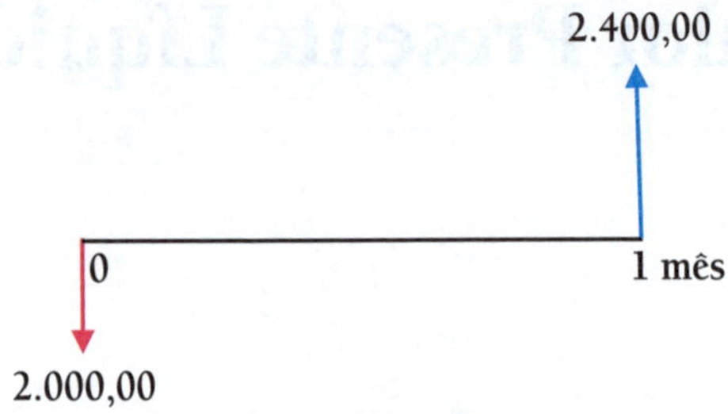

Calcularemos o valor atual de cada capital no início do primeiro mês (data zero).

O valor atual das entradas de dinheiro é igual ao valor atual do capital investido de R$ 2.000,00. Como este se encontra em cima da data zero, então o valor atual é o próprio valor do capital, ou seja, **R$ 2.000,00**.

O valor atual das saídas de dinheiro é igual ao valor atual da receita de R$ 2.400,00. Aplicaremos a fórmula de desconto composto racional para obter o valor atual.

Fórmula do desconto composto racional:

$N = A(1+i)^n \rightarrow$ Daí: $A = \dfrac{N}{(1+i)^n}$

Onde:

A = Valor Atual ou Valor Presente.

N = Valor Nominal ou Valor Futuro.

n = prazo de antecipação.

i = taxa de juros (ou taxa de desconto racional).

O valor atual do R$ 2.400,00 na data zero é igual a:

$\rightarrow A = \dfrac{2400}{(1+i)^1} \rightarrow A = \dfrac{2400}{(1+i)}$

Igualando o valor atual das saídas com o valor atual das entradas, teremos:

$$2.000,00 = \frac{2400}{(1+i)}$$

Resolvendo vem:

$\rightarrow 2000(1+i) = 2400$ $\rightarrow 2000 + 2000i = 2400$

$\rightarrow 2000i = 400$ $\rightarrow i = 400/2000$ $\rightarrow i = 1/5$

$\rightarrow i = 0,2$ $\rightarrow$ **i = 20% a.m. (Resposta!)**

Essa questão pode ser resolvida de uma forma mais direta, considerando o valor investido de R$ 2.000,00 como sendo o capital de uma aplicação a juros compostos, e a receita de R$ 2.400,00 como sendo o Montante.

Aplicaremos a fórmula fundamental do regime composto, teremos:

→ $M = C(1+i)^n$ → $2400 = 2000(1+i)^1$

→ $(1+i) = 2400/2000$ → $(1+i) = 6/5$

→ $i = 6/5 - 1$ → $i = 1/5$

→ $i = 20\%$ a.m. (chega-se a mesma resposta!)

Exemplo 02 (FCC) O esquema abaixo representa o fluxo de caixa de um investimento no período de 3 anos, valores em reais:

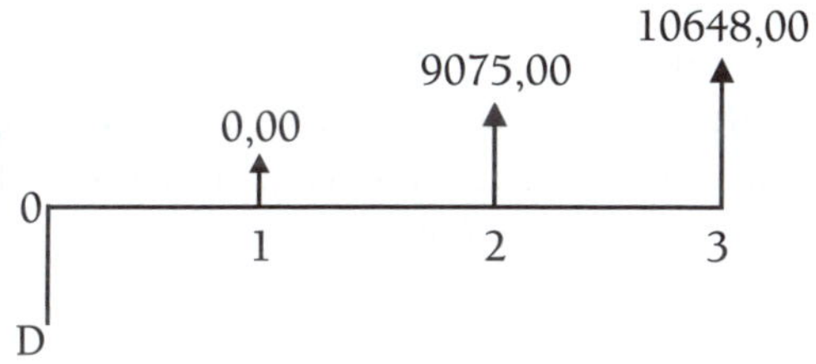

Sabendo-se que a taxa interna de retorno (TIR) é de 10% ao ano, o valor do desembolso inicial (D) é de

a) R$ 17.325,00
b) R$ 16.500,00
c) R$ 16.000,00
d) R$ 15.500,00
e) R$ 15.000,00

Solução:

Vamos igualar o valor atual das saídas com o valor atual das entradas, ambas calculadas na data zero.

valor atual das saídas = valor atual das entradas

$$D = \frac{0,00}{(1+0,10)^1} + \frac{9075,00}{(1+0,10)^2} + \frac{10648,00}{(1+0,10)^3}$$

Resolvendo vem:

$$D = 0 + \frac{9075,00}{1,21} + \frac{10648,00}{1,331}$$

$D = 0 + 7500 + 8000$

$D = 15.500,00$ (Resposta: Alternativa D!)

Exemplo 03 (ESAF) Obtenha o valor mais próximo da taxa interna de retorno do fluxo de caixa abaixo.

Ano	0	1 a 10
Fluxo (em R$ 1.000,00)	- 20.000	3.255

a) 5% ao ano
b) 7% ao ano
c) 7,5% ao ano
d) 9% ao ano
e) 10% ao ano

Solução:

O valor atual das saídas é dado pelo valor atual do R$ 20.000,00. Como ele está em cima da data zero, então o valor atual das saídas é igual a R$ 20.000,00.

O valor atual das entradas (dez parcelas de R$ 3.255,00) será calculado pela fórmula de rendas certas do valor atual:

$$T = P.\ a_{n\neg i}$$

Onde:

T = o valor atual das parcelas.

P = o valor da parcela.

n = o número de parcelas

I = a taxa de juros (ou taxa de desconto racional)

Aplicando a fórmula, teremos:

Valor atual das entradas na data zero = $3255.\ a_{10\neg i}$

Vamos igualar o valor atual das saídas com o valor atual das entradas.

$$20.000,00 = 3255.\ a_{10\neg i}$$

Resolvendo vem:

→ $a_{10\neg i} = 20000/3255$ → $a_{10\neg i} = 6,144$

Consultando a tabela financeira do *fator de valor atual para uma série de pagamentos*, encontraremos a seguinte taxa:

i = 10% a.a. (Resposta: Alternativa E!)

Exemplo 04 (ESAF) Obtenha o valor mais próximo da taxa interna de retorno do fluxo de caixa abaixo.

Ano	0	1 a 2	3 a 10
Fluxo (em R$ 1.000,00)	- 20.000	2.000	4.000

a) 8% ao ano
b) 9% ao ano
c) 10% ao ano
d) 11% ao ano
e) 12% ao ano

Solução:

O fluxo de caixa apresenta a seguinte conformação:

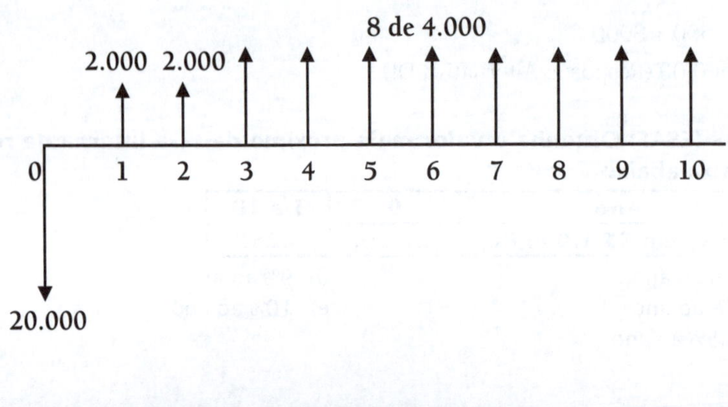

A taxa interna de retorno é aquela que iguala o valor atual das saídas com o valor atual das entradas, calculadas em uma mesma data.

Passemos ao cálculo dos valores atuais.

1) Cálculo do Valor Atual das Saídas na data zero

Há somente uma saída: o capital de 20.000,00. E ele já se encontra em cima da data zero. Logo, o valor atual das saídas é igual à **20.000,00**.

2) Cálculo do Valor Atual das Entradas na data zero

Corresponde ao valor atual das 2 parcelas de 2.000,00 mais o valor atual das 8 parcelas de 4.000,00.

O valor atual das 2 parcelas de 2.000,00 é obtido pela simples aplicação da fórmula de rendas certas do valor atual. Aplicando a fórmula, chegaremos ao seguinte resultado:

$$2.000 \, . \, a_{2\neg i}$$

O valor atual das 8 parcelas de 4.000,00 também é obtido pela aplicação da fórmula de rendas certas do valor atual. Mas para chegarmos ao modelo de aplicação da fórmula, temos que usar 2 parcelas fictícias. Feito isto, obteremos o seguinte resultado:

$$4000 \, . \, (a_{10\neg i} - a_{2\neg i})$$

Agora, igualaremos o valor atual das entradas com o valor atual das saídas, teremos:

$$20.000 = 2.000 \, . \, a_{2\neg i} + 4000 \, . \, (a_{10\neg i} - a_{2\neg i})$$

Podemos simplificar a equação acima, observe:

→ $20.000 = 2.000 \, . \, a_{2\neg i} + 4000 \, . \, a_{10\neg i} - 4000 \, . \, a_{2\neg i}$

→ $20.000 = 4000 \, . \, a_{10\neg i} - 2000 \, . \, a_{2\neg i}$

Ok?

Só se chega à solução da equação acima testando as opções de resposta.

Em questões onde usamos a técnica das "tentativas", a dica é iniciar sempre pelo valor intermediário das opções de resposta. Assim, a primeira tentativa será testar a taxa de 10%.

→ Teste da taxa de 10%

Os valores fornecidos na tabela para i = 10% são os seguintes:

$a_{2\neg 10\%} = 1,735537$

$a_{10\neg 10\%} = 6,144567$

Substituindo esses valores na equação, teremos:

→ $20.000 = 4000 \, . \, a_{10\neg 10\%} - 2000 \, . \, a_{2\neg 10\%}$

Resolvendo, vem:

→ 20.000 = 4000 . 6,144567 – 2000 . 1,735537

→ 20.000 = 24.578,27 – 3.471,07

→ 20.000 = 21.107,2

A igualdade acima não é válida! Pois 20.000,00 é bastante diferente de 21.107,2. Logo, a alternativa C está errada!

Como encontramos um valor atual maior que 20.000,00, devemos alterar a taxa para que o valor atual se reduza. Devemos aumentar ou diminuir a taxa? O certo é aumentar a taxa, pois, assim, o desconto aumenta, resultando em um valor atual menor. As únicas alternativas que trazem uma taxa maior que 10% são a D e a E. Restando-nos, portanto, somente mais um teste para encontrarmos a opção correta.

Na tabela do fator de valor atual não consta a taxa de 11%, então é claro que usaremos no próximo teste a taxa trazida na letra E: 12%.

→ **Teste da taxa de 12%**

Os valores fornecidos na tabela para i = 12% são os seguintes:

$a_{2\neg 12\%} = 1,690051$

$a_{10\neg 12\%} = 5,650223$

Substituindo esses valores na equação, teremos:

→ $20.000 = 4000 \,.\, a_{10\neg 12\%} - 2000 \,.\, a_{2\neg 12\%}$

Resolvendo, vem:

→ 20.000 = 4000 . 5,650223 – 2000 . 1,690051

→ 20.000 = 22.600,9 – 3.380,1

→ 20.000 = 19.220,8

Novamente temos uma igualdade não válida! Pois 20.000,00 é bastante diferente de 19.220,8. Logo a alternativa E está errada.

Para a taxa de 10% encontramos um valor atual das entradas MENOR que 20.000,00, e para a taxa de 12% encontramos um valor atual das entradas MAIOR que 20.000,00. Logo, a taxa que iguala os valores atuais está entre 10% e 12%. Resta marcar a **opção D: 11%**.

10.2. Payback

É o período de tempo necessário para recuperação do investimento inicial. O método do *payback* é aplicado de duas formas: ***payback* simples** e ***payback* descontado**.

O ***payback* simples** é o tempo decorrido até que o fluxo de caixa (entradas e saídas de dinheiro) se iguale ao valor do investimento inicial.

E o ***payback* descontado** é o tempo decorrido até que o Valor Atual do fluxo de caixa (entradas e saídas de dinheiro) se iguale ao valor do investimento inicial.

Portanto, a principal diferença entre os dois é que apenas o payback descontado considera o valor temporal do dinheiro, ou seja, atualiza os fluxos de caixa por meio de operações de desconto composto racional.

O projeto de investimento deve ser rejeitado se o payback calculado for superior ao período máximo aceitável pela empresa para começar a obter ganhos em seu investimento.

Exemplo 01: Um projeto X e um projeto Y prevêem investimentos iniciais de R$ 30.000,00 e R$ 34.000,00, respectivamente. As receitas previstas ao longo dos anos para os dois projetos são mostradas no quadro abaixo. Calcule o *payback simples* de cada projeto.

	Projeto X	Projeto Y
	Investimento Inicial (R$)	
	30.000	34.000
Anos	Receitas (R$)	
1	10.000	10.000
2	9.000	12.000
3	11.000	8.000
4	8.000	10.000
5	10.000	7.000

Após quantos anos a soma das receitas iguala-se ao valor do investimento inicial?

Para o **projeto X**, a soma das receitas em 3 anos, que é de R$ 30.000,00 (= 10.000 + 9.000 + 11.000), se iguala ao investimento inicial. Portanto, o **payback simples do projeto X é de 3 anos**.

Para o **projeto Y**, a soma das receitas em 3 anos, que é de R$ 30.000,00 (= 10.000 + 12.000 + 8.000), fica abaixo do investimento inicial de R$ 34.000,00. Já a soma das receitas em 4 anos, que é de 40.000,00 (= 10.000 + 12.000 + 8.000 + 10.000), supera o investimento inicial.

Nessa situação, devemos aplicar uma regra de três para encontrar uma estimativa para o payback simples. Após 3 anos a soma das receitas é de 30.000,00, faltando a diferença de 4.000,00 para se igualar ao investimento inicial. Como no ano seguinte o projeto Y tem uma receita de 10.000,00, então, aplicaremos a seguinte regra de três:

10.000 —— 1 ano

4.000 —— x ano

Resolvendo vem:

→ $10000 \cdot x = 4000$ → $x = 4000/10000 = 4/10$ → $x = 0,4$ ano

Somando o tempo de 3 anos com o tempo de 0,4 ano, encontramos o valor do **payback simples do projeto Y: 3,4 anos.**

Exemplo 02: Um certo projeto prevê um investimento no início do próximo ano de R$ 6.000,00 que vai gerar receitas anuais ao fim dos próximos anos de R$ 1.000,00. Considerando que a taxa de aplicação no mercado financeiro é de 4% ao ano, calcule o payback descontado.

Solução:

As receitas anuais são iguais, logo podemos aplicar a fórmula do valor atual de rendas certas em vez de aplicar o desconto composto racional para cada parcela.

Fórmula: $T = P.\ a_{n\neg i}$

Aplicando a fórmula, para encontrarmos o valor de n, teremos:

→ $6000 = 1000\ .\ a_{n\neg 4\%}$ → $a_{n\neg 4\%} = 6000/1000$

→ $a_{n\neg 4\%} = 6$

Agora, temos que consultar a tabela financeira do fator de valor atual para uma série de pagamentos.

Neste caso, nossos elementos conhecidos são a taxa **i=4%** e o fator $a_{n\neg i} = 6$. Daí, correremos nossa vista, na tabela do Valor Atual, pela **coluna da taxa 4%** até encontrarmos no miolo da tabela o fator **6**. Encontrado esse valor, correremos a nossa vista para a esquerda em cima da mesma linha. No final dessa, obtemos o valor de **n=7.**

Daí: o payback descontado é de 7 anos.

10.3. Valor Presente Líquido

O valor presente líquido (VPL) de um fluxo de caixa é a diferença entre o valor presente (ou valor atual) das entradas de dinheiro e o valor presente (ou valor atual) das saídas de dinheiro.

A regra decisória a ser seguida, com base no resultado da técnica do valor presente líquido, é: empreenda o projeto de investimento se o VPL for positivo.

Usaremos como exemplo a questão do AFRF 1998 resolvida na página 359. O enunciado é o seguinte:

Exemplo 01: Calcular a soma dos valores atuais, no momento zero, das quantias que compõem o seguinte fluxo de valores: um desembolso de $2.000,00 em zero, uma despesa no momento um de $3.000,00 e nove receitas iguais de $1.000,00 do momento dois ao dez, considerando que o intervalo de tempo decorrido entre momentos consecutivos é o mês, e que a taxa de juros compostos é de 3% ao mês. Usar ainda a convenção de despesa negativa e receita positiva, e desprezar os centavos.

Solução: Na solução dessa questão (Capítulo 8, exercício resolvido 6, na página 359) encontramos os seguintes resultados:

valor atual das parcelas positivas = 7.559,33

valor atual das parcelas negativas = 4.912,62

Portanto, o valor presente líquido é igual a:

+ 2.646,71 (=7.559,33 – 4.912,62)

Um projeto de investimento, cujo fluxo de caixa é igual ao descrito no enunciado do exemplo acima, é considerado aceitável, uma vez que o VPL é maior que zero.

Se tivermos dois projetos de investimento, aquele que apresentar o maior VPL é classificado como superior.

TIR, PAYBACK E VPL – EXERCÍCIOS PROPOSTOS

TAXA INTERNA DE RETORNO (TIR)

01. (Auditor do Tesouro Municipal de Natal/RN 2008 ESAF) Apontando por V – Verdadeiro e F – Falso, indique a opção correta para as seguintes sentenças:

I. Um fluxo de caixa é uma série de capitais (valores) dispostos numa sequência histórica (de datas).

II. Dois (2) fluxos de caixa são equivalentes, segundo uma determinada taxa de juros, se tiverem o mesmo valor em determinada data (valor atual, por exemplo).

III. A taxa interna de retorno de um determinado fluxo de caixa é a taxa para a qual o valor atual do fluxo é nulo (igual a zero).

a) V, F, V
b) F, V, F
c) V, V, V
d) F, F, F
e) V, V, F

02. (Auditor Fiscal da Fazenda Estadual SEFPI 2015 FCC) No fluxo de caixa abaixo, a taxa interna positiva de retorno é de 20% ao ano.

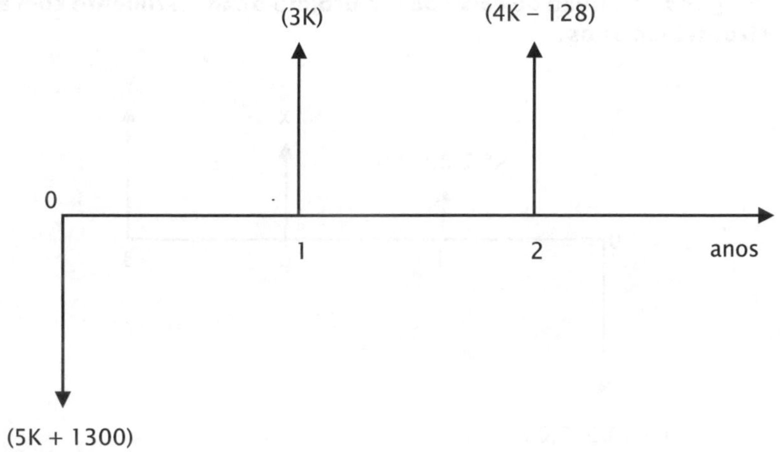

O valor de K é

a) R$ 3.896,00
b) R$ 5.000,00
c) R$ 117,84
d) R$ 260,00
e) R$ 714,00

03. (Fiscal ICMS-SP 2009 FCC) Considere o fluxo de caixa a seguir, com os valores em reais.

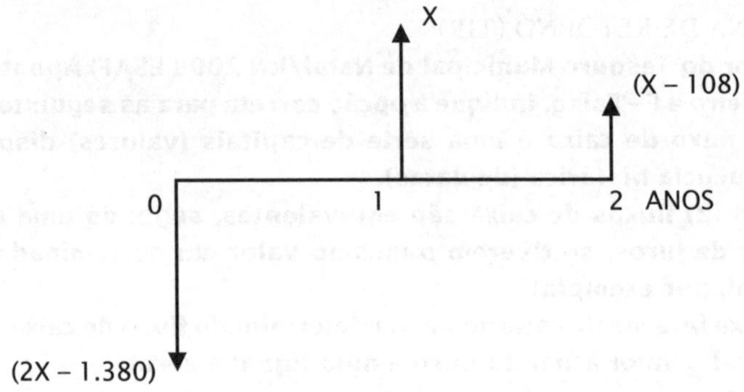

Se a taxa interna de retorno deste fluxo é igual a 8% a.a., o valor de X é igual a

a) R$ 5.230,00
b) R$ 5.590,00
c) R$ 5.940,00
d) R$ 6.080,00
e) R$ 6.160,00

04. (Agente Fiscal de Rendas SEFAZ-SP 2006 FCC) A representação gráfica abaixo corresponde ao fluxo de caixa de um projeto de investimento com a escala horizontal em anos.

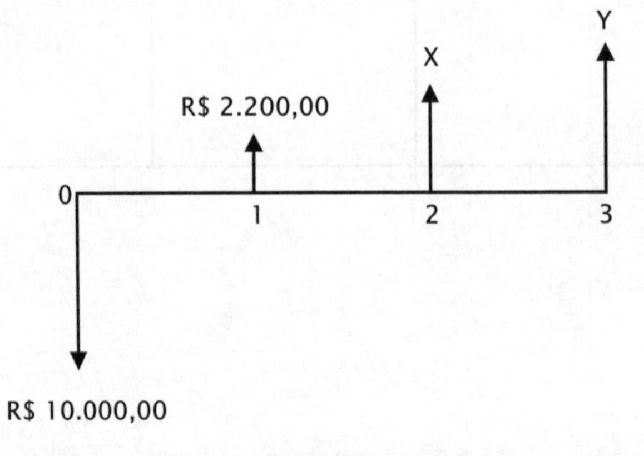

Se a taxa interna de retorno referente a este projeto é igual a 10% ao ano e (X + Y) = R$ 10.285,00, tem-se que X é igual a

a) R$ 3.025,00
b) R$ 3.267,00
c) R$ 3.388,00
d) R$ 3.509,00
e) R$ 3.630,00

05. (APOFP SEFAZ-SP 2010 FCC) O fluxo de caixa abaixo corresponde a um projeto de investimento (com os valores em reais), em que se apurou uma taxa interna de retorno igual a 20% ao ano.

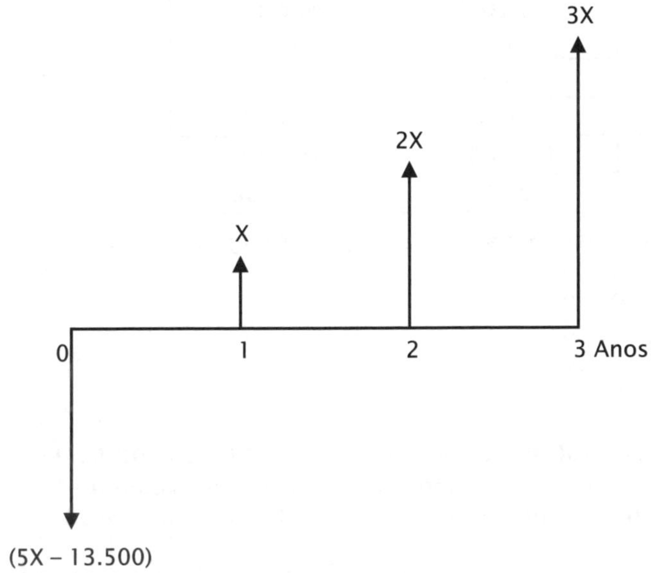

O valor de X é igual a

a) R$ 13.824,00
b) R$ 12.960,00
c) R$ 12.096,00
d) R$ 11.232,00
e) R$ 10.368,00

06. (TRT18 Analista Judiciário – Contadoria 2013 FCC) A taxa interna de retorno anual do fluxo de caixa abaixo é igual a 20%.

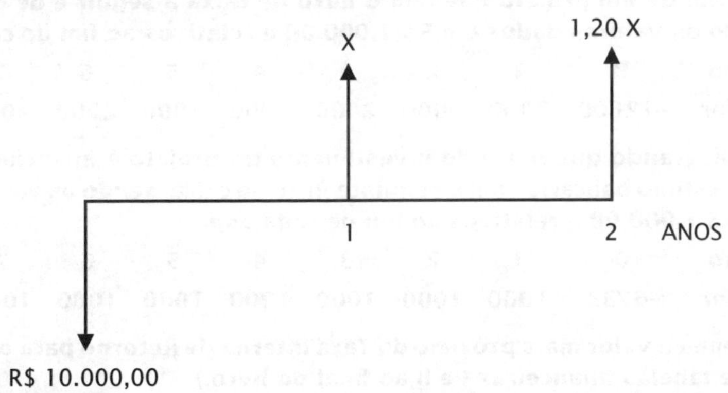

O valor de X é igual a

a) R$ 7.200,00.
b) R$ 5.400,00.
c) R$ 6.000,00.
d) R$ 6.600,00.
e) R$ 4.800,00.

07. (Analista do Tesouro Estadual SEFPI 2015 FCC) Os dois fluxos de caixa abaixo, referentes aos projetos X e Y, apresentam a mesma taxa interna de retorno positiva anual.

Ano	Projeto X R$	Projeto Y R$
0	– 2.000,00	– D
1	550,00	275,00
2	1.815,00	968,00
3	0,00	1.197,90

O desembolso inicial (D) do projeto Y é igual a

a) R$ 1.750,00
b) R$ 1.800,00
c) R$ 1.850,00
d) R$ 1.900,00
e) R$ 1.950,00

08. (Auditor-Fiscal da Receita Estadual SEFAZ-CE 2007 ESAF) Calcule o valor mais próximo da taxa interna de retorno do seguinte fluxo de caixa, em R$ 1 000,00. (Vide tabela financeira II ao final do livro.)

Ano	0	1	2	3	4	5	6	7	8
Valor	–850	200	200	200	200	100	100	100	100

a) 7% ao ano.
b) 8% ao ano.
c) 12% ao ano.
d) 10% ao ano.
e) 9% ao ano.

09. (SEFAZ-SP APOFP 2009 ESAF) O valor mais próximo da Taxa Interna de Retorno de um projeto que tem o fluxo de caixa a seguir é de 6% ao ano, sendo os valores dados em R$ 1.000,00 e relativos ao fim de cada ano:

Ano	0	1	2	3	4	5	6	7	8
Valor	–12600	2000	2000	2000	2000	2000	2000	2000	2290

Considerando que parte do investimento do projeto é financiado por um empréstimo bancário com o seguinte fluxo de caixa, sendo os valores dados em R$ 1.000,00 e relativos ao fim de cada ano:

Ano	0	1	2	3	4	5	6	7	8
Valor	–6733	1000	1000	1000	1000	1000	1000	1000	1000

Obtenha o valor mais próximo da Taxa Interna de Retorno para o acionista. (Vide tabelas financeiras I e II ao final do livro.)

a) 8% ao ano
b) 7% ao ano
c) 6% ao ano
d) 9% ao ano
e) 10% ao ano

10. (Ministério da Integração Nacional 2012 ESAF) Certo projeto de aproveitamento hidráulico, cujo investimento total é de R$ 100 milhões, apresenta uma Taxa Interna de Retorno (TIR) do investimento de 7% ao ano, esta última obtida a partir do fluxo de caixa relativo do projeto. Considerando que a taxa de desconto (juros) é de 8%, assinale a opção correta.

a) A TIR é a taxa de desconto que torna o valor presente líquido do projeto positivo.
b) O projeto seria economicamente atrativo, pois a TIR é inferior à taxa de juros.
c) Se a taxa de juros baixasse para 5%, o projeto seria economicamente atrativo.
d) Se o projeto fosse executado com a taxa de juros de 8% ao ano, haveria um prejuízo de R$ 2 milhões/ano.
e) As informações fornecidas não permitem avaliar a atratividade econômica do projeto.

11. (Auditor Fiscal Tributário da Receita Municipal de Cuiabá 2014 FGV) Três projetos de investimento independentes A, B e C estão sendo analisados por uma empresa, cujas taxas internas de retorno (TIRs) são, respectivamente, 20%, 15% e 10%. O projeto A requer um investimento inicial de R$ 5 milhões, o projeto B, de R$ 10 milhões e o projeto C, de R$ 20 milhões. A partir dessa situação, assinale V para a afirmativa verdadeira e F para a afirmativa falsa.

( ) Se a disponibilidade de recursos da empresa for de R$ 5 milhões, o projeto A deve ser o escolhido.

( ) Se a disponibilidade de recursos da empresa for de R$ 10 milhões e o custo de oportunidade do capital for de 17%, nenhum projeto é escolhido.

( ) A análise incremental deve ser aplicada de acordo com a disponibilidade de recursos.

As afirmativas são, respectivamente,

a) V, V e V.
b) V, F e F.
c) F, V e V.
d) F, V e F.
e) F, F e F.

12. (Fiscal de Tributos de Niterói-RJ 2015 FGV) Uma empresa, que trabalha com taxa mínima de atratividade de 20% ao ano, estuda a viabilidade econômica de investir em um dos 3 projetos mutuamente excludentes:

Projeto X: investir R$ 60.000,00 e resgatar anualmente R$ 30.000,00 nos próximos 4 anos.

Projeto Y: investir R$ 8.000,00 e resgatar anualmente R$ 5.000,00 nos próximos 4 anos.

Projeto Z: investir R$ 30.000,00 e resgatar anualmente R$ 17.000,00 nos próximos 4 anos.

	Projeto X	Projeto Y	Projeto Z	Projeto incremental Z-Y	Projeto incremental X-Z	Projeto incremental X-Y
TIR	34,9%	50,2%	43,2%	41%	26%	32%

Considerando o quadro acima, os projetos ordenados do melhor para o pior, pelo método da Taxa Interna de Retorno – TIR, são:

a) X, Y, Z
b) X, Z, Y
c) Y, Z, X
d) Y, X, Z
e) Z, Y, X

VALOR PRESENTE LÍQUIDO (VPL)

13. (Auditor Fiscal SEFAZ-RS 2014 Fundatec) A partir dos fluxos de caixa abaixo, calcule Valor Presente e Líquido (VPL) e assinale a alternativa correta, considerando uma Taxa Mínima de Atratividade de 6% ao ano.

- **Ano 0: R$ 1.200,00 negativo.**
- **Ano 1: R$ 200,00 positivo.**
- **Ano 2: R$ 250,00 positivo.**
- **Ano 3: R$ 300,00 positivo.**
- **Ano 4: R$ 350,00 positivo.**
- **Ano 5: R$ 400,00 positivo.**

FATOR DE VALOR PRESENTE EM JUROS COMPOSTOS (1+i)^–n			
n/i	**1,0%**	**3,0%**	**6,0%**
1	**0,990099**	**0,970874**	**0,943396**
2	**0,980296**	**0,942596**	**0,889996**
3	**0,970590**	**0,915142**	**0,839619**
4	**0,960980**	**0,888487**	**0,792094**
5	**0,951466**	**0,862609**	**0,747258**

a) O VPL é negativo em R$ 30,20, e o projeto é aceito.
b) O VPL é negativo em R$ 39,20, e o projeto é rejeitado.
c) O VPL é positivo em R$ 30,20, e o projeto é rejeitado.
d) O VPL é positivo em R$ 39,20, e o projeto é aceito.
e) O VPL é positivo em R$ 39,20, e o projeto é rejeitado.

14. (Auditor Fiscal da Fazenda Estadual SEFPI 2015 FCC) Na tabela abaixo, têm-se os fluxos de caixa de dois projetos, A e B.

Ano	Projeto A (em reais)	Projeto B (em reais)
0	– 8.000	– 6.000
1	+ 4.998	+ 4.020
2	+ 6.192	+ E

Sabe-se que a taxa mínima de atratividade é de 20% e os valores presentes líquidos dos dois projetos são iguais. Nessas condições, o valor de E é, em reais,

a) 5.170,00
b) 5.832,17
c) 4.485,60
d) 4.533,00
e) 4.965,00

15. (TRT18 Analista Judiciário – Contadoria 2013 FCC) Os dois fluxos de caixa abaixo referem-se a dois projetos, X e Y, mutuamente excludentes, em que a taxa mínima de atratividade é de 10% ao ano.

Ano	PROJETO X (R$)	PROJETO Y (R$)
0	– 14.500,00	– D
1	5.500,00	6.050,00
2	6.655,00	7.986,00
3	6.655,00	0,00

Dado que o valor presente líquido do projeto Y é igual ao dobro do valor presente líquido do projeto X, então, o desembolso (D) corresponde a

a) R$ 10.100,00.
b) R$ 10.600,00.
c) R$ 12.600,00.
d) R$ 12.100,00.
e) R$ 11.600,00.

PAYBACK

16. (APOFP SEFAZ-SP 2010 FCC) A tabela abaixo registra o fluxo de caixa anual de um projeto de investimento com duração de 4 anos. A terceira coluna fornece os respectivos valores atuais (na data 0) em função da taxa mínima requerida de 10% ao ano. (VPL: Valor Presente Líquido.)

Anos	VALOR (R$ 1.000,00)	VPL (R$ 1.000,00)
0	– 2.000,00	– 2.000,00
1	880,00	800,00
2	1.210,00	1.000,00
3	1.331,00	1.000,00
4	1.756,92	1.200,00

Utilizando interpolação linear, obtém-se que, pelo método do Payback descontado, o tempo necessário para recuperar o investimento é

a) 3,2 anos.
b) 2,8 anos.
c) 2,6 anos.
d) 2,4 anos.
e) 2,2 anos.

17. (Auditor Fiscal Tributário da Receita Municipal de Cuiabá 2014 FGV) Assuma um plano de investimento de uma empresa, a qual, no ano zero, deve desembolsar R$ 100 milhões. Nos anos subsequentes, espera-se um fluxo positivo e constante de R$ 50 milhões a cada ano. Se o *payback* descontado for igual a três anos, o custo do capital investido deve ser

a) entre 15% e 20%.
b) entre 20% e 25%.
c) inferior a 15%.
d) igual a 25%.
e) superior a 25%.

18. (Auditor Fiscal Tributário da Receita Municipal de Cuiabá 2014 FGV) Considere o gráfico a seguir.

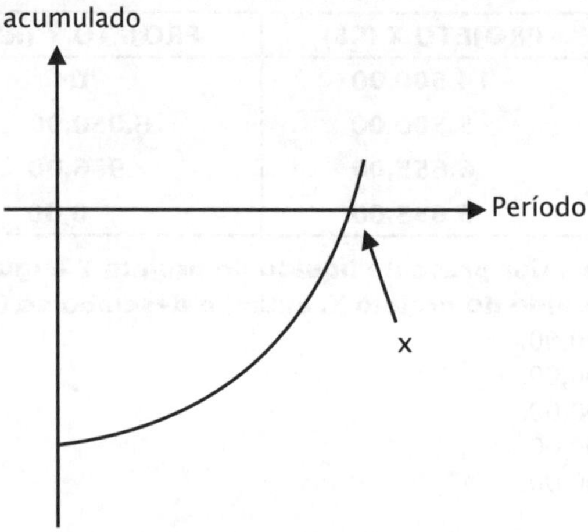

VPL = Valor Presente Líquido

O ponto x, interseção da curva com o eixo horizontal, é denominado

a) Taxa Interna de Retorno.
b) Tempo mínimo necessário para a TIR ser nula.
c) *Payback* descontado.
d) Tempo mínimo necessário para o custo de oportunidade do capital ser nulo.
e) *Payback* bruto.

19. (Auditor Fiscal Tributário da Receita Municipal de Cuiabá 2014 FGV) Com relação aos métodos de análise e comparação de projetos de investimento, analise as afirmativas a seguir.

I. Um investidor, ao comparar projetos de investimento, sempre considera como alternativa o investimento cuja remuneração é igual ao custo de oportunidade do capital investido.

II. Dentre diversos projetos mutuamente exclusivos, se um projeto de investimento apresentar uma TIR menor do que a taxa mínima de atratividade, ele ainda pode ser considerado se o seu valor presente líquido, calculado a essa última taxa, for positivo.

III. Um investidor deve sempre escolher o projeto cuja TIR é maior dentre todas as alternativas – inclusive maior do que a taxa mínima de atratividade – e cujo *payback* descontado é o menor.

Assinale:

a) se somente a afirmativa I estiver correta.
b) se somente a afirmativa II estiver correta.
c) se somente a afirmativa III estiver correta.
d) se somente as afirmativas I e III estiverem corretas.
e) se todas as afirmativas estiverem corretas.

Gabaritos dos Exercícios Propostos

Capítulo 02

01	E	11	C	21	C	31	C
02	E	12	B	22	D	32	C
03	A	13	B	23	B	33	B
04	C	14	A	24	A	34	D
05	E	15	B	25	D	35	A
06	B	16	E	26	C	36	C
07	D	17	E	27	B	37	B
08	D	18	A	28	D	38	D
09	D	19	C	29	E	39	C
10	A	20	D	30	B	40	A

Capítulo 03

01	E	10	B	19	D	28	B
02	B	11	A	20	D	29	B
03	D	12	A	21	E	30	A
04	E	13	E	22	C	31	E
05	1.E	14	E	23	E	32	C
06	E	15	A	24	C	33	E
07	A	16	E	25	A	34	A
08	B	17	C	26	E		
09	C	18	B	27	D		

Capítulo 04

01	B	03	C	05	E	07	A
02	A	04	D	06	B	08	A

Capítulo 05

01 E
02 B
03 C
04 C
05 E
06 A
07 D
08 B
09 D
10 D
11 E
12 C
13 D
14 E
15 B
16 E
17 C
18 D
19 A
20 E
21 C
22 B
23 B
24 A
25 C
26 C
27 1.E 2.C
28 E
29 B
30 A
31 D
32 E
33 D
34 C
35 B
36 1.C
37 C
38 D
39 A
40 E
41 A
42 A
43 D
44 A
45 A
46 D
47 B
48 E
49 B
50 E
51 B
52 D
53 B
54 E
55 B
56 C
57 A
58 A
59 D
60 B
61 C
62 E
63 D
64 B
65 C

Capítulo 06

01 E
02 B
03 B
04 B
05 C
06 C
07 E
08 B
09 1.C
10 1.E
11 C
12 A
13 B
14 B
15 A
16 C
17 D
18 C
19 A
20 B

Capítulo 07

01 B
02 C
03 C
04 A
05 B
06 B
07 A
08 C
09 D
10 E
11 B
12 D
13 D
14 C
15 A

Capítulo 08

01 C
02 C
03 1.E
04 B
05 C
06 A
07 E
08 D
09 D
10 A
11 B
12 D
13 E
14 D
15 C
16 D
17 C
18 B
19 A
20 D
21 A
22 C
23 B
24 B
25 E
26 A
27 A
28 D
29 D
30 A

Capítulo 09

01	C	16	D	31	E	46	D
02	D	17	C	32	D	47	D
03	A	18	E	33	E	48	E
04	D	19	D	34	B	49	E
05	A	20	D	35	C C C C E C E	50	D
06	D	21	C	36	B	51	C
07	D	22	C	37	D	52	B
08	B	23	A	38	C	53	C
09	A	24	E	39	A	54	A
10	C	25	B	40	B	55	B
11	D	26	A	41	D	56	1.C 2.E
12	C	27	B	42	B	57	E
13	C	28	A	43	C	58	D
14	D	29	E	44	B	59	D
15	B	30	B	45	C	60	D

Capítulo 10

01	C	06	C	11	E	16	E
02	B	07	E	12	B	17	B
03	C	08	D	13	D	18	C
04	E	09	A	14	C	19	A
05	B	10	E	15	A		

Anexo I

O Regime Composto e os Logaritmos

Antes que alguém se desespere (muita gente sofre de *trauma de logaritmo*), adiantamos que o que é preciso saber sobre logaritmos é um mínimo. Quase nada! Só o suficiente para marcar uma resposta de questão que, eventual e esporadicamente, venha em termos de logaritmos.

Existe uma propriedade dos Logaritmos que diz: se tivermos o logaritmo de um valor qualquer (**X**) que esteja elevado a um expoente (**Y**), então o valor do expoente sairá de onde está e migrará para **fora** do logaritmo. Da seguinte maneira:

$$\rightarrow \log (X)^Y = Y.\ \log X$$

Pronto! É basicamente isso que precisaremos saber sobre logaritmos. E qual será a utilidade disso no Regime Composto?

Ora, no Regime Composto teremos uma equação que é a Fórmula Fundamental dos Juros Compostos (todos lembrados dela?). É a seguinte:

$$\rightarrow M = C.(1 + i)^n$$

Que tal agora se isolarmos o *parêntese famoso*? Como ficaremos? Assim:

$$\rightarrow (1 + i)^n = (M/C)$$

Como se trata de uma equação, para que se mantenha a igualdade será preciso que *qualquer coisa* que façamos do lado esquerdo seja também feita do lado direito. Certo? Então, que tal se colocarmos um **log** antes do *parêntese famoso*? Pode ser, desde que também coloquemos um **log** após o sinal de igualdade. Daí, teremos:

$$\rightarrow \log (1 + i)^n = \log (M/C)$$

Tomemos agora somente a primeira parte da equação acima e nos lembremos da propriedade dos logaritmos que acabamos de aprender. Vejamos que o parêntese famoso está elevado a um expoente (**n**). Como colocamos um **log** antes desse parêntese. e então, o expoente sairá de onde está e migrará para antes do **log**, de modo que passaremos a ter o seguinte:

$$\rightarrow n.\ \log (1 + i) = \log (M/C)$$

Daí, se uma questão de Juros Compostos perguntar pelo valor do **n**, que aqui significará tempo de aplicação do Capital, e a resposta vier em termos de **logaritmos**, teremos que:

$$n = \frac{\log\left(\frac{M}{C}\right)}{\log(1+i)}$$

Supondo que os dados da questão fossem os seguintes: M = 2000, C = 1000 e i = 5%. Teríamos que: n = (log2)/(log1,05). E assim deveria vir a resposta, entre as opções.

Da mesma forma que foi vista a aplicação do logaritmo para a fórmula dos Juros Compostos, igual aplicação seria feita para o caso de todas as outras fórmulas do Regime Composto, em que esteja presente um parêntese elevado a um expoente. Ou seja, isola-se o parêntese e aplica-se a propriedade do logaritmo, deslocando o expoente para antes do **log**.

Assim poderemos fazer:

→ Nas Taxas Equivalentes: $\mathbf{1 + I = (1 + i)^k}$
→ No Desconto Composto por Dentro: $\mathbf{N = A.(1 + i)^n}$
→ No Desconto Composto por Fora: $\mathbf{A = N.(1 - i)^n}$

Devemos dizer que a ESAF não **costuma** trabalhar com logaritmos. Obviamente que não sabemos o dia de amanhã, e seria irresponsável afirmar que a ESAF jamais colocará uma questão assim, com logaritmos. Só é improvável. Mesmo porque é praxe desta elaboradora fornecer sempre as Tabelas Financeiras.

Anexo II

Resolução das Provas Passadas do AFRF

PROVA 01: AFRF – 1996

A tabela abaixo contém números elevados a potências específicas que poderão ser usados para facilitar seus cálculos na resolução das questões desta prova. Alguns resultados podem apresentar diferenças de + ou – 0,01 posto que valores em moeda corrente devem ter apenas 2 casas decimais.

$(1,04)^2 = 1,0816$	$(1,09)^2 = 1,1881$	$(1,10)^2 = 1,2100$	$(1,20)^2 = 1,4400$
$(1,04)^3 = 1,1248$	$(1,09)^3 = 1,2950$	$(1,10)^3 = 1,3310$	$(1,20)^3 = 1,7280$
$(1,04)^4 = 1,1698$	$(1,09)^4 = 1,4115$	$(1,10)^4 = 1,4641$	$(1,20)^4 = 2,0736$
$(1,04)^5 = 1,2166$	$(1,09)^5 = 1,5386$	$(1,10)^5 = 1,6105$	$(1,20)^5 = 2,4883$
$(1,04)^6 = 1,2653$	$(1,09)^6 = 1,6771$	$(1,10)^6 = 1,7715$	$(1,20)^6 = 2,9859$
$(1,04)^7 = 1,3159$	$(1,09)^7 = 1,8280$	$(1,10)^7 = 1,9487$	$(1,20)^7 = 3,5831$
$(1,04)^8 = 1,3685$	$(1,09)^8 = 1,9925$	$(1,10)^8 = 2,1435$	$(1,20)^8 = 4,2998$
$(1,04)^9 = 1,4233$	$(1,09)^9 = 2,1718$	$(1,10)^9 = 2,3579$	$(1,20)^9 = 5,1597$
$(1,04)^{10} = 1,4802$	$(1,09)^{10} = 2,3673$	$(1,10)^{10} = 2,5937$	$(1,20)^{10} = 6,1917$

1. Uma pessoa possui um financiamento (taxa de juros simples de 10% a.m.). O valor total dos pagamentos a serem efetuados, juros mais principal, é de $ 1.400,00. As condições contratuais prevêem que o pagamento deste financiamento será efetuado em duas parcelas. A primeira parcela, no valor de setenta por cento do total dos pagamentos, será paga ao final do quarto mês, e a segunda parcela, no valor de trinta por cento do total dos pagamentos, será paga ao final do décimo primeiro mês. O valor que mais se aproxima do valor financiado é:

a) $ 816,55;
b) $ 900,00;
c) $ 945,00;
d) $ 970,00;
e) $ 995,00.

Solução: Resolvida na página 179.

2. Você possui uma duplicata cujo valor de face é $ 150,00. Esta duplicata vence em 3 meses. O banco com o qual você normalmente opera, além da taxa normal de desconto mensal (simples por fora) também fará uma retenção de 15% do valor de face da duplicata a título de saldo médio, permanecendo bloqueado em sua conta este valor desde a data do desconto até a data do vencimento da duplicata. Caso você desconte a duplicata no banco você receberá líquidos, hoje, $ 105,00. A taxa de desconto que mais se aproxima da taxa praticada por este banco é:

a) 5,0%;
b) 5,2%;
c) 4,6%;
d) 4,8%;
e) 5,4%.

Solução: Resolvida na página 104.

3. Uma firma deseja alterar as datas e valores de um financiamento contratado. Este financiamento foi contratado, há 30 dias, a uma taxa de juros simples de 2% ao mês. A instituição financiadora não cobra custas nem taxas para fazer estas alterações. A taxa de juros não sofrerá alterações. Condições pactuadas inicialmente: pagamento de duas prestações iguais e sucessivas de $ 11.024,00 a serem pagas em 60 e 90 dias. Condições desejadas: pagamento em três prestações iguais: a primeira ao final do 10º mês; a segunda ao final do 30º mês; a terceira ao final do 70º mês.
Caso sejam aprovadas as alterações, o valor que mais se aproxima do valor unitário de cada uma das novas prestações é:

a) $ 8.200,00;
b) $ 9.333,33;
c) $ 10.752,31;
d) $ 11.200,00;
e) $ 12.933,60;

Solução: Resolvida na página 175.

4. Uma empresa aplica $ 300 à taxa de juros compostos de 4% ao mês por 10 meses. A taxa que mais se aproxima da taxa proporcional mensal dessa operação é:

a) 4,60%;
b) 4,40%;
c) 5,00%;
d) 5,20%;
e) 4,80%;

Solução: Resolvida na página 229.

5. A taxa de 40% ao bimestre, com capitalização mensal é equivalente a uma taxa trimestral de:

a) 60%;
b) 66,6%;
c) 68,9%;
d) 72,8%;
e) 84,4%.

Solução: Resolvida na página 224.

Considere os fluxos de caixas mostrados na tabela abaixo, para a resolução da questão 36. Os valores constantes desta tabela ocorrem no final dos meses ali indicados.

TABELA DE FLUXOS DE CAIXA

	Meses							
Fluxos	1	2	3	4	5	6	7	8
Um	1000	1000	500	500	500	500	250	050
Dois	1000	500	500	500	500	500	500	300
Três	1000	1000	1000	500	500	100	150	050
Quatro	1000	1000	800	600	400	200	200	100
Cinco	1000	1000	800	400	400	400	200	100

6. Considere uma taxa efetiva (juros compostos) de 4,0% a.m. O fluxo de caixa, da tabela acima, que apresenta o maior valor atual (valor no mês zero) é:

a) Fluxo um;
b) Fluxo dois;
c) Fluxo três;
d) Fluxo quatro;
e) Fluxo cinco.

Solução: Resolvida na página 367.

7. Uma pessoa paga uma entrada no valor de $ 23,60 na compra de um equipamento, e paga mais 4 prestações mensais, iguais e sucessivas no valor de $ 14,64 cada uma. A instituição financiadora cobra uma taxa de juros de 120% a.a., capitalizados mensalmente (juros compostos). Com base nestas informações podemos afirmar que o valor que mais se aproxima do valor à vista do equipamento adquirido é:

a) $ 70,00;
b) $ 76,83;
c) $ 86,42;
d) $ 88,00;
e) $ 95,23.

Solução: Resolvida na página 402.

8. Uma empresa obteve um financiamento de $ 10.000 à taxa de 120% ao ano capitalizados mensalmente (juros compostos). A empresa pagou $ 6.000 ao final do primeiro mês e $ 3.000 ao final do segundo mês. O valor que deverá ser pago ao final do terceiro mês para liquidar o financiamento (juros + principal) é:

a) $ 3.250;
b) $ 3.100;
c) $ 3.050;
d) $ 2.975;
e) $ 2.750.

Solução: Resolvida na página 306.

9. **Um empréstimo de $ 20.900 foi realizado com uma taxa de juros de 36% ao ano, capitalizados trimestralmente, e deverá ser liquidado através do pagamento de 2 prestações trimestrais, iguais e consecutivas (primeiro vencimento ao final do primeiro trimestre, segundo vencimento ao final do segundo trimestre). O valor que mais se aproxima do valor unitário de cada prestação é:**
   a) $ 10.350,00;
   b) $ 10.800,00;
   c) $ 11.881,00;
   d) $ 12.433,33;
   e) $ 12.600,00.

Solução: Resolvida na página 403.

10. **Uma pessoa tomou um empréstimo à taxa de 4% ao mês, com juros compostos capitalizados mensalmente. Este empréstimo deve ser pago em 2 parcelas mensais e iguais de $ 1.000, daqui a 13 e 14 meses respectivamente. O valor que mais se aproxima do valor de um único pagamento no décimo quinto mês que substitui estes dois pagamentos é:**
   a) $ 2.012,00;
   b) $ 2.121,00;
   c) $ 2.333,33;
   d) $ 2.484,84;
   e) $ 2.516,16.

Solução: Resolvida na página 308.

PROVA 02: AFRF – 1998

1. **Um capital é aplicado do dia 5 de maio ao dia 25 de novembro do mesmo ano, a uma taxa de juros simples ordinário de 36% ao ano, produzindo um montante de R$ 4.800,00. Nessas condições, calcule o capital aplicado, desprezando os centavos.**
   a) R$ 4.067,00.
   b) R$ 3.986,00.
   c) R$ 3.996,00.
   d) R$ 3.941,00.
   e) R$ 4.000,00.

Solução: Resolvida na página 36.

2. **A quantia de R$ 10.000,00 foi aplicada a juros simples exatos do dia 12 de abril ao dia 5 de setembro do corrente ano. Calcule os juros obtidos, à taxa de 18% ao ano, desprezando os centavos.**
   a) R$ 705,00.
   b) R$ 725,00.
   c) R$ 715,00.
   d) R$ 720,00.
   e) R$ 735,00.

Solução: Resolvida na página 32.

3. **Indique, nas opções abaixo, qual a taxa unitária anual equivalente à taxa de juros simples de 5% ao mês.**
   a) 1,0.
   b) 0,6.
   c) 60,0.
   d) 12,0.
   e) 5,0.

Solução: Resolvida na página 27.

4. **Os capitais de R$ 20.000,00, R$ 30.000,00 e R$ 50.000,00 foram aplicados à mesma taxa de juros simples mensal durante 4, 3 e 2 meses respectivamente. Obtenha o prazo médio de aplicação desses capitais.**
   a) Dois meses e vinte e um dias.
   b) Dois meses e meio.
   c) Três meses e dez dias.
   d) Três meses.
   e) Três meses e nove dias.

Solução: Resolvida na página 38.

5. **O desconto comercial simples de um título quatro meses antes do seu vencimento é de R$ 600,00. Considerando uma taxa de 5% ao mês, obtenha o valor correspondente no caso de um desconto racional simples.**
   a) R$ 400,00.
   b) R$ 800,00.
   c) R$ 500,00.
   d) R$ 700,00.
   e) R$ 600,00.

Solução: Resolvida na página 100.

6. **Indique qual a taxa de juros anual equivalente à taxa de juros nominal de 8% ao ano com capitalização semestral.**
   a) 8,20%.
   b) 8,05%.
   c) 8,10%.
   d) 8,00%.
   e) 8,16%.

Solução: Resolvida na página 208.

7. **O capital de R$ 1.000,00 é aplicado do dia 10 de junho ao dia 25 do mês seguinte, a uma taxa de juros compostos de 21% ao mês. Usando a convenção linear, calcule os juros obtidos, aproximando o resultado em real.**
   a) R$ 331,00.
   b) R$ 343,00.
   c) R$ 337,00.
   d) R$ 342,00.
   e) R$ 340,00.

Solução: Resolvida na página 231.

8. **Obtenha o valor hoje de um título de R$ 10.000,00 de valor nominal, vencível ao fim de três meses, a uma taxa de juros de 3% ao mês, considerando um desconto racional composto e desprezando os centavos.**
   a) R$ 9.140,00.
   b) R$ 9.126,00.
   c) R$ 9.100,00.
   d) R$ 9.174,00.
   e) R$ 9.151,00.

Solução: Resolvida na página 271.

9. **Calcular a soma dos valores atuais, no momento zero, das quantias que compõem o seguinte fluxo de valores: um desembolso de R$ 2.000,00 em zero, uma despesa no momento um de R$ 3.000,00 e nove receitas iguais de R$ 1.000,00 do momento dois ao dez, considerando que o intervalo de tempo decorrido entre momentos consecutivos é o mês e que a taxa de juros compostos é de 3% ao mês. Usar ainda a convenção de despesa negativa e receita positiva, e desprezar os centavos.**
   a) R$ 2.511,00.
   b) R$ 0,00.
   c) R$ 3.617,00.
   d) R$ 2.646,00.
   e) R$ 2.873,00.

Solução: Resolvida na página 359.

10. **Uma compra no valor de R$ 10.000,00 deve ser paga com uma entrada de 20% e o saldo devedor financiado em doze prestações mensais iguais, vencendo a primeira prestação ao fim de um mês, a uma taxa de 4% ao mês. Considerando que este sistema de amortização corresponde a uma anuidade ou renda certa, em que o valor atual da anuidade corresponde ao saldo devedor e que os termos da anuidade correspondem às prestações, calcule a prestação mensal, desprezando os centavos.**
    a) R$ 986,00.
    b) R$ 852,00.
    c) R$ 923,00.
    d) R$ 900,00.
    e) R$ 1.065,00.

Solução: Resolvida na página 384.

PROVA 03: AFRF – 2000

1. **Os capitais de R$ 3.000,00, R$ 5.000,00 e R$ 8.000,00 foram aplicados todos no mesmo prazo, a taxas de juros simples de 6% ao mês, 4% ao mês e 3,25% ao mês, respectivamente. Calcule a taxa média de aplicação desses capitais.**
   a) 4,83% ao mês.
   b) 3,206% ao mês.
   c) 4,4167% ao mês.
   d) 4% ao mês.
   e) 4,859% ao mês.

Solução: Resolvida na página 41.

2. **O desconto racional simples de uma nota promissória, cinco meses antes do vencimento, é de R$ 800,00, a uma taxa de 4% ao mês. Calcule o desconto comercial simples correspondente, isto é, considerando o mesmo título, a mesma taxa e o mesmo prazo.**
   a) R$ 960,00.
   b) R$ 666,67.
   c) R$ 973,32.
   d) R$ 640,00.
   e) R$ 800,00.

Solução: Resolvida na página 101.

3. **Indique a taxa de juros anual equivalente à taxa de juros nominal de 12% ao ano com capitalização mensal.**
   a) 12,3600%.
   b) 12,6825%.
   c) 12,4864%.
   d) 12,6162%.
   e) 12,5508%.

Solução: Resolvida na página 209.

4. **Um título foi descontado por R$ 840,00, quatro meses antes de seu vencimento. Calcule o desconto obtido considerando um desconto racional composto a uma taxa de 3% ao mês.**
   a) R$ 140,00.
   b) R$ 104,89.
   c) R$ 168,00.
   d) R$ 93,67.
   e) R$ 105,43.

Solução: Resolvida na página 277.

5. **Um indivíduo faz um contrato com um banco para aplicar mensalmente R$ 1.000,00 do primeiro ao quarto mês, R$ 2.000,00 mensalmente do quinto ao oitavo mês, R$ 3.000,00 mensalmente do nono ao décimo segundo mês. Considerando que as aplicações são feitas ao fim de cada mês, calcule o montante ao fim dos doze meses, considerando uma taxa de juros compostos de 2% ao mês (despreze os centavos).**
   a) R$ 21.708,00.
   b) R$ 29.760,00.
   c) R$ 35.520,00.
   d) R$ 22.663,00.
   e) R$ 26.116,00.

Solução: Resolvida na página 328.

6. **Uma empresa deve pagar R$ 20.000,00 hoje, R$ 10.000,00 ao fim de trinta dias e R$ 31.200,00 ao fim de noventa dias. Como ela só espera contar com os recursos necessários dentro de sessenta dias e pretende negociar um pagamento único ao fim desse prazo, obtenha o capital equivalente que quita a dívida ao fim dos sessenta dias, considerando uma taxa de juros compostos de 4% ao mês.**
   a) R$ 63.232,00.
   b) R$ 64.000,00.
   c) R$ 62.032,00.
   d) R$ 62.200,00.
   e) R$ 64.513,28.

Solução: Resolvida na página 291.

7. Um capital é aplicado a juros compostos durante seis meses e dez dias, a uma taxa de juros de 6% ao mês. Qual o valor que mais se aproxima dos juros obtidos como porcentagem do capital inicial, usando a convenção linear?

a) 46,11%.
b) 48,00%.
c) 41,85%.
d) 44,69%.
e) 50,36%.

Solução: Resolvida na página 217.

8. Uma pessoa faz uma compra financiada em doze prestações mensais e iguais de R$ 210,00. Obtenha o valor financiado, desprezando os centavos, a uma taxa de juros compostos de 4% ao mês, considerando que o financiamento equivale a uma anuidade e que a primeira prestação vence um mês depois de efetuada a compra.

a) R$ 3.155,00.
b) R$ 2.048,00.
c) R$ 1.970,00.
d) R$ 2.530,00.
e) R$ 2.423,00.

Solução: Resolvida na página 395.

PROVA 04: AFRF – 2002

1. Os capitais de R$ 2.000,00, R$ 3.000,00, R$ 1.500,00 e R$ 3.500,00 são aplicados à taxa de 4% ao mês, juros simples, durante dois, três, quatro e seis meses, respectivamente. Obtenha o prazo médio de aplicação destes capitais.

a) Quatro meses.
b) Quatro meses e cinco dias.
c) Três meses e vinte e dois dias.
d) Dois meses e vinte dias.
e) Oito meses.

Solução: Resolvida na página 40.

2. Um título sofre um desconto comercial de R$ 9.810,00 três meses antes do seu vencimento a uma taxa de desconto simples de 3% ao mês. Indique qual seria o desconto à mesma taxa se o desconto fosse simples e racional.

a) R$ 9.810,00.
b) R$ 9.521,34.
c) R$ 9.500,00.
d) R$ 9.200,00.
e) R$ 9.000,00.

Solução: Resolvida na página 101.

3. Indique qual o capital hoje equivalente ao capital de R$ 4.620,00 que vence dentro de cinqüenta dias, mais o capital de R$ 3.960,00 que vence dentro de cem dias e mais o capital de R$ 4.000,00 que venceu há vinte dias, à taxa de juros simples de 0,1% ao dia.

a) R$ 10.940,00.
b) R$ 11.080,00.
c) R$ 12.080,00.
d) R$ 12.640,00.
e) R$ 12.820,00.

Solução: Resolvida na página 160.

4. **Um capital é aplicado a juros compostos à taxa de 20% ao período durante quatro períodos e meio. Obtenha os juros como porcentagem do capital aplicado, considerando a convenção linear para cálculo do montante. Considere ainda que:**
$1{,}20^4 = 2{,}0736$;
$1{,}20^{4,5} = 2{,}271515$ e
$1{,}20^5 = 2{,}48832$.
a) 107,36%.
b) 127,1515%.
c) 128,096%.
d) 130%.
e) 148,832%.

Solução: Resolvida na página 212.

5. **Uma empresa recebe um financiamento para pagar por meio de uma anuidade "postecipada" constituída por vinte prestações semestrais iguais no valor de R$ 200.000,00 cada. Imediatamente após o pagamento da décima prestação, por estar em dificuldades financeiras, a empresa consegue com o financiador uma redução da taxa de juros de 15% para 12% ao semestre e um aumento no prazo restante da anuidade de dez para quinze semestres. Calcule o valor mais próximo da nova prestação do financiamento.**
a) R$ 136.982,00.
b) R$ 147.375,00.
c) R$ 151.342,00.
d) R$ 165.917,00.
e) R$ 182.435,00.

Solução: Resolvida na página 397.

6. **Uma pessoa, no dia 1º de agosto, contratou com um banco aplicar mensalmente R$ 1.000,00 durante seis meses, R$ 2.000,00 mensalmente durante os seis meses seguintes e R$ 3.000,00 mensalmente durante mais seis meses. Considerando que a primeira aplicação seria feita em 1º de setembro e as seguintes sempre no dia primeiro de cada mês e que elas renderiam juros compostos de 2% ao mês, indique qual o valor mais próximo do montante que a pessoa teria dezoito meses depois, no dia 1º de fevereiro.**
a) R$ 36.000,00.
b) R$ 38.449,00.
c) R$ 40.000,00.
d) R$ 41.132,00.
e) R$ 44.074,00.

Solução: Resolvida na página 351.

7. **Calcule o valor mais próximo do valor atual no início do primeiro período do seguinte fluxo de pagamentos vencíveis ao fim de cada período: do período 1 a 6, cada pagamento é de R$ 3.000,00, do período 7 a 12, cada pagamento é de R$ 2.000,00, e do período 13 a 18, cada pagamento é de R$ 1.000,00. Considere juros compostos e que a taxa de desconto racional é de 4% ao período.**
a) R$ 33.448,00.
b) R$ 31.168,00.
c) R$ 29.124,00.
d) R$ 27.286,00.
e) R$ 25.628,00.

Solução: Resolvida na página 364.

PROVA 05: AFRF – 2002.2

1. Uma conta no valor de R$ 2.000,00 deve ser paga em um banco na segunda-feira, dia 8. O não pagamento no dia do vencimento implica uma multa fixa de 2% sobre o valor da conta mais o pagamento de uma taxa de permanência de 0,2% por dia útil de atraso, calculada como juros simples, sobre o valor da conta. Calcule o valor do pagamento devido no dia 22 do mesmo mês, considerando que não há nenhum feriado bancário no período.

a) R$ 2.080,00.
b) R$ 2.084,00.
c) R$ 2.088,00.
d) R$ 2.096,00.
e) R$ 2.100,00.

Solução: Resolvida na página 74.

2. Os capitais de R$ 7.000,00, R$ 6.000,00, R$ 3.000,00 e R$ 4.000,00 são aplicados respectivamente às taxas de 6%, 3%, 4% e 2% ao mês, no regime de juros simples durante o mesmo prazo. Calcule a taxa média proporcional anual de aplicação destes capitais.

a) 4%.
b) 8%.
c) 12%.
d) 24%.
e) 48%.

Solução: Resolvida na página 44.

3. Na compra de um carro em uma concessionária no valor de R$ 25.000,00, uma pessoa dá uma entrada de 50% e financia o saldo devedor em doze prestações mensais a uma taxa de 2% ao mês. Considerando que a pessoa consegue financiar ainda o valor total do seguro do carro e da taxa de abertura de crédito, que custam R$ 2.300,00 e R$ 200,00, respectivamente, nas mesmas condições, isto é, em doze meses e a 2% ao mês, indique o valor que mais se aproxima da prestação mensal do financiamento global.

a) R$ 1.405,51.
b) R$ 1.418,39.
c) R$ 1.500,00.
d) R$ 1.512,44.
e) R$ 1.550,00.

Solução: Resolvida na página 395.

4. Um país captou um empréstimo por intermédio do lançamento de uma certa quantidade de bônus no mercado internacional com valor nominal de US$ 1,000.00 cada bônus e com doze cupons semestrais no valor de US$ 60.00 cada cupom, vencendo o primeiro ao fim do primeiro semestre e assim sucessivamente até o décimo segundo semestre, quando o país deve pagar o último cupom juntamente com o valor nominal do título. Considerando que a taxa de risco do país mais a taxa de juros dos títulos de referência levou o país a pagar uma taxa final de juros nominal de 14% ao ano, obtenha o valor mais próximo do preço de lançamento dos bônus, abstraindo custos de intermediação financeira, de registro etc.

a) US$ 1, 000.00.
b) US$ 953.53.
c) US$ 930.00.
d) US$ 920.57.
e) US$ 860.00.

Solução: Resolvida na página 423.

5. **Considerando a série abaixo de pagamentos no fim de cada ano, obtenha o número que mais se aproxima do valor atual total destes pagamentos no início do ano 1, a uma taxa de desconto racional de 10% ao ano, juros compostos.**

Ano	1	2	3	4	5	6	7	8	9	10
Valor	400	400	400	400	200	200	200	200	200	1.200

a) 2.208,87.
b) 2.227,91.
c) 2.248,43.
d) 2.273,33.
e) 2.300,25.

Solução: Resolvida na página 356.

6. **A quantia de R$ 500.000,00 é devida hoje e a quantia de R$ 600.000,00 é devida no fim de um ano ao mesmo credor. Na medida em que os dois compromissos não poderiam ser honrados, uma negociação com o credor levou ao acerto de um pagamento equivalente único ao fim de dois anos e meio. Calcule o valor deste pagamento considerando que foi acertada uma taxa de juros compostos de 20% ao ano, valendo a convenção exponencial para cálculo do montante (despreze os centavos).**

a) R$ 1.440.000,00.
b) R$ 1.577.440,00.
c) R$ 1.584.000,00.
d) R$ 1.728.000,00.
e) R$ 1.733.457,00.

Solução: Resolvida na página 298.

7. **Um título sofre um desconto composto racional de R$ 6.465,18 quatro meses antes do seu vencimento. Indique o valor mais próximo do valor descontado do título, considerando que a taxa de desconto é de 5% ao mês.**

a) R$ 25.860,72.
b) R$ 28.388,72.
c) R$ 30.000,00.
d) R$ 32.325,90.
e) R$ 36.465,18.

Solução: Resolvida na página 278.

PROVA 06: AFRF – 2003

1. **Os capitais de R$ 2.500,00, R$ 3.500,00, R$ 4.000,00 e R$ 3.000,00 são aplicados a juros simples durante o mesmo prazo às taxas mensais de 6%, 4%, 3% e 1,5%, respectivamente. Obtenha a taxa média mensal de aplicação destes capitais.**

a) 2,9%.
b) 3%.
c) 3,138%.
d) 3,25%.
e) 3,5%.

Solução: Resolvida na página 43.

2. Um capital é aplicado a juros compostos à taxa de 40% ao ano durante um ano e meio. Calcule o valor mais próximo da perda percentual do montante considerando o seu cálculo pela convenção exponencial em relação ao seu cálculo pela convenção linear, dado que $1{,}40^{1{,}5} = 1{,}656502$.

a) 0,5%.
b) 1%.
c) 1,4%.
d) 1,7%.
e) 2,0%.

Solução: Resolvida na página 217.

3. Uma pessoa tem que pagar dez parcelas no valor de R$ 1.000,00 cada que vencem todo dia 5 dos próximos dez meses. Todavia ela combina com o credor um pagamento único equivalente no dia 5 do décimo mês para quitar a dívida. Calcule este pagamento considerando juros simples de 4% ao mês.

a) R$ 11.800,00.
b) R$ 12.006,00.
c) R$ 12.200,00.
d) R$ 12.800,00.
e) R$ 13.486,00.

Solução: Resolvida na página 183.

4. Calcule o valor mais próximo do montante ao fim de dezoito meses do seguinte fluxo de aplicações realizadas ao fim de cada mês: dos meses 1 a 6, cada aplicação é de R$ 2.000,00; dos meses 7 a 12, cada aplicação é de R$ 4.000,00 e dos meses 13 a 18, cada aplicação é de R$ 6.000,00. Considere juros compostos e que a taxa de remuneração das aplicações é de 3% ao mês.

a) R$ 94.608,00.
b) R$ 88.149,00.
c) R$ 82.265,00.
d) R$ 72.000,00.
e) R$ 58.249,00.

Solução: Resolvida na página 334.

5. Um país captou um empréstimo no mercado internacional por intermédio do lançamento de bônus com dez cupons semestrais vencíveis ao fim de cada semestre, sendo o valor nominal do bônus US$ 1,000.00 e de cada cupom US$ 60.00. Assim, ao fim do quinto ano o país deve pagar o último cupom mais o valor nominal do bônus. Considerando que os bônus foram lançados com um ágio de 7,72% sobre o seu valor nominal, obtenha o valor mais próximo da taxa nominal anual cobrada no empréstimo, desprezando custos de registro da operação, de intermediação etc.

a) 16%.
b) 14%.
c) 12%.
d) 10%.
e) 8%.

Solução: Resolvida na página 418.

PROVA 07: AFRF/2005

1. **Ana quer vender um apartamento por R$ 400.000,00 a vista ou financiado pelo sistema de juros compostos a taxa de 5% ao semestre. Paulo está interessado em comprar esse apartamento e propõe à Ana pagar os R$ 400.000,00 em duas parcelas iguais, com vencimentos a contar a partir da compra. A primeira parcela com vencimento em 6 meses e a segunda com vencimento em 18 meses. Se Ana aceitar a proposta de Paulo, então, sem considerar os centavos, o valor de cada uma das parcelas será igual a:**
   a) R$ 220.237,00;
   b) R$ 230.237,00;
   c) R$ 242.720,00;
   d) R$ 275.412,00;
   e) R$ 298.654,00.

Solução: Questão clássica de Equivalência de Capitais, no regime composto. (Logo, Equivalência Composta). E quando a equivalência é composta, tudo fica bem mais fácil. Basta adotarmos como data focal aquela mais à direita do *desenho*, e aplicarmos diretamente a equação de equivalências de capitais.

Atentemos apenas para o fato que a taxa composta fornecida é semestral. Daí, trataremos os prazos 6 meses e 18 meses como sendo, respectivamente, 1 semestre e 3 semestres. Passemos ao desenho da questão. Teremos:

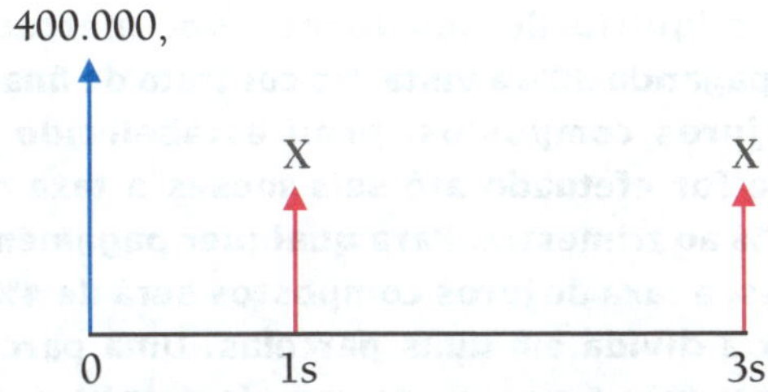

Aplicando a equação de equivalência, com data focal em 3 semestres, teremos:

→ $400.000 \cdot (1+0,05)^3 = X \cdot (1+0,05)^2 + X$

→ $2,1025 \cdot X = 463.050$ → **X = 220.237,00 → Resposta!**

2. **Uma casa pode ser financiada em dois pagamentos. Uma entrada de R$ 150.000,00 e uma parcela de R$ 200.000,00 seis meses após a entrada. Um comprador propõe mudar o esquema de pagamentos para seis parcelas iguais, sendo a primeira paga no ato da compra e as demais vencíveis a cada trimestre. Sabendo-se que a taxa contratada é de 6% ao trimestre, então, sem considerar os centavos, o valor de cada uma das parcelas será igual a:**
   a) R$ 66.131,00;
   b) R$ 64.708,00;
   c) R$ 62.927,00;
   d) R$ 70.240,00;
   e) R$ 70.140,00.

Solução: Nova questão de Equivalência Composta. O diferencial aqui é que usaremos também a teoria das Rendas Certas! Vejamos o desenho da questão.

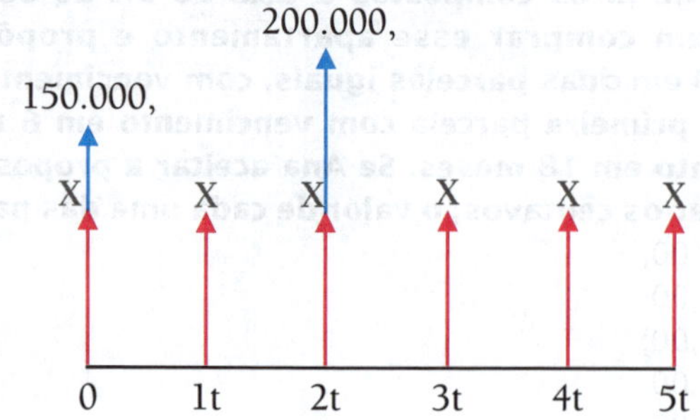

Daí, aplicaremos a equação de equivalência de capitais, adotando como data focal aquela mais à direita do desenho, qual seja, a data 5 trimestres. Evidentemente que, na hora de levar as parcelas da segunda forma de pagamento (em vermelho) para a data focal, faremos isso de uma vez só, por meio das Rendas Certas. Teremos:

→ $150.000 \cdot (1+0,06)^5 + 200.000 \cdot (1+0,06)^3 = X \cdot S_{6\neg 6\%}$

→ $200.733,84 + 238.203,20 = 6,975318 \cdot X$ → **X = 62.927,00 → Resposta!**

3. Uma empresa adquiriu de seu fornecedor mercadorias no valor de R$ 100.000,00 pagando 30% a vista. No contrato de financiamento realizado no regime de juros compostos, ficou estabelecido que para qualquer pagamento que for efetuado até seis meses a taxa de juros compostos será de 9,2727% ao trimestre. Para qualquer pagamento que for efetuado após seis meses, a taxa de juros compostos será de 4% ao mês. A empresa resolveu pagar a dívida em duas parcelas. Uma parcela de R$ 30.000,00 no final do quinto mês e a segunda parcela dois meses após o pagamento da primeira. Desse modo, o valor da segunda parcela, sem considerar os centavos, deverá ser igual a:

a) R$ 62.065,00;
b) R$ 59.065,00;
c) R$ 61.410,00;
d) R$ 60.120,00;
e) R$ 58.065,00.

Solução: Mais uma de equivalência composta! De novidade, uma taxa composta trimestral de 9,2727%, que será transformada numa taxa efetiva de 3% ao mês. Fora isso, teremos que levar os dois pagamentos para a data zero, usando taxas compostas diferenciadas: 3% ao mês para a parcela na data cinco meses, e 4% ao mês para a parcela na data sete meses. Nosso desenho é o seguinte:

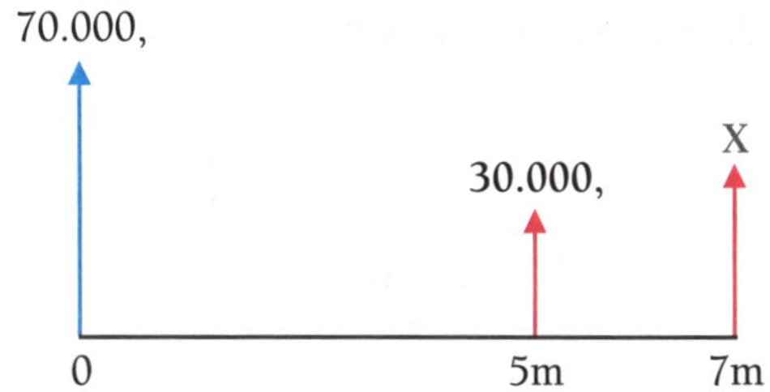

Percebam que no desenho acima já fizemos o *abatimento* da entrada! Viram? Pois bem! Daí, adotando a data focal zero, e aplicando a equação de equivalência, teremos:

→ $70.000 = 30.000/(1+0,03)^5 + X/(1+0,04)^7$

Vamos agora utilizar a Tabela IV – Fator de Atualização de Capital, que se encontra ao final do livro, pois essa tabela foi fornecida nesta prova.

→ $70000 = 30000 \cdot 0,86251 + X/(1+0,04)^7$

→ $70000 = 25875,3 + X/(1+0,04)^7$

→ $44124,7 = X/(1+0,04)^7$

→ $X = 44124,7 \cdot 1,315931$

→ X = 58.065,00 → Resposta!

4. O valor nominal de uma dívida é igual a 5 vezes o desconto racional composto, caso a antecipação seja de dez meses. Sabendo-se que o valor atual da dívida (valor de resgate) é de R$ 200.000,00, então o valor nominal da dívida, sem considerar os centavos, é igual a:

a) R$ 230.000,00;
b) R$ 250.000,00;
c) R$ 330.000,00;
d) R$ 320.000,00;
e) R$ 310.000,00.

Solução: Questão mais fácil da prova! Se foi dito que **N=5.D**, já se conclui que o valor atual será:

→ **N – A = D → 5D – A = D → A=4D**

Daí, se **A = 200.000**, conforme disse a questão, então:

→ **4D = 200.000** E: → **D = 50.000,**

Finalmente, sabendo que **N = 5D**, conclui-se que:

→ N = 5 × 50.000 → N = 250.000,00 → Resposta!

5. Em janeiro de 2005, uma empresa assumiu uma dívida no regime de juros compostos que deveria ser quitada em duas parcelas, todas com vencimento durante o ano de 2005. Uma parcela de R$ 2.000,00 com vencimento no final de junho e outra de R$ 5.000,00 com vencimento no final de setembro. A taxa de juros cobrada pelo credor é de 5% ao mês. No final de fevereiro, a empresa decidiu pagar 50% do total da dívida e o restante no final de dezembro do mesmo ano. Assim, desconsiderando os centavos, o valor que a empresa deverá pagar no final de dezembro é igual a:

a) R$ 4.634,00;
b) R$ 4.334,00;
c) R$ 4.434,00;
d) R$ 4.234,00;
e) R$ 5.234,00.

Solução: Outra questão de equivalência composta! Passemos logo ao *desenho*:

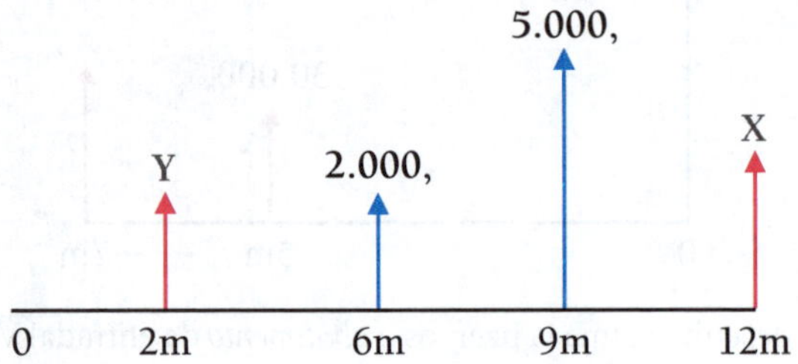

Uma questão bem mais fácil do que parece. Reparemos que as duas parcelas em azul compõem a dívida original. Daí, se as projetarmos para a data do **X** (final de dezembro), descobriremos o quanto vale a dívida inteira nesta data. Teremos:

→ Dívida inteira = $2000.(1+0,05)^6 + 5000.(1+0,05)^3 = 8.468,32$

Mas o que a questão quer saber? O valor do **X**, que corresponde, conforme dito pelo próprio enunciado, a *metade* da dívida. Daí, dividindo por dois o valor encontrado no cálculo acima, teremos:

→ **X = dívida/2 = 8.468,32 / 2 = 4.234,16 → Resposta!**

6. Edgar precisa resgatar dois títulos. Um no valor de R$ 50.000,00 com prazo de vencimento de dois meses, e outro de R$ 100.000,00 com prazo de vencimento de três meses. Não tendo condições de resgatá-los nos respectivos vencimentos, Edgar propõe ao credor substituir os dois títulos por um único, com vencimento em quatro meses. Sabendo-se que a taxa de desconto comercial simples é de 4% ao mês, o valor nominal do novo título, sem considerar os centavos, será igual a:

a) R$ 159.523,00;
b) R$ 159.562,00;
c) R$ 162.240,00;
d) R$ 162.220,00;
e) R$ 163.230,00.

Solução: Uma questão de Equivalência Simples, com Desconto Simples por Fora. O enunciado nada disse sobre a data focal, obrigando-nos a adotar a data zero. O desenho é o seguinte:

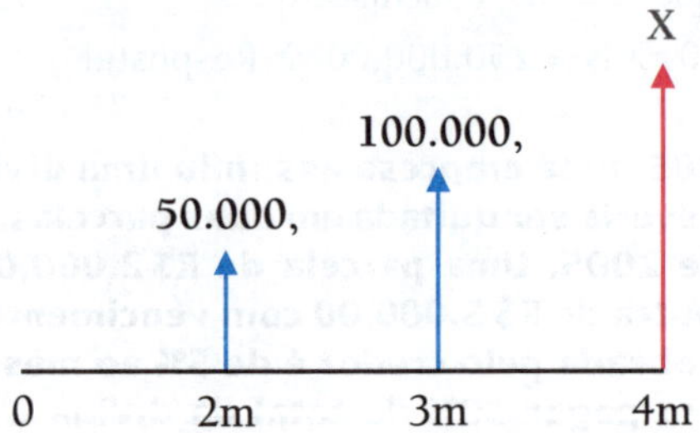

Aplicando de uma vez a equação de equivalência, com data focal zero e desconto simples por fora, teremos:

→ $[50.000.(100 - 4 \times 2)/100] + [100.000.(100 - 4 \times 3)/100] = [X.(100 - 4 \times 4)/100]$

→ $46.000 + 88.000 = 0,84 . X$ → $X = 134.000/0,84$

→ **X=159.523,00 → Resposta!**

7. Paulo aplicou pelo prazo de um ano a quantia total de R$ 50.000,00 em dois bancos diferentes. Uma parte dessa quantia foi aplicada no Banco A, à taxa de 3% ao mês. O restante dessa quantia foi aplicado no Banco B a taxa de 4% ao mês. Após um ano, Paulo verificou que os valores finais de cada uma das aplicações eram iguais. Deste modo, o valor aplicado no Banco A e no Banco B, sem considerar os centavos, foram, respectivamente iguais a:

a) R$ 21.948,00 e R$ 28.052,00;
b) R$ 23.256,00 e R$ 26.744,00;
c) R$ 26.589,00 e R$ 23.411,00;
d) R$ 27.510,00 e R$ 22.490,00;
e) R$ 26.477,00 e R$ 23.552,00.

Solução: A ESAF não usou *nenhum* sinal indicativo de que o regime é o composto! Mas, consideremos que houve um *esquecimento fatal*. *Ok*? Consideremos aqui o regime composto, como se fora informado. Vejamos:

→ $M_1 = C_1.(1+0,03)^{12}$ → $M_1 = 1,425760.C_1$

→ $M_2 = C_2.(1+0,04)^{12}$ → $M_2 = 1,601032.C_2$

Uma vez que os Montantes são iguais, teremos que:

→ $1,425760.C_1 = 1,601032.C_2$

→ $C_1 = (1,601032/1,425760).C_2$ → $\mathbf{C_1 = 1,122932.C_2}$

Sabendo agora que $C_1 + C_2 = 50.000$, teremos que:

→ $C_1 + C_2 = 50.000$ → $1,122932.C_2 + C_2 = 50.000$ → $2,122932.C_2 = 50.000$

→ $C_2 = (50.000/2,122932)$ → $\mathbf{C_2 = 23.552}$,

Finalmente, teremos que:

→ $C_1 + C_2 = 50.000$ → $C_1 + 23.552 = 50.000$ → $\mathbf{C_1 = 26.447}$,

As respostas corretas são, portanto, **R$ 26.447,00** e **R$ 23.552,00**, não contempladas em nenhuma das alternativas da questão. Questão anulada!

8. Um banco deseja operar a uma taxa efetiva de juros simples de 24% ao trimestre para operações de cinco meses. Deste modo, o valor mais próximo da taxa de desconto comercial trimestral que o banco deverá cobrar em suas operações de cinco meses deverá ser igual a:

a) 19%;
b) 18,24%;
c) 17,14%;
d) 22%;
e) 24%.

Solução: Essa também foi uma questão fácil. Sobretudo para quem conhecesse a relação entre as duas taxas – a de desconto simples por fora e a de desconto simples por dentro (= taxa efetiva de juros simples). Conhecendo-a, bastava uma aplicação direta da fórmula. Teremos:

→ $(100/if)-(100/id)=n$

Colocando taxa e tempo na mesma unidade, usaremos id=8% ao mês e n=5 meses. Assim:

→ $(100/if) - (100/8) = 5$ → $(100/if) - 12,5 = 5$ → $(100/if) = 17,5$

→ $if = (100/17,5)$ → $if = 5,714\%$ ao mês.

Mas a questão não quer saber taxa mensal, e sim trimestral. Daí:

→ **if = 5,714 × 3 → if=17,14% ao trimestre → Resposta!**

PROVA 08: AFRF/2009 (única questão de Matemática Financeira)

1. No sistema de juros compostos um capital PV aplicado durante um ano à taxa de 10% ao ano com capitalização semestral resulta no valor final FV. Por outro lado, o mesmo capital PV, aplicado durante um trimestre à taxa de i_t% ao trimestre resultará no mesmo valor final FV, se a taxa de aplicação trimestral for igual a:

a) 10,25%
b) 26,25%
c) 13,12 %
d) 40%
e) 20 %

Solução: Temos duas aplicações no regime composto. Não temos o valor do Capital, mas vamos considerá-lo igual a 100 para facilitar os cálculos.

1ª aplicação)

C = 100,

n = 1 ano = 2 semestres

i = 10% ao ano com capitalização semestral = 10%/2 = 5% a.s.

$M = C(1+i)^n = 100(1+5\%)^2 = 100.(1,05)^2 = 100 \times 1,1025 =$ **110,25**

2ª aplicação)

C = 100,

n = 1 trimestre

$i = i_t$% ao trimestre

M = montante da 1ª aplicação = 110,25

$M = C(1+i)^n \rightarrow 110,25 = 100.(1+i)^1 \rightarrow (1+i) = 1,1025$

i = 0,1025 = **10,25% a.t.** (Alternativa A!)

PROVA 09: AFRF/2012 (única questão de Matemática Financeira)

1. (AFRFB 2012 ESAF) No sistema de juros simples, um capital foi aplicado a uma determinada taxa anual durante dois anos. O total de juros auferidos por esse capital no final do período foi igual a R$ 2.000,00. No sistema de juros compostos, o mesmo capital foi aplicado durante o mesmo período, ou seja, 2 anos, e a mesma taxa anual. O total de juros auferidos por esse capital no final de 2 anos foi igual a R$ 2.200,00. Desse modo, o valor do capital aplicado, em reais, é igual a

a) 4.800,00.
b) 5.200,00.
c) 3.200,00.
d) 5.000,00.
e) 6.000,00.

Solução: Vamos iniciar pela operação de Juros Simples:

1º) Juros Simples

Capital = C

Taxa = i (taxa ao ano)

n = 2 anos

J = 2000,

J = C.i.n → 2000 = C.i.2 → ***Ci* = 1000**

2º) Juros Compostos

Capital = C

Taxa = i (taxa ao ano)

n = 2 anos

J = 2200,

M = C+2200

$M = C(1+i)^n$ → $C+2200 = C.(1 + i)^2$

$C+2200 = C.(1 + 2i + i^2)$ → $C+2200 = C + 2Ci + Ci^2$ → $2200 = 2Ci + Ci^2$

Temos o valor de Ci que foi obtido nos Juros Simples: *Ci* = 1000. Daí:

2200 = 2x1000 + 1000xi

1000i = 200

i = 200/1000 = 20/100 = **20% a.a.**

Substituindo na equação de juros simples:

C.i = 1000 → C . 0,2 = 1000 → **C = 5.000,00** (Alternativa D!)

Anexo III

TABELAS FINANCEIRAS

TABELA I – FATOR DE ACUMULAÇÃO DE CAPITAL

$$a_n = (1 + i)^n$$

n \ i	1%	2%	3%	4%	5%	6%	7%	8%	9%	10%	12%	15%	18%
1	1,010000	1,020000	1,030000	1,040000	1,050000	1,060000	1,070000	1,080000	1,090000	1,100000	1,120000	1,150000	1,180000
2	1,020100	1,040400	1,060900	1,081600	1,102500	1,123600	1,144900	1,166400	1,188100	1,210000	1,254400	1,322500	1,392400
3	1,030301	1,061208	1,092727	1,124864	1,157625	1,191016	1,225043	1,259712	1,295029	1,331000	1,404928	1,520875	1,643032
4	1,040604	1,082432	1,125508	1,169858	1,215506	1,262476	1,310796	1,360488	1,411581	1,464100	1,573519	1,749006	1,938777
5	1,051010	1,104081	1,159274	1,216652	1,276281	1,338225	1,402552	1,469329	1,538624	1,610510	1,762341	2,011357	2,287758
6	1,061520	1,126162	1,194052	1,265319	1,340095	1,418519	1,500730	1,586874	1,677100	1,771561	1,973822	2,313061	2,699554
7	1,072135	1,148685	1,229873	1,315931	1,407100	1,503630	1,605781	1,713824	1,828039	1,948717	2,210681	2,660020	3,185474
8	1,082856	1,171659	1,266770	1,368569	1,477455	1,593848	1,718186	1,850930	1,992562	2,143588	2,475963	3,059023	3,758859
9	1,093685	1,195092	1,304773	1,423311	1,551328	1,689478	1,838459	1,999004	2,171893	2,357947	2,773078	3,517876	4,435454
10	1,104622	1,218994	1,343916	1,480244	1,628894	1,790847	1,967151	2,158925	2,367363	2,593742	3,105848	4,045558	5,233835
11	1,115668	1,243374	1,384233	1,539454	1,710339	1,898298	2,104852	2,331639	2,580426	2,853116	3,478549	4,652391	6,175926
12	1,126825	1,268242	1,425760	1,601032	1,795856	2,012196	2,252191	2,518170	2,812665	3,138428	3,895975	5,350250	7,287592
13	1,138093	1,293606	1,468533	1,665073	1,885649	2,132928	2,409845	2,719623	3,065804	3,452271	4,363493	6,152787	8,599359
14	1,149474	1,319479	1,512589	1,731676	1,979931	2,260903	2,578534	2,937193	3,341727	3,797498	4,887112	7,075706	10,147244
15	1,160969	1,345868	1,557967	1,800943	2,078928	2,396558	2,759031	3,172169	3,642482	4,177248	5,473565	8,137061	11,973748
16	1,172578	1,372786	1,604706	1,872981	2,182874	2,540351	2,952164	3,425942	3,970306	4,594972	6,130393	9,357621	14,129022
17	1,184304	1,400241	1,652847	1,947900	2,292018	2,692772	3,158815	3,700018	4,327633	5,054470	6,866040	10,761264	16,672246
18	1,196147	1,428246	1,702433	2,025816	2,406619	2,854339	3,379932	3,996019	4,717120	5,559917	7,689966	12,375453	19,673251

TABELA II – FATOR DE VALOR ATUAL DE UMA SÉRIE DE PAGAMENTOS IGUAIS

$$a_{n\neg i} = \frac{(1+i)^n - 1}{i.(1+i)^n}$$

n \ i	1%	2%	3%	4%	5%	6%	7%	8%	9%	10%	12%	15%	18%
1	0,990099	0,980392	0,970874	0,961538	0,952381	0,943396	0,934579	0,925926	0,917431	0,909091	0,892857	0,869565	0,847457
2	1,970395	1,941561	1,913469	1,886094	1,859410	1,833393	1,808018	1,783265	1,759111	1,735537	1,690051	1,625709	1,565642
3	2,940985	2,883883	2,828611	2,775091	2,723248	2,673012	2,624316	2,577097	2,531295	2,486852	2,401831	2,283225	2,174273
4	3,091965	3,807728	3,717098	3,629895	3,545951	3,465105	3,387211	3,312127	3,239720	3,169865	3,037349	2,854978	2,690062
5	4,853431	4,713459	4,579707	4,451822	4,329476	4,212364	4,100197	3,992710	3,889651	3,790787	3,604776	3,352155	3,127171
6	5,795476	5,601431	5,417191	5,242137	5,075692	4,917324	4,766539	4,622879	4,485918	4,355261	4,111407	3,784482	3,497602
7	6,728194	6,471991	6,230283	6,002054	5,786373	5,582381	5,389289	5,206370	5,032953	4,868419	4,563756	4,160420	3,811527
8	7,651678	7,325481	7,019692	6,732745	6,463213	6,209794	5,971298	5,746639	5,534819	5,334926	4,967640	4,487321	4,077566
9	8,566017	8,162237	7,786109	7,435331	7,107821	6,801692	6,515232	6,246888	5,995247	5,759024	5,328250	4,771584	4,303022
10	9,471304	8,982585	8,530203	8,110896	7,721735	7,360087	7,023581	6,710081	6,417657	6,144567	5,650223	5,018768	4,494086
11	10,367628	9,786848	9,252624	8,760477	8,306414	7,886874	7,498674	7,138964	6,805190	6,495061	5,937699	5,233712	4,656005
12	11,255077	10,575341	9,954004	9,385074	8,863251	8,383844	7,942686	7,536078	7,160725	6,813692	6,194374	5,420619	4,793225
13	12,133740	11,348374	10,634955	9,985648	9,393573	8,852683	8,357650	7,903776	7,486904	7,103356	6,423548	5,583147	4,909512
14	13,003703	12,106249	11,296073	10,563123	9,898641	9,294984	8,745468	8,244237	7,786150	7,366687	6,628168	5,724475	5,008061
15	13,865052	12,849263	11,937935	11,118387	10,379658	9,712249	9,107914	8,559478	8,060688	7,606079	6,810864	5,847370	5,091577
16	14,717874	13,577709	12,561102	11,652295	10,837769	10,105895	9,446648	8,851369	8,312558	7,823708	6,973986	5,954235	5,162354
17	15,562251	14,291872	13,166118	12,165669	11,274066	10,477259	9,763223	9,121638	8,543631	8,021553	7,119630	6,047161	5,222334
18	16,398268	14,992031	13,753513	12,659297	11,689587	10,827604	10,059087	9,371887	8,755625	8,201412	7,249670	6,127966	5,273164

TABELA III – FATOR DE ACUMULAÇÃO DE CAPITAL DE UMA SÉRIE DE PAGAMENTOS IGUAIS

$$s_{\overline{n}|i} = \frac{(1+i)^n - 1}{i}$$

n \ i	1%	2%	3%	4%	5%	6%	7%	8%	9%	10%	12%	15%	18%
1	1,000000	1,000000	1,000000	1,000000	1,000000	1,000000	1,000000	1,000000	1,000000	1,000000	1,000000	1,000000	1,000000
2	2,010000	2,020000	2,030000	2,040000	2,050000	2,060000	2,070000	2,080000	2,090000	2,100000	2,120000	2,150000	2,180000
3	3,030100	3,060400	3,090900	3,121600	3,152500	3,183600	3,214900	3,246400	3,278100	3,310000	3,374400	3,472500	3,572400
4	4,060401	4,121608	4,183627	4,246464	4,310125	4,374616	4,439943	4,506112	4,573129	4,641000	4,779328	4,993375	5,215432
5	5,101005	5,204040	5,309136	5,416322	5,525631	5,637093	5,750739	5,866601	5,984710	6,105100	6,352847	6,742381	7,154210
6	6,152015	6,308121	6,468410	6,632975	6,801913	6,975318	7,153291	7,335929	7,523334	7,715610	8,115189	8,753738	9,441967
7	7,213535	7,434283	7,662462	7,898294	8,142008	8,393837	8,654021	8,922803	9,200434	9,487171	10,089012	11,066799	12,141521
8	8,285670	8,582969	8,892336	9,214226	9,549109	9,897468	10,259802	10,636627	11,028474	11,435888	12,299693	13,726819	15,326995
9	9,368527	9,754628	10,159106	10,582795	11,026564	11,491316	11,977989	12,487558	13,021036	13,579477	14,775656	16,785842	19,085855
10	10,462212	10,949721	11,463879	12,006107	12,577892	13,180795	13,816448	14,486562	15,192930	15,937424	17,548735	20,303718	23,521308
11	11,566834	12,168715	12,807795	13,486351	14,206787	14,971642	15,783599	16,645487	17,560293	18,531167	20,654583	24,349276	28,755144
12	12,682503	13,412090	14,192029	15,025805	15,917126	16,869941	17,888451	18,977126	20,140720	21,384284	24,133133	29,001667	34,931070
13	13,809328	14,680331	15,617790	16,626837	17,712983	18,882137	20,140643	21,495296	22,953384	24,522712	28,029109	34,351917	42,218663
14	14,947421	15,973938	17,086324	18,291911	19,598632	21,012880	22,550488	24,214920	26,019189	27,974983	32,392602	40,504705	50,818022
15	16,096895	17,293417	18,598914	20,023587	21,578563	23,275970	25,129022	27,152114	29,360916	31,772481	37,279714	47,580411	60,965266
16	17,257864	18,639285	20,156881	21,824531	23,657492	25,672528	27,888053	30,324283	33,003398	35,949730	42,753280	55,717472	72,939014
17	18,430443	20,012071	21,761588	23,697512	25,840366	28,212880	30,840217	33,750225	36,973704	40,544703	48,883674	65,075093	87,068036
18	19,614747	21,412312	23,414435	25,645413	28,132384	30,905652	33,999035	37,450244	41,301338	45,599173	55,749715	75,836357	103,74028

TABELA IV – FATOR DE ATUALIZAÇÃO DE CAPITAL

$$\frac{1}{a_n} = \frac{1}{(1+i)^n}$$

n \ i	1%	2%	3%	4%	5%	6%	7%	8%	9%	10%
1	0,99010	0,98039	0,97087	0,96154	0,95238	0,94340	0,93458	0,92593	0,91743	0,90909
2	0,98030	0,96117	0,94260	0,92456	0,90703	0,89000	0,87344	0,85734	0,84168	0,82645
3	0,97059	0,94232	0,91514	0,88900	0,86384	0,83962	0,81630	0,79383	0,77218	0,75131
4	0,96098	0,92385	0,88849	0,85480	0,82270	0,79209	0,76290	0,73503	0,70843	0,68301
5	0,95147	0,90573	0,86251	0,82193	0,78353	0,74726	0,71299	0,68058	0,64993	0,62092
6	0,94205	0,88797	0,83748	0,79031	0,74622	0,70496	0,66634	0,63017	0,59627	0,56447
7	0,93272	0,87056	0,81309	0,75992	0,71068	0,66506	0,62275	0,55349	0,54703	0,51316
8	0,92348	0,85349	0,78941	0,73069	0,67684	0,62741	0,58201	0,54027	0,50187	0,46651
9	0,91434	0,83676	0,76642	0,70259	0,64461	0,59190	0,54393	0,50025	0,46043	0,42410
10	0,90529	0,82035	0,74409	0,67556	0,61391	0,55839	0,50835	0,46319	0,42241	0,38554
11	0,89632	0,80426	0,72242	0,64958	0,58468	0,52679	0,47509	0,42888	0,38753	0,35049
12	0,88745	0,78849	0,70138	0,62460	0,55684	0,49697	0,44401	0,39711	0,35553	0,31863
13	0,87866	0,77303	0,68095	0,60057	0,53032	0,46884	0,41496	0,36770	0,32618	0,28966
14	0,86996	0,75788	0,66112	0,57748	0,50507	0,44230	0,38782	0,34046	0,29925	0,26333
15	0,86135	0,74301	0,64186	0,55526	0,48102	0,41727	0,36245	0,31524	0,27454	0,23939
16	0,85282	0,72845	0,62317	0,53391	0,45811	0,39365	0,33873	0,29189	0,25187	0,21763
17	0,84438	0,71416	0,60502	0,51337	0,43630	0,37136	0,31657	0,27027	0,23107	0,19784
18	0,83602	0,70016	0,58739	0,49363	0,41552	0,35034	0,29586	0,25025	0,21199	0,17986
19	0,82774	0,68643	0,57029	0,47464	0,39573	0,33051	0,27651	0,23171	0,19449	0,16351
20	0,81954	0,67297	0,55368	0,45639	0,37689	0,31180	0,25842	0,21455	0,17843	0,14864
21	0,81143	0,65978	0,53755	0,43883	0,35894	0,29416	0,24151	0,19866	0,16370	0,13513
22	0,80340	0,64684	0,52189	0,42196	0,34185	0,27751	0,22571	0,18394	0,15018	0,12285
23	0,79544	0,63416	0,50669	0,40573	0,32557	0,26180	0,21095	0,17032	0,13771	0,11168
24	0,78757	0,62172	0,49193	0,39012	0,31007	0,24698	0,19715	0,15770	0,12640	0,10153
25	0,77977	0,60953	0,47761	0,37512	0,29530	0,23300	0,18425	0,14602	0,11597	0,09230
26	0,77205	0,59758	0,46369	0,36069	0,28124	0,21981	0,17220	0,13520	0,10639	0,08391
27	0,76440	0,58586	0,45019	0,34682	0,26785	0,20737	0,16093	0,12519	0,09761	0,07628
28	0,76684	0,57437	0,43708	0,33348	0,25509	0,19563	0,15040	0,11591	0,08955	0,06934
29	0,74934	0,56311	0,42435	0,32065	0,24295	0,18456	0,14056	0,10733	0,08215	0,06304
30	0,74192	0,55207	0,41199	0,30832	0,23138	0,17411	0,13137	0,09935	0,07537	0,05731
31	0,73458	0,54125	0,39999	0,29646	0,22036	0,16425	0,12277	0,09202	0,06915	0,05210
32	0,72730	0,53063	0,38834	0,28506	0,20987	0,15496	0,11474	0,08520	0,06344	0,04736
33	0,72010	0,52023	0,37703	0,27409	0,19987	0,14619	0,10723	0,07889	0,05820	0,04306
34	0,71297	0,51003	0,36604	0,26355	0,19035	0,13791	0,10022	0,07305	0,05339	0,03914
35	0,70591	0,50003	0,35538	0,25342	0,18129	0,13011	0,09366	0,06763	0,04899	0,03558
36	0,69892	0,49022	0,34503	0,24367	0,17266	0,12274	0,08754	0,06262	0,04494	0,03235
37	0,69200	0,48061	0,33498	0,23430	0,16444	0,11579	0,08181	0,05799	0,04123	0,02941
38	0,68515	0,47119	0,32523	0,22529	0,15661	0,10924	0,07646	0,05369	0,03783	0,02673
39	0,67837	0,46195	0,31575	0,21662	0,14915	0,10306	0,07146	0,04971	0,03470	0,02430
40	0,67165	0,45289	0,30656	0,20829	0,14205	0,09722	0,06678	0,04603	0,03184	0,02209

ATENÇÃO: A tabela IV foi fornecida, até o momento, apenas nos concursos da ESAF para **AFC/STN 2005** e **AFRFB 2005**.

EDITORA
JusPODIVM
www.editorajuspodivm.com.br

Impressão e acabamento: BMF Gráfica e Editora